KB268320

칼빈주의 예정론

칼빈주의 예정론

로뢰인 뵈트너 지음
홍 의 표 옮김

보문출판사

The Reformed Doctrine of Predestination

by

Loraine Boettner

translated by

Eu Pyo Hong

Bo Moon Publishing.co

1972

수정판 서문

　이 책은 알미니우스주의와 비교하여 예정론을 중심한 칼빈주의에 관한 것으로 크리스챠니티·투데이지에서 말한바와 같이 지금까지 여러 언어로 발표된 칼빈 예정론 중에 가장 철저하고 완전하며 동시에 가장 재미있고 신빙할만한 것 중에 하나이다.

　이 책은 미국 파익빌(Pikeville)대학의 성경교수이었던 로레인·뵈트너(Loraine Boettner)박사의 저서 "The Reformed Doctrine of Predestination"을 1930년대에 박형룡 박사에 의하여『칼빈주의 예정론』이라고 명명하여 초역한 것을 1969년도 증보판을 다시 옮기면서도『칼빈주의 예정론』그대로 우리에게 정착되었으며, 1990년대에는 김남식 박사와 상호(相互) 필요에 의하여 공역(共譯)의 형태로 출간한바 있었으나 저작권법에 따라 김남식 박사를 제외하고 다시 독자적으로 출간하게 되었다.

　이 책은 철저한 예정교리를 중심 사상으로 한 칼빈주의 신학의 저술이기 때문에 그 내용이 그렇게 단순하지 않으나 난제에 대하여 학적이고도 신앙생활에 도움이 되며 재미있는 연구서로 오래 동안 살아남아 있을 책이요 칼빈주의가 가르치는 바가 무었인지 진정으로 알고자 하는 자에게 유일한 해답서가 될 것이다. 이 책은 신학교 강의실에서만이 아니라 평신도들의 서재에서도 그 영롱한 빛이 더하여지리라고 믿는다.

　바라기는 이 책을 통하여『예정론』을 많이 말하면서도 그 실체를 제대로 알지 못하는 오늘의 상황에서 바른 신학의 자세를 정립시키고, 이 땅에 개혁주의 신학과 신앙이 확산되어 지기를 바라며, 많은 신앙인의 가슴에 구원의 확신과 아울러 하나님의 절대 주권에 대한 우리의 신앙적 고백이 더하여 지기를 바란다.

2017년 9월
홍 의 표

차 례

제11장 무조건적 선택

제12장 제한 속죄

제13장 유효적 은혜

제 3 부
칼빈주의 예정론에 대한 여러 반론(反論)

제 4 부

제 5 부

제 6 부

제28장 역사속에서의 칼빈주의

제1장
서 론

본서의 목적은 새로운 신학사상 체계를 수립하려는 데 있지 않고 일반적으로 개혁주의 신앙 혹은 칼빈주의라고 부르는 칼빈의 신학 체계를 저술하여 그 교의가 분명히 성경적 교훈이요 또한 이성적 교훈이라는 것을 밝히 제시하려는 데 있다.

오늘날 예정론은 일반적으로 주의를 끌지 못하고 있으며 심지어 이 교리의 준봉자(遵奉者)들조차도 이 교리에 대한 이해가 극히 부족하다. 그런데 이 교리는 대부분의 복음주의 교회의 신경에 들어있으며 그 동안 교회나 국가에 많은 영향을 끼쳐왔다. 구미(歐美)에 있는 장로교회와 기타 프로테스탄트 교파의 신경은 전적으로 칼빈주의적이다. 침례교회와 회중교회는 비록 성문화된 신경은 가지고 있지 않지만 그들의 대표적 신학자들의 저서나 설교에 나타난 사상을 보면 대체적으로 칼빈주의적이다. 화란의 자유교회와 스코틀랜드의 여러 교파들은 모두 칼빈주의적이다. 영국의 국교회와 거기서 갈라진 미국 감독교회가 소유한 39개조의 신경도 틀림없는 칼빈주의적 신조이다. 웨일즈(Wales)의 휫필드(Whitefield) 감리교회는 오늘날까지

"칼빈주의적 감리교회"라는 명칭을 지니고 있다.

과거로부터 현재에 이르기까지 이 교리의 준봉자 중에는 세계 최대의 위인들과 현인들이 들어 있다. 이 교리는 칼빈뿐만 아니라 루터(Luther), 쯔빙글리(Zwingli), 멜랑톤(Melanchton)(그는 후에 반펠라기안의 입장을 취하긴 했지만), 불링거(Bullinger), 부쳐(Bucer) 외에 종교개혁의 대지도자들에 의해서도 가르쳐졌다. 그들은 비록 다른 교리에 있어서는 다소 의견을 달리하였을지라도 이 예정론에 있어서만은 의견이 일치하였고 강력하게 그것을 가르쳤다. 루터의 주요 저서『노예적 의지』(The Bondage of the Will)는 그도 칼빈과 같이 이 교리를 굳게 믿고 지켰다는 것을 보여주고 있다. 사실 그는 칼빈보다도 더 열렬하고 준엄하게 이것을 주장하고 옹호하였다. 그래서 오늘날 루터파 교회는 수정된 형태의 예정교리를 고수하고 있다(Formula 신경 참조). 영국의 청교도와 일찍이 북미에 이주한 청교도는 스코틀랜드의 개혁 장로교회, 프랑스의 위그노 교파와 같이 철저한 칼빈주의자들이었다. 이에 대하여 역사가들이 침묵을 지킨 것은 전적으로 그들의 잘못이다. 로마 카톨릭교회도 한동안은 이 교리를 지지하였으며 한번도 이 신앙을 공공연하게 거부한 적은 없었다. 어거스틴이 이 교리를 주장하여 처음에는 반대자들과 다소 논쟁을 벌였으나 나중에는 그들의 반대를 극복하고 승리를 얻었다. 그리하여 예정론은 모든 교회의 신앙으로 인정되었다. 이 교리를 어느 정도 연구해본 사람이면 누구든지 역대 기독교회의 신경들 대부분이 이 교리를 포함하고 있다는 사실을 알 수 있을 것이다. 그리고 알미니안주의가 이 교리를 용납하지 않는다고 하지만 알미니안주의는 본래 참 종교에서 떨어져 나간 이단으로서 오랫동안 기성교회의 인정을 받지 못하고 있던 것이다. 사실 이것은 1784년에 이르러서야 기성 기독교회에 의해 옹호되었으며 이 때에 영국 감리교회의 교리 속에 합치되어 들어갔다. 역사상 위대한 신학자 어거스틴, 위클리프, 루터, 칼빈, 쯔빙글리, 장키우스(Zanchius), 오웬(Owen), 휫필드(Whitefield), 톱레이디(Toplady), 또한 최근에는 핫지(Hodge), 댑니

(Dabney), 컨닝햄(Cunningham), 스미드(Smith), 셰드(Shedd), 워필드(Warfield), 카이퍼(Kuyper) 등이 이 교리를 준봉하였고 또한 강력하게 가르쳤다. 이들이 기독교 내의 등불이요 자랑거리였던 것은 신교의 여러 사람들이 인정하는 일이다.

종교개혁 시대에서 지금으로부터 약 백년 전까지는 신교의 목사 및 교사들 대부분이 이 교리를 담대하게 고백하였으나 오늘날에 와서는 비성경적 신학을 가르치는 자들이 많음을 보는 동시에 칼빈주의를 기탄없이 말하는 자들을 만나기가 어렵다. 톱레이디(Toplady)가 영국 교회에 대해 언급한 사실은 오늘날 우리들의 교회에도 그대로 적용된다. 즉 우리 영국 교회는 에드워드 4세, 엘리자베드 여왕, 제임스 1세 치하 및 찰스 1세 치하의 태반까지는 교역자치고 칼빈의 예정교리를 설교하지 않는 자가 별로 없었는데 지금은 그렇지 않으니 현대 교회는 대체로 종교개혁의 원리를 버린 셈이다. 따라서 "이가봇" 즉 "영광이 떠났다"(삼상 4:21)가 우리의 설교단과 교회 정문의 대부분에 쓰여졌다.[1]

현대 문화인들은 칼빈주의를 낡고 진부한 신조로 간주하는 경향이 있다. 해밀톤(F. E. Hamilton) 교수는 그의 훌륭한 논문 "근세에 있어서의 개혁주의 신앙" 서두에서 "오늘날 장로교 신자들 대부분이 칼빈주의는 이미 종교계에 부적당하다고 암암리에 믿고 있는 것 같다. 사실, 일반교인 혹은 교역자까지도 예정을 믿는다고 선언하는 사람을 야유하는 듯한 자세로 대하며, 칼빈주의자는 지적 호기심이나 만족시키려는 자들로서 현대와 같이 문명한 시대에 존재할 까닭이 없다고 생각한다. 그들의 머리에는 칼빈주의에 대해 진지하게 논의를 해보려는 생각 같은 것은 전혀 없는 모양이다. 지금 칼빈주의를 말한다는 것은 오늘에 와서 중세대(中世代)의 종교 재판소의 필요를 논하고, 지구 평면설을 논하는 것만큼이나 시대에 뒤떨어진 일이라고 간주하며, 또한 칼빈주의는 근대 과학시대 이전의 미개한 사

---

1) *Preface to Zanchius' Predestination*, p. 16.

람들이 준봉하고 있던 공상적 사상체계라고 생각하는 생각하는 모양이다” 라고 하였다. 칼빈주의에 대한 현대인들의 태도가 이러하고 또한 일반 신자의 칼빈주의에 대한 지식이 아주 미흡하기 때문에 그들에 대한 본서의 역할은 실로 중차대한 것이다.

이 신학사상체계는 이것을 비상한 논리적 명석과 강조로서 유력하게 설명한 사람이 칼빈이었기 때문에 그의 이름을 붙여서 칼빈주의라고 불러온 것이다. 그런데 칼빈은 이 신학사상체계를 창작한 것이 아니고 다만 성경이 제시하는 바를 조직적으로 명료하게 우리에게 해설해준 것뿐이다. 어거스틴은 칼빈이 출생하기 천년 전에 이 신학사상체계의 핵심을 가르쳤다. 또한 종교개혁운동의 지도자들도 모두 이것을 가르쳤다. 그런데 칼빈이 그 깊은 성경 지식과 예민한 지력, 천재적인 조직력을 가지고 이 진리를 앞서 가르쳐졌던 것보다 더 명료하고 힘있게 해설하고 옹호한 것이다.

우리들은 이 교리 체계를 “칼빈주의”라고 칭하며 “칼빈주의자” 라는 칭호를 명예롭게 받는다. 그런데 이 칭호는 단지 편의상 그렇게 부르는 것에 불과하다. 워버톤(Warburton)이 말하기를 “우리들이 인력의 법칙을 ‘뉴톤이즘’ 또는 ‘뉴톤의 법칙’ 이라고 부르는 것은 극히 타당하고 합리적일 것이다. 왜냐하면 인력의 법칙의 원리가 대철학자 뉴톤에 의하여 비로소 명료하게 논증되었기 때문이다. 사람들은 뉴톤이 탄생하기 전 먼 옛날부터 인력의 법칙의 사실을 잘 알고 있었다. 이 법칙은 적어도 하나님께서 우주를 다스리시기 위하여 제정하신 법칙인 만큼 천지창조의 제1 일부터 우리들의 눈 앞에서 작용되어 온 것이다. 그렇지만 아이삭 뉴톤 경(Sir Isac Newton)에 의하여 발견될 때까지 인력의 법칙의 원리는 사람들에게 충분히 알려지지 않았고 그 힘과 영향력이 미치는 광범위한 결과도 이해되지 못하였다. 따라서 사람들이 이 교리 체계를 칼빈주의라고 부르는 것 역시 타당한 것이다. 이 체계의 원리는 칼빈의 탄생 전 먼 옛날부터 존재하고 있었다. 그것은 일찍이 인류의 창조 때부터 세계 역사의 요인으로서 시행되어 왔다. 그런데 이 원리를 밝히 인식하여 조직화

한 이가 칼빈이었기 때문에 그 체계나 신조 또는 그 체계 안에 구상 (具象)된 여러 원리에 그의 이름을 붙이게 된 것이다.”[2]고 하였다. 칼 빈의 교훈이 이러한 위력을 부여받을 수 있었던 특성은 그가 성경을 영감된 권위적 경전으로 파악하였다는 점이다. 그는 그 시대의 탁월 한 성경 신학자라는 말을 들었다. 그는 성경이 인도하는 곳까지만 갔고 성경이 머무는 곳에서는 머물었다. 그가 이렇게 성경에 기록된 것 이상은 넘어가지 않으면서 성경이 가르치는 것은 주저하지 않고 수용(受容)하였기 때문에 그의 선언(宣言)은 결정적이며 적극적이었 다. 그런데 이것이 그의 비평가들을 노하게 만들었다. 그의 예민한 통찰력과 논리적 발전의 능력 때문에 그는 종종 단순히 사변신학자 (思辨神學者)일 뿐이라는 말을 들었다. 물론 그는 일류의 사변적 위 재(偉才)로서 그의 설득력 있는 논리적 분석은 그의 적을 두렵게 한 무기이기도 했다. 그러나 그가 근본적으로 이러한 재능에 의존해서 그의 신학체계를 구성, 발전시킨 것은 아니다.

칼빈의 적극적이며 강력한 지성은 그로 하여금 접촉하는 모든 문 제들을 그 근저(根底)까지 수색할 수 있게 하였고 더욱이 하나님과 그의 구속계획에 관한 탐구(探究)에 있어서 그는 일반인이 일찍이 거의 꿈도 꾸지 못한 신비들을 통찰해내어 위대한 공을 세웠다. 그 는 그때까지 아직 가리워져 있던 성경의 한 면을 모든 사람들 앞에 밝히 들어내었고 또한 종교개혁 이전에 교회가 별로 주의하지 않았 던 것들의 심오한 진리를 강조하였다. 그는 모든 사람들에게서 잊혀 진 사도 바울의 교리를 밝히 드러내어 그것을 기독교회의 교리로 정 착시킨 것이다.

예정론은 큰 반대의 선풍을 불러 일으켰다. 또한 성경에 있는 다른 어떤 교리보다도 더 심한 오해와 조소를 받아 왔다. 워버톤 (Warburton)의 말과 같이 어떤 사람들 앞에서 예정론에 대해 언급한 다는 것은 속담에 이른바 성난 황소 앞에서 붉은 기(旗)를 흔드는 것

---

2) *Calvinism, p. 23.*

과 마찬가지인 것이다. 그것은 그들의 맹수성을 격동시켜 극심한 참람과 비방을 불러 일으켰다. 그러나 사람들이 이 교리를 대항하거나 증오 또는 오해했다는 것이 우리가 이 교리를 버려야 할 합리적이며 논리적인 이유는 될 수 없는 것이다. 진실로 중요한 문제는 사람들이 이 교리를 어떻게 받아들이느냐가 아니고 이 교리가 참된 것이냐 그렇지 않은 것이냐 하는 것이다.[3]

많은 사람들이 심지어 교양 있는 사람들까지도 속단적으로 예정론을 반대하는 한 가지 이유는 이 교리가 참으로 무엇인지를 가르쳐주는 성경의 교훈에 대한 지식이 결여되어 있기 때문이다. 오늘날 성경교육이 거의 전무(全無)한 사실을 생각해 볼 때 그들의 이와 같은 무지에 대해 조금도 놀랄 것이 없다. 성경을 신중히 연구해보면 많은 사람들은 성경이 그들이 상정(想定)하고 있는 것과는 매우 다른 책이라는 사실을 깨닫게 될 것이다. 또한 이 교리가 구미 역사에 끼친 경이적인 영향은 적어도 신중히 음미(吟味)해 볼만한 가치가 이 교리에 있다는 것을 증명해준다. 더구나 추론(推論)과 논리의 모든 법칙에 따라 먼저 공평하게 진위(眞僞) 양면의 증거를 연구해 보지도 않고 어떤 교리의 진리를 부정할 권리는 없는 것이다. 예정론은 성경에 계시된 가장 심원(深遠)한 어떤 진리를 취급하는 교리이다. 만약 누가 이 주장을 먼저 신중히 연구해 보지도 않고 거부하려고 한다면 그 사람은 이 예정론이 지금까지 생존했던 가장 현명하고 선량한 많은 사람들의 확신을 받아왔다는 것과 따라서 그것이 진리라는 사실에 대한 강력한 이유가 반드시 있으리라는 것을 잊어서는 안 된다.

그런데 여기서 약간 주의할 점이 있다. 즉 예정론이 지극히 위대하고 복된 성경의 진리요 모든 교파의 근본적인 교리인 것만은 사실이지만 그것이 결코 개혁주의 신앙의 총화(總和) 또는 본질은 아니라는 것이다. 카이퍼의 말과 같이 예정론이나 성경의 권위에서 칼빈주

---

3) *Calvinism*, p. 23.

의의 특성을 발견하려는 것은 큰 잘못이다. 이러한 도리(예정론 및 성경의 권위 등)들은 칼빈주의의 논리적 귀결이지 출발점은 아니다. 이것은 마치 무성한 잎이 그 나무가 잘 자라고 있음을 증거해 주긴 하지만 그렇다고 해서 그것이 그 나무를 잘 자라게 하는 뿌리는 아닌 것과 같다. 만약 이 교리가 다른 진리와의 필연적 관계로부터 분리되어 단독으로 표시된다면 필경 이 교리의 효과는 과장되고 또한 그 체계는 왜곡(歪曲)되어 잘못 전달될 수밖에 없다. 어떤 원리의 서술이 참이 되려면 그것이 그 소속 체계의 다른 모든 요소와 조화를 이루면서 제시되어야 한다. 웨스트민스터 신앙고백은 전체적으로 이 체계의 평행을 이룬 서술이다. 즉 이 교리와 함께 다른 진리들 곧 삼위일체, 그리스도의 신성, 성령의 인격, 성경의 영감, 이적, 예수의 속죄 및 부활, 그리스도의 재림 등도 동일하게 강조하고 있다. 물론 우리는 알미니안주의가 중요한 진리들을 많이 파악하고 있다는 사실을 부인하지 않는다. 그러나 기독교 진리를 충분하고 완전하게 해설하려면 칼빈주의 체계에서 보여주는 것과 같은 진리를 근본으로 해야만 가능하다고 우리는 주장한다.

대다수의 사람들이 예정론과 칼빈주의는 사실상 같은 뜻의 말이라고 잘못 생각할 때가 많다. 그러나 그것은 사실이 아니다. 이 두 개의 관념을 동일시하기 때문에 칼빈주의를 오해하여 반대한다. 뿐만 아니라 칼빈주의와 이하에 기록할 칼빈주의 "5대 교리" 사이에 대해서도 그런 잘못된 관념을 갖는 일이 많다. 그러나 예정론이나 칼빈주의의 5대 교리나 양자가 모두 본래부터 칼빈주의의 근본적 요소인 것은 사실이나 이들이 칼빈주의 전체를 구성하고 있는 것은 아니다.

그 동안 예정론은 끊임없이 토론되어 왔으나 대체로 예정론의 개요를 약화시키거나 아니면 겨우 설명이나 해버리려는 목적으로 토론되어 왔다. 컨닝햄(Cunningham)은 말하기를 "이 교리의 연구는 심오하여 아무리 사색하여도 끝이 없는 주제들(예를 들면 신의 성질과 속성, 목적과 행동)을 취급하되 특히 인간의 궁극적 운명과 관련된 의미에서 이상의 주제들을 취급한다. 이 교리의 성질상 우리는 지극한 겸손과 경외(敬畏)를 가지고 여기에 접하고 고찰함이 합당하다. 왜냐하면 이 교리는 무수한 대중의 영원한 비애를 포함한 무서운 주제와 상관하기 때문이다. 많은 인사들이 이런 태도로 이 교리를 논하고 탐구하였으나 어떤 학도들은 지극히 참담하고 불손한 태도로 사변(思辨)을 즐겼다. 이 교리처럼 모든 시대에 있어서 이지적(理知的)인 인사들의 주의를 집중시킨 주제는 없었을 것이다. 이 주제는 철학적, 신학적 실제적 여러 의미에 있어서 가장 철저하게 토론되어 왔다. 만약 우리가 이론이 고갈되도록 토론되었다고 단언해도 좋은 주제가 있다면 이 교리야말로 그것일 것이다" 라고 하였다.

 "적어도 이 일반적 표제 하에 포괄되는 주제 중 어떤 것은 고대와 근세를 통하여 거의 모든 저명한 철학자들에 의하여 논해지고 탐구되어 왔다. 그 동안 최고의 기량과 정교함과 정력을 다 기울여 예정 도리를 논하고 탐구하여 왔으나 이에 부수(附隨)된 난제들은 아직까지도 충분한 해결을 보지 못하였다. 하나님께서 우리에게 더 원만한 계시와 더 큰 능력을 주시기 전에는 이 난제는 영원히 해결되지 못할 것이라고 단언해도 좋다. 좀 더 정확히 말한다면 이 논제의 성질상 이 난제를 해결한다는 것은 곧 유한한 인간이 무한의 예지(叡智)를 완전히 깨달아 알아낼 수 있다는 셈이 되기 때문에 결국 어느 인간도 이 난제를 완전히 깨달아 알아낼 수 없다고 말할 수밖에 없다."[4]

 본서는 본 주제에 관한 가장 우수한 학자들의 정수(精髓)를 포함시키기 위하여 그들의 저서로부터 많은 말을 인용하기로 한다. 따라서 본서에서 발견되는 많은 논증은 본서 저자보다 훨씬 우수한 인사들에 의하여 전개될 것이다. 저자인 나로서는 본서 전체를 살펴보며 유명한 불란서 작가의 말이 생각난다. "나는 다른 사람들의 화원에서 여러 가지 꽃을 꺾어 모아 꽃다발을 만들었다 내 것이라면 그것을 묶은 노끈밖에 없다"는 말이다. 그런데 나 자신의 것도 특히 자료

---

4) *Cunningham, Historical Theology* Ⅱ, *pp. 418,419.*

의 조직과 배열에 관한 한 적지 않게 있다.

본서 전체를 통하여 "예정"(Predestination)이라는 말과 "예명(豫命)"(Foreordination)이라는 말은 서로 같은 뜻의 말로 마음대로 사용하게 되는데 구태여 구별하고 싶다면 "예명" 은 우리가 말하는 어떤 사건이 역사 또는 자연과 관계된 사건인 경우에 사용되는 것이고, "예정" 은 주로 인간의 궁극적 운명에 관하여 사용되는 것이라고 보면 좋을 것이다.

저자가 본서를 출간함에 있어서 많은 도움을 주신 이하의 여러 인사에게 심심한 감사를 드린다.

사무엘 크레익 박사(Dr. Samuel G. Craig)
(잡지 "크리스챠니티 투데이" 의 주필)
스티븐슨 박사(Dr. Frank H. Stevenson)
(웨스트민스터 신학교 이사회 이사장)
반틸 박사(Dr. Conelius Van Til)
(웨스트민스터 신학교 변증학 교수)
핫지 박사(Dr. C. W. Hodge)
(프린스톤 신학교 조직신학 교수)
애덜톤 목사(Rev. Henry Atherton)
(영국 런던 전적은혜협회(全的恩惠協會) 총무)

거듭 말하지만 본서는 일반적으로 칼빈주의라고 알려진 개혁주의 신앙을 해설하고 옹호하는 것을 목적으로 한다. 본서는 특정한 한 교파를 상대로 하는 것이 아니라 총괄적으로 알미니안주의를 그 적수로 한다. 본서의 저자도 합중국 장로교회의 회원이지만 그 교회 회중이 그들의 전통적 교리와 신조에서 근본적 분리를 감행하고 있음을 숙지(熟知)한다. 따라서 본 저자는 개혁주의 신앙을 준봉한다고 고백하는 자가 여기에서 취급되는 위대한 진리에 대하여 보다 더 나은 이해를 가지고 그들의 기업을 높이 평가하게 되기를 바라면서 더 나아가서는 아직 이 신학체계를 알지 못하거나 혹은 반대하는 사람들이 이 진리를 확실히 깨달아 알고 사랑하는데 까지 이르기를 바라면서 본서를 출간한다. 그러면 우리가 직면한 문제는 무엇인가? 그것은 다음과 같다. 즉 하나님은 영원 전부터 앞으로 일어날 모든 일들을 예정하셨는가? 만약 그렇다면 그 증거는 무엇인가? 또한 그 사실이 어떻게 인간의 자유행동력과 하나님의 완전성을 양립시킬 수 있는가? 하는 것이다.

제 1 부

제2장
예정론 서술

장로교 및 개혁교회의 신앙을 해설하고 또한 개혁주의 신앙을 가장 완전하게 표현한 웨스트민스터 신앙고백서에서 우리는 다음과 같은 글을 읽을 수 있다. "하나님은 영원전부터 자신의 가장 현명하고도 거룩한 뜻에 따라 앞으로 일어날 일체의 사건을 자유롭게 불가변적으로 예정하신다. 그러나 그 결과로 하나님이 죄의 창조자가 된다든지 피조자의 의지에 폭력을 가하는 존재가 된다든지 또는 제2 원인의 자유와 우연성이 탈취된다든지 하는 것이 아니라 오히려 확정되는 것이다." 또한 이러한 글도 읽을 수 있다. "하나님은 일체의 상정적(想定的) 조건하에서 발생하는 사건과 발생할 수 있는 사건을 다 아신다. 그러나 하나님은 어떤 사건을 미래에 어떤 조건하에 발생할 것이라고 예지하시기 때문에 그것을 예정하신 것은 아니다".

예정교리는 하나님의 목적은 절대 무조건적인 것으로서 유한한 피조물에 관계없이 오직 하나님 자신의 영원하신 뜻에 따라 작정되는 것이라고 가르친다. 또한 하나님을 자연의 운행을 작정하시고 역사의 과정을 가장 세미한 부분까지 지배하시는 위대한 능력의 왕으로 나타낸다. 하나님의 결정은 영원불변하며 거룩하고 지혜로우며 주권적이다. 이 결정은 단순히 자연계의 운행에만 관계하는 것이 아니라 창조로부터 심판에 이르기까지 인류 역사의 전체 사건에 미치며 또한 성도와 천사, 사악한 자와 음부에 있는 악귀의 전 활동까지 포괄한다. 이 결정은 그 원인 조건 지속(持續) 및 관계에 있어서 일찍이 있었고 또한 장래에 있을 일체의 사건을 동시에 포괄하며 시간과 영원 안에서 일어나는 피조물의 전 활동범위를 포함한다. 하나님 자신 이외의 모든 것은 이 전포유적(全包有的) 결정 안에 포함되나니 무릇 하나님 이외의 모든 실존의 생존과 존속은 온전히 하나님의 창조력과 지지력을 힘입고 있기 때문에 이것은 지극히 당연하다. 만물은 하나님의 섭리적 지배하에서 그가 정하신 종국으로 달음질하고 있는데, 그 도달점은 "전 피조계가 지향해 움직이는 한 결정적인 신적(神的) 사건이다."

유한한 만물은 모두 하나님의 영광을 드러내기 위한 수단으로 존재하며 또한 하나님께 대하여 전적으로 의존하기 때문에 스스로 하나님의 영광의 현시(顯示)를 제한하거나 방해하는 어떠한 상태도 발생시킬 수 없다. 하나님은 영원 전부터 지금 그가 하고 계시는 일 그대로를 하시려고 목적하시었다. 그는 우주의 주재시요 "하늘의 군사에게든지, 땅의 거민에게든지 자기 뜻대로 행하시나니 누가 그의 손을 금하든지 혹은 이르기를 네가 무엇을 하느냐 할 자가 없도다"(단 4:35). 우주는 하나님에게서 기원되었고 그 존속도 그에게 의존하기 때문에 그 어느 부분에서나 어느 시대에서나 그의 관할에만 복속(服屬)되어 발달한다. 따라서 하나님이 결정하거나 허락하지 않은 것은 아무 것도 발생할 수 없다. 이와 같이 하나님의 영원한 목적은 주권적 예정으로서 표시되는 것이지 시간적으로 발생하는 어떠한 결과적 사실이나 변화를 조건부로 하는 것이 아니다. 그러므로 하나님의 영원한 목적은 미래의 모든 사건에 관한 그의 예지의 기초가 될지언정 결코 예지나 장래의 사건들 자체에서 기원된 어떤 것들에 의해서 좌우되지는 않는다.

개혁주의 신학자들은 후에 웨스트민스터 신앙고백에서 보여준 대원리(예정론 등)를 창조와 섭리의 영역에 논리적으로 철저하게 적용하였다. 그들은 인류 역사의 전 사건과 자연계의 전 활동에서 하나님의 손길을 보았다. 그들에게 있어서 세계는 영원한 이상을 시간 안에 완전히 실현하는 것이다. 세계는 전체로서나 그 모든 부분과 활동과 변화에 있어서나 하나님의 통치적 전보급적 전조화적 활동에 의하여 통일되어 가는 것이니 그 목적은 하나님의 영광을 드러내는 일이다. 그들은 역사상 지극히 작은 사실까지도 하나님의 섭리로 보았으며 특히 인간의 구원에 관한 예정에 대해 더 깊은 관심을 가지고 있었다. 종교개혁의 명철하고 조직적인 신학자 칼빈은 "하나님의 영원한 제정(이것에 의하여 그가 인간 각 개인에게 어떻게 행하실는지는 그 자신 안에 결정하셨다)을 우리는 예정이라고 부른다. 왜냐하면 인류는 모두 동일한 운명을 가지고 창조된 것이 아니라 혹자는 영생을 얻기로 혹자는 멸망을 받기로 작정되었기 때문이다. 이렇게 각 개인은 이 목적 혹은 저 목적으로 각기 다르게 창조되었기 때문에 구원 문제에 있어서도 역시 영생 아니면 멸망으로 예정되었다고 말할 수 있다"[5]고 말하였다.

루터도 칼빈과 같이 절대적 예정론을 열렬하게 지지했다는 사실이 그의 로마서 주해에 나타난다. 그는 "모든 사물은 무엇이든지 하나님의 의도에서 발생하고 또 그것에 의존한다. 이런 관계로 생명의 말씀을 받을 자와 그것을 받지 않을 자, 그들의 죄에서 해방될 자와 그 죄 가운데서 강팍해질 자 또한 칭의 받을 자와 정죄 받을 자가 다 예정되었다"고 말하였다.

또 루터의 친구 멜랑톤(Melanchthon)은 말하기를 "모든 일이(우리가 외면적으로 행하는 일뿐 아니라 내면적으로 사고하는 사상까지도) 하나님의 예정에 의해서 되어진다"고 하였고 또 다시 "기회나 운명 같은 것은 없다. 하나님의 예정을 철저히 깨닫는 길만이 하나님을 경외하고 그를 전적으로 신뢰할 수 있는 유일의 첩경이다"라고 말하였다. "질서는 천계의 제일 법칙이다. 하나님의 입장에서 보면 창조의 시초부터 세상 끝날 까지 어지러움이 없는 질서와 전진이 있

---

5) *Institutes, Book Ⅲ, Ch 21, sec.5.*

다. 그의 목적과 계획은 어디서나 좌절되거나 방해받지 않는다. 이 따금 그의 목적이 좌절된 것처럼 보이는 것은 그것이 정말 좌절되었기 때문이 아니라 전체에 있어서 각 부분을 또는 각 부분에 있어서 전체를 보지 못하는 우리의 유한하고 불완전한 본성 때문에 그렇게 생각되는 것뿐이다.” 따라서 우리가 만약 “자연계의 위대한 장관(壯觀), 인류 역사의 복잡한 드라마”를 볼 수 있다면 우리는 세계를 하나님의 영화로운 완전성을 현현(顯現)하는 하나의 조화적 단위로 볼 수 있을 것이다.

비숍(Bishop)이 말하기를 “세계는 되는대로 움직이고 또한 사건들이 맹목적인 혼란과 무질서한 상태로 난무하는 것 같이 생각되나 하나님은 모든 원인과 결과의 연쇄를 보고 아신다. 따라서 이것들의 외견적 불일치와 알력(軋轢)으로부터 완전한 조화가 생기도록 통치하신다. 어떠한 일이 생기든지 그 길흉을 불문하고 모든 사건의 출소(出所)와 배치를 그에게 일임할 수 있도록 우리의 심정을 이 진리의 확고부동한 신념 위에 고정시킬 필요가 있다. 하나님의 입장에서는 이 세상에 우연한 것이나 뜻밖의 것이란 전혀 없다. 만일 어떤 주인이 한 종을 어떤 곳으로 보내고 다시 다른 종을 그곳으로 보냈다면 이 두 종의 만남은 그들 자신에게는 아주 우연적인 일로 보이겠지만 그것은 이미 그들을 보낸 주인이 작정하고 예지했던 당연한 해후인 것이다. 이처럼 모든 사건의 발생이 우리들에게는 맹목적인 듯하고 의외인 것처럼 보이나 하나님에게는 그렇지 않다. 하나님은 모든 사태의 추이(推移)를 예지하시며 또한 의도(意圖)하신다.”6)

시편 기자는 “여호와 우리 주여 주의 이름이 온 땅에 어찌 그리 아름다운지요”(시 8:1)라고 찬탄하였다. 또한 전도서 기자는 “하나님이 모든 것을 지으시되 때를 따라 아름답게 하셨다”고 하였고 이사야가 본 묵시에서 스랍들은 “거룩하다 거룩하다 거룩하다 만군의 여호와

---

6) *Quoted by Toplady in Preface to Zanchius' Predestination*

여 그 영광이 온 땅에 충만하도다"(사 6:3)라고 노래하였다. 하나님의 입장에서 볼 때 모든 시대에 걸쳐 여러 민족들의 역사상 일어나는 모든 사건은(비록 우리들에게는 무의미하게 보일지라도) 그의 영원한 계획을 전개해 나가는 과정 중에서 그 정확한 위치를 차지하고 있다. 각 사건은 선행적 원인과 관련을 맺고 있으며 또한 그 영향이 계속적으로 파급되어 우주 만물의 모든 조직에 상관하며 세계 질서의 완전한 균형을 유지함에 있어서 그 독자적인 역할을 수행하는 것이다. 우리들이 보기에 우연한 것이나 사소한 것이 원인이 되어 누누이 중대한 사건이 발생된 예는 많다. 만일 각 사건들 중에서 어느 하나가 제외되거나 변경되면 계속 일어나는 모든 사건이 즉시 변경되거나 방해를 받을 만큼 각 사건들은 밀접한 관련을 맺고 있다. 여기서 우리는 하나님의 예정에 따른 신적(神的) 지배가 크고 작은 모든 사건에 미치고 있다는 것을 확실히 알 수 있다. 엄밀히 말하자면 사소한 사건이란 있을 수 없다. 각 사건이 다 하나님의 거룩하신 계획 중에서 그 정확한 위치를 차지하는 것이다. 다만 어느 하나가 다른 하나보다 비교적 큰데 불과하다. 역사의 과정은 무한히 복잡하지만 하나님이 보시기에는 단순하다. 이 진리는 그 이유와 함께 소요리문답에 잘 요약되어 있다. 즉 "하나님의 규정들은 그의 뜻에 따라 정해진 그의 영원하신 목적이니 그는 자기의 영광을 위하여 발생할 것은 무엇이든지 작정하셨다"고 하였다.

근세의 저명한 칼빈주의 신학자인 화란의 아브라함 카이퍼(Dr. Abraham Kuyper) 박사는 다음과 같은 귀중한 사상을 전해 주었다. "창조될 모든 것들의 존재의 결정, 다시 말하면 어떤 것은 산채(山菜)가 되고, 어떤 것은 미나리 아재비가 될 것, 어떤 것은 두견(杜鵑)이 되고 어떤 것은 까마귀가 될 것, 어떤 것은 사슴이 되고 어떤 것은 돼지가 될 것을 결정함과 같이 인간에게 있어서도 어떤 자는 남자 아이 혹은 여자 아이, 부자 혹은 가난한 자, 우둔한 자 혹은 총명한 자, 백인 혹은 유색인, 가인 혹은 아벨과 같이 태어나도록 결정한 것은 천상과 지상에서 생각할 수 있는 가장 위대한 예정이다. 더구나 우리는 이 진리가 매일 우리의 눈 앞에서 일어나고 우리 자신이 전 인격적으로 이 원리에 복종하여 우리의 전 존재, 전 성품 및 생활상의 지위가 전적으로 의존하고 있음을 본다. 칼빈주의자는 이렇게 전포괄적인 예정을 사람의 손이나 맹목적인 자연력의 손에 맡기지 않고 다만 천지의 주권적 창조주시요 소유주이신 전능하신 하나님의 손에 맡긴다. 성경은 선지시대 이래로 이 절대적 선택 교리를 진흙과 토기장이의 비유로 설명하여 왔다. 창조에도 선택이 있고 섭리에도 선택이 있는 것처럼 영생에도 선택이 있다. 자연의 영역에서와 같이 은혜의 영역에서도 선택이 있다."[7]

우리는 이 세계 질서를 하나님이 그것을 통하여 자신의 계획을 수행해 나가시는 일대 조직으로 볼 때까지는 이 세계 질서를 충분히 인식하지 못한다. 그런데 칼빈은 그의 명철한 유신론으로 말미암아 만물을 수중에 갖고 계신 전능자의 절대적 존엄에 대해 예민한 의식을 갖게 되었고 이로 말미암아 분명한 예정론자가 되었다. 이 전지전능하신 하나님의 무조건적이며 영원하신 목적에 관한 교리에서 그는 인류의 타락과 구속역사의 프로그램을 발견하였다. 그는 모든 인간적 지식이 신비와 숭경 속에 잠긴 사변(思辯)의 깊은 심연 속으로까지 대담하지만 경건하게 빠져들어간 것이다.

개혁주의 신앙은 참으로 우주의 주권적 지배자이신 위대하신 하나님을 우리에게 보여준다. "개혁주의 신앙의 주요 원리는 그리스도 안에 계시된 하나님의 우주적 계획이다. 칼빈주의는 언제 어디서나 영원부터 영원까지 하나님을 믿는다" 라고 베이네(Bayne)는 말하였다. 현대는 세계의 모든 사건들 속에서 인간은 고양(高揚)시키고 하나님에게는 극히 제한된 부분만을 드리려는 경향이 있다. 핫지(Dr. A. A. Hodge) 박사가 말한 바와 같이 "새로운 신학은 구신학이 편협하다고 주장하여 여호와의 예정을 현대의 진보된 문화의 불신(不信)을 받게 된 학파들의 낡아빠진 허구물이라고 이를 배격하고 있다.

---

7) *Lectures on Calvinism*, p. 272.

이것은 마치 부엉새가 일시적인 일식(日蝕)의 어두움을 밤으로 착각하고 그에게 보이지 않는 것은 결코 존재할 수 없다고 생각하여 경솔하게 독수리를 조소하는 일과 같은 것으로서 지금 처음으로 있는 일은 아니다.”[8] 이상은 대체로 신교의 대신학자들이 주장해온 예정론의 광의적 개념이다.

예정론에 대하여는 아래의 성경 구절에 명확히 기록되어 있다.

행 4:27-28. 과연 헤롯과 본디오 빌라도는 이방인과 이스라엘 백 성과 합동하여 하나님의 기름 부으신 거룩한 종 예수를 거슬려 하나님의 권능과 뜻대로 이루려고 예정하신 그것을 행하려고 이 성에 모였나이다.

엡 1:5. 그 기쁘신 뜻대로 우리를 예정하사 예수 그리스도로 말미암아 자기의 아들들이 되게 하셨으니.

엡 1:11. 모든 일을 그 마음의 원대로 역사하시는 자의 뜻을 따라 우리가 예정을 입어 그 안에서 기업이 되었으니.

롬 8:29-30. 하나님이 미리 아신 자들로 또한 그 아들의 형상을 본받게 하기 위하여 미리 정하셨으니 이는 그로 많은 형제 중에서 맏아들이 되게 하려 하심이니라. 또 미리 정하신 그들을 또한 부르시고 부르신 그들을 또한 의롭다 하시고 의롭다 하신 그들을 또한 영화롭게 하셨나이다.

고전 2:7. 오직 비밀한 가운데 있는 하나님의 지혜를 말하는 것이니 곧 감추었던 것인데 하나님이 우리의 영광을 위하사 만세 전에 미리 정하신 것이라.

행 2:23. 그가 하나님의 정하신 뜻과 미리 아신 대로 내어준바 되었거늘 너희가 법 없는 자들의 손을 빌어 못 박아 죽였으나,

행 13:48. 이방인들이 듣고 기뻐하여 하나님의 말씀을 찬송하며 영생을 주시기로 작정된 자는 다 믿더라.

---

8) *Popular Lectures on Theological Themes*, p. 158.

엡 2:10. 우리는 그의 만드신바라 그리스도 예수 안에서 선한 일을 위
하여 지으심을 받은 자니 이 일은 하나님이 전에 예비하사 우리로
그 가운데서 행하게 하려 하심이니라.

롬 9:23. 또한 영광 받기로 예비하신 바 긍휼의 그릇에 대하여 그 영광
의 부요함을 알게 하고자 하셨을지라도 무슨 말하리요.

시 139:16. 내 형질이 이루기 전에 주의 눈이 보셨으며 나를 위하여 정
한 날이 하나도 되기 전에 주의 책에 다 기록이 되었나이다.

제3장
하나님은 계획을 갖고 계신다

　무한한 지혜와 능력을 갖고 계신 하나님께서 명확한 계획도 없이 세상을 창조하셨다고는 생각되지 않는다. 오히려 하나님은 무한하신 분이므로 그의 계획도 세계의 지극히 작은 부분에 이르기까지 주도면밀할 것이다. 우리가 만일 과거 현재 미래 전체를 통하여 이 세계를 볼 수 있다면 이 세계가 명확히 예정된 과정대로 진행되고 있음을 볼 수 있을 것이다. 현미경과 망원경으로 볼 수 있는 한 피조물과 피조물 사이에는 어디든지 반드시 조직이 있다. 큰 형체는 그보다 작은 요소들로 구성되어 있고 그 작은 요소들도 무한하게 나누어질 수 있는 더 작은 요소들로 구성되어 있다.

　단 하루만에 지음을 받은 자이며 또한 여러 종류의 오류에 빠지기 쉬운 자인 인간도 행동하기 전에 계획을 세운다. 그래서 아무 계획이나 목적 없이 행동하는 자를 가리켜 우리는 어리석은 자라고 한다. 어떤 일을 착수하기 전에 먼저 목표를 세우고 될 수 있는 대로 그 목표에 도달하려고 한다. 어떤 사람들이 아무리 이론적으로는 예정론을 반대한다 해도 일상생활에서 우리 모든 사람들은 실제적 예정론자들이다. 스미드(E. W. Smith)의 말과 같이 "지혜로운 사람은 그가 성취하고자 하는 목표를 먼저 결정한다. 그 다음에 그 목표를 성취하기 위한 최선의 수단을 정한다. 건축가는 건축을 시작하기 전에 그 건축의 아주 작은 부분에 이르기까지 세밀하게 그려진 설계도를 작성한다. 하나의 기초석을 놓기 전에 건축가의 머리 속에는 이미 그 건축물이 완성되어 있다. 그와 같이 상업가, 법률가, 농부 등 판단력과 지성을 갖춘 모든 사람들은 어떤 일을 시작하기 전에 이미 세밀한 계획을 세운다. 그런 다음 그들은 이미 세워진 목표를 따라 활동하며 그들의 유한한 능력이 미치는 한 예상했던 계획을 성취한다."[9]

우리들의 사업이 크면 클수록 계획을 갖는 것이 더욱 중요하다. 그렇지 않으면 우리들의 사업은 실패로 돌아간다. 아무 계획도 없이 기선을 건조하고 철도를 부설하며 국민을 다스리려고 하는 사람이 있다면 그는 틀림없이 정신병자로 간주될 것이다. 나폴레옹은 러시아를 침략하기 전에 그 군대의 진로, 퇴로, 장비, 식량, 기타 전반에 관하여 상세한 계획을 세웠다고 한다. 그것은 인간의 유한한 능력과 지혜가 미치는 한 최선의 계획이었다. 만약 나폴레옹의 선견(先見)이 완전하고 그의 지배가 절대적이었다면 그의 계획은 곧 그 종군(從軍)한 전군대의 행동 전부에 대한 예정이라고 해도 좋을 것이다.

만일 이상의 원리가 인간에게 참되다면 하나님께서는 더욱 그러하실 것이다. "무제정(無制定)의 우주가 불합리하고 무섭기는 마치 급행열차가 불을 켜지 않고 기관사도 없이 게다가 바로 다음 순간에는 심연 속으로 돌입할는지도 모르는 불안을 가진 채 암흑 가운데로 달려가는 것과 같다"고 고돈(A. J. Gordon)은 말하였다. 따라서 우리는 하나님께서 실행하실 모든 일에 대하여 계획도 없이 우주를 창조하셨을 것이라고는 생각할 수 없다. 성경은 하나님의 섭리적 통치가 우주 만사에 주도면밀하게 미치는 것과 같이 그의 계획도 또한 포괄적임을 가르친다. 하나님이 절대적 계획을 세우시고 또한 우주 만사를 그 계획대로 진행시킨다는 것은 그의 완전성의 한 면을 말함이 된다. 그가 우주에 실현하실 계획을 갖고 계시다는 것을 인정함은

---

9) *The Creed of Presbyterians*, p. 159.

곧 예정론을 인정하는 것이다. 댑니(Dabney)는 말하기를 "하나님의 계획이 단일한 것은 그 계획의 수행에서 이해할 수 있다. 즉 한 사건의 원인은 다른 사건의 결과가 되고 그 결과는 다시 다른 사건의 원인이 된다. 이처럼 한 사건이 다른 사건에 미치는 영향은 상호 교착(交錯)하여 무한히 내려간다. 이리하여 전체의 복합적인 결과는 모든 부분들의 집성(集成)으로 이루어진다. 천계에서 한 개의 유성을 제거하게 되면 기타 모든 별의 평형과 궤도가 다소라도 변경될 것이라고 천문학자들이 상상하는 것과 같이 이 계획에 있어서도 한 사건의 실패는 직간접적으로 전체를 혼란케 할 것이다" 라고 하였다.[10]

만일 하나님께서 사건의 전과정을 예정하시지 않고 다만 어떤 미확정적 조건들의 성취나 결국을 기다리시는 것이라면 그가 처음 정하신 것은 영원도 불변도 될 수 없을 것이다. 그러나 우리는 하나님은 오류가 없으시고 또한 뜻밖의 방해로 말미암아 혼란을 당하시는 일이 없으시다는 것을 잘 안다. 그의 왕국은 천계에 있고 그는 만물을 통치하신다. 그러므로 그의 계획은 역사의 전역에 있어서 매사를 포함하지 않으면 안되는 것이다.

지극히 작은 사건일지라도 하나님의 계획 안에 포함된 것으로서 그 존재 사명이 있다. 예를 들면 인간 누구에게든지 그의 인생 행로를 바꾸어 놓은 어떤 "우발적인 사건"이 있게 마련이다. 이 "우발적인 사건"의 결과가 또 다른 "우발적인 사건"을 야기시켜 그 영향력을 부단히 확대 해가면서 역사의 전역으로 퍼진다. 한 마리의 거위의 울음 소리가 로마를 구원하였다는 전설을 우리는 잘 알고 있다. 그것이 역사적 사실이든 아니든 한 가지의 좋은 예가 됨은 틀림없다. 만일 거위가 적의 기습을 본영에 전달할 책임이 있는 파수꾼들의 깊이 든 잠을 깨우지 않았더라면 로마는 패망하였을 것이고 이에 따라 역사는 근본적으로 달라졌을 것이다. 어떤 대장이 출전하였을 때 적이 발사한 탄환이 일 인치 빗나갔기 때문에 그가 죽지 않고 살아

---

10) *Theology*, p. 214.

서 승리하여 결국 한 나라의 대통령이 된 일이 있다. 그가 바로 조오
지 워싱톤이었다. 만일 그 적군이 조금 가까운 거리에서 발사하였다
면 미국의 역사는 어떻게 되었을까? 시카고의 화재(A.D. 1871)로 말
하면 그 대도시의 태반을 불태웠는데 발화의 원인은 암소 한 마리가
등불을 차서 깨뜨렸기 때문이라고 한다. 만일 그때 이 암소의 뒷다
리의 동작이 잠깐만 지체되었다면 이 대화재는 일어나지 않았을 것
이다.

"지극히 큰 사건에 대한 관리는 보다 작은 사건에 대한 관리를 포
함하지 않으면 안된다. 그것은 큰 사건이 작은 사건들로 이루어진다
는 이유에서만이 아니고 지극히 작고 약한 일이 얼마나 종종 중대한
일을 결정짓는 추축이 되는지 역사가 증명하기 때문이다. 거미 한
마리의 꾸준한 노력이 낙심하고 있는 사람에게 암시를 주어 그로 하
여금 일국의 운명을 결정하는 노력을 하도록 만들었던 것이다. 다시
말하면 스코틀랜드의 역사를 예정하신 하나님께서는 브루스(Robert
Bruce)를 절망에서 구출한 작은 곤충에 지나지 않는 거미의 행동까
지 계획하시고 관장하셨던 것이다."[11] 이런 예화는 얼마든지 있다.

펠라기안파는 하나님에게 계획이 있다는 것을 부인한다. 알미니안
파는 하나님에게는 총괄적인 계획은 있어도 특정적 계획은 없다고
말한다. 그러나 칼빈주의자는 하나님은 모든 시대의 모든 사건을 포
함하는 특정적 계획을 가지고 계시다고 말한다. 영원하신 하나님께
서 앞으로 발생할 모든 사건을 예정하신 영원한 계획을 갖고 계시다
는 것을 인정할 때 칼빈주의자는 단순히 그는 신이시요 모든 인간적
제약으로부터 전혀 자유하신 분이신 것을 인정하는 것이다. 그의 행
위가 목적을 갖는다는 점에서는 인간과 같지만 그의 계획이 전지하
시고 그의 실행이 전능하시다 는 점에서는 인간과 같지 않은 인격적
존재자이심을 칼빈주의자는 인정한다. 또한 그들은 우주를 하나님의
창조력의 산물로 보며 그의 영광스러운 완전성을 드러내 보이시는

---

11) *The Creed of Presbyterians, p. 160.*

극장으로 보고 또한 그 모든 형태와 역사에 있어서 가장 미세한 부분에 이르기까지 피조의 목적과 상응하지 않으면 안될 것이라고 본다.

19세기 대표적 삼대 칼빈주의 신학자 중 한 사람이었던 워필드(B. B. Warfied)박사는 그의 "예정"에 관한 계몽적 논문에서 말하기를 "성경의 기자들은 하나님의 계획은 전우주의 사물을 포괄할 만큼 광범위할 뿐 아니라 가장 세미한 부분에까지 관계할만큼 치밀하여 장래 발생할 모든 사건에 있어서 불가피적 확실성을 가지고 그 자체를 실현할 것으로 보았다. 천지의 주재이신 그의 무한한 예지(叡智)에 있어서는 각 사건은 명확히 그의 영원한 계획의 전개에 있어서 당연한 위치에 맞아 떨어진다. 아무리 작고 아무리 기이한 것이라도 그의 명령 없이 혹은 그의 계획에 있어서의 그 독자적 위치에 합치하는 일이 없이는 발생되지 않는다. 그리하여 이런 것들의 일체의 귀결은 하나님의 영광을 드러내고 하나님께 대한 찬양을 누적시키는 것이다. 이는 구약(신약과 마찬가지로)의 우주론이니, 시간적 세계에서의 발전인 발생하는 일체의 사건에 대한 절대적 작정 혹은 절대적 목적 혹은 절대적 계획 안에서 구체적 통일을 획득하는 세계관이다."12)

철저한 유신론의 본질은 하나님이 우주에 대한 계획을 가지셨다는 것과 그가 창조하실 만물의 행동을 예지하셨다는 것과 또한 그의 전포괄적 섭리로 우주 전체를 통치하신다는 것이다. 만일 그가 어떤 고립적인 사건만을 예정하셨다면 자연계 또는 인간계에 혼잡한 사태가 발생됨에 따라 그는 자기의 하시고자 하는 바를 성취하기 위하여 부단히 새로운 계획을 세우지 않으면 안될 것이다. 그렇게 된다면 그의 세계 통치는 마치 임기응변적 수선사업처럼 되고 말 것이다. 그는 단지 막연하게 통치할 수 있을 뿐이고 미래에 대해서는 무식한 자가 될 수 밖에 없다. 그러나 바른 신관을 가진 사람이라면 한 사람도 하나님의 본래 계획에 포함되어 있지 않은 우발적인 사건이 발생

---

12) *Biblical Doctrines*, pp. 13,22.

할 여지를 주기 위하여 하나님이 부단히 그 마음을 변경시키지 않으면 안된다는 것과 같은 일은 믿지 않을 것이다. 만일 그의 계획의 완전성이 부인된다면 무신론을 저지할 수 있는 장벽은 무너지고 마는 것이다.

하나님이 세계를 창조하신 것은 우주를 창조하지 않으면 안된다는 필연성에 의해서가 아니고 전혀 그의 자유로 그렇게 하신 것이다. 그가 창조하기로 결정하셨을 때 그에게는 가능한 계획들이 무수히 많았다. 그런데 그 계획들 중에서 실제로 현재 우리가 처해 있는 이런 세계를 창조하시기로 결정하신 것이다. 그가 이런 세계를 창조하시고자 했을 때 그는 이 세계 질서 안에 포함될 온갖 종류의 사건들을 완전히 알고 계셨기 때문에 이 세계 안에서 발생할 모든 사건을 명확히 예정하셨다. 따라서 우리는 그의 계획의 결정을 하나님의 예정 혹은 예지라고 말하는 것이다.

인간의 범죄들도 이 계획에 포함되었으나 이 범죄들은 예지된 동시에 허용되었고 또한 그 정확한 위치에 있다. 이 범죄들은 하나님의 영광을 위하여 관리되고 처리된다. 우리가 성경을 통하여 명확히 아는바와 같이 인류 역사상 최악의 범죄인 그리스도의 십자가 사건은 하나님의 계획 중에 정확하고도 필연적인 위치를 차지하고 있다(행 2:23, 4:28). 십자가를 통한 구속 방법은 하나님께서 인간의 타락으로 인하여 실패하시고 낙심하신 후에 임시로 고안하신 것이 아니고 영원전부터 예정하신 목적대로 예수 그리스도 안에서 이루신 것이다(엡 3:11). 베드로는 말하기를 대속적 희생으로서의 그리스도는 창세 전에 예지되셨다(벧전 1:20)고 하였고, 또한 에베소서 1장 4절에 신자들은 창세 전에 피택되었다고 하였으며, 디모데후서 1장 9절에 우리는 우리의 행위대로 구원된 것이 아니고 영원 전에 그리스도를 통하여 우리에게 주신 그의 목적과 은혜로 말미암아 구원되었다고 하였다. 만일 그리스도의 정사와 그의 속죄적 희생사역이 하나님의 영원하신 계획 속에 포함되었다면 이 희생을 필연적으로 있게 만든 아담의 타락과 기타 죄과들이 비록 아름답지 못한 부분이긴 하지만 그의 계획 중에 원시로부터 포함되었었던 것만은 틀림없는 사실이다.

인류 역사는 아주 작은 부분까지도 하나님의 영원하신 목적을 전개하는데 불과하다. 하나님의 모든 제정(制定)들(decrees)은 우발적인 사건이 발생함에 따라 계속적으로 만들어지는 것들이 아니라 본래부터 하나님의 전포괄적 계획을 형성하는 각 부분들이다. 따라서 우리는 하나님께서 전에 생각지 않으셨던 계획을 새로 내놓으신다거나 또는 어떤 불의의 일을 하신다고 생각해서는 안될 것이다.

하나님의 어떤 한 목적이 이미 성취된 다른 한 목적의 성과 혹은 인간의 행위의 부산물인 것같이 보여지는 묘사를 성경에서 많이 볼 수 있다. 그러나 이것이 예정론에 배치되는 것은 아니다. 왜냐하면 성경은 통속어로 기록되었기 때문에 실제로는 그렇지 않은 것이라도 문구상에는 그런 것같이 묘사되어 있는 것이다. 예를 들면 "땅 사방(四方)"(사 11:12)이나 "땅의 기초"(시 104:5)와 같은 것들이다. 그러나 아무도 이것을 땅(지구)에 정사각형이라거나 혹은 어떤 기초 위에 세워져 있다는 것을 의미한다고는 생각지 않는다. 우리는 보통 "해가 뜬다" 또는 "해가 진다"고 말할 때 이것을 태양의 움직임으로 이해하는 것이 아니라 지구의 자전 현상으로 이해한다. 그와 같이 성경에 "하나님이 뉘우치셨다"고 했는데 그것은 하나님께서 이미 행하신 어떤 과오를 뉘우치신다는 의미가 아니고 그의 행위의 과정을 인간의 견지에서 볼 때 마치 그가 뉘우치시는 것같이 보여진다는 의미이다. 그뿐 아니라 성경에 "하나님의 손" "하나님의 팔" "하나님의 눈" 등의 묘사가 있는데 이것은 하나님을 인간에 비유하여 말한 의인법(擬人法)에 불과하다. "후회"라는 말은 엄밀한 의미에서 하나님에게는 해당되지 않음을 성경은 말하였으니 "하나님은 인생이 아니시니 식언치 않으시고 인자가 아니시니 후회가 없으시도다"(민 23:19)라고 하였으며 "이스라엘의 지존자는 거짓이나 변개함이 없으시되 그는 사람이 아니시므로 결코 변개치 않으심이니이다"(삼상 15:29)라고 하였다.

　우리가 이 위대한 계획을 숙고해 볼 때 이것을 만드시고 집행하시는 하나님의 측량할 수 없는 지혜와 무한한 능력을 찬송케 되는 것이다. 그리스도를 믿는 자에게 있어서 이보다 더 큰 만족과 희락이 있을까? 우주의 전 과정이 천국을 건설하고 하나님의 영광을 나타내기 위한 것임을 아는 것과 우리 자신은 하나님의 사랑과 자비를 풍성히 받도록 만들어졌다는 것을 아는 것보다 더 큰 만족과 희락은 없을 것이다.

성경의 증거

(1) 하나님의 계획은 영원하다.

딤후 1:9. 하나님이 우리를 구원하사 거룩하신 부르심으로 부르심은 우리의 행위대로 하심이 아니요 오직 자기 뜻과 영원한 때 전부터 그리스도 예수 안에서 우리에게 주신 은혜대로 하심이라.

시 33:11. 여호와의 도모는 영영히 서고 그 심사는 대대에 이르리로다.

사 37:26. 내가 어찌 듣지 못하겠느냐 이 일들은 내가 태초부터 행한 바요 상고부터 정한 바로서 이제 내가 이루어 너로 견고한 성을 헐어 돌무더기가 되게 하였노라.

사 46:9-10. 나는 하나님이라 나 같은 이가 없느니라 내가 종말을 처음부터 고하며 아직 이루지 아니한 일을 옛적부터 보이고 이르기를 나의 모략이 설 것이니 내가 나의 모든 기뻐하는 것을 이루리라 하였노라.

살후 2:13. 하나님이 처음부터 너희를 택하사 성령의 거룩하게 하심과 진리를 믿음으로 구원을 얻게 하심이니

마 25:34. 그때에 임금이 그 오른편에 있는 자들에게 이르시되 내 아버지께 복 받을 자들이여 나아와 창세로부터 너희를 위하여 예비된 나라를 상속하라.

벧전 1:20. 그는 창세 전부터 미리 알리신 바 된 자나 이 말세에 너희

를 위하여 나타내신 바 되었으니

렘 31:3. 나 여호와가 옛적에 이스라엘에게 나타나 이르기를 내가 무궁한 사랑으로 너를 사랑하는 고로 인자함으로 너를 인도하였다 하였노라.

행 15:18. 즉 예로부터 이것을 알게 하시는 주의 말씀이라 함과 같으니라.

시 139:16. 내 형질이 이루기 전에 주의 눈이 보셨으며 나를 위하여 정한 날이 하나도 되기 전에 주의 책에 다 기록이 되었나이다.

(2) 하나님의 계획은 불변한다.

약 1:17. 빛들의 아버지께로 내려오나니 그는 변함도 없으시고 회전하는 그림자도 없으시니라.

사 14:24. 만군의 여호와께서 맹세하여 가라사대 나의 생각한 것이 반드시 되며 나의 경영한 것이 반드시 이루리라.

사 46:10-11. 내가 종말을 처음부터 고하며 아직 이루지 아니한 일을 옛적부터 보이고 이르기를 나의 모략이 설 것이니 내가 나의 모든 기뻐하는 것을 이루리라 하였노라 내가 동방에서 독수리를 부르며 먼 나라에서 나의 명령을 이룰 사람을 부를 것이라 내가 말하였은즉 정녕 이룰 것이요 경영하였은즉 정녕 행하리라.

민 23:19. 하나님은 인생이 아니시니 식언치 않으시고 인자가 아니시니 후회가 없으시도다 어찌 그 말씀하신 바를 행치 않으시며 하신 말씀을 실행치 않으시랴.

말 3:6. 나 여호와는 변역지 아니하나니 그러므로 야곱의 자손들아 너희가 소멸되지 아니하느니라.

(3) 하나님의 계획은 인생의 미래의 행동들을 포함한다.

단 2:28. 오직 은밀한 것을 나타내실 자는 하늘에 계신 하나님이시라 그가 느부갓네살 왕에게 후일에 될 일을 알게 하셨나이다.

요 6:24. 예수께서 믿지 아니하는 자들이 누구며 자기를 팔 자가 누군지 처음부터 아심이러라.

마 20:18,19. 우리가 예루살렘으로 올라가나니 인자가 대제사장들과 서기관들에게 넘기우매 저희가 죽이기로 결안하고 이방인들에게 넘겨주어 그를 능욕하며 십자가에 못 박게 하리니 제3일에 살아나리라.

역시 이하의 모든 구절들을 보라.

미 5:2과 마 2 :5-6 및 눅 2:1-7 대조

시 22:18과 요 19: 24 대조

시 69:21과 요 19: 29 대조

슥 12:10과 요 19: 37 대조

막 14:30과 슥 11:12-13 및 마 27:9-10 대조

시 34:19-20과 요 19:33-36 대조

(4) 하나님의 계획에는 우연적 또는 요행적 발생사까지 포함된다.

잠 16:33. 사람이 제비는 뽑으나 일을 작정하기는 여호와께 있느니라.

욘 1:7. 그들이 서로 이르되 자 우리가 제비를 뽑아 이 재앙이 누구로 인하여 우리에게 임하였나 알자 하고 곧 제비를 뽑으니 요나에게 당한지라.

행 1:24-26. 저희가 기도하여 가로되 뭇 사람의 마음을 아시는 주여 이 두 사람 중에 누가 주의 택한신바 되어 봉사와 및 사도의 직무를 대신할 자를 보시옵소서……제비 뽑아 맛디아를 얻으니……

욥 36:32. 그는 번개 빛으로 그 두 손을 싸시고 그것을 명하사 폿대를 맞추게 하시나니.

왕상 22:28,34. 미가야가 가로되 왕이 참으로 평안히 돌아오시게 될진대 여호와께서 나로 말씀하지 아니하셨으리이다……한 사람이 우연히 활을 당기어 이스라엘 왕의 갑옷 솔기를 쏜지라.

욥 5:6. 재앙은 티끌에서 일어나는 것이 아니요 고난은 흙에서 나는 것이 아니라.

막 14:30. 예수께서 가라사대 내가 진실로 네게 이르노니 오늘 이 밤

닭이 두번 울기 전에 네가 세번 나를 부인하리라.
창 37:28, 45:5과 삼상 9:5-10, 15-16 대조

(5) 어떤 사건은 불가피적으로 발생하도록 고정되었다.
눅 22:22. 인자는 이미 작정된 대로 가거니와 그를 파는 그 사람에게
는 화가 있으리로다 하시니
요 8:20. 이 말씀은 성전에서 가르치실 때에 연보궤 앞에서 하셨으나
잡는 사람이 없으니 이는 그의 때가 아직 이르지 아니하였음이러
라.
마 24:36. 그러나 그 날과 그 때는 아무도 모르나니 하늘의 천사들도
아들도 모르고 오직 아버지만 아시느니라.
창 41:32. 바로께서 꿈을 두번 겹쳐 꾸신 것은 하나님이 이 일을 정하
셨음이라 속히 행하시리니
합 2:3. 이 묵시는 정한 때가 있나니 그 종말이 속히 이르겠고 결코 거
짓되지 아니하리라 비록 더딜지라도 기다리라 지체되지 않고 정녕
응하리라.
눅 21:24. 저희가 칼날에 죽임을 당하며 모든 이방에 사로잡혀 가겠고
예루살렘은 이방인의 때가 차기까지 이방인들에게 밟히리라.
렘 15:2. 그들이 만일 네게 말하기를 우리가 어디로 나아가리요 하거
든 너는 그들에게 이르기를 여호와의 말씀에 사망할 자는 사망으
로 나아가고 칼을 받을 자는 칼로 나아가고 기근을 당할 자는 기근
으로 나아가고 포로될 자는 포로 됨으로 나아갈지니라 하셨다하
라.
욥 14:5. 그 날을 정하셨고 그 달 수도 주께 있음으로 그 제한을 정하
여 넘어가지 못하게 하셨사온즉.
렘 27:7. 열방이 그와 그 아들과 손자를 섬기리라. 그의 땅의 기한이
이르면 여러 나라와 큰 왕이 그로 자기를 섬기게 하리라.

 (6) 인간의 범죄들까지도 하나님의 계획에 포함되었고 하나님의 관리

를 받는다.

창 50:20. 당신들은 나를 해하려 하였으나 하나님은 그것을 선으로 바
꾸사 오늘과 같이 만민의 생명을 구원하게 하시려 하셨나니

사 45:7. 나는 빛도 짓고 어두움도 창조하며 나는 평안도 짓고 환난도
창조하나니 나는 여호와라 이 모든 일을 행하는 자니라 하였노라

암3:6. 성읍에서 나팔을 불게 되고야 백성이 어찌 두려워하지 아니하
겠으며 여호와의 시키심이 아니고야 재앙이 어찌 성읍에 임하겠느
냐.

행 3:18. 그러나 하나님이 모든 선지자의 입을 의탁하사 자기의 그리
스도의 해 받으실 일을 미리 알게 하신 것을 이와 같이 이루셨느니
라.

마 21:42. 건축자들의 버린 돌이 모퉁이의 머릿돌이 되었나니

롬 8:28. 우리가 알거니와 하나님을 사랑하는 자 곧 그 뜻대로 부르심
을 입은 자들에게는 모든 것이 합력하여 선을 이루느니라.

제4장
하나님의 주권

　생각이 있는 사람은 어떤 주권이 자기의 생명을 관할하고 있다는 사실을 쉽게 이해할 것이다. 사람은 세상에 출생하고 싶은지 아닌지 혹은 언제 어디서 무엇으로 출생하고 싶은지 따위의 질문을 받는 일이 없다. 다시 말하면 20세기에 출생하고 싶은지 아니면 고대 홍수 전에 출생하고 싶은지, 백인으로 출생하고 싶은지 흑인으로 출생하고 싶은지, 미국에서 출생하고 싶은지 중국에서 출생하고 싶은지 따위의 질문을 받고 태어나는 사람은 아무도 없다. 역대 그리스도인들은 하나님은 우주의 창조자시요 통치자로서 피조물 가운데서 발견되는 모든 능력의 궁극적 원천이심을 인정해 왔다. 그러므로 그의 주권적 의지를 떠나서는 아무 일도 발생할 수 없는 것이다. 이 진리를 자세히 살펴 볼 때 우리는 그것이 칼빈주의의 입장을 확정하고 알미니안주의의 입장을 반박하는 이유를 포함하고 있다는 사실을 알게 될 것이다.

　하나님은 만물을 창조하셨기 때문에 만물의 절대적 소유자 또는 궁극적 지배자가 되신다. 그는 단순히 총괄적 영향만 미치는 것이 아니고 그 창조하신 세계를 실제로 통치하신다. 땅의 모든 거민(居民)은 하나님의 위대성에 비해 볼 때 티끌만도 못하며 하나님의 뜻이나 사업이 저지(沮止)되기 보다는 오히려 태양의 운행이 중지되는 편이 쉬울 것이다. 우리가 보기에 실패한 것 같고 모순된 것 같은 인간사에 있어서도 하나님은 자기의 주권을 실현하심에 있어 하등의 방해를 받지 않으신다. 인간의 사악한 행동 역시 그의 허용 아래서만 일어날 수 있다. 그러면서도 이것은 타의적 허용이 아니고 자의적 허용이기 때문에 발생하는 모든 일은(인간 행동과 궁극적 운명까지도 포함하는) 어떤 의미에서 하나님이 의도하시고 목적하신 것에 반드시 일치할 것이다. 이런 진리가 부인되면 부인될수록 하나님은 우주 통치에서 제외될 것이다. 물론 여기에는 우리의 현 지식 상태로서는 완전히 해결할 수 없는 난제들이 발생한다. 그러나 그것이 성경과 이성이 증거해 주는 진리를 거부할 근거는 되지 못하는 것이다.

만일 이 세상의 왕의 권력이 그 나라의 법이라면 하나님의 말씀이 하나님 나라의 율법인 것은 두 말할 필요도 없다. 예컨대 그리스도인들은 말세에 각 사람이 싫든 좋든 간에 그 무릎을 주 앞에 꿇게 되고 모든 혀로 그리스도가 주시라고 고백하여 아버지 하나님께 영광을 돌릴 큰 날이 확실히 도래할 것을 알고 믿는다. 성경은 하나님을 우주 통치의 보좌에 앉으신 전능의 신으로 표현한다. 그는 태초부터 종말을 아시고 그 종말을 달성하는데 사용될 수단도 아신다. 또한 그는 우리가 구하고 생각하는 것보다도 훨씬 풍성하게 우리를 대우해 주신다. 불가능이란 "만사를 다 하실 수 있는" 하나님에게는 있을 수 없는 것이다(마 19:26, 막 10:27). 그러나 이 말은 하나님이 자기의 성품에 위배되는 일을 행하신다거나 또는 모순을 범할 수도 있다는 것을 의미하지 않는다. 망령된 말이나 다른 어떤 도덕적 비행도 그에게는 불가능하다. 그는 2에 2를 더하여 5를 만든다거나 또는 차바퀴를 회전시키면서 동시에 정지시키는 일 등은 못하신다. 그의 거룩하심이 그가 하시는 모든 일은 선하고 아름답다는 것을 보증해 주는 것과 같이 그의 전능하심은 세계의 과정이 그의 계획에 일치한다는 것을 확실히 보증해 준다.

신약에서만이 아니라 구약에서도 똑같이 하나님의 주권 교리는 철저하게 전개되어 있다. 워필드(Warfield) 박사는 구약에서 발견되는 주권 교리에 관하여 "만유의 전능하신 창조주는 또한 그 창조한 만물의 절대적 통치자로서 표시된다"고 말하였다. 계속해서 그는 "성경 기자들은 '비가 온다'와 같은 표현을 거의 사용하지 않고 본능적으로 하나님께서 비를 주신다는 표현을 사용했다. 즉 우연이나 요행의 가능성이 전혀 배제되어 있다. 심지어 제비를 뽑는 일까지도 하나님의 결정을 얻어내기 위해 지정된 방법이었다(수 7:16, 14:2, 18:6, 삼상 10:19, 욘 1:17). 모든 일은 예외 없이 하나님으로 말미암아 배치되고 하나님의 뜻이 발생되는 모든 일의 궁극적 이유이다. 천지와 그 안에 있는 모든 것은 그가 자기의 목적을 달성하기 위해 사용하시는 방편들에 불과하다. 자연도 국가도 각 개인의 운명도 그 전체의 변화 속에서 하나님의 뜻을 드러내고 있다. 바람은 그의 사자이고 불길은 그의 종이다. 모든 자연적 발생사는 그의 행위이다. 번영은 그의 선물이요 어떤 사람에게 재앙이 내렸다면 그것을 하신 이도 하나님이시다(암 3:5-6, 애 3:33-38, 사 47:7, 전 7:14, 사 54:16). 사람들이야 알든지 모르든지 그 발걸음을 인도하시는 이는 하나님이시다. 사람을 흥하게 하거나 망하게 하는 것도 하나님이시요 그 마음을 열거나 강퍅케 하는 것도 하나님이시요 사람의 마음의 생각과 의향을 창조하시는 이도 하나님이시다"[13]라고 말하였다.

우리는 하나님께서 원하시면 죄인도 회개시키실 수 있다는 것을 믿는다. 전능자 즉 우주의 전능하신 통치자가 그가 지은 피조자의 성격을 변화시키지 못하시겠는가? 그는 가나에서 물을 포도주로 변하게 하셨고 다메섹 도상에서 사울을 개종시키셨다. 문둥병자는 "주여 당신이 하고자 하시면 나를 깨끗케 하시리이다"라고 말하였으며 그의 문둥병은 주님의 말씀한 마디로 깨끗케 되었다. 주는 인간의 육체를 깨끗하게 하실 수 있는 것과 같이 영혼도 깨끗하게 하실 수 있다. 이리하여 우리는 만일 하나님께서 하고자 하시면 무수한 목사

---

13) *Biblical Doctrinec, art, Predestination, p. 9.*

선교사 전도자 등 각양의 사역자를 홍수와 같이 일으켜서 삽시간에 전세계를 회심시키는 일도 가능하다고 믿는다. 만일 그가 실제로 전 인류를 구원하실 목적을 가지셨다면 그들을 교육하고 또한 지상에서 초자연적 역사를 행하기 위해 천사의 무리를 보내실 수도 있고 또는 자기가 친히 각 사람의 마음에 역사하여 한 사람도 멸망당하지 않도록 하실 수도 있는 것이다. 악은 그의 허락아래서만 존재한다. 따라서 만일 그가 원하시기만 한다면 악을 말소해 버리실 수도 있는 것이다.

이런 권능을 그가 가지셨다는 것은 다음과 같은 사실에서 잘 나타나고 있다. 예를 들면 하룻밤 사이에 애굽의 모든 장자들을 살육하셨고(출 12:29), 또 하룻밤에 앗수르 군대 185,000명을 죽인 천사의 활동(왕하 19:35), 또 땅이 열려 고라와 그 당시의 반역배들을 삼켜 멸망시킨 일(민 16:31-33), 아나니아와 삽비라가 베드로의 말 한 마디에 엎드러져 죽은 것(행 5:1-11), 헤롯왕이 무서운 죽음을 당한 일(행 12:23)과 같은 것들이다. 이와 같은 하나님의 능력은 불변하신다. 그러므로 하나님이 최선을 다하여 인류와 투쟁하시지만 그의 목적 달성은 불가능하다고 생각하는 것은 하나님을 심히 모독하는 것이다.

하나님의 주권은 보편적이요 절대적이시지만 그저 맹목적인 힘의 주권이 아니고 무한한 예지와 성결 및 사랑이 결합된 주권이다. 그의 주권에 대한 교리는 바로 알기만 하면 가장 큰 위로와 확신을 우리에게 준다. 누가 자기의 인생을 무한한 능력과 지혜를 가지신 거룩하고 자애로우신 하나님의 손에 맡기기 보다 운명이나 우연 또는 자연 법칙이나 천박하고 비뚤어진 자아에게 맡기기를 원하겠는가? 하나님의 주권을 거부하는 자들은 그들이 달리 택할 것이 무엇인지를 고려해 볼 필요가 있다. 그러면 우주의 만물은 어떻게 통치되며 어떻게 인도되는가? "자기의 아름다운 뜻에 따라 모든 일을 행하시는 하나님의 목적에 의하여" 되어 나가는 것이다. 현대는 인간 의지의 자율성을 허용하기 위해서 하나님의 주권과 예정에 관한 교리를 파기하는 경향이 있다. 한편으로는 인간의 교만과 자만, 또 한편으로는 무지와 타락, 이것이 인간으로 하여금 될 수 있는 한 하나님을 제외시키고 자리를 고양시키려고 한다. 이 두 경향이 합하여 대다수의 사람들로 하여금 칼빈주의 교리보다 알미니안주의 교리를 더 따르게 하는 것이다.

하나님의 중요한 의도가 때에 따라서는 방해를 받아 실패될 수도 있고 또한 유죄한 피조물에 지나지 않는 인간이 전능하신 하나님의 계획에 대해 거부권을 행사할 수도 있다고 주장하는 알미니안주의는 성경의 사상과 위배된다. 즉 성경은 하나님을 인간의 약점이라고는 하나도 갖지 않으신 분으로서 무한히 고양시키고 있다. 인간은 약하기 때문에 실현하지 못하는 바가 있지만 하나님은 지혜, 능력, 기타 모든 것에 있어서 무한하시므로 예견되지 않은 불의의 사건이 일어날 수 없다. 따라서 그에게는 변경시켜야 할 원인이 있을 수 없다. 하나님의 계획이 실패로 돌아갈 수 있다든지 혹은 그의 노력이 헛수고가 되는 일이 있다고 생각한다면 그것은 하나님을 피조물의 수준으로까지 끌어내리는 처사이다. 다음의 하나님의 주권에 관한 성경 구절을 참조하기로 한다.

성경의 증거

단 4:35. 땅의 모든 거민을 없는 것 같이 여기시며 하늘의 군사에게든지 땅의 거민에게든지 그는 자기 뜻대로 행하시나니 누가 그의 손을 금하든지 혹시 이르기를 네가 무엇을 하느냐 할 자가 없도다.

렘 32:17. 슬프도소이다 주 여호와여 주께서 큰 능과 드신 팔로 천지를 지으셨사오니 주에게는 능치 못한 일이 없으시니이다.

마 28:18. 예수께서 나아와 일러 가라사대 하늘과 땅의 모든 권세를 내게 주셨으니.

엡 1:22. 또 만물을 그 발아래 복종하게 하시고 그를 만물 위에 교회의 머리로 주셨느니라.

엡 1:11. 모든 일을 그 마음의 원대로 역사 하시는 자의 뜻을 따라 우리가 예정을 입어 그 안에서 기업이 되었으니.

사 14:24-27. 만군의 여호와께서 맹세하여 가라사대 나의 생각한 것이 반드시 되며 나의 경영한 것이 반드시 이루리라…… 만군의 여호와께서 경영하셨은즉 누가 능히 그것을 폐하며 그 손을 펴셨은즉 누가 능히 그것을 돌이키랴.

사 46:9,10,11. 너희는 옛적 일을 기억하라 나는 하나님이라 나 외에 다른 이가 없느니라 나는 하나님이라 나 같은 이가 없느니라 내가 종말을 옛적부터 보이고 이르기를 나의 모략이 설 것이니 내가 나의 모든 기뻐하는 것을 이루리라 하였노라. 내가 동방에서 독수리를 부르며 먼 나라에서 나의 모략을 이룰 사람을 부를 것이라. 내가 말하였은즉 정녕 이룰 것이요 경영하였은즉 정녕 행하리라.

창 18:14. 여호와께 능치 못한 일이 있겠느냐 기한이 이를 때에 내가 네게로 돌아오리니 사라에게 아들이 있으리라.

욥 42:2. 주께서는 무소불능하시오며 무슨 경영이든지 못 이루실 것이 없는 줄 아오니.

시 115:3. 오직 우리 하나님은 하늘에 계셔서 원하시는 모든 것을 행하셨나이다.

시 135:6. 여호와께서 무릇 기뻐하시는 일을 천지와 바다와 모든 깊은 데서 다 행하셨도다.

사 55:11. 내 입에서 나가는 말도 헛되이 내게로 돌아오지 아니하고 나의 뜻을 이루며 나의 명하여 보낸 일에 형통하리라.

롬 9:20-21. 이 사람아 네가 뉘기에 감히 하나님을 힐문하느뇨 지음을 받은 물건이 지은 자에게 어찌 나를 이같이 만들었느냐 말하겠느냐 토기장이가 진흙 한 덩이로 하나는 귀히 쓸 그릇을 하나는 천히 쓸 그릇을 만드는 권이 없느냐.

제5장
하나님의 섭리

"하나님의 섭리의 활동이란 그의 피조물과 그 일체의 행동을 가장 거룩하고 가장 지혜롭고 가장 능력 있게 보존하시고 지배하시는 일이다"(소요리문답 제11문의 답). 성경은 분명히 하나님 이외의 모든 존재는 하나님으로 말미암아 창조되었고 존속된다고 가르친다. 하나님은 그 능력의 말씀으로 만물을 유지하신다(히 1:3). 그는 만물보다 먼저 계시고 만물은 그로 말미암아 보존된다(골 1:17). "오직 주는 여호와시라 하늘과 하늘들의 하늘과 일월 성신과 땅과 땅 위의 만물과 바다와 그 가운데 모든 것을 지으시고 다 보존하시오니 모든 천군이 주께 경배하나이다"(행 17:28). "곧 만유의 아버지시라 만유 위에 계시고 만유를 통일하시고 만유 가운데 계시도다"(엡 4:6).

성경은 전체를 통하여 자연 법칙과 역사의 과정과 또한 개인의 모든 운명을 항상 하나님의 섭리적 관할에 귀속시킨다. 하늘에 있는 것이나 땅에 있는 것이나 스랍들로부터 미생물에 이르기까지 하나님의 절대적 섭리에 의하여 질서가 유지된다. 하나님과 만물의 관계는 사려가 깊지 못한 성경 독자들은 범신론적 결론으로 인도될 수도 있을만큼 긴밀하다. 그러나 각 개인의 인격과 제2 원인은 하나님으로부터 독립한 것으로서가 아니고 하나님의 계획 가운데 바른 위치를 갖고 있는 것으로서 인정되는 것이다. 성경 기자는 또한 이 내재적 교리와 아울러 신의 초월적 교리도 서술하고 있다.

그러나 하나님의 섭리에 관한 한 우리는 하나님이 인간사(人間事)와 자연의 운행에 있어서 미소한 일에 이르기까지 긴밀하게 관계하고 계시다는 사실을 이해하여야 할 것이다. 핫지(Charles Hodges)는 "어떤 일이 하나님의 지배 안에 포괄되기에는 너무 크다든지 혹은 그에게 인지되기에는 너무 작은 일이라든지 혹은 무수히 많은 특수 사건이 하나님의 주의력을 교란(攪亂) 시킨다고 상상하는 것은 하나님의 절대성을 망각한 소치이다. 태양에게 있어서는 어느 한 지점에 그 빛을 비추는 일이나 전공간에 그 빛을 가득 채우는 일이나 양자가 다 한 가지로 용이하다. 하나님은 오직 한 장소에 계시는 것과 같이 모든 곳에 계시며 오직 한 일에 유의하시는 것과 같이 모든 일에 유의하신다"고 말하였다. 그는 또 "하나님은 풀잎 하나 하나에 계시는 동시에 북두칠성(Arcturcs)의 행로를 인도하시고 별들을 큰 군대와 같이 통수하시며 또한 그 하나 하나의 이름을 아신다. 또한 각 개인의 영혼에 내재하시어 그에게 오성(悟性)을 주시고 재능을 부여하시며 그 안에서 역사하시어 그로 하여금 의욕하게 하시고 작위(作爲)하게 하신다. 인간의 심정은 그의 수중에 있어 그는 마치 유수를 변동시키듯 그것을 변동시킨다"14)고 하였다.

우리 각 개인이 언제 어디서 어떠한 환경 아래서 백인으로 혹은 흑인으로 지혜자로 혹은 우매자로 남자로 혹은 여자로 출생하고 생활하고 사망할 것이냐 하는 것을 하나님께서 작정하신다고 함은 거의 보편적으로 용인된 진리이다. 하나님은 구원의 은혜를 베푸시는 일에 있어서도 역시 주권적이시다. 그는 자기의 것을 가지시고 자기가 하시고 싶은 것을 하신다. 어떤 사람에게는 부요를, 어떤 사람에게는 명예를, 어떤 사람에게는 건강을, 어떤 사람에게는 음악 웅변 예술 이재(理財) 정치의 재능을 각각 부여하신다. 어떤 사람은 빈곤 무

---

14) *Systematic Theology, I. p. 583.*

명 비천하게 태어나서 질병에 걸려 비참한 생활을 보낸다. 어떤 사람은 기독교적 환경에서 출생하여 복음의 모든 특전에 참여하고 어떤 사람은 이교적 암흑 가운데 출생하여 죽는데 이른다. 믿음으로 구원에 들어가는 자가 있고 또한 믿지 않는 가운데서 멸망하는 자리에 이르는 자가 있다. 이처럼 개인의 선택의 결과가 아닌 외부적 요인이 사람의 생애와 영원한 운명을 상당히 결정한다. 성경과 우리 인류의 일상적 경험은 하나님이 어떤 이들에게는 주시지 않는 것을 다른 이에게는 주신다는 사실을 우리에게 가르쳐준다. 만일 하나님은 왜 그렇게 하실까? 하나님은 왜 전 인류를 구원치 않으시는가? 라고 누가 질문한다면 이에 대한 유일한 대답은 예수께서 "옳소이다 이렇게 된 것이 아버지의 뜻이니이다"라고 하신 말씀 가운데서 찾을 수 있다. 오직 인류의 타락과 구속에 관한 성경의 교리만이 우리의 주변에서 볼 수 있는 여러 가지 사건에 대한 해답을 줄 것이다.

　어떤 선물―영적 선물이든 지상 선물이든―을 받는 자는 순전히 은혜에 의해서 그것을 받는 것이다. 그리고 또한 그것을 받지 못하는 자로 말하면 하나님께서 그에게 그것을 주시기를 꺼리신 때문이요 그것을 부여할 의무가 하나님에게 있는 것은 아니다. 민족도 개인과 마찬가지로 그들의 거주 한계를 정하시며 그들의 운명을 지배하시는 하나님의 수중에 있는 것이다. 하나님은 사람이 막대기나 지팡이를 조종하는 것과 같이 절대적으로 그들을 지배하신다. 그들은 하나님의 수중에 있고 하나님은 자기의 목적 달성을 위하여 그들(국가나 개인)을 사용하신다. 하나님은 그의 선하신 뜻대로 그들을 도공(陶工)의 그릇과 같이 부수시기도 하시며 혹은 위대한 민족으로 만들기도 하신다. 그는 평화와 풍년, 부와 행복을 주시고 혹은 전쟁, 흉년, 한발, 질병의 황폐를 보내기도 하신다. 그러한 모든 일들은 하나님의 목적을 위하여 사용된다. 하나님은 자기가 창조하신 우주의 단순한 방관자가 아니시다. 그는 어디에나 계셔서 활동하시며 존재하는 모든 것을 지지(支持)해 주는 근원이시요 지배력이시다.

　참새는 그 값이 싸고 이리저리 제 마음대로 날아다니며 아무것에도 구속되지 않은 듯이 보이지만 천부의 허락이 없이는 땅에 떨어지는 일이 없다. 하나님의 섭리는 그것이 어느 나무 가지에 앉으며 무슨 곡식을 쪼아먹으며 어디에서 자며 어디에 깃들이며 무엇을 먹고 살며 어디에서 죽을는지를 일찍이 작정하셨다.[15]

하늘에서 떨어지는 모든 빗방울이나 눈송이, 움직이는 모든 곤충, 자라나는 모든 식물, 공중에 떠다니는 작은 먼지들, 이 모든 것이 어떤 원인으로 말미암아 발생되었으며 확실한 결과를 가져올 것이다. 이 하나 하나가 사건 연결의 한 고리로서 역사상 큰 사건의 대부분은 이런 무의미한 듯한 일들로부터 발생된 것이다.

모든 사건들은 예정된 목적을 향하여 진전해가고 있는 것이다. 그래서 워필드 박사는 "아브라함의 종을 영접하기 위하여 리브가를 우물로 나오게 한 것이나(창 24), 혹은 요셉을 애굽으로 보낸 것이나(창 45:8, 50:20), 혹은 바로의 딸을 갈대 사이의 상자로 인도한 것이나(출 2:), 한 여인이 맷돌 윗짝을 던져 아비멜렉의 머리를 깨뜨린 것이나(삿 9:53), 어떤 사람이 우연히 활을 당기어 이스라엘 왕을 쏜 일(왕상 22:34) 등은 모두 우발적인 사고가 아니다. 모든 역사적 사건은 그 배후에 있는 하나님의 계획을 질서정연하게 수행하기 위한 한 항목인 것이다. 그래서 역사가는 번개 빛을 명하여 적군을 격퇴하시는 하나님(욥 36:32)의 역사에 있어서의 임재를 부단히 감지(感知)한다"[16] 고 말하였다.

맥카트니(Clarence E. Macartney) 박사는 "제군은 큰 정거장에서 게시판에 금속성 연필이 나타나서 벽에 큰 글자로 기차의 발차시간을 쓰는 것을 볼 것이다. 그 금속성 연필은 마치 저 혼자서 글을 쓰는 것같이 보인다. 그러나 우리는 보이지 않는 어떤 사무실에서 사람의 손이 그 연필을 조종하고 있다는 것을 안다. 이와 같이 우리들의 생활에 있어서도 우리들은 우리 스스로가 생각하고 선택하고 작정하는 것처럼 보이지만 우리들의 운명의 직물(織物)에는 다른 실

---

15) Toplady, *Preface to Zanchius' Predestination,* p. 14.
16) *Biblical Doctrines,* p. 14.

(絲)—우리들의 베틀에서 짜낸 것이 아닌—이 있어서 그것이 아무리 사소한 사건일지라도 중대한 사건의 결과에 있어서 그 일익을 담당하게 되는 것이다"라고 말하였다.

성경은 이 섭리적 지배가 보편적이고 능력이 있고 지혜롭고 성결하다고 반복해서 가르쳐준다. 그러나 이 섭리적 지배가 어떻게 해서 인간의 자유행동과 조화를 이루는지에 대해서는 가르쳐주지 않는다. 다만 우리 인간이 반드시 알아야 할 것은 하나님이 자기의 창조물을 통치하신다는 것과 그것들을 통치하시는 하나님의 통치가 창조물의 성질을 무시하지도 않으면서 동시에 하나님 자신의 순결하심과 우월하심에 일치된다는 것이다. 하나님이 외부적 유인(誘因) 수단을 주시기 때문에 사람은 자기의 본성에 따라 행동하면서도 하나님이 그에게 하고자 하시는 바를 정확히 행하게 되는 것이다. 이것은 인간의 책임과 관계된 것이므로 이하 자유행동에 관한 글에서 상론하기로 한다.

인간의 도덕적 책임감과 의존감 또한 위험에 부딪히면 하나님께 구원을 호소하는 것 등은 하나님이 세계를 통치하신다는 신념이 얼마나 보편적이고도 구체적인가를 잘 나타내준다. 결론적으로 이처럼 우리 인생의 일상생활 전반에 걸쳐 하나님의 섭리적 통치가 있음은 인정하면서 무수한 영혼의 운명은 맹목적 기회 혹은 나약하고 죄 많은 피조물에 지나지 않는 인간의 불확실한 우연한 생각에 달려있다고 주장한다면 과연 그것이 합리적인 주장이라고 생각되는가.

성경의 증거

이상이 성경의 섭리론인것은 분명하다. 철학적 견지에서 이 교리를 부인한 많은 사람들도 이를 인정하고 있다. 이하에서 모든 사건은 하나님이 지정하신 위치와 목적을 가지고 있다는 것과 하나님의 섭리는 우주적이라는 것 따라서 하나님은 그의 계획의 완전한 실현을 확보하신다는 것을 보여주는 성경의 증거를 제시하고자 한다.

(1) 자연계와 물질계

나 1:3. 여호와의 길은 회리바람과 광풍에 있고 구름은 그 발의 티끌이로다.

출 9:26. 이스라엘 자손의 거한 고센 땅에는 우박이 없었더라.

마 5:45. 이는 하나님이 그 해를 악인과 선인에게 비취게 하시며 비를 의로운 자와 불의한 자에게 내리우심이니라.

창 41:32. 하나님이 이 일을 정하셨음이라 속히 행하시리니……(애굽에 흉년은 자연 법칙으로 된 것처럼 생각될 수도 있으나 요셉은 말하기를 하나님이 이 일을 작정하시고 이루신 것이라고 하였다.)

암 4:7. 또 추수하기 석달 전에 내가 너희에게 비를 멈추어 어떤 성읍에는 내리고 어떤 성읍에는 내리지 않게 하였더니 땅 한 부분은 비를 얻고 한 부분은 비를 얻지 못하여 말랐으며

행 14:17. 하늘로서 비를 내리시며 결실기를 주시는 선한 일을 하사 음식과 기쁨으로 너희 마음에 만족케 하셨느니라.

사 40:12. 누가 손바닥으로 바다 물을 헤아렸으며 뼘으로 하늘을 재었으며 땅의 티끌을 되에 담아 보았으며 명칭으로 산들을 간칭으로 작은 산들을 달아보았으랴

(2) 동물계

마 10:29. 참새 두 마리가 한 앗시리온에 팔리는 것이 아니냐 그러나 너희 아버지께서 허락지 아니하시면 그 하나라도 땅에 떨어지지 아니하리라.

마 6:26. 공중의 새를 보라 심지도 않고 거두지도 않고 창고에 모아들이지도 아니하되 너희 천부께서 기르시나니 너희는 이것들 보다 귀하지 아니하냐.

단 6:22. 나의 하나님이 이미 그 천사를 보내어 사자들의 입을 봉하셨으므로 사자들이 나를 상해치 아니하였사오니.

시 104:21. 젊은 사자가 그 잡을 것을 쫓아 부르짖으며 그 식물을 하나

님께 구하다가.

창 31:9. 하나님이 이같이 그대들의 아버지의 짐승을 빼앗아 내게 주셨느니라.

(3) 민족의 생활과 역사

단 4:17. 곧 인생으로 지극히 높으신 자가 인간 나라를 다스리시며 자기의 뜻대로 그것을 누구에게든지 주시며 또 지극히 천한 자로 그 위에 세우시는 줄을 알게 하려 함이니라 하였느니라.

사 40:15. 보라 그에게는 열방이 통의 한 방울 물 같고 저울의 적은 티끌 같으며 섬들은 떠오르는 먼지 같으니.

대상 16:31. 열방 중에서는 이르기를 여호와께서 통치하신다 할 지로다.

시 47:7. 하나님은 온 땅에 왕이심이라 지혜의 시로 찬양할지어다.

단 2:21. 그는 때와 기한을 변하시며 왕들을 폐하시고 왕들을 세우시며…….

시 33:10. 여호와께서 열방의 도모를 폐하시며 민족들의 사상을 무효케 하시도다.

수 21:44. 그 모든 대적이 그들을 당한 자가 하나도 없었으니 이는 여호와께서 그들의 모든 대적을 그들의 손에 붙이셨음이라.

삿 6:1. 이스라엘 자손이 또 여호와의 목전에 악을 행하였으므로 여호와께서 칠년동안 그들을 미디안의 손에 부치시니.

암 3:6. 성읍에서 나팔을 불게 되고야 백성이 어찌 두려워하지 아니하겠으며 여호와의 시키심이 아니고야 재앙이 어찌 성읍에 임하겠느냐.

합 1:6. 보라 내가 사납고 성급한 백성 곧 땅의 넓은 곳으로 다니며 자기의 소유 아닌 거할 곳을 점령하는 갈대아 사람을 일으켰나니.

(4) 개인의 전 생활

잠 21:1. 왕의 마음이 여호와의 손에 있음이 보의 물과 같아서 그가 임의로 인도하시느니라.

시 37:23. 여호와께서 사람의 걸음을 정하시고 그 길을 기뻐하시나니.

잠 16:9. 사람이 마음으로 자기의 길을 계획할지라도 그 걸음을 인도하시는 자는 여호와시니라.

약 4:15. 너희가 도리어 말하기를 주의 뜻이면 우리가 살기도 하고 이것 저것을 하리라 할 것이거늘.

롬 11:36. 이는 만물이 주께서 나오고 주로 말미암고 주에게 돌아감이라.

고전 4:7. 누가 너를 구별하였느뇨 네게 있는 것 중에 받지 아니한 것이 무엇이뇨 네가 받았은즉 어찌하여 받지 아니한 것 같이 자랑하느뇨.

시 34:7. 여호와의 사자가 주를 경외하는 자를 둘러 진치고 저를 건지시는 도다.

단 3:17. 만일 그럴 것이면 왕이여 우리가 섬기는 우리 하나님이 우리를 극렬히 타는 풀무 가운데서 능히 건져내시겠고 왕의 손에서도 건져내시리이다.

시 118:6. 여호와는 내 편이시라 내게 두려움이 없나니 사람이 내게 어찌할꼬.

사 64:8. 여호와여 주는 우리 아버지시니이다 우리는 진흙이요 주는 토기장이시니 우리는 다 주의 손으로 지으신 것이라.

스 8:31. 우리 하나님의 손이 우리를 도우사 대적과 길에 매복한 자의 손에서 건지신지라.

느 4:15. 하나님이 저희의 꾀를 폐하셨으므로 우리가 다 성에 돌아와서 각각 역사하였는데.

출 11:7. 이스라엘 자손에게는 사람에게나 짐승에게나 개도 그 혀를 움직이지 않으리니 여호와가 애굽 사람과 이스라엘 사이에 구별하는 줄을 너희가 알리라 하셨느니라.

행 18:9. 밤에 주께서 환상 가운데 바울에게 말씀하시되 두려워하지 말며 잠잠하지 말고 말하라 내가 너와 함께 있으매 아무 사람도 너를 대적하여 해롭게 할 자가 없을 것이니.

(5) 인간의 자유행동

빌 2:13. 너희 안에서 행하시는 이는 하나님이시니 자기의 기쁘신 뜻을 위하여 너희로 소원을 두고 행하게 하시나니.

출 12:36. 여호와께서 애굽 사람으로 백성에게 은혜를 입히게 하사 그들의 구하는 대로 주게 하시므로 그들이 애굽 사람의 물품을 취하였더라.

스 7:6. 이 에스라가 바벨론에서 올라왔으니 이스라엘 하나님 여호와께서 주신 모세의 율법에 익숙한 학사로서 그 하나님 여호와의 도우심을 입음으로 왕에게 구하는 것은 다 받는 자더니.

스 6:22. 여호와께서 저희로 즐겁게 하시고 또 앗수르 왕의 마음을 저희에게로 돌이켜 이스라엘의 하나님이신 하나님의 전 역사하는 손을 힘있게 하도록 하셨음이었느니라.

겔 36:27. 또 내 신을 너희 속에 두어 너희로 내 율례를 행하게 하리니 너희가 내 규례를 지켜 행할지라.

(6) 인간의 사악한 행동

행 4:27-28. 헤롯과 본디오 빌라도는 이방인과 이스라엘 백성과 합동하여 하나님의 기름부으신 거룩한 종 예수를 거스려 하나님의 권능과 뜻대로 이루려고 예정하신 그것을 행하려고 이 성에 모였나이다.

요 19:11. 예수께서 대답하시되 위에서 주지 아니하셨더면 나를 해할 권세가 없었으리니……

삼하 16:10-11. 저가 저주하는 것은 여호와께서 저에게 다윗을 저주하라 하심이니 네가 어찌 그리하였느냐.

시 76:10. 진실로 사람의 노는 장차 주로 찬송하게 될 것이요 그 남은 노는 주께서 금하시리이다.

출 14:17. 내가 애굽 사람들의 마음을 강팍케 할 것인즉 그들이 그 뒤를 따라 들어갈 것이라. 내가 바로와 그 모든 군대와 그 병거와 마병을 인하여 영광을 얻으리니.

(7) 우발적 사건 또는 요행적 사건

제3장 (4)항을 보라 (p.44).

제6장
하나님의 예지

하나님의 예정에 대한 알미니안파의 반대는 하나님의 예지에 대해서도 같은 힘을 발휘한다. 하나님의 예지하시는 것은 그 성질상 예정되어 있는 것과 같이 확정적이 아니면 안된다. 만일 예정이 인간의 자유행동과 모순된다면 예지도 또한 마찬가지일 것이다. 예정은 사건들을 확정시키는 것이고 예지는 사건이 확정적인 것을 전제로 한다.

그리하여 만일 미래의 사건이 하나님에게 예지되어 있다면 그것이 하나님의 지식과 반대로 변할 수 있는 가능성은 전혀 없다. 만일 미래의 사건이 하나님에게 예지되어 있다면 마치 기관차가 뉴욕에서 시카고까지 궤도를 달려감과 같이 역사는 그 결정적인 과정을 밟아나가게 될 것이다. 하나님의 예정 교리를 부인하는 알미니안 교리는 예지의 유신론적 근거도 부인하는 셈이다. 아무 사건이나 그것이 물리적으로든지 심리적으로든지 혹은 다른 어떤 방법에 의해서든지 미리 결정되어 있지 않으면 예지되기가 어렵다는 것은 상식으로도 이해할 수 있는 일이다. 우리는 여기서 미래의 사건의 확정성을 결정하는 것이 지혜와 자비가 풍부하신 천부의 예지이겠느냐? 아니면 맹목적인 자연적 운명의 역사이겠느냐? 라는 두 가지 질문 중에서 어느 하나를 택하지 않으면 안될 최후 단계에까지 이르렀다.

소시니안파(Socinians)와 유니테리언파(Unitarians)는 알미니안파(Arminians)파만큼 복음적은 아니지만 이 점에 있어서는 좀더 철저하다. 즉 그들은 하나님의 예정을 부정한 후 하나님이 자유행동자의 행동을 예지하신다는 것까지도 부인한다. 그들은 어떤 사람이 어떻게 행동할는지는 그 사람이 실제로 어떻게 할 것을 결정하기까지는 알 수 없는 것이라고 주장한다. 물론 이 견해는 성경의 예언을 기껏해야 기민한 추측쯤으로 격하시킴으로써 성경의 영감에 관한 역사적 기독교 교리를 파괴한다. 이 견해는 한번도 공인된 기독교회의 지지를 받은 일이 없는 것이다. 어떤 소시니안파 사람과 유니테리언파 사람들은 그들이 인간의 미래 행동에 관한 하나님의 확실한 예지를 부인하게 된 이유는 만일 그것을 승인한다고 하면 칼빈주의적 예정론을 부인할 수 없게 되기 때문이라고 정직하게 고백하고 있다.

많은 알미니안주의자들은 이상의 변론의 위력을 감지하였다. 그리하여 그들은 하나님의 예지를 부인함에 있어서 유니테리언 주의자들을 추종하지 않으면서도 할 수만 있다면 예지를 부인하려는 의사가 있음을 표명하였다. 어떤 사람은 이 교리는 그렇게 필요하지 않으니 그것을 믿든지 안믿든지 별로 큰 문제가 되지 않는다고 한다. 어떤 사람은 예정을 시인하는 것보다 예지를 부인하는 편이 낫다고 말한다. 또한 어떤 사람은 하나님은 인간을 자유롭게 하기 위하여 인간의 행동 중 어떤 부분에 대한 지식은 스스로 간과 하신다고 까지 말한다. 그러나 이것은 명백히 하나님의 전지성을 파괴하는 일이다. 어떤 사람은 하나님의 전지는 마치 하나님의 전능이 하나님이 하시고자 하시면 어떤 것이든지 다하실 수 있다는 것과 같이 만일 하나님이 아시고자 하시면 어떤 것이든지 다 아실 수 있다는 단순한 가능성을 의미하는 것이라고 말한다. 그러나 이것은 공정한 비교가 아니다. 왜냐하면 무엇이든지 원하시면 다하실 수 있고 또한 다 아실 수 있는 것과 같은 행동은 일의 성질상 아직 미래에 속한 것이라고 말할 수 있겠으나 그것은 단순한 가능성이 아니고 현실성이며 그들의 행동을 하나님이 모르신다고 하는 것은 하나님의 전지를 부인하는 일이 되기 때문이다. 이 설명은 우리에게 "전지하지 못하는 전지"라는 불합리를 말하는 것뿐이다.

알미니안주의자는 하나님의 예지 교리에 대한 변론에 직면할 경우 미래사의 확정성 혹은 불변성을 승인하지 않을 수 없다. 그러나 인간의 자유행동력 문제를 논하게 될 경우 인간의 행동들은 불확정한 것으로써 궁극적으로 사람의 선택에 의존하는 것이라고 주장할 수밖에 없게 된다. 이것은 분명 모순이다. 인간의 자유행동이 불확정하다고 주장하는 견해는 인간의 자유를 보존하기 위하여 하나님의 주권을 희생시키는 것이 된다.

그뿐 아니라 만일 영원전에 인간의 행동이 그 자체에 있어서 불확정하다고 하면 하나님은 그 계획을 수립함에 있어서 먼저 사건이 그 성과를 얻기까지 기다려야 할 것이다. 그렇다면 하나님이 한 영혼을 회개시키려고 하실 때에는 마치 나폴레옹이 전쟁을 시작하는 것과 같은 상태—여러 개의 계획을 복안으로 가지고서 첫째 계획이 실패하면 둘째 계획으로, 둘째 계획이 실패하면 셋째, 넷째로 연이어 시도하려는 것과 같은 상태—에서 일 하실 것이라고 생각하게 될 것이다. 이런 경우에는 하나님의 우주 통치도 확정성이 없으므로 예측할 수 없는 인간의 행동에 따라 좌우될 것이니 이는 하나님의 성품을 잘못 판단한 것이다.

하나님의 예지와 그 불변성의 완전을 부인하는 것은 하나님을 그의 창조물로 말미암아 자주 좌절되고 패배 당하는 불행한 존재로 제지할 뿐이다. 그러나 누가 이 위대하신 여호와가 사람 앞에서 "사람이 무엇을 하려는가"라고 자문하면서 앉아 기다리지 않으면 안된다고 생각할 것인가? 알미니안주의는 하나님의 예지를 부인하지 않는 한 극히 논리적인 칼빈주의 앞에 무방비 상태로 서 있는 셈이다. 왜냐하면 미래의 사건에 대한 예지는 그 사건들의 정확성을 포함하고 정확성은 예정을 포함하기 때문이다.

이사야 선지자를 통하여 주께서 말씀하시기를 "내가 종말을 처음부터 고하며 아직 이루지 아니한 일을 옛적부터 보이고 이르기를 나의 모략이 설 것이니 내가 나의 모든 기뻐하는 것을 이루리라 하였노라"(사 46:10)고 하였다. 또 시편 139편 2절에 "당신이 멀리서부터 나의 생각을 통촉하시오며"라고 하였고, 사도행전 15장 8절에 "또 마음을 아시는 하나님"이라고 하였고, 히브리서 4장 13절에 "지으신 것이 하나라도 그 앞에 나타나지 않음이 없고 오직 만물이 우리를 상관하시는 자의 눈 앞에 벌거벗은 것 같이 드러나느니라"고 하였다.

하나님의 예정에 대한 이해가 어려운 까닭은 인간의 이성이 유한하므로 일시에 몇몇 부분밖에 깨달아 알지 못하고 또한 그 사이에 있는 관계 중 겨우 일부분 밖에 이해할 수 없기 때문이다. 우리는 시간적 피조자이기 때문에 종종 하나님은 우리처럼 제한을 받지 않으신다는 사실을 잊어버린다. 우리에게 있어서 "현재" "미래" "과거"로 생각되는 것이 하나님의 심경에는 다 현재이니 즉 영원의 "지금"이다. 하나님은 "지존무상하여 영원히 거하며"(사 57:15), "주의 목전에는 천년이 지나간 어제 같으며 밤의 한 경점 같을 뿐임이니이다"(시 90:4). 그러면 시간 안에서 생기는 사건은 영원전부터 하나님이 지정하시고 또한 자기 앞에 제정하여 놓아 두었던 것임에 틀림없다. 시간은 유한한 피조물의 특성일 뿐이지 하나님과는 상관없다. 하나님은 시간 위에 계시고 시간을 보시긴 하지만 시간의 제한을 받지 않으신다. 그는 공간의 제한도 받지 않으시며, 공간은 다만 유한한 피조물의 또 하나의 특성에 지나지 않는다. 뉴욕에서 샌프란시스코간의 도로를 지날 때 우리는 그것을 부분적으로 밖에 볼 수 없지만 하나님은 그 모든 코스를 한 눈에 보실 수 있다. 그처럼 하나님은 과거 현재 미래의 역사상 모든 사건들을 한번에 다 보시는 것이다. 역사의 전 과정이 영원의 "지금"으로서 하나님 앞에 있다는 것 또한 하나님이 모든 유한적 존재의 창조자시라는 것을 인식한다면 예정론을 보다 쉽게 이해할 수 있을 것이다.

하나님이 미래의 사건에 관한 작정을 세우지 않으셨다면 창조 전에는 그것에 관한 확정이 전혀 불가능했을 것이다. 오직 하나님이 그 작정을 결정하신 때에만 사건들은 비로소 있을 수도 있고 없을 수도 있는 가능성의 범주(範疇)에서 확실히 있을 것이라는 실현에의 범주로 옮겨질 것이다. 이 불변성 또는 확정성은 하나님의 뜻에만 그 근거를 둔다. 왜냐하면 영원에는 하나님 이외의 어떤 사람도 존재하지 않았기 때문이다. 댑니(R. L. Dabney) 박사는 말하기를 "어떤 목적이 하나님의 가능성의 환영(幻影)으로부터 실제의 예지로 옮길 수 있는 유일한 방법은 하나님이 친히 그것을 수행하기로 뜻하시거나 혹은 하나님이 분명히 존재케 하시려고 작정하신 어떤 능인(能因)에 의하여 그것을 수행할 것을 임의적, 목적적으로 정하시는데 있다. 이것은 다음 사실에서 더욱 분명하다. 가능성(posse)에서 생각되는 어떤 결과는 하나의 동력인 또는 다수 활동원인의 힘에 의하여 비로소 현실화하게 되는 것이다. 하나님이 그 본원적(本元的) 절대적 예지의 입장으로부터 장래를 내다보았을 때는 오직 한 원인 즉 하나님 자신만이 있었던 것이다. 만일 어떤 다른 원인이나 능인이 나타난다면 그것은 하나님의 행동력에 의한 것이 아니면 않될것이다. 만일 다른 능인들이 산출하려는 결과들이 하나님의 예지 가운데 포함되어 있다면 하나님은 그들 모든 능인들을 존재케 하려고 의욕하시는데서 이미 사실상 그 모든 결과들을 존재케 하려고 의욕하시며 기도하신 것이다"[17]라고 하였다.

　침례교 신학자 스트롱(A. H. Strong) 박사도 역시 말하기를 "창세전에는 우주의 미래적 존재의 원인은 하나님 자신 이외에 아무 것도 없었다. 창세전에 하나님은 세계의 창조와 그 법칙의 제정이 세계의 실제 역사를 가장 미세한 점에 이르기까지 확정성이 되게 할 것을 예견하셨다. 이리하여 하나님은 이 창조와 법칙의 제정을 결정하셨고 이에 따라 필연적으로 미래의 일체를 결정하셨다. 간단히 말하면 하나님은 창조를 결정하셨으므로 우주의 전미래적 사건 일체를 확정

---

17) *Theology*, p. 212.

적으로 예견하셨다. 그런데 이 창조의 결의(決意)는 창조의 모든 실제적 결과에 관한 결의까지도 포함한다. 다시 말하면 하나님은 창조의 전결과를 결정하셨다"고 하였다.

예지와 예정을 혼동해서는 안된다. 예지는 예정을 전제로 하지만 예지 그 자체가 예정은 아니다. 자유행동자인 인간의 행동은 그것이 예지되었기 때문에 일어나는 것이 아니고 예정되어 확실히 일어날것이므로 예지되는 것이다. 그러므로 스트롱 박사는 말하기를 "논리적으로(시간적으로가 아니라) 결정은 예지 전에 있는 것이다. 내가 '나는 내가 할 바를 안다'고 말할 경우 내가 벌써 무엇을 하기로 결의하였다는 것 또한 내 지식이 결의에 선행하는 것이 아니라 도리어 결의에 수종하고 거기에 근거한다는 것이 분명히 드러난다" [18]고 하였다.

하나님의 예지는 완전하다. 그러므로 하나님은 처음부터 개개인의 운명을 알고 있다. 하나님의 예지란 다만 현세에서 사람이 무엇을 하기로 작정하기 전에 그것을 미리 아신다는 것을 의미하는 것이 아니다. 하나님은 인간 창조 이전부터 인간의 운명을 아신다. 그러므로 분명히 구원받을 자나 멸망 당할 자나 다 같이 하나님의 계획을 성취하는 것이다. 만일 어떤 자들의 멸망을 하나님이 계획하지 않으셨다면 그는 멸망당할 자들을 창조하시지 않았을 것이다.

결론적으로 하나님의 예지에 관한 교리는 하나님의 예정 교리도 증명해 준다는 것을 밝혀 말해 둔다. 어떤 사건이 예지되어 있는 이상 그것은 불변적이요 확정적인 사건이다. 영구적 결정의 제일 원인인 하나님의 소욕이 아니면 아무것도 역사의 사건들을 고정 또는 확정시킬 수 없다. 문제는 자유행동자의 행동이 확정되어 있다고 하는 점에 있으나 이 확정성은 예정과 마찬가지로 예지에 있어서도 똑같이 요구되는 것이다. 알미니안파의 변론은 만일 정당한 근거가 있다면 예정이나 예지나 다 같이 부인할 것이다. 그런데 그들은 너무 많

---

18) *Systematic Theology*, p. 357.

은 논증을 하기 때문에 우리는 결국 그들이 아무것도 논증하지 못한
다고 결론짓는 것이다.

제7장
여러 신앙사상 체계의 개요

그리스도를 믿음으로 구원 얻는 진리를 말하는 체계는 다음 세 가지뿐이다.

(1) 만인구원설……그리스도는 전인류를 위하여 죽으셨다. 그러므로 전인류는 금세에서나 내세에서나 모두 구원되지 않으면 안된다고 주장하는 이론이다. 이 견해는 우리 인간의 감정에 대해 가장 강한 호소력을 지니지만 이것은 비성경적임과 동시에 일찍이 조직된 어떤 교회도 이것을 지지한 적이 없다.

(2) 알미니안주의……그리스도는 인간 각 개인을 위하여-구원받을 자를 위함과 같이 멸망 받을 자를 위해서도-공평하고 무차별하게 죽으셨다. 그리고 선택은 하나님의 영원적 무조건적 행위가 아니다. 구원의 은혜는 누구에게나 제공된 것이다. 다만 그 은혜를 받고 안 받는 것은 인간의 의지에 달려 있다. 따라서 인간이 구원의 은혜를 거절하고 싶다면 성령의 중생의 능력도 거절할 수 있다. 구원의 은혜가 반드시 궁극적인 것은 아니다. 즉 하나님의 사랑를 받아 그리스도의 구속의 은혜를 받은 중생한 자라도(하나님이 그런 일이 생기지 않도록 끊임없이 바라시며 노력하심에도 불구하고) 이 모든 은혜를 다 저버리고 영원히 멸망될 수도 있는 것이다.

이와 같은 주장을 하는 알미니안주의를 근본적으로 살펴보면 결국 자력구원의 한 형태인 펠라기안주의의 부활이라고 볼 수 있다. 즉 칼빈주의를 추적해 들어가면 어거스틴주의에 이르는 것 같이 알미니안주의를 추적해 들어가면 펠리기안주의에 이른다. 그래서 대체로 알미니안주의를 펠리기안주의라고도 부르는데 그 이유는 알미니안주의의 여러 원리가 알미니우스가 출생하기 무려 1천2백여년 전에 이미 세상에 나왔기 때문이다. 펠라기안주의는 인간의 전적 부패와 효과적 은혜의 필요성을 부인하고 인간의 의지를 하나님의 의지 이상에 놓는다. "그 교리는 모든 사람이 싫어하는 타락 교리를 배척하고 인간의 자연적 취미만 만족시켰다. 사람이 자기의 자유 의지에 의하여 무결하고 성결하게 성장할 수 있으며 하나님의 은혜를 확보할 수 있고 또한 구원을 얻을 수 있다고 말하는 것은 오늘날 많은 사람들을 미혹하고 있는 것처럼 지금까지 많은 사람들을 미혹해온 교리이다."[19]

알미니안주의는 기껏해야 펠라기안의 체계와 어기스틴의 체계의 중간을 방황하면서 양자의 조화를 꾀해 보려고 하는 애매모호한 시도이다. 핫지(A. A. Hodge) 박사는 이에 대해 "다양한 형태요 융통자재한 타협적 체계"라고 언급하였다. 회심과 성화의 역사는 하나님의 은혜와 인간의 뜻이 협력하여 공동으로 달성하는 것이고 또한 인간은 하나님의 은혜를 수용할 수도 있고 거절할 수도 있는 주권적 권리를 가지고 있다는 것이 알미니안주의의 주요사상이다. 그것은 타락의 결과 인간은 무능력자가 되었지만 모든 능력을 전부 상실한 것은 아니라고 주장한다. 따라서 인간은 그 인격적 노력에 도움을 받기 위해서만 하나님의 은혜를 필요로 한다. 즉 그는 병은 들었지만 죽지는 않았다. 스스로 병을 고칠 수는 없으나 의사의 도움은 받을 수 있다. 이때도 자기의 뜻에 따라 의사의 도움을 받을 수도 있고 받지 않을 수도 있다. 이와 같이 인간은 자기의 구원문제를 해결함에 있어서 하나님과 협력할 능력을 갖고 있는 것이다. 이 견해는 하

---

19) *Warburton, Calvinism, p. 11.*

나님의 주권을 희생시켜 인간의 자유를 강조한다. 이 주의는 피상적으로는 성경적 권위를 갖고 있는 것처럼 보이나 실상은 그렇지 않으며 성경의 다른 부분들과 분명히 모순된다.

알미니안주의의 경향이 복음적 근거로부터 점점 타협하여 일탈(逸脫)한 사실은 역사가 명백히 증거 한다. 오늘날까지 알미니안주의 신학의 논리적 계통적 체계가 전혀 발전되지 못한 것도 이 때문이다. 이 주의가 감리교회 안에서 하나의 간단한 비공식적 25개조 신경을 이룬적이 있었으나 주도면밀하게 작성된 웨스트민스터 신앙고백과는 뚜렷하게 반대됨을 한 눈에 알아 볼 수 있다.

(3) 칼빈주의……모든 인간은 아담의 범죄 이후 전적으로 타락하였고 전적으로 무능력해졌다. 이들 중에서 하나님은 주권적으로 혹자는 그리스도를 통하여 구원 얻도록 선택하시고 혹자는 유기하신다. 그리스도는 대속의 죽음으로 하나님의 백성(택자들)을 구속하도록 보내심을 받았다. 성령은 택자들에게 이 구속을 유효하게 실현하신다. 이리하여 모든 택자들은 낙오됨이 없이 완전한 구원에 이른다. 이것이 칼빈주의의 주장이며 오로지 이 견해만이 성경과 일치하며 또 우리 인생의 경험과도 일치한다.

타락한 인간은 구원을 얻는데 공덕이 될만한 일을 함에 있어서는 전적으로 무능하게 되었으므로 그 영적 생활의 발전을 전혀 하나님의 은혜에 의존하게 된다고 칼빈주의는 주장한다. 알미니안주의의 주된 오류는 구속사업에 있어서의 하나님의 역할에 대한 인식 부족이다. 알미니안주의는 인간의 존엄과 능력을 칭송한다. 그러나 칼빈주의는 오로지 하나님의 전능과 은총을 찬양한다. 칼빈주의는 인간을 은총의 날개에 태워 가지고 초자연적 능력으로 비상(飛翔)시키기 위하여 먼저 굴욕과 절망의 심연 속으로 던진다. 알미니안주의가 죄인의 생태적(生態的) 자만을 우쭐하게 만드는 것이라면 칼빈주의는 회개하는 죄인들을 위한 복음이다. 사실 인간을 깎아 내리는 자보다 추켜 올리는 자가 중생되지 못한 심정에는 더욱 더 환영을 받게 된다. 오늘날 알미니안주의가 보다 더 대중적인 까닭이 여기에 있다.

그러나 칼빈주의는 그 가르치는 사실들이 아무리 냉혹하고 비타협적인 것 같이 보일지라도 진리에 기초하고 있는 것만은 틀림없는 사실이다. 언제나 양약은 입에 달지 않고, 입에 꿀처럼 단 것이 배에서는 쓰게 마련이다. 참으로 "십자가의 도가 멸망하는 자들에게는 미련한 것이요 구원을 얻는 자들에게는 하나님의 능력이다."[20]

사람은 자기의 특수한 감정과 의식을 도덕적 공리와 같이 당연시하여 부단히 자신을 기만한다. 어떤 사람에게는 거룩한 하나님은 죄가 세상에 들어 오는 것을 허락하실 수 없다는 것이 분명한 진리처럼 되어 있다. 그래서 그들은 하나님은 계시지 않다고 결론을 내린다. 또 어떤 사람에게는 자비가 풍성하신 하나님은 피조자인 인생의 일부가 영원토록 죄와 비참 가운데 빠져 있게 되는 것을 허락하실 수 없다는 것이 분명한 진리처럼 되어 있다. 이리하여 그들은 영벌의 교리를 부인한다. 어떤 사람은 무죄자가 유죄자로 벌을 받는 것은 부당하다고 단정하여 그리스도의 대속의 죽음을 부인한다. 또 어떤 사람은 인간의 행동은 확정적일 수 없고 하나님의 통치아래 묶여 있을 수 없다고 생각한다. 따라서 그들은 인간의 행동에 대한 하나님의 예정과 예지를 완전히 부인한다.

그러나 우리 인간은 성경을 떠나서 각자의 기호대로 기독교 사상을 발전시킬 자유가 없다. 강경하고도 열정적인 칼빈주의의 옹호자 핫지 박사는 말하기를 "그들의 여러 가지 신앙 사상체계 중 어느 것이 참된 것이냐 하는 문제는 어느 것이 우리 인간의 감정에 보다 더 쾌적하고 이성에 보다 더 진실하게 생각되느냐에 따라 판단해서는 안된다. 적어도 어느 것이 성경의 교훈 및 경험적 사실과 보다 더 일치하느냐에 따라 판단해야 한다. 모든 신학자는 자기의 이론을 반드시 성경의 권위 아래 복종시켜야 한다. 그래서 자기에게 진리라고 생각되거나 합리적으로 보이는 것을 진리라고 가르칠 것이 아니라 단순히 성경이 가르치는 것만을 가르쳐야 한다. 이것이 모든 신학자

---

20) *Mcfetridge, Calvinism in History, p. 136.*

들의 의무이다. 만일 각 개인의 강한 개인적 확신이 어떤 교리의 진위(眞僞)를 결정하거나 성경을 재단(裁斷)하도록 허용한다면 각 개인의 확신 여하에 따라 동일한 진리라도 서로 의미를 달리할 것이니 쟁론이 끝이 없고 어떤 진리도 확증될 수 없을 것이다"[21]고 하였다.

기독교 사상체계의 공통된 다른 모든 교리의 경우와 마찬가지로 칼빈주의의 특징적 교리도 또한 성경 어느 곳에든지 계통적으로나 완비된 형식으로 전개되어 있지 않다. 성경은 한 권의 조직신학 책이 아니고 다만 거기서 그러한 성전을 지을 석재(石材)를 채취할 수 있는 채석장이다. 성경은 우리에게 완비된 신학 체계의 서술을 주는 대신 우리가 계통을 세우고 유기적 관계로 조직하여 완성시키지 않으면 안될 일단의 소재(素材)들을 준다. 예를 들면 삼위일체, 그리스도의 인격 혹은 성경의 영감에 관한 교리의 공식적 서술은 성경 어느 곳에도 없다. 성경은 히브리 민족의 기원과 발전 또는 기독교의 발생에 대한 전말을 우리에게 전해 준다. 그런데 그 교리적 사실이 전혀 비논리적으로 서술되어 있다. 그러므로 그 교리적 사실을 분류하고 논리적으로 정리 배열하여 신학적 체계를 수립할 필요가 있다. 성경에 있는 소재가 신학적 체계로 정리되어 있지 않은 것은 자연계와 기타 영역에 있어서의 하나님의 조치와 일치한다. 하나님은 우리에게 완전히 발달된 생물학이나 천문학이나 정치학 등의 체계를 주시지 않았다. 다만 인간이 자연 사이에서 또는 경험으로 유기적 조직이 없는 모든 사실들을 발견할 뿐이다. 그리하여 우리는 이것을 우리의 힘이 미치는 데까지 최선을 다하여 하나의 체계로 발전시킬 책임이 있는 것이다. 그런데 이처럼 모든 교리가 조직적이거나 공식적 형태로 제시되어 있지 않기 때문에 그릇된 해석이 종종 발생하게 되는 것이다.

---

21) *Systematic Theology*, Ⅱ. pp. 356, 559, 531.

제8장
성경은 모든 사상체계를
비판할 최종 권위서이다

기독교인들 간의 모든 논쟁에 있어서 성경은 최고 법정으로 인정된다. 역사적으로 성경은 기독교계가 공통으로 인정해온 권위서이다. 우리는 성경이 조화있고 완비된 하나의 교리적 체계를 포함하고 있으며 성경의 전부분은 상호 일치한다는 것, 따라서 각 구절을 신중히 연구함으로써 이 조화를 추구해나가는 것이 우리의 의무라는 것을 믿는다.[22]

워버톤(Warburton)은 모든 교리들의 시비에 관하여 "성경이 최고 최종의 법정이다. 따라서 모든 교리를 성경 앞으로 가져 와서 성경으로 음미해 보지 않으면 안된다. 우리들의 신념의 진위(眞僞)는 하나님께서 그의 영감된 말씀을 통하여 우리에게 주신 무오(無誤)한 계시에서 설명되는 가르침과 일치하는가 혹은 차이가 나는가에 따라 판단되는 것이다. 칼빈주의에 대한 시비의 결정도 이 규준(規準)에 의하지 않으면 안된다. 마찬가지로 알미니안주의나 펠라기안주의도 이 규준에 의하여 음미되지 않으면 안된다. 우리의 모든 지론(持論)

---

22) *For the most exhaustive and scholarly treatment of the doctrines of Inspiration and Revelation, see Warfield, "The Inspiration and Authority of the Bible" 1948, edited by Dr. Samuel G. Craig.*

은 그것이 종교적인 지론이든 과학적인 지론이든 이 규준에 의해서만 결정되어야 한다. 왜냐하면 만약 우리의 지론이 성경과 일치하지 않는다면 그 속에는 공명이 없기 때문이다……우리는 하나님의 말씀이 무오한 축자 영감임을 믿는다. 우리는 성경이 유일한 권위서임을 지지하는 동시에 성경적 근거가 없는 교리는 무엇이나 참되지도 않고 본질적도 아님을 주장한다"[23]고 말하였다.

이 심오한 예정론의 진위는 오직 하나님의 계시에 의해서만 판정될 것이다. 자기의 관찰과 판단만 쫓는 사람은 아무도 하나님이 수행하고 계시는 계획의 기본 원리가 무엇인지 알 수 없다. 모든 철학적 사변과 추상적 추리들은 우리가 먼저 성경의 증거를 듣기 전까지는 무용한 것이다. 그리고 우리가 이 성경적 증거를 들을 때는 겸손히 복종하여야 한다. 이 일들이 과연 그런가 그렇지 않은가를 알기 위하여 매일 성경을 상고한 베뢰아 사람들과 같은 고귀한 성격을 가진 사람들이 더 많아지기를 희망한다.

본서에서 논의되는 교리마다 우리는 성경의 많은 증명-직접적 또는 간접적 증명, 더 이상 대답하거나 설명할 수 없는 증명-그 힘과 범위와 명확함에 있어서 반대편에서 들 수 있는 어떤 증명보다도 훨씬 더 우수한 증명을 제시하였다. 성경은 처음부터 끝까지 칼빈주의적 구원계획을 제시한다. 그래서 이 교리는 성경을 하나님의 말씀으로 받는 자에게 전혀 의문을 품을만한 여지가 없으리만큼 명료하게 가르쳐지고 있다. 이 교리들은 극히 인상적인 방법으로 설명되었고 또 그 표현 방법이 자연스럽고 단순해서 누구나 알아 볼 수 있게 되어 있다. 만일 어느 누가 하늘에 별이 있느냐고 묻는다면 우리는 하늘에는 무수한 별이 있다(시 8:3-4)고 대답할 것이며, 또 다시 바다에 고기가 있느냐고 묻는다면 우리는 바다에는 무수한 고기가 있다(시 104:25-27)고 대답할 것이며, 또 다시 산림 중에 수목이 있느냐고 물으면 우리는 산림 중에는 무수한 수목이 있다고 대답할 것이

---

23) *Calvinism*, p. 21.

다. 이와 같이 누가 우리에게 성경에 예정교리가 있느냐고 묻는다면 우리는 창세기에서부터 요한계시록까지 성경은 이 교리로 가득 차 있다고 대답할 것이다.

삼위일체, 그리스도의 신성, 성령의 인격, 인간의 유죄, 미래 심판의 실재와 같은 교리들이 성경적인 것은 이 교리들을 진리로 받아들이지 않는 자들까지도 부인하지 않는다. 합리론자나 고등비평가도 일반적으로 사도들이 복음적 칼빈주의적 교리를 믿고 가르쳤다는 것과 성경 주석상의 규칙을 엄밀히 적용한다면 사도들의 서술이 다른 어떤 해석도 허락하지 않는다는 것을 인정한다. 다만 그들은 그들 자신이 사도들의 권위를 수용하지 않으면 안된다는 것을 생각지 않을 뿐이다. 예를 들자면 그들은 사도들의 신앙을 "미개한 시대의 그릇된 관념"으로 돌린다. 그러나 그것이 이 교리들이 발견되는 모든 구절들을 비평적으로 해석해 볼 때 이 교리 이외에 다른 어떤 의미도 발견할 수 없다고 말하는 그들의 증언의 가치를 손상시키는 것은 아니다. 합리주의자는 성경이 이 교리들을 가르치고 있긴 하지만 그러나 성경은 우리에 대해서 아무 권리도 가지지 못한다고 말하는데 그래도 그것은 성경의 교훈을 믿는다고 공언하면서 성경의 논증의 능력을 교묘히 회피하는 고등비평가의 억설보다는 훨씬 낫다. 칼빈주의 교리를 가지고 알미니안파가 제시하는 성경 구절들을 해석하는데는 그리 큰 어려움이 없다. 반면에 알미니안주의 교리를 가지고 칼빈주의자가 제시하는 성경 구절들을 설명하려면 억지 해석을 하지 않고서는 불가능하다. 더구나 칼빈주의 교리는 그것과 모순되어 보이는 여러 장절들을 제시하는 것쯤으로 전복되지는 않는다. 왜냐하면 그러한 장절들을 제시한다는 것은 결국 성경 자체에 모순이 있다고 하는 오류에 빠지는데 불과하기 때문이다. 현대의 과학적 주석에 의한다면 개혁주의 신학에 대한 여러 반대가 주석상의 반대라기보다 오히려 감정상 또는 철학상의 반대임이 분명하다. 만일 기독교인들이 공인된 성경해석의 원칙에 따라 성경을 해석하는 것에 만족하였다면 저들의 신조간에는 더 많은 조화가 있었을 것이다. 컨닝햄

(Cunningham)은 "칼빈주의의 반대자들은 성경의 단편적인 구절들에만 기초하여 어떤 논제(論題)의 가능성을 말할 뿐 문제 전체를 지지해주는 성경의 전반적인 증거는 전혀 고려하지 않는다. 그러나 우리가 그리스도의 죽음의 특성, 원인, 결과를 제시해주는 성경의 진술을 종합적으로 또는 상호 연락을 취해가면서 관찰하여 공평히 평한다면 우리는 의심할 여지없이 성경이 제시하는 전반적 결론을 적용할 수밖에 없는 것이다"[24]고 말하였다.

성경을 교리에 관한 유일의 권위서로 인정하는 개혁주의적 원리를 주장하는한 칼빈주의 체계는 하나님 인생 구속을 논하는 유일한 체계로 존속할 것이다.

---

24) *Historical Thology*, Ⅱ. *p. 298.*

제9장
부당한 사변에 대한 경고

　여기서 우리는 부당한 사변(思辯)과 호기심을 갖고 이 심원한 예정론을 취급하는데 대하여 경고를 하지 않으면 안되리라고 생각한다. 우리는 이 점에 있어서 이 문제에 관한 소론 제1 절에 있는 칼빈 자신의 말을 인용하는 것이 가장 좋을 것이다. "그 자체가 극히 복잡한 주제인 예정에 관한 토론은 인간의 호기심으로 말미암아 매우 복잡해졌고 따라서 위험성을 띠게 되었다. 인간의 호기심이 하나님의 비밀 중 어느 것이나 탐지(探知)하지 못할 것이 없는 것처럼 알고 금단의 미궁 속으로 들어가거나 혹은 그 한계를 넘어 비상(飛翔)하는 것은 어떤 제방으로도 방지할 수 없다. 우리가 예정 문제에 대해 연구하고자 할 때는 첫째로 우리 자신이 하나님의 지혜의 가장 심오한 곳을 침입하려는 자임을 기억하여 부주의하거나 자신만만하게 난입했다가는 거기서 자기의 호기심을 만족시킬 아무것도 얻을 수 없다는 것을 기억하지 않으면 안된다. 왜냐하면 우리가 하나님의 말씀의 한계선을 넘을 경우 오류와 실패와 타락을 피할 수 없는 곤경에 빠지게 된다는 것을 우리는 잘 알기 때문이다. 그러므로 우리가 첫째로 기억해야 할 것은 성경이 가르치는 이상으로 예정에 관한 지식을 알고자 함은 통행 불가능의 도로를 보행하고자 함과 어두움 가운데서 물체를 보고자 함과 같은 어리석음인 것을 알아야 한다. 우리는 일종의 학문적 무지(無知)가 있는 어떤 주제에 관한 것들에 대하여 우리가 무지하다는 것을 조금도 부끄러워할 필요가 없다."[25]

우리에게는 이 진리들을 "해명"할 의무가 없다. 다만 우리에게는 성경에 계시된 대로 말하고 또한 우리의 힘이 미치는 데까지 그 말씀을 오해와 반대로부터 옹호할 의무가 있을 뿐이다. 하나님이 계시하신 것은 무엇이든지 설사 우리의 이성적 사색으로써 그 깊이를 다 구명(究明)할 수 없다 하더라도 의심할 여지없이 참되고 믿을만한 것이라고 확신한다면 우리가 이와 같은 깊은 진리에 대하여 알 수 있는 전부는 성령이 이런 진리들을 계시함이 적당하다고 보신 것이라는 것이다. 우리는 하나님의 상호 관련된 목적들에 대하여 무지하기 때문에 그의 조언자가 될 자격이 없다. 시편 기자는 "주의 판단은 신묘하나이다"라고 말하였다. 우리가 하나님의 판단을 통찰하고자 함은 마치 대양을 헤엄쳐서 건너려 함과 같은 일이다. 인간은 하나님의 법칙의 숨은 뜻을 알기에는 너무나 적은 지식의 소유자이다.

본 주제가 중요한만큼 자연히 우리는 깊은 경건과 주의를 가지고 이에 대한 논의를 진행하지 않을 수 없게 된다. 하나님의 숨은 뜻을 신중히 취급하지 않으면 안되며 거룩한 사건에 관한 부당하고 주제넘은 사변은 피하지 않으면 안된다. 그러나 만일 우리가 복음을 복음 그대로 순수하게 전하려면 예정에 관한 성경의 선언을 거리낌없이 드러내고 조금도 숨겨서는 안된다. 물론 이 교리가 종종 불 경건한 자들에 의해 왜곡(歪曲)되고 남용될 것을 예상하지 않을 수 없다. 성경에 아무리 명백하게 가르쳐져 있을지라도 성령의 빛을 받지 못한 자들은 예를 들면 하나님의 삼위일체적 존재나 그의 예지에 관한 진리도 그의 계획이 인간 개개인의 운명을 포함한다는 도리와 같이 불합리하고 황당무계한 것으로 생각될 것이다. 우리는 예정에 대하여 하나님이 계시하신 것만큼만 알 수 있는 동시에 계시하신 것만은

---

25) *Institutes*, *Ch. XXI, sec 1, II.*

반드시 알아야 할 것이다. 만일 그것만큼도 알아야 할 필요가 없었다면 그만큼도 계시되지 않았을 것이다. 그러므로 우리는 성경이 가르치는데 까지는 주저하지 않고 따라가도 좋다.

제 2 부

칼빈주의 오대교리

칼빈주의 체계는 특히 다섯 가지의 명확한 교리를 강조하는데 이것은 "칼빈주의 오대교리"로서 알려져 있다. 이 오대교리는 칼빈주의 체계를 받쳐주고 있는 주요 기둥이다. 따라서 본 편에서는 이 교리를 성경적 근거와 이성적 논의에 의해 고찰한 후 이 교리에 대한 반론(反論)까지 조사 연구키로 한다.

앞으로도 말하겠거니와 성경에는 이 교리를 지지하는 자료들이 많다. 또한 이 다섯 가지 교리는 각각 독립된 것이 아니라 서로 밀접한 관계를 가짐으로써 단일하고 균형 잡힌 일관된 체계를 형성하고 있다. 이 교리들이 이렇게 상호응합(相互應合)하여 질서정연한 하나의 조직체를 이루었다는 사실에 대하여 모든 교파의 학자들이 이구동성으로 찬탄하는 바이다. 이 교리들 중 하나가 참되다는 것이 증명되면 그 나머지 교리들도 그 체계를 이루기 위한 논리적, 필연적 부분들이라는 것이 증명되는 것이다. 반면에 이 교리들 중 어느 하나가 오류인 것이 입증되면 그 전체계는 버림받을 수 밖에 없을 것이다. 이 교리들은 긴밀히 상호응합하여 일대 연쇄를 이루고 있으므로 이 중 하나만 제외하면 그리스도로 말미암은 구속의 계획인 전 복음은 붕괴되는 것이다. 우리는 이 교리들의 상호응합(相互應合)이 우연적 산물이라고는 생각할 수 없으며 동시에 이 교리들이 참되지 않다면 이런 상호응합성을 가질 수도 없다고 믿는다.

본서의 목적은 정통교회가 믿는 성경적 교리들을 전부 논평하고자 함에 있지 않고 다만 칼빈주의 체계의 특징적 교리들만을 해설, 옹호하고자 하는데 있다. 만일 이 사명을 잊어버린다면 칼빈주의 체계의 참 능력과 미(美)가 많이 손상될 것이다. 그리고 소위 칼빈주의 오대교리는 알미니안주의 전체계 안에서 부당하게 중요시되고 있는 알미니안주의 오대교리와는 역사적으로나 실제적으로 정반대이다. 그러므로 독자는 이 오대교리를 칼빈주의의 전체계라고 속단하여 양자를 동일시하는 일이 없도록 경계하지 않으면 안된다. 이 오대교리는 칼빈주의의 본직적 요소는 되지만 칼빈주의 체계의 전부는 아니다. 칼빈주의체계는 훨씬 더 많은 내용을 함축(含畜)한 것이다. 서론에서 말한바와 같이 웨스트민스터 신앙고백서는 개혁주의적 신앙 혹은 칼빈주의의 균형 잡힌 서술로서 이 오대교리 이외의 다른 교리 하나 하나에도 합당한 중요성을 부여하고 있다.

이 오대교리는 전적 무능력(Total Inability), 무조건적 선택(Unconditional Election), 제한 속죄(Limitid Atonement), 불가항력적 은혜(Irresistible [Efficacious] Grace), 성도의 궁극적 구원(또는 견인) (Perseverance of the Saints)이다. 영어에 있어서 이 오대교리의 첫자만 모으면 T, U, L, I, P 인데 튜울립(Tulip)이란 꽃이름을 연상하면 쉽게 기억할 수 있을 것이다.

제10장
전적 무능력
(Total Inability)

Ⅰ. 본 교리의 서술

웨스트민스터 신앙고백에 인간의 「전적 무능력」의 교리는 아래와
같이 서술되어 있다. 「사람은 스스로 죄에 빠짐으로 구원을 얻을만
한 선행을 행할 의지력을 아주 상실해 버렸다. 그러므로 자연인은
선(善)에서 멀어지고 죄로 죽었으니 자력으로는 회심(回心)할 수 없
을 뿐아니라 회심하려고 하지도 않는다.」[1]

바울, 어거스틴, 칼빈 등은 전인류는 아담 안에서 범죄하였다는 사
실과 아무도 핑계할 수 없다(롬 2:1)는 사실을 그들의 출발점으로 하
고 있다. 바울은 우리는 허물과 죄로 죽었으니 하나님으로부터 떠나
서 할 수 없는 자리에 빠졌던 자라고 여러 번 말하였다. 에베소서에
서 그는 에베소 사람들이 복음을 믿기 전에는 「그리스도 밖에 있었
고 이스라엘 나라 밖의 사람이라 언약의 약속들에 대하여는 외인이
요 세상에서 소망이 없고 하나님도 없는 자」(엡 2:12)였다는 것을 그
들에게 상기시켰다. 여기서 우리는 바울이 다섯 구절을 중복하여 이

---

1) Ch. Ⅸ, see. Ⅲ.

교리를 강조하고 있음을 볼 수 있다.

II. 원죄의 범위와 결과

인간은 죄로 죽은 자라고 선언하는 이 교리는 모든 인간이 다같이 악하다던가, 혹은 어떤 사람은 더 악하고 어떤 사람은 전적으로 덕이 부족하다던가, 혹은 인간의 본성 자체가 악하다던가 인간의 정신이 활기가 없다는 것과 같은 것을 의미하는 것이 아니다. 더욱이 인간의 육체가 죽어버렸다는 것을 말하는 것도 아니다. 본 교리가 의미하는 것은 타락 이래로 모든 인간은 죄의 저주아래 있게 되었고, 그릇된 원리에 따라 활동하게 되었으며 전혀 하나님을 경애할 수도 없고 또한 구원을 얻기에 합당한 아무 일도 행할 수 없게 되었다는 것이다.

이런 의미에서 인간은 타락 이래 "모든 선에 대하여 부적당하고 무능력하며 반대하는 자가 되어 전적으로 악으로만 경주하게 되었다." "그는 하나님의 뜻에 대항하는 고정된 편벽성을 가지고 있어서 본능적으로나 의지적으로나 악으로만 향하게 되었다. 그는 세상에 태어날 때부터 죄인이며 동시에 자원하여 범죄 하는 죄인이다. 그의 무능력은 자진해서 하나님의 거룩하신 뜻을 수행할 수 없는 무능력이다. 루터가 "실질을 잃어버린 자유의지란 하나의 공허한 말에 지나지 않는 것으로서 결국 잃어버린 자유는 자유라고 할 수 없다"[2] 라고 말한 것도 이 사실을 의미함이다. 중생하지 못한 사람은 그의 구원에 관한 문제에 있어서는 선악간의 어느 것이든 취사 선택할 수 있는 자유를 가지지 못하였고 다만 악의 대소를 취사 선택할 수 있는 자유만 가지었을 뿐이니 그것은 엄밀한 의미에서 완전한 자유의지라고 할 수 없는 것이다. 타락된 인간도 그 자체가 도덕적으로 선한 어떤 행동들을 할 수 있는 생득적(生得的) 능력을 갖고 있기는 하

---

2) *Bondage of the Will*, p. 125.

지만 그 동기가 전적으로 그릇될 수 있기 때문에 그것이 구원을 얻기에 합당한 행동도 할 수 있음을 입증해 주는 것이라고 말할 수는 없는 것이다.

인간은 자유행동자이지만 그의 마음에서 하나님의 사랑을 발하지는 못한다. 이것은 인간의 의지는 그 자신 이외의 어떤 세력에 의해서도 제약을 받지 않는다는 의미에서의 자유이다. 날개를 다친 새는 하늘을 날아 다닐 자유를 가지고 있어도 날 수 없다. 그와 마찬가지로 중생하지 못한 사람은 하나님께 나아갈 자유를 가지고 있으면서도 나아가지 못하는 것이다. 죄를 사랑하면서 어떻게 회개할 수 있으며, 하나님을 증오하면서 어떻게 하나님을 사랑할 수 있으랴. 이것이 바로 인간이 번뇌(煩惱)하는 의지의 무능력이다. 그러므로 예수님은 "그 정죄는 이것이니 곧 빛이 세상에 왔으되 사람들이 자기 행위가 악하므로 빛보다 어두움을 더 사랑한 것이니라"(요 3:19)고 말씀하셨다. 또 "너희가 영생을 얻기 위하여 내게 오기를 원하지 아니하는도다"(요 5:40)라고 하셨다. 인간이 멸망당하는 이유는 주로 그 자신의 사악한 의지 때문이다. 그는 하나님께 오기를 원치 않기 때문에 오지 못하는 것이다. 그가 원하기만 한다면 도움은 얼마든지 얻을 수 있는 것이다. 그래서 바울은 "육신의 생각은 하나님과 원수가 되나니 이는 하나님의 법에 굴복치 아니할 뿐아니라 할 수도 없음이라"(롬 8:7)고 하였다.

인간이 사랑할 능력을 갖고 있는 것을 보면 하나님을 사랑하는 능력도 갖고 있을 것이라고 단정하는 것은 마치 물은 흐르는 능력이 있으므로 언덕 위로 흘러 올라갈 능력도 있을 것이라고 단정하거나 혹은 사람은 벼랑 꼭대기에서 골짜기로 투신할 수 있는 힘이 있으므로 똑같은 힘으로 골짜기 밑에서 벼랑 꼭대기까지 올라갈 수도 있을 것이라고 생각하는 것처럼 어리석은 것이다.

타락한 인간은 "지극히 선하고 아름다우신 하나님께 대하여 전혀 매력을 느끼지 못한다." 그는 예수를 한 인간으로 존경은 하지만 하나님으로서의 예수와는 관계가 없기를 바라며 전력을 다하여 성령의 외적 감화에 대해 대항한다. 의(義) 대신 죄가 그의 천성적 성격이 되었기 때문에 그는 구원을 전혀 바라지도 않고 원하지도 않는다. 이처럼 인간의 타락한 본성은 하나님의 것에 대해 가장 완고하고 맹목적이며 우둔한 적대감을 불러 일으켰다. 그의 의지는 쓴 맛을 단 맛으로 단 맛을 쓴 맛으로 선을 악으로 악을 선으로 판단하는 혼미한 오성(悟性)의 지배를 받게 되었다. 그와 하나님과의 관계에 있어서 그는 다만 악한 것만을 생각 한다. 자발성과 노예성이 실제로 동시에 그의 안에 존재하는 것이다.

바꾸어 말하면 타락한 인간은 도덕적으로 완전히 장님이 되어 있기 때문에 타락한 천사나 악한 귀신이 하는 것처럼 다만 선 대신에 악을 좋아하며 선택한다. 기독교 신자는 완전히 성화될때 비로소 거룩한 천사가 하는 것과 같이 오직 선을 좋아하며 선택하는 상태에 이르게될 것이다. 이 두 상태는 도덕적 행동자가 자신의 자유로 행한 것이기 때문에 아울러 책임도져야 한다.

타락한 인간은 한결같이 그 행동에 있어서 강제로 범죄하는 것이 아니고 자유로 죄를 범하고 또한 그것을 기뻐하는 것이다. 그의 성향(性向)과 원망(願望)이 그렇게 하고 싶어서 마침내 그 심정이 자진하여 의식적으로 또 의지적으로 그와 같이 행동하는 것이다. 이처럼 악한 것을 천성적으로 좋아하고 원하는 것이 인간의 타락하고 부패한 본성의 특질이다. 그러므로 욥이 말한바와 같이 인간은 "악을 짓기를 물 마심 같이 하는"(욥 15:16) 것이다.

"육에 속한 사람은 하나님의 성령의 일을 받지 아니하나니 저에게는 미련하게 보임이요 또 깨닫지도 못하나니 이런 일은 영적으로라야 분변함이니라"(고전 2:14). 이 성구를 읽고서야 어찌 감히 인간이 유능하다고 말할 수 있으랴! 사람은 그 본연의 상태로서는 하나님 나라를 볼 수도 들어갈 수도 없는 것이다. 교양 없는 사람은 아름다운 예술품을 볼 때 다만 눈에 띄는 하나의 사물로는 볼 수 있지만 그 미를 감지(感知)하지는 못하는 것이다. 그는 복잡한 수학 방정식의 외형을 눈으로 볼 수는 있어도 그에게 있어서 그것은 무의미한 것이다. 소나 말이 석양의 낙조나 기타 우리가 볼 수 있는 자연현상을 보기는 하여도 그것들의 예술미를 감상하지는 못한다. 중생하지 못한 사람의 복음관이 이와 같다. 그는 성경에 제시된 사실들과 교리들에 관해 머리로는 알 수 있지만 영적으로는 전혀 모르기 때문에 그 속에서 어떤 희열도 발견하지 못하는 것이다. 같은 그리스도가 어떤 사람에게는 희구할만한 아무것도 없는 분이 되시고 또 어떤 사람에게는 생명의 왕이시며 세상의 구주시며 성육신하신 하나님으로서 숭경(崇敬)하고 사랑하며 복종하지 않으면 안될 분이 되는 것이다.

그런데 인간의 전적무능력은 단순히 부패한 도덕적 성질에서 뿐아니라 무지에서도 생기는 것이다. 바울은 이방인들은 "그 마음의 허망한 것으로 행하고 저희 총명이 어두워지고 저희 가운데 있는 무지함과 저희 마음이 굳어짐으로 말미암아 하나님의 생명에서 떠나 있다"(엡 4:17-18)고 하였다. 그는 또 "십자가의 도가 멸망하는 자들에게는 미련한 것이요 구원을 얻는 우리에게는 하나님의 능력이다"(고전 1:18)라고 말하였다. 그리고 바울의 "하나님이 자기를 사랑하는 자들을 위하여 예비하신 모든 것은 눈으로 보지 못하고 귀로도 듣지 못하고 사람의 마음으로도 생각지 못하였다 함과 같으니라"(고전 2:9)는 말씀은 일반적으로 생각하는 천계의 영광에 대한 묘사가 아니고 다음 구절의 "오직 하나님이 성령으로 이것을 우리에게 보이셨으니"(고전 2:10)라는 말씀이 명시하는 바와 같이 중생하지 못한 마음으로는 볼 수 없는 현세에 있어서의 영적 실체에 대하여 가르친 것이다. 예수께서도 "아버지 외에는 아들을 아는 자가 없고 아들과 또 아들의 소원대로 계시를 받는 자 외에는 아버지를 아는 자가 없느니라"(마 11:27)고 말씀하셨다. 여기서 우리는 중생치 못한 상태의 인간으로서는 도저히 하나님을 알 수 없다는 것과 그리스도께서 하나님을 알 자를 주권적으로 선택하신다는 것을 분명히 알 수 있다.

타락한 인간은 영적 분별력이 없다. 그의 이성과 오성은 맹목적이 되었고 기호(嗜好)와 감각은 왜곡되어 있다. 이런 심적 상태는 생래적이기 때문에 의지의 힘으로는 그것을 도저히 변경시킬 수 없다.

이성적 부패가 도리어 감정과 의지를 지배하기 때문에 그것을 변경시킬 수 있는 것은 오직 중생뿐이다. 중생의 결과는 바울이 회심할 때 받은 거룩한 임무에서 분명히 가르쳐진다. 즉 이방인의 눈을 뜨게 하여 어두움에서 빛으로 사단의 권세에서 하나님께로 돌아가 죄사함을 얻게 되는 것이 중생의 결과이다(행 26:18).

예수께서도 이상과 같은 진리를 다른 식으로 가르치신 적이 있다. 그는 바리새인들에게 "어찌하여 내 말을 깨닫지 못하느냐 이는 내 말을 들을 줄 알지 못함이로다 너희는 너희 아비 마귀에게서 났으니 너희 아비의 욕심을 너희도 행하고자 하느니라"(요 8:43-44)고 말씀하셨다. 그들은 예수의 말씀을 깨닫지 못하였을 뿐아니라 명료하게 듣지도 못하였던 것이다. 그의 말씀이 그들에게는 미련하고 미친 말과 같이 보였다. 그리하여 그들은 예수를 악귀가 들린 자라고까지 비난하였다(요 8:48-52). 오직 그의 제자들만이 그 진리를 알았다(요 8:31-32). 바리새인들은 자기들을 자유한 자라고 생각하였지만 사실은 마귀의 자식이요 죄의 종이었던 것이다(요 8:33).

또 어떤 때에 예수께서는 좋은 나무는 나쁜 열매를 맺을 수 없고 나쁜 나무는 좋은 열매를 맺을 수 없다고 가르치셨다. 이 비유에 있어서 좋은 나무와 나쁜 나무는 곧 선한 사람과 악한 사람을 의미한다. 그러므로 이 비유가 의미하는 것은 이런 종류의 사람은 이런 일련의 기본 원리에 의하여 지배되고 다른 종류의 사람은 다른 일련의 기본 원리에 의하여 지배된다는 것이다. 이 두 나무의 과실들은 행동, 언어, 사상인데, 그 사람의 본성이 선하면 선한 행실을 그 사람의 본성이 악하면 악한 행실을 한다는 것이다. 그 뿌리나 가지와 다른 성질을 가진 과실이 열릴 수는 없는 것이다. 따라서 한 사람이 선을 행하다가 악을 행하다가 할 수는 없다. 왜냐하면 미덕과 악덕이 동일한 사람으로부터 함께 나올 수는 없기 때문이다. 우리는 하나님과의 관계에 있어서 인간의 행동은 필연적으로 선한 행실을 하게 하는 도덕적 상태로부터 그것이 나오든지 아니면 필연적으로 악행을 저지르게 하는 도덕적 상태로부터 그것이 나올 것이라고 단정한다.

에베소서에서 바울은 각 개인의 영혼은 성령이 중생시키기 전에는 허물과 죄로 죽었던 것이라고 언명하였다. "죽었다", "죄로 죽었다"는 말씀은 말할 것도 없이 어떠한 영적 행위이든 그것을 수행할 수 있는 적성이나 능력이 전혀 남아 있지 않다는 것을 분명히 증명해주는 말이다. 육체적으로 볼 때도 사람이 일단 죽으면 그는 이미 어떠한 육체적 행동도 할 수 없게 된다. 시체가 행동할 수는 없는 것이다. 만일 그렇지 않다고 주장하는 사람이 있다면 그는 틀림없이 정신이 나간 사람일 것이다. 육체적 죽음에서와 마찬가지로 만일 어떤 사람이 영적으로 죽는다면 그는 이미 어떠한 영적 행위도 할 수 없을 것임이 분명하다. 이처럼 인간의 도덕적 무능력의 교리는 유력한 성경적 증거로부터 기인된 것이다."[3]

"깨끗한 것은 하나도 더러운 것 가운데서 낼 수 없다"(욥 14:4)는 원리에 따라 무릇 여인에게서 난 자마다 "가증하고 부패한 사람"이며 그들의 마음을 끄는 것은 사악뿐이다(욥 15:14-16). 따라서 사람은 책임 있는 행동을 할 수 있는 연령에 도달하기 전에 벌써 죄있는 자가 된다. 저들은 모태에서부터 멀어졌고 나면서부터 곁길로 나아가 거짓을 말한다(시 58:3). 저들은 죄악 중에 출생하였고 죄 중에 잉태되었다(시 51:5). 저들의 마음의 계획하는 바가 어려서부터 악하니(창 8:21) 인생의 모든 악한 결과는 마음으로부터 나왔다(잠 4:23, 20:11). 그러므로 죄악된 행위는 만물보다 거짓되고 심히 부패한 중생치 못한 인간의 마음의 표현일 수밖에 없다(렘 17:9)고 워필드(Warfield)는 말하였다.[4]

에스겔은 이 진리를 사실적으로 묘사하되 피투성이로 내던져진 채 죽게 된 아기를 주께서 발견하시고 은혜로 양육하셨다는 비유로써 나타내준다(겔 16장).

원죄의 교리는 타락한 인간은 부패한 본성의 영향으로 악마나 악귀가 갖는 것과 같은 종류, 같은 정도의 죄를 범할 자유를 갖는다는

---

3) *Warburton, Calvinism*, p. 48.
4) *Warfield, Biblical Doctrines*, p. 440.

것과 또한 영광 중에 있는 성도와 천사들은 거룩한 성질의 영향으로 의롭게 행동할 자유를 갖는다는 것을 단정한다. 다시 말하면 인간이나 천사나 자기 성품대로 행동한다는 말이다. 여기서 성도들과 천사들은 성결한 것으로 확인되어 있는 것-즉, 의를 추구하고 죄를 미워하는 성질을 가지고 있는 것-같이 타락한 인간과 악마의 성질은 한 가지의 행동도 하나님에 대하여 바른 동기를 가지고 행할 수 없는 것이다. 하나님이 인간의 성품을 주권적으로 중생 하도록 변화시키시지 않으면 안될 필연성이 여기에 있다.

구약에 있는 영아의 할례식과 산모의 결례식은 인간이 죄를 가지고 세상에 출생한다는 것 따라서 타락 이래의 인간의 성질은 그 근원부터 부패하여졌다는 것을 가르치기 위하여 시도된 것이다.

바울은 이 진리를 고린도후서 4장 3-4절에서 다른 방향으로 더 강하게 기술하였다. "만일 우리 복음이 가리웠으면 망하는 자들에게 가리운 것이라. 그 중에 이 세상 신이 믿지 아니하는 자들의 마음을 혼미케 하여 그리스도의 영광의 복음의 광채가 비취지 못하게 함이니 그리스도는 하나님의 형상이니라." 다시 말하면 타락한 인간은 하나님의 영을 받기 전에는 사탄의 지배아래 있기 때문에 마귀의 뜻을 쫓아 그의 포로가 된다(딤후 2:26). 이 "무장을 한 용사"는 "자기보다 강한 자"에게 쫓겨나지 않는 동안은 자기의 왕국을 평화롭게 유지할 수도 있고 그의 포로들로 하여금 그의 명령에 잘 순종하게 할 수도 있는 것이다. 그러나 "그보다 더 강한 자"는 그를 이기고 그의 무장을 빼앗고 포로의 일부를 자유롭게 해준다(눅 11:21-22). 하나님은 이제 그가 석방시키고자 하시는 자를 석방하시는 주권을 행사하신다. 중생한 모든 신자들은 사단의 왕국에서 속량된 죄인들이다.

성경은 타락한 인간은 하나의 포로요 스스로 팔려 죄의 종이 된 자로서 자신의 힘으로 구원될 수 없다고 선언한다. 그는 하나님의 일을 이해하는 데 있어서 무능하다. 그런데 어떻게 하나님의 일을 행할 수 있겠는가. 여기서 우리는 "노예성을 띤 자유"라는 말을 할 수 있는데 그것은 주인의 뜻을 행하기 위하여서만 자유로운 상태로서 이 경우에 있어서 주인은 죄를 말한다. 예수의 "죄를 범하는 자마다 죄의 종이라"(요 8:34)고 하신 말씀이 바로 그것이다.

인간의 부패는 이렇게도 깊다. 그러므로 자력으로는 도저히 자기를 정결케 할 수 없는 것이다. 따라서 그가 갱생(更生)할 수 있는 유일한 희망은 그의 마음의 변화인데, 그것은 오직 언제 어디서나 그가 기뻐하시는 방법대로 역사 하시는 성령의 새롭게 하시는 주권적 능력으로만 가능하다. 이 내적 변화 없이 중생치 못한 사람을 개혁시키려고 하는 것은 마치 선박의 침수하는 곳들은 수리하지 않고 들어온 물만 퍼내려는 것과 같은 일이다. 죄를 짓는데 습관된 자가 그 길을 고치기는 마치 에디오피아인이 자기의 검은 피부 빛을 변하게 하고, 표범이 그 반점을 없이하려는 것만큼이나 어렵다. 우리는 이 영적 죽음에서 영적 생명으로의 옮김을 가리켜 중생이라고 부른다. 성경은 이것을 "중생" "살리심" "흑암에서 광명에로 불러냄" "소생시킴" "신생" "돌과 같이 굳은 마음을 취하여 버리고 살과 같이 부드러운 마음을 줌"등의 여러 가지 용어로 기록하고 있는데 이 일은 전적으로 성령의 역사로 이루어지는 것이다. 이 변화의 결과로 말미암아 사람은 진리를 알게 되고 또 그 진리를 기쁘게 수용하게 되는 것이다. 그리하여 본능과 내적 충동이 율법을 향하게 되고 육법에 대한 순종이 그의 성격의 자연적 표현으로 되는 것이다. 중생은 하나님께서 그리스도를 죽은 자들 가운데서 다시 살리실 때 그리스도 안에서 역사 하셨던 것과 같은 초자연적 능력에 의해 이루어지는 것이다(엡 1:18-20). 사람은 자력으로 중생할 능력을 가지지 못하였다. 따라서 이 내적 변화가 생기기 전에는 아무리 많은 외적 증거가 있을지라도 인간은 복음의 진리를 확신하지 못하게 되는 것이다. 즉 "모세와 선지자에게 듣지 아니하면 비록 죽은 자 가운데서 살아나는 자가 있을지라도 권함을 받지 않을 것이다"(눅 17:31).

III. 인간 덕행의 결점

중생하지 못한 인간도 일반은총을 받아서 가족을 사랑하거나 선량한 국민이 될 수 있다. 그는 병원을 짓기 위하여 백만원을 기부할 수도 있다. 그러나 예수 그리스도의 이름으로 예수의 제자에게 냉수 한 컵을 주는 일은 할 수 없다. 음주가는 공리적 목적을 위해서는 금주할 수 있어도 하나님을 사랑하는 의미에서 그렇게 할 수는 없는 것이다. 그의 일반적인 덕 또는 선행의 일체는 그 목적이 하나님의 영광을 나타내는 데 있지 않다는 치명적인 결점을 갖는다. 이 결점은 인간의 어떠한 선의 요소도 전부 가리워 버릴만큼 치명적인 것이다. 이 덕행들이 아무리 선하다 할지라도 문제가 되지 않는다. 왜냐하면 그것을 행하는 자가 하나님과 화목되지 않는 한 그가 행하는 어떤 일도 하나님에게 수납(受納)될만한 성질의 것이 못되기 때문이다. 그뿐만 아니라 중생치 못한 인간의 선행은 견고한 근거를 갖지 못한다. 왜냐하면 그의 성질이 아직 변화되지 않았으므로 깨끗하게 씻은 돼지가 다시 진흙탕에 들어가 딩구는 것과 같이 조만간에 그도 다시 악한 생활로 돌아갈 것이기 때문이다.

인간의 도덕성이 도덕적인 행동보다 선행(先行)되어야 한다는 것이 도덕계의 원칙이다. 그가 비록 사람의 방언과 천사의 말을 할지라도 하나님을 향한 사랑이 없다면 그는 소리나는 구리와 울리는 꽹과리에 지나지 않는다. 자기에게 있는 모든 것으로 가난한 자들을 구제하고 또 몸을 불사르게 내어 줄지라도 하나님께 대한 사랑이 없다면 그에게 아무 유익이 없는 것이다(고전 13:1-3). 인간으로서 우리는 적대감을 갖고서 (어떤 공리적 동기에 자극되어) 겉으로만 주는 봉사의 행위를 달가운 마음으로 받을 자는 없을 것이다. "믿음이 없이는 하나님을 기쁘시게 못한다"는 성경의 선언은 신앙이 모든 덕행의 기초임을 의미한다. 정당한 마음에서 나오지 않은 것은 무엇이든지 하나님께서 열납하지 않으신다.

인간의 도덕행위는 하나님의 사랑의 규준(規準)에 의하여 판단되지 않으면 안되는 것이다. 이 사랑은 모든 덕행의 핵심으로서 오직 하나님의 은혜로서만 얻어지는 것이다. 어거스틴은 절제, 정직, 관용 등과 같은, 사람들 사이에서 미덕으로 되어 있는 자연적 덕의 존재를 부인하지는 않으나 이 덕행들과 엄밀한 의미에서 그것만이 선이고 또한 하나님 앞에서 가치가 있는 특유의 기독교적 미덕(신앙, 사랑, 감사 등)과의 사이에 명백한 구분을 지었다.

스미드(W. D. Smith)는 다음과 같은 예를 들어서 이 구별을 분명하게 보여주고 있다. 그는 말하기를 "해적의 집단에서도 그 자체에 있어서 선한 일은 많이 있다. 그들은 국가의 법률에 대해서는 사악한 반역을 감행하는 자들이면서도 그들 스스로의 법과 규약을 가지고 있으며 이 법규에는 절대로 복종한다. 그들은 용기, 충성 기타 해적으로서 갖추어야 할 것들을 많이 갖고 있다. 그 뿐만 아니라 그들은 국가의 법률이 요구하는 일들도 많이 행하고 있을 것이다. 그러나 그것은 정부에 복종하는 의미에서 하는 것이 아니라 그들 스스로의 규약을 지키느라고 하는 일이다. 예를 들면 국가는 정직을 요구한다. 그런데 그들은 자기들의 상호관계에 있어서나 탈취물을 분배하는데 있어서는 정직을 엄수한다. 그러나 정부의 입장으로 또는 일반적 원리로 본다면 그들의 전생활은 가장 사악하고 부정직한 것이다. 따라서 그들이 반역적 생활을 계속하는 한 그들은 그 국가의 국민으로서 자기를 추천할만한 어떤 행위도 할 수 없는 것이다. 그들이 제일 먼저 해야할 일은 그들의 반역을 끊어버리고 국가에 대한 그들의 귀순을 고백하고 용서를 구하는 일이다. 이와 같이 모든 사람들은 그들이 중생치 못한 상태에서는 하나님에게 여전히 반역하고 있는 것이다. 비록 그들이 하나님의 율법이 요구하고 또한 인간의 자격으로 요구하는 일을 많이 행한다할지라도 그것은 하나님이나 하나님의 율법과는 관계없이 행하는 것이다. 그들은 사회의 규칙, 여론에 대한 고려, 이기주의, 세평, 기타 여러 가지 현세적인 사악한 동기에 지배되어 행동하며 그들의 생명과 마음을 주관하시는 하나님은 잊어버린다. 혹시 하나님을 완전히 잊지 않는다 하더라도 사악하게 하나님의 요구를 거절하며 하나님의 의사를 경멸하고 그 마음은 완강한 반역을 계속하여 복종할 것을 거절한다. 인간의 마음이 이러한 상태를 계속하고 있는 한 그는 분명히 하나님에 대하여 반역자이며 은혜를 받을만한 아무 일도 할 수 없다. 따라서 우선 그가 해야 할 일은 그의 반역을 끊어 버리고 죄를 회개하며 그의 마음을 하나님께로 돌려서 구주를 통한 사죄와 화해를 구하는 것이다. 그러나 이 소원을 하나님으로부터 받을 때까지 그는 이것을 행하고 싶어하지 않는다. 그의 마음이 변화될 때까지 그는 계속 죄를 사랑할 것이다"고 하였다.

스미드는 계속하여 말하기를 "중생치 못한 인간의 선행은 그 자체에 적극적으로 죄가 있는 것이 아니라 어떤 결점 때문에 죄가 있는 것이다. 그것은 하나님 앞에서 그 행동을 의롭게 보일 수 있는 유일의 원리가 빠져 있다. 해적의 경우에 있어서 그들의 행동 전체가 국가에 반역하는 죄악임은 말할 것도 없다. 그들이 해적을 계속하는 한 그들의 항해, 선박 수리, 도구장비와 심지어 먹고 마시는 것까지도 국가로 보아서는 모두 죄이다. 왜냐하면 그 일체는 그들이 해적생활을 더 계속할 수 있도록 해주는 여러 수단들로써 그들의 반역적 삶의 일부분을 이루기 때문이다. 이와 같이 모든 사람도 중생치못한 생활을 계속하는 한 그의 일체의 행동은 심지어 그의 일상직업까지도 하나님 앞에서 죄다. "악인의 형통한 것은 다 죄니라"(잠 21:4)고 한 것은 분명히 하나님의 말씀이다."[5]고 하였다.

"육신에 있는 자들은 하나님을 기쁘시게 할 수 없느니라"(롬 8:8). "믿음으로 쫓아 하지 아니하는 모든 것이 죄니라"(롬 14:23). "믿음이 없이는 하나님을 기쁘시게 못하나니"(히 11:6). 성경은 이와 같은 단정으로써 인간의 무능력성을 가르친다. 그러므로 중생치 못한 사람

---

5) *What is Calvinism*, pp. 125–127.

의 덕행들은 마치 뿌리가 뽑혀 시들어 가는 꽃과 같다고 할 수 있다. 예수께서 그 제자들에게 "너희 의가 서기관과 바리새인보다 더 낫지 못하면 결단코 천국에 들어가지 못하리라"(마 5:20)고 말씀하신 것은 이 때문이다. 그들의 덕행은 그와 같은 특질을 갖고 있기 때문에 다만 임시적인 것에 불과하다. 이런 덕행들을 소유한 자는 마치 돌짝 밭에 떨어진 씨와 같다. 이 씨는 결실을 약속하고 싹이 트기는 하지만 그 자체에 뿌리가 없으므로 곧 햇빛에 말라버리는 것이다.

구원은 오직 은혜로 말미암는다는 것 역시 상술한 바와 같이 인간의 전적 무능력 교리의 귀결이다. 즉 하나님은 그의 주권적인 뜻에 따라 한 사람도 구원하시지 않거나 적은 수효만을 구원하시거나 혹은 전부를 구원하시거나 모두 그의 자유로서 이 자유는 그의 절대적 완전성과 어떠한 모순도 일으키지 않는다. 뿐만 아니라 구원은 인간의 공로로 얻는 것이 아니므로 누가 영생을 얻고 누가 영생을 못 얻는가 하는 문제는 전적으로 하나님께 달려있지 인간에게 달려있는 것이 아니라는 교리도 전적 무능력 교리에 수반되는 것이다. 하나님은 주권자로서 혹자는 구원하시고 혹자는 죄의 값을 받도록 버려 두신다. 죄인의 절망 상태는 죽은 자와 방불하며 심지어 마른 뼈와 같이 무능한 것이다. 이 점에 있어서 모든 인간은 동일하다. 그 중에 어떤 자를 택하여 영생에 들어가게 하시는 것은 마치 그리스도가 묘지를 지나 가시면서 여기서 한 사람 저기서 한 사람 무덤에서 나올 것을 명하시는 것과 마찬가지로 주권적이다. 이 사람은 소생시키시고 저 사람은 무덤에 방치해 버리시는 그 이유는 오직 하나님의 선하신 뜻에서만 찾아 볼 수 있는 것이지 결코 죽은 자 자체에게 있는 것은 아니다. 그러므로 우리들은 하나님의 기쁘신 뜻대로 예정된 것이며 그것은 우리들을 거룩하게 하려고 하심이었지 결코 우리가 거룩했기 때문이 아니라고 성경은 가르친다(엡 1:4-5). "모든 사람은 하나님의 진노와 저주를 받아 마땅한 자이다. 그러므로 그들의 죄과를 속하는 유일 가능한 방법으로써 범죄자 대신 죽으신 하나님의 독생자를 주신 일은 우주에서 일찍이 볼 수 없었던 가장 위대한 은혜와 인격적 사랑의 나타내심이다."[6]

Ⅳ. 인간의 타락

죄와 비참으로 떨어진 인류의 타락은 칼빈주의 체계의 근거이며 동시에 성경에 나타난 구속 계획의 근거이다. 오직 칼빈주의자들만이 인류의 타락교리를 심각하게 생각하는 것같이 보이지만 성경은 처음부터 끝까지 인간은 전적으로 파멸되어 스스로 구원할 수 없는 죄벌과 부패의 상태에 있게 되었고, 하나님께서는 공의대로 그들을 그냥 멸망하도록 내버려둘 수도 있었다는 사실을 가르친다. 구약에는 타락에 대한 서술이 창세기 3장에 있고 신약에는 롬 5:12-21, 고전 15:22, 고후 11:3, 딤전 2:13-14등에 직접 언급되어있다. 신약은 인류타락의 역사적 사실보다 윤리적 사실을 더 강조한다. 신약의 저자들은 창세기 3장을 문자적으로 해석하여 저들의 신학의 기초로 삼았다. 바울에게 있어서는 그리스도가 현실적인 것과 같이 아담이 현실적이었고 속죄가 현실적인 것같이 인류의 타락도 현실적이었다. 사도들의 이 입장이 오류라고 말할 수는 있을지 몰라도 이것이 사도들의 입장이 아니라고는 결코 말할 수 없을 것이다.

핫지(Dr. A. A. Hodge) 박사의 우수한 '인류타락'론으로부터 특별히 한 절 인용하기로 하겠다.

"새로 출생하는 자는 미발육의 영아로 태어난다. 그런데 그 한 영아에게 직접 공평한 시험을 부과하신다는 것은 일의 성질상 불가능한 것이기 때문에 하나님은 인류의 수호자로서 또한 인류의 최선의 이익을 위하여 아담을 대리자로 하여 ―그 목적 때문에 아담을 그 혈육적 자손 각 개인의 대표자로 하여― 최선의 환경아래에서 전 인류에게 시험을 부과하신 것이다. 하나님은 아담과 더불어 행위언약을 맺으셨다. 즉 완전한 복종(행위)을 조건으로 한 영원한 생명의 계

---

6) A. A. Hodge, pamphlet, *Presbyterian Doctrine*, p. 23.

약을 아담 및 그가 대표하는 모든 인류와 맺으셨다. 하나님이 요구하신 복종은 잠정적(暫定的) 기간의 특별 시험이었고 그것은 반드시 복종의 결과로서 보상을 받든지 아니면 불순종의 결과로서 사망에 이르는 것이었다. 그 약속된 보상은 영원한 생명이었다. 그것은 아담이 창조시에 받았던 것보다 더 큰 것을 포함하는 은혜였고 그것이 허용되었더라면 아담을 대표롤 하는 전인류는 영원히 파괴되지 않는 거룩함과 행복의 상태로 올라갔을 것이다. 하나님을 순종하지 않을 경우 벌로써 경고된 것이 사망이었다. "네가 그것을 먹는 날에는 정녕 죽으리라"고 경고된 사망의 성질이 어떠한가는 아담의 타락 이후 하나님이 내리신 저주에 포함된 모든 비참한 결과들을 보아서 알 수 있다. 이 사망에는 인간의 생명이 의존하고 있는 하나님의 은혜와 영적 교통의 즉각적인 철회가 포함되었다. 여기서부터 하나님의 내어버림과 저주, 죄와 본성의 부패, 그 결과로 생기는 실제적 범죄, 인생의 비참, 육체의 사멸, 지옥의 고통이 유래된 것이다."[7]

아담의 죄의 결과들은 광의(廣義)의 의미에 있어서의 "사망"이란 말에 다 포함된다. 바울은 이것을 "죄의 삯은 사망이라"고 요약하여 말하였다. 아담에게 내려진 사망의 전의의(全義義)는 그 후부터 그것이 인간에게 가해 온 전반적인 악의 결과를 생각해 볼 때 비로소 알게 되는 것이다. 그것은 근본적으로는 영적 사망 혹은 하나님으로부터의 영원한 분리이며 육체적 사망은 그것의 최초의 결과 혹은 보다 덜 중요한 결과들 중의 하나에 지나지 않는다. 아담은 타락 후에도 육체적으로는 930년동안 더 살았다. 그러나 영적으로 는 타락된 그 순간 즉시 사망한 것이다. 그의 육체적 사망은 마치 물에서 잡힌 고기가 죽는 것이나 땅에서 뽑힌 식물이 죽는 것과 같다고 볼 수 있다.

"일반적으로 우리는 아담이 어떻게 타락하였는가에 대하여 매우 잘못된 견해를 갖고 있는 일이 있다. 아담은 사단에게 직접 유혹을 받은 것이 아니다. 이브는 사단에게 직접 유혹되어 타락하였으나 아

---

7) A. A. Hodge, pamphlet, Presbyterian Doctrine, pp. 19,20.

담은 사단의 유혹에 빠져 타락한 것이 아님을 성경이 증명해준다(딤전 2:14). 그는 사단의 궤계에 넘어간 것이 아니라 심사숙고해본 후 스스로 결정하여 죄를 범한 것이다. 그는 자기가 무엇을 하고 있는지를 충분히 의식했을 뿐아니라 그 행위에 따르는 엄숙한 결과까지도 알면서 아내의 불순종한 행위를 같이 따르기로 결정한 것이다. 인간의 죄의 흉악성은 이처럼 심사숙고한 후 스스로 죄를 짓기로 결정한다는 점에 있다. 만일 아담이 자의로 범죄한 것이 아니라 악마의 공격을 받고 그 압도적인 세력에 못 견디어 범죄한 것이라면 우리는 아담의 타락에 대해 용서의 여지가 다소라도 있는지 고려해 볼 수도 있을 것이다. 그러나 아담은 그 행동이 갖고 있는 전율(戰慄)할만한 성질을 명백히 알았으면서도 창조주를 조금도 의식하지 않고 자유의지를 사용하여 피조자인 자기의 요구에 따른 것이다. 따라서 그의 타락에 대해서는 어떠한 변명도 있을 수 없다. 그 행동은 실제에 있어서 임의적이요 도전적인 반역이니 이로써 그는 공공연하게 하나님 대신 악마에게 충성하기로 한 것이다."[8]

독자들이여, 이 무서운 타락의 사실이 없었다고 생각할 수 있는가? 오히려 이 세계에 나타난 그대로의 인간성을 보면 볼수록 원죄론이 더 쉽게 믿어질 것이다. 또한 인간의 행위를 보면 볼수록 원죄의 교의가 더 명백해진다. 이 세계를 넓게 바라 보라. 그것은 살인, 강도, 술취함, 전쟁, 결손가정, 등등 각양각색의 죄악들로 가득 차있다. 죄를 밥먹듯 저지르는 자들의 천태 만상의 사곡(邪曲)한 악덕은 인간의 타락을 명백히 증거하여 준다. 현대의 인류 대부분이 과거의 모든 시대에서와 같이 절망적으로 하나님께 잘못하고 있으며 이교의 암흑 속에서 살다가 그대로 죽도록 방치되어 있다. 현대주의와 여러 종교의 불신앙들이 교회 안에서까지 제멋대로 날뛰고 있으며 명색이 종교적 출판물이라고 하는 것까지도 불 신앙으로 물들어져 있다. 기도와 성경을 천시(賤視)하여 영적인 문제를 거론하기 싫어하는 오

---

8) *Warburton, Calvinism, p. 34.*

늘의 현상을 보라. 인간은 지금 그의 시조 아담과 같이 하나님과의 교제를 원치 않으며 창조주에 대하여 적의를 품고 하나님 앞을 떠나 도망하고 있지 않은가? 확실히 인간의 마음은 근본적으로 사곡(邪曲)하다. 날마다 신문에 보도되는 무수한 사건들은 그 어떠한 문명국에 있어서도 인간은 악하며 성결치 못하게 행하고 있다는 것을 잘 말해주고 있다. 이에 대한 유일하고 타당한 설명은 시조 아담이 받았던 죽음의 형벌이 이제야말로 전인류 위에 현실로 실행되고 있다는 것일 수밖에 없다.

우리는 타락된 세상, 멸망할 세상에서 생활하고 있다. 이 세상을 만일 되어 가는 그대로 방치해 둔다면 그것은 영원토록 부패가 가속화되어 불법과 하나님에 대한 모독으로 악취가 나는 세계가 되고 말 것이다. 타락의 결과로 인간의 의지는 오직 죄와 어리석은 행동만을 추구하게 되었다. 물론 하나님은 인류가 자연히 부패할 대로 부패하도록 방임하시지 않는다. 하나님은 이를 억제하는 감화를 끼치시어 사람을 감동시키심으로써 서로 사랑하게 하고 정직하게 하며 자선을 행하게 하고 타인의 행복을 고려하게 하신다. 하나님이 이와 같은 감화를 끼치시지 않는다면 악인들은 무법의 극(極)에 달하여 세상은 여지없이 부패되어 하나님의 택하신 자들이 전혀 살수 없게 될 것이다.

V. 대표의 원리

인간이 어떻게 대표로 말미암아 행동 할 수 있는가 하는 사실은 쉽게 깨달을 수 있는 일이다. 국민은 그들의 대표자 안에서 혹은 대표자에 의하여 의회(議會)에서 행동한다. 만일 한 국가가 어진 임금이나 대통령을 가지면 그 국민 전체가 선한 결과를 받게 된다. 그러나 만일 악한 임금이나 대통령을 가지면 국민 전체가 그 악한 결과를 받지 않으면 안된다. 가장 진정한 의미에서 부모는 그 자녀들의 운명을 결정하는 대표자적 위치에 서 있는 것이다. 만일 양친이 어질고, 덕이 있으며, 근면하면 자녀들은 축복을 받는다. 그러나 만일 양친이 게으르고, 부덕(不德)하면 그 자녀들 역시 그 영향을 받는다. 개개인의 안녕은 여러 가지 방법으로 타인의 행동에 의해 많이 좌우된다. 이처럼 대표의 원리는 인간생활에 깊이 관여하고 있다. 그러므로 아담이 인류의 정식 대표자라는 이 성경교리는 우리가 우리의 주변에 있는 모든 사물에서 목도할 수 있는 하나의 원리를 응용한 것에 지나지 않는 것이다.

찰스 핫지 박사는 이 문제를 다음과 같이 적절히 논하였다.

"이 대표의 원리는 성경 전체에 가득차 있다. 아담의 죄악이 그의 후손에게까지 전가된다고 하는 교리는 고립된 사실이 아니다. 이것은 세상 처음부터 하나님의 경륜을 특징짓는 전반적 원리의 한 설명에 지나지 않는다. 하나님은 모세에게 자기는 아비의 악을 자녀손(子女孫) 삼, 사대까지 보응하는 자(출 34:6-7)라고 선언하셨다. 예를 들면 가나안에게 선고된 저주가 그의 후손에게까지 미쳤다. 에서가 판 장자 기업은 그의 후손을 하나님의 백성의 성약(聖約)에서 배제시켰다. 모압과 암몬 족속들은 저들의 선조들이 이스라엘 사람들이 애굽에서 나올 때 그들에게 대항하였다는 이유로 하나님의 총회로부터 영원토록 제외되었다. 다단과 아비람의 경우도 아간의 경우와 마찬가지로 그의 처자와 후손들이 선친의 죄때문에 멸망하였다. 하나님은 엘리에게 그의 집의 죄는 제물로나 예물로나 영영히 속함을 얻지 못하리라고 말씀하셨다. 다윗을 향하여서는 "칼이 네 집에서 영영히 떠나지 않으리니 이는 네가 나를 멸시하고 우리아의 처를 빼앗아 네 처를 삼았음이라"고 말씀하셨다. 게하시의 불순종에 대하여는 "나아만의 문둥병이 네게 들어 네 자손에게 미쳐 영원토록 이르리라"고 말씀하셨다. 여로보암의 죄와 그 세대 사람들의 죄는 영구적으로 열 지파의 운명을 결정짓고 말았다 유대인들이 예수를 십자가에 못박아 달라고 요구하면서 그들의 입으로 "그의 피를 우리와 우리 자손에게 돌리소서"라고 자초한 저주는 이산(離散)된 이스라엘을 오늘날까지 괴롭히고 있다. 이 원리는 성경 전체를 통해 흐르고 있다.

하나님이 아브라함과 언약을 맺으실 때 그것은 아브라함만을 위한 것이 아니고 그의 후손들까지 위한 것이었다. 그들은 언약의 모든 규정들에 의해 서로 얽혀 있다. 저들은 언약의 약속과 위협을 분담하였다. 그리하여 이스라엘의 불순종으로 인한 형벌이 직접 개인적으로는 범죄에 참여하지 않은 자에게까지 계속 내렸다. 국민의 죄악 때문에 그들에게 내려진 심판 즉 기근, 질병, 전쟁을 아이들도 어른들과 같이 받아 고생하였다. 이리하여 오늘까지 유대인들은 모세와 선지자들이 말한 그리스도를 배척한 선조들의 죄값을 받고 있는 것이다. 구원의 전계획도 같은 원리로 이루어진다. 그리스도는 그 백성의 대표자이시다. 이 기초 위에서 그들의 죄는 그리스도에게 전가되고 그의 의는 저들에게 귀속되는 것이다. 성경을 믿는 자는 성경 어디서나 부모가 자손은 대표함을 인정하고 있다는 사실과 하나님의 경륜이 태초부터 자손은 그 선조들의 죄책을 진다는 원리 위에서 이루어지고 있다는 사실을 무시할 수 없을 것이다. 불신자들이 성경의 신적 기원을 거절하기 위하여 내세우는 이유 중 하나가 이 대표의 원리이다. 그러나 불신앙에는 어떤 진리도 속수무책이다. 역사도 성경과 마찬가지로 이 교리로 가득차 있다. 중죄인의 형벌은 그의 가족까지 수치와 비참속에 빠지게 한다. 방탕자와 음주가는 그 가족들에게 빈곤과 불행을 초래한다. 지상에 현존한 민족은 모두 선조의 성격이나 행위에 의하여 화나 복을 받게 된 것이 명약관화(明若觀火)한 사실이다. 죄값의 전가 혹은 형벌을 대신 받는다는 사상이 구약성경의 모든 속죄제물과 신약시대의 대속의 근저(根抵)에 가로놓여 있다. 죄를 담당한다는 것은 성경의 용어대로는 죄의 벌을 담당함이다. 동물의 희생은 제물을 드리는 자의 죄를 담당하였다. 그러므로 도살하려는 동물의 머리 위에 손을 얹어 죄의 전가를 표시하였다. 그 동물의 피흘림이 자신의 죄때문이 아니고 그것을 드린 자의 죄를 위한 것이라는 것을 한층 명료하게 하기 위하여 동물은 반드시 무흠한 것이어야만 했다. 이것은 모두 상징이요 예표이다. 이것은 성경이 그리스도의 속죄에 관하여 가르친 것이다. 그는 우리의 죄를 담당하시고 우리를 대신하여 저주를 받으시고 율법의 형벌을 받으셨다. 이것은 모두 어떤 사람의 죄가 충분하고 정당한 근거만 있다면 타인에게 옮겨질 수 있다는 근거 위에서 진행되는 것이다."9)

성경은 이것을 다음과 같이 가르친다. "한 사람의 순종치 아니함으로 많은 사람이 죄인 된 것 같이(롬 5:19) 한 사람으로 말미암아 죄가 세상에 들어오고 죄로 말미암아 사망이 왔나니 이와 같이 모든 사람이 죄를 지었으므로 사망이 모든 사람에게 이르렀느니라(롬 5:12). 한 범죄로 많은 사람이 정죄에 이른 것 같이"(롬 5:18). 만일 이 성구들이 아담의 죄때문에 모든 사람이 정죄되었다는 것을 입증하는 것이 아니라면 이 성구들은 전혀 무의미한 것이 되고만다.

아담은 단순히 전인류의 시조일 뿐 아니라 전인류의 대표자였다. 아담과 전인류와의 관계가 얼마나 밀접한가를 충분히 이해한다면 그의 죄가 전 인류에게 미친다는 사실도 충분히 이해될 수 있을 것이다. 그리스도의 의가 그를 믿는 자에게 귀속(歸屬)됨과 같이 아담의 죄는 그의 후손들에게 전가되는 것이다. 그리스도의 대속을 입은 사람들이 그들 자신에 있어서는 그리스도의 의를 받기에 합당한 자가 되지 못하는 것 같이 아담의 후예도 개인적으로 아담의 죄를 범한 것은 아니다.

수난과 사망은 죄의 결과로 선고되었다. 왜냐하면 모든 사람이 죽는 이유는 모든 사람이 죄를 범한 까닭이다. 그런데 사람들은 그들 자신은 하나의 죄도 범한 일이 없는 영아들이 병으로 앓거나 죽는 일이 있음을 많이 본다. 이것은 하나님이 불공평하셔서 무죄한 자를 벌하신 것이든지 아니면 이 영아들이 어떤 방면으로든 유죄한 피조물이든지 이 둘 중에 하나일 것이다. 만약 영아가 유죄하다면 그들은 어떻게 범죄 하였는가? 이에 대한 설명은 그들이 아담 안에서 범죄 하였다는 것밖에 없다(고전 15:22, 롬 5:12-18). 그리고 대표라고

---

9) *Systematic Theology*, Ⅱ, pp. 198, 199, 201.

하는 이유에 의하지 않으면 그들이 아담 안에서 죄를 범할 수는 없는 것이다.

우리는 우리 자신이 아담의 죄를 범한것은 아니다. 그럼에도 불구하고 우리는 아담의 죄벌을 받지 않을 수 없다. 이에 대해 핫지 (Dr. A. A. Hodge) 박사는 "하나님은 아담의 죄를 그 후손들에게 담당케 하셨으니 이는 아담 한 사람 안에서 만인이 범죄하게 된 공동 담보의 죄이다. 그러므로 모든 사람들은 그들의 도덕적 영적 생명을 지지하고 지도할 성령의 감화를 모두 박탈당하여 선천적으로 범죄할 수밖에 없는 성품을 가지고 세상에 태어난다. 이 범죄성 자체가 벌을 받기에 마땅하다. 인간의 성질은 타락 후에도 이성, 양심, 자유행동력을 고유의 기능을 그대로 갖고 있어서 여전히 도덕적 책임을 갖고 있는 것이다. 그러나 그는 영적으로 죽었기 때문에 하나님 앞에서 책임과 의무를 하나도 감당할 수 없으며 자기의 사악한 성질과 생래적(生來的) 경향을 스스로 변화시키려는 의욕이나 가능성도 없고 또 이와 같은 변화를 위하여 성령과 협력할 수도 없다"[10]고 말하였다.

상술한 바와 같은 의의로써 미국 남장로교회의 신학자 댑니(Dr. R. L. Dabney) 박사는 말하기를 "소시안파와 펠라기안파 이외의 어느 파에나 죄가 전가된다는 교의는 필요하다. 인간은 영적으로 죽은 자요 정죄받은 자이다. 에베소서 2:1-5과 기타 여러 곳을 상고해 보라. 인간은 분명히 생애의 시초부터 저주아래 있다. 영아들의 생래적 패역성과 그들도 또한 성인들과 똑같이 저주의 재앙과 사망을 받음을 보라. 그러면 인간은 아담 안에서 시험을 받아 타락하였는가? 아니면 아무 시험도 받은 일이 없이 정죄되었는가? 인간이 저주아래 있는 것은 아담의 죄 때문인가? 혹은 아무 죄도 없이 저주아래 있는가? 그 어느 것이겠는가? 하나님을 성약(聖約)의 머리인 아담에게 가장 공평하고도 호의적인 시험을 부과하신 자로 믿는 교리와 아

---

10) *Presbyterian Doctrine, p. 21.*

무 시험도 없이 더구나 태어나기도 전에 인간을 정죄하신 자로 믿는 교리 중 어느 것이 하나님께 더 영광을 돌리는 교리인지 판단해 보라"[11]고 하였다.

VI. 하나님의 인자와 준엄

인간의 타락과 그 범위를 개관해 볼 때 우리는 치욕을 느끼지 않을 수 없다. 이것을 일관해볼 때 인간은 하나님 앞에 감히 자기의 덕성(德性)을 주장할 수 없으며 인간의 유일한 희망은 오직 전능하신 하나님의 주권적 은혜에 달려있을 뿐이다. 알미니안이 말하는 "은혜로 회복된 능력"이라는 것은 사실과 일치하지 않는다. 성경이나 역사 그리고 그리스도인의 경험은 인간의 본성적 도덕적 상태에 대하여 알미니안의 사상체계가 가르치는 것처럼 호의적이요 낙천적 견해를 결코 용납치 않는다. 반대로 하나님의 은혜로만 구원받을 수 있는 인간의 무서운 부패성을 우리에게 가르친다. 칼빈주의 체계는 인간의 보다 심화된 타락과 구속적 은혜의 보다 영광스런 현현(顯現)을 가르친다. 이 심각한 부패로부터 그리스도인은 자신에 대하여 절망하고 자기를 무조건적으로 하나님의 팔에 내어 던지게 되며 오직 값없이 주시는 은혜를 통해서 구원받게 되는 것이다.

우리는 영과 육의 세계에서 하나님의 자비와 함께 하나님의 준엄하심도 보아야만 한다. 인생은 아무리 불유쾌할지라도 무조건 용납하고 직면(直面)해야만 하는 가혹한 사실들로 가득 차 있다. 성경 전체를 통하여 —특히 그리스도의 말씀 중에—악한 자의 최후의 고통은 말할 수 없을만큼 무서운 것으로 서술되어 있다. 마태복음에만도 여기에 관한 언급이 많이 있다. 마 5:29-30; 7:19; 10:28; 11:21-24; 13:30, 41, 42, 49, 50; 18:8-9, 34; 21:41; 24:51; 25:12, 30, 41; 26:24. 예수 그리스도께서 직접 이처럼 강조하신 교리를 우리 마음

---

11) *Theology*, p. 330.

에 들지 않는다고 해서 간과할 수는 없는 것이다. 오는 세상에서는 악한 자들이 아무 거리낌없이 무저갱에 깊이 빠져서 하나님을 모독하고 저주할 것이니 영벌은 끝없는 죄에 대한 형벌이다. 뿐만 아니라 하나님이 악한 자들을 벌하심은 의로운 자에게 상주심과 같이 하나님의 영광이다. 기독교에 대한 현대의 편리주의는 그리스도께서 그처럼 반복 강조하신 이 교리를 교역자들이 강조하지 않기 때문에 생겨난 것이다.

자연계에서 우리는 의로운 자와 불의한 자에게 똑같이 오는 전쟁, 기근, 홍수, 재해, 질병, 고난, 사망 등에서 하나님의 준엄하심을 본다. 이 모든 일이 지극히 완전하신 하나님께서 지배하시는 이 세상에 현존하고 있음을 기억하여야 한다.

"하나님의 인자하심과 엄위하심을 보라"(롬 11:12). 자연주의는 하나님의 이 두 가지 성품 중 어느 것에 대해서도 공정하게 취급하지 않는다. 알미니안주의는 전자를 과장하고 후자는 무시한다. 칼빈주의만이 양자를 공정하게 다룬 체계이다. 칼빈주의만이 자기 백성을 구속할 값으로 독생자를 세상에 보내어 십자가에서 죽게 하신 하나님의 영원무궁하신 사랑을 바로 진술하며 또한 거룩하신 하나님과 유죄한 인간과의 사이에 가로놓인 심연(沈淵)에 관해 진술한다. "하나님은 사랑이시라"는 말씀은 진리이다. 그러나 그와 함께 "우리의 하나님은 소멸하시는 불이다"(히 12:29). 어떤 사상체계든지 하나님의 이 두 가지 성품 중에 어느 하나를 제외하거나 무시한다면(그것이 아무리 우리 귀에 참인 것같이 들릴지라도) 기형적 체계에 지나지 않는다.

인간의 전적무능력 교리는 가공할만큼 엄숙하고 냉혹한 것이다. 그렇다고 해서 우리는 성경을 떠나서 우리의 기호에 맞는 새로운 사상체계를 마음대로 발전시킬 수는 없다. 우리는 사실을 있는 그대로 취급하지 않으면 안된다. 물론 인류의 진상을 있는 그대로 나타내면 중생치 못한 사람의 마음은 대단히 불쾌할 것이다. 그리하여 많은 사람들은 좀더 자연인의 심리에 맞는 교리체계를 작성해보려고 애쓰고 있는 것이다. 타락한 인간은 그를 부분적으로 하나님에게서 독립한 자로 설명하는 이론을 즐겨 청종한다. 그는 자신이 자신의 운명의 주인이 되고 자신의 영혼의 주재(主宰)가 되기를 원한다. 그러나 죄인의 파멸된 절망의 상태가 끊임없이 그의 앞에 제시되지 않으면 안된다. 왜냐하면 그것을 알기 전에는 마땅히 도움을 청해야 할 곳에서 도움을 찾지 않기 때문이다. 가련한 인생이여! 그대는 참으로 육적이고 죄 아래 팔린 자로다. 그대는 하나님께로 돌아설 능력이 없을 뿐아니라 그것을 추구할 의향마저도 없는 자이며 더욱 두렵기는 위대하신 하나님께 대하여 실제로 반역을 하며 그의 거룩하심을 모독하는 자로다.

인간의 전적무능력 교리 혹은 원죄의 교리가 예정론의 근본적 교리임을 보여주기 위해 어지간히 길게 논하여 왔다. 이 교리만 보아서는 암흑밖에 아무것도 보이지 않는다. 참으로 암흑밖에 보이지 않는다. 그러나 구속 계획에 있어서의 하나님의 영광이 이것을 보충한다. 한 진리가 적나라하게 바로 보여지지 않으면 다른 한 진리도 바로 보여질 수 없는 것이다. 인간의 전적 무능력(원죄)과 하나님의 절대 은총에 관한 교리가 바로 이 관계를 갖고 있는 것이다.

VII. 성경의 증거

고전 2:14. 육에 속한 사람은 하나님의 성령의 일을 받지 아니하나니 저희에게는 미련하게 보임이요 또 깨닫지도 못하나니 이런 일은 영적으로라야 분변함이니라.

창 2:17. 선악을 알게 하는 나무의 실과는 먹지 말라 네가 먹는 날에는 정녕 죽으리라 하시니라.

롬 5:12. 이러므로 한 사람으로 말미암아 죄가 세상에 들어오고 죄로 말미암아 사망이 왔나니 이와 같이 모든 사람이 죄를 지었으므로 사망이 모든 사람에게 이르렀느니라.

고후 1:9. 우리 마음에 사형 선고를 받은 줄 알았으니 이는 우리로 자기를 의뢰하지 말고 오직 죽은 자를 다시 살리시는 하나님만 의뢰하게 하심이라.

엡 2:1-3. 너희의 허물과 죄로 죽었던 너희를 살리셨도다. 그 대신 너희가 그 가운데서 행하여 이 세상 풍속을 좇고 공중의 권세잡은 자를 따랐으니 곧 지금 불순종의 아들들 가운데서 역사하는 영이라 전에는 우리도 다 그 가운데서 우리 육체의 욕심을 따라 지내며 육체와 마음의 원하는 것을 하여 다른 이들과 같이 본질상 진노의 자녀이었더니.

엡 2:12. 그 때에 너희는 그리스도 밖에 있었고 이스라엘 나라 밖의 사람이라 약속의 언약들에 대하여 외인이오 세상에서 소망이 없고 하나님도 없는 자이더니.

렘 13:23. 구스인이 그 피부를 표범이 그 반점을 변할 수 있느뇨 할 수 있을진대 악에 익숙한 너희도 선을 행할 수 있으리라.

시 51:5. 내가 죄악 중에 출생하였음이여 모친이 죄 중에 나를 잉태하였나이다.

요 3:3. 예수께서 대답하여 가라사대 진실로 진실로 네게 이르노니 사람이 거듭나지 아니하면 하나님 나라를 볼 수 없느니라.

롬 3:10-12. 기록한바 의인은 없나니 하나도 없으며 깨닫는 자도 없고 하나님을 찾는 자도 없고 다 치우쳐 한 가지로 무익하게 되고 선을 행하는 자는 없나니 하나도 없도다.

욥 14:4. 누가 깨끗한 것을 더러운 것 가운데서 낼 수 있으리이까 하나도 없나이다.

고전 1:18. 십자가의 도가 멸망하는 자들에게는 미련한 것이요 구원을 얻는 우리에게는 하나님의 능력이라.

행 13:41. 일렀으되 보라 멸시하는 사람들아 너희는 놀라고 망하라 내가 너희 때를 당하여 한 일을 행할 것이니 사람이 너희에게 이를지라도 도무지 믿지 못할 일이라 하였느니라 하니라.

잠 30:12. 스스로 깨끗한 자로 여기면서 오히려 그 더러운 것을 씻지 아니하는 무리가 있느니라.

요 5:21. 아버지께서 죽은 자들을 일으켜 살리심 같이 아들도 자기의 원하는 자들을 살리느니라.

요 6:53. 인자의 살을 먹지 아니하고 인자의 피를 마시지 아니하면 너희 속에 생명이 없느니라.

요 8:19. 이에 저희가 묻되 네 아버지가 어디 있느냐 예수께서 대답하시되 너희는 나를 알지 못하고 내 아버지도 알지 못하는 도다 나를 알았다면 내 아버지도 알았으리라.

마 11:25. 그 때에 예수께서 대답하여 가라사대 천지의 주재이신 아버지여 이것을 지혜롭고 슬기 있는 자들에게는 숨기시고 어린 아이들에게는 나타내심을 감사하나이다.

고후 5:17. 그런즉 누구든지 그리스도 안에 있으면 새로운 피조물이라.

요 14:16-17. 내가 아버지께 구하겠으니 그가 또 다른 보혜사를 너희에게 주사 영원토록 너희와 함께 있게 하시리니 저는 진리의 영이라 세상은 능히 저를 받지 못하나니 이는 저를 보지도 못하고 알지도 못함이라 그러나 너희는 저를 아나니 저는 너희와 함께 거하심이요 또 너희 속에 계시겠음이라.

요 3:19. 그 정죄는 이것이니 곧 빛이 세상에 왔으되 사람들이 자기 행위가 악하므로 빛보다 어두움을 더 사랑한 것이니라.

제11장
무조건적 선택
(Unconditional Election)

Ⅰ. 본 교리의 서술

선택의 교리는 총괄적인 예정론의 특수한 적용 즉 죄인 구원의 문제에 적용된 예정론이라고 할 수 있다. 성경의 주요 관심은 죄인의 구원에 관한 것이므로 선택교리는 자연히 중요한 위치를 차지하게 된다. 또한 본 교리는 예정론의 기타 다른 교의들과 밀접한 관계를 갖고 있다. 선택이란 절대자이시며 도덕적 제일 위이신 하나님의 행위이므로 그것은 곧 그가 구원하시고자 하는 대상에 대한 영원불변하고도 유효한 결정임을 보여준다. 그리하여 이 선택권은 선택에 대한 절대적 주권이란 것으로 부단히 강조되어 왔다.

개혁신앙은 사람이 태어나기 전부터 이미 영생할 자와 멸망할 자를 구별하여 택정하신 영원적 작정이 있다고 주장한다. 이 작정은 아담 안에서 구원 얻을 절호의 기회를 가졌었으나 그 기회를 상실한 인간들에 대한 하나님의 뜻을 가리킨다. 타락의 결과 인간들은 유죄하고 부패되었으며 저들의 동기는 사곡하여져서 스스로 구원을 이룰 수 없게 되었다. 또한 하나님께 자비를 요청한 권리도 모두 잃었다. 그리하여 불순종의 죄로 형벌을 받을 수 밖에 없게 되었다. 그러나 이들 중 택함 받은 자들은 이 죄벌에서 구원되어 행복과 성결의 자리로 인도되고 택함 받지 못한 자들은 그들의 본래의 멸망 상태 그대로 방치되어 그들의 죄로 말미암아 정죄 받는다. 따라서 그들은 결코 부당한 벌을 받는 것이 아니다.

웨스트민스터 신앙고백서는 이 교리를 다음과 같이 말한다.

"하나님의 작정에 의하여 또한 그의 영광을 위하여 어떤 사람들과 천사들은 영생을 얻도록 예정되고 어떤 자들은 영벌을 받도록 예정되었다."

"이렇게 예정된 천사들과 사람들은 정확 불변적으로 계획되고 그 수효는 너무나 확정적이고 결정적이어서 조금도 가감할 수 없다."

"하나님께서 창세 전에 그의 영원 불변하신 목적과 오묘하신 계획과 기쁘신 뜻대로 영생하기로 예정된 자들을 그리스도 안에서 택하셨으니 이 선택은 피조자 속에 예견(豫見)되는 신앙, 또는 선행, 또는 신행(信行)의 견인(堅忍) 기타 그들이 갖고 있는 아무것도 조건으로 하거나 이유로 하지 않고 다만 하나님의 은혜와 사랑에서 나온 일이다. 그리하여 이 모든 것은 그의 영광스러운 은혜와 찬송을 기리기 위함이다."

"하나님께서 택함을 입은 자에게 영광을 주신 것같이 그는 영원하시고 자유로우신 뜻대로 그 영광을 받게 할 방법까지 예정하셨다. 이러므로 택함을 받은 자들은 아담 안에서 타락하였다가 그리스도로 말미암아 구속함을 받나니 때가 이르매 성령의 역사를 통하여 그리스도를 믿는 신앙에 주효(奏效)하게 부르심을 받아 칭의(稱義)를 얻고 양자가 되어 성화되며 또한 그의 능력에 따라 믿음으로 구원에 이르게 된다. 택함을 받은 자 외에는 아무도 그리스도로 말미암아 구속되거나 부르심을 입거나 의롭다 하심을 얻거나 양자가 되거나 성화되거나 구원을 얻는 자가 없다."

"하나님은 측량할 수 없는 그의 뜻에 따라 자비를 베푸시기도 하고 혹은 베풀지 않기도 하심으로써 피조물에 대한 그의 주권적인 능력의 영광을 나타내시며 그 나머지 사람들은 간과하시어 그들의 죄대로 치욕과 진노를 당하게 하심으로써 그의 영광스런 공의를 찬양케 하신다."[12]

우리가 이 선택교리를 명백히 깨닫는 것은 극히 중요한 일이다. 그것은 이 교리에 대한 우리의 견해가 우리의 신관, 인생관, 세계관, 구속관 등을 결정해주기 때문이다. 참으로 칼빈이 말한 것과 같이 "하나님은 구별없이 아무에게나 구원의 소망을 주시지 않으며 이 사람에게는 주시지 않는 구원을 저 사람에게는 주신다고 하는 대비(對比)에 의하여 하나님의 은혜를 설명하는 이 영원선택의 교리를 완전히 이해하기 전에는 우리는 우리의 구원이 하나님의 자유로운 자비의 샘에서 흘러나온다는 것을 확신하지 못할 것이다. 이 원리에 대한 무지는 분명히 하나님의 영광을 훼손시키고 참된 겸비를 감소시킨다."[13] 칼빈은 이 교리가 어떤 사람의 마음에 심히 복잡한 의구심을 일으키는 일이 있음을 시인하면서 "그들은 전인류 가운데서 어떤 사람들은 구원받기로 예정되고 어떤 사람들은 멸망 받기로 예정된다고 하는 것보다 더 불합리한 일은 없다"고 한다고 말했다.

개혁주의 신학자들은 그들의 주위에 있는 사람들 속에서 그들 자신이 보고 느낀 모든 영적 현상의 실제적 경험에다 이 선택교리를 끊임없이 적용하였다. 하나님의 목적 혹은 예정만이 선과 악, 성도와 죄인의 구별을 설명해 줄 수 있다.

II. 성경적 증거

우리가 자문(自問)해 봐야 할 첫 번째 질문은 이 교리는 과연 성

---

12) *Ch. Ⅲ, Sections Ⅲ-Ⅷ.*
13) *Institutes, Book Ⅲ, ch. XXI, see. I.*

경이 가르치는 교리인가라는 점이다. 에베소서에 보면 "곧 창세 전에 그리스도 안에서 우리를 택하사 우리로 사랑 안에서 그 앞에 거룩하고 흠이 없게 하시려고 그 기쁘신 뜻대로 우리를 예정하사 예수 그리스도로 말미암아 자기의 아들들이 되게 하셨으니"(엡 1:4-5)라고 하였다. 로마서 8장 29-30절에서는 영원으로부터 영원까지 이르는 구속의 고리(chain)를 볼 수 있다. 즉 "하나님이 미리 아신 자들로 또한 그 아들의 형상을 본받게 하기 위하여 미리 정하셨으니 이는 그로 많은 형제 중에서 맏아들이 되게 하려 하심이니라. 또 미리 정하신 그들을 또한 부르시고 부르신 그들을 또한 의롭다 하시고 의롭다 하신 그들을 또한 영화롭게 하셨다" 는 것이다. 이 말씀 가운데서 미리 아신 자, 미리 정하신 자, 부르신 자, 의롭다 하신 자, 영화롭게 하신 자는 동일한 사람이다. 이들 중에 한 요소가 있는 곳에는 다른 모든 요소도 원리상으로 공존한다(즉 예지된 자는 또한 예정된 자며, 부르심을 받은 자며, 칭의된 자며, 영화된 자이다). 이 구속 역사의 각 단계는 상호수반한다. 바울이 이 구절을 과거시상으로 표시한 까닭은 하나님에게 있어서는 목적이 수립될 때 원리상 그것은 벌써 실행된 것으로서 그 성취가 확실하기 때문이다.

워필드(Warfield) 박사는 이 구절에 대하여 말하기를 "이 다섯 개의 금고리(These five golden links)는 상호결합하여 한 개의 완전한 연쇄를 이룬다. 그러므로 하나님은 택함받은 자들을 그의 은혜로 한 단계씩 인도하시어 약속하신 대로 하나님의 아들의 형상을 본받게 하심으로써 종말에는 반드시 영광을 받게 만드신다. 하나님의 선택은 이 모든 것을 반드시 이룬다. 왜냐하면 하나님은 예지하신 자를 또한 영화롭게 하셨기 때문이다."[14]라고 말하였다.

성경은 선택이 개인의 미덕과는 관계없이 이미 과거에 있는 일로서 전혀 주권적 행위임을 시사한다. "그 자식들이 아직 나지도 아니하고 무슨 선이나 악을 행하지 아니한 때에 택하심을 따라 되는 하

---

14) *Pamphlet, Election, p. 10.*

나님의 뜻이 행위로 말미암지 않고 오직 부르시는 이에게로 말미암아 서게 하려하사 리브가에게 이르시되 큰 자가 어린 자를 섬기리라 하셨나니 기록된바 내가 야곱을 사랑하고 에서는 미워하였다 하심과 같으니라"(롬 9:11-13). 만일 선택교리가 참되지 않다고 하는 자가 있다면 우리는 누구에게나 이 성구는 무엇을 의미하느냐고 확신있게 도전할 수 있다. "우리는 이 구절에서 이삭을 택하시고 이스마엘을 물리치신 일, 또한 야곱을 택하시고 에서를 물리치신 일이 그들의 출생 전, 따라서 그들이 선이나 악을 행하기 전의 일이었다는 것을 알게 된다. 우리가 이 성구에서 명백히 알 수 있는 것은 구원을 얻는 일은 원하는 자로 말미암음도 아니요 달음박질하는 자로 말미암음도 아니요 오직 긍휼히 여기시는 하나님으로 말미암는다는 것과 하나님께서 하고자 하시는 자를 긍휼히 여기시고 하고자 하시는 자를 강퍅케 하신다는 것이다. 하나님과 인간과의 관계는 토기장이가 자기의 소원대로 진흙을 빚어서 소용대로 그릇을 만드는 관계와 유사한 것으로 볼 수 있다는 것이 성경의 교훈이니 예정론을 설명하는데 있어서 이보다 더 적절한 비유는 없다고 본다."15)

우리가 설사 선택에 대해 위에 인용한 바울의 교훈 이외에는 다른 어떤 성경구절들도 갖지 못하였다 할지라도 위에 인용한 구절이 너무나 명백하기 때문에 선택교리가 성경에 있다는 것을 부인할 수가 없다. 그런데 우리의 신앙고백서의 참고 구절들을 보면 이 교리가 성경 전체에서 얼마나 풍부하게 확증되어 있는지를 알 수 있다. 만일 우리가 성경은 영감서로서 선지자와 사도들이 성령의 감화를 받아 기록하였으므로 무오(無誤)하다는 것을 인정한다면 성경에서 발견되는 증거로써 충분하다. 따라서 우리는 부인할 수 없는 성경의 증거 위에서 선택 혹은 예정은 기정 진리이며 하나님의 전 계획을 이해하고 파악하기 위해서는 필수적인 진리라는 것을 인정하지 않으면 안된다. 왜냐하면 성경이 선택교리에 대하여 여러 가지를 설명하

---

15) *Warfield, Biblical Doctrines, p. 50.*

지 않은 채 놓아두었지만 선택이 존재한다는 사실만은 극히 명료하게 표시하였기 때문이다.

그리스도께서 제자들에게 "너희가 나를 택한 것이 아니요 내가 너희를 택하여 세웠나니 이는 너희로 가서 과실을 맺게 하려함이라"고 말씀하셨다(요 15:16). 이 말씀으로 그리스도는 하나님의 선택이 제일 차적이고 인간의 선택은 제이 차적인 것으로서 그것은 하나님이 그를 선택하신 결과에 불과한 것임을 밝히셨다. 그런데 알미니안파는 구원은 제공된 은혜를 선용 혹은 남용(濫用)하는 인간의 선택 여하에 달려있다고 주장함으로서 그 순서를 전도(顚倒)시켜 인간의 선택을 제일 차적인 것이요 결정적인 것으로 본다. 그러나 성경에는 선택이 인간의 행동 여부를 먼저 살핀다고 말한 곳이 없다. 하나님의 의지의 결정은 결코 피조물의 의지에 의존하는 것이 아니다.

이 선택의 주권은 "우리가 아직 죄인 되었을 때에 그리스도께서 우리를 위하여 죽으심으로 하나님께서 우리에게 대한 자기의 사랑을 확증하셨느니라"(롬 5:8)와 "그리스도께서 경건치 않은 자를 위하여 죽으셨도다"(롬 5:6)고 한 바울의 언명에 분명히 드러난다. 이 구절에서 우리는 하나님의 사랑이 우리의 선행으로 말미암아 우리에게 미친 것이 아니고 우리가 사악하였음에도 불구하고 우리에게 미쳤다는 것을 밝히 알 수 있다. 사람을 선택하시고 그로 하여금 자기에게 가까이 나아오게 하시는 아는 하나님이시다(시 65:4). 알미니안파는 이 선택권을 하나님의 수중에서 빼앗아 인간의 수중으로 넘겨준다. 그러나 인간의 선택을 하나님의 선택에 대입(代入)시키려는 신앙사상체계는 모두 이 문제에 관한 성경의 교훈과 거리가 멀다.

이스라엘이 하나님을 배신한 최고의 암흑시대에도 다른 모든 시대에서와 마찬가지로 "남은 백성"을 확보한 것은 이 선택원리의 실현이었다. "그러나 내가 이스라엘 가운데 칠 천인을 남기리니 다 무릎을 바알에게 꿇지 아니하고 다 그 입을 바알에게 맞추지 아니한 자니라"(왕상 19:18). 여기서 칠 천인은 그들 스스로의 힘으로 견딘 것이 아니라 하나님이 그들을 "남은 백성"으로 보존하신 것이다.

하나님은 선민(選民)들을 위하여 역사의 전과정을 통치하신다(막 13:20). 그들은 세상의 소금과 빛이다. 그러므로 세계 역사상 그들은 비록 소수이지만 그들을 통하여 대중이 복을 받는다. 하나님께서는 요셉때문에 보디발의 집에 축복하셨으며 소돔성에 의인 10명만 있었다면 그 성을 구원하였을뻔 하였다. 그들의 선택에는 물론 그들이 복음을 듣고 은사를 받는 기회까지 포함된다. 왜냐하면 이러한 방편들을 통하지 않고서는 선택의 궁극 목적을 달성할 수 없기 대문이다. 사실 선택은 영생이란 말 속에 포함된 모든 것을 달성할 것을 내용으로 한다.

개인에 대한 선택 이외에 민족적 선택이라고 칭할만한 것 —참 종교에 관한 지식과 복음의 외적 특권을 위해 민족이나 사회를 예정하신 것— 이 있다. 하나님은 분명히 어떤 민족을 택하여 타민족보다 훨씬 큰 영적, 지상적 축복을 받게 하신다. 이런 종류의 선택으로는 유대민족의 경우가 좋은 예가 될 것이다.

구약성경 전체를 통하여 하나님은 유대인이 선민이라는 것을 거듭 말씀하신다. "내가 땅의 모든 족속 중에 너희만 알았나니"(암 3:2) "아무 나라에게도 이같이 행치 아니하셨나니 저희는 그 규례를 알지 못하였도다"(시 147:20). "너는 여호와 네 하나님의 선민이라 네 하나님 여호와께서 지상 만민 중에서 너를 자기 기업의 백성으로 택하셨나니"(신 7:6). 이와 마찬가지로 하나님으로 하여금 다른 민족들보다 그들을 택하게 한 어떤 공적이나 품격들이 유대인 자신에게는 전혀 없었다는 것도 명백히 선포되었다. "여호와께서 너희를 기뻐하시고 너희를 택하심은 너희가 다른 민족보다 수효가 많은 연고가 아니라 너희는 모든 민족 중에 가장 적으니라. 여호와께서 다만 너희를 사랑하심을 인하여 또는 너희 열조에게 하신 맹세를 지키려 하심을 인하여 자기의 권능의 손으로 너희를 인도하여 내시니 너희를 그 종 되었던 집에서 애굽왕 바로의 손에서 속량하셨나니"(신 7:7-8). "여호와께서 오직 네 열조를 기뻐하시고 그들을 사랑하사 그 후손 너희를 만민중에서 택하셨음이 오늘날과 같으니라" (신 10:15). 여기서 이스라엘은 하나님의 선택의 영예를 받았다는 것, 그 선택은 오직 하나님의 무조건적 사랑에 의한 것이었다는 것, 이스라엘 자신에게는 이 선택을 받을만한 하등의 이유나 근거가 없었다는 것이 지상의 다른 민족들에 대한 하나님의 취급과 대조해 볼 때 여실히 설명되는 것이다.

바울은 성령이 아시아에서 복음을 전하지 못하게 할 때 "마게도냐로 건너와서 우리를 도우라"는 환상을 보고 구라파로 건너갔으니, 이처럼 하나님께서는 주권적으로 복음을 받을 특권을 세계의 한 지역에는 주시고 다른 지역에는 주시지 않으셨다. 만일 바울이 아시아로 갔었다면 아시아에 있는 티벳이 구미 제국보다 먼저 문명화 되었을 것이다. 복음이 구미에 먼저 확장되고 아세아주는 흑암 가운데 방임되었던 사실은 전혀 하나님의 주권에 의한 것이었다. 왜 아브라함의 자손은 선택되고 애굽과 앗시리아 민족은 선택되지 않았는가. 또한 그리스도 강세(降世)시대에는 전연 무지(無知)한 상태에 있었던 구라파와 북아메리카가 어떻게 해서 가장 중요한 복음적 특권을 소유하여 타국민들에게 선교하게 되었는가에 대해서 우리는 다른 아무 이유도 찾아 볼 수 없다. 이는 단지 하나님의 크신 뜻에 의한 것일 뿐이다.

성경이 가르치는 선택의 제삼 형(型)은 은혜의 외부적 수단에 대한 선택이다. 즉 복음을 듣고 읽는 것과 또한 하나님의 백성과 사귀며 복음이 들어가는 곳에 건설되는 문명의 혜택을 누리게 되는 선택이다. 누구나 세상에 태어나기 전에 자기가 어느 나라에서 태어날 것이며 또한 백인종으로 태어날 것인지 아니면 다른 종족으로 태어날 것인지에 대해 선택할 권리를 가지지 못한다. 한 아이는 건강, 부귀, 명예를 가지고 혜택받은 땅에 태어나 기독교 가정에서 복음의 빛에 따라오는 모든 축복아래서 성장하고, 다른 한 아이는 빈천(貧踐)하고 방탕한 부모 밑에 태어나서 기독교의 영향을 전혀 받지 못한 채 성장한다. 이 모든 일들은 주권적으로 결정된 것이다. 혜택을 받고 태어난 아이라고 해서 그 아이가 자기의 개인적 공덕 때문에 그렇게 된 것이라고는 아무도 주장할 수 없을 것이다.

뿐만 아니라 하나님께서 우리를 자기의 형상대로 창조하시고 가축이나 개나 말의 형상대로 창조하시지 않은 것도 그의 주권적 행위이다. 이 모든 일들은 다 하나님의 주권적 섭리에 의한 것이지 인간의 선택에 의한 것은 아니다. 그런데 "알미니안파는 하나님의 주권에 대한 그들의 불완전하고 그릇된 견해를 가지고 또한 비성경적 견해인 보편적 은혜, 보편적 구속의 교리를 가지고 이상의 난제를 조정해보려고 한다. 그러나 대개 그들 자신들도 자기들의 설명 방식에 만족하지 못하였다. 그래서 마침내 이 문제 속에는 설명할 수 없는, 그래서 단지 하나님의 주권과 그의 이해할 수 없는 경륜 속으로만 미루어져야 할 신비들이라는 사실을 인정하곤 하였다."[16]

제사 형의 선택은 천직(天職)에 대한 선택이다. 즉, 혹은 정치가가 되게 하고 혹은 의사, 변호사, 농부, 음악가, 공인이 되게 하는 특별한 재능과 개인적 미(美), 지능(知能), 성향(性向) 등의 품성이다. 이상 네 가지 형태의 선택은 그 원리에 있어서 즉, 인간 자신의 의욕을 불문하고 하나님이 주권적으로 부여(賦與)하신 것이라는 점에서 동일하다. 그런데 알미니안파에서는 제일 형의 선택은 부인하고 제이, 제삼, 제사 형의 선택은 인정하는데 이는 불가능한 것이다. 하나님은 이 네 가지 형의 각 경우에 있어서 어떤 이들에게는 주시지 않는 은혜를 다른 이들에게는 부여하신다. 세계의 일반적 상황들과 우리의 일상생활의 경험은 우리에게 하나님의 은혜가 전혀 주권적이며 무조건적인 것으로서 인간의 공덕 여하를 불문하고 부여되는 것임을 알려준다. 따라서 우리가 은혜를 많이 받았으면 감사할 것이요 은혜를 받지 못하였다고 하더라도 하나님을 원망해서는 안된다. 혹자는 구원받을 환경에 처하게 되고 혹자는 그렇지 않은 것은 우리로서는 설명할 수 없는 일대 신비이다. 우리는 하나님의 섭리의 활동들을 설명할 수는 없다.

---

16) Cunningham, *Historical Theology*, Ⅱ, p. 398.

그러나 우리는 전세계의 심판주이신 하나님은 정의를 행하시리라는 것과 우리의 지식이 완전하여지면 하나님의 하시는 일은 모두 이치에 맞다는 것을 알게 될 것이라고 믿는다.

그뿐 아니라 일반적으로 개인을 둘러싸고 있는 외적 조건들이 그의 운명을 결정한다고 말할 수 있다(적어도 복음을 들을 수 없는 환경에 처한 사람의 운명은 십중팔구 멸망될 것이라는 의미에서). 컨닝햄(Cunningham)은 이것에 대해 다음과 같이 말하였다. "외부적 특권 즉 은혜의 방편을 받아 누리는 것과 신앙 및 구원 사이에는 하나님의 세계통치속에 세워져 있는 불변의 관계가 있다. 그러므로 전자의 부인은 곧 후자의 부인을 의미한다. 우리는 성경의 전체적 대의(大意)에 의하여 하나님의 주권 행사의 결과로 구속적 은혜를 받을 만한 방편을 얻지 못하면 동시에 믿어 구원을 얻게 되는 기회와 능력도 얻지 못한다는 것을 확증할 수 있다."[17]

칼빈주의자는 하나님이 인류를 총괄적으로 다루실 뿐아니라 실제로 구원받을 개개인들로 다루신다는 것과 영생을 주기 위해 특수한 개인들을 택하셨고, 그들이 영생을 얻는데 필요한 모든 방편까지도 선택하셨다는 것을 주장한다. 그들은 또한 민족적 선택과 외부적 특권에 대한 선택만을 가르치는 성경 구절들이 있다는 것을 부정하지는 않지만 오직 영생을 주기 위해 개인들을 선택하셨다는 것만을 가르치는 구절도 많이 있다는 것을 주장한다.

물론 선택이 있다는 것 조차 부인하는 자들도 있다. 그들은 그것이 마치 무덤에서 나온 유령이나 되는 것처럼 그 말 자체부터 부인해 버린다. 그러나 신약성경에서만도 "선택된 자" "선택" "선택한다"—ekletos, ekloga, and eklego, elect, election, choose—등의 선택의 교의를 나타내는 말씀이 47회 내지 48회나 발견된다(see Young's Amalytical Concordance for complete lists). 또 혹자는 그 말만은 인정하나 그 사실을 달리 설명해 버리려 한다. 그들은 하나님께서 어

---

17) *Historical Theology*, Ⅱ. Ⅰ, p. 467.

떤 사람의 신앙과 순종을 예지하셨기 때문에 그 사람을 예정하셨다는 "조건적 선택"을 믿는다고 말한다. 이런 견해는 선택이란 말씀의 의미를 무효화시킨다. 즉 선택을 아무개는 미래의 어느 때에 이러이러한 행동을 할 것이다 라는 것과 같은 단순한 미래의 인지(認知) 혹은 예언에 불과한 것으로 격하시켜 버린다. 만일 선택이 인간의 신앙이나 순종에 기초한 것이라면 우스운 말로 하나님은 스스로 자신들을 선택한 자들만을 선택하기로 고심(苦心)하신다고 볼 수 밖에 없다. 알미니안주의 체계에서는 선택은 단순히 말 또는 명칭뿐으로서 그것을 사용할 경우 문제를 한층 더 애매하고 혼란스럽게 만들 뿐이다. 이러이러한 사실이 미래의 어느 때에 존재하리라는 것과 같은 미래에 대한 단순한 인지(認知)가 선택이라면 그것은 진정한 선택이 아니다. 어떤 알미니안파 사람은 사람이 선택을 받을 수도 있고, 선택을 받지 않을 수도 있으며, 선택을 받았다가도 유기될 수 있다는 그들의 교리를 철저하게 발전시켜서, 이 선택의 결정시간과 신자의 죽음을 동일시함으로써, 마치 신자의 구원이 죽을 때에야 비로소 확정되는 것처럼 논한다.

선택은 천사들에게도 관계가 있다. 왜냐하면 그들도 피조물의 일부분이고 하나님의 관할 아래 있기 때문이다. 어떤 천사들은 거룩하고 행복하며, 어떤 천사들은 악한 천사들로서 비참한 자리에 있다. 인간에 관한 예정을 믿어야 할 이유들이 역시 천사들에 관한 예정을 믿어야 할 이유들이 된다. 이 견해는 성경이 확증해주는데, 선택된 천사들(딤전 5:21) 및 거룩한 천사들(막 8:38)이 악한 천사들 및 악마들과 대조되어 있다. 우리는 성경에서 아래와 같은 말씀을 볼 수 있다. 즉 "하나님이 범죄한 천사들을 용서치 아니하시고 지옥에 던져 어두운 구덩이에 두어 심판할 때까지 지키게 하셨으며"(벧후 2:4)라는 말씀과 "마귀와 그 사자들을 위하여 예비된 영영한 불"(마 25:41)이라는 말씀을 읽을 수 있다. 또 "자기 지위를 지키지 아니하고 자기 처소를 떠난 천사들을 큰 날의 심판까지 영원한 결박으로 흑암에 가두셨으며"(유 6), "미가엘과 그의 사자들이 용으로 더불어 싸울새 용과 그의 사자들도 싸우나"(계 12:7)라는 말씀도 볼 수 있다. 이 구절들은 댑니(Dabney)의 말과 같이 "천사들 중에는 두 종류가 있어서 거룩한 천사와 악한 천사, 그리고 그리스도의 사자들과 사단의 사자들로 나뉜다. 거룩한 천사들은 거룩하고 행복하게 창조되어 천계(天界)에 있게 되었으며(하나님은 거룩하신고로 당연히 거룩하게 창조하셨다) 범죄 함으로 복리(福利)를 잃은 천사들은 천계에서 영원히 쫓겨났다. 복리를 유지한 선한 천사들은 벌써 그렇게 예정된 것으로서 저들의 행복과 거룩함은 영원히 보장된다"[18]는 것을 시사해준다.

바울은 하나님께서 하고자 하신즉 누구는 긍휼히 여기시고, 누구는 그냥 내버려두시는 이유에 대해 구태여 설명하려 하지 않았다. 다만 "하나님이 어찌하여 허물하시느뇨 (하나님의 구원의 긍휼을 받지 못한 자들) 누가 그 뜻을 대적하겠느냐?" 라는 반대론자의 질문에 대하여 "이 사람아 네가 뉘기에 감히 하나님을 힐문하느뇨 지음을 받은 물건이 지은 자에게 어찌 나를 이같이 만들었느냐 말하겠느뇨 토기장이가 진흙 한 덩이로 하나는 귀히 쓸 그릇을 하나는 천히 쓸 그릇을 만드는 권이 없느냐"(롬 9:19-21)라고 대답함으로써 만사를 순전히 하나님의 주권에 의하여 해결하였다. 여기서 바울이 "다른 진흙"이라고 말하지 않고 "같은 진흙"이라고 말한 것은 주의를 요하는 말이다. 즉, 하나님은 도공(陶工)으로서 같은 진흙을 가지고 하나는 귀한 그릇으로 다른 하나는 천한 그릇으로 만드시는 것이다. 바울은 하나님을 그 보좌로부터 끌어내려 인간의 이성(理性) 앞에 세우고 심문하는 따위의 행동을 취하지 않는다. 천사들도 떨면서 알아보고자 하는 하나님의 감추인 뜻은 그것이 하나님의 기쁘신 뜻이라는 것 이외에는 달리 설명되지 않는다. 바울은 이 말을 마친 후에 마치 두손을 벌려 저지(沮止)하려는 것처럼 우리가 더 이상 나아가는 것을 엄금한다. 만일 만인에게 주신 은혜를 각 개인이 선용(善用) 혹은 오용(誤用)함에 따라 상벌이 수반된다는 알미니안주의가 옳다면

---

18) *Theology, p. 230.*

이 논제의 난해성(難解性)은 없었을 것이다.

 아래의 성경 구절을 참조하기 바란다.

살후 2:13. 하나님이 처음부터 너희를 택하사 성령의 거룩하게 하심과 진리를 믿음으로 구원을 얻게 하심이니

마 24:24. 거짓 그리스도들과 거짓 선지자들이 일어나 큰 표적과 기사를 보이어 할 수만 있으면 택하신 자들도 미혹하게 하리라.

마 24:31. 천사들을 보내리니 저희가 그 택하신 자들을 하늘 이 끝에서 저 끝까지 사방에서 모으리라.

막 13:20. 자기의 택하신 백성을 위하여 그날들을 감하셨느니라.

살전 1:4. 하나님의 사랑하심을 받은 형제들아 너희를 택하심을 아노라.

롬 11:7. 오직 택하심을 입은 자가 얻었고 그 남은 자들은 완악하여 졌느니라.

딤전 5:21. 하나님과 그리스도 예수와 택하심을 받은 천사들 앞에서 내가 엄히 명하노니.

롬 8:33. 누가 능히 하나님의 택하신 자들을 송사하리요.

롬 11:5. 그런즉 이와 같이 이제도 은혜로 택하심을 따라 남은 자가 있느니라.

딤후 2:10. 그러므로 내가 택하신 자를 위하여 모든 것을 참음은.

딛 1:1. 하나님의 종이요 예수 그리스도의 사도인 바울 곧 나의 사도 된 것은 하나님의 택하신 자들의 믿음과 경건함에 속한……

벧전 1:1. 예수 그리스도의 사도 베드로는……택하심을 입은 자들에게.

벧전 5:13. 함께 택하심을 받은 바벨론에 있는 교회가……

벧전 2:9. 오직 너희는 택하신 족속이요……

살전 5:9. 하나님이 우리를 세우심은 노하심에 이르게 하심이 아니요 오직 우리 주 예수 그리스도로 말미암아 구원을 얻게 하신 것이라.

행 13:48. 이방인들이 듣고 기뻐하여 하나님의 말씀을 찬송하며 영생을 주시기로 작정된 자는 다 믿더라.

요 17:9. 내가 비옵는 것은 세상을 위함이 아니오 내게 주신 자들을 위함이니이다.

요 6:37. 아버지께서 내게 주시는 자는 다 내게로 올 것이요……

요 6:65. 내 아버지께서 오게 하여 주지 아니하시면 누구든지 내게 올 수 없다 하였노라 하시니라.

요 13:18. 내가 너희를 다 가리켜 말하는 것이 아니라 내가 나의 택한 자들이 누구인지 앎이라.

요 15:16. 희가 나를 택한 것이 아니오 내가 너희를 택하여 세웠나니……

시 105:6. ……택하신 야곱의 자손 너희는.

롬 9:23. 또 영광 받기로 예비하신바 긍휼의 그릇에 대하여……

(이외에도 본 장에 이미 인용된 엡 1:4, 5, 11 롬 9:11-13, 8:29-30 등을 보라.)

Ⅲ. 이성적 증거

만일 인간의 전적 무능력이나 원죄의 교리가 용인된다면 논리적으로 볼 때 무조건적 선택교리는 불가피하다. 그리고 만일 성경과 우리의 경험이 우리에게 고하는 것과 같이 모든 사람은 나면서부터 유죄와 타락의 상태에 있어서 자력구원(自力救援)이 전혀 불가능하여 하나님께 구원을 요청할만한 권리조차 없는데, 그래도 그 중에 어떤 사람들이 구원을 얻는다면 그들은 틀림없이 하나님의 무조건적 선택의 은혜를 입은 자들일 것이다. 타락한 인간에 대한 하나님의 사랑은 셀 수 없이 많은 자들을 구원에 이르도록 선택하신 것과 또한 은혜언약에 있어서 인류의 머리요 대표자로서 활동하여 그들이 범한 죄를 도말하시고 그들의 죄책을 담당하사 그들로 하여금 구원을 얻게 해주신 구세주를 주신 것에서 잘 나타났다. 그리하여 성경은 하나님의 선택 제정의 동기를 부단히 하나님의 사랑으로 돌림으로써 우리로 하여금 그 제정의 배후에 있는 사랑을 앙망케 한다. 인간은 아무 공로없이 오직 하나님의 사랑과 은혜로만 구원 얻는다는 교리는 유독 칼빈주의 교리에서만 충분하고 솔직하게 표현되어 있다.

구원이 은혜로 말미암음은 개인의 선택을 통해 가장 명료하게 표시된다. 구원은 전적으로 하나님의 은혜에 달려있다고 선언하면서 선택교리를 부정하는 자들은 자가당착(自家撞着)의 모순에 빠진다. 성경 기자들은 선택은 오직 공로없이 베푸시는 하나님의 사랑에만 근거한 절대적으로 주권적인 선택으로서 인간과 천사들 앞에 하나님의 은혜와 구원의 자비를 나타내시기 위해 고안된 것이라는 사실을 밝히기 위해 온갖 수단을 다하였다. 통치자요 심판주로서 하나님은 그의 선하신 뜻대로 죄인들의 세상을 다루실 자유를 갖고 계신다. 그가 어떤 자는 용서하시고 어떤 자는 정죄하신다 해도 그의 공의에 위배되지 않으며, 혹자는 구원하시고 혹자는 유기하신다해도 그의 공의에 위배되지 않는다. 원래 모든 사람들이 죄를 범하여 하나님의 영광에 미치지 못했기 때문에 하나님에게는 그가 긍휼히 여기실 자에게 긍휼을 베풀 자유가 있다. 구원은 원하는 자로 말미암음도 아니고 달음박질하는 자로 말미암음도 아니요 오직 긍휼히 여기시는 하나님으로 말미암는다. 왜 어떤 사람들은 다른 사람들과 달리 구원 얻는가 하는 이유는 오직 만사를 자의(自意)대로 명하시는 이의 기쁘신 뜻에서만 발견될 수 있으며 창세전에 하나님께서 영원한 기업을 받을 자들을 선택하셨다는 사실에서만 발견될 수 있다. 성경 기자들은 구원받은 각 개인에게 그는 영원 전부터 특별히 선택되었으며, 영원 전부터 그를 위하여 계획된 그 고상한 운명이 지금 성취되고 있다는 보증을 주기 위해 특별한 노력을 기우린다.

이 영원 전부터의 무조건적 선택교리는 때로 개혁주의 신앙의 "심장"이라고 불린다. 이 교리는 구원에 있어서의 하나님의 주권과 은혜를 강조한다. 그런데 알미니안주의는 하나님이 주신 은혜를 받기로 작정하는 인간의 자의적 복종과 신행(信行)을 강조한다. 칼빈주의 체계에 있어서는 천국의 기업을 얻을 자와 하나님의 부요한 영광에 참여할 자를 선택하는 분은 오직 하나님뿐이시다. 그러나 알미니안주의 체계에 있어서는 그것을 결정하는 자는 궁극적으로 인간이다. 이는 무엇보다도 겸손이 결핍된 원리라고 보지 않을 수 없다.

하나님은 어찌하여 어떤 이는 구원하시고 어떤 이는 구원치 않으시는가 라고 질문할 자가 있을 것이다. 그러나 그것은 하나님의 목적에 속한 일이다. 어찌하여 어떤 이는 받고 어떤 이는 받지 못하는가에 대해서 우리는 아무 가르침도 받지 못했다. 하나님께서 우리로 하여금 이렇게 선택의 은혜에 참여케 하신 것은 우리에게 있어서 영원히 찬양할만한 경이(驚異)로 남아있지 않으면 안될 것이다. 확실히 우리에게는 하나님의 호의적인 주의를 끌거나 그의 특별한 사랑을 받을만한 자질(資質)도 행위도 아무 것도 없다. 왜냐하면 우리는 "허물과 죄로 죽었던 자"요 "다른 이들과 같이 본질상 진노의 자녀"였기 때문이다(엡 2:1-3). 우리는 다만 두려워하고 탄복하여 바울과 함께 "깊도다 하나님의 지혜와 지식의 부요함이여, 그의 판단은 측량치 못할 것이며 그의 길은 찾지 못할 것이로다"라고 부르짖을 것밖에 없다. 경이중의 경이는 무한한 사랑과 공의(公義)의 하나님이 유죄한 인류 전체를 구원하시기를 선택하지 않으셨다는 것이 아니라 몇 사람만이라도 구원하시기로 선택하셨다는 사실이다. 우리가 한편으로는 죄의 보응인 형벌과 함께 죄가 얼마나 극악한가를 생각해보고, 다른 한편으로는 죄에 대한 하나님의 극렬한 증오와 함께 거룩함이 무엇인지를 생각해본다면 그토록 거룩한 성품을 가지신 하나님께서 한 명의 죄인이라도 구원하신다는 일이야말로 경이로운 일이다. 더구나 하나님이 모든 사람을 다 영생얻도록 선택하시지 않은 이유는 그에게 모든 사람을 다 구원하시고자 하는 소원이 없어서가 아니라 그것이 그의 완전한 공의와 모순되기 때문인데, 그것이 왜 그의 공의에 모순되는지 우리로서는 알 수가 없다.

이 견해는 하나님을 자기 마음대로 무리하게 행동하시는 분으로 만든다고 하는 반대는 있을 수 없는 말이다. 그러한 반대는 인간의 이해를 넘어서는 억지에서 나오는 반대이다. 하나님이 어찌하여 어떤 이는 구원하시고 어떤 이는 간과(看過)하시는가에 대한 이유는 계시되지 않았다. "그는 하늘의 군사에게든지 땅에 거민(居民)에게든지 자기 뜻대로 행하신다"(단 4:35). 어떤 자들은 "그 기쁘신 뜻대로"(엡 1:5) 자기의 아들들로 예정하셨다. 그렇다고해서 그것이 하나님은 이유없이 이 사람을 택하시고 저 사람을 간과하신다는 것을 의미하는 것은 아니다. 군법(軍法)에서는 한 연대가 반역하면 그 연대에서 열명 중 한명꼴로 죽이는데 그것은 군법상의 이유에서 그렇게 하는 것이지 그 군인들에게 이유가 있는 것은 아니다. 하나님께서 비록 그 이유가 무엇인지에 대해 말씀해 주시지는 않았지만 이 사람은 택하고 저 사람은 버리시는 일에 대해 그는 최선의 이유를 갖고 계심에 틀림없다.

⑴ "지극히 높은 곳에 계신 하나님은
 그 뜻대로 은혜를 베푸시나니
 이를 생명으로 저를 사망으로 선택하여도
 영원히 의로우시고 은혜로우심이 아닐까?
⑵ 인간이 어찌 주님께 반항하며
 창조주의 도(道)가 의롭지 못하다 말할 수 있으랴?
 그의 엄위로운 말씀은 우뢰와 같이
 천세(千世)라도 먼지처럼 부술 수 있거든
⑶ 내 영혼아, 진리가 너무 찬연하여
 네 판단을 현혹(眩惑)시키고 네 이해를 넘어설지라도
 오히려 성경에 복종하면서
 그 결정적인 큰 날을 기다려라"[19]

Ⅳ. 신앙과 선행은 선택의 근거가 아니고 그 결과 또는 증거이다.

총괄적인 예정이든, 구원받을 자의 예정이든 그것은 피조자의 행

---

19) Quoted by Ness, *Antidote Against Arminianism*, p. 34.

동에 대한 하나님의 예견(豫見)에 근거한 것이 아니다. 개혁신앙의 이와 같은 교리는 웨스트민스터 신앙고백에 다음과 같이 분명히 서술되어 있다. "하나님은 모든 상정적(想定的) 조건 아래서 발생할는지도 모를 또한 발생할 수도 있는 일체의 일을 아신다. 그러나 하나님은 어떤 사건이 미래에 있을 것이라고 예견하시기 때문에 혹은 그 사건이 어떤 환경아래서 발생될 것임을 아시기 때문에 그것을 제정하신 것은 아니다." 그리고 "하나님께 대한 복종에서 하는 선행은 참으로 산 신앙의 증거요 열매이다. 이 선행으로 신자들은 그들의 감사를 표명하며, 신앙을 견고케 하며, 형제들의 지덕을 함양하며, 복음의 고백을 장식하며, 원수의 입을 막고 또한 그들로 예수 그리스도안에서 새로 창조될 때는 창조주이신 하나님을 찬송케 하나니, 이는 그들이 거룩한데 이르기까지 과실을 맺으며 영원한 생명을 이루게 하려함이라."

 "신자들의 선행 능력은 자신에게 있는 것이 아니고 전적으로 그리스도의 신으로부터 오는 것이다. 그들이 선행을 할 수 있기 위해서는 그들이 이미 받은 은혜 이외에 그들 중에 역사하셔서 그들로 하여금 하나님의 기쁘신 뜻대로 의욕하게 하고 행할 수 있게 하는 성령의 실제적 감화가 필요하다. 그렇다고 해서 성령의 특별한 활동이 있기까지는 어떠한 선행도 행할 의무가 없는 것처럼 태만해져서는 안되며 오히려 그들 중에 계신 하나님의 은혜를 부지런히 분발시켜야 한다."[20]

 그렇다면 예견된 신앙과 선행은 결코 하나님의 선택의 이유가 될 수 없으며 그것들은 도리어 선택의 결과 또는 증거이다. 그것들은 그 사람이 택함을 받고 중생된 것을 보여주는 증거이다. 선행을 선택의 근거로 간주하는 것은 우리를 다시 행위언약 속으로 집어넣는 일이며, 하나님의 목적을 "영원" 속에 보다 오히려 "시간" 속에 속박시키는 일이다. 이것은 예정이 아니고 후정(後定)이며, 신앙과 성결

---

20) Ch. Ⅲ:2, ⅩⅥ: 2, 3.

은 선택의 전제가 아니고 그 부산물이라고 하는 성경교훈을 전도(顚倒)시킨다(엡 1:4, 요 15:16, 딛 3:5). 우리가 "창세 전에" 그리스도 안에서 택함받았다는 말씀은 우리에게 택함받을만한 미덕이 있었을 것이라는 어떠한 생각도 완전히 배격한다. 왜냐하면 히브리어의 "창세 전"이란 말은 어떤 일이 영원속에서 이루어졌음을 의미하기 때문이다.

또한 선택은 "행위로 말미암은 것이 아니고 부르신 이로 말미암는다"고 한 바울의 말이 "선택은 미래의 행위로 말미암는다"는 뜻이라고 알미니안주의자들은 말하지만 그것은 바울 자신의 말과는 분명히 모순되는 것이다.

택정이 어떠한 방법으로든 예지에 근거하고 있다는 설은 택정의 목적이 "그 앞에 거룩하고 흠이 없게 하려 하심이라"는 바울의 말씀에 의해 여지없이 깨어진다(엡 1:4). 바울은 구원이 "우리의 행위로 말미암지 않으며, 아무 육체라도 자랑치 못하게 하려함이라"고 주장한다. 디모데후서 1장 9절에는 "하나님이 우리를 구원하사 거룩하신 부르심으로 부르심은 우리의 행위대로 하심이 아니요 오직 자기 뜻과 영원한 때 전부터 그리스도 예수 안에서 우리에게 주신 은혜대로 하심이라"고 기록되어 있다. 그러므로 칼빈주의자들은 선택은 인간이 행하는 어떠한 선행(善行)보다 선행(先行)하는 것이지 그것에 근거하는 것이 아니라고 주장한다. 본 교리의 진수는 구속사업에 있어서 하나님이 그가 구원코자 하시는 긍휼의 대상이 갖고 있는 미덕이나 공로에 좌우되시지 않는다는 것이다. 죄인이 구원얻는 것은 달음박질하는 자로 말미암음도 아니요 원하는 자로 말미암음도 아니요 오직 긍휼히 여기시는 하나님으로 말미암는다는 것이 성경 전체의 확고부동한 증거이고, 선택의 배후에는 예견된 성격이나 행위 또는 환경(이것들은 모두 선택의 결과로 나타나는 것들이다)이 잠재해있을 것이라는 가능성에 대한 주장을 반복해서 여러 모양의 관계속에서 배제시키고 있다."[21]

총괄적인 예정은 예지를 근거로 할 수 없다. 왜냐하면 예지될 수 있는 것은 이미 확정된 것이요, 예정된 것만이 확정적일 수 있기 때문이다. 전능하시고 절대주권적인 우주의 대주재께서는 우연히 발생할지도 모를 사건에 대한 예지를 근거로 해서 그 행동을 결정하시지는 않는다.

성경에 의하면 하나님의 예지는 항상 그의 목적에 종속(從屬)하는 것으로 생각된다. 또한 하나님은 오직 미리 결정하셨기 때문에 예지하시는 것이다. 하나님의 예지는 장래 일에 관한 그의 의지를 복사한데 지나지 않으며, 하나님의 섭리적 지배 아래 운행되는 세계의 과정은 하나님의 전 포괄적 계획에 지나지 않는다. 아직 존재치 않는 사건에 관한 하나님의 예지는 그것이 전체적으로 세계에 관해서든 개인적 생활의 세목(細目)에 관해서든, 그 일체가 하나님의 예정된 계획에 근거한 것이다(렘 1:5, 시 139:14-16, 욥 23:13-14, 28:26-27, 암 3:7).

그런데 여기 선택, 심지어 총괄적 예정까지도 예지에 근거한 것이라고 가르치는 구절로써 자주 지적되는 성경구절이 있다. 로마서 8장 29절과 30절의 "하나님이 미리 아신 자들로 또한 그 아들의 형상을 본받게 하기 위하여 미리 정하셨으니 이는 그로 많은 형제중에서 맏아들이 되게 하려 하심이니라. 또 미리 정하신 그들을 또한 부르시고 부르신 그들을 또한 의롭다 하시고 의롭다 하신 그들을 또한 영화롭게 하셨느니라"가 그것이다. 여기서 "안다"는 말은 단순히 어떤 사건을 인지(認知)한다는 말 이상의 의미로 사용되는 때가 있다. 즉 경우에 따라서는 그렇게 "알게 된" 사람들은 하나님의 특별하신 사랑의 대상이 됨을 의미하는데, 유대인에 대하여 하나님은 "내가 땅의 모든 족속 중에 너희만 알았나니 그러므로 내가 너희 모든 죄악을 너희에게 보응하리라"(암 3:2)고 말씀하셨으며, 바울은 "또 누

---

21) Warfield, *Biblical Doctrines, art, Predestination, p. 63.*

구든지 하나님을 사랑하면 이 사람은 하나님의 아시는 바 되었느니라"(고전 8:3)고 하였다. 예수께서도 자기의 양들을 "안다"고 선언하셨고(요 10:14, 27) 사악한 자들을 향해서는 "내가 너희를 도무지 알지 못하노라"(마 7:23)고 선언하셨다. 시편 제1 편에는 "여호와께서 의인의 길은 아시나 악인의 길은 망하리로다"라고 되어 있다.

이 모든 성구에는 심리적 인지(認知) 이상의 것이 포함되어 있다. 만일 단순한 심리적 인지라면 하나님은 악인도 의인과 같은 모양으로 아시는 것이 되기 때문이다. 그것은 "앎"의 대상으로 택함받은 자만을 포함하는 "앎"으로서 사랑, 총애, 허가와 관련된 의미 아니 차라리 이것과 같은 의미라고 할 수 있다. 따라서 로마서 8장 29절에 있는 사람들은 하나님의 사랑의 특별한 대상이 될 것으로 미리 정해졌다는 의미에서 예지되어 있는 것이다. 이 의미는 로마서 11장 2-5절에서 한층 더 명료하게 표시되어 있는데 "하나님이 그 미리 아신 자기 백성을 버리지 아니하셨다"고 하였다. 바울은 이것을 "하나님이 자기를 위하여 바알에게 무릎을 꿇지 아니한 사람 칠 천명을 남겨 두셨다"고 한 엘리야 시대와 비교하면서 "이와 같이 이제도 은혜로 택하심을 따라 남은 자가 있느니라"고 부언하였다. 2절의 '미리 아신 자'와 5절의 '은혜로 택하신 자'는 같은 사람이다. 따라서 그들은 하나님의 자비로운 목적의 대상이 될 것으로 미리 지정되었다는 의미에서 예지된 것이다. 특히 주의해야 할 것은 로마서 8장 29절에는 그들이 선행자(善行者)로 예지된 것이 아니라 단순히 하나님께서 선택의 은혜를 베푸실 개인으로서 예지된 것이라고 기록되어 있다는 사실이다. 또한 만일 바울이 여기서 "미리 안다"는 말을 사용할 때 선택이 단순한 예지를 근거로 한다는 의미로 사용했다면 그것은 선택은 "하나님의 기쁘신 뜻대로 되는 것"이라고 여러 곳에서 보여준 바울의 진술과 모순된다는 것을 깊이 유의해야만 할 것이다.

알미니안파의 견해는 선택을 하나님의 수중에서 탈취하여 인간의 수중에 쥐어준다. 이것은 전능하신 하나님의 목적을 타락한 인간의 불확실한 의지(意志)에 의해 좌우되는 것으로 만드는 것이며 일시적인 사건을 하나님의 영원적 활동의 원인으로 삼는 것이다. 또한 이 해석은 하나님께서 주권적 피조자를 창조하시고는 하나님의 의지와 행동이 어느 정도까지 이 주권적 피조자에게 의존한다는 잘못을 범한다. 이것은 하나님을 마치 자손들로 하여금 선을 행하게 하려고 애쓰지만 그 자손들이 항상 악한 성정으로 불복하기 때문에 실패하고 마는 인품좋은 노인처럼 만들어 버린다. 그뿐 아니라 그것은 하나님을 전시대를 통해 실패를 거듭함으로써 수많은 사람을 천국보다는 지옥으로 보내지 않으면 안되는 계획을 전개하시는 분으로 만든다. 그러나 이처럼 당치 않은 말로 인도하는 교리는 비성경적일 뿐아니라 불합리한 것은 물론 하나님께 대한 모독이다. 이와는 달리 칼빈주의는 하나님을 절대로 완전하시며, 자기의 기쁘신 뜻대로 자비와 공의를 베푸시고, 인간만사를 실제로 통치하시는 분으로 제시한다.

성경과 신앙생활의 경험은 우리에게 구원의 방편인 신앙과 회개가 모두 하나님의 선물임을 보여준다. 에베소서 2장 8절에서는 "너희가 그 은혜를 인하여 믿음으로 말미암아 구원을 얻었나니 이것이 너희에게서 난 것이 아니요 하나님의 선물이라"고 하였고 아가야에 있는 신자들은 "은혜로 말미암아 믿었다"(행 18:27). 이처럼 사람은 그가 그리스도를 믿기 때문에 구원얻는 것이 아니고 구원을 받았기 때문에 그리스도를 믿는 것이다. 믿음의 시작과 구원을 추구하는 의향까지도 그 자체가 하나님의 선물이요 은혜의 역사이다. 바울은 여러 번 우리는 "믿음으로"(즉 신앙이 방법적 이유가 됨) 구원얻는다고 말했지만 한번도 "믿음 때문에"(즉 신앙이 공로적 이유가 됨) 구원얻는다고는 말하지 않았다. 마찬가지로 우리는 구원얻은 자들은 그들의 선행에 비례하여 보상받을 것이라고 말할 수는 있지만 선행 때문에 보상받을 것이라고는 말할 수 없다. 어거스틴은 "하나님의 택하심을 입은 자는 하나님의 자녀가 되기 위해 선택되어 있다. 그것은 그들로 믿게 하기 위함이셨지 그들이 믿을 것을 예지하셨기 때문이 아니다"라고 말하였다.

회개 역시 하나님의 선물이다. "이방인에게도 생명 얻는 회개를 주셨고"(행 11:18) "이스라엘로 회개하게 하사 죄사함을 얻게 하시려고 그를 오른손으로 높이사 임금과 구주를 삼으셨다"(행 5:31). 바울은 회개케 된 것이 하나님의 은혜인줄 모르는 자들을 책망하였고 (롬 2:4), 예레미야는 "나를 이끌어 돌이키소서 그리하시면 내가 돌아오겠나이다. 내가 돌이킴을 받은 후에 뉘우쳤고 내가 교훈을 받은 후에 내 볼기를 쳤사오니"(렘 31:18-19)라고 부르짖었다. 세례 요한이 모태에서부터 성령의 충만함을 받은 일은 무엇인가? (눅 1:15) 예수님은 제자들에게 너희에게는 천국의 비밀을 "아는 것이 허락되었으나" 저희에게는 "아니 되었다"(마 13:11)고 말씀하셨다. 이상의 성경구절을 볼 때 우리는 하나님께서 인간의 행동을 미리 보시기 전에 그의 주권적 행위로써 회개할 마음도 주시고 성령도 주시며 비밀한 것을 알게도 하신다는 것을 알 수 있다. 선택이 예견(豫見)된 믿음에 근거한다는 말은 우리가 믿기 때문에 영생을 얻게 되었다는 말과 같다. 그러나 성경은 그와 반대로 "영생을 주시기로 작정된 자는 다 믿더라"(행 13:48)고 선언한다.

우리의 구원은 "우리를 구원하시되 우리의 행한바 의로운 행위로 말미암지 아니하고 오직 그의 긍휼하심을 좇아 중생의 씻음과 성령의 새롭게 하심으로 하신 것"(딛 3:5)이다. 우리는 두렵고 떨리는 마음으로 구원을 이루어야 한다. 왜냐하면 우리 안에 하나님이 계셔서 우리가 원하고 행하는 것을 자기의 기쁘신 뜻대로 하게 하시기 때문이다(빌 2:12-13). 이와 같이 하나님이 우리 안에서 일하시기 때문에 우리는 우리의 구원을 발전시키고 성취하기 위하여 싸울 수 있고 또한 지금 싸우는 것이다. 시편 기자는 "주의 권능의 날에 주의 백성이 거룩한 옷을 입고 즐거이 헌신한다"(시 110:3)고 말한다. 따라서 회심(回心)은 하나님의 특별하신 주권적 은혜이다. 죄인은 스스로 하나님께 돌아갈 힘이 전혀 없고 그가 영적으로 어떠한 선행도 행하기 전에 먼저 하나님의 은혜로 말미암아 회심 또는 거듭나는 것이다.

이것과 관련하여 바울은 사랑, 희락, 화평, 인내, 충성, 절제 등은 구원을 얻을만한 근거가 아니라 오히려 성령의 열매라고 가르친다 (갈 5:22-23). 바울 자신은 그가 하나님의 뜻을 행할 것이라고 예견되었기 때문이 아니라 그로 하여금 하나님의 뜻을 알게 하고 행케하기 위해 택함을 받았다(행 22:14-15). 어거스틴은 "하나님의 은혜는 택함 받을만한 자를 찾는 데 있지 않고 인간으로 하여금 택함 받을만한 자를 만드는 데 있다. 하나님의 은혜의 성질은 두드리는 자에게 열어줄 뿐아니라 사람들로 하여금 두드리고 찾게 만든다"고 말하였다. 루터가 "홀로 하나님만이 그의 성령으로 우리 안에서 공로와 보상을 지어 주신다"고 말한 것도 이 진리를 말한 것이다. 요한은 "우리가 사랑함은 그가 먼저 우리를 사랑하셨음이라"(요일 4:19)고 말하였다. 이 구절들은 믿음과 선행이 우리 안에 계시는 하나님의 사역의 열매라고 틀림없이 가르친다. 우리는 선하기 때문에 택함받은 것이 아니고 선한 자가 되게 하기 위하여 택함받은 것이다.

선행이 구원의 근거는 아니지만 구원의 결과 또는 증거로서 구원에 있어서 절대적으로 본직적인 것이다. 이것은 마치 포도나무에 포도열매가 맺히는 것처럼 당연히 믿음에 의해 산출(産出)되는 것이다. 그것은 하나님 앞에서 우리를 의롭게 해주지는 못하지만 그것이 수반되지 않는 믿음이란 참 믿음이라고 할 수 없다. 엄밀한 의미에서 믿음이 없는 곳에는 선행도 있을 수 없다. 우리의 구원은 "행위에서 난 것"이 아니고 "선한 일을 위한 것"이다(엡 2:9-10). 그래서 정말 구원받은 신자는 선행을 할 때에야 비로소 자신이 본래적 상태에 있다는 것을 느낄 것이다. 야고보는 행함이 없는 믿음은 죽은 믿음이라고 지적하였다. 예수께서 "그 열매를 보아 알지니 선한 나무가 악한 열매를 맺지 못한다"고 하신 말씀에서 나타내신 원리도 바로 이것이다. 신자에게 있어서 선행은 마치 호흡과 같이 자연스러운 일이다. 그는 생명을 얻기 위하여 호흡하는 것이 아니라 생명이 있기 때문에 호흡하는 것이며 호흡하지 않을 수 없기 때문에 호흡하는 것이다. 선행은 참으로 신자의 영광이다. 그러므로 예수님은 "너희 빛을 사람앞에 비춰게 하여 저희로 너희 착한 행실을 보고 하늘에 계신 너희 아버지께 영광을 돌리게 하라" (마 5:16)고 말씀하셨다.

우리가 만일 구원은 하나님의 은혜라고 선언한 성경 말씀을 인정한다면 칼빈주의 견해만이 유일하게 논리적인 견해임을 인정할 수밖에 없다. 그 외의 여러 가지 견해는 성경과 모순되는 절망적 혼돈 가운데로 우리를 잡아 넣는다. 물론 칼빈주의 견해에는 난해한 문제들이 있어서 중생하지 못한 인간이 쉽게 이해할 수 있는 견해는 아니다. 그러나 그것이 우리의 편견이나 선입관에 맞지 않는다고 해서 예정교리를 내던져 버리는 것은 아주 어리석은 행위이다. 이런 행위는 하나님을 인간 이성의 법정에서 심문하고 우리가 이해할 수 없다는 바로 그 이유만으로 하나님의 처리의 지혜와 공의를 부인하고 나아가서 그의 계시를 허망 또는 거만이라고 단정하는 지나친 행위이다. "인간들이 그들의 육체적인 이성으로 하나님의 오묘한 신비들을 해명해 보려고 하는 것은 위험한 생각이다. 이 깊은 오묘에 대해서는 위대한 사도 자신도 '깊도다 그의 판단은 측량치 못할 것이요, 누가 주의 마음을 알았느뇨'라고 감탄하였다. 만일 바울이 알미니안주의자였다면 그는 '끝까지 믿음에 굳게 설 수 있을 것으로 예견된 자가 택함을 입는다'고 말했을 것이다"[22] 만일 구원이 인간의 선행을 근거로 한 것이었다면 아무런 심오한 난제도 없었을 것이다.

여기에 한 체계가 있으니 그것은 바로 우리의 모든 자랑을 배제시키고 구원의 모든 일이 선행에 근거하는 것이 아니라 선행은 순수한 은혜의 소산이라고 보는 칼빈주의 체계이다.

V. 하나님의 영원한 버림(遺棄)

절대적 예정의 교리는 어떤 사람이 영생하기로 예정된 것이 사실인 것과 같이 어떤 사람은 멸망하기로 예정된 것이 사실임을 논리적으로 주장한다.

---

22) Ness, *Antidote Against Arminianism*, p. 31.

"선택하다"나 "선택"이란 말 자체가 바로 "선택하지 않다"나 "내어버림"이란 말을 암시하고 있다. 어떤 사람들이 선택받을 때 어떤 사람들은 내어버린바 되었다. 택함받지 못한 자들은 택함받은 자들이 누리는 특권과 영광스러운 운명을 누리지 못한다. 그런데 이런 일도 역시 하나님께로 말미암는 것이다. 우리는 하나님께서 영원전부터 아담의 후예중에서 어떤 사람들은 그들의 죄 가운데 내버려두기로 의도하셨다는 것과 인간 각 사람의 생활속에 있는 결정적 요인은 하나님의 의지라는 것을 믿는다. 모즐리(Mojley)의 말과 같이 "타락 후 전 인류는 죽을 수밖에 없는 한 무리들이 었으나 하나님께서 그의 주권적 긍휼로 어떤 자들은 구원하시고 어떤 자들은 그대로 내버려두신 것과 어떤 자들에게는 영광을 주시되 그 영광을 받을만한 자격도 주시고 어떤 자들에게는 이러한 은혜를 억제하시어 그들로 하여금 영벌을 받도록 내버려두신 것을 기뻐하셨다."[23]

선택교리에 있어서 중요 난제는 말할 것도 없이 구원받지 못하는 자들에 관한 것이다. 그러나 성경은 그러한 자들의 상태에 대해서 자세히 설명하지 않는다. 예수님이 세상에 오신 목적이 세상을 심판하기 위해서가 아니라 세상을 구원하기 위해서이니만큼 구원받지 못하는 자들에 대해 자세히 설명할 필요는 없다. 그러나 적어도 내어버림의 교리를 취급하는 모든 개혁주의 신조에서는 이것이 예정교리의 본질적 부분으로 논의되어 있다. 웨스트민스터 신앙고백은 선택교리를 말한 후 덧붙여 말하기를 "하나님은 피조물에 대한 그의 주권적 능력의 영광을 위하여 그가 기쁘신 대로 긍휼을 베푸시기도 하고 억제하시기도 하는 측량할 수 없는 그의 의지의 목적에 따라 그의 영광스러운 공의를 찬양케 하기 위해 인류의 나머지 사람들을 간과하시어 그들의 죄로 인하여 치욕과 진노를 받도록 정하신 것을 옳게 여기셨다"[24]고 하였다.

선택교리를 지지하면서 유기(遺棄) 교리를 부인하는 자는 그 이론

---

23) *The Augustinian Doctrine of Predestination*, p. 297.
24) *Ch. Ⅲ : See. 7.*

이 모순됨을 면치 못한다. 전자를 긍정하면서 후자를 부인함은 예정의 제정(制定)을 비논리적이며 불균형적인 것으로 만드는 것이다. 전자를 진술하면서 후자는 진술하지 않는 신경은 한 날개로 하늘을 날으려는 독수리와 같은 것이다. 소위 "중용적(中庸的) 칼빈주의"를 주장한다면서 혹자는 유기교리를 단념하려고 하는데, 중용적 칼빈주의라는 말(자가당착적 용어이지만)이야말로 순수하고 단순한 칼빈주의에 대해 해로운 공격을 가하기 위해 쏘아낸 독화살이다. "중용적 칼빈주의"란 "병적 칼빈주의"와 같은 말로서 이 병을 고치지 않고 버려 두면 죽음의 원인이 된다.

칼빈, 루터, 워필드의 평론

칼빈은 구원받을 자의 선택과 마찬가지로 멸망당할 자의 유기(遺棄)도 하나님의 영원하신 목적으로부터 나오는 것임을 주저하지 않고 주장했다. 우리는 이미 그가 "모든 사람은 동일한 운명으로 창조되지 않았다. 어떤 자들에게는 영생이 어떤 자들에게는 영벌이 미리 정해졌다. 따라서 이 두 가지 목적중 어느 하나를 달성하기 위해 창조된 모든 인간은 생명 아니면 죽음으로 예정되어 있다고 우리는 말하는 것이다"라고 말한 것을 인용했다. 칼빈은 계속해서 "그 반대인 유기가 없는 선택이란 있을 수 없다"[25]고 말한다. 물론 칼빈은 유기교리가 난관을 일으킨다는 것을 인정한다. 그러나 이 교리만이 그 사실에 대한 유일한 지성적 성경적 설명이라고 그는 주장한다.

루터 역시 칼빈과 마찬가지로 악한 자들의 영원한 멸망과 의인들의 영원한 구원을 모두 하나님의 계획으로 보았다. 그는 "하나님께서 그의 공평한 의지로써 어떤 자들은 내버려두어 강퍅하게 하시고 정죄하신다는 것은 우리의 합리적인 성질과 현저하게 상반되는 것이다. 그러나 하나님은 이것이 참 사실인 것을 풍부하게 또한 계속적으로 예를 들어 보이고 계시다. 왜 어떤 자들은 구원얻게 하고 어떤 자

---

25) *Institutes, Book Ⅲ, ch. 23.*

들은 멸망 당하게 하는가에 대한 유일한 이유는 '그가 하고자 하시는 자를 긍휼히 여기시고 그가 하고자 하시는 자를 강퍅케 하신다'고 한 바울의 말대로 하나님께서 전자는 구원하시고 후자는 멸망하기를 원하시기 때문에 그렇게 된 것이다"라고 말한다. 그는 또 "하나님이 혹 자를 강퍅케 하시고 그들을 죄악 가운데서 맹목(盲目)이 되도록 내버려두시고는 그 죄악 때문에 그들을 정죄하신다고 하는 것은 인간의 지혜로 볼 때 어리석다고 생각될 것이다. 그러나 신앙적이며 영적인 사람들은 그 속에서 어떠한 모순도 발견하지 않는다. 왜냐하면 그들은 하나님께서 비록 전 인류를 멸망시키신다해도 그의 선하심에는 하등의 결함도 없으시다는 것을 알기 때문이다"라고 말하고는 계속해서 "강퍅하게 하신다는 것은 하나님께서 선량하고, 지혜로우며, 순종을 잘하는 인간을 찾아내서 그를 사악하고, 어리석으며 완고하게 만든다는 뜻이 아니고 이미 부패하고 타락한 자 중생치 못한 자가 하나님의 계명과 감화 아래서 선량해지기는 커녕 도리어 반동적으로 점점 더 악해진다는 의미로 해석되어야 한다"고 말하였다. 로마서 9장 10장 11장에 관하여 루터는 "어떤 일이든지 모든 일은 하나님이 정한데서 나오고 하나님의 제정에 의존한다. 그러므로 누가 영생의 말씀을 받을 것인지, 누가 믿지 않을 것인지, 누가 죄에서 구원받을 것인지, 누가 강퍅해질 것인지, 누가 칭의될 것인지, 누가 정죄될 것인지, 이 모든 것은 그의 제정(制定)에서 결정된 것이다"[26]라고 말한다.

워필드 박사는 "성경 기자들은 선택교리에서 나오는 불쾌한 추론 때문에 선택교리를 불분명하게 기록하지는 않는다. 반대로 그들은 그처럼 자주 지적된 추론들을 명료하게 그려내어 그들의 분명한 교훈의 일부로 삼는다. 예컨대 그들의 선택교리는 분명히 간과(선택에서 빠지는 것)의 교리를 포함하고 있다.

그것을 표시하기 위해 신약성경에서 사용한 용어인 에클레고마이

---

26) In Praefat. and Epist. an Rom., quoted bu Zanchius, Predestination, p. 92.

(eklegomai)라는 말은 메이어(Meyer)가 분명히 말한 것처럼(엡 1:4) '선택된 자가 에클로게(eklogai)가 없었다면 아직도 다른 자들과 함께 속하여 있었을 것이며 그들과의 관계를 항상 가지고 있을 것이다. 논리적 필연성으로 볼 때, 그들과의 관계를 갖지 않을 수 없다'는 의미를 암시하는 말로서 택함 받은자가 선택된다고 할 때 다른 사람들은 간과되고 구원의 은혜에서 제외된다고 하는 사실을 포함하는 것이다. 본 교리의 전체적 설명은 바로 그 출발점에서 하나님은 그의 순수은혜로써 택함 받은자를 단순히 정죄된 상태에서뿐 아니라 정죄된 자들의 무리(하나님의 은혜가 이 무리에 대해서는 구원의 효력을 갖지 않으므로 이들은 이들의 죄 가운데 아무 소망없이 방치된다)로부터 분리시키신다고 공공연히 주장한다. 또한 회개하지 않는 자들이 그들의 죄로 인하여 유기(遺棄)된다는 것을 죄가 있음에도 불구하고 아무 이유없이 택함받은자가 구원얻는 것과 선명하게 대비(對比)시켜 가면서 반복하여 분명하게 가르쳤다"[27]고 말한다.

그는 또 "어떤 사람들이 로마서 11장 이하에 나오는 바울의 논증을 수긍하기 어렵다고 하는데 그 이유는 아마 그들이 하나님께서 인간의 공과(功過)에 관계없이 각 사람들에게 독단적으로 각자의 운명을 정해주시는 것처럼 보이는 것이 마음에 들지 않기 때문일 것이다. 그러나 바울은 선택에 대한 주권은 물론 유기에 대한 주권도 분명하게 단정한다. 바울은 실로 이 쌍생적(雙生的) 이념을 사상적으로도 분리시켜 놓았다. 그는 하나님이 주권적으로 야곱을 사랑하신 것처럼 주권적으로 에서를 미워하셨다고 말한다. 그는 하나님은 하고자 하시는 자를 긍휼히 여기신다고 말하면서 또한 하나님은 하고자 하시는 자를 강퍅케 하신다고 선언한다. 의심할 여지없이 여기서 느끼게 되는 난제는 진노하시는 하나님 앞에서 정죄된 죄인으로서의 전체적인 인간의 상태에 대한 사도 바울의 기초 개념을 충분히 이해하지 못하기 때문에 생기는 것이다. 바울이 하나님의 관리를 받는다고 말한 세

---

27) *Biblical Doctrines, art., Predestination, p. 64.*

계는 타락한 죄인들의 세계이다. 하나님은 이 타락한 세례로부터 은혜의 왕국을 건설하려고 하신다. 가령 모든 사람이 죄인이 아니었다고 하더라도 지금과 같은 주권적 선택은 있었을 것이다. 주권적 선택이 있는 이상 주권적 배제도 있었을 것이다. 물론 그 경우의 배제는 파멸이나 죽음에 이르는 배제가 아니고 어떤 다른 형식의 운명에 이르게되는 배제일 것이다. 그렇다면 사람이 택함받지 못한 것은 그가 죄인이기 때문은 아니다. 왜냐하면 선택은 무상(無償)이다. 따라서 그것과 대치의 관계에 있는 유기 역시 무상일 것이기 때문이다. 그러나 사람이 유기를 당하여 멸망받는 유일한 이유는 저들이 죄인이기 때문이라는 것이다. 이처럼 어떤 사람은 택함받고 어떤 사람은 유기된다는 사실을 해설함에 있어서 바울이 기본으로 삼은 사상은 모든 사람이 범죄하였으므로 멸망받아 마땅하다는 멸망 보편주의였지 누구나 다 구원받아야 마땅하다는 구원 보편주의가 아니었다. 모든 사람이 멸망받아 마땅할 때 어떤 사람이 생명을 얻는다면 이는 경탄할 만한 은혜이다. 그렇다면 이처럼 기적적인 은혜를 베푸시는 하나님께서 하고자 하시는 자를 긍휼히 여기시고 하고자 하시는 자를 강퍅케 하시는 권리에 대해 누가 감히 나무랄 수 있겠는가?"[28]라고 말한다.

성경의 증거

본 교리는 분명히 사람을 불쾌하게 하는 교리이다. 그것은 사람을 기쁘게 하기 위해 가르쳐진 것이 아니고 오직 그것이 성경의 명백한 교훈이며 동시에 선택교리의 논리적 이면이기 때문에 가르쳐진 것이다. 성경은 명백하게 유기교리를 가르치고 있는데 성경을 하나님의 말씀으로 받는 사람이라면 이것으로 충분할 것이다.

잠 16:4. 여호와께서 온갖 것을 그 씌움에 적당하게 지으셨나니 악인도 악한 날에 적당하게 하셨느니라.

---

28) *Biblical Doctrines*, p. 54.

벧전 2:8. 또한 부딪히는 돌과 거치는 반석이 되었다 하니라 저희가
  말씀을 순종치 아니하므로 넘어지나니 이는 이렇게 정하신 것이라.
유 4. 이는 가만히 들어온 사람 몇이 있음이라 저희는 옛적부터 이 판
  결을 받기로 미리 기록된 자니 경건치 아니하여 우리 하나님의 은
  혜를 도리어 색욕거리로 바꾸고 홀로 하나이신 주재 곧 우리 주 예
  수 그리스도를 부인하는 자니라
벧후 2:12. 이 사람들은 본래 잡혀 죽기 위하여 난 이성없는 짐승같아
  서 그 알지 못하는 것을 훼방하고 저희 멸망 가운데서 멸망을 당하
  며
계 17:17. 하나님이 자기 뜻대로 할 마음을 저희에게 주사 한 뜻을 이
  루게 하시고 저희 나라를 그 짐승에게 주게 하시되 하나님 말씀이
  응하기까지 하심이라
계 13:8. 죽임을 당한 어진 양의 생명책에 창세 이후로 녹명되지 못하
  고 이 땅에 사는 자들은 다 짐승에게 경배하리라.

  우리는 이 구절을 예수께서 그들의 이름이 하늘에 기록된 것으로
기뻐하라고 말씀하셨던 제자들(눅 10:20)과 "그들의 이름이 생명책
에 기록된" 바울의 동역자(빌 4:3)와 대조할 수 있다.

  바울은 "하나님이 그 진노를 보이시고 그 능력을 알게 하고자 하
사 멸하기로 준비된 진노의 그릇을 오래 참으심으로 관용하시었다"
고 선언한다. 그런데 이것은 "그 영광받기로 예비하신 바 긍휼의 그
릇에 대하여 그 영광의 부요함을 알게 하고자 하셨을지라도"와 대
조를 이루고 있다(롬 9:22-23). 이교도에 관해서는 "하나님께서 저
희를 상실한 마음대로 내어 버려두사 합당치 못한 일을 하게 하셨으
니"(롬 1:28)라고 하였고 사악한 자에 대해서는 "다만 네 고집과 회
개치 아니한 마음을 따라 진노의 날, 곧 하나님의 의로우신 판단이
나타나는 그 날에 임할 진노를 네게 쌓는도다"(롬 2:5)고 하였다.
  멸망받을 자에 대하여 바울은 "이러므로 하나님이 유혹을 저의 가

운데 역사하게 하사 거짓 것을 믿게 하신다"(살후 2:11)고 말한다. 멸망할 자들은 이런 일들의 외적인 면만 보고 거기에 놀라 그들의 죄 가운데서 멸망하도록 되어있다. 비시디아의 안디옥 회당에서 말한 바울의 말을 들어보자. 그것은 "보라 멸시하는 사람아 놀라고 망하라 내가 너희 때를 당하여 한 일을 행할 것이니 사람이 너희에게 이를지라도 도무지 믿지 못할 일이라 하였느니라"(행 13:41)이다.

사도 요한은 예수께서 그토록 많은 이적과 기사를 행하셨음에도 불구하고 오히려 사람들이 믿지 않았다고 기록한 후 덧붙여 말하기를 "저가 능히 믿지 못한 것은 이 까닭이니 곧 이사야가 다시 일렀으되 저희 눈을 멀게 하시고 저희 마음을 완고하게 하셨으니 이는 저희로 하여금 눈으로 보고 마음으로 깨닫고 돌이켜 내게 고침을 받지 못하게 하려 함이니라 하였음이러라"(요 12:39-40)고 하였다. 마지막 심판 때 사악한 자들에게 "저주를 받은 자들아 나를 떠나 마귀와 그 사자들을 위하여 예비된 영영한 불에 들어가라"(마 25:41)고 하신 예수님의 명령은 유기(遺棄)의 제정이 있음을 가장 강하게 뒷받침해 준다.

한번은 예수께서 "내가 심판하러 이 세상에 왔으니 보지 못하는 자들은 보게 하고 보는 자들은 소경되게 하려함이라"(요 9:39)고 말씀하셨으며 또 한번은 "천지의 주재이신 아버지여 이것을 지혜롭고 슬기있는 자들에게는 숨기시고 어린 아이들에게는 나타내심을 감사하나이다"(마 11:25)라고 말씀하셨다. 흠모할만한 구속주시요 천하 인간의 유일한 구주께서 어떤 자들에게는 부딪히는 돌과 거치는 반석이 된다는 것이 우리로서는 이해하기 어려운 일이다. 그러나 성경은 그렇다고 말하고 있다. 그의 탄생 이전에 있어서까지도 그리스도는 이스라엘중 많은 사람의 패하고 흥함을 위하며 비방을 받는 표적이 되기 위하여 세움을 입었다(눅 2:34). 또한 주님께서는 겟세마네 동산에서 최후의 기도를 올리시면서 "내가 저희를 위하여 비옵나니 내가 비옵는 것은 세상을 위함이 아니요 내게 주신 자들을 위함이니이다"라고 하여 택함받지 못한 자들을 분명히 제외시키셨다.

　예수께서 비유로 말씀하신 이유 중 하나는 진리를 받도록 허락되지 않은 자들로부터 진리가 은휘(隱諱)되게 하려함이라고 설명하셨다. 즉 "제자들이 예수께 나아와 가로되 어찌하여 저희에게 비유로 말씀하시나이까 대답하여 가라사대 천국의 비밀을 아는 것이 너희에게는 허락되었으나 저희에게는 아니 되었나니 무릇 있는 자는 받아 넉넉하게 되되 무릇 없는 자는 그 있는 것도 빼앗기리라. 그러므로 내가 너희에게 비유로 말하기는 저희가 보아도 보지 못하며 들어도 듣지 못하며 깨닫지 못함이니라 이사야의 예언이 저희에게 이루었으니 일렀으되 너희가 듣기는 들어도 깨닫지 못할 것이요 보기는 보아도 알지 못하리라. 이 백성들은 마음이 완악하여져서 그 귀는 듣기에 둔하고 눈은 감았으니 이는 눈으로 보고 귀로 듣고 마음으로 깨달아 돌이켜 내게 고침을 받을까 두려워함이라"(마 13:10-15, 사 6:9-10)고 말씀하셨다.

　이 말씀 속에는 "거룩한 것을 개에게 주지 말며 너희 진주를 돼지 앞에 던지지 말라"(마 7:6)고 하신 예수의 말씀의 적용이 있다. 그러므로 그리스도께서 누구에게나 구원의 진리를 주시기로 계획하셨다고 주장하는 자는 분명히 그리스도 자신의 말씀에 반대하는 자이다. 성경은 택함받지 못한 자들에게는 인봉된 책이고 참 신자에게만 진리를 보고 깨달아 알라고 부여된 책이다. 이 교리가 너무 중요하기 때문에 성령께서는 신약 성경 속에서 이 구절(사 6:9-10)을 여섯번이나 반복하여 인용하셨다(마 13:14-15, 막 4:12, 눅 8:10, 요 12:40, 행 28:27, 롬 11:9-10). 바울은 은혜로 "택함 받은자"들은 구원을 얻고 그 나머지는 "완악하여졌느니라"고 말한 후 "하나님이 오늘날까지 저희에게 혼미한 심령과 보지 못할 눈과 듣지 못할 귀를 주셨다 함과 같으니라"고 부언하였다. 그는 다시 같은 의미로 다윗의 "저희 밥상이 올무와 덫과 거치는 것과 보응이 되게 하옵시고 저희 눈은 흐려 보지 못하고 저희 등은 항상 굽게 하옵소서"(롬 11:8-10)라는 말을 인용하였다. 즉 복음전도가 어떤 자들에게는 구원을 얻게 하는 방편이 아니라 완악하게 되는 방편이 되는 것이다.

이같은 진리가 성경의 다른 구절에도 많이 있다. 모세는 이스라엘 백성에게 "헤스본왕 시혼이 우리의 통과하기를 허락지 아니하였으니 이는 너희 하나님 여호와께서 그를 네 손에 붙이시려고 그 성품을 완강케 하셨고 그 마음을 강팍케 하셨음이라 오늘날과 같으니라"(신 2:30)고 말하였다. 여호수아를 대적한 가나안 족속에 대한 언급을 보아도 마찬가지이다. 즉 "그들의 마음이 강팍하여 이스라엘을 대적하여 싸우려 온 것은 여호와께서 그리하게 하신 것이라 그들로 저주받은 자 되게 하여 은혜를 입지 못하게 하시고 여호와께서 모세에게 명하신 대로 진멸하려 하심이었더라"(수 11:20)고 하였다.

엘리의 아들들 홉니와 비느하스가 그들의 악함에 대하여 책망받았으나 "그들이 그 아비의 말을 듣지 아니하였으니 이는 여호와께서 그들을 죽이기로 뜻하셨기 때문이었다"(삼상 2:25). 바로왕은 이스라엘 백성에 대하여 참으로 오만하고 패역하게 행했으나 바울은 그 이유로서 단지 바로왕은 그 악한 행위로 선을 위하여 사용된 하나의 유기된 자에 불과하다는 것만 들었다. 즉 "성경이 바로에게 이르시되 내가 이 일을 위하여 너를 세웠으니 곧 너로 말미암아 내 능력을 보이고 내 이름이 온 땅에 전파되게 하려 함이로다"(롬 9:17, 출 9:16 참조)라고 하였다. 유기된 자 모두에게는 무지와 완고함이 있다. 또 바로왕과 같이 어떤 자가 하나님으로 말미암아 강팍하게 되었다고 할 때도 확실히 그들 자신안에 이미 사탄에게 내어줌을 당할만한 어떤 것이 있었던 것이다. 물론 사악한 자의 마음이 하나님의 직접적인 영향으로 강팍해진 것은 결코 아니다. 하나님은 단순히 어떤 자가 그 마음에 기존해 있는 악한 충동을 따르도록 허락하실 뿐이고 그들은 그들 스스로의 선택의 결과로 더 완고해지는 것이다. 예를 들면 성경은 하나님께서 바로의 마음을 강팍하게 하셨다고도 했으며 또한 바로왕이 자기의 마음을 스스로 강팍하게 했다고도 했다(출 8:15, 8:32, 9:34). 이것은 하나는 하나님의 견지에서 다른 하나는 인간의 견지에서 서술한 것이다. 인간의 마음이 강경하게 되도록 허락하신 것에 대해서는 하나님께 궁극적으로 책임이 있다. 성경 기자는 이것을 단순히 "하나님이 그것을 하신다"라는 말로 표현했다. 그렇다고 해서 우리는 결코 하나님이 그것의 직접적 원인이요 능동적 원인이라고 생각해서는 안된다.

이 교리는 가혹하다. 그러나 성경적이다. 성경에 이처럼 분명히 명시되어 있기 때문에 우리는 이것에 대해 조금도 반대할 수 없다. 만일 반대가 있다면 그것은 인간의 마음속에 가득차 있는 무지와 편견을 갖고 이 교리를 대하기 때문일 것이다. 이에 대해 라이스(Rice)는 다음과 같이 적절한 말을 하였다. "만일 기독교의 교역자나 교인들이 제자(학습자)가 되는 일에 만족한다면 즉 그들이 자신들의 제한된 능력과 거룩한 일들에 대한 무지와 부패와 편견 때문에 과오를 범하기 쉽다는 것을 의식하고 예수의 발아래 앉아서 그에게 배울 수 있게 된다면 그것은 교회와 세계를 위하여 얼마나 행복한 일이겠는가. 교회는 거의 모든 시대에 있어서 자신들의 이성적 능력을 지나치게 과신(過信)하는 인간들로 말미암아 부패되어 왔고 저주받아 왔다. 그들은 절대적으로 그들의 이성 능력을 초월하는, 즉 필연적으로 순수계시의 문제인 교리의 합리성과 불합리성을 판정해보려고 시도해 왔다. 저들은 '하나님의 오묘하신 일들'을 모조리 알아보려고 성경을 해석하지만 성경이 가르치는 명백한 의미에 따라서가 아니라 유한한 이성의 결정에 따라서 성경을 해석하였다." 그는 또 말하기를 "일찍이 자연이나 성경을 연구해본 자로서 자신이 해결할 수 없는 난제(難題)들로 둘러싸여있다는 사실을 발견하지 않은 자는 아무도 없었다. 철학자는 사실에 만족하는 수밖에 없다. 따라서 신학자도 하나님의 계시로써 족하게 여기지 않으면 안된다"[29]라고 하였다.

유기교리는 원죄교리를 근거로 한다. 비택자에게는 하등의 불공평도 행함이 아니다.

하나님께서 주권적인 영원한 작정에 의하여 인류의 일부는 구원으

---

29) Rice, *God Sovereign and Man Free*, pp. 3, 4.

로 선택하시고 그 나머지는 멸망 가운데 내버려두시었다고 단정하는 예정교리는 한편 공의(公義)에 관한 우리의 일반적인 관념과 상충하는 것 같다. 그래서 이 교리에 관한 변증이 요청된다. 유기교리에 대한 변증은 원죄 혹은 전적 무능력이라는 전제 교리를 근거로 한다. 전인류가 타락했기 때문에 아무 하나님의 은혜를 청구할 권리는 없다. 그러나 하나님께서는 전인류를 저들이 받아 마땅한 영벌(永罰) 가운데 내버려두시지 않고 은혜롭게도 일부의 사람들에게 과분한 복지를 주시는데, 그것은 아무도 항거할 수 없는 순수한 자비와 은혜의 행위이다. 그 때에 나머지 사람들은 단순히 간과되는 것이지 부당한 해를 받는 것이 아니다. 따라서 아무도 이 결정에 대해 이의(異議)를 제기할 권리는 없는 것이다. 만일 그 작정이 무고한 인간에 대한 처사라면 일부를 따로 갈라서 정죄받게 한다는 것은 부당한 처사일 것이다. 그러나 유죄(有罪)의 상태에 있는 인류를 상대로 한 것이기 때문에 그것은 결코 불공평한 처사가 아니다. "악마의 장중에 있으므로 벌써 정죄받은 세상(요 3:18)이라는 개념, 따라서 세상 죄악으로부터 놓임받지 못한 자들에 대해 하나님의 진노가 퍼부어지는 것이 아니라 단지 머물러 있는 것이라고 하는 개념(요 3:36, 요일 3:14)이 바로 이 유기교리의 본질이다. 그렇기 때문에 예수께서는 자기가 세상을 정죄하기 위해서가 아니라 구원하기 위해서 오셨다고 말씀하신 것이며(요 3:17, 8:12, 9:5, 12:47, 4:42) 그가 하시는 모든 일들은 세상에 생명을 주시려는 목적을 가진 것이라고 말씀하신 것이다(요 6:33, 51). 즉 이미 정죄된 세상은 다시 더 정죄되는 것을 필요로 하는 것이 아니라 구원을 필요로 하는 것이다."

유죄한 인간은 권리를 상실, 그의 생사(生死)는 하나님의 뜻 아래 놓이게 되었다. 따라서 만일 우리가 하나님이 어떤 자들에게 자비를 베푸실 때 나머지 사람들에 대한 하나님의 공의의 처사를 부당하다고 본다면 그것은 필연적으로 하나님의 우주 통치에 대해 의심을 품는 것이 된다. 이런 의미에서 볼 때 예정의 작정은 인류를 영원히 멸망할 하나의 무리로 보고, 그 중에서 일부만 멸망하도록 내버려둔다는 것이 된다. 전인류가 사전에 처형을 받아 마땅했는데, 그 중 일부 사람들이 사전에 처형된다는 것은 전혀 부당하지 않다. 만일 이것을 부당하다고 하면 정당한 형(刑)의 집행을 부당하다고 하는 모순된 말이 되고 말 것이다.[30]

 "알미니안파가 믿음과 행위를 선택의 근거라고 말한다면 우리는 거기에 대해 이의(異議)를 제기할 것이다. 그러나 그들이 예지된 불순종이나 불 신앙을 유기의 근거라고 말한다면 거기에 대해서는 동의할 것이다. 인간은 그의 공덕(功德)으로는 구원얻지 못하나 그의 죄로 말미암아서는 정죄를 받는다. 엄격한 칼빈주의자로서 우리는 모든 인간이 포함되어 있는 불신앙과 불순종으로부터 어떤 자는 구원을 받고 어떤 자는 유기된다는 것을 주장한다. 그러나 유기의 근거는 죄인의 사악함에 있는 것이다. 선택과 유기는 서로 다른 근거—하나는 하나님의 은혜, 다른 하나는 사람의 죄— 를 갖고 있다. 하나님은 사람을 그 성격과 공과에 관계없이 구원으로 선택하시므로 또한 사람을 그 성격과 공과에 관계없이 멸망으로 선택하신다는 말은 칼빈주의를 잘못 이해한 자의 말이다."[31]

 이같이 택함받지 못한 자의 유기 혹은 간과는 단지 그들이 계속 죄 가운데 있을 것이라는 데 대한 예견만을 근거로 한 것은 아니다. 왜냐하면 만일 그렇다면 모든 인간이 모두 죄인으로 예견되었으므로 유기는 모든 인간의 운명이 되었을 것이기 때문이다. 또한 아무도 유기를 당한 자가 영생을 얻은 자보다 더 사악한 죄인이었다고 말할 수는 없다. 성경은 항상 믿음과 회개를 하나님의 기쁘신 뜻과 성령의 특별한 은혜의 역사로 돌린다. 인류는 무죄하고 당연히 구원받을 만하다고 생각하는 사람들은 인류 중 어떤 자들이 사전에 형벌로 선고받았다고 하면 당연히 격분할 것이다. 그러나 성경에 그토록 명백하게 반복 계시되어 있는 원죄 교리를 올바로 깨닫기만 한다면 예정에 대한 반대는 없어지고 사악한 자가 정죄된다는 것은 가장 공정하

---

30) Warfield, *Biblical Doctrines*, p. 35.
31) *A Syllabus of Systematic Theology*, pp. 219–210.

고 당연한 일이라고 생각될 것이다. 이처럼 구원은 오직 하나님께로 말미암는 것이며 멸망은 전혀 우리 자신에게 그 원인이 있는 것이다. 사람들은 그리스도께로 오지 않기 때문에 멸망한다. 그러나 만일 그들이 그리스도께 오려고 하는 의지를 갖는다면 그것은 하나님이 그들 속에서 그 의지를 주장하시기 때문이다. 선택의 은혜, 이것이야말로 그러한 의지를 일으키며 또한 그것을 끝까지 견지하는 것이다.

더구나 죄많고 반역적인 피조자의 세계에서, 아무도 구원얻을만한 가치가 없는 데도 하나님은 악한 천사들에게 벌을 내리신 것 같이 (벧후 2:4, 유6) 모든 사람들을 다 간과하실 수 있었지마는 은혜를 베푸사 어떤 자를 선택하시어 구원하신 것이다. 하나님은 그의 백성들을 구원하실 구속을 제공하기 위해 필요한 노고를 모두 스스로 담당하셨다. 따라서 속죄는 하나님 자신의 권한에 속한다. 하나님은 그 권리를 가지고 그의 기쁘신 뜻대로 행하실 수 있으며 또한 그렇게 행하시는 것이다. 하나님께서 합의하신 대로 어떤 자에게는 은혜를 주시고 어떤 자에게는 은혜 주시기를 거절하시는 것이다. 택함받지 못한 자들에 대한 은혜의 거절은 그들의 멸망에 대한 소극적 원인에 지나지 않는다. 그것은 마치 의사의 부재가 병자의 죽엄에 대한 이유가 되긴 하지만 그 근본 원인은 아닌 것과 같다. "반역하는 인류중 일부분이 인류 전체가 훼파한 율법의 형벌을 받는다는 것은 무한히 선하시고 자비로우신 하나님의 안목에서는 필연적인 것이었다. 그런데 누가 긍휼히 여기심을 받을 그릇이 될지 또는 누가 그 죄의 당연한 보응을 받을 그릇이 될지를 결정하는 것은 하나님의 대권(大權)이다"[32]라고 찰스 핫지 박사는 말한다.

원래 인간이 스스로 죄의 상태로 빠져든 것이기 때문에 그가 정죄되는 것은 공정하며, 모든 공의(公義)의 요구는 그가 형벌받는 데서만 충족되는 것이다. 양심도 또한 인간이 하나님보다 사단을 좇기

---

32) *Systematic Theology*, Ⅱ, p. 652.

로 결정했기 때문에 멸망받는 것이 당연하다고 고백하며 예수께서도 "너희가 영생을 얻기 위해 내게 오기를 원하지 아니하는 도다"라고 말씀하셨다(요 5:40).

헤밀톤 교수(Prof. F. E. Hamilton)가 이에 대해 다음과 같이 적절한 말을 했다. "하나님께서 멸망한 자들에 대하여 하시는 일은 다만 그를 내버려두어 그가 하고자 하는 대로 행하게 하시는 것뿐이다. 악하게 되는 것이 그의 본성이고 하나님은 단지 변화되지 않은 그의 본성을 그대로 방치하시기로 미리 정하셨을 뿐이다. 그런데 칼빈주의를 반대하는 자들은 종종 칼빈주의의 하나님은 구원받기를 열망하는 자들을 거절하시는 잔인한 하나님이라고 비꼬아 말한다. 칼빈주의대로 보면 하나님은 구원받기를 원하는 자 모두를 구원하신다. 그러나 하나님의 역사(役事)로 마음에 변화를 받지 못한 자는 누구나 구원받기를 원하지도 않는다는 것이다." 멸망받는 자들이 멸망받는 이유는 저들이 자의로 죄의 길로 행할 것을 택하기 때문이다. 사람들이 스스로 자기를 멸망시키는 자멸자가 되었다는 것이야말로 지옥 중의 지옥인 것이다.

많은 사람들은 마치 구원이 타고난 권리인 것처럼 말한다. 그들은 인간이 시조 아담에게서 "절호의 기회를 얻었지만 그것을 잃어버렸다는 사실은 망각하고서 만일 하나님께서 범죄한 모든 인간에게 구원받을 수 있는 기회를 주시지 않는다면 그야말로 불공평한 하나님이 아니시겠느냐"고 말한다. 그러나 루터는 구원이 인간의 행위에 달렸다는 견해에 대해 반대하면서 다음과 같이 말한다. "가령 하나님은 멸망으로 작정된 자들의 업적을 고려하셔야만 한다고 가정해 보자. 그렇다면 똑같은 방식으로 우리는 하나님이 구원얻을 자들의 업적도 고려하지 않으면 안된다는 것을 당연히 받아들여야 할 것이 아닌가? 왜냐하면 이치적(理致的)으로 볼 때, 무가치한 자들이 생명의 면류관을 받는다는 것은 결국 가치있는 자들이 멸망당한다는 것과 똑 같이 불공평한 것이기 때문이다."[33]

올바른 신관(神觀)을 가진 자라면 누구나 하나님이 전에 생각지 않았던 것을 임의로 갑자기 행하신다고는 생각지 않을 것이다. 그의 목적은 영원하시기 때문에 그가 그 시간에 하시는 일은 영원전부터 그렇게 하시기로 목적하신 것이다. 따라서 그가 구원코자 하시는 자들은 영원 전부터 구원하시려고 작정하신 자들이요, 멸망 가운데 내버려 두시고자 하시는 자들은 영원 전부터 내버려두시기로 작정하신 자들이다. 그 시간에 어떤 일을 행하시는 것이 하나님에게 있어 정당하다면 영원 전부터 그 일을 하시기로 작정하신 것도 역시 정당하지 않으면 안된다. 왜냐하면 행위의 원리는 영원 전이나 오늘날이나 똑같기 때문이다. 하나님께서 영원전부터 자비를 베풀기로 작정하셨다는 견해는 정당시하면서 하나님께서 영원전부터 처벌하기로 적정하셨다는 견해를 반대하는 이유는 무엇인가?

만일 어떤 자들을 그들의 출생 후에 구원치 않는 것이 하나님의 공의일 수 있다면 그들의 출생 전 혹은 영원 전에 그러한 목적을 정하시는 것도 정당한 것이 아니겠는가? 하나님의 결정적 의지는 전능하시기 때문에 이 의지는 저지되거나 무효화될 수 없다. 따라서 하나님은 결코 인류가 모두 구원받도록 뜻하시지도 않았고 현재 뜻하시지도 않는다고 말하지 않으면 안된다. 만일 인류가 모두 구원받는 것이 하나님의 뜻이라면 아무도 그의 뜻에 항거할 수 없으므로 한 사람도 멸망될 수 없을 것이다. 한 사람이라도 멸망당하지 않게 하는 것이 하나님의 뜻이라면 하나님은 분명히 구원의 필수인 유효적 수단을 모든 인간에게 다 주셨을 것이다. 물론 하나님이 이 구원의 유효적 수단을 모든 사람에게 주시는 일은 그것을 일부의 사람들에게 주시는 것처럼 가능한 일이다. 그러나 우리의 경험은 하나님이 그렇게 하지 않으신다는 것을 증명한다. 따라서 논리적으로 보편적 구원은 하나님의 감추어진 목적도 아니요 하나님의 결정적 의지

---

33) *Bondage of the Will*, p. 252.

도 아니라는 것이 된다. 사실상 하나님이 행하시는 일은 어떤 것이든 다 영원 전부터 뜻하신 것이라는 진리와 인류의 일부만 구원하신다는 진리, 이 두 가지 진리는 선택과 유기교리를 완성하기에 충분하다.

이방인의 상태

하나님의 섭리 역사에 있어서 어떤 자들은 복음이나 다른 은혜의 수단을 받지 못한 채 남겨져 있다는 사실은 결국 칼빈주의 예정론에서 나타난 원리와 깊이 관련되어 있다. 여러 시대를 통하여 인류의 대부분이 은혜의 외적(外的) 수단조차 받지 못한 채 그저 내어버려져왔음을 우리는 안다. 여러 세기 동안 그 수효가 아주 적었던 유대인이 하나님 자신의 특별계시를 받는 유일한 백성이었다. 예수께서도 그 공적 생애의 활동을 거의 유대인에게만 국한시키셨고 또한 그의 제자들이 이방인에게 가는 것도 오순절 성령강림 전까지는 허락하지 않으셨다(마 10:5-6, 28:19, 막 16:15, 행 1:4). 많은 사람들이 복음을 들어보지도 못하고 그대로 죄 가운데서 죽어 갔다. 만일 하나님께서 저들의 구원을 뜻하셨다면 벌써 구원받을 수 있는 방편들을 저들에게 베푸셨을 것이다. 뿐만 아니라 하나님께서 인도와 중국을 천년전에 기독교국으로 만들려고 의도하셨다면 그는 틀림없이 그의 뜻을 성취시켰을 것이다. 그러나 오히려 그들은 큰 암흑과 불신 가운데 내어버림을 당했다. 과거와 현재의 세계의 모든 죄와 비참과 사망은 성경 가운데 나타나 있는 설명 밖에 달리 설명될 수가 없다. 성경의 설명은 인류가 아담안에서 타락했는데, 하나님께서 스스로 세우신 구속에 의하여 수많은 사람을 구원하시려고 그의 자비로써 주권적으로 그들을 선택하셨다는 것이다. 따라서 하나님께서 순종치 않는 자들을 회심시키려고 전력을 다해 투쟁하시지만 결국 그 목적을 이루실 수 없다고 추측한다는 것은 하나님에 대한 불손하고 모욕적인 견해이다.

만일 알미니안파의 이론 즉 예수께서는 모든 사람을 위해 죽으셨으므로 그의 죽음의 은총은 모든 사람들(한 사람도 제외됨이 없이)에게 다 해당된다고 하는 이론이 옳다면 우리는 하나님께서 구원의 복음이 모든 사람들에게 전달되도록 준비하셨음을 발견할 수 있어야 할 것이다. 그러나 창세 이래로 오늘까지 복음을 받지 못하고 살다가 죽은 자들이 무수히 많았다는 사실은 알미니안주의가 해결하지 못할 큰 문제이다. 구원은 복음을 듣고 믿음으로 말미암는 사실을 부인할 사람은 아마 없을 것이다. 이것이 성경의 명백한 가르침인 것을 우리는 아래의 성구들을 보고 쉽게 알 수 있다.

"다른 이로서는 구원을 얻을 수 없나니 천하 인간에 구원을 얻을 만한 다른 이름을 우리에게 주신 일이 없음이니라"(행 4:12), "무릇 율법없이 범죄한 자는 또한 율법없이 망하고 무릇 율법이 있고 범죄한 자는 율법으로 말미암아 심판을 받으리라"(롬 2:12), "이 닦아둔 것 외에 능히 다른 터를 닦아 둘 자가 없으니 이 터는 곧 예수 그리스도라"(고전 3:11), "나는 포도나무요 너희는 가지니 저가 내안에 내가 저안에 있으면 이 사람은 과실을 많이 맺나니 나를 떠나서는 너희가 아무 것도 할 수 없음이라"(요 15:5), "예수께서 가라사대 내가 곧 길이요 진리요 생명이니 나로 말미암지 않고는 아버지께로 올 자가 없느니라"(요 14:6), "아들을 믿는 자는 영생이 있고 아들을 순종치 아니하는 자는 영생을 보지 못하고 도리어 하나님의 진노가 그 위에 머물러 있느니라"(요 3:36), "아들이 있는 자에게는 생명이 있고 하나님의 아들이 없는 자에게는 생명이 없느니라"(요일 5:12), "영생은 곧 유일하신 참 하나님과 그의 보내신 자 예수 그리스도를 아는 것이니이다"(요 17:3). "믿음이 없이는 기쁘시게 못하나니 하나님께 나아가는 자는 반드시 그가 계신 것과 또한 그가 자기를 찾는 자들에게 상 주시는 이심을 믿어야 할지니라"(히 11:6), "누구든지 주의 이름을 부르는 자는 구원을 얻으리라 그런즉 저희가 믿지 아니하는 이를 어찌 부르리요, 듣지도 못한 일을 어찌 믿으리요, 전파하는 자가 없이 어찌 들으리요?"(롬 10:13-14)(다시 말하면 구원의 유일한 길인 그리스도를 들어보지 못한 이방인들이 어떻게 구원을 얻을 수 있느냐는 것이다). "예수께서 이르시되 내가 진실로 진실로 너희에게 이르노니 인자의 살을 먹지 아니하고 인자의 피를 마시지 아니하면 너희 속에 생명이 없느니라"(요 6:53). "가령 내가 악인에게 이르기를 악인아 너는 정녕 죽으리라 하였다 하자 네가 그 악인에게 말로 경고하여 그 길에서 떠나게 아니하면 그 악인은 자기 죄악중에서 죽으려니와 내가 그 피를 네 손에서 찾으리라"(겔 33:8). 위험이 닥쳐온 것을 알고도 경보를 울리지 않아서 백성들이 멸망당했다면 사실 그 책임은 파수군에게 있는 것이다. 그러나 그렇다고 해서 그 사실이 그 백성들의 운명을 바꾸어 놓는 것은 아니다. 예수께서는 팔레스틴을 제외한 다른 나라들보다는 훨씬 더 고상한 종교적 특권을 누린 사마리아인들에 대해서도 저들은 알지 못하는 것을 예배한다고 말씀하시면서 구원은 유대인에게서 난다고 단언하셨다. 또 로마서 1장과 2장을 읽어 보라. 성경은 보통 조건으로서는 그리스도와 복음을 듣지 못한 자들은 멸망한다고 분명히 선언하고 있다.

웨스트민스터 신앙고백에서도 역시 그리스도를 거절하는 자는 결코 구원얻지 못한다는 것을 말한 다음에 "하물며 기독교를 알지 못하는 자는 아무리 좋은 성품으로 다른 종교의 법을 힘써 지키고 행할지라도 구원을 얻지 못한다"[34]고 덧붙여 말했다.

사실 복음을 받지 못한 이방인들이 멸망한다는 신념은 해외선교에 있어서 가장 커다란 논란거리 중의 하나였다. 만일 그들의 종교가 그들을 구원할만한 빛과 진리를 충분히 갖고 있다면 그들에게 복음을 전해야 할 필요성은 상당히 경감될 것이다. 해외선교에 대한 우리의 태도는 우리가 이 문제에 대해 내리는 대답에 의해 크게 좌우된다.

하나님께서 원하신다면 그들도 같은 구원을 받을 수 있다는 것을 우리는 부인하지 않는다. 왜냐하면 성령은 수단이 있든 없든 그가

---

34) 웨스트민스터 신앙고백 제10장 제4절

원하시는 시간과 장소와 방법으로 역사하시기 때문이다. 그러나 누가 구원을 얻었다면 그것은 순전히 은총의 기적에 의한 것이다. 분명히 하나님께서는 특수한 방법으로 그리스도의 복음이 전해지지 않은 곳에서도 그의 선민을 불러 모으실 수 있다는 가능성을 우리는 인정해야 하지만 하나님이 하시는 보통 방법은 복음이 전해진 곳으로부터 그의 선민을 불러모으시는 것이다(이방 지역에서 죽은 영아의 운명은 본서 pp. 183 이하에 "영아 구원"이란 제목아래 논의되어 있다.)

사람이 자신이 전혀 알지도 못하는 일들을 자기 개인에게 적용할 수 있다고 생각하는 것은 언어도단이다. 우리는 이 세상에서의 즐거움과 기회가 이방인에 관한 한 크게 간과되어 있다는 것을 쉽게 알 수 있다. 같은 원리로 우리는 그들이 내세에서도 역시 간과되리라는 것을 생각할 수 있다. 섭리에 의해 서부 중국의 이교도의 암흑속에 놓여진 사람들은 그들이 그것에 관해서는 전혀 무지한 라디오라든가 비행기라든가 코페르니쿠스의 천문학 체계를 받아들일 수 없음같이 그리스도를 구주로 받아들일 수 없는 것이다. 하나님께서 인간을 그런 조건속에 두실 때는 그가 일년 내내 얼어 있는 북부 시베리아의 토양으로부터 밀 소출을 내시기를 원치 않는 것과 같이 그들을 구원하실 의향이 없다는 것을 우리는 확신할 수 있다. 만일 하나님이 구원하실 의향이었다면 그는 계획된 목적으로 인도할 방편들을 제공해 주셨을 것이다. 명목상의 기독교국가에 살면서도 적절한 방법으로 복음의 제시를 한번도 받지 못한 사람도 또한 많다. 그들은 구원의 외적 수단조차 받지 못하므로 의지할 데 없는 그들의 마음의 상태에 대해 아무 것도 말해주지 않는다.

물론 이것은 지옥에 떨어진 모든 사람이 같은 정도의 형벌을 받을 것이라는 의미가 아니다. 우리는 공통의 영점으로부터 모든 정도의 상벌이 있으며 또 사람이 받는 상벌은 어느 정도까지는 그가 이 세상에서 가졌던 기회에 근거하리라고 믿는다. 예수님 자신이 친히 선언하시기를 심판의 날에 이방도시 소돔이 하나님의 말씀을 든

고도 배척한 팔레스타인의 도시들보다 견디기 쉬우리라고 하셨으며 (눅 10:12-14), 충성된 종과 불충한 종의 비유로 말씀하시기를 "주인의 뜻을 알고도 예비치 아니하고 그 뜻대로 행치 아니한 종은 많이 맞을 것이요, 알지 못하고 맞을 일을 행한 종은 적게 맞으리라. 무릇 많이 받은 자에게는 많이 찾을 것이요 많이 맡은 자에게는 많이 달라 할 것이니라"(눅 12:47-48)고 하셨다. 그러므로 이방인은 지옥으로 떨어지되 복음을 듣고도 물리친 자들보다는 비교적 고통을 덜 당하게 될 것이다.

알미니안파는 이교도의 문제에 대해서는 그 출발점에서부터 그들의 전체계를 붕괴시키는 난제요 또한 결코 빠져나올 수 없는 난제에 봉착하고 만다. 그들은 물론 그리스도만이 구주이심을 인정한다. 그러나 그들은 수많은 사람들이 그리스도의 복음을 전혀 듣지 못하고 죽는 것을 보고 있다. 여기서 그들은 모든 사람은 정죄되기 전에 충분한 은혜와 기회를 얻어야만 한다고 주장하면서 내세의 시련(회개할 기회가 내세에도 있다고 보는)을 추론하지 않을 수 없게 되었다. 그러나 이것은 성경이 지지하지 않을 뿐 아니라 오히려 성경과 반대되는 생각이다. 컨닝햄(Cunningham)의 말대로 "실제로 인류 가운데 많은 사람들이 항상 하나님의 자비와 복음에 계시된 구원의 길에 대해 전혀 무지한채 남겨져 왔었다. 아니 오히려 영원한 생명이신 하나님과 그리스도에 대해 알 수 있는 길로 나아가려 해도 나아갈 수 없는 장애물과 같은 환경속에 처해 왔었다. 따라서 칼빈주의자들은 이 사실을 알미니안주의의 보편은혜와 보편구속 교리를 반대하고 하나님의 주권적인 목적에 대한 자신들의 견해를 옹호해주는 강력한 논증으로 간주해 왔다."[35]

타락으로 인한 모든 인류의 유죄 및 부패교리와 어떤 자는 은혜로 말미암아 주권적으로 구원받고 어떤 자는 간과된다는 은혜의 교리를 가진 칼빈주의만이 우리에게 이방세계의 현상에 대한 적절한 설명을

---

35) *Historical Theology*, II, p. 397.

해줄 수 있다.

유기(遺棄)에 대한 하나님의 의도

택함받지 못한 자들에 대한 정죄는 본래 죄에 대한 하나님의 증오를 인간과 천사들 앞에서 영원히 나타내기 위해 기도(企圖)된 것이다. 다시 말하면 그것은 하나님의 공의의 영원적 현현(顯現)이다 (하나님의 공의는 의인에게 상을 주어야함과 동시에 죄인에게 벌을 주어야 한다는 사실을 잊어서는 안된다). 그러므로 "여호와께서 온갖 것을 그 씌움에 적당하게 지으셨나니 악인도 악한 날에 적당하게 하셨느니라"(잠 16:4)고 성경에 기록되어 있으며 바울은 이 작정이 한편으로는 "영광받기로 예비하신 바 긍휼의 그릇에 대하여 그 영광의 부요함을 알게 하고자"함이고 다른 한편으로는 "멸하기로 준비된 진노의 그릇에 대해 그 진노를 보이시고 그 능력을 알게 하고자 하사" 의도된 것이라고 말했다(롬 9:22-23).

이 유기의 작정은 택함받은 자에 대해서도 부수적인 목적을 갖고 있다. 왜냐하면 악인들의 유기와 궁극적인 상태를 봄으로써

(1) 택자들은 구원의 은혜가 자기들에게 임하지 않았다면 자신들도 역시 형벌받을 수 밖에 없었다는 것을 배워 알게 되고 또한 자기들보다 더 죄가 많거나 무가치한 것이 아닌 다른 사람들은 영원한 멸망가운데 내버려두시면서 자기들은 죄에서 구출하여 영생으로 들어가게 하신 하나님의 사랑의 풍성함에 대해 한층 더 깊이 감사하게 된다.

(2) 그들이 그처럼 극진한 축복을 받았다고 하는 사실이 그들에게 가장 강력한 감사의 동기를 제공해 준다.

(3) 현세와 내세에서 그들의 모든 필요를 채워주시는 하나님 아버지께 대해 더욱 신뢰심을 갖게 된다.

(4) 그들이 받은 은혜에 감격하여 하나님 아버지를 사랑하고 어떻게 해서든지 순결한 삶을 살려고 하는 강한 동기를 갖게 된다.

(5) 그들로 하여금 죄악을 더욱 증오하게 한다.

(6) 천국의 기업을 받은 자들로서 그들은 하나님과 더욱 가깝게 사귀고 성도간의 교제를 더욱 친밀하게 한다.

(7) 유대인에 대한 하나님의 주권적인 거절에 대해서 바울은 “그러므로 내가 말하노니 저희가 넘어지기까지 실족하였느뇨. 그럴 수 없느니라. 저희가 넘어짐으로 구원이 이방인에게 이르러 이스라엘로 시기나게 함이니라”(롬 11:11)고 말함으로써 유대인이 아무 이유없이 거절되었다고 하는 비난을 근본적으로 파괴시킨다. 이처럼 하나님이 유대인을 거절하신 것은 특별한 목적을 이루기 위해서였다. 즉 구원을 이방인에게까지 미치게 하기 위해서였다. 역사적으로 볼 때 기독교회는 거의 독점적으로 이방인의 교회였다. 그러나 모든 시대마다 약간의 유대인들이 기독교로 개종해 왔는데, 우리는 시간이 지날수록 훨씬 더 많은 유대인들이 “시기나게 되어” 하나님께 돌아오게 되리라는 것을 분명히 믿는다. 로마서 11장 가운데 몇 구절은 유대인이 장래에 회심할 것과 의(義)에 대해 열심을 낼 것이라고 지적해주고 있다.

이 교리에 대한 알미니안파의 집중 공격

이 유기교리는 알미니안주의자들이 트집잡기 좋아하는 교리중의 하나다. 그들은 종종 이 교리가 마치 칼빈주의의 총화요 실질(實質)이나 되는 것처럼 이것 하나만을 끄집어내어 강조하면서 한편 칼빈주의의 중요한 다른 교리들 즉 하나님의 주권, 오직 은혜, 성도의 궁극적 구원 등에 대해서는 거의 아무 논평도 하지 않고 간과해 버린다. 도르트 대회에서 알미니안파는 유기의 문제를 제일의 토론 주제로 삼자고 주장했는데, 이에 대해 대회가 거절하자 그들은 그것을 부당하다면서 불평하였다. 오늘날까지 그들은 똑같은 책략을 답습해 왔다. 그들의 목적은 분명하다. 왜냐하면 그들은 이 교리를 잘못 설명함으로써 사람들이 감정적으로 이것을 싫어하도록 만들기가 아주

용이하다는 것을 알고 있기 때문이다. 그래서 그들은 먼저 칼빈주의 자들이 주장하는 견해를 왜곡시켜 놓고 그들이 거기에 대해 반대할 수 있는 모든 주장을 내세운 다음에 유기와 같은 것은 있을 수 없다. 그러므로 선택이라는 것도 있을 수 없다고 논한다. 그들이 이처럼 유기교리에 대해 지나치게 강조하는 것은 진리를 연구하는 올바른 자세라고 할 수 없다. 오히려 그들은 진리체계의 적극적인 방면으로 전향해야 할 것이다. 그들은 칼빈주의 체계에 유리하도록 수집되어 있는 많은 증거들에 대해 답변해 주고 이것들을 해결해야만 할 것이다.

한편 칼빈주의자들은 일반적으로 우선 선택교리를 위한 증거를 제시하여 이 교리를 수립한 후에 자동적으로 따라오는 유기교리에 대해 주장하는 것이다. 물론 그들은 유기교리의 증거가 오직 선택교리에만 있다고는 생각하지 않는다.

그러나 그들은 만일 선택교리에 대한 주장이 옳다고 증명된다면 논리적으로 봐서 유기교리에 대한 주장도 옳다는 것을 믿는다. 성경은 우리에게 유기에 관한 것보다 선택에 관한 것을 더 많이 가르친다. 그러므로 우리의 이성은 우리에게 먼저 선택교리에 관한 것을 연구한 다음에 유기교리에 대해 논할 것을 명한다. 그런데 알미니안 파가 유기교리를 부당하게 우위(優位)에 놓는다는 것은 그들이 공정하지 못하다는 것을 나타낸다. 이미 말한바와 같이 이 교리는 사람이 보기에 가혹한듯 하다. 칼빈주의자들은 이 교리를 논증하는데 주저하지 않는다. 그러나 그들은 이 교리의 장엄한 특성 때문에 이것을 설명하는데서 만족을 얻을 수는 없다는 것을 안다. 칼빈주의자들은 또 사람이 도저히 이해할 수 없는 오묘한 일에 대해 지나친 사변에 빠질 때 종종 있는 것처럼, 성경에 기록된 것 이상으로 더 알고 더 현명해지려고 시도하는 일이 없도록 특히 신중을 기해야 한다는 것을 잘 안다.

이 교리를 무한정 설명해야 할 의무는 없다.

이 교리에 관한 모든 비의(祕義)를 몽땅 설명해야 할 의무는 우리에게 없다. 다만 이 교리에 관하여 성경이 가르치는 바를 설명하고 가능한 한 이 교리에 대한 반대론으로부터 이 교리를 옹호할 의무는 갖고 있다. "옳소이다 이렇게 된 것이 아버지의 뜻이니이다"(마 11:26, 눅 10:21)라고 하신 말씀은 하나님이 인간을 다양하게 다루시는 데 직면했을 때 주님의 신정론(神正論)이었다. 이 신비에 대해 보다 더 깊이 관여하려 하는 어리석은 이론가들에게 바울이 준 유일한 대답은 하나님의 지혜와 주권에 삼키운바 되라는 것이다. 다음과 같은 톱레이디(Toplady)의 말이 여기에 특히 적절하다. "바울 시대에 이 교리를 반대했던 사람들이 말한 것처럼 '그러면 하나님이 어찌하여 허물 하시느뇨? 누가 그 뜻을 대적하리요? 오직 하나님만 사람들을 회심시킬 수 있는데, 그가 구태여 어떤 자들을 내버려두셨기 때문에 저들이 회심하지 않은 것이니 회심하지 않고 멸망당하는 자들을 책망해야 할 이유가 무엇인가? 전능자의 의지는 누구도 거절할 수 없지 않은가?라고 질문하지 말라. 이 사람아 네가 뉘기에 감히 하나님을 힐문하느뇨?' 라는 바울의 대답으로 만족하라. 사도 바울은 이 교리에 관한 난제를 전적으로 하나님의 절대주권에 일임하여 해결하였다. 그가 그렇게 한것처럼 우리도 이 난제를 하나님의 주권에 일임하도록 하자."[36]

인간은 자기 자신의 이해력을 가지고 하나님의 공의를 헤아릴 수 없다. 따라서 우리의 이성이 하나님이 하시는 일을 이해하지 못할 때라도 우리는 하나님이 공정하게 하실 줄을 믿는 믿음과 겸손을 가져야 한다. 만일 유기교리는 하나님을 부당하신 분으로 만든다고 생각하는 사람이 있다면 그것은 단지 그가 원죄에 관한 성경의 교리가 무엇인지 또한 이 원죄가 자기와 어떤 관계에 있는지를 모르기 때문이다. 이런 사람은 실제적인 범죄가 있기 전에 자기는 벌을 받아 마땅한 자였다는 것을 깊이 생각하라. 그러면 인간이 정죄받는 것은

---

36) Zanchius', *Predestination*, *Introduction*, *p. 19*.

공정하고 당연하다고 생각하게 될 것이다. 첫 단계를 정복하고 나면 다음 단계는 정복하기가 쉽다.

우리들 주변에 있는 수많은 사람들 가운데서 많은 사람들(심지어 친구들이나 친척들까지도)이 영벌을 받도록 예정되었다고 이해한다는 것은 쉬운 일이 아니다. 그런 사람이 있다는 것을 실제로 생각하게 되면 우리는 그들에 대해 동정을 하게 된다. 그러나 영원한 진리에 비추어볼 때 이런 동정은 아무 가치도 없는 잘못된 동정이라는 것을 알 수 있다. 결국에 그들은 하나님의 원수요 의(義)의 원수로 죄악을 사랑하고 구원 또는 하나님의 임재를 싫어하는 자들이라는 것이 밝히 드러날 것이다. 따라서 우리는 하나님은 절대 공의로우시기 때문에 지옥에 갈만한 자들만 지옥으로 보내실 것이요 또한 우리가 저들의 참 성격을 보면 저들에 대한 하나님의 처분은 아주 만족스러운 것이라고 부언(附言)해도 좋을 것이다.

사실 알미니안파는 여기서도 진정한 난관을 조금도 타개하지 못한다. 하나님께서 모든 일들을 예지하시고 행하신다는 것을 인정하는 그들은 이제 하나님께서 어떤 자들이 필연코 죄인으로 살다가 복음을 배척하고 회개하지 않고 지옥에 갈 줄을 예지하시면서 왜 그들을 창조하셨는지에 대해 설명하지 않으면 안되게 되었다. 여기서 알미니안파는 칼빈주의자들보다 더 큰 난관에 봉착하게 된다. 왜냐하면 칼빈주의자들은 하나님께서 멸망당할 것을 아시면서 창조하신 그 사람들은 자발적으로 죄를 선택하는 비택자들이므로 그들이 받는 보복적 형벌에서 하나님은 그의 공의를 나타내신다고 주장하는데 반해 알미니안파는 하나님이 열심히 그들을 천국으로 보내려고 원하심에도 불구하고 필경 멸망을 자취하여 영원히 지옥에 있게 될 비참한 피조자가 되리라는 것을 예지하시면서도 일부러 그러한 자를 창조하셨다고 말해야 하며 또 하나님은 그들을 하늘나라로 들여보내려고 애쓰지만 그렇게 안되므로 영원히 슬퍼하신다고 말해야 할 것이기 때문이다. 그렇다면 하나님은 적어도 멸망이 예견된 자의 창조를 그만 두실 수도 있었는데 그들을 창조해 가지고 자기 신상에도 큰 불만과 비애를 초래하고 또한 피조자에게도 큰 비애를 초래하는 가장 어리석은 행위를 하는 자가 될 것이 아닌가?

이 예정교리를 듣고 어떤 자들은 자기를 유기된 자중의 하나로 인정, 자기는 아무래도 정죄될 것이라고 생각하여 점점 더 죄악가운데 빠져들어갈 수도 있으리라. 그러나 그것은 향내나는 꽃에서 독을 빠는 것이며 만세 반석(그리스도)에다 자기를 부딪혀서 깨뜨려버리는 것과 같은 행위이다. 이 세상에서 자기를 유기된 자로 판정하고 자포자기할 권리를 가진 사람은 아무도 없다. 왜냐하면 결정적인 불순종(유기에 대한 유일의 무오한 징표임)은 죽을 때까지 발견될 수 없기 때문이다. 회심하지 않은 어떤 사람이 설사 자신에게서는 회심의 변화가 아직 일어나지 않았다는 것을 깨달았다 할지라도 그는 결코 하나님께서 이미 자기를 회심시키지 않고 구원하지 않기로 작정하셨다고는 단언하지 못한다. 따라서 인간에게는 자기를 결정적으로 비택자중의 하나로 간주할 권리가 없다. 하나님께서는 회심치 않은 자들 중에서 누구를 중생시켜 구원하실 것인지에 대해 우리에게 말씀하시지 않았다. 만일 자기 안에 양심의 고통을 느끼는 자가 있다면 그것이 바로 하나님께서 그를 이끄시기 위해 쓰시는 수단일 것이다.

VI. 타락후 선택설과 타락전 선택설

칼빈주의자로 자칭하는 사람들 중에도 하나님의 계획의 순서에 대해서는 서로 의견이 다르다. 선택과 유기가 결정되었을 때 인간은 타락될 자로 간주되었는가 타락되지 않을 자로 간주되었는가 이것이 문제이다. 즉 이 결정의 대상을 부패하고 유죄한 인간으로 생각하느냐 아니면 단순히 하나님이 창조하신 그대로의 인간으로 생각하느냐?하는 것이다. 타락후 선택설에 따르면 그 순서는 다음과 같다. 하나님은 (1) 창조하시고 (2) 타락을 허락하시고 (3) 타락한 인류 가운데서 어떤 자들은 영생의 복락을 주시기로 택하시고 또 어떤 자들은 마귀와 악한 천사들처럼 그들이 당연히 받아야 할 형벌 가운데 내버려 두시고 (4) 피택자들의 구속을 위하여 독생자 그리스도를 보내시고 (5) 그리스도로 말미암아 획득된 구속을 피택자들에게 적용하기 위해 성령을 보내셨다. 타락전 선택설에 의하면 그 순서는 다음과 같다. (1) 창조될 자들 가운데서 어떤 자들은 영생하도록 선택하시고 어떤 자들은 멸망하도록 정하신다. (2) 창조하신다. (3) 인간의 타락을 허락하신다. (4) 피택자들을 구속하기 위해 그리스도를 보내신다. (5) 이 구속을 피택자들에게 적용하기 위해 성령을 보내신다. 그러면 문제는 선택이 타락전에 이루어졌느냐 타락후에 이루어졌느냐 하는 것이다.

타락전 선택설의 유력한 근거중 하나는 "차별" 관념을 강조하여 이 관념을 하나님께서 인간을 처리하시는 전반에 관련시키는 것이다. 그러나 타락전 선택설은 이 "차별" 사상을 너무 지나치게 강조한다. 이 "차별" 관념은 그 성질상 모순없이 실행될 수 없는데 예를 들면 창조에 있어서 그리고 특히 타락에 있어서 그렇다. 창조하기로 결정된 대상은 일부분의 인간이 아니라 전인류였다. 더구나 똑같은 본성을 가진 전 인류였다. 또한 타락될 것으로 허락된 것도 어느 한 부분의 인간이 아니고 전 인류였다. 타락전 선택설은 보편구원론과는 정반대 되는 경우다. 따라서 오직 타락후 선택설만이 앞뒤가 맞고 또 다른 사실들과도 모순없이 일치한다.

이 차이점에 대해 워필드 박사는 다음과 같이 말했다. "이 문제의 제출이 그 해답을 내포하고 있다. 왜냐하면 문제가 되어 있는 인간의 실제적 처리는 택함받은 자들이나 버림받은 자들을 막론하고 둘 다 죄를 전제로 하고 있기 때문이다. 죄를 가정하지 않고서는 구원이나 유기에 대해 말할 수 없다. 죄는 필연적으로 문제가 되어 있는 차별의 구체적 사실-구원이나 형벌 그 어느 것이든지 다 포함한 운명에 관한 차별-에 선행(先行)하는 것이지 차별의 추상적 관념에 선행하는 것이 아니다. 구원을 제정하는 근거에는 형벌을 제정하는 근거에서와 마찬가지로 죄가 예기되지 않으면 안된다. 그러므로 우리는 논리적인 순서로 봐서 죄인으로서의 인간을 생각지 않고는 구원과 형벌에 관한 차별 제정에 대해 논의할 수 없는 것이다."[37]

핫지 박사(Dr. Charles Hodge)도 같은 의미로 다음과 같이 말한다. "죄가 없었다면 정죄도 없었으리라는 것은 명백히 계시된 원리이다. 모든 인간이 똑같이 무가치하고 유죄하기 때문에 하나님은 자기의 기쁘신 뜻대로 어떤 자는 불쌍히 여기시고 어떤 자는 불쌍히 여기지 않으시는 것이다…… 로마서 1:24, 26, 28에 있는 것처럼 성경은 도처에서 유기는 그 대상인 인간의 유죄를 근거로 한 형벌이라고 선언했다. 그렇지 않다면 유기는 하나님의 공의의 현시가 될 수 없다."[38]

무고한 인간 즉 죄인으로 생각되지 않는 인간이 사망과 영벌로 예정된다는 것은 자비와 공의의 하나님인 성경적 신관(神觀)과 일치하지 않는다. 구원받은 자들과 버림받은 자들에 관한 작정을 단순히 추상적인 주권에 근거한 것으로 간주해서는 안된다. 하나님은 정말로 통치하신다. 그러나 그 통치는 제 멋대로 하는 통치가 아니라 오히려 그의 다른 속성들 특히 그의 공의, 거룩함, 지혜와 조화를 이루는 통치이다. 하나님은 죄를 범하실 수 없다. 비록 하나님은 완전하신 분으로서 그에게는 죄를 범할 능력이 없다고 말하는 것이 더 정확하다 할지라도 그 점에서 그는 제한을 받으신다. 물론 타락전 선택설이나 타락후 선택설이나 둘 다 애매한 점이 있다. 그러나 타락전 선택설은 애매함을 뛰어넘어 자가당착에 빠진 것처럼 보인다.

성경은 사실상 타락후 선택론적이다. 즉 그리스도인들은 "세상에서" 택함을 입은 자다(요 15:19). 토기장이는 진흙 한 덩이로 하나는 귀히 쓸 그릇을 하나는 천히 쓸 그릇을 만들 권세가 있다(롬 9:21). 또한 택함 받은 자들과 택함 받지 못한 자들은 본래 동일한 비참상태에 속했던 것으로 간주된다. 수고와 사망은 일률적으로 죄의 삯이라고 설명된다. 따라서 타락후 선택설이 우리가 갖고 있는 공의와 자비의 관념에 부합된다. 그리고 타락후 선택설은 하나님이 어떤 자

---

37) *The Plan of Salvation*, p. 28.
38) *Systematic Theology*, Ⅱ, p. 318.

를 멸망으로 정하시기 위해 창조하시느냐는 알미니안파의 이의 제기를 피할 수가 있다. 어거스틴 이래로 선택교리를 주장한 사람들중 대다수는 타락후 선택론자들이었다. 다시 말하면 그들은 타락한 전 인류 중에서 어떤 자들은 영생을 얻기로 선택되고 어떤 자들은 그들의 죄로 말미암아 영원한 사망을 받게 된 것이라고 믿는다.

개혁주의 신앙고백 가운데에는 타락전 선택설을 가르치는 신앙고백은 없고, 타락후 선택설의 견해를 가르치는 것은 많이 있어서 칼빈주의의 전형적(典型的) 양식을 나타낸다. 오늘날 칼빈주의자로서 타락전 선택설을 지지하는 자는 아마 백분지 일도 안될 것이라고 보면 틀림없을 것이다. 우리는 강력한 칼빈주의자들이지만 "고(高)파 칼빈주의자들"은 아니다. "고파 칼빈주의자들"이란 타락전 선택설을 지지하는 자들을 말한다.

물론 이상의 두 가지 설(說)은 다같이 선택에 관한 하나님의 주권과 구원은 그 전과정이 하나님의 역사라는 것을 강조한다. 칼빈주의를 반대하는 자들이 일반적으로 타락전 선택설을 강조하는 이유는 그것이 인간의 자연적 감정과 인상에 한층 더 상충되는 것 때문이다. 또한 여기에는 시간이라는 틀 속에 맞추어 놓을 수 없는 일들이 있다는 것도 사실이다. 즉 이러한 사건들이 하나님의 마음속에서는 우리의 마음의 역사처럼 시간적으로 잇따라 발생하는 것이 아니라 동시에 만사를 결정하신 영원하신 한 행동으로 말미암는 것이기 때문이다. 하나님의 마음에 있는 계획은 영원한 것으로써 서로 논리적 선후관계는 갖고 있으나 시간적 선후관계 즉 연대적인 관계는 갖지 않는다. 다만 우리가 그것을 명료하게 논구(論究)하기 위해서는 사상에 어떤 순서를 갖지 않을 수 없는데, 성화와 영화에 대한 그리스도의 은사를 창조와 타락의 제정에 수반되는 것이라고 생각하는 것이 자연스러운 일일 것이다.

핫지 박사는 웨스트민스터 신앙고백이 가르치는 바에 대하여 다음과 같이 주석을 했다. "그 경애할만한 단체(웨스트민스터 회의)의 의장 튀스(Twiss)씨는 대단한 타락전 선택론자였다. 그러나 대다수의 회원은 타락후 선택론자들이었다. 그 회의의 신조는 분명히 타락후 선택설을 내포하고 있으면서도 가급적이면 타락전 선택론을 취하는 사람들의 공격을 피할 수 있도록 작성되었다. 웨스트민스터 신앙고백에 보면(하나님은 택한 자들을 영생으로 정하시고 남은 자들은 피조물을 다스리시는 그의 주권을 영화롭게 하기 위해 그가 기뻐하시는 대로 긍휼을 신장(伸張) 혹은 억제하시는 오묘하신 뜻에 따라 간과하시며, 그의 영화로운 공의를 찬송케 하기 위해 그들의 죄값으로 치욕과 진노를 받도록 내버려두기로 정하셨다"고 했다. 여기서 하나님이 은혜를 베푸시지 않고 간과하신 무리를 "남은 자들"이라고 했는데 이 남은 자들이란 추상적인 인간 가운데서 남은 무리가 아니고 인류를 구성하고 있는 실제적인 인간 가운데서 남은 무리이다. 둘째로 위에 인용된 구절은 택함 받지 못한 자들이 "그들의 죄로 말미암아" 간과되는 것이며 치욕과 진노를 받도록 정해진 것이라고 말한다. 이것은 그들이 영벌을 받기로 예정되기 전에 벌써 유죄자로 예상되어 있었다는 것을 의미한다. 타락후 선택설은 소요리문답 제19문과 제20문에서 한층 더 분명하게 주장되고 있다. 거기에는 전 인류가 타락으로 말미암아 하나님과의 교통을 잃고 하나님의 진노와 저주아래 있게 되었는데, 그의 기쁘신 뜻에 따라 이들중 어떤 자(하나님의 진노 아래 있는 자들중 어떤 자)들을 영생으로 택정하셨다고 되어 있다. 이 교리는 어거스틴 이래 오늘날까지 모든 어거스틴주의자들이 지지해온 것이다."[39]

VII. 많은 사람이 피택

선택의 교리라고 말하면 많은 사람들은 그것이 인류의 많은 사람이 멸망될 것을 의미하는 것이라고 즉시 추측한다. 그들은 왜 그런 결론을 내리게 되었을까? 하나님은 그가 기뻐하시는 만큼 피택자를

---

[39] *Systematic Theology*, II, p. 317.

선택하신다. 우리는 무한히 자비로우시며 거룩하신 하나님께서 많은 사람들을 구원하실 것이라고 믿는다. 하나님께서 구태여 적은 수만 구원하실 것이라고 추측해야 할 이유는 하나도 없다. 그리스도는 만유 위에 뛰어나신 분이다. 그러므로 그 수효에 있어서까지도 마귀가 그리스도를 이길 수 없다는 것을 우리는 확신하는 바이다.

이 점에 대한 우리의 입장이 다음과 같은 셰드 박사(Dr. W. G. T. Sheed)의 말속에 잘 반영되어 있다. "어느 정도의 수효가 선택되고 또 어느 정도의 수효가 유기되는가 하는 문제와 하나님께서 죄인을 선택하시는가 아니면 유기하시는가 하는 문제는 전혀 서로 별개의 문제라는 것을 유의하지 않으면 안된다. 만일 자신의 과실 때문에 스스로 죄와 멸망가운데 빠진 도덕적 자유행동자를 선택하든 선택하지 않든 혹은 구원하든 구원하지 않든 그 어느 쪽이나 본질적으로 하나님이 정당하시다고 하면 그 수효의 많고 적음은 그다지 중요한 것이 못된다. 택함받은 자가 적고 택함받지 못한 자가 많아야 될 필연성도 없고, 또한 그 반대의 필연성도 없는 것이다. 택함받거나, 택함받지 못하는 것 또 그들의 수효, 이는 모두 하나님의 주권이요 그의 임의적 결정에 속한 일들이다. "유기된 자들이 있으리라는 위협이 있음에도 불구하고 위로가 되는 것은 택함받는 자들의 수효가 택함받지 못하는 자들의 수효보다는 많다고 하는 성경의 교훈 때문이다. 이 타락된 세상에 있어서 구세주의 지배는 항상 사단의 그것보다 훨씬 더 크다고 성경에 기록되어 있다. 지상에서의 은혜의 역사는 항상 죄의 작용보다 더욱 강하다고 성경에 제시되어 있다. 성경은 "죄가 많은 곳에 은혜가 더욱 많다"고 가르칠 뿐 아니라 구속된 자들의 최종 수효는 '사람이 헤아릴 수 없는 수효'라고 했으나 멸망자의 수효는 그렇게까지 과대하거나 강조하지 않았다."[40]

그런데 알미니안주의 학자들은 흔히 칼빈주의자들은 천국의 복락을 누릴 인류의 대부분을 멸망받을 자들로 여긴다고 비난한다. 칼빈

---

40) *Calvinism, Pure and Mixed*, p. 84.

주의의 원리가 소수 구원론에 기초한 것이라고 보는 것은 전혀 오해요 억측이다. 칼빈주의자들이 선택교리를 주장할 때, 그 강조점은 하나님께서 인간을 일괄적으로 처리하시지 않고 각 개인의 영혼을 개별적으로 취급하신다는 데 있는 것이다. 그러므로 이것은 사실 구원얻은 자들과 구원얻지 못한 자들 사이의 비율과는 전혀 관계없는 것이다. "이 교리에 의하면 하나님께서만 영혼을 구원하시기 때문에 구원받는 자는 소수일 것이다"라고 말하는 자에게 우리는 "하나님만이 별들을 창조하실 수 있으므로 별들은 소수일 것이라고 추론(推論)하는 편이 차라리 낳을 것이라고 대답해 주면 된다. 진정한 선택교리는 택함받은 자들과 택함받지 못한 자들의 궁극적인 비율에 대해 우리에게 한 마디도 말해주지 않는다. 유일한 제한이 있다면 그것은 단지 전 인류가 다 구원받을 수 없다는 것이다.

하나님의 주권과 개인적 구원에 대하여 칼빈주의자가 모든 사람들이 궁극적으로 모두 다 구원될 수 있다고 주장하지 못할 이유는 전혀 없다. 또 실제로 어떤 칼빈주의자들은 이 견해를 지지한다. 에딘버러 대학의 교수인 패터슨(W. P. Patterson)은 "칼빈주의는-그 선택과 불가항력적 은혜의 교리에 있어서-보편적 구원론을 가능케 할 수 있는 원리를 가진 유일의 체계이다"라고 말했다. `크리스챤니티 투데이'(Christianity Today)지(紙) 편집인이며, 현대 장로교의 탁월한 지도자인 크레익 박사(Dr. S. G. Craig)는 "분명히 많은 칼빈주의자들은 많은 비칼빈주의자들과 마찬가지고 성경에 나타난 교훈에 순종하며 극소수만 구원될 것이라고 믿고 있지만 왜 칼빈주의자들이 궁극적으로 구원받는 자들이 인류의 막대한 부분을 차지하리라고 믿지 않는지 그 충분한 이유는 없다. 하여간 지도적인 신학자들인 핫지(Charles Hodges), 댑니(Robert L. Dabney), 셰드(W. G. T. Shedd), 워필드(B. B. Warfield)도 그렇게 믿었다"고 말했다.

패터슨(Patterson)의 말에 의하면 하나님과 각 개인의 영혼과의 밀접한 인격적 관계를 강조하는 칼빈주의는 만일 보편 구원론이 성경과 모순되지만 않는다면 그것에 논리적 근거를 제시할 수 있는 유일의 체계이다. 이와는 대조적으로 알미니안주의는 실제에 있어서는 소수구원론을 지지하는 편이다. 왜냐하면 인류 역사상 많은 사람들이(소위 기독교국에서조차) 그들의 "자유 의지"를 가지고 알미니안주의자들에 의하면 "은혜로 회복된 능력"을 가지고 그리스도를 믿지 않고 죽었기 때문이다. 따라서 이 세계의 상태는 하나님께서 이 세상을 정하신 목표로 인도하고 계시지 않다면 인간의 본성이 생긴 그대로 존속하는한 수십억년이 지난다해도 실제로 크게 달라지리라고 추론할만한 근거가 전혀 없지 않은가?

VIII. 속죄받은 세계 또는 인류

아담으로 말미암아 타락된 것이 세계 또는 인류이기 때문에 그리스도로 말미암아 속죄받는 것 역시 세계 또는 인류이다. 그러나 이것은 모든 개인이 구원된다는 의미가 아니고 인류가 총괄적으로 한 인류로서 구원된다는 의미이다. 여호와는 단순히 한 민족의 하나님이 아니고 전세계의 하나님이시다. 하나님이 이루시는 구원은 한 적은 선민인 유대인들에게만 국한될 수 없다. 복음은 팔레스틴의 적은 성읍들을 위한 지방적 메시지가 아니고 세계적 메시지이다. 하나님의 나라는 "이 바다에서 저 바다까지, 큰 강에서 땅 끝까지 이르리라"(슥 9:10)는 것이 변함없는 그리고 풍성한 성경의 증언이다.

구약에서 우리는 "여호와가 온 세계에 충만한 것"(민 14:21)이라는 약속을 본다. 이사야는 모든 육체가 하나님의 영광을 보게 될 것(사 40:5)이라는 약속을 거듭 말하고 있다. 이스라엘은 "이방인의 빛"으로서 "땅 끝까지 구원하게 하려고" 선택된 것이라고 했다 (사 49:6, 행 13:47). 요엘은 장차 올 축복의 날에는 이때까지 이스라엘에게만 주어졌던 성령을 온 땅의 만민에게 부어주실 것(욜 2:28)이라고 선포했다. 그리고 베드로는 이 예언이 오순절에 시작된 성령강림으로 성취되었다고 했다(행 2:16).

에스겔이 말한 성전 문지방에서부터 흘러 나오는 구원의 물은 처음에는 발목에, 그 다음에는 무릎에, 그 다음에는 허리에까지 차게 되고 나중에는 건너지 못할 강이 되었다(겔 47:1-5). 느부갓네살의 꿈을 해몽한 다니엘의 해석 역시 이와 똑같은 진리를 가르친다. 왕은 금, 은, 동, 철과 진흙으로 된 큰 신상을 보았는데 사람의 손으로 하지 않고 한 뜨인 돌이 신상을 분쇄하여 금, 은, 동, 철과 진흙이 가루처럼 부서졌다. 여기서 금, 은, 동, 철과 진흙 이 모든 요소는 분쇄되어 완전히 흐트러뜨림을 당할 운명에 있는 세계 대제국들을 상징하고, 사람의 손으로 하지 않은 뜨인 돌은 큰 산이 되어 온 땅에 편만할 하나님 자신이 세우시는 신령한 나라를 상징한다. 다니엘서 2:44에 있는 "이 열왕의 때에 하늘의 하나님이 한 나라를 세우시리니 이것은 영원히 망하지도 아니할 것이요, 도리어 이 모든 나라를 쳐서 멸하고 영원히 설 것이라"는 말씀을 신약 성경에 비추어 보면 하나님이 세우시는 나라는 그리스도께서 세우시는 나라임을 알 수 있다. 다니엘이 본 환상에 의하면 짐승이 성도들로 더불어 싸워 얼마동안 이겼다. 그러나 "그 때가 이르매 성도가 나라를 얻었다"(단 7:22).

예레미야는 "그들이 다시는 각기 이웃과 형제를 가리켜 이르기를 너는 여호와를 알라 하지 아니하리니 이는 작은 자로부터 큰 자까지 다 나를 앎이니라"(렘 31:34)고 선포했다. 시편 기자는 "내게 구하라. 내가 열방을 유업으로 주리니 네 소유가 땅 끝까지 이르리라"(시 2:8)고 말했다. 말라기 선지자는 "만군의 여호와가 이르노라 해뜨는 곳에서부터 해지는 곳까지의 이방 민족중에서 내 이름이 크게 될 것이라 각처에서 내 이름을 위하여 분향하여 깨끗한 제물을 드리리니 이는 내 이름이 이방 민족 중에서 크게 될 것임이니라"(말 1:11)고 하였다.

신약 성경에도 같은 교훈들이 있다. 주님께서 나중에 자기 백성에게 영적 축복을 비와 같이 풍성하게 부어주실 때에는 "그 남은 자들"과 "모든 이방사람"이 주를 찾게 될 것이다(행 15:17). "그리스도는 우리 죄를 위한 화목 제물이니 우리만 위할 뿐 아니요 온 세상의 죄를 위하심이다"(요일 2:2). "하나님이 세상을 이처럼 사랑하사 독생자를 주셨으니 이는 저를 믿는 자마다 멸망치 않고 영생을 얻게 하려 하심이니라"(요 3:16). "아버지가 아들을 세상의 구주로 보내셨다"(요일 4:14). "그는 세상 죄를 지고 가는 하나님의 어린양이다"(요 1:29). "우리가 친히 듣고 그가 참으로 세상의 구주신줄 안다"(요 4:42). "나는 세상의 빛이라"(요 8:12). "내가 온 것은 세상을 심판하려 함이 아니요 세상을 구원하려 함이로다"(요 12:47). "내가 땅에서 들리면 모든 사람을 내게로 이끌겠노라"(요 12:32). "하나님께서 그리스도안에 계시사 세상을 자기와 화목하게 하신다"(고후 5:19). 천국은 "마치 여자가 가루 서 말 속에 갖다 넣어 전부 부풀게 한 누룩과 같으니라"(마 13:33).

로마서 11장에는 장차 유대인들이 회개하면 온 세상은 죽음에서 소생할 것과 같은 영적 축복을 받게 될 것이라고 기록되어 있다. 유대인들의 넘어짐으로 구원이 이방인들에게 이르게 되었다. "그 유대인들의 부족함이 이방인들의 부요함이 되거든 하물며 저들의 풍성함이랴!……저들의 버림받은 것이 세상의 화목이 되었으니 저들의 돌아옴이 어찌 죽음에서 소생함과 다르겠느냐? 그리스도께서 모든 원수들을 그 발아래 두실 때까지 하나님 우편에 앉아 계시리라"는 성구를 볼 때 우리는 그리스도의 왕국이 장차 우주에 편만할 것임을 알 수 있다.

이렇게 그리스도의 구속사업의 보편성은 강조되어 있다. 우리는 멀지않아 우리의 눈으로 기독교화된 세계를 보게 될 것이다. 우리는 지상에서 영적 생명이 풍부한 황금시대가 오리라는 것을 넉넉히 바라볼 수 있다. 이 시대에 기독교는 전세계에서 승리를 얻고 인간의 대다수가 구원얻게 될 것이다. 그리하여 그 때 구원얻는 자들의 수효가 증가, 필경은 멸망받을 자들의 수효를 훨씬 능가하게 될 것이다.

물론 우리는 세계의 종말의 날을 대략적으로라도 알 수가 없다. 성경의 여러 구절에서 우리는 그리스도께서 말세에 다시 오시리라는 것, 즉 그의 재림은 신체적이며 가시적(可視的)인 것으로서 큰 능력과 영광을 수반할 것이며 또한 그 때 전반적인 부활과 심판이 있고 천당과 지옥이 완전히 나타나게 될 것이라는 것을 볼 수 있다. 그러나 우리 주님의 재림의 날은 "주되신 우리 하나님께 속한 비밀한 일"로 강하게 명시되어 있다. 예수께서는 십자가에 못 박히시기 바로 전에 "그 날과 그 시(時)는 아무도 모르나니 하늘에 있는 천사들도 모르고 아들도 모르고 다만 아버지만 아신다"고 말씀하셨다. 그리고 부활하신 다음에도 주님은 "때와 기한은 아버지께서 자기의 권한에 두셨으니 너희의 알바 아니요"(행 1:7)라고 말씀하셨다. 그러므로 끝날을 안다고 말하는 자들은 오히려 무지한 연고로 그렇게 말하는데 지나지 않는 것이다. 그리스도의 초림이후 벌써 2000년이 되어 오는 것을 볼 때 우리는 앞으로 얼마나 있다가 그가 재림하실지 모른다. 앞으로 다시 2000년을 지나서 오실지, 아니면 그 이상 혹은 그 이내의 기간 후에 오실지 우리는 모른다.

이 문제에 대해 크레익 박사는 "성경은 우리에게 그리스도의 재림 전에 다음과 같은 일들이 있을 것을 가르치고 있다. 즉 복음이 온 세상에 전파될 것(마 24:14), 유대인들이 회심할 것(롬 11:25-27), 그리스도께 반항하는 `모든 정사와 모든 권세와 능력'이 전복될 것(고전 15:24)과 같은 일이 일어날 것이다. 그러므로 주님의 재림 날짜는 알려 주시지 않았지만 미래에 반드시 오실 것만을 확실하다. 재림전의 징조적 사건들이 과거와 같이 미래에도 천천히 일어난다면 주의 재림은 분명히 먼 미래에 속할 것이나, 오늘날 일어나는 사건들이 전보다 아주 신속하게 진행되는 것을 볼 때, 그래서 과거에는 몇세기만에야 성취되던 것이 오늘날에는 불과 수년내에 성취되는 것을 볼 때 그리스도의 재림은 머지않은 장래에 이루어질 것으로 보인다고 말할 수 있다. 물론 인간생활의 척도를 가지고 측정해서는 그리스도의 재림이 가까운 장래에 있을지, 혹은 먼 후일에 있을지 알 수 없다. 그러나 천년이 하루같은 하나님의 척도를 가지고 측정해 본다면 확실히 가까운 후일에 있다고 말해도 좋을 것이다."[41]

어떻게 보면 이 세대는 아직 청춘기라고 할 수 있다. 확실히 하나님은 세계가 진정 의로 돌아왔을 때 무엇을 하실는지에 대해서는 아직 확실히 보여주시지 않았다. 우리가 지금까지 보아온 것은 발단적인 국면—전멸되어야 할 마귀의 임시적인 승리—에 지나지 않는다. 하나님의 사역은 세대에서 세대로 이어진다. 천년조차도 영원히 사시는 그에게는 한 순간에 지나지 않는다. 신학을 천문학에 관련시켜 볼 때, 우리는 하나님이 믿을 수 없을 만큼 대규모적으로 일하신다는 것을 알게 될 것이다. 그가 우주 안에 배치해 놓은 항성(恒星)의 수는 수백만, 아니 수십억에 이른다. 그중 천문학적으로 밝혀진 것만 해도 이미 천만개 정도는 된다. 천문학자들의 말에 의하면 태양과 지구 사이의 거리는 9천2백만 마일이요 빛의 속도는 1초에 18만 6천 마일로써 8분간이면 태양과 지구간의 거리를 횡단할 수 있다. 우리에게서 가장 가깝다는 별의 빛이 지구에 도착하려면 4년이 걸린다고 한다. 우리가 지금 보는 북극성의 빛이 지구에 오는 데는 50년이 걸리고, 가장 먼 거리에 있는 별들의 빛이 지구에 오는데는 몇 백 년이 걸린다고 한다. 근대 과학이 천명하는 바를 생각해 볼 때 인류가 지구에서 생존해온 기간은 비교적 짧은 것이다. 하나님은 인류를 위해 우리가 꿈도 꾸지 못할 놀랄만한 발전을 준비해 놓으셨을 것이다.

IX. 구속받은 자들의 막대한 수효

하나님의 선택하시고 예정하시는 사랑의 작정은 차별적이고 특수적이지만 그 범위는 매우 광범위하다. "내가 보니 각 나라와 족속과 백성과 방언에서 아무라도 능히 셀 수 없는 큰 무리가 흰 옷을 입고 손에 종려가지를 들고 보좌앞과 어린 양 앞에 서서 큰 소리로 외쳐 가로되 구원하심이 보좌에 앉으신 우리 하나님과 어린 양에게 있

---

41) *Jesus as He Was and Is*, p. 276.

도다”(계 7:9-10). 아버지되시는 하나님은 셀 수 없이 많은 사람들을 영원한 구원과 복락으로 선택하셨다. 그러므로 교회에 약속된 미래의 번영의 날을 생각하면 인류의 대부분이 택함받은 자의 수효에 들어갈 것으로 생각된다.

요한계시록 19장에 세계에 있는 선악 두 세력간의 투쟁을 비유적인 용어로 표시한 환상이 기록되어 있는데, 이 기록에 대하여 워필드 박사는 말하기를 “이 성구는 천만 대적 위에 군림하시는 만왕의 왕이요, 만주의 주되시는 하나님의 ‘말씀’의 승리의 환상으로 시작된다. 우리는 이 만왕의 왕께서 하늘의 군대들을 이끄시고 전쟁하기 위해 하늘에서 내려오시는 것을 본다. 그리고 공중의 새들이 잔치에 참여하여 그들을 위해 마련된 모든 자의 고기를 먹도록 초청되고, 다음에는 적의 군대 즉 그 짐승과 땅의 임금들이 다 모여 만왕의 왕과 싸우다가 완전히 멸망당하게 됨을 본다” (19:11-21). 이 묘사는 완전한 승리, 완전한 정복을 생생하게 그리고 있다. 영계의 일을 전투적 표상으로 진술하여 그 묘사에 생기를 부여한 것이다. 물론 이 묘사는 상징적인 것이다.

이 상징의 의미는 하나님의 아들이 죄악 세력을 완전히 이기신다는 것이다. 이러한 의미에 대한 암시가 말로써 서술된 것은 오직 한 번 뿐이지만 그것만으로도 충분하다. 두 경우에서(15절과 21절) 우리는 승리를 거두게 한 검이 그 정복자의 입에서 나온다고 기록되어 있는 것을 주의 깊게 보게 된다. 따라서 우리는 이것을 읽을 때 여자적(如字的) 의미로서의 전쟁이라든가 현실의 투쟁을 생각해서는 안 된다. 그 승리는 전파된 말씀, 즉 복음전파를 통해 성취되어 가는 승리를 말한다. 요컨대 여기서는 그리스도의 복음의 승리적 과정을 회화적(繪畫的)으로 묘사한 것이다. 다시 말하면 이 전율할 만한 전투의 광경과 그 무서운 것을 상세하게 기록함으로써 우리에게 영적 승리의 완전성에 대한 인상을 깊게 해주려한 것 뿐이다. 그리스도의 복음은 온 땅을 정복할 것이며 그리스도는 필경 그의 모든 대적들을 다 쳐부술 것이다.”[42]

그리스도의 초림과 재림 사이에 살고 있는 우리는 이 복음적 정복이 이루어지고 있는 과정을 볼 수 있도록 되어 있다. 얼마나 오랫동안 이 정복이 계속될 것인지, 또 얼마나 오랫동안 교회가 주의 재림을 기다려야 할 것인지는 알 수 없다. 우리가 살고 있는 이 시대는 기독교 제1 세기에 비교해 볼 때 비교적 황금기라 할 수 있으며, 복음적 정복의 진행과정은 이 땅에 사는 자들이 “나라이 임하옵시며 뜻이 하늘에서 이룬 것같이 땅에서도 이루어지이다” 라고 비는 기도의 실제적 성취를 볼 때까지 계속될 것이다. 우리가 죄 많은 이 세상에 대한 하나님의 은혜로우신 처리에 대하여 넓게 알면 알수록 하나님은 그 선택의 은혜를 베푸심에 있어서 결코 인색하지 않으시다는 것, 오히려 그의 목적은 전세계를 구원하시는 데 있다는 것을 알게 된다.

하나님께서 아브라함에게 주신 약속 즉 그의 후손의 수효가 무수히 많으리라는 약속을 보라. “내가 네게 큰 복을 주고 네 씨로 크게 성하여 하늘의 별과 같고 바닷가의 모래와 같게 하리니 네 씨가 그 대적의 문을 얻으리라. 내가 네 자손으로 땅의 티끌 같게 하리니 사람이 땅의 티끌을 능히 셀 수 있을진대 네 자손도 세리라”(창 22:17, 13:16) 함과 같다. 신약 성경을 볼 때 이 언약은 특별한 선민인 유대인들에게만 해당되는 것이 아니고 영적인 의미에 있어서 참 아브라함의 자손인 그리스도인들에게 해당되는 것이다. 따라서 “그런즉 믿음으로 말미암은 자들은 아브라함의 아들인줄 알지어다. 너희가 그리스도께 속한 자면 곧 아브라함의 자손이요 약속대로 유업을 이을 자니라”(갈 3:7, 29)고 하였다.

이사야는 그리스도를 통하여 여호와의 뜻이 성취된다고 하였고 또한 그리스도가 그 영혼의 수고한 결과를 보고 만족히 여긴다고 선포했다. 그리스도가 어찌 적은 무리를 위해 수고했으랴! 그가 갈보리

---

42) *Biblical Doctrines, Art, The Millennium and the Apocalypse, p. 647.*

산에서 받으신 고통을 생각해 볼 때 그가 그렇게 쉽게 만족해하시지 않을 것이라는 것을 우리는 알 수 있다.

구원얻을 자들의 수효가 멸망 받을 자들의 수효보다 훨씬 더 많을 것이라는 생각은 성경의 용어 대조에서도 잘 나타난다. 천국은 한결같이 오는 세상, 큰 왕국, 나라, 도시로 묘사되어 있다. 반면에 지옥은 한결같이 비교적 좁은 장소, 감옥, 불과 유황의 연못, 무저갱과 같은 말로 묘사되어 있다(눅 20:35, 딤전 6:17 계 21:1 마 5:3 히 11:16 벧전 3:19 계 19:20, 20:10, 14, 15, 21:8-27). 천사와 성도에 대해서는 대군(大軍), 만군(萬軍), 셀 수 없이 많은 군중, 천천만만, 수억 등의 말을 사용하는데 비해 멸망 받을 자들에 대해서는 일찍이 이런 말을 사용한 적이 없다. 이러한 대조를 생각해보더라도 멸망할 자의 수는 비교적 소수일 것이 틀림없다(눅 2:13, 사6:3, 계 5:11). 셰드(Shedd) 박사는 "하나님의 선택의 범위는 수레바퀴처럼 적은 것이 아니라 하늘을 관통한 큰 원(圓)이다. 사단의 나라는 그리스도의 왕국에 비하면 문제도 되지 않는다. 하나님의 광대한 경내(境內)에서는 선이 정법(正法)이고 악이 예외이다. 죄는 무한한 창공에 있는 하나의 반점과 같고, 태양 위의 한 오점과도 같다. 지옥은 거대한 우주의 한 모퉁이에 불과할 뿐이다" 라고 말했다.

비교해서 말한다면 구원얻는 자의 수가 어떤 도시의 시민 정도라면 멸망하는 자의 수는 그 도시에 있는 옥중 죄수들 정도에 불과하다. 또한 구원얻는 자들을 자라서 번창하는 나무의 큰 줄기와 가지라고 한다면 멸망할 자들은 잘라져서 불속에 던져지는 몇 가지 안되는 마른 가지라고 할 수 있다. 비칼빈주의자라 한들 어찌 이것이 진리임을 인정치 않겠는가?

그러나 "생명으로 인도하는 문은 좁고 길이 협착하여 찾는 이가 적다"(마 7:14)는 말과 "청함을 받은 자는 많되 택함을 입은 자는 적다"(마 22:14)는 말은 구원얻을 자보다 멸망받을 자가 더 많음을 가르치는 것이 아니냐고 묻는 사람이 없지 않아 있을 것이다. 그러나 이 성구는 보편적으로 적용되는 말씀이 아니다. 이것은 예수님과 제자들이 당시에 복음을 받지 않던 유대인의 특수한 태도를 보고 하신 말씀이므로 잠정적인 의미로 해석되어져야 할 성질의 것이다. 즉 이것은 최후의 심판에 입각하여 한 말이 아니고 사람들이 불의한 길을 걸으며 진리에 귀를 기울이지 않던 당시의 시대상에 입각하여 한 말이다. 이것은 그 당시 그들이 목격한 바와 같은 생활에 대해서는 항상 진리이므로, 그 문제에 관한 한 오늘날에도 역시 진리이다. 워필드 박사(Dr. Warfield)는 "세월이 가고 시대가 바뀌는 동안에 '두 길'을 따르는 자의 비율이 역전되는 일은 전혀 있을 수 없는 일일까? 아니 때로 있음직한 일이 아니겠는가?"라고 반문한다.

이러한 성구의 목적은 구원의 길이 고난과 희생의 길이라는 것과 근면과 인내로써 구원을 달성하는 것이 우리의 의무라는 것을 가르쳐주려는데 있다. 누구든지 자신의 구원이 당연히 이루어질 줄로 생각해서는 안된다. 천국에 들어가는 자는 많은 시련을 통과해야만 한다. 그래서 성경은 "좁은 문으로 들어가라" 고 가르치는 것이다(눅 13:24). 생명의 선택이 두 길(즉 한 길을 넓고 평탄하고 여행하기에 수월하지만 멸망으로 인도되고, 다른 한 길은 협착하고 힘들지만 생명으로 인도되는) 사이의 선택으로 묘사되어 있는 것이다. "좁은 문으로 들어가라"는 비유는 구원얻을 자가 멸망받을 자보다 소수임을 가르치는 것이라고 보는 것은 마치 열 처녀의 비유 (마 25:1 이하)에서 지혜있는 처녀가 다섯이고 어리석은 처녀가 다섯이라고 해서 구원얻을 자와 멸망받을 자의 수효가 똑같을 것이라고 추측하는 것처럼 이치에 맞지 않는 추측이다. 또 이 비유를 구원얻을 자가 멸망할 자에 비해 비교적 적을 것을 가르치는 것이라고 추측하는 것은 곡식 가운데 있는 가라지 비유(마 13:24 이하)가 구원얻을 자의 수효에 비해 멸망할 자의 수효가 아주 적을 것을 가르치는 것이라고 추측하는 것만큼이나 이치에 맞지 않는 추측이다."[43] 한 마디를 더 첨부한다면 '두 길' 의 비유가 구원얻을 자의 수효가 멸망받을 자의 수효보다 적

---

43) Warfield, Article, "Are They Few That Be Saved?"

을 것을 가르친다고 추측하는 것은 잃은 양의 비유에서 100마리 중 한 마리만 길을 잃었는데 그것도 결국에 가서는 돌아오게 되니까 그 비유는 완전무결한 만민구원설을 가르치는 것이라고 추측하는 것만큼 근거 없는 추측이다.

X. 세상은 개선되어가고 있다.

세계의 구원은 장구한 시대에 걸쳐 이루어지고 있는데 아주 더딘 과정인 것이 사실이다. 그러나 확실히 그 정해진 목표점에 가까워지고 있다. 우리는 전진적인 승리의 시대에 살고 있으며 정복이 이루어지고 있음을 보고 있다.

언제나 영적 번영의 시대와 영적 부진의 시대가 있다. 그러나 전체적으로 보면 거기에는 전진이 있을 뿐이다. 그리스도의 강림이래 2,000여년을 돌이켜 볼 때 우리는 거기서 경탄할만한 전진의 자취를 발견하게 된다. 이 과정이 궁극적으로 완성되어 그리스도께서 재림하시기 전에 우리는 전세계가 구원얻는 것을 보게 될 것이다. 이것은 죄가 뿌리째 뽑히게 될 것이라는 말이 아니다. 추수의 때까지는 항상 밀 가운데 가라지가 있게 될 것이며 의로운 자들조차 이 세상에 남아있는 동안에는 때때로 죄와 유혹에 빠지게 된다. 그러나 우리가 이 몸을 벗어버린 후 부활의 영체를 입는 것처럼 낡은 세상은 지나가고 신천신지가 나타나게 될 것이다.

"이 세계를 판단하는 진정한 방법은 그 현재 상태를 과거의 상태에 비교해 보고 거기에 어떤 동향이 있는지 살펴보는 것이다. 이 방법으로만 세계가 퇴보하고 있는지 진보하고 있는지 또한 개선되어가는지 악화되어 가는지 알 수 있는 것이다. 물론 현대는 어슴푸레한 빛에 쌓여 있다. 그런데 그것은 황혼의 빛인가 아침의 여명인가? 그 어두움은 별빛도 없는 심야의 어두움인가 아니면 아침해가 떠오르기 전의 어두움인가? 현대를 10세기나 20세기 이전의 세계와 비교해 볼 때 그 어두움은 광대한 하늘을 스치고 지나 새 아침을 향해 다름질하고 있는 어두움이다."[44]

오늘날 교회 봉사를 위해 사용하는 성별된 재물은 점점 더 증대되고 있다. 또한 여러 곳에서 근대주의 신학이 대두되어 그리로 전락하는 폐단이 있음에도 불구하고 이전 어느 시대보다도 더 열심히 복음전도와 선교활동이 진행되고 있다. 성경학교, 기독교대학, 성경을 학적으로 연구하는 신학교 등의 수효가 급격히 증가되어 가고 있다. 또한 미국 성서공회에서만도 작년(1931) 한 해에 1천1백만 부의 성경을 국내외에 배부하였다고 하니 이것은 성경이 과거 어느 때보다도 현대에 이르러 더 많이 배부되고 있다는 것을 의미한다.

기독교회는 세계 여러 곳에서 큰 발전을 이루어 왔는데 특히 지난 2, 3세기 동안 지교회가 무수히 많이 증가했고 그 결과 전세계 민중의 생활속에 선(善)을 위한 힘있는 감화력을 끼쳤다. 그리고 근년에 와서는 수많은 학교와 병원을 세웠다. 그 박애(博愛)의 감화로 윤리적 문화 및 사회적 봉사가 전세계적으로 크게 증진되었고 전 국민의 도덕 표준이 교회가 그 땅에 처음 건설되었을 때보다 훨씬 더 높아졌다. "교회는 이미 모든 대륙에 침투하였고 각 섬에서 뿌리를 내렸다. 그리고 그 전초선(前硝線)을 적도(赤道)에 또는 지극(地極)에서 지극까지 늘여 놓았다. 교회는 지구상에서 최대의 조직체요 세계적인 기업(企業)이다. 교회는 이미 유망한 장래를 약속하는 좋은 결과들을 많이 산출하였다. 미국만 보아도 기독교회는 인구 성장에 비해 적어도 다섯 배는 빨리 증가해 왔다. 100년전만 해도 기독교인임을 고백하는 사람이 15명중 1명이었는데 이제는 3명중 1명이며, 어린이를 제외하면 두 명중 한 명이 기독교인이다. 전세계의 기독교인의 증가를 보면 더욱 놀랄만하다. 주후 1,500년에는 세계의 기독교인의 수가 1억이더니 1,800년에 와서는 2억이 되었고 최근의 통계에 의하면 세계 인구 1,646,491,000인중 기독교인이 564,510,000인이라

---

44) Snowden, *The Coming of the Lord*, p. 250.

니 실로 세계 인구의 3분지 1이 기독교인이다. 기독교회는 과거 1천 8백년 동안 성장된 것보다 최근 백년동안에 훨씬 더 많이 성장되었다."[45]

기독교가 과거 1800년간보다 최근 100년간에 더 많이 성장했다는 말은 대체로 정확하다. 최근 1950년의 통계에 의하면 기독교는 명목상 다른 두개의 종교를 합친 것보다도 훨씬 더 많은 수의 신자를 갖고 있다. 이 통계에 의하면 기독교도 약 6억4천만, 유교(도교 포함)도 3억, 힌두교도 2억3천만, 모하메트교도 2억2천만, 불교도 1억5천, 정령숭배자 1억2천5백만, 신도(神道)교도 2천만, 유대교인 1천5백만이다(그런데 기독교인으로 계수된 자중 많은 사람은 명목상의 신자이고 참 기독교인의 비율은 아마 다른 이방종교에서의 비율정도 혹은 그 이상일 것이다). 마호메트교를 제외한 모든 타종교는 기독교보다 훨씬 더 오래된 종교들이다. 그러나 모든 타종교는 현대문명의 찬란한 빛 아래 와서는 곧 붕괴해버리는 반면에 기독교만은 현대 문명 아래서도 성장, 번영하고 있다.

해외선교는 과거 백년동안에 기반을 굳혔다. 그것은 배후에 강대한 교회 조직을 가지고 근래에 발달한 운동으로서 미지의 세계였던 이방세계에 복음을 전파하는 것을 최대사업으로 한다. 이로 인해 인도, 중국, 한국, 일본에 살고 있는 현세대는 과거 2천년동안에 있었던 것보다 훨씬 더 큰 종교적, 사회적, 정치적 변화를 겪었다. 근년에 와서 타종교들은 급격한 조락(凋落)을 보이고 있는데 반해 기독교는 급격한 신장(伸張)을 보이고 있는 것을 보면 기독교가 미래의 세계적 종교가 될 것은 명약관화하다. 이런 사실들로 보아서 우리는 기독교 최고의 시대가 머지않아 오리라고 믿는다.

---

45) Snowden, *The Coming of Our Lord*, p. 265.

XI. 영아 구원 문제

대부분의 칼빈주의 신학자들은 영아기에 죽는 자는 구원얻는다고 주장해 왔다. 신자의 자녀가 구원얻는다는 것은 성경이 아주 명백하게 가르치고 있으나 불신자의 자녀의 구원 여부에 대해서는 성경이 아무 말도 하지 않는다. 웨스트민스터 신앙고백은 불신자의 자녀로서 도덕적 책임 연령에 도달하기 전에 죽은 어린이에 대해서는 어떠한 판단도 내리지 않는다. 성경이 침묵하는 것은 신앙고백도 역시 침묵한다. 그러나 현대의 탁월한 신학자들은 "하나님의 자비가 그의 모든 일에 두루 미친다" 는 사실에 유념하여 최대한으로 확대된 하나님의 자비에 의존, 영아들은 스스로 어떤 실제적인 죄도 범하지 않았으니 원죄에서 사함을 받아 온전히 복음적 원리에 의해 구원받으리라는 관대한 희망을 품고 있다.

예를 들면 핫지(Charles Hodes)와 셰드(W. G. T. Shedd) 그리고 워필드(B. B. Warfield) 등이 이 견해를 지지한다. 영아기에 죽은 자들에 대해 워필드 박사는 말하기를 "그들의 운명은 그들 자신의 행위와는 아무 상관없이 또한 그들이 무엇을 선택하기 이전에 하나님의 무조건적인 작정에 의해 결정된 것이다. 그리고 그들의 구원은 그들이 자의적으로 행동하기 전에 성령의 직접적이며 불가항력적인 사역을 통해 무조건적으로 그들에게 실시되는 그리스도의 은혜로 말미암아 이루어진다……만일 영아기에 죽는 것이 하나님의 섭리에 의한 것이라면 하나님은 분명히 그들을 그의 무조건적 구원에 참여하게 하실 것이다. 이는 곧 그들이 창세전부터 구원받도록 무조건적으로 예정되었다는 말이다. 만일 도덕적 책임을 질 수 없는 영아기에 죽은 자중에 한 명이라도 구원된다면 알미니안주의의 전체 원리는 부정되고 말 것이다. 만일 영아기에 죽은 모든 영아가 구원된다면 구원얻는 자의 대다수뿐 아니라 오늘날까지 세상에 생존한 인류의 대다수가 비알미니안주의적 경로에 의해 영생에 들어간 것이 분명하다."[46]

확실히 칼빈주의 체계에는 이 영아 구원교리를 믿지 못하도록 방해하는 아무것도 없다. 우리는 하나님께서는 영아기에 죽은 자들에게 영생을 주시기로 예정할 수 없다는 것이 입증될 때까지 이 견해를 지지할 수 있을 것이다.

물론 칼빈주의자들은 성인과 마찬가지로 영아에게도 원죄 교리가 해당된다는 것을 주장한다. 다른 모든 아담의 자손들과 같이 영아들도 이 원죄에 대한 책임을 갖고 있으며 그로 인해 벌을 받는 것이 마땅할 것이다. 그러나 저들의 구원은 실제적이다. 그들의 구원은 오직 그리스도의 은혜를 통해서만 가능하며 성인의 경우와 마찬가지로 공로없이 얻는 구원이다. 칼빈주의자는 영아들의 구원을 주장함에 있어서 저들의 공로 없음과 원죄로 인한 벌을 과소평가하기 보다 저들의 구원에 대한 하나님의 자비를 확대한다. 영아의 구원은 가볍게 볼 것이 아니다. 왜냐하면 이 구원도 역시 유죄한 영혼을 영벌로부터 구출하는 일이기 때문이다. 그것은 또 고가(高價)를 지불한 것이다. 왜냐하면 그리스도의 십자가의 고난이 댓가로 지불된 것이기 때문이다. 원죄에 대해 다른 견해를 갖고 있는 자들 즉 원죄는 정당한 죄가 아니므로 그로 말미암아 영벌을 받지는 않는다고 주장하는 자들은 영아들이 그것으로부터 구원얻게 되는 원죄를 경미한 죄로 만들어버림으로써 결국 하나님께 당연히 드려야 할 영아들의 사랑과 감사를 극소화시켜 버린다.

영아구원의 교리는 칼빈주의 체계에서 논리적으로 존재할 수 있다. 왜냐하면 영혼의 구원은 틀림없이 실제적 혹은 예견된 어떤 신앙이나 회개나 선행 등에 상관없이 결정되는 것이기 때문이다. 물론 이같은 사상은 알미니안주의나 어떤 다른 사상체계에서는 논리적으로 존재할 수 없다. 더욱이 구원을 개인의 이성적 선택의 행위에 달린 것으로 주장하는 알미니안주의와 같은 체계는 논리적으로 볼 때

---

46) *Two Studies in the History of Doctrine, p. 230.*

영아기에 죽은 자들은 그들의 운명의 결정 때문에 사후 시련기가 그들에게 주어져야 한다고 주장하든지 아니면 그들 전부가 멸망된다고 주장하지 않으면 안될 것이다.

이 문제에 대해 크레익 박사는 다음과 같이 말하였다. "영아는 그리스도 없이는 구원될 수 없는, 멸망 받을 인류의 일원이라는 것을 단정하지 않는 영아의 구원교리는 전혀 기독교적이 아니다. 그러므로 영아로 죽은 자들은 다 구원얻는다는 교리는 세례에 의한 중생을 가르치는 로마 카톨릭교나 영국 국교의 사상체계에는 맞지 않는다. 왜냐하면 영아기에 죽은 자들 중 대부분은 세례받지 못한 자들이기 때문이다. 또한 루터교 체계에서는 구원이 은혜의 방편, 특히 하나님의 말씀 및 성례전과 필연적으로 결합되어 있으므로(말씀과 성령의 의의를 전혀 모르는 영아는 구원될 수 없다) 이 교리가 전혀 용납될 수 없다. 알미니안주의 역시 영아기에 죽은 자의 구원을 믿을 수 없게 되어있다. 이 파의 주장에 의하면 ─복음주의적 알미니안조차 ─ 하나님은 은혜로 인간에게 단지 구원얻을 기회를 제공하실 뿐이다. 그러므로 영아로 죽는 자들에게 있어서 이런 의미의 은혜란 무효인 것일 수 밖에 없다."[47]

칼빈주의는 세례중생론을 배척하며 택함 받지 못한 자들이 받는 세례를 헛된 의식에 지나지 않는 것으로 생각하지만 이 구원의 은혜만큼은 유형교회의 영역 밖으로까지 확대시킨다. 만일 영아로 죽은 자들(신, 불신자의 영아에 차별없이) 이 모두 구원얻는 것이 진실이라면 오늘날까지 인류의 반 이상이 택함받은 자들 중에 속할 것이다. 칼빈주의자들은 그리스도를 믿는 믿음을 성인들의 구원의 유일한 필수조건이라고 주장하기 때문에 유형교회의 교인이 되는 것을 구원의 필수조건이나 보증으로 삼지 않는다. 그들은 유형교회와 아무런 관계를 맺지 않은 사람들도 구원얻는다고 믿는다. 일관성 있는 기독교인이라면 분명한 성경의 명령을 따라 세례를 받고 유형 교회

---

47) *Christianity Today, Jan. 1931, p. 14.*

의 교인이 될 것이다. 그러나 수많은 사람들이 약한 믿음 또는 기회의 결핍 때문에 성경의 명령을 실행하지 못한다.

웨스트민스터 신앙고백에는 "어려서 죽는 택함받은 영아는 성령으로 말미암아 거듭나고 그리스도를 힘입어 구원함을 얻나니"(신앙고백서 10장 3항)라고 기록되어 있어서 영아기에 죽는 택함받지 못한 영아는 멸망당한다는 뜻이 아니냐는 의아심과 장로교는 영아기에 죽는 일부 영아들이 멸망당한다 고 가르친다는 의아심을 불러 일으켰다. 이에 대해 크레익 박사는 "어려서 죽는 택함받은 영아들이란 말은 역사적으로 볼 때 그것이 영아기에 죽는 선택된 영아와 선택되지 못한 영아와의 대조를 의미하는 것이 아니라 오히려 영아기에 죽는 선택된 영아와 생존하여 성장하는 선택된 영아와의 대조를 의미하는 것이 분명하다"고 말했다. 이 신앙고백의 문맥을 오해하는 일이 없게 하려고 북미 합중국 장로교회는 1903년에 아래와 같은 성명을 가결하였다. "신앙고백 제10장 제3항에 있는 것은 영아로 죽는 어떤 아이든 멸망 받는다는 의미로 생각할 것이 아니다. 우리는 어려서 죽는 모든 자들은 선택의 은혜에 포함되며 그리스도로 말미암아 언제 어디서나 그가 기뻐하시는 방법대로 역사하시는 성령을 통해 중생하고 구원얻는 줄로 믿는다"고 말하였다.

이 성명에 대해 크레익 박사는 "이 성명은 영아기에 죽는 아이들 모두의 구원을 적극적으로 진술함으로써 신앙고백 제10 장 제3 항의 가르침을 넘어서고 있다. 그래서 어떤 사람들은 이 성명서가 그처럼 적극적으로 영아기에 죽는 모든 자들의 구원을 가르치는데서 성경의 교훈을 넘어선다고 주장한다. 그러나 하여간 아무도 장로교회는 `영아기에 죽는 택함 받지 못한 자가 있다' 고 가르친다고는 주장하지 못하게 될 것이다. 물론 장로교회에 속한 자들 중에서 개인적으로 영아기에 죽는 택함받지 못한 영아가 있다고 믿는 자는 있었다. 그러나 이것은 장로교의 공식적 교훈이 아니었고 오늘날의 상태에서는 이런 교훈이 도리어 교회의 신조를 위배하는 것이 된다"[48]고 말하였다.

때로는 칼빈이 영아기에 죽는 일부 영아들의 실제적인 멸망을 가르쳤다는 힐난이 있다. 그러나 칼빈의 저서들을 상세히 살펴 연구해 보면 이 힐난이 부당한 것임을 알 수 있다. 그는 분명히 택한 자들 가운데 어려서 죽는 자들이 있는데 그들은 어린 아이로서 구원얻는다고 가르쳤다. 그는 또 유기된 영아들이 있다는 것도 가르쳤다. 그러나 그것은 유기도 선택과 마찬가지로 영원부터 있다는 것과 택함 받지 못한 자는 유기된 자로서 세상에 출생한다고 주장한 것 뿐이지, 어는 곳에서도 유기된 자가 영아기에 죽어 멸망한다고 가르친 적은 없다. 물론 원죄교리를 부인하고 영아기에 죽는 자의 구원을 영아의 무죄와 무흠(innocence and sinlessness)에 근거하려고 하는 펠라기안파의 견해를 칼빈은 단호히 배격했다. 이 점에 관한 칼빈의 견해가 웹 박사(Dr. R. A. Webb)에 의해 철저히 연구 검토되었으니 그 결과는 다음 글 가운데 요약되어 있다.

"칼빈의 교훈에 의하면 모든 유기된 자들은 저들의 불경건과 완악함과 반역하는 그들 자신의 인격적, 의식적인 행동으로 그들의 파멸을 자초한다. 그런데 유기된 영아가 원죄 때문에 유죄하고 정죄아래 있다는 것은 틀림없으나 영아기에는 불경건, 완악, 반역과 같은 그들 스스로의 인격적, 의식적 행동에 의하여 자신의 멸망을 초래하는 일은 할 수 없다. 그러므로 저들은 유기된 자가 파멸을 자초하는 동기인 불경건, 완악, 반역의 행동을 산출하기 위해 도덕적 책임을 질 수 있는 연령까지 성장하지 않으면 안될 것이라는 것이다. 이것을 보면 칼빈은 유기된 영아들이 있고 또 그들은 결과적으로 멸망한다고 가르치긴 하지만 어디에서도 이 유기된 자들이 영아로서 죽는다든지, 영아기에 죽어 멸망된다고 가르치지는 않았다는 것을 알 수 있다. 뿐만 아니라 그는 모든 유기된 자들은 그들 스스로의 불경건, 완악, 반역과 같은 인격적, 의식적 행동으로 말미암아 파멸을 자

---

48) *Christianity Today, Jan. 1931, p. 14.*

초한다고 분명히 말한다. 결과적으로 그는 유기된 아이는 영아기에 죽을 수 없고 필히 도덕적 책임 연령에 이르기까지 생육하여 원죄를 실제적인 죄로 나타내야만 할 것이라고 주장할 수 밖에 없게 되었다."[49]

칼빈은 그의 어떤 저서에서도 직접적으로든 추론의 필연적 결과로든 영아로 죽는 피유기자가 있다고는 가르치지 않았다. 이 점을 반증(反證)하기 위해 반대론자들이 인용하는 대부분의 구절들은 그의 잘 알려진 원죄교리(여기서 그는 전 인류의 보편적 유죄와 부패를 가르쳤음)에 관한 주장들 뿐이다. 더구나 이런 인용구절들은 거의 전부가 그가 다른 교리들을 논한 논쟁적 부분에서 취한 것인데 거기서 칼빈은 어떤 집중적인 교리를 논하기 위해 다른 문제에 대해서는 거의 무방비 상태로 말하고 있는 것이다. 따라서 그 구절을 문맥 관계에서 고찰한다면 그 의미에 대해 전혀 의심할 필요가 없게 될 것이다. 칼빈이 영아에 대해 말한 것은 다윗이 특별히 자신에 대하여 말한 것 – 내가 죄악중에 출생하였음이여 모친이 죄중에 나를 잉태하였나이다(시 51:5) – 과 다를 바가 없으며 바울이 말한 것 – 아담 안에서 모든 사람이 죽은 것 같이(고전 15:22) 모든 사람은 본질상 진노의 자식이었더니(엡 2:3) – 과 다를 바가 없다.

＊　＊　＊

우리는 지금까지 선택교리가 모든 점에 있어서 성경적이라는 것과 상식에 부합된다는 것을 밝히 설명했다고 믿는다. 이 교리를 반대하는 자들은 하나님의 존엄과 성결을 이해하지 못하고 또한 그들 자신의 부패된 성질과 죄성을 깨닫지 못하기 때문에 반대하는 것이다. 그들은 자신들이 창조주 앞에서 당연히 긍휼을 요구할 수 있는 입장이 아니라 오직 형벌을 받아야 마땅한 정죄된 죄인의 입장이라는 것

---

49) *Calvin Memorial Addresses, p. 112.*

을 잊어버린 것이다. 더욱이 그들은 은혜로 말미암는 하나님의 구원 계획을 받아들이기보다 그들 스스로 구원의 대책을 강구하기 위해 하나님께로부터 독립할 것을 심히 바라는 것이다. 그러나 이 선택교리는 결코 행위로 말미암는 구원 계획이나 행위와 은혜, 양자를 통한 구원 계획과는 조화되지 않는 교리로서 오직 은혜로 말미암는 구원 계획의 산물인 것이다.

XII. 선택교리의 요약

1. 선택은 하나님의 주권적 행사로서 그가 하늘나라의 기업을 얻을 자들을 결정하신 것을 뜻한다.
2. 선택은 영원부터 제정된 것이다.
3. 선택의 제정은 타락한 인간을 대상으로 한 것이다.
4. 선택은 죄와 비참한 상태에서 축복과 행복의 상태로 옮겨지는 것이다.
5. 선택은 인간을 개별적으로 취급하여 어떤 사람이 구원얻을 것인지 결정하는 것이다.
6. 선택은 방법과 목적을 다같이 포함한다. 즉 영생으로의 선택은 현세에서의 의로운 삶에 대한 선택까지도 포함한다.
7. 선택의 역사는 언제 어디서나 그의 기뻐하시는 뜻에 따라 일하시는 성령의 역사를 통하여 이루어진다.
8. 하나님의 일반적인 은총이 인간에게 배척되지만 않는다면 모든 사람은 선(善)으로 기울 것이다.
9. 선택 교리는 선택받지 못한 자들, 즉 죄값으로 당연히 벌을 받아야 할 자들은 벌을 받도록 유기된다는 것을 포함한다.
10. 어떤 자들은 자의로 악을 행하도록 저들에게 허락하신다.
11. 통치권을 갖고 계신 하나님께서는 그가 원하시기만 한다면 모든 인류를 중생시키실 수 있다.

12. 온 땅의 심판주되시는 이는 은혜를 받을 가치가 없는 자들에게 은혜를 주시어 저들을 구하시며 그 구원의 은혜를 확장하실 것이다.

13. 선택은 예지된 신앙이나 행위에 근거한 것이 아니고 하나님의 주권과 그의 기쁘신 뜻에 의한 것이다.

14. 인류의 대다수가 영생을 얻기로 선택되었다.

15. 영아기에 죽는 자들은 모두 피택자들 속에 포함된다.

16. 구원과 관계가 없는 외부적, 현세적 특권과 복리를 얻게 하려고 개인이나 국가를 선택하시는 일도 있다.

17. 선택교리는 성경 여러 곳에 기록 강조되어 있다.

제12장
제한 속죄
(Limited Atonement)

I. 본 교리의 서술

우리가 "제한 속죄"라는 제목 아래 논하려는 골자는 그리스도께서 전인류를 위해 즉 어떤 차별이나 제외(除外)없이 모든 인간을 위해 자신을 희생으로 바치셨는가 아니면 피택자만을 위해 자신을 바치셨는가 하는 점이다. 다시 말하면 그리스도의 희생의 목적은 전인류를 다 구원하시기 위함인가 아니면 하나님께서 그리스도에게 주신 사람들만 구원하시기 위함인가 하는 점이다. 알미니안주의자들은 "그리스도는 전인류를 위해 죽으셨다" 고 말한다. 반면에 칼빈주의자들은 "그리스도는 하나님의 은밀하신 목적과 계획 아래 피택자만을 위해 죽으셨는데 피택자 이외의 사람에 대해서는 그들이 일반은총에 참여하는 자라는 범위 안에서 부수적인 관계를 가질 뿐이다"라고 주장한다. 여기서 "제한 속죄"라는 용어보다 "제한 구속"이라는 용어를 사용하면 그 뜻이 훨씬 더 명료해질 것이다. 물론 그리스도의 속죄는 무한한 가치를 지니고 있다. 그러나 그 효력의 적용으로 실제 구원받는 자는 유한하다는 것이다. 그러나 "제한 속죄"라는 말이 그 동안 신학적 용어로 인정되어 왔고 그 뜻이 널리 알려져있으므로 본서에서도 계속 "제한 속죄"라는 용어로 쓰고자 한다. 이 교리에 대하여 웨스트민스터 신앙고백서는 이렇게 말하고 있다. "그러므로 피택자는 아담으로 말미암아 죄에 빠졌더니 그리스도로 말미암아 구속되었느니라. 또한 합당한 때에 성령의 사역으로 말미암아 저희가 부르심을 받아 그리스도를 믿고 의롭다하심을 얻으며 양자(養子)가 되고 성결함을 입으며 하나님의 권능을 힘입어 믿음으로 말미암아 구원에 이르게 하셨느니라. 택함받은 백성 외에는 그리스도로 말미암아 구속함을 받으며 효력있는 부르심을 입고 의롭다 하심을 얻으며 양자가 되어 성결함을 받아 구원될 자가 한 사람도 없느니라"[50]고 하였다.

　제한 속죄 교리는 선택교리의 결과로서 당연히 나올 수밖에 없음을 바로 알 수 있다. 왜냐하면 하나님께서 인류의 일부는 구원하고 나머지는 구원하지 않기로 예정하신 것이 사실이라면 그리스도의 구속 사역이 전인류에게 똑같은 효력을 미친다거나 또는 그리스도가 피택자를 위함과 같이 택함받지 못한 자들을 위해서도 죽을 것으로 보내심을 입었다고 말하는 것은 아주 모순된 말이기 때문이다. 선택교리와 제한 속죄 교리는 상호 연관된 것으로서 하나가 서면 다른 하나도 설 것이요 하나가 넘어지면 다른 하나도 넘어질 것이다. 논리적으로 볼 때 이 중 어느 한 교리는 용납하면서 다른 한 교리를 부인할 수는 없는 것이다. 만일 하나님께서 어떤 자들은 영생을 주시기로 선택하시고 다른 사람들은 선택하지 않으셨다면 그리스도의 사역의 주요 목적은 분명히 선택된 자들을 구속하기 위함일 것이다.

---

50) Ch. III, See. 6

II. 그리스도의 속죄의 무한한 가치

그러나 이 교리는 그리스도가 성취하신 속죄의 가치와 능력에 어떤 제한이 있다는 뜻은 결코 아니다. 속죄의 가치는 그것을 행한 인격의 존엄성에 기인하는 것이며 또한 그것으로 측정되는 것이다. 신인(神人)으로서 겪으신 그리스도의 수고의 가치는 무한한 것이다. 성경 기자는 우리에게 "영광의 주"를 십자가에 못박았느니라(고전 2:8), 악인들이 "생명의 주를 죽였도다"(행 3:15), 하나님께서 "그의 피로" 교회를 "사셨다"(행 20:28)고 말한다. 그러므로 속죄의 가치는 만일 전인류를 구원하는 것이 하나님의 뜻이었다면 전인류를 구원할 수도 있을 만큼 무한한 것이다. 다만 그것이 특수한 사람들을 위해 의도되었고 적용된다는 의미 즉 실제로 구원얻을 사람들에게만 적용된다는 의미에서 제한되는 것이다.

그런데 칼빈주의자들은 인간을 위한 그리스도의 수고는 제한된 것이므로 보다 더 많은 자들이 구원을 얻으려면 그리스도가 더 많은 수고를 하셔야 될 것이라고 가르친다는 잘못된 추측 때문에 때로는 약간의 오해가 발생한다. 그러나 사실 칼빈주의자들은 설사 아주 적은 수의 사람들이 죄사함을 받고 구원얻는다 할지라도 그들이 구원의 축복을 받기 위해서는 무한한 가치를 지닌 그리스도의 속죄가 필요하며 이와 반대로 아주 많은 수의 사람들 아니, 전인류가 구원얻는다 할지라도 그리스도의 희생은 그들의 구원의 근거로써 완전하고 충분하다고 믿는다. 가령 땅에 한 포기의 식물만 자라는 경우라도 태양은 온 땅에 식물이 차 있는 경우와 마찬가지로 풍부한 열을 보내주어야 한다. 이처럼 오직 한 사람의 영혼만 구원한다 할지라도 그리스도는 많은 영혼 아니 모든 영혼을 구원하는 것과 똑같은 수고를 하셔야만 하는 것이다. 본래 죄인은 무한의 존엄하신 인격에 대해 범죄하고 영원히 고통을 받도록 선고(宣告)된 자들이기 때문에 무한한 가치를 지닌 희생만이 그들을 대속할 수 있는 것이다. 아무도 아담의 죄는 인류 정죄(定罪)의 근거인데 그의 죄는 제한적이니까 죄인의 수가 좀더 많았다면 아담도 좀더 많은 죄를 범해야 했을 것이라고 추정하지는 않는다. 그런데 어째서 그리스도의 수난에 대해서는 이런 추측(즉 定量的 수난설)을 한단 말인가?

Ⅲ. 목적과 적용에 있어서 제한받는 속죄

속죄의 가치는 전 인류를 구원하기에 족하나 피택자만을 유효적(有效的)으로 구원한다. 속죄는 어느 누구의 구원에나 차별없이 균등하게 적합하여 객관적으로는 모든 사람의 구원을 가능하게 한다. 그러나 하나님께 속한 일을 보거나 인지(認知)하는데 대한 죄인 자신의 무능력에서 오는 주관적 곤란 때문에 성령으로 말미암아 중생, 성화된 자들만 구원얻게 되는 것이다. 하나님께서 이 은혜를 전인류에게 적용치 않으신 이유에 대해서는 충분히 계시되어 있지 않다.

구속의 보편성을 강조하는 것은 구속의 고유한 가치를 무시하는 처사이다. 만일 그리스도의 구속사역이 전인류의 구원을 목표로 한다면 구속 계획에 들어있는 자들 중에는 멸망할 자들도 들어 있으므로 결국 그리스도의 속죄가 객관적으로는 전인류의 구원을 가능케 하지만 실제적으로는 한 사람도 구원치 못한다는 결론이 되고 만다. 알미니안파의 이론에 의하면 속죄는 전인류로 하여금 그들이 원하기만 하면 하나님의 은혜와 협력함으로써 자력구원할 수 있도록 만들어주는 것 외에 아무것도 아니다. 그러면 속죄함을 받고도 불 신앙으로 멸망되어 간다는 말인가. 그것은 마치 병고침을 받고도 암(癌)으로 죽어간다는 말처럼 그 말 자체가 모순이다. 구원의 성질이 그 한계를 결정한다. 그것이 구원의 가능성만을 의미한다면 그것은 전인류에게 적용된다고 할 수 있으나 만일 그것이 유효적(有效的)인 구원을 보증하는 것이라면 그것은 오직 선택된 자들에게만 해당된다고 할 수 있다. 워필드 박사의 말과 같이 "우리가 선결(選決)하지 않으면 안될 것은 높은 가치를 지닌 속죄인가 아니면 넓은 범위를 지닌 속죄인가 하는 점이다. 이 양자는 결코 병립(竝立)될 수 없다". 그리스도의 구속사역을 보편화하게 되면 결국 그 효력을 약화시키는 것이 되고 만다.

알미니안파도 칼빈주의자와 같이 그리스도의 속죄를 분명히 제한한다. 다만 제한의 내용이 서로 다를 뿐이다. 칼빈주의자는 속죄의 범위를 제한하여 그리스도의 속죄는 모든 사람에게 적용되지 않는다고 말한다(상술한 바와 같이 비록 인류의 대부분이 이 구속에 참여할 것을 믿는다 할지라도). 반면에 알미니안파는 속죄의 능력을 제한하여 그리스도의 속죄 그것만으로는 실제로 아무도 구원하지 못한다고 말한다. 다시 말하면 칼빈주의자는 그리스도의 속죄를 양적(量的)으로는 제한하나 질적(質的)으로는 제한하지 않는 반면 알미니안파는 그것을 질적으로 제한하고 양적으로는 제한하지 않는다. 이것을 한 마디로 비유한다면 칼빈주의자에게 있어서는 그리스도의 속죄가 좁기는 하지만 강(江)이 끝에서 저 끝까지 다 건널 수 있는 다리와 같고 알미니안파에게 있어서는 그리스도의 속죄가 넓기는 하나 강의 중간까지 밖에 건널 수 없는 다리와 같다. 이것을 볼 때 사실 알미니안파가 그리스도의 사역에 대해 칼빈주의자들보다 훨씬 더 가혹한 제한을 가하고 있다는 것을 알 수 있다.

Ⅳ. 그리스도의 사역은 율법의 완성이다.

만일 속죄의 혜택이 보편적이며 무제한적이라고 한다면 알미니안파의 말과 같이 인간이 아담의 범죄로 말미암아 받게 된 저주를 말소하는 희생이될 뿐 율법의 요구를 완전히 만족시키지는 못할 것이다. 이것은 하나님께서 이제는 아담에게 요구하셨던 것과 같은 완전한 순종을 요구하시지 않고 보다 가벼운 조건하에서 구원을 주시기로 했다는 의미가 된다. 다시 말하면 이것은 하나님께서 인간에게 율법의 요구를 가볍게 해주셨으니 신자가 은혜로 회복된 그의 능력을 가지고 행할 수 있는 정도의 순종을 하나님이 기뻐 받으신다는 말이다. 비유로 말하자면 병약한 죄인들이 율법을 완수할 수 없으니까 어느 정도 할인하여 1달라 받을 것을 50센트만 받기로 결정, 하나님께서 자력구원 얻을 수 있는 보다 쉬운 길을 열어주셨다는 말이 된다.

반면에 칼빈주의자는 하나님께서 최초의 아담에게 명하신 완전한 순종의 율법은 영원불변한 것으로서 하나님은 율법의 요구가 너무 엄하다거나 혹은 그 형벌이 너무 가혹하다거나 혹은 율법을 폐하거나 경감(輕減)시킬 필요가 있다는 인상을 줄 수 있는 어떠한 일도 결코 하지 않으셨다고 주장한다. 하나님의 공의는 죄인들 자신이나 그들을 대신하는 어떤 자가 벌을 받지 않으면 안될 것을 요구하신다. 고로 우리는 그리스도께서 그의 백성을 위하여 엄격하게 대신 행하심으로서 그들의 죄를 완전히 대속해 주시고 아담으로 말미암은 모든 저주와 그들의 현재의 죄를 도말하셨으며 죄없으신 그의 생애로서 아담이 파괴한 율법을 그의 백성들을 위하여 준수(遵守)하심으로서 그들을 위하여 영원한 생명이라는 대가를 획득하셨다고 주장하는 것이다. 우리는 구원을 위한 필요 조건은 영원히 "완전 순종"이라는 것, 그리스도의 공로만이 우리의 구원의 유일한 근거라는 것, 우리는 오직 그리스도의 완전한 의(義)의 옷을 입음으로써만 천국에 들어가는 것이지 우리의 것이라고 말할만한 공로는 하나도 없다는 것을 믿는다. 이러한 은혜 즉 순수 은혜는 구원을 얻는데 필요한 율법 완수의 조건을 경감시켜준다는 의미가 아니고 그리스도께서 그의 백성을 대신하여 이 율법의 요구를 완전히 만족시키셨다는 의미이다. 그리스도께서 우리를 대신하여 율법앞에 서시고 우리 자신이 할 수 없는 것을 대신 행하시어 구원을 얻게 해주신 것이다. 이 칼빈주의적 원리는 우리에게 최초의 아담에게 주어졌던 율법의 절대적 완전과 불변적 의무에 대해 깊은 인상을 준다. 이 율법은 지금까지 조금도 경멸되거나 폐지되지 않고 그냥 그대로 존경을 받고 있다는 점에서 그 탁월성을 나타내고 있는 것이다. 구원얻을 자에게나 영벌을 받을 자에게나 율법은 강제되고 수행되는 것이다.

만일 알미니안파의 이론이 옳다면 그리스도가 위하여 죽으신 많은 사람들이 필경은 멸망할 것이요 따라서 그리스도가 위하여 구원을 받게 해주신 많은 사람들에게 구원이 결코 적용되지 않는다고 말할 수 밖에 없을 것이다. 예를 들면 인류의 대부분이 하나님에 관한 구극적(救極的) 지식이 없이 죽는 사실을 볼 때 그리스도의 사역이 어떻게 효과가 있었다고 말할 수 있겠는가? 이것은 결국 하늘의 군대는 그의 뜻대로 하실 수 있는 하나님께서 그의 피조물인 인간들에 의해서는 그의 계획을 여러 번 방해받으시고 좌절하심으로써 그 하고자 하시는 바를 땅위에 있는 인간들에게는 행치 못하신다는 말이 된다. 그러나 칼빈주의자는 그리스도께서 위하여 죽으신 자, 하나님께서 구원하시려고 의도하신 자는 반드시 실제로 구원된다고 믿는다. 그렇다. 만일 그리스도의 사역의 태반이 필경에는 실수로 돌아가고 만다면 그리스도께서 누리신 만족은 얼마나 비참한 만족이겠는가.

찰스 핫지 박사는 "아담의 죄는 단순히 모든 인간에 대한 유죄 선고를 가능케 한 것이 아니라 모든 인간의 실제적 유죄의 근거가 된다. 따라서 그리스도의 의는 단순히 모든 사람의 구원을 가능케만 하는 것이 아니고 그가 위하여 죽으신 자들의 실제적 구원을 확실케 하신 것이다" 라고 말하였다.

속죄의 성질에 대한 알미니안파의 견해는 결국 선택된 자들이 모두 그리스도의 은혜를 거절할 수 있는 그들의 권리를 행사한다면 그들을 구원하시려고 겪으신 그리스도의 모든 고난은 단 한 사람도 구원치 못할 수도 있으며, 그리스도께서 위하여 죽으신 이들이 영원히 멸망당할 수도 있으며, 그들을 위하여 준비된 천국의 유업을 받을 수도 없으며, 하나님 자신은 그의 구속사역에 있어서 완전히 실패하실 수도 있다는 말이다.

위대한 침례교 설교가 찰스 H. 스펄젼도 다음과 같이 말했다. "만일 그리스도께서 당신을 위해 죽으셨다면 당신은 결코 지옥에 떨어질 수 없다. 하나님은 하나의 일에 대하여 두번 벌하지 않는다. 만일 하나님께서 당신의 죄를 대신하여 그리스도를 벌하신 것이라면 다시 당신을 벌하지 않을 것이다. 하나님의 공의는 대가를 두번 즉 처음엔 구세주의 손의 피흘림에 대하여, 다음엔 또 나에게 요구하시지 않는다. 만일 하나님께서 그리스도로 대속물로서 벌하시고는 다시 인간들을 벌하신다면 어째 공의로울 수 있으리요?"

V. 속전(贖錢)

그리스도는 그의 백성을 위해 속전이 되셨다. "인자가 온 것은 섬김을 받으려 함이 아니라 도리어 섬기려 하고 자기 목숨을 많은 사람의 대속물로 주려 함이니라"(마 20:28). 여기서 "많은 사람을 위해"라고 했지 "모든 사람을 위해" 라고 하지 않은 것에 주의해야 한다. 속전의 성질은 다음과 같다. 즉 속전은 그것이 지불되고 승인되었을 때, 위하여 지불된 자들을 필연적으로 자유롭게 해준다는 것이다. 만일 그렇지 않다면 그것은 진정한 속전이 아니다. 공의상(公義上)이 속전이 누구를 위해 지불되었든지 그에 대한 일체의 부담을 말소시켜줄 수 밖에 없다. 그리스도의 수난이 피택자들만이 아닌 전인류를 위한 것이라면 그 공로는 전인류에게 적용되어 아무도 영벌을 받지 말아야 할 것이다. 만일 하나님께서 모든 사람이 그리스도의 대속을 입었지만 그들에게 아직도 벌할 것이 남아있다고 여기신다면, 즉 대속자와 피대속자에게 이중형벌을 요구하신다면 그것은 불공평한 처사일 것이다. 그렇다면 그리스도의 속죄는 전인류에게 해당되는 것이 아니라 그가 위하여 보증을 서신 자들 곧 참 그리스도의 교회를 구성하는 자들에게만 해당된다고 결론지을 수 있다.

Ⅵ. 그리스도의 희생에 대한 하나님의 목적

만일 그리스도의 죽음이 전인류를 구원할 의도였다면 사람들 중에 멸망하는 자들이 많이 있음은 어찜인가? 그것은 하나님이 자신의 계획을 성취하신 능력이 모자라시든지 혹은 그 계획대로 실행하실 것을 원치 않으심이든지 둘 중에 하나일 것이다. 그러나 하나님의 일은 항상 끝까지 이루어지고야 말기 때문에 그리스도께서 누구를 위하여 죽으셨든지 그들은 결국 구원을 얻고야 말 것이다. 알미니안파는 하나님의 목적은 가변적(可變的)이며 실패할 수도 있다고 추정한다. 하나님께서 처음에는 전인류를 구원하시려고 독생자를 보내기로 작정하셨으나 후에 그 계획이 성취되지 못할 것을 아시고, 믿고 회개할 것이라고 예견된 자만을 선택하셨다고 말하는 것은 하나님은 일어날 수 없는 일을 의도하시며 또한 하나님의 목적과 계획은 전적으로 그에게 의존하는 존재인 피조자의 결의와 행동에 따라 변경될 수도 있다는 뜻이 된다. 그러나 생각해 보라. 계획을 수행할 지혜와 능력을 가진 이성적 존재인 인간도 결코 달성하지 못할 일을 의도하거나 도달할 수 없는 목적에 대한 계획을 채택하는 일은 하지 않는다. 하물며 지혜와 능력이 무한하신 하나님께서 그와 같은 일을 하실 리가 있겠는가? 고로 우리가 확실히 알 수 있는 것은 멸망받을 자들에 대해서는 하나님께서 저들의 구원을 목적하시지도 않으시며 성취하시려고 수단을 강구하시지도 않으신다는 것이다.

예수께서 "내가 내 양을 위하여 목숨을 버리노라"고 말씀하셨을 때 예수님 자신이 그의 죽음의 목적을 제한하심으로써 그의 사역의 속죄적 성질이 결코 보편적인 것이 아님을 보여 주셨다. 어떤 때는 바리새인들을 향하여 "너희는 내 양이 아니라", "너희는 너희 아비 마귀에게서 났느니라"고 말씀하셨다. 예수께서 이처럼 분명히 그들을 제외시킨 사실을 보면서 어떻게 그리스도는 그들을 위해서도 목숨을 버리셨다고 주장할 수 있단 말인가? 요셉에게 나타난 천사는 장차 마리아에게서 탄생하실 아이는 세상에서 "자기 백성을" 죄악중에서 구원할 의무를 수행하실 분이라고 하면서 그 이름을 "예수"라 하라고 선언함으로써 그의 속죄 사역이 그의 백성만을 위한 것임을 보여주었다. 그가 세상에 오신 것은 단순히 구원을 가능케 하시기 위함이 아니고 실제로 그의 백성을 완전히 구원하시기 위함이다. 우리는 예수께서 그가 행하기 위해 오신 이 일(구속 사역)을 반드시 완성하시리라는 것을 확신한다.

하나님의 사업은 결코 헛수고로 끝나지 않는다. 그러므로 성부께서 택한 자들이 성자로 말미암아 구속되고 또한 성령으로 말미암아 성화되니 선택, 구속, 성화는 언제나 동일한 사람들을 상대로 한다. 즉 선택에 들지 않았던 사람이 구속에 새로 뛰어들거나, 선택되었던 사람이 구속에서 빠지는 일은 없는 법이다. 그런데 알미니안의 보편적 속죄교리는 이상의 세 가지 과정을 동일인에게 적용하지 않음으로써 하나님의 삼위일체내에 있는 완전한 조화를 파괴해버린다. 보편적 구속은 보편적 구원을 의미하는 것으로서 저들의 주장대로 만일 그리스도가 전 인류를 위해 죽으셨다면 전인류가 반드시 구속되어야 할터인데 사실은 그렇지 않다.

그리스도는 그의 중보기도에서 선택된 자들과 구속된 자들은 동일인임을 선언하셨다. 즉 "너희는 아버지의 것이었는데 내게 주셨으며" "내가 저희를 위하여 비옵나니 내가 비옵는 것은 세상을 위함이 아니요 내게 주신 자들을 위함이니이다. 저희는 아버지의 것이로소이다. 내것은 다 아버지의 것이요 아버지의 것은 내 것이 온데 내가 저희로 말미암아 영광을 받았나이다"(요 17:6, 9, 10)라고 말씀하셨다. 그리고 또 "나는 선한 목자라 내가 내 양을 알고 양도 나를 아는 것이 아버지께서 나를 아시고 내가 아버지를 아는 것 같으니 나는 양을 위하여 목숨을 버리노라"(요 10:14-15)고 하셨으며 이와 같은 교리는 "하나님이 자기 피로 사신 교회를 치게 하셨느니라"(행 20:28). "그리스도께서 너희를 사랑하신 것 같이 너희도 사랑 가운데서 행하라 그는 우리를 위하여 자신을 버리사"(엡 5:25)등의 구절과 그리스도께서 자기의 친구들을 위하여 목숨을 버리셨다고 기록한 요한복음 15장 13절에서도 발견할 수 있다. 그리스도는 바울이나 요한과 같은 그의 양들을 위해 죽으셨지 바로나 유다와 같은 염소들을 위해 죽으신 것이 아니다.

더욱이 그리스도께서 자기 교회를 위하여 또한 자기 백성을 위하여 죽으셨다면 그가 유기된 자들을 위하여 죽으셨다고 믿는다는 것은 불가능한 일이다. 인류는 두 부류로 나누어지며 그 중 어느 한쪽에 분명히 긍정되는 것이 다른 쪽에 대해서는 부정된다는 것을 성경은 암시하고 있다. 이쪽에 속한 자에게 해당되는 말이 저쪽에 속한 자에게는 해당되지 않는 것이다. 만일 어떤 사람이 자기 자녀들을 위해 수고하며 자기의 건강과 힘을 희생한다하자 그의 수고의 동기가 사회봉사에 있다거나 박애정신에 기인한 것이다라고 말할 수 있겠는가? 따라서 그리스도께서 자기 백성을 위해 죽으신 것이 사실이라면 그것은 그리스도가 모든 인간을 위해 죽으셨다는 것은 부정하는 것이 된다.

VII. 비피택자의 제외

하나님이 이 세상에 독생자를 보내사 고난당하게 하시고 죽게 하신 그 사랑은 모든 인간을 동등하게 그 대상으로 하는 보편적이며 무차별적인 사랑이 아니라 그의 택자들만을 위한 특별하고 신비한 절대적인 사랑이다. 이처럼 위대하고 귀중한 진리를 부인하고 하나님의 사랑을 모든 사람(그 중에 수많은 자가 멸망하는데)을 대상으로 하는 무차별적인 자비나 박애(博愛)로 설명하는 이론은 모두 비성경적인 이론이다. 그리스도는 무질서하게 모든 대중을 위해 죽으신 것이 아니라 그의 백성, 그의 신부, 그의 교회를 위해 죽으신 것이다.

농부는 자기 밭을 소중히 여긴다. 그러나 그가 자기 밭에서 자라는 가라지까지 귀중히 여겨 가꿀 것이라고 생각하는 사람은 아무도 없을 것이다. 이와 같이 이 세상은 하나님의 밭인데(마 13:38) 하나님이 이 세상을 사랑하시는 것은 좋은 씨앗인 천국의 자녀들을 위하심이지 결코 악마의 자식을 위하심이 아니다. 하나님에게 똑같이 사랑을 받고 그리스도에게 차별없이 구속되는 자는 모든 사람이 아니고 택함받은 모든 사람이다. 하나님은 구원의 은혜를 주시되 태양이 그 빛과 열을 누구에게나 차별없이 비추듯이, 나무가 누구에게나 그늘을 만들어 주듯이 그렇게 주시지는 않는다. 하나님은 의지에 의해서가 아니라 필연에 의해 빛을 비추는 태양처럼 그의 사랑을 전달하시지는 않는다. 하나님은 지적(知的) 행동자이시며 그가 사랑할 대상들을 택할 수 있는 전권적(全權的) 권리를 갖고 계신 분이다.

창세기에 보면 하나님은 벌써 여인의 후손과 뱀의 후손 사이를 서로 원수되게 하셨다고 하였다. 그러면 이 여인의 후손과 뱀의 후손은 누구를 의미하는 것일까? 언뜻 보면 여인의 후손은 하와에게서 나서 퍼진 전인류를 의미하는 것처럼 보인다. 그러나 바울은 "여럿을 가리켜 그 자손들이라 하지 아니하시고 오직 하나를 가리켜 네 자손이라 하셨으니 곧 그리스도라"(갈 3:16)고 함으로써 이 후손을 곧 그리스도 한 분만을 가리킨다고 보았다. 좀더 깊이 연구해보면 마귀의 자손이란 말도 역시 여자적(如字的)으로 해석할 것이 아니라 영적인 의미에 있어서 택함받지 못한 자들을 가리켜 말한 것임이 분명하다. 예수님은 그의 원수들에게 "너희는 너희 아비 마귀에게서 났으니 너희 아비의 욕심을 너희도 행하고자 하느니라"(요 8:44)고 말씀하셨고, 바울은 마술사 엘루마(Elymas)에게 마귀의 자식이요 공의의 원수라고 말하였으며, 가룟 유다는 마귀의 자식이라는 칭호를 받았다(요 6:70). 그러므로 여인의 후손과 뱀의 후손이란 인류의 두 부류를 지칭하는 것으로 전자는 택함받은 자들을 후자는 택함받지 못한 자들을 가리키는 것이다. 성경의 다른 곳에서는 그리스도와 그의 백성을 "하나"로 표현하였으니 그리스도와 그의 백성과의 관계는 마치 포도나무와 그 가지가 연합되어 있는 것처럼 서로 연합되어 있다고 하였다. 하나님께서 인류 역사의 시작에서부터 두 부류로 나누시고 서로 원수되게 하셨으니 하나님은 인류 전체를 똑같이 사랑하시거나 똑같이 구원하실 의도가 전혀 없으셨다는 것이 분명하다. 왜냐하면 보편적 구속과 뱀에 대한 선고는 서로 양립(兩立)할 수 없기 때문이다.

이스라엘의 대제사장은 우리의 대제사장이신 그리스도의 모형인데 여기에 신령한 뜻이 담겨 있다. 대속죄일에 대제사장은 이스라엘의 12지파를 위하여 희생제물을 바쳤다. 그는 12지파만을 위해 기도하였다. 그와 같이 그리스도도 세상을 위하여 기도하신 것이 아니요 오직 그의 백성만을 위하여 기도하신 것이다. 대제사장의 기도는 이스라엘 민족에 대한 축복만을 확증해준 것으로서 다른 모든 민족은 그 축복에서 제외되었다. 아버지는 항상 아들의 기도를 들으시므로 그리스도의 기도는 확실히 유효할 것이다. 그러나 그것은 그의 백성에 한(限)해서만 그런 것이다.

하나님의 은혜가 무한하다고 해서 모든 사람이 예외없이 구원얻는다는 것은 아니다. 성경은 분명히 악마와 타락한 천사가 하나님의 목적 밖에 있음을 보여주고 있다. 그러므로 하나님의 자비는 무수한 택자들을 이루 형언할 수 없는 영원한 죄와 비참으로부터 영복 가운데로 인도하신다는 의미에서 무한하다는 것이다.

한편 알미니안파는 그리스도께서는 모든 사람을 위하여 균등하게 죽으셨으며, 인간편에서 이 은혜에 대한 협력을 거절하지 않는 한 모든 사람들로 하여금 회개하게 하고, 믿게 하고, 신앙을 끝까지 지키게 할 수 있는 은혜를 획득하셨다고 주장한다. 그러나 이 은혜와 협동하기를 거절하는 자는 그 거절 때문에 영원한 형벌을 받되 그를 위한 그리스도의 죽음이 없었을 경우보다 더 가혹한 형벌을 받게 될 것이라고 그들은 주장한다. 그런데 인류 역사를 보면 대부분의 성인(成人)은 이 은혜에 협동하지 못했으므로 그리스도께서 오시지 않았을 경우에 받게 될 형벌보다 더 가혹한 벌을 자초한 셈이 된 것이다. 이와 같이 하나님의 구속 사역을 전적으로 실패로 돌리고 그리스도

의 속죄와 영광을 말살시키려는 알미니안파의 견해가 참일리는 없
다. 우리는 알미니안파의 조건적 선택과 무제한 속죄 교리에서 보다
칼빈주의의 무조건적 선택과 제한 속죄 교리에서 그의 백성에 대한
하나님의 더 크신 사랑과 자비를 발견하게 된다.

VIII. 하나님의 예지론으로 논증

이 제한 속죄 교리를 증명하는 데는 하나님의 예지론 하나만으로
도 충분하다. 하나님의 마음은 무한하시며 그의 지혜는 완전하시지
않은가? 사람은 공중에 나는 새 하나 하나를 알지 못하고 그저 사격
하지만 하나님은 그 하나 하나에 대해 완전히 아신다. 하나님은 구
원얻을 자가 누구인지를 예지하시기 때문에(이 사실은 복음적 알미
니안들도 시인한다) 멸망할 자가 누구인지도 예지하신다. 그렇다면
하나님이 그 멸망이 예견된 자들의 구원을 위해서 그리스도를 보내
셨다고 말할 수 없다는 것은 분명하다. 왜냐하면 칼빈의 말처럼 "결
코 돌아오지 않을 것임을 분명히 알고 있는 자를 초대한다는 것은
자가당착"이기 때문이다. 가령 어떤 사람이 옆방에 10개의 오렌지가
있는데 그중 7개는 품질이 좋고 3개는 썩었다는 것을 알고 있다고
하자. 그는 결코 10개의 품질 좋은 오렌지를 얻으리라고 기대하면서
그 방에 들어가지는 않을 것이다. 또 50명에게 파티 초대장을 보낸
다고 하자. 그중 10명의 불참이 확실히 예지되어 있다면 주인은 그
10명이 나머지 40명과 같이 초대에 응하리라고 기대하면서 초대장
을 보내지는 않을 것이다. 따라서 하나님의 예지를 인정하면서 그리
스도가 모든 인간을 위해 죽으셨다고 주장하는 자는 하나님을 어리
석은 자로 만들뿐 아니라 스스로를 속이는 자이다.

IX. 인류 전반에 미치는 은총

　결론적으로 칼빈주의자는 그리스도의 속죄로 인한 중요한 혜택을 인류 전체가 받은 것을 부인하지는 않는다는 것을 말해두고자 한다. 아담의 죄로 말미암아 전인류가 받을 뻔한 형벌이 그리스도의 속죄로 말미암아 저지되었다는 사실을 칼빈주의자들은 인정한다. 즉 그것이 복음선포를 위한 근거를 형성해주며 이로 말미암아 이 세상에서의 도덕이 많이 증진되고 악의 영향력이 저지된다는 사실을 인정한다. 바울은 루스드라 사람들에게 "그러나 자기를 증거하지 아니하신 것이 아니니 곧 너희에게 하늘로서 비를 내리시며 결실기를 주시는 선한 일을 하사 음식과 기쁨으로 너희 마음에 만족케 하셨느니라"(행 14:17)고 말하였다. 하나님은 해를 선인과 악인에게 아무 차별없이 비추어주시고, 비를 의인과 불의한 자에게 똑같이 내려주신다. 비록 이와 같은 물질적 은혜가 그들의 확실한 구원을 보증하기에는 미흡하다 할지라도 하나님께서 이 은혜는 모든 인간에게 똑같이 주신다.

　컨닝햄(Cunningham)은 칼빈주의자들의 신념을 아주 명확하게 다음과 같이 말하였다. "특정적 구속이나 제한속죄를 주장하는 자는 전인류가 그리스도의 죽음으로 말미암아 어떤 은혜를 받는다는 것을 부인하지 않는다. 그들은 그리스도의 속죄적 죽음으로 말미암은 중요한 은택(恩澤)이 전인류, 심지어 끝까지 회개하지 않고 믿지 않는 자들에게까지도 미친다는 것을 믿는다. 그들이 부인하는 것은 그리스도가 그의 속죄의 죽음으로 말미암은 특유한 결실인 축복을 전인류에게 미치게 하신다는 것 즉 그리스도의 속죄와 화해를 전인류에게 미치게 하신다는 것이다. 물론 그리스도의 속죄의 죽음으로 많은 축복이 전인류에게 널리 미치게 되었다. 그러나 그것은 어디까지나 종속적이며 부대적인 것이다. 물론 그것은 하나님이 그리스도를 세상에 보내시기로 작정하셨을 때 벌써 그에게 예견된 것이었고 전인류가 그 축복을 받아 누리는 것도 그의 계획중에 있었다. 그러므로 이 축복은 하나님께서 주신 것으로 그의 영광을 드러내고 그의 성품을 나타내며 실제적으로 그의 목적을 이루시는 것으로 간주하고 받아야만 할 것이다. 또한 이 축복은 그리스도의 중보 즉 그의 수난과 죽음으로 말미암아 인류에게 내려진 축복임을 알아야 할 것이다."[51]

  그리스도가 전인류를 위하여 죽으셨다고 말하는데는 확실히 일리가 있다. 그래서 우리는 알미니안파의 견해를 전적으로 부인하려 하지는 않는다. 그러나 그리스도의 죽음이 그 속죄적 성질에 있어서 전인류를 위한 것이었다고 말하는 알미니안파의 견해는 단연 배격한다. 그리스도의 죽음은 택자들에게는 그들의 구원에 효력을 미치는 특별관계를 갖지만 나머지 사람들에게 미치는 그리스도의 죽음의 효과는 그 큰 목적(택자의 구원)을 이루기 위한 부수적인 것에 지나지 않는 것이다. 결국 그리스도께서 전인류를 위해 죽으신 것이 아니라는 말은 구속 문제에 한해서만 그렇다는 말이다.

---

51) *Historical Theology*, II, p. 333.

제13장
유효적 은혜
(Efficacious Grace)

Ⅰ. 웨스트민스터 신앙고백의 교리

웨스트민스터 신앙고백서는 유효적 은혜 교리에 대하여 다음과 같이 말한다. "무릇 영생에 이르도록 예정된 자는 하나님이 기뻐 용납하시기로 작정하시는 때에 말씀과 성령으로 저희를 확실히 부르사 저희의 본질상 속해 있는 죄와 죽음에서부터 나오게 하시어 그리스도로 말미암는 은혜와 구원에 이르게 하신다. 또한 저희의 마음을 밝히사 하나님의 도(道)를 깨달아 저희의 완악한 마음을 버리고 유순한 마음을 얻게 하시며 저희의 뜻을 새롭게 하시고 하나님의 전능하신 능력으로 저희를 세워 모든 선한 일을 행하게 하시며 그리스도에게 유효하게 나아가게 하신다. 그러나 이것은 강요에 의해서가 아니고 하나님의 은혜로 말미암아 기꺼운 마음으로 자유롭게 나아가는 것이다. 이 유효한 부르심은 인간 안에 예지된 어떠한 것으로부터 온 것이 아니라 하나님의 값없으신 특별한 은혜로 말미암아 된 것이니 반드시 성령을 힘입어 새롭게 된 후에라야 이 부르심에 응하게 되고 그 가운데서 주시마고 하신 은혜를 받게 되는 것이다."[52]

소요리문답서는 유효적 부르심이란 무엇인가? 라는 질문에 대해 다음과 같이 답하고 있다. "유효적 부르심이란 하나님께서 하시는 일로써 그 일로 인하여 우리의 죄와 비참을 깨닫게 하시며 우리의 마음을 밝히사 그리스도를 알게 하시며 우리의 의지를 새롭게 하심으로 우리를 권하사 복음 안에서 값없이 주시는 예수 그리스도를 능히 받게 하시는 것이다."[53]

II. 변화(중생)의 필연성

그리스도의 순종과 수고의 공로는 모든 사람들에게 값없이 제공되는데 왜 어떤 자는 구원받고 어떤 자는 멸망되는가? 무슨 이유로 외부적으로는 똑 같은 특권을 갖고 있으면서 어떤 자는 복음을 거절하고 계속 불신앙을 고집하는데 어떤 자는 회개하고 믿게 되는가? 이에 대하여 칼빈주의자는 이런 차별을 두신 이는 하나님이며 그가 유효적으로 어떤 자들을 부르신다고 대답한다. 그러나 알미니안파는 이 차별의 원인이 인간에게 있다고 본다.

칼빈주의자로서 우리는 타락이래 인간을 그대로 방임해 두었더라면 인간은 그 반역을 계속하여 구원의 모든 길을 거절하고 필경에는 멸망할 수 밖에 없는 상태에 이르렀을 것이라고 주장한다. 그렇다면 그리스도의 속죄의 죽음도 헛수고가 되었을 것이다. 그러나 "그가 자기 영혼의 수고한 것을 보고 만족히 여길 것이라"는 약속대로 그의 희생의 효과는 택함받은 자들에게 역사하시는 성령의 유효한 역사에 의해 피택자들에게 유효케 되어 그들로 회개하게 하여 영생의 기업을 얻도록 하셨다.

성경의 교훈에 따르면 인간은 그 본래의 상태에서는 근본적으로

---

52) Chapter X, Section 1 and 2.
53) Question, 31.

부패하여 자력(自力)으로는 거룩해질 수도 행복해질 수도 없다. 인간은 영적으로 죽었기 때문에 그리스도로 말미암지 않고는 구원얻을 수 없다. 인간이 그토록 타락하여 하나님과 원수가 되었다면 하나님의 뜻을 행하기로 의욕하기 전에 먼저 그 적의(敵意)부터 제거해야한다는 것은 상식적으로도 판단할 수 있는 일이다. 죄인인 인간이 그리스도로 말미암아 구속되려면 먼저 새롭게 지음을 받아야 할 것이다. 즉 거듭나야 할 것이다(요 3:3). 인간은 영적으로 죽었기 때문에 초자연적으로 생명을 주시는 성령의 능력만이 그로 하여금 영적인 선을 행하게 할 수 있다. 만일 인간이 옛성품 그대로 천국에 들어간다면 그에게는 그곳 역시 지옥과 같을 것이다. 왜냐하면 천국의 환경과 조화를 이룰 수가 없기 때문이다. 그는 천국의 분위기가 아주 싫을 것이며 하나님 존전에서 견디기 어려울 것이므로 오히려 큰 비애에 빠지게 될 것이다. 그러므로 성령의 내적 사역은 절대로 필요하다.

인간이 자력으로 구원을 얻고자 하는 것은 마치 죽은 몸이 스스로 생명을 얻고자 하는 것과 같다. 따라서 그 일의 성질상 구원을 향한 최초의 움직임이 인간에게서 일어날 수는 없는 것이다. 중생은 피택자들에게 부어주시는 하나님의 주권적인 선물이다. 이 위대한 재창조 사역은 하나님만 하실 수 있는 일이다. 중생의 은혜는 선한 것을 소유한 자들로 예견된 어떤 자들에게 주어지는 것이 아니다. 왜냐하면 인간은 누구나 중생하기 전에는 하나님을 향한 올바른 동기를 가지고 선을 행할 수 없기 때문이다. 거듭나지 못한 상태에서의 인간은 자신의 철저한 절망상태를 전혀 깨닫지 못한다. 인간은 흔히 자기가 하려고만 한다면 자신을 개혁할 수 있으며 하나님께 돌아갈 수 있다고 생각한다. 그는 심지어 자기가 하나님의 무한하신 예지(叡智)에서 나온 계획도 저지시킬 수 있으며 하나님의 전능의 행동력도 좌절시킬 수 있다고까지 상상한다. 그러나 워필드 박사의 말과 같이 "죄인에게 필요한 것은 자력구원을 위한 어떤 조력이 아니고 전적으로 타력(他力)에 의한 구원이다. 예수 그리스도께서 오신 것은 인간은 구원하시기 위함이었지 인간이 스스로 자기를 구원하도록 충고하거나 권면 또는 간청하고 도와주려고 오신 것이 아니다.”

III. 초자연적 능력에 의한 내적 변화

성경에서는 이 변화를 중생이라고 한다(딛 3:5). 그것은 하나님께서 예수를 죽은 자 가운데서 살리실 때 그리스도 안에서 역사하신 것과 같은 큰 능력에 의하여 행해진 영적 부활(엡 1:19-20)이며, 어두운 데서 불러내어 하나님의 기이한 빛으로 들어가게 하신 것(벧전 2:9)이며, 사망에서 생명으로 옮긴 것(요 5:24)이며, 거듭난 것(요 3:3)이요 살리신 것(골 2:13)이며, 굳은 마음을 제하고 부드러운 마음을 주신 것(겔 11:19)으로서, 성경은 이처럼 변화된 사람을 새로운 피조물(고후 5:17)이라 부른다. 이상의 기술(記述)들은 중생이란 것은 성령에 의한 도덕적 감화 또는 단순한 진리의 감화로부터 생겨나는데 본질적으로는 인간의 자의적 행동이라고 말하는 알미니안파의 견해를 완전히 배격한다. 이 변화는 새롭게 창조된 생명의 원천인 천래(天來)의 능력의 산물이기 때문에 불가항력적이며 영구적이다.

영혼의 중생은 우리 안에서 행해지는 어떤 일이지 우리로 말미암아 이루어지는 어떤 행위는 아니다. 이것은 영적 사망에서 영적 생명으로 이르는 돌연적인 변화이다. 우리가 이러한 변화가 일어나는 순간을 의식조차 못하는 것을 볼 때 이것은 우리의 의식작용이 미치지 않는 보다 깊은 곳에서 이루어지는 일임에 틀림없다. 나사로가 예수의 부르심에 따라 피동적으로 무덤에서 나온 것처럼 중생을 받은 영혼도 단순히 피동적으로 성령의 사역에 응할 뿐이다. 중생한 영혼에 대해 찰스 핫지 박사는 다음과 같이 말했다. “영혼은 중생의 변화를 받는 주체요 그 변화를 일으키는 행동자가 아니다. 영혼은 그 변화를 선행(先行)하거나 뒤따르는 데서 협동적이기도 하고 능동적이기도 하나 변화 그 자체는 경험되는 것이지 행해지는 것이 아니다. 그리스도 앞에 나온 장님과 절름발이는 그 앞에 나오기까지 대단한 노력을 하였을 것이며 그리스도께서 주신 새로운 능력을 기쁘게 활용하였을 것이다. 그러나 고침을 받는 순간에는 전적으로 수동적이었다. 치료를 받는 일에 있어서만은 어떠한 협력도 하지 못했다. 중생도 이와 마찬가지이다."[54]

그는 또 "중생은 전혀 성령 사역의 산물로서 인간의 영혼은 단지 수동적인 위치에 있을 뿐이라는 교리를 잘 나타내주는 말이 '신생'이라는 말이다. 아이는 출생함으로써 새로운 존재 양태로 들어오는데 출생은 결코 아이의 자의적 행동이 아니다. 아이는 출생될 뿐이다. 아이는 암흑상태에서 나온다. 암흑상태에 있을 때는 아무것도 할 수 없었으나 세상에 나오자마자 그 아이의 전기능이 깨어나서 보고 느끼고 들으며 점점 이성적, 도덕적 존재로서의 그 전체 기능을 나타내게 된다. 성경은 중생도 이와 같다고 가르친다. 영혼은 중생에 의해 새로운 상태로 들어간다. 영혼은 새로운 세계로 안내되어 중생하기 전에는 알지도 못했고 감상도 못했던 사물의 전모를 분명히 계시받게 되고 그것들의 특유한 감화를 받게 된다."[55]

중생은 성품이 본질적으로 변하는 것을 말한다. 좋은 열매를 얻으려면 좋은 나무를 만들어야 한다. 이 변화의 결과로 인간은 연구나 논증에 의하지 않고 내적 경험에 의해 불신앙 상태에서 구원적 신앙 상태로 옮겨간다. 우리가 우리의 육체적 출생에 대해 아무 것도 할 수 없었던 것처럼 우리의 영적 출생에 대해서도 전혀 관여할 수 없다. 이것은 전적으로 하나님의 주권적 선물이기 때문이다. 이 영육의 탄생은 우리의 힘을 행사함이 없이 아니 우리의 동의조차 구하는 일없이 하나님의 주권으로 말미암아 발생하는 것이다. 우리가 육신의 출생에 대해 항거할 수 없었던 것처럼 영적 출생에 대해서도 항거할 수 없는 것이다. 다만 우리가 출생한 후 우리의 육체적 생명을 살아가듯이 우리가 중생한 후에는 구원을 성취해가야 할 것이다.

---

54) *Systematic Theology*, II, p. 688.
55) *Systematic Theology*, II, p. 35.

성경에 의하면 하나님 나라에 들어가기 위한 필수 조건은 하나님의 성령을 통해 이루어지는 중생이다. 이 중생 사역은 전혀 주권적이며 초자연적인 일이기 때문에 하나님의 기쁘신 뜻대로 중생시킬 자는 중생시키시고 내버려둘 자는 내버려 두시는 것이다. 따라서 구원은 그것이 누구에게 주어졌든 하나님의 은혜인 것이다. 거듭난 그리스도인은 하나님이 그의 믿음의 주요 온전케 하시는 이인 줄을 알게 될 것(히 11:2)이며 이런 점에서 하나님이 자기 이웃에게는 주시지 않은 것을 자기에게는 주셨다는 것을 알게 될 것이다.

"누가 너를 구별하였느뇨 네게 있는 것중에 받지 아니한 것이 무엇이뇨"(고전 4:7)라는 물음에 답하여 바울은 인간들 사이에 특히 구속될 자들과 멸망될 자들 사이에 차별을 두신 이는 바로 하나님이시라고 말한다. 만일 어떤 자가 믿는다면 이는 하나님께서 그를 중생시킨 까닭이요 만일 어떤 자가 믿지 않는다면 이는 하나님께서 은혜를 주시지 않은 까닭이다. 그런데 하나님에게는 반드시 은혜를 주셔야 할 의무가 전혀 없다. 엄밀히 말해서 스스로 의인된 자는 없나니 가장 고상한 사람은 바울과 같이 "나의 나된 것은 하나님의 은혜로 된 것"이라고 말할 수 있는 사람이다.

예수께서 "나사로야 나오라"고 명하셨을 때 그 명령과 함께 강한 능력이 나가서 놀랄만한 효력을 내었다. 그때 나사로는 자기 능력이 아닌 어떤 다른 능력이 자기 안에서 역사하고 있는 줄을 알지 못하였다. 그러나 후에 그가 모든 사정을 알았을 때는 자기가 하나님의 능력으로 다시 살아났다는 것을 알게 되었을 것이다. 하나님의 능력이 먼저 역사한 다음에 나사로는 그 능력을 힘입어 활동하였으니 인간의 활동은 하나님의 능력에 대한 응답의 결과로서 나타나는 것이다. 이런 방식으로 구원얻은 모든 영혼들도 영적 사망에서 영적 생명으로 옮겨지는 것이다. 죽은 나사로가 우선 생명을 회복한 후에 숨을 쉬고 식물을 먹은 것처럼 죄로 죽었던 영혼도 우선 영적 생명을 회복한 후에 믿고 회개하여 선행을 하게 되는 것이다.

바울도 "나는 심었고 아볼로는 물을 주었으되 오직 자라나게 하시는 이는 하나님뿐이라”고 말하면서 바로 이 점을 강조하였다. 인간의 노력만 가지고는 아무 효력도 낼 수 없다. 곡식을 수확함에 있어서도 인간이 할 수 있는 일이란 단지 외부 작업일 뿐이다. 주권적인 능력으로 곡식을 자라게 하고 열매맺게 하고 익어 거두어들이게 하시는 이는 하나님이시다. 영혼의 수확인 회심에 있어서도 마찬가지다. 전도자의 설교가 아무리 설득력이 있을지라도 하나님께서 죄인의 마음을 열어주지 않으시면 회심은 일어날 수 없는 것이다. 영혼이 회개하고 장성하는데 있어서 인간은 단지 외적이요 기계적인 역할을 할 수 있을 뿐이고 내적으로 생명을 주시는 이는 성령이시다.

성경의 타락교리는 도덕적으로 파괴된 인간은 어떠한 선행도 할 수 없다고 말한다. 진정으로 회심한 그리스도인이라면 자신의 무능력을 알며 자기 자신의 선행이나 공로로는 천국에 들어갈 수 없다는 것을 안다. 그는 마치 나무가지가 스스로 발아(發芽)하거나 잎이 피는 것이 아니라 뿌리로부터 영양을 받아야만 그렇게 할 수 있는 것처럼 자기 스스로는 선을 향해 나아갈 수 없고 다만 성령의 감동을 받아야만 그렇게 할 수 있다는 것을 깨닫는다. 칼빈의 말처럼 “아무도 자기 스스로 하나님의 양이 될 수는 없다. 다만 하나님의 은혜로 그렇게 되는 것이다.” 피택자들은 복음을 듣고 믿으나 복음을 들었다고 믿는 것이 아니라 하나님이 지정하신 때에 비로소 듣고 믿게 되는 것이다. 그러나 택함받지 못한 자들은 복음을 들으나 믿지 않는다. 그 이유는 복음의 증거가 불충분해서가 아니라 저들의 내적 성품이 하나님의 거룩하심에 반역하기 때문이다. 복음을 듣고 이 두 가지 반응이 나타나게 되는 이유는 성경에도 있다. 즉 “새 영을 너희 속에 두고 새 마음을 너희에게 주되 너희 육신에서 굳은 마음을 제하고 부드러운 마음을 줄 것”(겔 36:26)이라고 했는데 여기서 마음(heart)이란 “속사람”을 가리키는 것이다.

성부와 성자 사이에 맺어진 영원한 언약에 의해 성자 그리스도는 확장되어 가는 천국을 지도하시기 위해 온 땅위에 중보적 통치자로 높임을 받으셨으니 이는 그의 복종과 수난으로 받은 상급이다. 그리스도의 지도력은 성령이라는 대행자를 통해 실시되는데 언약 안에서 미리 정해진 일정한 시간과 일정한 환경아래 구원을 얻도록 의도된 모든 사람들에게 성령의 능력을 통해 구속이 적용되는 것이다. 하나님께서 사람을 신앙으로 인도하시는 능력은 보통 능력이 아니고 그리스도를 죽은 자 가운데서 다시 살리신 것과 같은 능력이라고 성경은 말한다(엡 1:19-20). 이 능력이 그리스도의 부활에서 힘있게 나난 것처럼 우리의 영적 부활이나 육체적 부활에서도 힘있게 나타날 것이다.

물질 세계나 영적 세계는 다같이 하나님이 창조하신 것이다. 물질 세계에 있어서도 하나님의 주권으로 물이 포도주로 변했으며 문둥이가 깨끗이 치료되었다. 알미니안파는 물질 세계에서의 하나님의 이적의 능력은 믿으면서 어째서 사람의 영혼에 나타나는 하나님의 이적의 능력은 부인하는가? 우리는 하나님이 원하시면 악인을 선인으로 변화시킬 수 있다고 믿는다. 이와 같은 능력은 창조주가 피조물을 다스리는데 있어서 당연히 사용할 수 있는 것이다. 그것은 하나님이 세계를 통치하시는 수단들 중의 하나인 것이다. 따라서 하나님께서 개인의 복지나 천국의 발전을 위해 이 능력을 사용하는 것이 최선이라고 생각하신다면 그는 이 능력을 사용하실 수도 있는 것이 아니라 당연히 사용해야 할 권리가 있는 것이다. 하나님께서 이 능력을 사용하시려고만 한다면 그 효과는 즉시 나타난다. 예를 들자면 하나님께서 빛이 있으라 하시매 곧 빛이 있었던 것과 같다. 모즐리(Mozley)의 말처럼 "하나님의 구원 행위는 불가항력적 은혜로 임하는 것이니 이 은혜를 받기로 예정된 자면 누구나 하나님의 절대적 능력으로 말미암아 죄의 멍에를 벗어나서 회심하게 되며 하나님과 사람을 사랑하는 마음으로 가득 차서 최후의 상급을 받을 수 있는 자격을 갖추는 데까지 이르지 않을 수 없다."[56]

한번 실명된 눈은 아무리 많은 빛이나 강도가 센 빛을 비춘다해

---

56) *The Augustinian Doctrine of Predestination, p. 8.*

도 그 시력을 회복할 수 없듯이 죄에 죽은 영혼도 복음의 진리를 아무리 많이 들어봐야 그로 말미암아 영적 시력을 회복할 수는 없다. 의사의 수술이나 기적으로 시력을 회복하지 않는 한 볼 수 없는 것처럼 영혼도 중생하기 전에는 결코 복음의 진리를 이해하고 받아들일 수가 없다. 죄인을 중생시킬 때 하나님은 그에게 생명을 가지라고 명하신다. 그러면 즉시 죄인은 새로운 영적 생명을 얻게 되는 것이다. 두아디라성의 자주장사 루디아는 하나님께서 먼저 그녀의 마음을 열어주셨기 때문에 바울의 말을 청종하게 된 것이다(행 16:14). 이 진리는 "아버지께서 아들에게 주신 모든 자에게 영생을 주게 하시려고 만민을 다스리는 권세를 아들에게 주셨다"(요 17:2), "아버지께서 죽은 자들을 일으켜 살리심같이 아들도 자기의 원하는 자들을 살리느니라"(요 5:21)는 그리스도의 말씀 속에서도 잘 나타나고 있다.

하나님께서 아담과 맺으신 언약을 보면 인간의 운명은 거의 자신의 행위에 의해 결정되었음을 알 수 있다. 우리는 아담이 시험받은 결과를 잘 안다. 최초의 인간 아담이 의로운 자이면서도 자력으로 구원을 이루지 못했다면 타락후의 인간이 어떻게 자력으로 구원을 얻을 수 있겠는가? 그러므로 하나님은 구원문제를 인간에게 맡겨 두시지 않고 자기 수중으로 회수하신 것이다. 만일 하나님께서 인간에게 다시 자유의지를 부여하여 그로 말미암아 스스로 구원얻도록 하신다면 하나님의 구속사역이란 이미 한번 시험하여 실패한 것을 다시 한번 시험해 보는 것에 지나지 않을 것이다. 왜냐하면 인간은 다시 실패할 것이기 때문이다. 여기 급류(急流)에 휩쓸려 떠내려가는 거의 죽게 된 사람이 하나 있다고 하자, 그런데 그를 구조해서 원기를 회복시켜 다시 한번 시험해보기 위해 그를 구출해낸다면 그처럼 불합리하고 어리석은 일이 어디 있겠는가? 이와 같이 하나님은 결코 구원 방법에서 실패한 인간에게 다시 똑같은 방법을 반복 사용하시지 않는다. 이제부터는 구원 성취자가 인간이 아니고 하나님이다. 하나님은 제일 차 구원계획을 세우실 때 아담의 도덕상태(타락 이전의 의로운 상태)를 고려하셨던 것처럼 제2차 구원계획을 세우실 때도 인간의 도덕상태(타락되어 무능력한 상태)를 고려하여 적합하게 하셨다. 타락 전이나 타락 후에나 인간에게는 자기 의지를 하나님의 주권적 지배권 밖에 둘 수 있는 능력이 없다. 사울은 그가 최고로 열심히 박해하던 시점에서 부름을 받아 사도 바울이 된 것이다. 십자가상의 강도는 그의 지상생애의 마지막 순간에 부르심을 받았다. 바울이 안디옥에서 전도할 때 "누구든지 예정된 자는 다 믿었다"(행 13:48). 따라서 만일 하나님이 모든 사람의 구원을 원하셨다면 그는 모든 인간을 구원하셨을 것이다. 그러나 하나님은 회개치 않는 자들을 그냥 내버려 두신다. 즉 하나님은 모든 사람의 구원을 원하지 않으신 것이다. 비록 그 이유가 부분적으로 밖에는 계시되어 있지 않지만 하나님은 그의 전 사역을 통해 이성적 책임이 있는 존재인 인간의 성질과 모순되는 일을 결코 행하지 않으신다는 것만은 틀림없는 사실이다.

알미니안주의의 큰 결점 중 하나는 인간의 마음에 대한 성령의 초자연적 역사의 필연성을 인정하지 않는다는 것이다. 대신에 중생이란 각 개인에 의해 이루어지는 점진적인 변화로서 도덕적 신념이나 진리의 일반적 힘에 이끌려서 죄인의 마음의 의도가 변하는 것이라고 말한다. 이 주의는 "자유의지", "반대적 선택의 능력" 등을 주장함으로써 결국 죄인인 인간이 자기 자신의 운명을 스스로 결정한다고 가르친다. 이것을 좀더 철저히 주장하게 되면 인간과 그리스도는 구원의 협력자가 된다. 이는 마치 구원을 인하여 얻은 영광을 그리스도의 은혜와 인간 의지에 돌림으로써 인간이 그리스도와 함께 구원의 공로를 나누어 갖는 셈이 된다.

만일 알미니안파의 말과 같이 하나님께서 진정으로 모든 사람을 구원하실 의향이시라면 하나님은 그의 사역에서 큰 실패를 하고 있다고 보아야 할 것이다. 왜냐하면 지금까지 성인(成人)의 수를 비례로 볼 때 한 사람이 구원얻는 데 반해 스물 다섯 사람이 지옥에 떨어졌으니 말이다. 따라서 이 견해는 하나님의 존엄을 크게 손상시키는 견해이다. 하나님의 은혜라도 인간이 그의 자유의지로 받을 수도 있고 받지 않을 수도 있다는 알미니안 교리에 대하여 톱레이디 (Toplady)는 다음과 같이 말한다. "알미니안주의의 구원관은 전능자를 하나의 무모한 의욕과 시험과 노고를 하는 자로 만드는 교리이다. 이 교리에 의하면 하나님은 모든 죄인을 다 구원하시려다가 죄인들에게 방해를 받고 거듭 실패하시는 분이다. 하나님은 인간의 영혼을 붙잡기 위해 끈질기게 포위 공격을 하지만 그 영혼은 난공불락의 자유의지라는 아성에다 하나님을 향한 전투기를 내걸고 완강한 저항과 과감한 돌격을 감행함으로써 하나님으로 하여금 그 포위망을 해제시킬 수 밖에 없게 만든다. 한 마디로 말한다면 성령은 오랜 세월동안 인간의 자유의지를 뒤쫓다가 패전(敗戰)한 대장이나 실패한 정치가처럼 소기의 목적을 달성하기 못한 채 면목없는 패주(敗走)를 하던가 아니면 굴욕적인 파면을 당할 수 밖에 없다는 것이다."

죄인이 전능하신 하나님의 창조적인 능력을 이처럼 패배시킬 수 있다고 생각하는 것은 이치에 맞지 않는다. 부활하신 주님은 "하늘과 땅의 모든 권세를 내게 주셨다"고 말씀하셨다. 그 권세는 어떤 제한도 받지 않는 권세이다. "여호와께 능치 못한 일이 있겠느냐"(창 18:14). "땅의 모든 거민을 없는 것 같이 여기시며 하늘의 군사에게든지 땅의 거민에게든지 그는 자기 뜻대로 행하시나니 누가 그의 손을 금하든지 혹시 이르기를 네가 무엇을 하느냐 할 자가 없도다"고 한 구절들과 성경의 다른 여러 구절을 볼 때 하나님께서 피조물에게 권면하고 간청하시다가 피조물이 응하지 않으면 결국 그의 목적을 성취하지 못하신다는 것은 도무지 있을 수 없는 일이다. 만일 하나님의 부르심이 유효적이 아니라면 우리는 하나님께서 "나는 모든 사람이 구원얻기를 원한다. 그러나 그 결과는 내 뜻대로 되는 것이 아니라 그들 뜻대로 되는 것이다" 라고 말씀하신다고 상상해도 좋을 것이다. 그렇다면 하나님은 다니엘을 구하려고 애썼으니 끝내 구하지 못했던 다리오 왕과 같은 궁지에 빠지고 말 것이다(단 6:14). 하나님의 주권에 대한 성경적 교훈을 잘 알고 있는 그리스도인이라면 누구나 하나님이 이처럼 그의 피조물에게 패배하실 것이라고는 믿지 않을 것이다. 피조자가 반드시 전능하신 하나님의 목적을 방해하고 저지할 수 있는 능력을 가져야만 그들의 행동에 대해 보상을 받거나 처벌될 수 있는 것은 아니다. 만일 하나님에게 인간의 자유의지를 다스릴만한 능력이 없다면 다른 사람의 회심을 위해 하나님께 기도한들 무슨 소용이 있단 말인가? 차라리 인간에게 간청하는 것이 더 합리적인 일일 것이다.

Ⅳ. 영혼의 내적 변화의 결과

본성을 죄로부터 깨끗이 씻어주는 이 내적 변화가 즉시 나타내는 중대한 효력은 의를 사랑하게 되고 구원을 위해 그리스도를 믿게 된다는 것이다. 이제까지는 그의 성품이 죄에 속해 있었으나 이후부터는 성결하게 되며, 죄를 미워하고 선을 사랑하게 된다. 이 유효적이며 불가항력적인 은혜는 독자적으로 역사해서 인간 의지 그 자체를 변화시켜 그 속에 거룩한 성품을 이루어 놓는 것이다. 이 은혜는 인간으로부터 죄된 것을 좋아하는 욕망을 제거시켜 그로 하여금 죄와 단절하게 만든다. 그런데 이것을 위장병 환자가 병세가 더해질까봐 먹고 싶은 것을 억지로 참고 먹지 않는 것처럼 하는 것이 아니라 죄를 미워하기 때문에 그렇게 하도록 만든다. 전에는 두려워하고 저항했던 하나님의 의지에 대해 이제는 거룩하고 철저히 복종하기를 사랑하고 기뻐한다. 그에게 있어서 이제 순종은 의무가 아닌 즐겨 원하는 선이 된다.

그러나 사람이 이 세상에 살고 있는 한 유혹을 당할 수 밖에 없으며 자기 안에는 옛 본성의 잔재들이 달라붙어 있는 것이다. 그래서 자주 미혹을 당하며 범죄한다. 그러나 그러한 죄는 이미 치명적 타격을 받아 미구(未久)에 죽게 될 옛 성품의 최후의 발악에 지나지 않는다. 중생한 자들도 역시 고통, 질병, 낙심, 심지어 죽음까지 맛본다. 그러나 그들은 꾸준히 완전 구원을 향해 전진하고 있는 것이다.

이런 점에 있어서 중생과 성화를 혼동하는 사람들이 많이 있다. 중생은 전혀 하나님이 하시는 일로서 영적 생명의 새 원리를 인간 영혼 속에 심어주는 하나님의 값없이 주는 은혜의 행위이다. 이것은 초자연적 능력으로 순간적으로 완성되는 것이다. 한편 성화는 외부 생활에 나타나는 죄의 잔재를 점진적으로 제거시켜 소요리문답에서 말하는 것처럼 죄에 대해서는 점점 죽고 의에 대해서는 점점 더 살아가는 과정이다. 그것은 하나님과 그리스도인의 연대사업이다. 성화는 우리의 마음이 거듭난 후에도 여전히 남아있는 악에 대해 중생으로 심겨진 새 성품이 점점 승리해 가는 것을 말한다. 완전한 성화는 중생한 자의 생명이 하나님께 돌아간 후에라야 가능한 것이다. 완전한 의가 우리 앞에 있으니 모든 그리스도인은 그 목표를 향해 꾸준히 나아가야 할 것이다. 그러나 성화는 성령이 영혼을 어떠한 죄의 흔적도 없이 깨끗하고 거룩하게 만들어 죄를 범할 가능성마저 없이해주는 죽음의 시간까지 완성되지 않는다.

엄밀히 말해서 구원은 그것을 구원얻은 자가 부활의 몸을 받을 때에야 비로소 완성되는 것이다. 어떤 의미에서 구속은 그리스도께서 갈보리에서 돌아가실 때 이미 완성되었다. 성령이 그 그리스도의 희생의 공로를 점진적으로 택함받은 자들에게 적용하신다. 더구나 그것을 가장 유효적으로 적용하시기 때문에 그들의 구원은 가장 확실한 것으로 반드시 성취될 것이다. 그러므로 자기 백성을 구원코자 하시는 하나님의 뜻은 결코 피조자에 의하여 좌절되거나 헛수고로 돌아가지 않는다는 것이 확실하다.

V. 그리스도의 사역의 충족성―복음주의

우리는 이제 그리스도의 구속사역의 충족성에 대해 논하지 않으면 안된다. 우리는 그리스도가 그의 대속의 죽음으로 우리가 하나님의 공의에 대해 져야할 부채를 완전히 갚아 주셨기 때문에 우리를 죄

의 결과로부터 해방시켜주셨다는 것과 일생동안 흠없이 사시고 율법
에 완전히 순종하심으로서 우리에게 영생이라는 상급을 받아주셨다
는 것을 믿는다. 그리스도의 사역은 우리를 죄로부터 구원하여 하늘
의 생명을 얻게 하기에 충분한 것이었다. 이 사역을 그리스도의 능
동적 순종과 수동적 순종이라 부르는데 이 사역의 충족성에 대해 웨
스트민스터 신앙고백은 다음과 같이 말하고 있다. 그리스도는 그의
완전한 순종과 자기 희생으로 "아버지의 공의를 만족시켜 드렸다.
그래서 그는 아버지가 그에게 주신 모든 사람들을 위해 화해뿐만 아
니라 천국의 영원한 기업까지 획득하셨다."[57] 만일 그리스도께서 영
생이라는 상급을 받지 않으시고 단지 우리의 죄만 도말하시기 위해
그 모든 일을 하셨다면 그의 백성들은 원점(타락 이전의 아담과 같
은 수준)으로 올라갈 뿐이므로 자신들의 영생을 위해 아담처럼 시험
을 받아야 할 의무가 있었을 것이다. 구원문제에 있어서 그리스도가
"만유 위에 계시고 만유 안에 계시느니라"(골 3:11)고 한 바울의 말
은 구원사역에 대해 인간은 전혀 영점(零点)이고 구원받을만한 아무
공로도 갖고 있지 않다는 것을 내포하고 있다. 우리는 복음이 "좋은
권면"이 아니라 "좋은 소식" 이란 사실을 기억해야만 할 것이다. 복
음은 우리가 구원을 얻기 위해 무엇을 해야 하는가에 대해 우리에게
말해 주는 것이 아니라 우리를 구원하시려고 그리스도께서 무엇을
행하셨는가에 대해 우리에게 선포하는 것이다.

그리스도가 위하여 죽으신 자는 누구나 구원얻을 것이며 의(義)가
필경에는 승리할 것이라는 사실을 의심하는 것은 곧 그리스도가 그
의 백성을 위하여 수행하신 그 사역의 충족성을 의심하는 것이다.
십자가상에서 그리스도는 아버지께서 그에게 하라고 주신 구속사역
을 다 이루었다고 선언하셨다. 그러나 톱레이디(Toplady)의 말처럼
"자신이 그것을 받아 들일 수도 있고 거절할 수도 있는 능력을 가진
사람들은 틀림없이 '아니다 그는 자기가 받은 구속사역을 다 이루지

---

57) Chapter VIII, Section. 5.

못했다. 물론 그는 그 사역의 일부분을 담당했다. 그러나 나 자신의 노력이 거기에 첨부되지 않는다면 그의 수고는 모두 헛수고가 되고 말 것이다'라고 말할 것이다."

죄인의 구원에 관한 능력을 모두 하나님께 돌리는 견해만이 복음적이다. 왜냐하면 "복음적"이란 말은 구원하시는 이는 오직 하나님뿐이시라는 의미이기 때문이다. 만일 인간의 선택에 의존하는 신앙과 순종이 반드시 첨부되어야 한다고 한다면 그것은 이미 복음주의가 아니다. 무제한 속죄를 믿는 복음주의는 결국 보편적 구원으로 나아가게 된다. 알미니안주의가 그리스도는 모든 인간을 위해 죽으셨고 성령은 그 구속을 모든 인간에게 적용하시려고 애쓴다. 그러나 구원얻는 자는 약간에 지나지 않는다고 주장한다면 그것은 이미 복음적이 아니다.

우리는 이 원리를 죽을 수밖에 없는 병에 걸린 일단의 사람들을 상상해봄으로써 좀더 자세히 설명해 보고자 한다. 만일 의사가 그들에게 확실히 치료되는 어떤 약을 조제해 준다면 그 약을 먹은 사람은 모두 나을 것이다. 똑같은 방법으로 그리스도의 사역이 유효적이라면 그리고 그것이 성령에 의해 모든 사람에게 적용된다면 모든 사람은 반드시 구원얻을 것이다. 따라서 복음적이 되려면 알미니안파는 보편구원론자가 되어야 할 것이다. 이 얼마나 모순된 일인가. 결국 제한속죄를 취하는 복음주의를 주장하고 그리스도의 사역은 그 의도한 바를 모두 성취했다고 단정하는 칼빈주의만이 성경과 경험적 사실에 일치하는 것이다.

VI. 보편적 은혜에 관한 알미니안파의 견해

알미니안주의 체계에서는 보편주의적 색채가 아주 농후하다. 그 전형적인 예를 보스톤 대학의 교수로 오랫동안 봉직했던 헨리 C. 쉘돈(Henry C. Sheldon)의 단정 가운데서 찾아볼 수 있는데 그는 "우리의 논점(論点)은 영생을 위해 개개인을 배타적이며 무조건적으로 선택한다는 주장에 대항하여 구원의 기회의 보편성을 주장하는 것이다"[58]라고 단정적으로 말한다. 여기서 우리가 유의해야 할 점은 (1) 알미니안의 특징인 보편주의를 강조한다는 점 (2) 인간의 구원을 위해 하나님이 하시는 모든 일이 실제적으로는 아무도 구원하지 못하고 다만 인간에게 자력(自力) 구원의 길을 열어준데 지나지 않는다고 보는 점인데 그것은 순전히 자연주의로의 복귀를 의미하는 것이 아닌가!

아마도 알미니안주의 체계의 가장 강력한 주장은 무조건적 선택에 대한 항의를 그 목적으로 하고 있는 "복음동맹" 소위 "모라소니안 신조" 에서 찾아볼 수 있을 것이다. 그 신조의 "세 가지 보편성"을 요약하면 "성부 하나님의 사랑은 어떠한 차별이나 예외 규정 또는 편애 없이 모든 곳의 모든 인간에게 예수의 희생을 선물로 주신 것이요, 성자 하나님의 사랑은 전세계의 죄를 위하여 진정한 화해의 제물로 자신을 주신 일이요, 성령 하나님의 사랑은 하나님의 은혜를 모든 사람의 영혼에 적용하는 그의 인격적, 계속적 사역이다"[59]라고 할 수 있다.

만일 위에서 말한 것처럼 된다면 그 결론은 (1) 모든 인간이 똑같이 구원을 얻든지 아니면 (2) 하나님이 인간을 위해 하시는 모든 일은 아무 소용이 없어서 결국 인간을 구원하지 못하고 그들 스스로가 자기를 구원하도록 내버려두는 수밖에 없던가 둘 중의 하나일 것이다. 그렇다면 죄인을 구원하시는 이는 오직 하나님 한 분뿐이라고 주장하는 복음주의는 어떻게 될 것인가? 만일 하나님이 그의 구원 사역을 모두 마치신 후 그것을 받아들이거나 거절하는 것은 완전히 인간에게 일임하셨다고 단정한다면 그것은 인간에게 전능하신 하나님의 사역에 대한 거부권을 주는 것으로써 구원이 결국 인간의 수중에 달린 것으로 되고 만다. 이 체계에서는 하나님이 아무리 구원사역의

---

58) *System of Christain Doctrine, p. 417.*
59) *The Religious Controversies of Scotland, p. 187.*

대부분을 하신다 하더라도 결국 인간이 최후의 결정 원인이 되는 것이다. 따라서 이 구원받을 자는 어느 정도 자기의 개인적 공로를 갖게 되고 구원받지 못한 자에게 자랑할 조건을 갖게 되는 것이다. 즉 "너는 나와 같은 기회를 갖고 있었다. 그런데 너는 거절하고 나는 받아들였다. 고로 네가 고통당하는 것은 마땅하다"라고 자랑할 수 있는 것이다. 그러나 이것은 "행위에서 난 것이 아니니 이는 누구든지 자랑치 못하게 함이니라"(엡 2:9). "자랑하는 자는 주안에서 자랑하라"(고전 1:31)고 한 바울의 말과 얼마나 다른가! 인간이 의기양양해서 자기 자신을 조정할 수 있는 지배권을 가지고 자기가 자기 운명의 주인이라고 선언하는 이러한 보편주의적 체계는 기독교를 행위의 종교로 전락시키는 경향이 있다. 루터가 그 당시의 도덕주의자들에 대해 풍자적으로 "여기서 우리는 저 가련한 우리의 주 하나님에게 우리들 스스로가 선을 행하려고 한다. 오히려 우리가 하나님으로부터 그것을 받아야 하는데도 불구하고"라고 말한 것은 바로 이점을 마음에 두고 한 말이다.

장키우스(Zanchius)는 "알미니안주의는 인간이 타락한 후에도 하나님이 기뻐 받으실만한 일을 행할 의지와 능력을 갖고 있다고 말하고 하나님이 그리스도의 죽음을 모든 사람을 위한 보편적 속죄로 용납하셨기 때문에 누구든지 원하기만 하면 자신의 자유의지와 선행으로 구원얻을 수 있다고 말하니 이것은 바로 우리가 날 때부터의 자연적 능력으로 현세에서 구원을 완성할 수 있다고 말하는 것과 똑같은 것이다" 라고 말한다. 워필드 박사(Dr. Warfield)는 "문제는 실로 근본적인 것으로 분명히 나타나 있다. 우리를 구원하시는 이는 주 하나님이신가 혹은 우리들 자신인가? 주 하나님은 우리를 끝까지 구원해주시는가 혹은 단순히 구원의 길만 열어주고는 구원얻고 못얻는 것은 완전히 우리의 선택에 맡기시는가? 이것이 바로 기독교냐 아니면 자력구원주의냐의 분기점이 되는 질문이다. 따라서 뚜렷한 의식을 가지고 자기의 구원은 전적으로 하나님께 달려있다고 믿는 자들만이 복음적이라고 주장할 수 있다"[60]고 말한다.

> "내가 공을 세우나 은혜갚지 못하네
> 쉬임없이 힘쓰고 눈물 근심 많으나
> 구속못할 죄인을 예수 홀로 속하네
> 빈손 들고 앞에가 십자가를 붙드네
> 의가 없는 자라도 도와주심 바라고
> 생명샘에 나가니 맘을 씻어주소서"

Ⅶ. 인간의 자유행동력을 침해하는 것이 아니다.

유효적 은혜교리는 "인간이 그들의 의지와는 반대로 하나님에게 강요되어 구원얻게 된다는 뜻으로 결국 인간을 기계로 전락시킨 교리이다"라고 반대론자들은 말한다. 그러나 이것은 왜곡되게 억지로 꾸며낸 말이다. 이것은 칼빈주의와 모순된 것으로 칼빈주의자는 오히려 이러한 견해를 배제한다. 웨스트민스터 신앙고백은 회심을 일으키는 유효적 은혜는 전능하신 하나님의 역사로서 절대로 실패하지 않는다고 기록한 후 "그러나 그들은 하나님의 은혜로 기꺼이 그렇게 할 마음을 갖게 되어 임의적(任意的)으로 회심에 이르는 것"이라고 덧붙였다. 중생케 하는 능력은 외부의 강제 능력이 아니다. 중생케 하는 능력이 영혼을 억압하는 것이 아님은 교훈이 이성을, 설득이 마음을 억압하는 것이 아님과 같다. 인간은 결코 목석(木石)이나 노예처럼 취급되어 그의 의지에 반(反)하여 강제로 구원받게 되는 것이 아니다. 오히려 마음에 계시를 받아 하나님, 자신, 그리고 자신의 죄에 관한 모든 것들을 새롭게 이해하게 되는 것이다. 하나님이 성령을 보내시어 영원토록 하나님의 자비와 은혜를 찬미하겠금 그들을 감화시키신다. 중생한 자는 자기가 새로운 동기와 욕구에 따라 움직

---

60) *The Plan of Salvation*, p. 108.

이게 되어 전에는 미워하던 것을 이제는 좋아하고 추구하게 되었다는 것을 알게 된다. 이러한 변화는 어떤 외부 강요에 의해 이루어지는 것이 아니고 영혼 안에 창조된 새생명의 원리에 의해 이루어지는 것이다.

인간의 법처럼 영적인 법도 "선한 자에 대하여 두려움이 되지 않고 악한 자에 대하여 두려움이 되는" 것이다. 우리는 인간사(人間事)에서 이와 비슷한 예를 발견할 수 있다. 법을 충실히 지키는 시민과 범법자를 비교해 보라. 법을 준수하는 사람은 자기 나라의 법에 대해 거의 의식하지 않고 매일 자기 일을 해 나간다. 그는 정부 관리나 경찰관을 자기의 친구로 본다. 왜냐하면 그들은 그가 존경하고 기뻐하는 당국이 임명한 자들이기 때문이다. 그는 자유롭게 생활한다. 그에게 있어서 법은 그의 생명과 그의 가족 그리고 그의 재산을 지켜주는 보호자 역할을 한다. 그러나 범법자의 경우는 사정이 전혀 다르다. 그는 아마 법을 준수하는 사람보다 법에 대해 더 잘 알지도 모르며 법망을 피하기 위해 법에 대해 자세히 연구할지도 모른다. 그는 두려움 속에서 산다. 그는 경찰이 자기에게 덮칠지도 모른다는 두려움 때문에 방탄용 문이 달린 비밀방을 만들어 놓고 연발총을 갖고 다닌다. 그는 항상 노예처럼 속박되어 산다. 그가 생각하는 자유란 고작해야 경찰관을 제거하고 법관을 매수하며 자기의 희생물로 삼고 있는 그 사회의 법이나 관습들을 불명예스럽게 하는 것이다.

우리 모두는 어떤 새로운 요인이 우리의 마음속에 들어와서 마음을 변화시키게되면 전에는 하기 싫어서 대적했던 일들을 이제는 자발적으로 기꺼이 행하게 된다는 것을 일상생활 속에서의 경험으로 안다. 따라서 칼빈주의 원리에 의하면 인간이 원하든 원하지 않든 강제적으로 회개하고 믿게 된다는 식의 말은 전혀 온당치 못한 말이다.

그러면 어떤 사람은 이렇게 질문할 것이다. "만일 너희가 복종하지 않으면" "만일 너희가 여호와께로 돌아오지 않으면", "만일 너희가 악을 행하면" 등과 같은 성구들은 적어도 인간이 자유의지와 능력을 갖고 있다는 것을 의미하는게 아니냐고 질문할 것이다. 그러나 하나님이 인간에게 어떤 일을 시키신다고해서 인간에게 그것을 행할 능력이 반드시 있기 때문이라고는 할 수 없다. 부모들은 때때로 자녀들로 하여금 자신의 무력함을 깨닫게 해서 부모에게 도움을 청하게 할 목적으로 자녀들에게 무엇을 행하라고 명한다. 세상 사람들은 이런 명령을 들을 때 그것에 복종할 수 있는 충분한 능력이 자기에게 있는 것처럼 착각하여 마치 "이것을 행하라 그리하면 살리라"는 예수님의 말씀을 듣고 자만했던 율법사처럼 선행으로 구원얻을 수 있다고 생각한다. 그러나 참으로 영적인 사람은 이러한 명령을 들을 때 자신의 무력함을 깨달아 "아버지 이 일을 친히 맡아 행해주십시오"라고 아버지 하나님께 도움을 청한다. 그러므로 이러한 명령들은 우리가 "무엇을 할 수 있는지"를 가르치는 것이 아니고 우리가 "무엇을 해야만 하는지"를 가르치는 구절들이다. 이 진리를 볼 수 없을 만큼 눈이 어두워진 자들에게 화있을진저, 그는 그 진리를 볼 수 있을 때에야 비로소 그리스도의 사역을 정당하게 평가할 수 있게 될 것이다. 율법을 지켜 구원을 얻으려다 절망한 죄인들의 부르짖음에 답하여 성경은 그리스도 안에서 나타난 하나님의 값없으신 사랑과 자비로 된 즉, 전혀 은혜로만의 구원을 계시한다. 이처럼 은혜로 구원된 것을 아는 자는 다윗처럼 "주 여호와여 나는 누구오며 내 집은 무엇이관데 나로 이에 이르게 하셨나이까?"라고 부르짖지 않을 수 없다.

우리의 구원을 위해 유효적으로 역사하는 하나님의 특별한 은혜를 때로는 불가항력적 은혜라고도 부른다. 이 "불가항력적"이란 말은 어떤 강압적인 능력이 인간에게 역사함으로써 인간의 의지나 욕구에 반(反)하여 행동하지 않을 수 없게 만드는 것 같은 인상을 주어 좀 오해하기 쉬우나 그 의미하는 바는 전술한 바와 같다.

VIII. 일반 은총

　피택자들에게 구원을 주시는 특별 은혜와는 달리 "일반은총" 이라 부르는 모든 인간에게 어느 정도 공통적으로 주시는 성령의 일반적 감화가 있다. 하나님은 선한 자나 악한 자에게 똑같이 햇빛을 주시며 의로운 자나 불의한 자에게 똑같이 비를 내리신다. 그는 전인류의 일반적 복지를 위하여 수확의 계절이나 기타 여러 모양의 선한 물건들을 주신다. 예를 들면 건강, 물질적 번영, 일반적 지능, 예술적 재능, 상업 및 발명의 재능 등이 가장 일반적인 축복이다. 많은 경우에 있어서 택함받지 못한 자들이 택함받은 자들 보다 이러한 방면의 축복을 훨씬 더 풍부하게 받는데 그 이유는 이 세상의 자녀들이 그들 세대에 있어서는 빛의 자녀들보다 더 지혜롭기 때문이다. 일반은총은 모든 질서나 문화 및 일반적인 덕(德)의 원천이므로 그로 말미암아 마음과 양심에 진리에 대한 도덕적 능력이 증대되고 악에 대한 정열이 억제되는 것이다. 그것은 구원을 얻게 하는데 까지는 이르지 못하나 이 세상이 지옥이 되는 것은 막아준다. 그것은 죄가 그 악독을 있는 그대로 다 발휘하지 못하도록 죄의 효력을 방지한다.

　그러나 일반은총은 죄의 원천을 없애지 못하기 때문에 진정한 회심은 일으키지 못한다. 그것은 자연의 빛인 양심을 통해 특히 복음의 외부적 제시를 통해 인간에게 그가 마땅히 행할바를 알게는 해주지만 그것을 행할 수 있는 능력은 주지 못한다. 더구나 이 일반은총은 거부될 수도 있다. 복음은 성령의 특별한 조명이 수반되어야 비로소 효력을 낼 수 있다. 이 조명이 없으면 유대인에게는 거치는 것이 되고 이방인에게는 미련한 것이 된다고 성경은 가르치고 있다. 따라서 중생치 못한 자는 진정으로 하나님을 알 수가 없다. 서기관과 바리새인의 의가 전혀 의가 되지못했던 이유가 바로 여기에 있다. 예수님은 제자들에게 세상은 "저를 보지도 못하고 알지도 못하기 때문에" 진리의 영을 능히 받지 못한다고 말씀하시면서 "그러나 너희는 저를 아나니 저는 너희와 함께 거하심이요 또 너희 속에 계시겠음이라"(요 14:17)고 덧붙이셨다. 알미니안주의는 유효적 은혜와 일반은총을 구분하지 않고 유효적 은혜를 기껏해야 구원에 없어서는 안될 도움 정도로 생각한다. 반면에 칼빈주의는 유효적 은혜로 말미암아 구원이 확실히 성취된다고 본다.

일반은총으로 말미암아 생기는 개선에 대해 찰스 핫지 박사는 "부도덕한 생활을 하던 자가 그들의 전생활 과정을 변경하는 일이 종종 있다. 그들은 외부적으로 품행이 바르고 절제하며 순결하고 정직하며 친절하게된다. 이것은 상을 줄만한 일대 변화이다. 이것은 자기와 다른 사람 모두에게 유익을 주는 일이다. 이런 변화는 서로 다른 여러 모양의 원인에 의해, 혹은 양심의 힘으로, 혹은 하나님의 권위를 존중하거나 그의 노를 두려워함으로, 혹은 타인의 선한 의사에 따라, 혹은 자기의 이익에 대한 관심때문에 생길 수가 있다. 그러나 그 원인이 어디에 있든 그것은 성화에까지는 결코 이르지 못한다. 양자는 청결한 마음과 청결한 의복 사이만큼이나 성질상 전혀 서로 다르다. 비록 그가 외부적으로는 개선되었다 할지라도 하나님편에서 볼 때 그의 내부적인 성격은 전혀 변하지 않아 하나님을 향한 사랑, 그리스도에 대한 믿음, 거룩한 애정이나 행동등은 여전히 없을 수 있다"[61]고 말한다. 또 휼리트 박사(Dr. Hewlitt)는 "세상에서 가장 아름다운 음악이나 지축(地軸)을 진동하는 뇌성으로 무덤에 있는 시체가 소생될 수 있는가? 이와 같이 죄와 허물과 죽은 죄인이 복음의 운률이나 율법의 뇌성으로 그 마음이 움직이겠는가? 구스인이 그 피부를, 표범이 그 반점을 변할 수 있느뇨, 할 수 있을진대 악에 익숙한 너희도 선을 행할 수 있으리라(렘 13:23)"[62]고 말한다.

사무엘 G. 크레익 박사는 일반은총의 한계성에 대해 다음과 같이 분명히 말하고 있다. "예수 그리스도를 고려하지 않는 비기독교적인

---

61) *Systematic Theology*, III. p. 214.
62) *Sound Doctrine*, p. 21.

교육이나 문화는 인간을 영리하게는 만들지만 인간의 성격을 변화시킬 능력은 전혀 갖고 있지 않다. 그것은 마치 대접의 밖은 깨끗케 할 수 있으나 대접의 안은 깨끗케 할 수 없는 것과 같다. 교육과 문화의 힘을 굳게 믿고 있는 사람들은 돌감람나무를 참감람나무로 만들려면 전지(剪枝)해 주거나 소독약을 뿌리고 재배해 주는 등 외부적인 개조보다도 우선 참감람나무 가지에 돌감람나무를 접목해주는 일이 필요하다는 것을 깨달아야만 할 것이다. 우리는 결코 교육과 문화의 가치를 경시하지 않는다. 그러나 제방(提防)의 경치를 변화시킨다고 해서 강물이 깨끗하게 될 수 없듯이 교육이나 문화를 가지고 인간의 마음을 개조시킬 수는 없는 것이다. 옛 유대인의 속담에 쓴 열매를 맺는 나무를 캐다가 에덴동산에 옮겨 심고 에덴동산의 물을 주고 천사 가브리엘로 하여금 지키게 해보라. 그래도 그 나무는 여전히 쓴 열매를 맺을 것이다"[63]라는 말이 있다.

---

63) *Jesus as He Was and Is*, pp. 191, 199.

제14장
성도의 견인
(Perseverance of the Saints)

<table>
<tr><td>I. 본 교리의 서술</td><td>IV. 의의 외부적 고백이 참된 그리스
도인이라는 보증은 아니다.</td></tr>
<tr><td>II. 성도의 견인은 인간의 선행에
달려 있지 않고 하나님의 은총
에 달려있다.</td><td>V. 알미니안파의 불안전감</td></tr>
<tr><td>III. 참 신자라도 일시적으로 타락하
여 범죄할 수 있다.</td><td>VI. 배교에 대한 성경의 경고 목적
VII. 성경적 증거</td></tr>
</table>

I. 본 교리의 서술

성도의 견인 교리에 대해 웨스트민스터 신앙고백은 다음과 같이 서술하고 있다. "하나님이 사랑하기로 하여 유효적으로 부르시고 성령으로 깨끗하게 하신 자들은 전적으로나 궁극적으로 은혜의 상태에서 타락될 수 없다. 오히려 최후까지 보존되어 영원히 구원얻게 된다"(17장 1절). 다시 말하면 일단 참 그리스도인이 되면 두번 다시 아주 타락하여 멸망하는 일은 없고, 비록 일시적으로 죄에 빠져 들어 가는 일이 있다해도 결국에는 다시 돌아와서 반드시 구원얻는다는 것이다.

이 교리는 독자적으로 고립되어 있지 않고 칼빈주의 신학체계에 반드시 있어야 할 부분이다. 선택 및 유효적 은혜교리는 논리적으로 그와 같은 축복을 받은 자들의 확실한 구원을 뜻하고 있다. 만일 하나님이 인간을 절대적, 무조건적으로 영생하도록 선택해서 그들에게

성령이 구원의 은혜를 유효적으로 적용시키신다면 그들이 구원얻는
다는 것은 분명한 사실이다. 역사적으로 볼 때 이 교리는 모든 칼빈
주의자들이 주장해 왔으나 알미니안파는 사실상 부인해 왔다.

　안전보호를 위하여 예수님께 도피한 자들은 그 위에 건축할만한
견고한 기초를 갖는다. 제 아무리 오류(誤謬)의 홍수가 땅을 뒤덮고
사탄이 온 세상의 권세와 힘을 다하며 공격하고 또한 그들 자신의
죄악이 그들을 역습한다고 해도 그들은 멸망하지 않는다. 오히려 끝
까지 견인(堅忍)하여 창세부터 그들을 위해 예비된 하늘의 집을 유
업으로 받을 것이다. 이런 의미에서 하늘에 있는 성도들이 이 세상
에 있는 성도보다 더 행복하긴 하지만 그 안전함에 있어서는 서로
동일하다 하겠다. 본래 신앙과 회개는 하나님의 선물이다. 따라서
이런 선물을 주시는 것은 그것을 받은 자를 구원하시려는 것이 하
나님의 목적임을 계시하는 것이다. 그 증거는 하나님이 이것을 받은
자들로 하여금 그의 아들의 형상을 본받도록 예정하셨다는 것과 그
는 틀림없이 그의 목적을 실행하신다는 것이다. 따라서 어느 누구도
선택된 자들을 하나님의 수중에서 빼앗을 수는 없다. 일단 참 그리
스도인이 된 자들은 그 안에 영생의 원리 즉 성령을 소유하게 된다.
이처럼 성령이 그 안에 내주하시기 때문에 그들은 이미 잠재적으로
거룩한 것이다. 물론 그들은 아직도 많은 시련에 연단되어야 하고
자신들의 미래의 실상을 잘 모른다. 그러나 그들은 그들 안에 시작
된 일이 결국에는 완성될 것이라는 것과 현재 그들 안에서 일어나는
싸움이 바로 생명의 표시이며 승리의 약속인 것을 알아야 한다

　알미니안처럼 참 그리스도인이 된 자들도 멸망될 수 있다고 주장
하는 자는 어째서 하나님이 그들이 아직 구원상태에 있을 때 세상에
서 불러 가시지 않는지에 대해 설명해야 할 것이다. 하나님이 그렇
게 하실 수 없다든지 또는 그들의 배교를 예견하시지 못했기 때문에
그들을 불러 가시지 못했다고는 말할 수 없을 것이다. 그렇다면 왜
하나님은 그 사랑하시는 자가 두번 다시 죄에 빠져 멸망당하는 것을
그냥 내버려 두시는가? 하늘 아버지가 그의 자녀들을 그 이상 더 잘

보호하실 수는 없다고 누가 믿겠는가? 알미니안의 잘못된 이론에 따르면 인간이 오늘은 하나님의 아들이 되었다가 내일은 악마의 아들이 될 수도 있으며 자기 마음이 변하는 대로 이렇게도 되었다가 갑자기 저렇게도 될 수 있다는 말이 된다. 또한 인간이 성령으로 말미암아 거듭나고 칭의되어 성화되었다가도 구원의 결정적 요인이 되어 버린 자기 자신의 의지와 행위에 의해 유기자가 되어 영원히 멸망당할 수도 있다는 말이 된다. 그러나 주권적으로 사랑하시는 하나님은 결코 그의 구속받은 자녀들이 이처럼 타락하여 멸망 당하도록 내버려두시지 않는다.

만일 하나님이 어떤 그리스도인이 반역을 하고 멸망한 것이라는 것을 아신다면 그가 배교하기 전까지 하나님이 깊은 애정으로 그를 사랑하실 수 있겠는가? 만일 우리가 오늘은 우리의 친구인 어떤 사람이 내일은 우리의 적이 되어 배신할 것이라는 사실을 안다면 우리는 그가 친구였다면 당연히 가졌을 그런 친절과 신뢰심으로 그를 받아들일 수 없을 것이다. 그의 장래 행동에 대해 알기 때문에 그에 대한 우리의 현재 사랑도 많이 손상될 것이다.

하늘에 있는 성도들이 거룩하게 보존된다는 것은 아무도 부인하지 않는다. 만일 하나님이 하늘에 있는 성도들을 그들의 자유행동력을 침해하지 않고 이처럼 보호하신다면 지상에 있는 성도들도 그들의 자유행동력을 침해하지 않고 보호해 주시지 않겠는가?

중생할 때 일어나는 변화의 성질상 부여된 생명의 항구성(恒久性)은 충분히 보증된다. 중생은 내적 성질의 근본적, 초자연적 변화인데 그로 말미암아 영혼은 영적으로 살게 된다. 이 때 영혼에 부여된 새생명은 불멸의 것이다. 이 변화는 내적 성질에서 이루어진 변화이므로 인간의 지배 영역 밖에 있다. 그것은 창조주 하나님의 권능에 속한 것이므로 어떠한 피조자에게도 그 성질의 근본원리를 변화시킬 자유가 없다. 따라서 이 변화를 역전(逆轉)시켜 새 생명을 잃게 할 수 있는 것 역시 하나님의 초자연적 행동 밖에는 없다. 중생한 그리스도인이 천부(天父)와의 부자(父子) 관계를 상실할 수 없는 것은

마치 육신의 자녀가 그 부모와의 관계를 상실할 수 없는 것과 마찬
가지이다. 참 그리스도인이 타락하여 멸망할 수도 있다는 생각은 중
생할 때 영혼에게 부여되는 영적 생명의 원리에 대해 잘못 이해하고
있기 때문에 생기는 것이다.

II. 성도의 견인은 인간의 선행에 달려있지 않고 하나님의 은총에 달려있다.

바울은 신자는 율법 아래 있지 않고 은혜 아래 있다고 가르치면서
율법 아래 있지 않기 때문에 율법을 범하는 일에 대해 정죄되는 일
이 없다고 했다. "너희는 법 아래 있지 아니하고 은혜 아래 있느니
라"(롬 6:14). 이처럼 우리는 은혜 아래 있기 때문에 우리의 공과(功
過)에 따라 처리되지 않는다. 따라서 죄가 우리의 멸망의 원인이 될
수는 없다. "만일 은혜로 된 것이면 행위로 말미암지 않음이니 그렇
지 않으면 은혜가 은혜되지 못하느니라"(롬 11:6). "율법은 진노를
이루게 하나니 율법이 없는 곳에는 범함도 없느니라"(롬 4:15). "법
이 없으면 죄가 죽은 것임이라"(즉 법이 폐기된 곳에서는 죄가 더 이
상 인간에게 형벌을 받게 할 수 없다는 것이다) (롬 7:8). 만일 구원
의 적은 한 부분이라도 자기 행위로 획득해보려는 자가 있다면 그는
"율법 전체를 행해야 할 의무가 있는 자다"(즉 자기 자신의 능력으
로 완전 복종하여 구원을 획득하지 않으면 안되는 것이다)(갈 5:3).
여기서 우리는 서로 근본적으로 다른 사실은 서로 정반대인 두 개의
구원의 도가 있음을 본다.

하나님의 그 백성에 대한 무한하시고 영원하신 사랑이 그들의 궁
극적 구원에 대한 보증이다. 이 사랑은 변하지 않는데 그것은 하나
님의 실재만큼이나 불변하는 것이다. 그 사랑은 이유없이 주는 사랑
으로 우리가 그것을 붙잡는 것 보다 훨씬 더 굳고 확실하게 우리를
붙잡는다. 그 사랑은 그 사랑을 받는 대상에게 있는 어떤 매력을 근

거로 한 사랑이 아니다. "사랑은 여기 있나니 우리가 하나님을 사랑한 것이 아니요 오직 하나님이 우리를 사랑하사 우리 죄를 위이하여 화목제로 그 아들을 보내셨음이라"(요일 4:10). "우리가 아직 죄인되었을 때에 그리스도께서 우리를 위하여 죽으심으로 하나님께서 우리에게 대한 자기의 사랑을 확증하셨느니라"(롬 5:8). 여기서 강조된 점은 하나님에 대한 우리의 입장이 "우리의 공로를 근거로 하지 않는다"는 것이다. 우리가 주권적 은혜로 영적 생명에 들어간 것은 "우리가 하나님과 원수되었을 때"였다. 이렇게 큰 일을 하신 하나님이 보다 적은 일을 하시지 못한단 말인가? 히브리서에서 그리스도는 "우리의 믿음의 주요 온전케 하시는 이"라고 말한 것도 택함받은 자의 궁극적 구원을 가르치고 있다. 즉 우리의 구원의 전과정은 하나님에 의해 계획, 인도된다는 말이다. 하나님의 은혜는 그 시작이나 계속이 우리의 공로로 되는 것이 아니다. 따라서 하나님이 그 은혜를 철회하고 그 조치의 방법을 변경하시지 않는 한 다시 말하면 하나님이 우리를 율법 아래에 다시 두시지 않는한 우리는 멸망할 수 없다.

로버트 L. 댑니(Robert L. Dabney)는 이 진리를 다음과 같이 잘 표현했다. "믿는 자를 유효적으로 부르신 것은 하나님의 주권적이요 과분한 사랑이다(렘 31:3, 롬 8:30). 이 사랑이 불변인 것처럼 결과 또한 불변이다. 결과는 그 안에서 착한 일을 시작하신 하나님께서 믿는 자에게 계속 은혜를 주신다는 것이다. 하나님께서 택함받은 자에게 중생의 은혜를 주실 때 그 사람속에 무슨 볼만한 것이 있거나 공로가 있어서 그것 때문에 은혜를 주신 것은 아니다. 따라서 그 후에 그의 속에 선하고 아름다운 것이 없다해서 그것이 동기가 되어 하나님이 그 은혜를 철회한다는 일은 있을 수 없는 일이다. 하나님은 처음에 그 은혜를 죄인에게 주실 때 그 죄인이 전적으로 부패한 자요 하나님의 거룩하신 성품을 거스리는 자라는 것을 알고 계셨다. 따라서 그가 회심한 후에 다시 망언의 죄, 불신실의 죄를 범한다고 해서 그것이 원인이 되어 하나님이 진노하시고 그의 마음을 바꾸시어 주시던 은혜를 철회하실 수도 있다는 것은 있을 수 없는 일이다. 하나님은 미리부터 이 모든 망언을 다 알고 계셨다. 하나님은 그의 성령이나 섭리적 연민(憐憫)을 잠시 철회하심으로써 그러한 망언을 징계하실 것이다. 그러나 만일 하나님이 처음부터 그러한 망언을 참고 견디며 그것을 그리스도 안에서 용서하시려고 뜻하지 않으셨다면 애초에 은혜로 죄인을 부르셨을 리가 없지 않은가? 요컨대 하나님이 그 선택의 사랑을 죄인에게 주시려고 작정하신 이유는 전혀 하나님에게 있는 것이지 믿는 자에게 있는 것이 아니다. 따라서 믿는 자의 마음이나 행위에 있는 어떤 것도 죄인을 구원하신 하나님의 사랑의 목적을 궁극적으로 변경시킬 수 없다(사 54:10, 롬 11:29). 또 롬 5:8-10, 8:32과 롬 8:28-39을 주의하여 비교해 보라. '무엇이 우리를 그리스도의 사랑에서 끊으리요' 라는 유명한 구절이 우리의 주장을 잘 논증해주고 있지 않은가".[64]

"이런 점에서 하나님의 사랑은 부모의 사랑과 비교할 수 있다. 어머니는 그녀의 자녀가 아름다워서 사랑하는 것이 아니다. 오히려 어머니의 극진한 사랑이 그녀로 하여금 자녀를 사랑할만한 것이 되게 하기 위해 할 수 있는 모든 것을 다하게 할 것이다. 이와 같이 하나님의 사랑은 그 대상이 갖고 있는 어떤 것으로도 설명될 수 없는 신비스러운 것으로, 성령의 은혜로써 그 대상을 꾸미시고 모든 성결의 아름다움으로 옷입히시는 것이다. 하나님이 우리의 선(善)때문에 우리를 사랑하신다고 하는 것은 사람들로 하여금 하나님의 사랑을 우리 안에 있는 어떤 공로에 의존하는 것으로 추측하게 만드는 통탄할 만한 오해에 자나지 않는다"[65]고 찰스 핫지 박사는 말한다.

택함받은 자의 구원에 대해 루터는 "하나님의 예정은 견고하고 확실하므로 그 예정의 필연적 결과도 변동될 수 없는 것으로 반드시 일어날 수 밖에 없다. 왜냐하면 우리 자신은 너무 연약하여 만일 구원이 우리 손에 맡겨진다면 거의 아무도, 아니 전혀 아무도 구원얻

---

64) *Theology*, p. 690.
65) *Systematic Theology*, Ⅲ, p. 112.

지 못하고 오히려 사탄에게 사로잡힐 것이기 때문이다"라고 말한다.

이 문제를 깊이 생각하면 할수록 우리의 성결에 대한 견인과 구원의 보증이 우리의 연약한 성질에 달려있지 않고 하나님의 끊임없는 지지력에 달려있다는 것에 대해 더욱 더 감사드리게 된다. 그래서 우리는 이사야와 함께 "여호와께서 조금 남겨 두지 않으셨다면 우리가 소돔과 고모라같이 될 뻔하였다"고 말할 수 있는 것이다. 알미니안주의는 성도의 견인 교리를 부인한다. 왜냐하면 그것은 순전히 은혜만을 믿는 체계가 아니고 은혜와 행위를 동시에 믿는 체계이므로 이런 체계에서는 사람이 적어도 자기가 최소한의 가치는 갖고 있음을 입증해야만 하기 때문이다.

Ⅲ. 참 신자라도 일시적으로 타락하여 범죄할 수 있다.

성도의 견인 교리가 신자는 한시라도 범죄하는 일이 없음을 의미하는 것은 아니다. 슬프게도 신자는 너무 자주 죄를 범한다. 최선의 신자라도 일시적으로 타락하는 일이 있다. 그러나 아주 타락하지는 않는다. 왜냐하면 하나님께서 지극히 약한 신자에게조차도 그의 견인의 은혜를 그 마음에 역사하게 하심으로써 그를 궁극적 배교로부터 지켜주시기 때문이다. "우리가 이 보배를 질그릇에 이는 능력의 심히 큰 것이 하나님께 있고 우리에게 있지 아니함을 알게 하려함이라"(고후 4:7).

자신의 경험으로도 대사도 바울은 "내가 원하는 바 선은 하지 아니하고 도리어 원치 아니하는 바 악은 행하는 도다……이를 행하는 자가 내가 아니요 내 속에 거하는 죄니라. 그러므로 내가 한 법을 깨달았느니 곧 선을 행하기 원하는 나에게 악이 함께 있는 것이로다. 내 속사람으로는 하나님의 법을 즐거워하되 내 지체 속에서 한 다른 법이 내 마음의 법과 싸워 내 지체 속에 있는 죄의 법아래로 나를 사로잡아 오는 것을 보는 도다. 오호라 나는 곤고한 사람이로다! 이 사망의 몸에서 누가 나를 건져내랴? 우리 주 예수 그리스도로 말미암아 하나님께 감사하리로다. 그런즉 내 자신이 마음으로는 하나님의 법을 육신으로는 죄의 법을 섬기노라"(롬 7:19-25)고 고백하였다. 참 신자라면 누구나 이 구절에서 자기 자신의 경험을 읽게 될 것이다.

그리스도인이 죄를 범하는 것은 물론 자가당착의 큰 모순이다. 히브리서 기자도 죄를 범하는 자는 "하나님의 아들을 다시 십자가에 못박아 현저히 욕을 보이는 것"(히 6:6)이라고 말하였다. 다윗이 범죄하고 회개한 후 선지자 나단은 그의 죄가 사하심은 받았으나 그로 말미암아 "여호와의 원수로 크게 훼방할 거리를 얻게 하였다"(삼하 12:14)고 말하였다. 다윗과 베드로는 일시적으로 타락했었으나 그들의 품성안에 있는 기본 원리가 그들을 돌아오게 했다. 그러나 유다는 그 기본 원리가 결여되어 있었기 때문에 영원히 타락해 버리고 말았다.

그리스도인은 세상에 사는 동안 항상 전투 태세에 있다. 그는 일시적으로 넘어져서 한동안 신앙을 아주 잃어버린 것처럼 보일 때도 있다. 그러나 그가 일단 참으로 구원을 얻었었다면 은혜에서 완전히 떠날 수가 없다. 만일 그가 일찍이 중생에 의한 내적 변화를 경험했었다면 조만간에 그는 교회로 돌아와 구원을 얻게 될 것이다. 그가 본정신으로 돌아오게 되면 자신의 구원을 조금도 의심치 않고 죄를 고백하여 하나님의 용서를 구하게 될 것이다. 물론 그의 죄의 행실은 자신을 심히 손상시키고 다른 사람들을 파괴시켰을 수도 있지만 그 사람 개인의 구원에 관한한 그것은 일시적인 것에 지나지 않는다. 그래서 바울은 많은 사람의 일생의 공력(功力)이 나쁜 행실로 건축되었다면 그것은 반드시 불타겠지만 그 자신은 "불 가운데서 얻는 것같이" 구원을 얻을 것이라고 가르쳤다(고전 3:12-15). 예수님도 이 진리를 목자가 찾아가지고 돌아온 잃어버린 양의 비유에서 밝히 말씀하셨다.

만일 참 그리스도인이 아주 타락한다면 "성령의 전"이라고 칭함 받은 그의 몸은 악마의 전이되고 악마는 기뻐 날뛰며 하나님을 모독하게 될 것이다(고전 6:19). 그러나 A. H. 스트롱(A. H. Strong)의 말과 같이 "크리스천은 등산하는 사람이 비록 이따금씩 미끄러져 내려오지만 항상 정상을 향하여 다시 올라가는 것과 같으나 중생치 못한 자는 아래를 향하고 있어서 항상 미끄러져 내려가기만 한다." 또한 스펄젼의 말과 같이 "크리스천은 배 위에 있는 사람이 때때로 갑판 위로 굴러 떨어지기는 하지만 바다에는 결코 떨어지지 않는 것과 같다."

이런 점에서 택함받은 자는 탕자(눅 15:11 이하)처럼 잠시 세상에 미혹되고 자신의 육욕에 빠진다. 그는 쥐엄 열매를 먹으며 살아보려 하나 그것으로 허기를 채울 수 없으므로 조만간에 "내가 일어나 아버지께 가서 이르기를 아버지여 내가 하늘과 아버지께 죄를 얻었사오니" 라고 말할 수밖에 없게 될 것이다. 이리하여 그는 변치 않은 아버지의 사랑의 환대를 받는다. 그 영혼에 메아리치는 아버지의 환영하는 음성 ─"내 아들은 죽었다가 다시 살아났으며 내가 잃었다가 다시 얻었노라"─ 이 애처롭게 돌아온 아들의 마음을 녹인다. 그 탕자가 "자식" 이기 때문에 아버지와의 관계가 끊어질 수 없었다는 이 비유는 철저히 칼빈주의적이다. 자식이 아닌 자는 절대 일어나 아버지에게 가야겠다는 욕망을 갖지 않는다.

어리석은 갈라디아인들처럼 우리의 판단이 때로 잘못될 수도 있으며(갈 3:1), 에베소 교인들처럼 우리의 사랑이 식을 수도 있고(계 2:4), 교회가 자고(아 5:3), 때로는 은혜를 잃어버린 것처럼 보일 때도 있다. 그러나 일식(日蝕)은 있어도 태양은 다시 옛 광채를 나타내고, 겨울에 바싹 말랐던 나무도 봄이 되면 새싹이 돋아나듯, 이스라엘이 적 앞에서 패하고 달아난 것이 비일비재하였으나 마침내 약속의 땅을 정복했던 것처럼 그리스도인도 역시 여러 번 범죄하나 마침내 구원된다. 하나님께 택함받은 자가 구원얻지 못한다는 것은 상상할 수도 없는 일이다. "택함받은 자들은 하나님의 전능하신 능력으로부터 피할 수가 없다. 니느웨로 가라고 명하시는 하나님의 뜻을 피했으나 그 명령에 복종하기까지 물고기 뱃속에 있어야만 했던 요나처럼 그리스도인들도 결국에는 구주께로 돌아와 죄를 고백한 후

사함받아 구원얻게 되고야마는 것이다."[66]

IV. 의(義)의 외부적 고백이 참된 그리스도인이라는 보증은 아니다.

참 그리스도인으로 보이던 자가 마지막에는 배교하고마는 일이 있음을 설명하는 것도 그렇게 어려운 일이 아니다. 우리는 흔히 사람에 대해 잘못 판단한다는 것과 참 신자인지의 여부를 확실히 알 수 없다는 것을 성경이나 경험을 통해 잘 알고 있다. 우리가 비록 참 성질을 첫 눈에 알아볼 수 없다 할지라도 가라지는 결코 곡식이 아니며 나쁜 고기는 결코 좋은 고기가 아니다. 사탄은 광명의 천사로 보일만큼 교묘히 변장할 수 있다(고후 11:14). 따라서 사탄의 종이 가장 그럴듯하게 거룩하고 헌신적인 것 같으며 경건하고 열심히 의(義)를 행하는 자처럼 자신을 변장하는 일은 얼마든지 있을 수 있는 일이다. 외부적인 고백이 반드시 그 영혼이 구원되었음을 보증해 주는 표는 아니다. 이것은 마치 옛날 바리새인들처럼 "육체에 모양을 내기 위한 것"일 수만도 있어서 많은 사람을 속일뿐이다. 예수님은 제자들에게 "거짓 그리스도들과 거짓 선지자들이 일어나 큰 표적과 기사를 보여 할 수만 있으면 택하신 자들도 미혹케하리라"(마 24:24)고 경고하시면서 그 결과에 대해 "이 백성이 입술로는 나를 존경하되 마음은 내게서 멀도다. 사람의 계명으로 교훈을 삼아 가르치니 나를 헛되이 경배하는도다"(막 7:6-7)라고 이사야 선지자의 예언을 인용하셨다. 바울은 "거짓 사도요 궤휼의 역군이요 자기를 그리스도의 사도로 가장하는 자들"(고후 11:13)에 대해 경고하였다. 그는 또 로마인들에게 "이스라엘에게서 난 그들이 다 이스라엘이 아니요, 또 한 아브라함의 씨가 다 그 자녀가 아니라"(롬 9:6-7)고 써 보냈다. 요한은 "자칭 사도라 하되 사도가 아닌 자들이 있다"(계 2:2)고 언급하

---

66) F. E. Hamilton, Article, The Reformed Faith in the Modern World.

면서 잠시 후에 "내가 네 행위를 아노니 네가 살았다하는 이름을 가졌으나 죽은 자로다"(계 3:1)라고 덧붙여 말하고 있다.

그러나 이런 자들이 비록 사람은 기만할 수 있을지 몰라도 하나님은 언제나 "자칭 유대인이라 하나 실상은 유대인이 아니오 사단의 회"(계 2:9)에 속한 자들을 아신다. 우리는 기독교적인 지식과 경험 및 성격을 갖지 않은 많은 사람들이 자칭 크리스천이라고 주장하는 시대, 세계 어느 곳에서나 교회와 세상과의 구별이 소멸되어가고 있는 시대에 살고 있다. 우리는 여러 번 외모에 속아서 만일 그들이 하는 일의 배후에 숨어있는 동기를 알았다면 전혀 다른 결론에 도달했을 경우인데도 사무엘처럼 "참으로 주께서 기름부은 자가 우리 앞에 있도다" 고 말하는 것이다. 우리는 최대의 신중을 기함에도 불구하고 종종 타인에 대해 잘못 판단하곤 한다. 이런 경우에 대한 적절한 해답으로 요한은 "저희가 우리에게서 나갔으나 우리에게 속하지 아니하였나니 만일 우리에게 속하였더면 우리와 함께 거하였으려니와 저희가 나간 것은 다 우리에게 속하지 아니함을 나타내려 함이니라"(요일 2:19)고 쓰고 있다. 영원히 타락하여 다시 돌아오지 못하는 자는 모두 이런 종류의 사람들이다.

어떤 사람들은 주 예수에 대해 참으로 알지도 못하면서 종교적인 고백은 잘한다. 이런 사람들은 지식적인 신앙 지식에 있어서는 많은 겸허한 신자들을 능가할 수도 있다. 또 얼마동안은 택함받은 신자들을 감쪽같이 속일 수도 있을 것이다. 그러나 그들의 마음은 전혀 중생의 내적 체험을 경험한 바가 없는 자들이다. 이처럼 이 세상에 사는 동안 겉으로만 신앙을 가졌던 자들은 심판날에 비록 그들이 "주여 주여 우리가 주의 이름으로 선지자 노릇하며 주의 이름으로 많은 권능을 행치 아니하였나이까?" 라고 말할지라도 주께로부터 "내가 너희를 도무지 알지 못하니 불법을 행하는 자들아 내게서 떠나가라"(마 7:22-23)는 대답을 들을 것이다. 만일 예수께서 그들을 참 그리스도인으로 아신 적이 있다면 이 대답은 진실이 아닐 것이다. 그러나 그들은 일찍이 참 그리스도인이 되었던 적이 없었던 것이다.

모든 사람의 본성이 나타나고 마음의 모든 비밀이 드러나게 될 때 참 그리스도인처럼 보였던 많은 사람들이 사실은 하나님의 백성이 아니었다는 것이 폭로될 것이다. 그러나 참 그리스도인이 신앙고백에서 타락할 수는 있겠지만 구원의 은혜에서 아주 타락해버리는 일은 결코 없을 것이다. 타락하는 자는 처음부터 구원의 은혜를 알지 못했던 것이다. 그들의 마음은 돌짝밭과 같아서 "그 속에 뿌리가 없어 잠시 견디다가 말씀을 인하여 환난이나 핍박이 일어나는 때에는 곧 넘어진다"(마 13:4-5, 21). 그들은 "신앙을 단념했다", "신앙의 파선을 당했다"고 말할지 모르지만 그것은 단지 외견상으로만 그런 것이고 사실은 처음부터 신앙을 갖지 않았던 것이다. 이들 중에 어떤 자들은 복음을 전하거나 남에게 가르칠 수 있을만큼 복음의 교리에는 능통하나 자기 자신은 진정한 구원의 은혜를 받지 못한 자들도 있다. 따라서 이런 자들의 타락을 예로 들어서 참 성도의 궁극적 배교를 증명할 수는 없는 것이다.

단순히 교회의 교인이 되었다고 해서 참 그리스도인이 되었음을 보증하는 것은 아니다. 전투교회(유형교회)에 속한 모든 교인이 승리의 교회(무형교회)에 속하는 것은 아니다. 어떤 목적이 있어서 신앙고백을 하는 자들이 있는데 그들은 참 신앙을 가진 것처럼 보이고 또 한동안은 그런 상태를 계속한다. 그러나 얼마 못가서 그들이 입은 양의 가죽이 벗겨지던가 아니면 그들 스스로가 그것을 벗어버리고 세상으로 다시 돌아간다. 만일 우리가 그들 마음의 참 동기를 볼 수 있다면 그들은 한번도 하나님에 대한 참 사랑으로 행동하지 않았다는 것을 알 수 있었을 것이다. 그들은 사실 양이 아니라 염소요 약탈하는 이리였던 것이다. 그래서 베드로는 그들에 대해 "참 속담에 이르기를 개가 그 토하였던 것에 돌아가고 돼지가 씻었다가 더러운 구덩이에 도로 누웠다 하는 말이 저희에게 응하였다"(벧후 2:22)고 말하고 있다. 이처럼 그들은 일찍이 선민에 속한 적이 없었던 것이다.

회심치 않는 자라도 마치 헤롯이 세례 요한의 말을 들은 것처럼 복음의 설교를 달게 듣는다. "헤롯은 요한을 의롭고 거룩한 사람으로 알고 두려워하여 보호하며 또 그의 말을 들을 때에 크게 번민을 느끼면서도 달게 들었다”(막 6:20). 그러나 세례 요한을 죽인 헤롯의 결정과 그의 전반적인 생애에 대해 아는 사람이라면 아무도 헤롯은 일찍이 크리스천이었다고 말하지 않을 것이다.

양심을 비쳐주는 성령의 일반적인 감화가 선행과 외면상의 종교생활을 하도록 만든다는 것도 인정해야 할 것이다. 그래서 성령의 일반적 감화를 받은 사람들이 종종 엄격하게 행동하며 즐겨 종교적 의무를 다하는 것이다. 그들에게는 성경에 나타난 복음의 약속과 구원 계획이 진실할 뿐 아니라 자신들의 상태에 알맞다고까지 생각되어 진리의 도덕적 힘에 근거한 신앙을 가지고 믿는다. 이 신앙은 그것이 나온 그 마음의 상태가 계속될 때까지만 지속되다가 그 마음이 변하면 평상시의 무감각한 상태로 떨어져 신앙을 잃어버리고 만다. 돌짝밭이나 가시덤불 속에 떨어진 말씀을 받은 자란 곧 이들을 말하는 것이다. 이와 같은 일시적인 신앙의 예는 성경에서나 일상생활 속에서 얼마든지 찾아볼 수 있다. 이러한 경험(즉 일시적 신앙)이 진정한 회심에 선행(先行)하거나 진정한 회심을 성취하는 수도 종종 있으나 대부분의 경우에는 진정한 회심이 뒤따르지 않는다. 그래서 이런 일이 일생에 몇 번이고 되풀이될 수도 있으나 그들은 결국 이전의 무감각한 세속적 상태로 돌아가고 마는데, 이런 외부적인 신앙생활과 진정으로 중생한 자의 신앙생활을 식별한다는 것이 타인은 물론 본인으로서도 어려운 일이다. 따라서 “저들의 열매로 저들을 알지니라”는 주님이 주신 시금석으로 구분하는 수 밖에 다른 방법이 없다. 그러나 아무튼 교회의 회원인 신자의 진위(眞僞)를 가려내는 권리는 오직 심판자이신 하나님에게만 속한 권리이다.

V. 알미니안파의 불안전감

자유의지 교리를 고수하는 동시에 참 신자가 구원의 은혜에서 아주 타락할 수도 있다고 말하는 알미니안으로서는 그가 아무리 참 신자라 할지라도 현세에서 결코 자기의 구원에 대해 확신할 수 없을 것이다. 그는 그의 "현재의 구원"에 대한 보증은 가질 수 있으나 그의 궁극적 구원에 대해서는 다만 "희망"을 가질 수 있을 뿐이다. 그는 수많은 신자가 훌륭하게 출발했으나 타락하여 멸망에 빠지는 것을 보아왔으며 현재 보고 있다. 따라서 자기 자신도 그와 똑같은 경로를 밟지 않으리라고 장담할 수 없는 것이다. 사람은 현세에 있는 한 자신 안에 옛사람의 죄악성의 잔재를 갖고 있으며 지극히 유혹적이요 기만적인 세상의 쾌락과 악마의 교활한 유혹에 둘러싸여 있다. 교회 안에서까지 근대주의라 칭하는 이단이 여러 모양으로 우리를 유혹하고 있다. 만일 알미니안주의가 옳다면 그리스도인의 장래는 그들의 연약한 의지에 따라 좌우될 것이니 그 위치는 심히 불안하고 위험하다고 할 수 밖에 없다. 더구나 알미니안주의의 논리대로라면 천국에 가서 까지도 성결을 이루는 일은 전혀 불가능하다고 주장할 수 밖에 없다. 왜냐하면 구원얻은 사람은 그곳에서도 여전히 자유의지를 갖고 있어서 자신이 원하는 어느 때든지 죄를 범할 수 있겠기 때문이다.

비유해서 말하자면 알미니안파는 막대한 유산을 상속받은 사람과 같다고 하겠다. 그는 많은 유산 상속자들이 그들의 판단 부족, 사기, 재난 등으로 그 유산을 잃어버렸다는 것을 알고 있다. 그러나 자신에게는 그 재산을 현명하게 운용할 능력이 있다고 확신하면서 그 재산을 계속 갖고 있을 것임을 추호도 의심치 않는다. 다른 사람은 실패해도 자기는 실패하지 않으리라는 이러한 확신은 그의 자긍에 기초한 것이다. 그러나 이것을 영적 세계의 일에 적용해볼 때 얼마나 무서운 망상인가! 범죄의 성향(性向)을 충분히 갖고 있는 자가 구원의 보증을 자기 능력 위에 두다니 얼마나 어리석고 비참한 일인가! 이처럼 성도의 궁극적 구원의 원인을 전능하시고 불변하신 하나님 수중에 두지 않고 연약하고 죄많은 인간의 수중에 두는 것이 바로 알미니안주의의 의이다.

그렇다면 알미니안주의의 논리는 될 수 있는한 빨리 이 세상을 떠나서 무한한 가치가 있는 천국의 기업을 확보하는 일이야말로 그리스도인이 취할 가장 현명한 길이라고 말하고 있지 않은가! 여러 교우가 타락한 실례가 있는 것을 보면서 구태여 이 세상에 더 머물며 얼마되지 않는 나그네 생활을 위해 그의 영원한 구원을 내기한다는 것은 부질없는 일이다. 몇 푼의 돈을 더 벌기 위해 의심스러운 투기사업에 자기의 전재산을 거는 상인이 있다면 그는 두말할 것 없이 미련한 사람이다. 따라서 알미니안 견해를 주장하면서 자기가 구원얻은 자임을 확신하는 사람이라면 가능한 한 빨리 죽어서 추호도 의심의 여지가 없는 구원의 장소인 하늘나라로 가는 것이 소원일 것이라고 본다.

영적인 생활에 있어서 의혹의 상태란 불행한 상태이다. 그리스도인은 결코 하나님의 사랑에서 끊어질 수 없다는 보증이야말로 크리스천 생활에 있어서 최대의 위안중 하나이다. 이 교리를 부인하는 것은 지상(地上)에 있는 성도들의 가장 깊은 희열의 근저(根低)를 파괴시키는 일이다. 언제 어떻게 기만을 당하고 타락하게 될는지도 모른다고 믿고 있는 자가 어떻게 진정한 희열을 가질 수 있겠는가. 만일 우리의 안전감이 단지 우리의 변하기 쉽고 동요하기 잘하는 성질에만 근거하고 있다면 우리에게는 크리스천의 특징인 내적평화와 기쁨이 전혀 없을 것이다. 맥페드리지(McFetridge)는 역사적 칼빈주의(Calvinism In History)라는 그의 소책자에서 "나는 구원에 대해 아득히 불안을 느끼는 영혼의 공포와 오랜 세월동안 애쓰고 신앙생활을 했다가도 얼마든지 구원의 은혜에서 아주 떨어져버릴 가능성이 있다는 두려움을 느낄 수 있는데, 그것이 바로 알미니안주의가 가르치는 교리이다. 이러한 교리는 나를 위협하고 나로 하여금 말할 수 없는 곤란속으로 빠져들어가게 한다. 만일 나 자신의 믿을 수 없는 성질이 행하는 것 위에 내 생명의 최후의 안전을 맡긴 채 고해(苦海)와 같은 인생을 항해하고 있는 것이라면 나는 언제나 불안과 공포를 느끼며 살아야 할 것이다. 따라서 나는 나의 생명을 맡긴 배가 충분히 항해에 견딜만하여 일단 그 배를 타면 목적지까지 안전하게 도달할 수 있는지 확인해본 후에 그 배를 타려고 한다"고 말하고 있다.

우리의 구원은 하나님에 대한 우리의 사랑(그것은 연약하고 끊임없이 동요함)에 달려있지 않고 우리를 향한 하나님의 영원불변하신 사랑에 달려있다. 이 놀라운 궁극 구원의 은총교리를 바로 인식하게 될 때 우리는 비로소 그리스도인의 생활에서 얻어지는 평안과 확신을 갖게 되는 것이다. 따라서 자신이 하나님의 수중에 있으므로 절대 안전하다는 것을 아는 칼빈주의자만이 성결하고 영화되게 하기위해 자기가 하나님의 영원하신 목적 안에서 택함 받았으며 아무것도 이 목적을 좌절시킬 수 없다는 것을 알고 마음의 평화와 안정을 얻을 수 있는 것이다.

VI. 배교에 대한 성경의 경고 목적

알미니안파는 신자의 배교 타락에 대한 성경의 경고를 증거로 삼아 신자의 궁극적 타락 가능성을 주장한다. 물론 성경에는 신자도 타락하여 세상으로 떨어질 수 있음을 의미하는 것처럼 보이는 구절이 있다. 그것은 그들에 대한 하나님의 목적과 계획에서 떠나 단지 그들 스스로의 능력과 역량만을 생각할 때는 그렇게 될 수도 있다는 것을 의미할 뿐이다. 그래서 우리는 모두 신자들도 일시적으로 타락할 수 있다는 것을 시인한다.

그러나 이러한 성경 구절이 가르치는 첫째 목적은 하나님의 목적 달성을 위해 인간으로 하여금 자진해서 하나님과 협력하게 하려는 것이다. 즉 인간으로 하여금 끊임없이 겸손하고 각성하며 근면케 하려는데 그 목적이 있다. 그것은 마치 부모가 자녀를 위험한 곳에 가지 못하게 하려고 할 때 자녀의 자발적인 협조를 구하기 위해 차도로 나가지 말라고 타이르는 것과 같다. 하나님이 타락할지도 모른다는 두려움을 가지고 인간을 경고하신 것은 그의 타락을 허용하시려고 작정하셨기 때문이 아니라 오히려 피택자들을 타락하지 않게 하기 위해 사용하시는 수단일 수도 있다.

둘째로, 우리가 이 경고의 구절에 대해 고려해야 할 점은 하나님이 어떤 행동의 의무를 우리에게 명하실 때는 반드시 우리에게 그 의무를 수행할 수 있는 능력도 주신다는 것이다. 성경 한 구절에서 하나님은 "네 마음을 다하여 주 너희 하나님을 사랑하라"고 명하셨는데 다른 구절에서는 "내가 내 신(神)을 너희 안에 두어 너희로 내 법을 행하게 하리라"고 말씀하셨다. 성령이 자기 모순을 행치 않는 한 이 둘은 양립되어야 한다.

셋째, 이 경고는 신자에게 더 큰 믿음과 기도를 위한 자극제가 된다.

넷째, 그것은 인간으로 하여금 자신의 능력보다는 의무를, 자신의 힘보다는 약함을 깨닫게 하려는 것이다.

다섯째 그것은 인간으로 하여금 성결의 필요성과 하나님께 대한 의존을 확실히 알게 하려함이다.

여섯째, 그것은 불신자로 하여금 변명의 여지가 없게 하기 위함이다.

Ⅶ. 성경의 증거

이 교리에 대한 성경의 증명은 풍부하고 분명하다.

"누가 우리를 그리스도의 사랑에서 끊으리요. 환난이나 곤고나 핍박이나 기근이나 적신이나 위험이나 칼이랴? 기록된 바 우리가 종일 주를 위하여 죽임을 당케 되며 도살할 양같이 여김을 받았나이다 함과 같으니라. 그러나 이 모든 일에 우리를 사랑하시는 이로 말미암아 우리가 넉넉히 이기느니라. 내가 확신하나니 사망이나 생명이나 천사들이나 권세자들이나 현재일이나 장래일이나 능력이나 높음이나 깊음이나 다른 아무 피조물이라도 우리를 우리 주 그리스도 예수 안에 있는 하나님의 사랑에서 끊을 수 없으리라"(롬 8:35-39). "죄가 너희를 주관치 못하리니 이는 너희가 법 아래 있지 아니하고 은혜 아래 있음이니라"(롬 6:14). "믿는 자는 영생을 가졌나니"(요 6:47). "내 말을 듣고 또 나 보내신 이를 믿는 자는 영생을 얻었고 심판에 이르지 아니하나니 사망에서 생명으로 옮겨느니라"(요 5:24). 이 말씀을 보면 우리가 예수를 믿는 그 순간부터 영생을 실재로 얻어서 현재 소유하고 있는 것이지 미래에 소유하게 될 조건적 선물이 아니라는 사실을 알 수 있다. "나는 하늘로서 내려온 산 떡이니 사람이 이 떡을 먹으면 영생하리라 나의 줄 떡은 곧 세상의 생명을 위한 내 살이로다"(요 6:51). "내가 주는 물을 먹는 자는 영원히 목마르지 아니하리니 나의 주는 물은 그 속에서 영생하도록 솟아나는 샘물이 되리라"(요 4:14). 예수는 이처럼 생명의 양식과 생명수에 대해 이것을 한번만 먹으면 영원히 살 것이라고 선언한다.

"너희 속에 착한 일을 시작하신 이가 그리스도 예수의 날까지 이루실 줄을 내가 확신하노라"(빌 1:6). "여호와께서 내게 관계된 것을 완전케 하실지라. 여호와여 주의 인자하심이 영원하오니 주의 손으로 지으신 것을 버리지 마옵소서"(시 138:8).

"하나님의 은사와 부르심에는 후회하심이 없느니라"(롬 11:29). "또 증거는 이것이니 하나님이 우리에게 영생을 주신것과 이 생명이 그의 아들안에 있는 그것이니라"(요일 5:11). "내가 하나님의 아들의 이름을 믿는 너희에게 이것을 쓴것은 너희로 하여금 너희에게 영생이 있음을 알게 하려함이라"(요일 5:13). "저가 한 제물로 거룩하게 된 자들을 영원히 온전케 하셨느니라"(히 10:14). "주께서 나를 모든 악한 일에서 건져내시고 또 그의 천국에 들어가도록 구원하시리니 그에게 영광이 세세무궁토록 있을지어다"(딤후 4:18). "하나님이 미리 아신 자들로 또한 그 아들의 형상을 본받게 하기 위하여 미리 정하셨으니 이는 저로 많은 형제중에서 맏아들이 되게 하려 하심이니라”(롬 8:29). “그 기쁘신 뜻대로 우리를 예정하사 예수 그리스도로 말미암아 자기의 아들들이 되게 하셨으니”(엡 1:5).

예수는 “내가 저희에게 영생을 주노니 영원히 멸망치 아니할 터이요 또 저희를 내 손에서 빼앗을 자가 없느니라. 저희를 주신 내 아버지는 만유보다 크시매 아무도 아버지 손에서 빼앗을 수 없느니라”(요 10:28-29)고 선언하셨다. 여기서 우리는 우리의 안전함이 하나님의 전능을 근거로 하고 있기 때문에 그것은 하나님의 전능하심 만큼이나 확실하다는 것을 알 수 있다. 하나님은 온 세상보다 강하시니 그의 보화를 빼앗을 자는 사람중에도 마귀중에도 없다. 하나님의 수중에서 성도 한 사람을 빼앗는 것보다는 차라리 하늘에서 별을 하나 따는 것이 더 쉬울 것이다. 성도의 구원은 하나님의 절대적인 능력에 달려있기 때문에 그들은 멸망의 위험이 미치지 못하는 곳에 있는 것이다. 그리스도는 음부의 문이 그의 교회를 이기지 못한다고 약속하셨다. 그런데 만일 한 성도라도 궁극적 타락을 할 수 있다면 원리적으로 볼 때 모든 신자가 그렇게 될 수 있다는 말이니 그렇게 되면 그리스도의 보증은 공수표가 되고 말 것이다.

그리스도께서 “거짓 그리스도들과 거짓 선지자들이 일어나 큰 표적과 기사들 보이며 할 수만 있으면 택하신 자들도 미혹하게 하리라”(마 24:24)고 말씀하셨으니 이 구절을 읽는 자로서 편견을 갖지 않은 자라면 곧 택한 자들은 도저히 미혹될 수 없다는 것을 깨닫게 될 것이다.

그리스도와 신자 사이에 맺어진 신비한 연합은 택한 자들이 누리게 될 궁극적 은총을 보장해 준다. 예수는 “내가 살았고 너희도 살겠음이라”(요 14:19)고 말씀하셨으니 이것은 그리스도의 확실한 부활에 택한 자들이 관련되어 결국 그리스도의 삶이 그들의 삶이 되고 말 것이라는 말이다. 그리스도는 우리 안에 계시며(롬 8:10), 우리가 사는 것은 우리가 사는 것이 아니라 그리스도께서 사시는 것이다(갈 2:20). 그리스도와 신자는 마치 포도나무와 그 가지들과의 관계처럼 공동 생명을 갖고 있다. 성령께서 구원얻은 성도들 안에 계셔서 성도의 다함없는 능력의 저장고가 되어주시는 것이다.

바울은 에베소인들에게 "하나님의 성령을 근심하게 하지 말라. 그 안에서 너희가 구속의 날까지 인치심을 받았느니라"(엡 4:30)고 경고하였다. 그는 배교에 대한 두려움이 전혀 없이 "항상 우리를 그리스도 안에서 이기게 하시는 하나님께 감사하노라"(고후 2:14)고 자신있게 말할 수 있었다. 하나님은 선지자 예레미야를 통하여 "내가 무궁한 사랑으로 너를 사랑하노라"(렘 31:3)고 말씀하셨다. 하나님의 사랑은 끝이 없다는 것을 뒷받침해주는 제일 좋은 증거는 그의 사랑은 시작이 없고 오히려 영원하다는 점이다. 두 집의 비유(마 7:24)에서 나타내고자 한 강조점은 반석(그리스도) 위에 세운 집은 인생의 폭풍우에도 결코 넘어지지 않는다는 것이다. 우리는 시편 23편에서 "내가 주의 집에 영원히 거하리라"는 말씀을 읽는다. 참 그리스도인은 하나님의 집을 일시적으로 방문하는 자가 아니고 영원히 거하는 자이다. 성도의 궁극적 구원은총을 믿지않는 자는 시편 23편에 나타난 이 심오하고도 풍요로운 의미를 망각해버린 자이다.

그리스도는 그의 백성을 위하여 항상 기도히시며(롬 8:34, 히 7:25) 성부는 항상 그의 기도를 들으신다(요 11:42). 따라서 크리스천이 아주 타락할 수도 있다고 주장하는 알미니안파는 이 두 구절 중 어느 하나를 부인하지 않으면 안될 것이다. 여기서 성도들이 얼마나 안전한 보호를 받고 있는지 살펴보도록 하자. 그리스도는 하나님 우편에서 우리를 위해 간구하고 계시며, 성령은 말할 수 없는 탄식으로 우리를 위해 친히 간구하고 계신 것이다(롬 8:26).

"내가 그들에게 복을 주기 위하여 그들을 떠나지 아니하리라 하는 영영한 언약을 그들에게 세우고 나를 경외함을 그들의 마음에 두어 나를 떠나지 않게 하고"(렘 32:40)라는 말씀속에서 하나님은 완전한 타락으로부터 성도들을 보호해 주실 것을 약속하셨다. 에스겔 11:19-20에서 하나님은 그들에게 "돌같은 마음"을 제하고 "부드러운 마음"을 주어 그들로 하여금 하나님의 법도를 지키게 하여 그들은 그의 백성이 되고 그는 그들의 하나님이 되리라고 약속하셨다. 베드

로는 신자의 완전 타락을 부인한다. 왜냐하면 신자는 "말세에 나타
내기로 예비하신 구원을 얻기 위하여 믿음으로 말미암아 하나님의
능력으로 보호하심을 입기 때문이다"(벧전 1:5). 바울은 "하나님이
능히 모든 은혜를 너희에게 넘치게 하시나니 이는 너희로 항상 모든
것이 넉넉하여 모든 착한 일을 넘치게 하려 하심이라"(고후 9:8)고
말한다. 그는 또 주의 종은 "그 섰는 것이나 넘어지는 것이 제 주인
에게 있으매 저가 세움을 받으리니 이는 저를 세우시는 권능이 주께
있음이니라"(롬 14:4)고 선언한다

　그리스도인은 더 확실한 약속을 가지고 있으니 "사람이 감당할 시
험밖에는 너희에게 당한 것이 없나니 하나님은 미쁘사 너희가 감당
치 못할 시험당함을 허락지 아니하시고 시험당할 즈음에 또한 피할
길을 내사 너희로 능히 감당하게 하시느니라"(고전 10:13)는 약속이
다. 그의 백성이 견뎌낼 수 없는 시련에 봉착하지 않도록 하시는 것
은 섭리의 하나님의 절대적인 선물이다. "주는 미쁘사 너희를 굳게
하시고 악한 자에게서 지키시리라"(살후 3:13). "여호와의 사자가 주
를 경외하는 자를 둘러 진치고 저희를 건지시는도다" (시 34:7). 바
울은 그의 극한 시련과 곤란 속에서도 결코 타락하지 않으리라는 것
을 확신하였기 때문에 "우리가 사방으로 우겨쌈을 당하여도 싸이지
아니하며 답답한 일을 당하여도 낙심하지 아니하며 핍박을 받아도
버린바 되지 아니하며 거꾸러뜨림을 당하여도 망하지 아니하니……
주 예수를 살리신 이가 예수와 함께 우리도 다시 살리사 너희와 함
께 그 앞에 서게 하실줄을 아노라"(고후 4:8, 9, 14)고 담대히 말할
수 있었던 것이다.

　성도는 이 세상에 있을 때에도 시들지 않는 나무(시 1:3), 레바
논의 무성한 백향목(시 92:5), 요동치 않고 영원히 있는 시온산(시
125:1), 반석위에 세운 집에 비교된다. 주는 그들이 노년에 이르기까
지 같이 계시고(사 46:4) 죽을 때까지 인도하신다(시 48:14). 그리하
여 그들은 최후까지 절대로 망하지 않는다.

　궁극적 은혜를 지지하는 또 하나의 강한 논증은 "어린 양의 생명

책” 에 관한 구절들에서 찾아볼 수 있다. 주님은 제자들에게 귀신이 그들에게 복종함을 인하여 기뻐하지 말고 그들의 이름이 생명책에 기록된 것을 생각하여 기뻐하라고 말씀하셨다. 이 생명책은 영원 불변하신 하나님의 뜻으로 제정된 선민들의 명부이니 그 이름의 수효는 증가될 수도 감소될 수도 없다. 이 책에는 의인의 이름이 적혀 있다. 그러나 멸망할 자의 이름은 창세때부터 이 책에 기록되어 있지 않은 것이다. 하나님은 후에 말소해버릴 이름을 생명책에 기록하시는 실수를 범하시지 않는다. 주님의 백성은 한 사람도 멸망당하지 않는다. 그렇기 때문에 예수님은 그의 제자들에게 저들의 이름이 생명책에 기록되어 있는 것을 기뻐하라고 말씀하신 것이다(눅 10:20). 만일 생명책에 이름이 쓰여졌다가 말소될 수도 있다면 어떻게 그 책에 이름이 기록된 것만으로 기뻐하라고 말씀하실 수 있었겠는가? 바울은 빌립보인들에게 “우리의 시민권은 하늘에 있다”(빌 3:20)고 했으며 디모데에게는 “주께서 자기 백성을 아신다”(딤후 2:19)고 했다. 그리고 생명책에 관한 성경의 교훈은 수없이 많다(눅 10:20, 빌 4:30, 계 3:5, 13:8, 17:8, 20:12-15, 21:27).

이상의 증거들을 볼 때 그리스도인은 계속 은혜 가운데 있음을 알 수 있는데 그 이유는 주께서 그들을 은혜 가운데 있도록 보존해 주시기 때문이다. 위에 제시된 성경의 증거들은 선민들이 양쪽으로 안전하다는 것을 잘 나타내 준다. 즉 하나님께서 저들을 떠나지 않으실 뿐아니라 저들도 하나님을 떠나지 않도록 하나님께서는 저들 마음에 하나님에 대한 경외심도 심어주신다. 중생한 그리스도인이라면 이 성경적 교훈에 대해 전혀 의심을 품지 않을 것이다. 심히 연약하고 무력한 인간으로서는 내부로부터의 모든 죄악성과 외부로부터 오는 온갖 공격에도 불구하고 자기에게 영원한 행복을 소유할 수 있다고 가르쳐주는 이 교리를 환영함이 마땅하나 오히려 이를 거부하고 이에 대해 반론을 펴기까지 한다. 반대하는 이유는 저들이 자기의 힘을 과신하여 스스로 구원을 성취해 보겠다는 잘못된 생각을 갖고 있기 때문이요, 이 진리가 그 성격상 자연계의 보통원리나 법칙과 다르기 때문이여, 만일 이 교리를 시인하게 되면 값없이 주시는 은혜에 관한 칼빈주의의 다른 교리들도 시인하지 않을 수 없기 때문이다. 그래서 이 교리를 가르치고 있는 성경구절들은 왜곡되이 설명하고 자신들의 편견과 부합되는 듯이 보이는 몇몇 구절에만 집착하여 반론을 제기하는 것이다. 사실 은혜로만 구원얻는다는 교리는 선행과 공로에 따라 모든 사물과 사람들을 대우하는 저들의 일상생활의 경험과 비교해 볼 때 너무 다르기 때문에 그것이 진실로 믿어지지 않는 것이요, 따라서 스스로 구원을 성취해 보려고 고집을 부리리는 것이다.

제 3 부

칼빈주의 예정론에 대한 여러 반론(反論)

제15장
예정론은 숙명론이라는 설

기독교의 예정론과 이교의 숙명론을 혼동하는데서 많은 오해가 생긴다. 그러나 모든 미래의 사건은 절대적으로 확실하다는 것을 단정하는 것 외에는 양자 사이에 어떤 공통점도 없다. 양자는 운명론이 인격적인 하나님을 용납할수 없다는 점에서 본질적으로 다르다. 예정론은 무한히 지혜로우시고 능력이 많으시며 거룩하신 하나님께서 그렇게 이루어지도록 정하셨기 때문에 모든 사건들이 일어나는 것이라고 주장하는 반면 숙명론은 물리적 필연성과 구별지을 수 없는 마치 큰 강이 나무조각을 떠내려 보내듯 어쩔 수 없이 인간을 이끌어가는 하나의 맹목적이며 무지한 그리고 비인격적이며 부도덕한 세력으로 말미암아 모든 사건들이 생기는 것이라고 주장한다.

예정론은 하나님이 이 세계 질서 속에서 일어나는 모든 사건들을 통해 완성되어가고 있는 하나의 통일된 계획 또는 목적을 영원전부터 가지고 계시다고 가르친다. 그리고 그의 모든 결정은 충분한 이유를 근거로 한 합리적 결정들이며 그는 "모든 피조물이 지향하는" 하나의 큰 목표를 정해 놓으셨다고 하면서, 그 모든 사건들의 존재 목적은 첫째, 하나님의 영광을 위함이요 둘째, 하나님의 백성을 위함이라고 주장한다. 그런데 숙명론은 궁극적 원인이라는 관념을 배제시킨다. 즉 전우주를 통치하는 것은 무한한 지혜와 사랑을 가지신 인격신이 아니라 맹목적 필연이라는 것이다. 결국 숙명론은 자연의 운행(運行)과 인간이 경험하는 모든 사건들의 원인을, 그것에 대항하여 싸워보았자 헛수고이며 어린애처럼 불평만 하게 될 미지의 불가항력적인 어떤 힘이라고 본다.

예정론 안에서는 인간의 자유와 책임이 고스란히 보존된다. 그러나 숙명론은 의지의 자유선택 및 결정을 전혀 인정하지 않으므로 인간의 행동 역시 자연법칙과 마찬가지로 인간의 힘으로 제어할 수 없는 필연에 속한 것으로 간주한다. 숙명론의 주장처럼 불가항력적, 비인격적, 추상적 능력이 모든 행동의 원인이라면 자유의지를 조건으로 하는 도덕적 책임은 세상에서 없어지고 말것이다. 그러나 예정론에서는 인간이 보기에 비인격적, 맹목적인 것 같은 모든 세력들도 결국 하나님의 계획을 성취하는 방편일 뿐, 이 세력들이 인간의 의지까지 장악한다고는 보지 않기 때문에 자유의지를 조건으로 하는 도덕적 책임은 이 세상에 존재한다고 본다. 또 숙명론이 진리라면 인간에게는 종교, 사랑, 자비, 성결, 공의, 지혜 등을 추구할 동기가 없어질테지만 예정론은 오히려 인간에게 이런 덕행들을 사모하도록 동기를 부여해준다. 결국 숙명론은 인간을 회의와 절망으로 인도하는 반면 예정론은 하나님의 영광과 찬란한 하늘나라의 영광을 나타내주며 인간으로 하여금 구원의 확신을 갖게 해준다.

따라서 인간의 행동이 기계의 작동과 다른 것만큼, 또는 하나님 아버지의 다함없는 사랑이 인력(引力)의 힘과 다른 것만큼이나 예정론과 숙명론은 서로 다르다. 그래서 스미드(Smith)는 "예정론은 우리의 생명과 마음이 하나의 수레바퀴와 같은 인정없는 운명이나 회오리바람 같은 광무하는 우연에 좌우되는 것이 아니라 오직 무한히 선하시고 지혜로우신 하나님의 전능하신 장중에 달려있다는 영광스런 진리를 우리에게 계시해 준다"[1]고 말한다.

---

1) *The Creed of Presbyterian*, p. 167.

　칼빈도 예정론을 숙명론이라고 말하는 비난에 대해 극구 부인했다. 그는 "운명이란 스토아주의 철학자들이 만들어낸 필연이란 말의 또다른 명칭으로, 하나님 자신까지도 전혀 자유가 없고 필연이란 것의 노예가 되어버린 분으로 여기는 교훈이다. 그러나 성경으로 정의해 볼때 예정이란 어떤 속박도 받지 않는 자유자재하신 하나님의 모략이니, 그것으로 모든 인간과 사물들을 제정, 통치하시되 우주안에 있는 모든 부분, 심지어 지극히 적은 티끌에 이르기까지 무한히 지혜롭고 공평하게 제정, 통치하시는 것을 말한다. 따라서 만일 독자들이 나의 저서들을 주의깊게 읽어보기만 한다면 사실 운명이란 모욕적인 용어는 내가 가장 싫어하고 꺼려하는 용어임을 단번에 확인할 수 있을 것이다. 더구나 어거스틴마저도 그 당시 그의 반대자들로부터 이와 똑같은 극단적인 말로 비난받았다는 것을 알게 될 것이다"[2] 라고 말하였다. 루터는 이교적 숙명론은 "하나님의 예정과 예지에 관한 지식이 신(神) 자체에 대한 통념만큼이나 이 세상에 방치되어 있다"[3]는 증거라고 말하였다. 철학사(哲學史)를 연구해보면 유물론(唯物論)이 바로 숙명론임을 알 수 있으며 범신론 역시 숙명론과 많이 결부된 사상임을 알 수 있다.

　숙명론자라면 누구나 다 모순에 빠질 수 밖에 없다. 만일 철저한 숙명론자가 된다면 그는 "만일 내가 오늘 죽을 운명이라면 어차피 죽을테니까 아무 것도 먹을 필요가 없다. 또 만일 내가 앞으로 수년간 생존할 운명이라면 어차피 살테니까 아무 것도 먹을 필요가 없다. 따라서 나는 아무 것도 먹지 않을 것이다"라는 식의 추론을 할 수밖에 없을 것이다. 그러나 예정론은 그렇지 않다. 그것은 만일 하나님께서 어떤 인간을 어느 때까지 생존하도록 예정하셨다면 식사를 거절하는 식의 자살적 행위로부터 그를 보호해 주실 것까지도 예정하셨다고 주장한다.

　해밀톤(Hamilton)은 "예정론은 단지 외부적으로만 이교의 숙명론

---

2) *The Secret Providence of God, reprinted in Calvin's Calvinism, pp. 261, 262.*
3) *Bondage of the Will, p. 31.*

과 비슷해 보일뿐이다. 그리스도인은 냉혹하고 비인격적인 운명의 수중에 붙잡혀 있는 것이 아니고 우리를 사랑하사 독생자를 보내시어 우리를 위해 갈보리에서 죽게하신 자비하고 사랑 많으신 하늘 아버지의 장중에 붙잡혀 있는 것이다. 그리스도인은 '하나님을 사랑하는 자 곧 그 뜻대로 부르심을 입은 자들에는 모든 것이 합력하여 선을 이룬다'는 것을 안다. 그리스도인은 하나님이 전지하시고, 사랑이 많으시며, 공의롭고 성결하심을 알기 때문에 그에게 모든 것을 맡길 수 있다. 하나님은 처음부터 끝까지 다 아시고 모든 것을 계획하셨기 때문에 설사 어떤 일이 잘못 되어가는 것처럼 보일지라도 당황해 할 이유가 전혀 없다"고 말한다. 따라서 예정론을 신중히 검토해 보지 않았거나 이에 대해 악의를 품고 있는 자는 예정론을 숙명론이라고 비난할 수도 있다 하겠으나 예정론이 무엇이고 숙명론이 무엇인지를 아는 자가 그런 실수를 범한다면 그것은 전혀 변명할 여지가 없다고 본다.

우주는 하나의 조직체이기 때문에 우리는 마음의 의도와 목적을 없애 버리는 숙명론을 택하든 아니면 하나님이 만물을 창조하셨으며 그것을 섭리적으로 지배하신다는 것, 그리고 그 자신이 자유이신 것처럼 인간도 인간본성의 한계내에서 자유하도록 만드셨다는 것을 주장하는 성경적 교리인 예정론을 택하든 둘 중 어느 하나를 선택하지 않으면 안된다. 이제 우리는 예정론과 이교적 숙명론은 서로 다를 뿐아니라 완전히 상반되는 것으로서 절대 양립할 수 없는 양자택일적인 것임을 분명히 알았다.

제16장
예정론은 인간의 자유행동과
도덕적 책임에 있어서 모순된다는 설

Ⅰ. 인간의 자유행동 문제

　이제 우리가 당면하게 되는 문제는 만일 인간의 모든 행동이 영원부터 예정되어 있다면 인간이 어떻게 자유롭고 책임있는 행위자가 될 수 있겠느냐 하는 문제다. 자유롭고 책임있는 행위자란 자신의 이성적 결정으로 행동하는 지성적 인간을 말한다. 그런데 예정이란 하나님께서 영원부터 모든 인간의 생애와 자연계에서 발생할 모든 사건들의 실제적인 과정을 필연적으로 확정해 놓으셨다는 말이다. 물론 인간의 행동은 강요가 아닌 자신의 희망과 성향에 따라 이루어져야 할것이다. 만일 그렇지 않다면 인간은 자신의 행동에 대해 전혀 책임을 질 필요가 없을 것이다. 그렇다고해서 자유행위의 성격이 우연적이며 불확실한 것이라면 예정과 자유행위는 분명 모순될 것이다.

　만물을 생기게 하고 또 그것을 지배하는 위대한 힘의 존재를 믿는 철학자는 무한한 의지의 지배 아래서 유한한 의지가 어디에 나타날 수 있는지를 찾아보아야 할 것이다. 하나님의 주권과 인간의 자유에 관한 이 어려운 문제를 진정으로 해결할 수 있는 길은 둘 중 어느 하나를 부인하는데 있지 않고, 이 둘의 중요성을 충분히 인정하면서 무한히 높으신 창조주 하나님의 주권을 죄인인 피조자의 자유 위에 두는 조화에 있다. 모든 사건을 예정하신 하나님은 그 사건 속에 있는 인간의 자유도 예정하셨기 때문에 인간의 자유는 다른 모든 사건과 마찬가지로 확정되어 있다. 하나님의 계획은 무한히 다양하고 복잡하며, 영원에서 영원까지 이르며, 그 안에는 행동하고 상호작용하며 서로 반응하는 수많은 자유행위자가 포함되어 있으며, 그 계획 속에서 하나님은 그의 주권하에 인간이 자신의 자유를 가질 수 있도록 예정하신 것이다. 그러나 하나님은 이 문제에 대해 우리에게 정식으로 설명을 해주시지 않았고, 우리 역시 우리의 유한한 지식으로는 이 문제를 충분히 해결할 수 없다. 그런데 성경 기자들은 인간의 생각과 의도에 대한 하나님의 절대적 지배를 조금도 의심치 않았기 때문에 자유행위자의 행위를 하나님의 포괄적인 계획속에 포함시키는데 대해 전혀 곤란을 느끼지 않았다. 웨스트민스터 신앙고백을 작성한 사람들도 인간의 자유를 분명히 인정했다. 왜냐하면 "하나님은 장래 일어날 모든 일을 자주적으로 불변하도록 미리 작정하셨다"고 말한 후에 "비록 하나님이 이 모든 일들을 작정하셨지만, 그렇다고 해서 하나님이 죄의 근원이 되시거나, 지음받은 피조물의 자유를 억제하시거나 제2 원인이 발생할 자유나 가능성을 제거하시는 것이 아니라 오히려 굳게 세우신다"고 덧붙였기 때문이다.

한 개인의 행동은 그것이 그 개인의 행동이면서 동시에 하나님의 예정에 의해 합법적으로 실현되는 하나님의 능력의 결과에 불과할 뿐이다. 우리는 사람이 건축을 하는 경우에서도 이와 비슷한 이치를 발견하게 된다. 건축가는 먼저 설계도를 작성한 다음 목수, 석수, 연공(鉛工) 등을 고용해서 공사를 진행한다. 이 일군들은 모두 자유로 일한다. 어떤 종류의 강요도 받지 않는다. 그들은 다만 노임 또는 노동조건에 따라 자유롭게 스스로 결정하여 그 공사에 종사하는 것이다. 그리하여 건축가가 계획한 것을 자세한 부분에 이르기까지 그대로 완성해 놓는다. 이 때 건축가의 의지는 그 건축 공사의 주요 의지(또는 일차적 원인)가 되고 고용인들의 의지는 이차적 의지(또는 이차적 원인)가 된다. 이처럼 우리는 종종 타인의 자유나 책임을 침해하는 일없이 그들의 행동을 지시할 수 있다. 마찬가지로, 그러나 이보다 훨씬더 무한하신 강도(強度)로 하나님은 우리의 행동을 지시하실 수 있는 것이다. 모든 사건의 진행과정에서 하나님의 의지는 일차적 원인이요 인간의 의지는 이차적 원인으로 이 양자는 완전한 조화속에서 일한다.

좀 역설적으로 들릴지 모르지만 어떤 의미에서 하나님 나라는 민주적이라할 수 있다. 민주주의의 본질적 원리는 그것이 "피지배자의 동의"에 입각한다는 점이다. 하나님 나라는 물론 하나님을 절대적 지배자로 하는 나라이다. 그러나 그 나라는 신자의 동의를 무시하거나 강요하지 않는다. 신자들은 하나님의 감화를 받아 즐거운 마음으로 복음을 받으며 주권자의 뜻 행하기를 일생일대의 기쁨으로 여기는 것이다.

II. 이 반론은 하나님의 예지에 대해서도 공격한다.

인간의 자유행위력과 양립될 수 없기 때문이라면서 예정을 반대하는 것은 곧 하나님의 예지를 반대하는 것과 같다. 만일 하나님이 미래에 생길 어떤 사건을 예지하셨다면 그것은 예정된 것과 마찬가지로 확실히 발생할 것이다. 따라서 예정이 자유행위력과 모순된다면 예지 역시 자유행위력과 모순될 수밖에 없다. 그런데 알미니안파는 인간의 자유와 모순된다고 하면서 예정교리는 버리고 예지교리는 계속 지지하고 있으니 참 불합리한 일이 아닌가? 유니테리안파는 비복음적이면서도 이 점에 있어서만은 알미니안파보다 훨씬 더 철저하다. 그들은 "하나님은 가지적(可知的)인 모든 일들을 아신다. 그러나

자유행위는 불확실한 것이므로 하나님이 그것을 모르신다고 해서 그
것이 하나님을 모욕하는 것은 아니다"라고 말한다.

그러나 성경에는 자유행위자의 행동을 통해 성취되는 크고 작은
많은 사건들에 대한 예언이 담겨 있다. 이때 자유행동자들은 자기들
이 하나님의 예언을 성취하고 있다는 것을 꿈에도 생각지 못했다.
그들은 자유로 행동했으나 실제로는 예언된대로 행동한 것이다. 유
대인들이 예수를 거절한 것, 로마 병사가 예수의 겉옷을 제비뽑은
것, 베드로가 예수를 부인한 것 등은 그 한 예에 지나지 않는다. 성
경 기자들은 어떠한 자유행위도 하나님이 예지하신 것이기 때문에
절대적으로 확실하게 성취될 것이라고 믿었음이 분명하다. 하나님의
예지는 유다나 베드로의 자유를 손상시키지 않았다. 아니 적어도 그
들 자신은 그렇게 생각했다. 왜냐하면 유다는 후에 "내가 무죄한 피
를 팔고 죄를 범하였도다"라고 후회했으며, 베드로는 닭 우는 소리
를 듣자 예수님의 말씀이 생각나서 밖에 나가 통곡하였기 때문이다.

예수께서 나귀를 타고 예루살렘에 입성하신 사건에 대하여 사도
요한은 "제자들은 이 일을 깨닫지 못하였다가 예수께서 영광을 얻으
신 후에야 이것이 예수께 대하여 기록된 것임과 사람들이 예수께 이
같이 한것인줄 생각났더라"(요 12:16)고 기록하고 있다. 우리는 공평
한 재판관이 뇌물을 받지 않으리라는 것과 수전노(守錢奴)가 금괴를
단단히 붙잡고 있으리라른 것을 미리 안다. 그렇다면 이들의 행동에
대한 우리의 예지가 이들의 행위상의 자유를 손상시킨 것인가? 물
론 그렇지 않다. 유한한 지식의 소유자인 인간도 타인의 행위에 대
해 어느 정도 예언적으로 정확히 알 수 있는데 하물며 인간의 마음
을 완전히 아시는 하나님께서 인간의 행위를 예지하시지 못한단 말
인가?

따라서 어떤 행동의 확실성은 그것을 실행하는 행위자의 자유와
모순되지 않는다. 만일 인간의 자유가 하나님이 예상치도 않았던 방
면으로 마구 나아갈 수 있다면 하나님의 예지란 말은 사실 무용지물
이 되고 말것이다. 예지란 미래의 행위를 확실하게 만드는 것이 아

니고 단지 그 확실한 것을 추정할 뿐이다. 그런데 하나님이 전혀 불확실한 사건을 확정적인 일처럼 예지하신다면 그것은 모순이 아니겠는가? 따라서 우리는 미래의 모든 사건은 확정적이며 하나님은 이것을 예지하신다고 말을 하든지, 아니면 미래의 모든 사건은 불확실하며 하나님은 이것을 전혀 예지하시지 못한다고 말하든지 해야할 것이다. 이처럼 하나님의 예정교리와 예지교리는 서면 같이 서고 넘어지면 같이 넘어지는 상호수반적인 교리이다.

Ⅲ. 확실성은 자유행동과 일치한다.

어떤 사람의 행위가 절대적으로 확정적이었다는 말은 그 사람의 행위가 강요되었다는 것을 의미하지 않는다. 만일 그가 원했다면 그는 달리 행동할 수도 있었을 것이다. 인간에게는 그가 반드시 행해야 할 일은 행하지 않고 그가 행하지 말아야 할 일은 행하는 능력과 기회가 있다. 즉 인간의 행동을 결정하는 것은 외부적 영향이 아니다. 인간의 행동은 하나님의 작정에 따라 결정되지만 강요되지는 않는다. 그들은 달리 행동할 수도 있고 종종 달리 행동하지 않으면 안될 때도 있다. 유다와 그의 공범자들은 그들의 목적을 수행하도록 남겨졌고, 그 사악한 성향이 지시하는 대로 행동했다. 그래서 베드로는 그들을 비난했으나 동시에 그들이 하나님의 목적에 따라 행동했다고 선포했다(행 2:23). 그들이 하려고만 했다면 그들은 달리 행동할 수도 있었고 달리 행동했어야만 했다. 그러나 그들은 스스로 그렇게 행했으며 그것은 또 하나님의 작정에 의한 것이기도 했다. 따라서 확실성과 자유행위력은 서로 일치한다.

확실성과 자유행위력의 일치를 증명해 주는 또 다른 논거들이 있다. 우리는 행동의 자유를 갖고 있지만 종종 어떤 기존 조건 아래서 행동을 확정하지 않으면 안될 때가 있다. 예를 들면 부모가 자식을 위험으로부터 구출하리라는 것을 확실하며 그 구출 행위는 예언적으로 확정된 것이다. 그러나 그 부모가 그 일을 행할 때는 전혀 자유로 행하는 것이다. 하나님은 절대적 자유행위자이지만 언제나 공의롭게 행하신다. 거룩한 천사들과 구원얻은 성도들도 자유행위자이지만 결코 범죄할 수 없을 것이다. 만일 그렇지 않다면 그들이 영원토록 천국에 있으리라는 보증은 있을 수 없기 때문이다. 한편 악마나 타락한 인간은 비록 자유행위자이지만 범죄할 것이다. 아버지는 그의 아들이 이런 상황에서는 이렇게 행동할 것이라는 것을 알기 때문에 그 상황을 적절히 통제함으로써 아들의 행동을 미리 확정할 수 있다. 그러나 그 때 아들은 자유로 행동하는 것이다. 만일 그 아버지가 아들을 의사로 만들 계획이라면 그는 아들에게 그 길을 따르도록 격려하고, 그 방면의 책들을 읽게 하며, 그 방면의 학교에 다니게 하는 등 아들의 마음을 그 방면으로 유도함으로써 자기의 목적을 성취할 수 있는 것이다. 이와같은 방법으로(그러나 훨씬 더 무한한 정도로) 하나님은 우리가 자유로 행하면서도 확정적으로 행할 수 있도록 우리의 행동을 지배하신다. 하나님의 작정은 사건을 발생시키는 것이 아니다. 오직 사건의 발생을 확정시킬 뿐이다. 행동의 확실성을 결정하는 하나님의 작정이 동시에 행동자의 자유도 결정하는 것이다.

Ⅳ. 인간의 자연적 의지는 악에 예속되어 있다.

엄밀히 말해서 인간은 어떤 외적 강요에 의해 그의 선택의 자유나 책임을 간섭받지 않을 때 비로소 자유가 있다고 말할 수 있다. 따라서 타락상태에 있는 인간이 갖는 자유란 "노예적 자유"에 불과하다. 그는 죄의 포로가 되어 자진해서 사탄을 좇는다. 그는 하나님을 섬길 능력도 의향도 없다. 이것을 어떻게 "자유"라고 부를 수 있겠는가? "자유의지"라는 말보다는 "자기의지"라는 말이 타락 이후의 인간상태를 표현하는 데는 더 적절할 것이다. 인간은 범죄하도록 창조된 것이 아니라 자신의 과실로 스스로 그런 상태에 빠지게 되었다는 것과, 그것이 실수라고 해서 그 책임을 면할 수 있는 것은 아니라는 점을 기억해야할 것이다. 물론 그의 구속이 완성되는 날 그는 천사와 같이 임의로 하나님을 섬기게될 것이다.

　인간의 의지가 악의 포로가 되었다는 것은 물론 루터가 가르친 교리이다. "노예적 의지"라는 그의 저서에서 루터는 "인간은 무슨 일을 하든 어떤 강요도 받지 않지만 필연적으로 그 일을 행하는 것이다. 또 하나님이 영원부터 뜻하시고 인간이 꼭 행할 것, 예지하신 것만 행할 수 있는 것이다. 그리하여 하나님의 의지는 반드시 성취되고 그의 예지는 확실시되는 것이다. 하나님의 의지나 인간의 의지는 무슨 일이든 남에게 강요되어 행하지는 않는다. 선행이든 악행이든 인간이 행하는 모든 일은 자신의 자유의지에 따라 자기가 좋아서 그렇게 행하는 것이지만 그것은 결국 하나님의 의지에 지배되어 행하는 것이기도 하다 왜냐하면 하나님의 의지는 확실불변하기 때문이다"[4] 라고 선언했다. 그는 또 "만일 자유의지가 그 자유를 상실하자 곧 죄악의 포로가 되어 어떤 선도 의지할 수 없게 되었다고 한다면 자유의지란 말은 사실 알맹이 없는 빈껍데기에 지나지 않는 말로서 그것은 이미 자유가 아니다"[5]라고 말하였다.　그는 자유의지란 "거짓말에 지나지 않는 것"[6] 이라고 말한 후 "따라서 하나님은 그의 영원불변하시고 무오하신 의지 로서 만물을 예견하시고 의도하시고 행하시는 것이지 결코 있을 수 있는 가능성만 가지고 어떤 일을 예지하시는 것이 아님을 그리스도인은 알아야 한다. 그렇다면 인간의 자유의지대로 모든 일이 결정된다는 것은 있을 수 없는 일이다. 결국 우리가 행하는 모든 일들은 그것이 비록 가변적이요 우발적으로 행해지는 것처럼 보이거나, 심지어 우리가 우발적으로 행한다 할지라도 실제로는 하나님의 의지와 관련되어 필연적이요 불변적으로 행해진다는 말이다. 하나님의 의지는 불가항력적이어서 어떤 방해도 받지 않

---

4) *Quoted by Lanchius, p. 56.*
5) *Bondage of the Will, p. 125.*
6) *Ibid., p. 5.*

는다. 왜냐하면 하나님의 큰 능력이 하나님에게는 아주 당연한 것이요 그의 예지는 절대적이기 때문이다"[7]라고 덧붙여 말했다.

그러면 어떤 자는 만일 인간의 의지가 완전히 자유로운 것이 아니라면 하나님은 인간에게 행할 수도 없는 일을 행하라고 명하시는 것이 아니냐고 반문할 것이다. 그러나 성경에는 하나님이 인간에게 그들의 힘으로는 전혀 행할 수 없는 일을 행하라고 명령하신 것이 수없이 많다. 예를 들면 손이 마른 자는 손을 펴라는 명령을 받았고, 중풍병자는 일어나 걸으라는 명령을 받았으며, 병자는 일어나 그의 침상을 가지고 걸으라는 명령을 받았고, 죽은 나사로는 일어나 나오라는 명령을 받았다. 그리고 인간은 믿으라는 명령을 받았지만 믿음은 "하나님의 선물"이라고 한다. 더구나 "잠자는 자여 깨어서 죽은 자들 가운데서 일어나라 그리스도께서 네게 비취시리라"(엡 5:14). "그러므로 하늘에 계신 너희 아버지의 온전하심과 같이 너희도 온전하라"(마 5:48)는 등의 성구들을 볼 때 인간이 자초한 도덕적 무능력때문에 인간의 도덕적 책임이 면제되는 것은 아니라는 것을 알 수 있다.

V. 하나님은 인간의 마음을 지배하시며 그의 백성에게 하나님께로 갈 의지를 주신다.

하나님은 인간의 내적 감정, 외적 환경, 습관, 욕망, 동기 등을 다스리심으로써 그들로 하여금 스스로 행동하면서도 하나님의 뜻하시는 바를 수행할 수 있도록 조정하신다. 우리가 그 과정을 측량할 수는 없지만 이것은 틀림없는 사실이다. 우리의 현재 지식으로는 이 감화가 어떻게 역사하여 인간의 자유행동력을 파괴하지 않고서도 소기의 목적을 달성할 수 있는지에 대해 충분히 설명할 수 없지만, 우리가 설명할 수 없다고 해서 그것이 곧 수행될 수 없다는 것을 증명

---

7) *Ibid., pp. 26, 27.*

하는 것은 아니다. 단지 우리가 분명히 알고 있는 것은 하나님의 주권과 인간의 자유는 실질적인 것이며, 이 둘은 완전한 조화속에서 함께 역사하고 있다는 것뿐이다. 바울은 심고 아볼로는 물을 주되 자라게 하시는 이는 하나님이시다. 바울은 빌립보 교인들에게 "두렵고 떨림으로 너희 구원을 이루라"고 명했으나 즉시 그 명령을 한 이유는 "너희 안에서 행하시는 이는 하나님이시니 자기의 기쁘신 뜻을 위하여 너희로 소원을 두고 행하게 하시기"(빌 2:12, 13) 때문이라고 쓰고 있다. 시편 기자 역시 "주의 권능의 날에 주의 백성이 거룩한 옷을 입고 즐거이 헌신하니"(시 110:3) 라고 말함으로써 똑같은 원리를 나타내고 있다.

　모든 피조물은 하나님으로부터 종류에 따라 각기 특성을 부여받았으니 저들의 특성을 나타내는 모든 행동은 이미 창조 당시에 예정적으로 결정된 것이다. 인간은 인간의 특성을 나타내는 공통적 행동을 가졌으니 이 행동은 이미 그들이 창조될 때 받은 것으로 예정적인 결정이었다. 소와 말도 역시 그들이 행할 동작의 형태가 예정되었고 식물들도 역시 마찬가지다. 인간으로 태어난 자들은 네 발로 걷거나 말처럼 소리를 지르도록 예정되지 않았다는 것이 분명하다. 외부에서 결정된 행동은 자유행동이 아니지만 내부에서 자기 이성으로 결정한 행동은 자유행동이다. 하나님의 예정은 이렇게 인간의 내부성을 포함하기 때문에 인간의 자유를 말살하지 않는다. 포괄적인 하나님의 작정 곧 예정 속에는 모든 인간이 자유행위자가 될 것을 포함하고 있으니, 그 사람이 어떤 성격을 가지고 어떤 환경이나 외부적 영향 아래에서 어떤 욕망과 습관에 따라 마음이 움직일 것이라는 것과 이 모든 것들 속에서 자신의 이성대로 자유롭게 선택할 것이 다 포함되어 있다. 그리고 그가 선택할 대상도 일정하게 예정되어 있다. 하나님은 모든 동작의 원인을 알고 다스리시며 또 그 행동이 어떻게 진전될 것을 아시나니 이는 곧 하나님께서 인간의 모든 행동을 예정하셨다는 것과 같은 말이다. 장키우스(Zanchius)는 인간은 자유행위자라고 말한 후에 "인간은 그의 생애의 처음부터 마지막까지 그에 대한 하나님의 목적과 작정에 절대적으로 복종하여 행동한다. 그러면서도 그는 어떠한 강요도 의식하지 않으며 마치 어떠한 지배도 받지 않는 독립자인양, 자기가 완전히 자신의 주인인양 자유롭게 자발적으로 행동한다"고 덧붙임으로써 이 개념을 아주 명료하게 표현하였다. 루터는 "선인이든 악인이든 저들의 행위로 하나님의 작정이나 정하신 바를 성취하는 것이지만 그것을 강요에 못견뎌서 억지로 하게되는 것이 아니라 기꺼이 행하게 되는 것이다"라고 말하였다.

이 원리에 따라 우리는 다음과 같은 사실을 확신한다. 하나님께서는 인간의 자유행동력을 손상시키지 않고도 성령을 통하여 그들안에 역사하사 그들로 하여금 그리스도에게 나올 수 있게 하실 수 있다는 것이다. 하나님께서 이런 의욕을 주시기 전에는 아무도 그리스도에게 나올 수 없는데 하나님은 그의 선민에게만 이런 의욕을 주신다. 이때 선민의 자유는 전혀 손상되지 않는데 그것은 마치 어떤 사람이 친구를 권하여 같이 산책하는 것과 같다.

구원얻은 자와 구원얻지 못한 자의 하나님과의 관계를 잘 나타내준 H. 죤슨(H. Johnson)의 비유를 들어보기로 하자. "이백명의 범죄자가 투옥되어 있다고 하자. 나는 그들의 석방을 위해 노력했는데 그로 말미암아 공의가 만족되고, 법의 정당성이 입증되 죄수들은 자유를 얻게 되었다. 옥문 빗장이 벗겨지고 그들의 절대적 사면(赦免)이 약속되어 모든 죄수들에게는 그들이 곧 자유인으로 출옥할 수 있다는 확약을 주었다. 그런데 한 사람도 나올 생각을 안한다. 이때 내가 그들의 사면을 위해 애쓴 나의 수고를 헛수고로 돌려 보내지 않으려고 이백명중 백오십명을 개인적으로 방문하여 그들에게 힘과 정성을 다해 출옥할 것을 권면한다고 하자. 이것이 바로 선택이다. 이럴 경우 내가 그 남아 있는 오십명을 옥중에 가두었다고 보아야 할 것인가? 아니다. 그들의 사면을 위해 애쓴 나의 수고는 여전히 충분하고, 옥문 빗장은 여전히 벗겨져 있으며, 옥사의 대문도 여전히 열려 있으므로 걸어 나오기만 하면 그들의 자유는 보장되는 것이다. 그리고 옥중에 있는 자들 역시 자기들이 원하기만 하면 자유를 얻을 수 있다는 것을 안다. 그런데도 내가 옥중에 남아 있는 오십명을 그대로 가두어 두었다고 말할 수 있겠는가?"[8]

알미니안파는 종종 인간은 본래 이것이나 저것을 선택할 수 있는 능력을 갖고 있으므로 덕은 칭찬을 받아야 하고 악은 비난받아야 마땅하다고 말하는 펠라기안의 교리를 그대로 고수하지만 그것은 논리적으로 거룩한 천사의 선함, 영화된 성도의 선함 심지어 하나님 자신의 선하심까지도 부인하는 것이 된다. 왜냐하면 덕을 선택함에 있어서 어떠한 노력도 필요하지 않은 천적(天的) 상태에서는 덕이란 칭찬할만한 선이 될 수 없기 때문이다. 선악을 취사 선택하는 능력이 인간의지를 고귀하게 하고 영화롭게 하는 힘이라는 관념은 잘못된 것이다. 물론 인간은 선악을 취사 선택하는 능력을 갖고 있기 때문에 금수(禽獸)보다 낫다. 그러나 그것이 인간의지의 극치는 아니다. 그래서 모즐리(Mozley)는 "의지의 최고로 완전한 상태는 필연의 상태이다. 선택의 능력은 순전한 의지의 본질이 아니라 오히려 약점이요 결함이다. 의지의 불완전하고 미숙한 상태를 가장 잘 나타내주는 증거는 의지가 선악을 앞에 놓고 어느 쪽을 선택해야 좋을지 몰라서 망설이고 있는 바로 그것이 아닌가?"[9]라고 말했다. 현세에서는 필연적으로 선을 행하게 하는 은혜가 한결같이 주어지는 것이 아니기 때문에 중생한 자라도 누누히 죄를 범한다. 그러나 내세에서는 은혜가 한결같이 부어지든지 아니면 완전히 거두어지든지 할것 이기 때문에 그 때의 의지는 필연적으로 선을 결단하든가 아니면 악을 결단할 수 밖에 없을 것이다.

하나님의 행동력과 인간의 행동력이 연합하여 한 행위를 산출하게 되는 방법은 성경에 기록된 방법을 고찰해봄으로써 발견할 수 있을 것이다. 최고의 의미에서 성경은 하나님의 말씀이며 동시에 인간의 말이다. 그것은 성경의 어떤 부분은 하나님의 말씀이고 어떤 부분은 인간의 말이라는 의미가 아니고 성경 전체가 그 모든 부분에

---

8) Pamphlet, *The Love of God for Every Man.*
9) *The Augustinian Doctrine of Predestination*, p. 73.

서, 즉 표현 양식에서든, 교훈의 실질에서든, 하나님께로부터 온것
인 동시에 인간으로부터 온것이라는 의미에서 그렇다는 말이다. 그
래서 해밀톤(Hamilton)은 "영감이란 하나님께서 각 성경 기자를 기
계처럼 사용하셨다거나 그들에게 말씀하실 것을 받아 적게 하셨다는
말이 아니고 하나님께서 성령을 통하여 그들을 인도하시고 지배하시
어 그들이 기록한 것이 진실되게 하시고 하나님이 그의 백성에게 기
록으로 주시고자 한 바로 그 진리가 되게 하신 것을 말한다. 하나님
은 그들로 하여금 그들 자신의 지혜, 언어 및 표현 양식을 사용하게
하시되 그들이 기록할 때 성령께서 초자연적으로 그들을 오류로부터
지켜 주시어 하나님이 모든 세대에 걸쳐 그의 백성에게 주시고자 한
바로 그 진리를 기록하게 하셨다"[10]고 말했다.

"우발사"(偶發事)나 인간의 자유의지에 따라 생기는 사건이 정확
한 예지의 객체가 되거나 사전준비의 주체가 될 수 있다는것은 물론
모순이다. 그 일의 성격상 그것은 근본적으로 불확실할 것임에 틀림
없다. 그러므로 톱레이디(Toplady)의 말처럼 "인간이 자기 의지대로
스스로 결정하는 것이라고 주장하는 자는, 그가 운명의 여신을 예배
하는 의미에서 그런 말을 하든 아니면 다른 의미에서 그런 말을 하
든 사실상 섭리의 하나님을 그 보좌에서 쫓아내는 자이다."

하나님이 인간의 마음을 다스리실 수 없다면 그는 수많은 인간의
자의적 행동결과에 대해 항상 새로운 대책을 강구해야만 할터이니
얼마나 분주하실까? 만일 인간이 실제로 자유의지를 갖고 있다면 하
나님은 어떤 사람의 마음을 다스리시고 회심시키시기 위해 마치 인
간이 동료 인간에게 하듯 여러 개의 안(案)을 마음에 품고 가서 제일
안이 실패하면 제이 안을, 제이 안이 실패하면 제삼 안을, 이런 식
으로 성공할 때까지 계속 시험해 보아야 할것이다. 또 자유행위자의
행위가 전혀 불확실한 것이라면 하나님은 미래를 예지하시기는커녕
오히려 날마다 접하게 되는 새로운 사실들에 대해 수없이 많이 놀라

---

10) *The Basis of Christian Faith*, p. 162.

면서 그에 대한 지식들을 습득해 나아가게 될것이다. 그러나 이 모든 견해들은 하나님을 모독하는 것이요, 비합리적이며 비성경적인 견해들이다. 하나님의 전지성(全知性)을 부인하지 않는한 우리는 하나님께서 과거, 현재, 미래를 모두 아신다는 것과 인간적 견지에서는 아무리 불확실하게 생각될지라도 하나님의 견지에서는 확실하고 부동(不動)하다는 것을 인정해야만 할것이다. 이 견해는 그 타당성이 널리 인정되고 있는 견해이다. 하나님이 인간의 자유를 보존하시기 위해 주권적으로 자신을 제한하사 인간의 미래행동 중 어떤 것은 알지 않기로 작정하셨다는 이론은 성경적으로나 논리적으로 도저히 용납될 수 없는 어리석은 이론이다. 그것은 마치 자녀의 악행을 눈 감아주는 부모의 어리석은 행동과 같다 하겠다. 하나님이 외부적인 힘에 의해서든 자발적인 행위에 의해서든 제한을 받으신다면 그 하나님은 유한한 하나님에 불과하지 않은가?

　하나님은 죄인을 회심시키려고 열심히 분투하시지만 그들의 자유행동력을 무시하지 않는 한도에서 권면할 뿐이요 그 이상은 행하시지 않는다고 주장하는 알미니안파의 이론은 마치 영원히 서로 투쟁하는(어느 한 쪽이 다른 쪽을 이길 수 없으므로) 선과 악의 두 원리가 있다고 말한 옛 파사인의 세계관과 그 의미하는 바가 거의 동일하다. 인간의 절대적 자유의지를 주장하는 것은 곧 하나님께로부터 그 통치권과 통치력을 박탈하는 것과 같다. 그것은 피조자를 하나님의 절대적 지배권 밖에 두는 것이요, 어떤 의미에서는 피조자에게 하나님의 영원하신 의지와 목적에 대한 거부권을 주는 셈이 된다. 이 이론은 또 하늘의 성도들과 천사들이 죄를 범할 수도 있어서 하나님의 통치는 전복되고 사탄과 악한 천사들이 지배적인 위치에 있게 되어 마침내 온 세계가 악으로 화할 가능성도 있다는 의미가 된다.

VI. 의지가 결정되는 방법

인간은 이성적 행위자이므로 그의 독자적 행위에는 틀림없이 충분한 이유가 있을 것이다. 의지는 반드시 최강의 동기에 따라 결정을 내린다. 만일 의지가 약한 동기에 의해 결정을 내린다거나 아무런 동기도 없이 결정을 내린다고 한다면 이는 마치 원인없이도 결과가 생길 수 있다는 말만큼이나 모순된 말이다. 우리가 행하는 일에는 항상 이유가 있음을 양심이 가르쳐주며, 또 우리가 어떤 일을 해놓고 난 후에는 그보다 더 강한 다른 동기가 있었다면 달리 행했을 텐데 라고 생각한다. 어떤 행위는 그다지 강하지 않은 동기나 잘못된 판단에 따라 행해질 수도 있다. 그러나 그런 동기라 할지라도 그 행위를 산출해낼 만큼은 강한 것이다. 저울이 한 쪽으로 기울어지는 것은 다른 한 쪽이 가볍기 때문이다. 우리는 어떤 때 하기 싫은 일을 선택하는 수도 이다. 물론 이 때의 동기는 매우 약할것이다. 그래도 그 일을 선택하는 이유는 어떤 다른 세력이 그 동기에 인력을 가하기 때문에 그 일을 선택하게 되는 것이다. 한 가지 예를 들자면 우리는 아픈 이를 기꺼이 뽑아버릴 수도 있다. 그러나 심하게 아파서 정말 뽑아버려야겠다는 더 강력한 이유가 첨가되기 전에는 그 이를 기꺼이 뽑아버리지 않을 것이다. 아무튼 인간은 자기가 처해 있는 상황에서 가장 강력한 동기에 의해 어떤 일을 결정하고 행하는 것이다. 이것은 마치 부산에 거주할 것을 선택한 자가 동시에 서울에 거주할 것을 선택할 수 없는 것과 같다.

사실 인간의 결의는 그의 천성의 지배를 받으며 그의 욕구, 성향, 기호, 지식 및 성격에 따라 결정된다. 인간은 하나님으로부터 독립한 자도 아니요, 정신 및 물질의 법칙으로부터 독립한 자도 아니기 때문에 그가 어떤 일을 결정한다고 할 때 그것은 이상에 진술된 모든 것의 영향하에 이루어지는 것이다. 그는 언제나 가장 강한 성향 및 동기가 이끄는대로 행동한다. 우리의 양심이 증거하는대로 어떤 일을 결정할 때는 그당시에 우리 마음에 가장 강력하게 호소한 것들이 곧 우리의 의지를 결정하게 한 것들이다. 핫지 박사는 "의지는 어떤 필연의 법에 의해 결정되지 않는다. 그것은 독자적으로 자기 결정을 하는 것이 아니라 오히려 항상 마음의 선행적 상태 즉, 심중의 가장 강한 동기에 의해 모든 것을 결정한다. 따라서 인간의 자유는 그의 결의가 그의 마음을 의식적(자발적)으로 표현한 것이라는 의미에서만 자유이다. 다시 말하면 그의 행위가 자신의 이성과 마음에 따라 결정, 지배된다는 의미에서만 자유이다"[11]라고 말하였다.

　어떤 사람이 결의한 바가 그의 성격을 근거로 해서 혹은 그의 성격에 따라 결정된 것이 아니라면 그것은 그의 결의라고 할 수 없다. 따라서 그는 그 행위에 대해 책임을 질 필요도 없을 것이다. 그러나 대인관계에 있어서 우리는 타인의 행동을 보고 그의 성격이 선하다든지 혹은 악하다고 판단한다. 그래서 성경은 "그의 열매로 그들을 알지니 가시나무에서 포도를, 엉겅퀴에서 무화과를 따겠느냐. 이와 같이 좋은 나무마다 아름다운 열매를 맺고 못된 나무가 나쁜 열매를 맺나니 좋은 나무가 나쁜 열매를 맺을 수 없고 못된 나무가 아름다운 열매를 맺을 수 없느니라…… 이러므로 그의 열매로 그들을 알리라"(마 7:16-20). 또 "입에서 나오는 것들은 마음에서 나온다"(마 15:18) 고 했다. 나무가 좋은 열매를 맺거나 나쁜 열매를 맺는 것은 그 나무 마음대로 되는 것이 아니고 그 나무의 질(質)대로 되는 것이다. 열매가 그 나무의 좋고 나쁨을 결정하는 것이 아니요, 그 나무의 질이 열매의 좋고 나쁨을 결정하는 것이다. 예수께서 말씀하신 이 비유는 인간에게도 그대로 적용된다. 인간의 행동이 그 성격의 표현이 아니라면 우리가 어떻게 어떤 사람은 선하고 어떤 사람은 악하다고 판단할 수 있겠는가? 어떤 자가 변론을 일삼기 위해 인간의 의지는 독립되어 있다고 주장하지만, 사실 인간의 의지는 인간 성격의 산물이요 표현이라는 것을 누구나 다 일상생활 속에서 경험하는 바

---

11) *Systematic Theology*, Ⅱ, p. 288.

이다. 어떤 사람이 강도나 살인자가 될 어떤 일을 결의한다고 할때 우리는 본능적으로 그를 악한 성격의 소유자로 판단하고 그에 따라 그를 대우하는 것이다.

합리적으로 생각해 볼 때 인간의 결의는 오성(悟性), 원리, 감정 등에 근거해야만 한다. 이러한 근거에서 내려지지 않은 결의라면 그 것은 어리석은 결의라고 말할 수 밖에 없다. 만일 모든 것을 결정한 후에 의지가 선악간에 어느 쪽도 결정하지 않은 무결정의 상태로 되돌아간다면 인간에게는 동료 인간을 신임할 근거가 없어져버리고 말 것이다. 의지가 독자적으로 결정한다는 의미에서 인간이 자유를 갖는다면 그것은 상당히 위험한 일이다. 왜냐하면 그의 행위가 외계의 법칙과는 상관없이 무법해질테니 우리는 그가 어떤 상황하에서 무슨 일을 저지를지 전혀 알 수 없기 때문이다.

"결의는 인간성의 표현"이라는 사실이야말로 내세에 선한 자들은 영구히 선하고 악한 자들은 영구히 악하리라는 것을 보증해 준다. 만일 인간의 자유행위력이 필연적으로 범죄할 수 밖에 없는 것이라면 천국의 성도들도 다시 범죄하여 타락한 천사들처럼 지옥으로 갈 수도 있다는 말이 된다. 그러나 성도들은 선할 수 밖에 없는 필연성을 가지고 있기 때문에 최상의 의미에서 자유롭다. 천국에서는 이제 더 이상 자기 의지를 고집하거나 투쟁하는 일이 없으며 훨씬 수월한 물리적 법칙 아래 있기 때문에 선한 행동이나 동기를 계속 가질 수 있다. 한편 내세에서의 사악한 자들의 상태 역시 영구적이다. 그들은 성령의 새롭게 하시는 감화로부터 완전 분리되어 고칠 수 없는 그 완악함으로 더욱 대담무쌍하게 죄를 범하게 된다. 그들은 영원히 악의, 사악, 증오의 성향을 갖게 되어 완전히 "악"의 백성이 되고 만다. 또 만일 자유의지 이론이 옳다고 한다면 사후의 회개도 가능하다고 할 수 있다. 왜냐하면 그 이론은 지옥에 들어간 자 중에서 어떤 자가 그 고통을 겪어보고 나서 자기의 과오를 깨달아 하나님께 돌아올 수도 있음을 인정하기 때문이다. 그들은 설마 현세에서의 경미한 형벌도 인간을 죄로부터 돌이키는 효력이 있는데 하물며 지옥에서의 준렬한 형벌에 그런 효력이 없을 수 있겠느냐?고 추측한다. 추측은 자유다. 그러나 인간의지는 그의 성질과 주어진 유인조건에 의해 결정된다는 칼빈주의 원리만이 "우리와 너희 사이에는 큰 구렁이 끼어 있어" 아무도 이것을 건널 수 없다 —즉 구원얻은 자와 멸망자의 상태는 영구적이다— 고 단정한 성경의 결론과 일치하는 결론에 도달할 수 있는 것이다.

　의지 결정의 문제를 피상적으로만 생각하는 자는 인간이 큰 자유를 가지고 있다고 추정한다. 그러나 그가 그렇게 과시하는 자유를 좀더 상세히 검토해보면 자기가 처음 생각했던 것보다 훨씬 더 제한된 자유를 갖고 있다는 것을 발견하게 될것이다. 자연계의 법칙, 자신의 특수 환경, 습관, 과거에 받은 교육, 사회적 관습, 처벌 또는 비난에 대한 공포, 현존하는 욕망, 야심 등 이 모든 것들에 의해 제한받고 있는 자가 자기 행위의 절대적 지배자가 된다는 것은 언어도단이다. 어느 순간에든지 인간은 그의 과거가 만들어 놓은 그인 것이다. 즉 인간은 역사적 산물임을 면할 수 없다. 다만 그는 자기 성질의 지배하에 행동하고 또 그 행동을 그의 마음이 결정한다는 점에서 "피조자에게 가능한 자유"를 가질 뿐이며, 이외의 어떤 자유도 그것은 무질서를 산출해낼 뿐이다.

　사람은 금붕어가 든 어항을 어디든지 갖고 다닐 수 있다. 그러나 그 금붕어 자신은 자유로우며 어항 속에서 마음대로 헤엄쳐 다닌다. 우리가 하나의 나무 조각이나 돌 조각 또는 금속 조각을 육안으로 보면 그것이 완전히 정지되어 있는 것처럼 보이지만 분자나 원자 및 전자를 볼 수 있는 강력 확대경을 통해 보면 믿을 수 없을 만큼 빠른 속도로 그 권내에서 빙빙 돌고 있음을 발견할 수 있다.

　예정과 자유행동력은 큰 성전을 떠 받들고 있는 두 기둥인데, 이 둘은 인간의 시력이 미치지 않는 구름 위에서나 서로 만난다. 우리가 볼 수 있는 것은 두 평행선 뿐이고 우리의 시력이 미치지 않는 저편 하나님의 예지 속에서 이 둘은 상합(相合), 조화되는 것이다. 그래서 칼빈주의자는 이 둘을 상합시킬 수도, 상합시키려고도 하지 않는데, 알미니안파가 어떻게 이 둘을 서로 교차시킬 수 있단 말인가? 사실 그들은 인간의 자유를 주장하기 위해 하나님의 절대성을 부인하고 있는것이다.

만일 사건을 일으키는 절대적 결정권이 인간의 수중에 있다는 의미에서 자유의지를 용인한다면 그 자유의지는 신적 자유의지가 되어 인간이 하나님(즉, 제일 원인, 행동의 원천)처럼 되어 자유의지의 수효만큼 반신반인(半神半人)이 많이 있게 될것이다. 그러나 하나님의 절대적 주권을 부인하지 않는 한 인간에게 이러한 독립을 허용할 수는 없다. 유물론적 철학자나 형이상학적 철학자들도 칼빈주의가 부인하는 것처럼 완전히 이 "자유의지"를 부인한다. 그들은 모든 결과에는 그 결과에 상당하는 원인이 반드시 있다고 추론한다. 따라서 의지의 행위에는 반드시 동기가 있다고 본다. 동기란 외부의 법칙과 사물이 인간 심성(心性)에 반사된 것을 의미하므로 의지의 행위가 동기로 말미암는다는 말은 곧 자유의 절대성을 부인하는 것이다.

VII. 성경의 증거

성경의 교훈에 의하면 하나님의 주권과 인간의 자유는 완전히 조화되어 나란히 간다. 하나님은 주권적 통치자요 제일 원인이신 반면 인간은 그의 성질의 제한속에서 자유행위자요 제2 원인이다. 또한 하나님은 그가 인간에게 시키고자 계획하신 일을 인간이 자유로 임의적으로 행하도록 인간의 사고와 의지를 지배하신다.

하나님의 주권과 인간의 자유가 상호협력한 전형적인 실례는 요셉과 그 형제들의 행적에서 찾아볼 수 있다. 요셉은 형들에 의해 후에 총리가 되어 기근 때 식량을 공급하는 큰 사역을 감당했던 애굽으로 팔려 갔다. 그의 형들은 자기들이 자유로 그런 행동을 한줄 알았다. 그래서 몇년 후에 요셉과 상봉했을 때 자기들의 죄를 자인한 것이다 (창 42:21, 45:3). 그러나 신앙을 갖고 있는 요셉은 그들에게 "당신들이 나를 이곳에 팔았으므로 근심하지 마소서 한탄하지 마소서 하나님이 생명을 구원하시려고 나를 당신들 앞서 보내셨나이다…… 그런즉 나를 이리로 보낸 자는 당신들이 아니요 하나님이시라”(창 45:5, 8). “당신들은 나를 해하려 하였으나 하나님은 그것을 선으로 바꾸사 오늘과 같이 만민의 생명을 구원하게 하시려 하셨나니”(창 50:20)라고 말할 수 있었다. 물론 그의 형제들은 그 악한 본성대로 동생을 이방의 노예로 팔았지만 그들의 행동은 결국 하나님의 거룩하신 뜻을 성취한 인연이 된 것이다. 그렇다고 해서 즉, 그들의 계획적인 악이 선으로 변하였다고 해서 그들의 죄가 감소된 것은 아니다.

바로가 이스라엘 백성에게 행한 행위는 지극히 부당한 것이었으나 사실 그는 하나님의 목적을 성취한 도구에 지나지 않는다. 왜냐하면 하나님은 바로에게 “내가 이 일을 위하여 너를 세웠나니 곧 너로 말미암아 내 능력을 보이고 내 이름이 온 땅에 전파되게 하려 함이로라”(롬 9:17, 출 9:16, 10:1-2)고 말씀했기 때문이다. 어떤 때는 하나님께서 인간의 악행을 제어하심으로써 자신의 목적을 이루신다. 예를 들면 이스라엘 백성이 매년 세 번씩 예루살렘에 올라갈 때, 하나님께서는 이방 족속들이 그 땅을 엿보지 못하도록 제어해 주셨고(출 34:24) 파사왕 고레스의 마음을 움직여 예루살렘 성전을 재건하게 하셨다(스 1:1-3). 또 성경에는 “왕의 마음이 여호와의 손에 있음이 마치 보의 물과 같아서 그가 임의로 인도하시느니라”(잠 21:1)고 기록되어 있다. 하나님이 그렇게 수월하게 왕의 마음을 돌이킬 수 있다면 범인의 마음이야 오죽하겠는가?

이사야 10장 5-15절에서도 하나님의 주권과 인간의 자유가 완전한 조화 속에서 서로 일하고 있는 현저한 실례를 찾아 볼 수 있다. 즉 “화있을진저 앗수르 사람이여 그는 나의 진노의 막대기요 그 손의 몽둥이는 나의 분한이라 내가 그를 보내어 한 나라를 치게 하며 내가 그에게 명하여 나의 노한 백성을 쳐서 탈취하며 노략하게 하며 또 그들을 가로상의 진흙같이 짓밟게 하려 하거늘 그의 뜻은 이같지 아니하며 그 마음의 생각도 이같지 아니하고 오직 그 마음에 허다한 나라를 파괴하며 멸절하려 하여 이르기를 나의 방백들은 다 왕이 아니냐 갈그미스와 같지 아니하며 하맛은 아르밧과 같지 아니하며 사마리아는 다메섹과 같지 아니하냐 내 손이 이미 신상을 섬기는 나라에 미쳤나니 그 조각한 신상이 예루살렘과 사마리아의 신상보다 우승하였느니라. 내가 사마리아와 그 신상에게 행함같이 예루살렘과 그 신상에게 행치 못하겠느냐", "이러므로 주 내가 나의 일을 시온산과 예루살렘에 다 행한 후에 앗수르왕의 완악한 마음의 열매와 높은 눈의 자랑을 벌하리라. 그의 말에 나는 내손의 힘과 내 지혜로 이 일을 행하였나니 나는 총명한 자라 열국의 경계를 옮겼고 그 재물을 약탈하였으며 또 용감한 자같이 위에 거한 자를 낮추었으며 나의 손으로 열국의 재물을 얻는 것은 새의 보금자리를 얻음 같고 온 세계를 얻은 것은 내어버린 알을 주움 같았으나 날개를 치거나 입을 벌리거나 지저귀는 것이 하나도 없었다 하는도다". "도끼가 어찌 찍는 자에게 스스로 자랑하겠으며 톱이 어찌 켜는 자에게 스스로 큰체 하겠느냐. 이는 막대기가 자기를 드는 자를 움직이려 하며 몸둥이가 나무 아닌 사람을 들려함과 일반이로다"라는 말씀이다.

이 성구에 대하여 라이스(Rice)는 다음과 같이 말한다. "이 성구의 명확한 의미는 첫째, 앗수르 왕이 비록 교만하고 불경한 사람이라 할지라도 그는 마치 사람 손에 들린 도끼나 톱이나 막대기처럼 하나님이 유대인에 대한 그의 뜻을 이루시기 위해 사용하는 도구에 지나지 않는다는 것이요, 둘째, 앗수르왕은 자신의 자유를 조금도 손상치 않고 자의로 활약하였다는 것이다. 왜냐하면 그가 하나님의 계획을 성취하기 위해 행했다는 말은 본문에 없고 단지 자기 야심을 이루려고 했다는 말만 있으니 곧 '그의 뜻은 이같지 아니하며 그 마음의 생각도 이같지 아니하고 오직 그 마음에 허다한 나라를 파괴하며 멸절하려 하여' 라고 했다. 셋째, 하나님이 비록 악한 왕의 행위를 이용하여 결국 자신의 거룩한 뜻을 이루신다 할지라도 그 왕의 악행은 그 행위대로 벌하신다는 것이다. 하나님은 유대인의 죄악을 벌하시기 위해 앗수르왕을 사용하셨다. 그런 다음 앗수르왕의 완악한 계획을 벌하셨다. 그렇다면 하나님은 인간을 지배하여 그들의 자유행위력을 전혀 방해하지 않고 그의 계획을 수행하실 수 있을 뿐아니라 실제로도 수행하신다는 것이 성경의 명백한 교훈 아닌가?"[12]

성경을 하나님의 말씀으로 믿는 자라면 누구나 인류 역사상 가장 큰 죄악인 그리스도의 십자가 사건이 예정되어 있었다는 것을 인정할 것이다. "과연 헤롯과 본디오 빌라도는 이방인과 이스라엘 백성과 합동하여 하나님의 기름부으신 거룩한 종 예수를 거스려 하나님의 권능과 뜻대로 이루려고 예정하신 그것을 행하려고 이 성에 모였나이다"(행 4:27-28). "그가 하나님의 정하신 뜻과 미리 아신대로 내어준바 되었거늘 너희가 법없는 자들의 손을 빌어 못박아 죽였으나"(행 2:23), "그러나 하나님이 모든 선지자의 입을 의탁하사 자기의 그리스도의 해 받으실 일을 미리 알게 하신것을 이와같이 이루셨느니라"(행 3:18), "예루살렘에 사는 자들과 저희 관원들이 예수와 및 안식일마다 외우는 선지자들의 말을 알지 못하므로 예수를 정죄하여 선지자들의 말을 응하게 하였도다. 죽일 죄를 하나도 찾지 못하였으나 빌라도에게 죽여 달라 하였으니 성경에 저를 가르켜 기록한 말씀을 다 응하게 한것이라. 후에 나무에서 내려다가 무덤에 두었으나"(행 13:27-29).

십자가 사건만 예정되었던 것이 아니라 그 뒤에 따르는 여러 사건들도 예정되어 있었다. 그리스도의 겉옷을 나누어 가지려고 군인들이 제비뽑은 일(시 22:18, 요 19:24), 십자가에 달린 예수께 신 포도주를 드린 일(시 69:21, 마 27:34, 요 19:29), 백성들이 예수를 조롱한 일(시 22:6-8, 마 27:39), 예수를 강도와 함께 매단 것(사 53:12, 마 27:38), 죽은 예수의 뼈를 꺾지 않은 것(시 34:20, 요 19:36), 창으로 찌른 것(슥 12:10, 요 19:34-37) 등이 있고 이외에도 많이 있다. 예수를 십자가에 못박아 놓고 운명해가는 예수를 향하여 비난하는 소리를 들어보라. 저들은 아마 자기들이 하고 싶은대로 행한다고 생각했

---

12) *God Sovereign and Man Free*, pp. 70, 71.

을 것이다. 그러나 예언서를 읽어보면 십자가에서 죽으신 사건과 결부된 모든 일들은 사사건건 다 예언된 것이다. 그뿐 아니라 이 사건들은 발생하기 전 수세기 동안 구약 예언서에서 자세히 예언된 것이므로 영원전부터 예정되고 확정되었음이 분명하며, 예정된 이 사건들은 그리스도가 누군지도 모르는 인간들을 통해 성취되었고, 또 저들은 자신들이 하나님의 거룩한 뜻을 이룬다는 사실도 인식하지 못한채 임의적으로 행동한 것이다(행 13:27, 29, 3:17). 만일 역사상 최악의 사건 곧 그리스도께서 십자가에 못박힌 사건이 하나님의 예정하신 계획속에 들어 있다는 것을 믿을 수 있다면 우리의 일상생활 속에서 일어나는 보다 적은 사건들도 하나님의 예정속에 들어 있으며, 그것은 선한 목적을 이루기 위해 계획된 것이라는 사실도 믿어야 할것이다. 이 문제에 대한 성경적 증거는 다음과 같다.

잠 16:9. 사람이 마음으로 자기의 길을 계획할지라도 그 걸음을 인도하는 자는 여호와시리라.

렘 10:23. 여호와여 내가 알거니와 인생의 길이 자기에게 있지 아니하니 걸음을 지도함이 걷는 자에게 있지 아니하니이다.

출 12:36. 여호와께서 애굽 사람으로 백성에게 은혜를 입히게 하사 그들의 구하는대로 주게 하시므로 그들이 애굽 사람의 물품을 취하였더라.

스 6:22. 이는 여호와께서 저희로 즐겁게 하시고 또 앗수르왕의 마음을 저희에게로 돌이켜 이스라엘의 하나님이신 하나님의 전 역사하는 손을 힘있게 하도록 하셨음이었느니라.

스 7:6. 그 하나님 여호와의 도우심을 입으므로 왕에게 구하는 것은 다 받는 자(에스라)니라.

사 44:28. 고레스(파사 왕)에 대하여는 이르기를 그는 나의 목자라 나의 모든 기쁨을 성취하리라 하며 예루살렘에 대하여는 이르기를 중건되리라 하며 성전에 대하여는 이르기를 네 기초가 세움이 되리라하는 자니라.

계 17:17. 하나님이 자기 뜻대로 할 마음을 저희에게 주사 한 뜻을
　　이루게 하시고 저희 나라를 그 짐승에게 주게 하시되 하나님 말
　　씀이 응하기까지 하심이니라.

삼상 2:25. 그들(엘리의 아들들)이 그 아비의 말을 듣지 아니하였으
　　니 이는 여호와께서 그들을 죽이기로 뜻하셨음이었더라.

왕상 12:11, 15. 부친(솔로몬)은 너희의 멍에를 무겁게 하였으나 나
　　(르호보암)는 너희의 멍에를 더욱 무겁게 할지라. 내 부친은
　　채찍으로 너희를 징치하였으나 나는 전갈로 너희를 징치하리
　　라……왕이 이같이 백성의 말을 듣지 아니하였으니 이는 여호
　　와께로 말미암아 난 것이라.

삼하 17:14. 압살롬과 온 이스라엘 사람들이 이르되 아렉 사람 후
　　새의 모략은 아히도벨의 모략보다 낫다 하니 이는 여호와께서
　　압살롬에게 화를 내리려 하사 아히도벨의 좋은 모략을 파하기
　　로 작정하셨음이니라.

제17장
예정론은 하나님을
죄의 창조자로 만든다는 설

<table>
<tr><td>

I. 악의 문제
II. 죄가 하나님께 통제되어 선한
    목적에 사용된 실례들
III. 아담의 타락은 하나님의 계획속
    에 있었다.
IV. 아담이 타락한 결과
V. 악의 세력은 하나님의 완전한
    통제하에 있다.
XI. 범죄행위는 하나님의 허락하

</td><td>

에서만 일어난다.
VII. 성경의 증거
VIII. 스미드와 핫지의 해설
IX. 하나님의 은총은 인간이 죄의
    노예가 된 후에 더욱 깊이 평가
    된다.
X. 칼빈주의는 안의 문제에 대해 다
    른 어떤 이론보다도 만족한 해답
    을 준다.

</td></tr>
</table>

I. 악의 문제

    하나님이 이 세상에서 일어나는 모든 사건을 다 예정하셨다고 한다면 죄도 하나님이 만드시지 않았겠느냐는 반론이 일어날 수 있다. 이 문제를 고찰함에 있어서 우리는 먼저 지혜, 능력, 성결, 공의에 무한하신 하나님께서 통치하시는 우주에 왜 죄악이 존재하는가?라는 문제는 현재의 우리 지식으로는 도저히 설명할 수 없는 오묘하고 신비한 문제라는 것을 인정해야 한다. 죄의 존재는 논리나 이성으로는 결코 설명될 수 없는 문제이다. 왜냐하면 그것은 본질적으로 비논리적이요 비이성적이기 때문이다. 죄악이 우주에 존재한다는 단순한 사실은 칼빈주의에 대해서 뿐아니라 전반적인 유신론에 대한 반증(反證)으로 무신론자와 회의론자들이 누누히 거론하는 바이다.

웨스트민스터 신앙고백은 하나님의 성품에서 지극히 적은 악이라도 나오는 것같은 인상을 주지 않기 위해 특히 악의 무서운 신비 문제를 논함에 있어서 아주 신중을 기했다. 이 신앙고백에 의하면 모든 죄는 그것이 무슨 죄든 피조물의 자유행위에서 나온 것이라고 하였으니 곧 "죄악은 피조물에게서만 나오는 것이요 하나님으로 말미암아 남이 아니니 그는 지극히 거룩하시고 의로우신고로 악의 근원도 아니시며 악을 기뻐하지도 아니 하신다"고 강조하여 단정했다(제5 장 4절 하반).

하나님께서 그의 비밀한 뜻안에서 인간의 죄된 행위를 어떻게 다스리시며 또 그것을 어떻게 선한 목적으로 사용하시는지는 우리가 설명할 수 없으나 우리가 분명히 알 수 있는 것은 하나님께서는 무슨 일을 하시든 결코 자신의 공의에 위배됨이 없이 행하실 것이라는 점이다. 하나님께서는 그 하시는 모든 일에 있어서 언제나 자신을 절대적으로 "거룩한 자" 로 나타내신다. 이러한 하나님의 심오한 활동들은 우리가 이해할 수 없는 신비에 속한 문제이므로 우리는 그저 찬탄할 뿐이지 이것을 캐내어 조사하려고 해서는 안된다. 따라서 만일 예정론이 하나님을 죄의 창시자로 만든다는 어떤 사람들의 끈질긴 반론만 없었다면 이 이상 더 논하지 않았을 것이다.

죄에 대한 부분적인 설명은 성경에 인간이 죄를 범하지 말라는 명령을 부단히 받고 있으나 만일 그가 범죄하기를 선택할 경우 그는 죄를 범할 수도 있다는 사실(하나님이 허락하시는 경륜이 있다는 것)에서 발견된다. 그들의 범죄는 단순히 그들의 본성에 의한 자유행위이지 어떤 외부적 강요를 받은 행위가 아니다. 따라서 범죄의 책임은 그들에게만 있다. 물론 하나님께서 인간의 범죄를 허락하시는 이 허락은 단순한 허락만이 아니다. 그 허락의 이면에는 심오한 경륜이 포함되어 있다. 왜냐하면 하나님께서는 그 사람이 범죄한 것을 충분히 아시면서도 그 사람으로 하여금 그 범죄 환경에 있도록 하신 까닭이다. 그렇다고 해서 하나님이 인간의 범죄 행위를 옳게 보신다는 뜻은 아니다. 하나님의 죄에 대한 허락은 소극적 의미에서의 허락이니 즉 사람의 죄행은 심히 가증하게 보시면서도 그 죄행이 존재하는 것은 허락하신다는 말이다. 이때 하나님이 범죄 행위를 허락하시는 동기와 인간이 범죄하는 동기는 근본적으로 서로 다르다. 많은 사람들이 이 문제에 대해 오해를 하는데, 그 이유는 인간은 악한 동기와 목적으로 범죄하지만 하나님은 공의로우신 동기와 목적으로 그의 선하신 경륜을 이루시기 위하여 이것을 허락하신다는 사실을 그들이 모르기 때문이다. 더구나 모든 사람들은 범죄 후에 그 일에 대한 책임은 전적으로 자기에게 있다는 것, 만일 자기가 스스로 택하지 않았다면 그런 일은 일어나지 않았을 것이라는 양심의 소리를 듣는다. 이것만 보아도 범죄에 대한 책임은 범죄자 자신에게만 있다는 것을 알 수 있다.

종교개혁자들은 죄의 기원, 죄가 세상에 들어옴, 그 결과로 나타나게 될 모든 양상들, 이 모든 것이 본래 하나님의 계획 속에 포함되어 있었다는 것을 알았다. 그리고 죄의 존재에 대한 설명은 죄가 완전히 하나님의 지배 아래 있다는 사실속에서 발견되어져야 한다는 것과 죄는 하나님의 영광을 보다 높이 나타내기 위하여 전용(轉用)된다는 것을 알았다. 만일 하나님이 그의 감추어진 섭리적 지배로 사악한 인류의 마음에 감화를 주시어 그들의 계획적인 악으로부터 선한 결과를 초래하실 수 없었다면 하나님은 결코 죄가 세상에 들어오는 것을 허락하지 않으셨을 것이라고 믿고 우리는 안심하는 것이다. 하나님은 선민의 마음속에서 발견되는 선하고 거룩한 마음만 조정하시는 것이 아니라 완악한 자들의 부패한 마음도 완전히 통제하시어 자신의 거룩한 뜻을 성취하시는데 전용하신다. 악한 자들은 어떤 때 자기 목적을 이룬줄 알고 기뻐한다. 그러나 칼빈의 말처럼 "저들의 목적 성취는 결국 저들의 참 성공이 아니고 단지 하나님이 예정하신 그 큰 계획을 이루는데 전용(轉用)된 것뿐이다." 이렇게 악한 자들의 행악을 자신의 거룩한 뜻을 성취하는데 전용하셨다고 해서 하나님이 그들을 벌하지 않고 내버려두시는 것은 아니다. 그들은 그들의 죄로 말미암아 벌을 받으며 양심의 가책도 받는다.

예컨대 "왕은 자기의 영토 안에서 반역적 집회를 갖지 못하게 하는 금령을 포고할 수 있다. 그렇다고 해서 그 영토 안에서 반역은 일체 일어날 수 없게 하리라는 보장이 이 금령에 포함되어 있는 것은 아니다. 오직 반역이 일어날 때 처벌하리라는 것만 포함되어 있을 뿐이다. 그리고 반역이 일어날 때 바로 통제하기만 하면 그 나라에 반역이 없었던 것보다 나을 경우가 있다. 따라서 그 왕은 경우에 따라 어떤 반역이 일어나는 것은 묵과할 수도 있다."[13]

악의 문제에 대하여 스트롱 박사는 "(1) 의지의 자유는 도덕에 절대 필요하다. (2) 하나님은 죄인이 죄때문에 고통당하는 것 이상으로 고통당하신다. (3) 하나님은 죄의 허용과 함께 구속을 마련하셨다. (4) 하나님은 결국 모든 악을 통제하시어 선을 낳게 하신다"고 하였고 그는 또 "하나님은 도덕계에서 죄를 예방하실 수도 있었다. 그러나 최고의 도덕은 가장 완전한 자유의지를 전제로 하는데 자유의지란 범죄할 가능성이 있다는 점에서 하나님은 처음부터 죄가 세상에 들어올 수 있는 가능성을 없애지 않으신 것이라고 할 수 있다"[14]고 말하였다.

페어번(Fairbairn)은 "그러면 하나님은 왜 범죄할 가능성이 있는 인간을 창조하셨을까? 그 이유는 인간이 범죄할 가능성을 가진고로 하나님께 순종할 가능성도 있기 때문이다. 선을 행할 가능성이 있다 함은 곧 악을 행할 가능성도 있다는 말이다. 기계는 복종도 반항도 할 수 없다. 따라서 복종할 수도 있고 반항할 수도 있는 이 두 가지 가능성을 갖지 않은 사람이 있다면 그는 기계지 사람이 아니다. 도덕적 완전은 달성될 수 있는 것이지 창조될 수 있는 것이 아니다. 하나님은 덕행을 할 수 있는 인간을 만드셨지 덕행을 자기 안에 저장해 가지고 있는 인간을 만드신 것이 아니다" 라고 말함으로써 이 문제를 보다 잘 이해할 수 있게 해 주었다.

---

13) *Tyler, Memoir and Lectures*, pp. 250–252.
14) *Strong, Systematic Theology*, p. 357.

II. 죄가 하나님께 통제되어 선한 목적에 사용된 실례들

성경을 통해 우리는 인간의 악행이 허용되었다가 후에는 도리어 그것이 하나님의 뜻을 이루는데 전용된 실례들을 무수히 많이 발견할 수 있다. 우선 구약에서 그 실례를 찾아보도록 하자. 야곱이 자기의 늙은 아비 이삭을 속인 것은 비록 그 행위 자체는 죄악이었지만 그 일을 통하여 이미 계시된 하나님의 뜻 즉 "형이 아우를 섬기리라"는 뜻이 성취되었다. 바로와 애굽인들이 이스라엘 사람을 박해한 일은 결국 하나님의 이적이 애굽에 나타날 수 있게 한것이었고 (출 11:9), 이적들이 후대에 전해져서(출 10:1, 2), 하나님의 영광이 온 땅에 전파될 수 있게 한 것이었다(출 9:16). 발람이 이스라엘 백성에게 선포하려고 한 저주는 축복으로 변하였고(민 24:10, 느 13:2), 이방의 거만한 앗수르왕은 전혀 의식도 못한채 타락한 하나님의 백성을 징벌하는 채찍이 되었다. 물론 그는 그런 일을 할 의도도 없었으며 그런 역할을 하리라고는 생각지도 못했다(사 10:5 -15). 욥이 당한 고난이 비록 인간의 안목으로 볼 때는 단순히 재난이요 사고요 우연한 일이었지만 좀더 깊이 연구해 보면 그 모든 일의 배후에는 하나님이 계셔서 그의 완전한 통제하에 사단에게 이같은 재앙을 내리도록 허락하셨음을 알 수 있다. 물론 사단은 하나님이 허락하신 한계선을 넘어 재앙을 내릴 수는 없었다. 이 사건의 목적은 욥의 인내와 신앙 인격을 발전시키기 위함이었는데 여기서 우리는 하나님이 그의 높으신 목적을 이루기 위해서는 심지어 아무 의미도 없는 것처럼 보이는 폭풍우까지 사용하신다는 것을 알 수 있다.

신약에서도 우리는 동일한 실례들을 찾아볼 수 있다. 나사로가 죽은 일은 마리아와 마르다 및 위문하러 왔던 사람들이 인간적인 입장에서 볼 때 큰 불행이었으나 하나님 편에서 볼 때 그것은 "죽은 것이 아니요 하나님의 영광을 위함이요 하나님의 아들로 이를 인하여 영광을 얻게 하려한 것”(요 11:4)이었다. 베드로의 죽음도 저에게는 불행같으나 하나님에게는 영광이었다(요 21:9). 예수께서 제자들과 함께 바다를 건너 가실 때 풍랑이 일지 않도록 미리 방지하실 수도 있었으나 그렇게 하지 않은 것이 오히려 하나님의 영광을 나타나게 했고 제자들의 믿음을 굳게 해주었다. 고린도 교회 교인들에게 한 바울의 과격한 책망은 저들에게 근심이 되었으나 후에는 그로 말미암아 회개에 이르게 되었다. 왜냐하면 “하나님의 뜻대로 하는 근심은 후회할 것이 없는 구원에 이르게 하는 회개를 이루는 것이요 세상 근심은 사망을 이루는 것”이기 때문이다(고후 7:9-10). 하나님은 종종 사람을 일시적으로 사단에게 내어주시는데 그 이유는 그의 영적 회심을 위해 육체적 정신적 고통을 당하게 하기 위함이다(고전 5:5). 바울은 옥에 갇혔을 때 당한 자기의 고난을 가리켜 “형제들아 나의 당한 일이 도리어 복음의 진보가 될줄을 너희가 알기를 원하노라”(빌 1:12)고 말하였다. 그는 그의 “육체에 있는 가시”가 하나님이 그를 쳐서 “너무 자고(自高)하지 않게 하시려고” 주신 “사단의 사자”라는 것을 알았을 때 “이러므로 도리어 크게 기뻐함으로 나의 여러 약한 것들에 대하여 자랑하리니 이는 그리스도의 능력으로 내게 머물게 하려 함이라”고 말하면서 이를 감수하였다(고후 12:7-10). 이 경우에 하나님은 가장 극악무도한 죄인에게나 쓰는 독약을 사도의 교만을 치료하기 위한 예방책으로 사용하신 것이다.

우리는 하나님께서 죄가 세상에 들어오도록 허락하신 이유는 “죄가 많은 곳에 은혜가 많다”는 원리때문일 것이라고 어느 정도 확신 있게 말할 수 있다. 만일 죄가 없었다면 깊고 측량할 수 없는 하나님의 은혜는 나타나지 않았을 것이다.

사실 우리는 아담의 타락으로 말미암아 잃는 것보다 그리스도의 구원으로 말미암아 얻는 것이 더 많다. 그리스도의 성육신으로 말미암아 인간성은 하나님의 품에까지 들어가는 특권을 누리게 되었고, 구원얻은 자는 그리스도의 연합을 통해 아담이 타락하지 않았을 경우에 획득할 수 있었던 위치보다 훨씬 더 높은 위치를 획득하게 된 것이다. 칼빈은 이 일반적인 진리를 다음과 같은 말로 표현하였다. "그러나 일찍이 암흑 가운데서 빛을 명하여 있게 하신 하나님은 그가 원하시기만 한다면 지옥 자체로부터도 인간을 구원하실 수 있으며, 암흑 자체를 광명으로 변화시키실 수도 있다. 그러면 사단은 어떻게 일을 하는가? 어떤 의미에서는 사단도 결국 하나님의 일을 하는 것이다. 즉 하나님은 사단을 그의 섭리에 복종시켜 그의 뜻을 성취하도록 활동시킴으로써 사단의 모든 계획과 시도를 하나님의 영원한 원리들을 성취하는데 사용하신다."[15]

심지어 의인을 핍박하는 일까지도 선한 목적을 위해 계획된 것이다. 그래서 바울은 "우리의 잠시 받는 환란의 경한 것이 지극히 크고 영원한 영광의 중한 것을 우리에게 이루게 함이니"(고후 4:17) 라고 선언하였다. 그리스도와 함께 고난받는 것은 저와 더욱 긴밀하게 연합하는 것이니 그리스도를 위하여 고난받는 자에게는 더 큰 상급이 약속되어 있다(마 5:10-12). 하나님께서 그리스도를 위하여 우리에게 은혜를 주신 것은 다만 그를 믿을 뿐아니라 또한 그를 위하여 고난도 받게 하시려 함이다(빌 1:29). 사도들은 공중 앞에서 능욕을 받은 후 "그 이름을 위하여 능욕받는 일에 합당한 자로 여기심을 기뻐하면서 공회 앞을 떠났다"(행 5:41). 히브리서 기자도 이와 똑같은 진리를 다음과 같이 쓰고 있다. "무릇 징계가 당시에는 즐거워 보이지 않고 슬퍼보이나 후에 그로 말미암아 연달한 자에게는 의의 평강한 열매를 맺나니"(히 12:11).

찰스 핫지 박사는 "초대교회를 박해한 악한 자들의 행위는 복음이 보다 신속하게 널리 전파되게 하기 위한 수단으로써 하나님이 예정하신 일이었다. 순교자들의 고난은 교회 확장뿐 아니라 교회를 순수하게 하기 위한 수단이었다. 사도가 예언한 신자들의 배교는 이미 예정되어 있었다. 프랑스에서의 유그노당에 대한 박해와 영국에서의 청교도에 대한 박해는 결국 북미에 기독교 국가를 세우는 기초가 되

---

15) *The Secret Providence of God*; reprinted in *Calvin's Calvinism*, p. 240.

었다. 영국과 프랑스에서 박해를 받은 그리스도인들은 북미에서 도피처를 발견하였다. 만일 발생하는 일이 무엇이든 예정된 것이 아니라면 그리스도인은 이렇게 일하시는 하나님을 신뢰할 수 없을 것이다. 왜냐하면 그리스도인들이 하나님의 인도와 보호하심 아래 완전히 안식할 수 있는 것은 하나님이 하늘에서나 땅에서나 그의 기쁘신 뜻대로 통치하시는 분임을 믿기 때문인 것이다.”[16]

하나님의 많은 속성들은 세계의 창조와 통치를 통해 나타난다. 그러나 공의의 속성은 벌을 받아야할 피조물에게서, 자비 또는 은혜의 속성은 비참에 처한 피조물에게서만 나타날 수 있다. 따라서 인간의 타락이 없었다면 하나님의 공의를 인간이 알지 못했을 것이며 구원이 없었다면 하나님의 은혜를 인간이 알지 못했을 것이다. 만일 죄가 피조계에 들어오지 않았다면 이같은 속성들은 영원히 숨겨져 있었을 것이다. 그리고 만일 우주안에 하나님의 공의와 자비가 나타나지 않았더라면 우주는 마치 태양없는 지구처럼 혼돈 상태에 있었을 것이다. 결국 죄가 세상에 들어온 것은 죄사함 속에서 하나님의 자비를 나타내기 위함이요, 처벌 속에서 하나님의 공의를 나타내기 위함이다. 죄가 세상에 들어오게 된 것은 하나님이 영원전부터 예정하신 계획의 결과로써 그는 이것을 통하여 자신의 속성을 인간에게 할 수 있는 데까지 충분히 계시하셨다.

종교개혁자들은 죄의 기원, 죄가 세상에 들어옴, 그 결과로 나타나게 될 모든 양상들, 이 모든 것이 본래 하나님의 계획 속에 포함되어 있었다는 것을 알았다. 그리고 죄의 존재에 대한 설명은 죄가 완전히 하나님의 지배 아래 있다는 사실속에서 발견되어져야 한다는 것과 죄는 하나님의 영광을 보다 높이 나타내기 위하여 전용(轉用)된다는 것을 알았다. 만일 하나님이 그의 감추어진 섭리적 지배로 사악한 인류의 마음에 감화를 주시어 그들의 계획적인 악으로부터 선한 결과를 초래하실 수 없었다면 하나님은 결코 죄가 세상에 들어오

---

16) *Systematic Theology*, I, p. 545.

는 것을 허락하지 않으셨을 것이라고 믿고 우리는 안심하는 것이다. 하나님은 선민의 마음속에서 발견되는 선하고 거룩한 마음만 조정하시는 것이 아니라 완악한 자들의 부패한 마음도 완전히 통제하시어 자신의 거룩한 뜻을 성취하시는데 전용하신다. 악한 자들은 어떤 때 자기 목적을 이룬줄 알고 기뻐한다. 그러나 칼빈의 말처럼 "저들의 목적 성취는 결국 저들의 참 성공이 아니고 단지 하나님이 예정하신 그 큰 계획을 이루는데 전용(轉用)된 것뿐이다." 이렇게 악한 자들의 행악을 자신의 거룩한 뜻을 성취하는데 전용하셨다고 해서 하나님이 그들을 벌하지 않고 내버려두시는 것은 아니다. 그들은 그들의 죄로 말미암아 벌을 받으며 양심의 가책도 받는다.

예컨대 "왕은 자기의 영토 안에서 반역적 집회를 갖지 못하게 하는 금령을 포고할 수 있다. 그렇다고 해서 그 영토 안에서 반역은 일체 일어날 수 없게 하리라는 보장이 이 금령에 포함되어 있는 것은 아니다. 오직 반역이 일어날 때 처벌하리라는 것만 포함되어 있을 뿐이다. 그리고 반역이 일어날 때 바로 통제하기만 하면 그 나라에 반역이 없었던 것보다 나을 경우가 있다. 따라서 그 왕은 경우에 따라 어떤 반역이 일어나는 것은 묵과할 수도 있다."[1]

악의 문제에 대하여 스트롱 박사는 "(1) 의지의 자유는 도덕에 절대 필요하다. (2) 하나님은 죄인이 죄때문에 고통당하는 것 이상으로 고통당하신다. (3) 하나님은 죄의 허용과 함께 구속을 마련하셨다. (4) 하나님은 결국 모든 악을 통제하시어 선을 낳게 하신다"고 하였고 그는 또 "하나님은 도덕계에서 죄를 예방하실 수도 있었다. 그러나 최고의 도덕은 가장 완전한 자유의지를 전제로 하는데 자유의지란 범죄할 가능성이 있다는 점에서 하나님은 처음부터 죄가 세상에 들어올 수 있는 가능성을 없애지 않으신 것이라고 할 수 있다"[2]고 말하였다.

페어번(Fairbairn)은 "그러면 하나님은 왜 범죄할 가능성이 있는 인간을 창조하셨을까? 그 이유는 인간이 범죄할 가능성을 가진고로 하나님께 순종할 가능성도 있기 때문이다. 선을 행할 가능성이 있다함은 곧 악을 행할 가능성도 있다는 말이다. 기계는 복종도 반항도 할 수 없다. 따라서 복종할 수도 있고 반항할 수도 있는 이 두 가지 가능성을 갖지 않은 사람이 있다면 그는 기계지 사람이 아니다. 도덕적 완전은 달성될 수 있는 것이지 창조될 수 있는 것이 아니다. 하나님은 덕행을 할 수 있는 인간을 만드셨지 덕행을 자기 안에 저장해 가지고 있는 인간을 만드신 것이 아니다" 라고 말함으로써 이 문제를 보다 잘 이해할 수 있게 해 주었다.

III. 아담의 타락은 하나님의 계획속에 있었다.

심지어 아담의 타락과 그로 말미암은 인류의 타락조차 우연이나 사고로 일어난 것이 아니고 하나님의 오묘하신 뜻가운데서 그렇게 예정된 것이다. 우리가 아는대로 "그리스도는 창세 전부터 미리 알리신 바 된 자"였다(벧전 1:20). 바울은 예수 그리스도 안에서 예정하신 뜻은 영원 전부터 하신 것이라고 하였고(엡 3:11) 히브리서 기자는 예수의 흘리신 피를 영원한 언약의 피라고 하였다(히 13:20). 이처럼 구속 계획이 영원으로 소급된다면 구속 계획의 원인인 인간의 타락을 허락하신 계획 역시 영원으로 소급되어야만 한다. 그렇지 않다면 구속이 있을 필요가 없다. 사실 인간의 타락, 구속, 기타 모든 역사적 사건들은 하나님이 이미 창세전에 그의 의중(意中)에 설계하고 계셨던 것이다. 그리고 그 예정에 따라 일련의 사건들을 실현시키시는 것이다.

만일 타락이 하나님의 계획 속에 없었다면 그리스도로 말미암은 우리의 구속은 어떻게 되겠는가? 단지 인간의 반역을 뒤엎기 위해 하나님이 취하신 미봉책에 지나지 않는단 말인가?

성경 전체를 통해 구속은 영원부터 하나님의 임의적인 은혜의 목적으로 나타나 있다. 하나님은 인간이 최초로 범죄한 그 시간부터 아무 이유없이 구원을 약속하심으로써 이 문제에 주권적으로 개입하셨다. 하나님의 영광은 창조의 전영역에 걸쳐 널리 나타나 있지만 특히 구속사역에서 잘 나타나고 있다. 따라서 인간의 타락은 하나님의 계획의 일부일 뿐아니라 필수적인 부분이다. 비록 결정적인 알미니안파이긴 하지만 왓슨(Watson)까지도 "그리스도로 말미암은 인간의 구속은 인간의 배신 후에 고안된 사후 대책이 아니고 사전에 준비된 예정이었다. 그래서 인간은 타락한 바로 그때에 은혜와 결합되는 의를 발견하였다"[17]고 말한다. 인류 타락의 파멸로부터 하나님은 처음 창조보다 훨씬 더 영광스러운 새로운 영적 창조를 하신 것이다.

그러나 철저한 알미니안주의는 하나님을 아담이 타락하는 동안 의혹에 차서 앉아 있는 게으른 방관자로, 또 자신의 손으로 만든 피조자 때문에 오히려 놀라고 방해받는 신으로 묘사한다. 이와 반대로 우리는 하나님이 아담의 타락을 미리 계획하셨고 예지하셨다는 것, 어떤 의미로든 타락이 하나님에게 뜻밖의 일은 아니었다는 것, 그리고 아담이 타락한 것을 보시고 인간 창조에 오류를 범했다고 생각하지 않으셨다는 것을 주장한다. 하나님이 원하시기만 했다면 사단이 에덴 동산에 들어오는 것을 방지하실 수도 있었으며 아담을 거룩한 천사들처럼 거룩한 상태로 보존하실 수도 있었다. 그러나 하나님이 인간의 타락을 예견하셨다는 단순한 사실이 하나님은 인간이 타락하지 않고 성결한 상태를 계속함으로써 하나님을 찬미하리라고 기대하지 않으셨다는 사실을 충분히 증거하는 것이다.

그렇다고 해서 하나님이 인간을 강제로 타락시킨 것은 결코 아니다. 다만 아담이 절대로 타락하지 않을만한 억제적 은혜를 주지 않은 것 뿐이다. 이 은혜가 있었다면 아담은 틀림없이 타락하지 않았을 것이다. 그러나 하나님에게 이 은혜를 반드시 부여해줄 의무가 있었던 것은 아니다. 아담 편에서 본다면 아담은 그렇게 선택하지 않을 수도 있었다 그러나 하나님 편에서 볼 때 아담의 타락은 확정적이었다. 즉 아담은 하등의 예정도 없었던 것같이 자유롭게 그러나

---

17) *Theological Institutes*, II, ch.18.

또한 하등의 자유도 없었던 것같이 확정적으로 타락한 것이다. 유대인들은 자유행위자이므로 그리스도의 뼈를 꺾을 수도 있었을 것이다. 그러나 실제로 그들이 그렇게 행한다는 것은 불가능했다. 왜냐하면 하나님께서 그리스도의 뼈는 하나도 꺾이지 않도록 예정하셨기 때문이다(시 34:20, 요 19:36). 하나님의 예정은 인간의 자유를 박탈하지 않는다. 아담은 타락할 때 자신의 의지의 자연적 발동을 자유로 사용한 것이다. 즉 충분히 자유롭게 생각하고 결정해서 행동한 것이다.

아담이 타락한 이유는 "하나님이 모든 사람을 순종치 않는 가운데 두심은 모든 사람에게 긍휼을 베풀려 하심"(롬 11:32)이라는 데 잘 나타나 있다. 또 "우리 마음에 사형선고를 받을줄 알았으니 이는 우리로 자기를 의뢰하지 말고 오직 죽은 자를 다시 살리시는 하나님만 의뢰하게 하심이라"(고후 1:9)는 말씀에도 나타나 있다. 인간 타락에 대한 하나님의 주도권을 이보다 더 명료하게 나타내준 성구는 없다. 하나님은 이유가 있어서 우리의 시조가 유혹을 받아 타락하도록 허락하시고 그 타락으로 말미암아 생긴 죄악을 선히 통제하시어 그의 영광을 나타내는데 전용하신 것이다. 그렇다고 해서 하나님이 죄의 창시자가 되는 것은 아니다. 하나님은 자유의지가 무슨 일을 할 수 있는지를 보여 주시기 위해 아담의 타락을 허용하셨고, 그런 다음 그 타락의 결과를 선용하심으로써 하나님의 은혜의 축복이 무엇이며 하나님의 공의의 심판이 하실 수 있는 것이 무엇인지를 보여주시고자 했던 것이다.

우리는 여기서 우리 시조의 타락의 성격을 고려해봄이 좋을듯 하다. 아담은 자기 자신과 후손을 위해 영생과 축복을 얻기에 가장 좋은 조건을 갖고 있었다. 그는 무죄한 자로 창조되었고 무죄한 환경에서 살고 있었다. 아름답고 화려한 낙원에서 한 나무의 열매만 제외하고는 어떤 나무의 열매든지 다 따먹을 수 있었으니 그것은 전혀 무리한 요구가 아니었다. 그리고 하나님께서 직접 낙원에 오시어 아담의 친구가 되어 주셨다. 하나님은 그에게 한 나무의 과일은 먹지 말라고 하시면서 "네가 먹는 날에는 정녕 죽으리라"고 분명히 경고하셨다. 그 열매를 먹는 것 자체가 도덕적으로 선하다거나 악한 것은 아니므로 아담은 순전히 순종의 테스트를 받는 입장이었다고 할 수 있다. 이처럼 여기에서는 순종이 덕으로 세워졌으니 그 이유는 이성적 피조자인 인간에게 있어서는 순종이 곧 그외의 다른 모든 것들을 감시해 주는 보호자이기 때문이다.

Ⅳ. 아담이 타락한 결과

그러나 이상과 같은 그의 유리한 모든 조건들에도 불구하고 아담은 불순종했고 이미 경고된 사망의 벌을 받게 되었다. 이 사망은 분명 육체적인 멸망 이상의 것이다. "사망"이란 말이 성경에서 죄의 결과와 관련되어 사용될 때 그것은 죄때문에 당하는 일반적 비애, 고통, 앙화 등을 모두 포함한다. 그것은 주로 일시적 또는 영원한 영적 사망이나 하나님으로부터의 격리를 의미한다. 이 말은 하나님께서 아담이 순종할 경우에 주시기로 약속했던 상급(즉 천국에서 복되게 영원히 사는 것)과 반대되는 개념이다. 따라서 사망이란 영원한 지옥의 형벌에다 이 세상에서 받는 일반적인 비애까지 포함한 말이다. 사망의 성격은 아담의 후예 곧 모든 인류가 당하는 일반적인 비애에서 찾아볼 수 있다. 끝으로 아담을 엄습한 사망의 성격은 구속받은 자들이 그리스도와 함께 갖고 있는 그 생명과 대조해볼 때 잘 나타난다. 이 사망의 요소 때문에 인간은 성결대신 죄를 사랑한다. 그래서 중생하지 않은 자의 본성은 복음과 모든 거룩한 것들을 역겨워하고 불쾌해 하는 것이다. 그는 마치 죽은 자가 이 세상의 소리를 듣지 못하는 것처럼 그리스도를 믿음으로 말미암는 구원을 전혀 이해하지 못한다. 사망이란 본래 육체적인 죽음을 가리키는 것이 아니라는 것은 아담이 사망선고를 받은 후에도 육체적으로는 수백년을 더 살았으나 영적으로는 즉시 하나님께로부터 분리되어 낙원에서 추방되었다는 사실에서 알 수 있다. 육체적인 죽음에 있어서도 아담은 어떤 의미에서 타락 후 즉시 사망을 받았다고 할 수 있다. 왜냐하면 그가 수백년을 살긴 했지만 타락 후부터 즉시 육신이 늙기 시작해서 그의 생명은 무덤을 향하여 끊임없이 달음질했기 때문이다. 그래서 찰스 핫지는 말하기를 "아담은 사실 금단의 열매를 먹은 후 바로 죽었다고 할 수 있다. 경고된 사망의 벌을 일시적인 형벌이 아니고 의로우신 하나님의 분노로부터 쏟아져 나오는 모든 악에 예속되어 복종하는 영구적인 벌이다"[18]라고 하였다.

더구나 아담은 인류의 자연적, 성약적(聖約的) 머리이기 때문에 그의 타락으로 자기 자신만 사망의 비애를 당한 것이 아니라 그의 모든 후예 곧 온 인류가 그 죄값을 지게 되었다. 그래서 핫지 박사는 "아담과 그 후예의 성약적 혹은 자연적 결합때문에 아담의 죄가 그들의 행위는 아니었으나 그들에게 돌아가고 또한 아담을 위협한 형벌의 재판상의 근거가 그들 위에 내려진 것이다…… 죄를 돌린다는 것은 성경적, 신학적 용어로 하면 죄책(guilt)을 지게 한다는 말이다. 따라서 유죄란 단순히 형사상의 죄나 도덕적 비행 또는 과실이 아니며 도덕적 부패는 더 더욱 아니다. 그것은 오히려 공의를 만족시켜야 할 재판상의 의무이다"[19]라고 말한다.

아담의 죄와 벌은 이렇게 그의 후예에게 전가된 것이다. 심지어 자범죄를 전혀 범하지 않은 영아까지도 고통과 사망을 겪는다. 성경은 고통과 사망을 가리켜 한결같이 "죄의 삯" 이라고 한다. 하나님께서 죄책이 없는 자를 벌하신다면 그것은 정당하지 않을 것이다. 그런데 개인적인 죄가 없는 영아들도 죽음과 고통을 맛보는 것을 보면 그들에게도 아담의 죄로 말미암은 죄책이 분명히 있다는 뜻이다. 아담에게서 인간성을 물려받은 자는 모두 열매가 씨의 배(胚) 한부분에 있듯이 아담 안에 있었고 아담과 같은 사람으로 성장하는 것이다. 아담은 타락으로 말미암아 전적으로 부패되었다. 다시 말하면 그는 본

---

18) *Systemetic Theology*, II, p. 120.
19) *Ibid.*, p. 194.

래 소유했던 의와 거룩함을 완전히 잃어버렸고 대신 압도적인 죄의 상태가 그 자리를 차지해버린 것이다. 이것은 마치 사람의 눈이 찔려 상하게 되면 그의 전 생활이 암흑 속에서 영위되는 것과 같다. 그러자 하나님의 분노와 저주가 그에게 임했고 그는 죄책감, 수치심, 더러움과 비열함, 형벌에 대한 공포 등으로 가득하여 하나님이 계신 곳으로부터 도피하려는 마음에 사로잡힌 것이다.

사실 아담의 죄책이 우리에게 돌아오게 되는 방법과 그리스도의 의가 우리에게 돌아오게 되는 방법 사이에는 상당한 유사점이 있다. 우리가 비록 아담으로 말미암아 저주를 받게 되고 그리스도로 말미암아 구속된다고는 하지만 개인적으로는 그리스도의 의를 받을 가치가 전혀 없는 것처럼 아담의 죄책에 대해서도 개인적으로 저주를 받아야할 자는 아니다. 우리가 아담때문에 정죄되었음을 인정하지 않는다면 그리스도때문에 칭의함 받는다는 것도 인정할 수 없을 것이다. 왜냐하면 그리스도의 교회는 이 "대표 원리" 에 근거하고 있기 때문이다. 창세기 3장에 심오하면서도 소박하게 기록된 타락의 역사는 우주적인 의의를 지니고 있다. 그런데 칼빈주의만이 인류의 유기적 연합 사상과 바울이 말한 첫번째 아담과 두번째 아담 사이의 심오한 유사성을 인정한다.

V. 악의 세력은 하나님의 완전한 통제하에 있다.

우리는 하나님께서 인간의 제반사를 실제로 다스리신다는 것과 그의 작정은 절대적이며 사건 전체를 포함하는 포괄적인 작정이라는 것을 믿는다. 따라서 우리는 민족들에게나 개인들에게 일어나는 선악간의 모든 일들이 예정되어 있다는 것을 믿는다. 우리가 시야를 좀더 넓히게 되면 인간의 악한 행위까지도 사실은 하나님의 계획중에 포함되어 있으나 그러한 행위가 하나님의 계획과 모순된 것처럼 보이는 까닭은 인간의 본성이 유한하고 불완전하므로 모든 사물간의 관계와 상호연관성을 파악하지 못하기 때문이라는 것을 이해할 수 있다. 이것을 보다 쉽게 설명하기 위해 자동 피아노를 예로 들어 보겠다. 자동 피아노가 자동으로 연주될 수 있는 것은 그 안에 들어 있는 악보 때문이다. 그러나 자동 피아노가 어떻게 연주되는지를 모르는 자가 만약 이 악보를 보았다면 그것은 무용지물의 구멍뚫린 종이조각에 지나지 않았을 것이다. 그러나 이 종이 조각을 피아노 안의 적당한 장소에 끼우게 되면 피아노는 자동적으로 가장 아름다운 음악을 연주해 내는 것이다. 이처럼 하나님이 보실 때 악도 적절한 경우에는 유용한 것이므로 이 우주에 악이 발생하도록 허락하신 것이다. 만일 하나님이 사건의 모든 과정들을 예정하셨다는 것과 우리 각 개인의 생활을 위해 설계하신 이 과정들이 선한 과정들이라는 것을 믿지 않는다면 우리는 역경의 때에 반드시 낙심하게 될것이다. 마치 늙은 야곱이 그 아들 요셉을 만나보기 전에 즉시 난색을 띈 얼굴로 "이 모든 일이 다 나를 해롭게 한다"고 결론지었던 것처럼 하나님께서 우리를 위해 어떤 위대한 일을 준비하시는 바로 그때에 우리는 낙심하게 되는 것이다.

　이미 말한대로 하나님은 죄를 억제하시며, 악을 선으로 바꾸사 악도 결국 하나님의 영광을 위해 사용하신다는 것이 성경의 교리이다. 하나님은 능력과 지혜에 있어서 무한하시기 때문에 죄는 하나님의 허락없이 존재할 수 없다. 모든 악의 세력이 하나님의 절대적 통제 하에 있기 때문에 하나님이 원하시기만 한다면 모든 죄악을 순식간에 말소하실 수 있다. 예수께서 "사탄아 물러가라"고 명령하셨을 때 사탄은 즉시 물러갔으며, 귀신들린 사람들로부터 나오라고 명령하셨을 때 악한 영들은 즉시 순종했다. 시편 기자는 죄인들이 하는 일을 깊이 생각해보다가 그들이 한 일을 뒤집어 놓으실 하나님의 능력을 확신하면서 "하늘에 계신 자가 웃으심이여 주께서 저희를 비웃으시리로다"(시 2:4)라고 노래하였다. 욥은 "속은 자와 속이는 자가 다 그에게 속하였다"(욥 12:16)고 말하였다. 이는 곧 선인이나 악인이 다 하나님의 섭리적 지배 아래 있다는 뜻이다.

죄가 하나님의 목적과 허락에 따라 일어나지 않는다면 그것은 우연히 발생한다고 할 수밖에 없다. 그렇게 되면 악은 독자적인 지배할 수 없는 원리가 되어 결국 이교적인 이원론적 세계관에 빠지고 만다. 자유행위 안에는 죄와 반역과 흑암의 능력까지도 포함되어 있다고 주장하는 교리는 영광가운데 있는 성도들의 영원한 안전과 행복까지도 위태롭게 만든다.

루터는 이 문제에 대한 그의 소신을 다음과 같이 밝혔다. "내가 단언하고 또한 위하여 논쟁하는 것은 이것이다. 즉 하나님은 모든 것을 주장하시나니 심지어 불경건한 자들의 일까지도 다 관할하신다. 그리하여 그분 홀로 창조하신 만물을 그의 전능하신 방법대로 운행하시며 감화를 주시고 성취하신다. 만물은 이 운행을 피하지도 변개시키지도 못한다. 오직 각자 하나님으로부터 받은 역량에 응하여 필연적으로 복종하는 수 밖에 없다. 이렇게 해서 만물은 심지어 불경건한 자들까지도 하나님의 뜻을 성취하는데 협력하게 되는 것이다."[20] 또 장키우스(Zanchius)는 "그러므로 우리는 하나님의 성결하심을 찬미한다는 구실아래 하나님의 능력을 방기(放棄)하는 일이 없도록 신중을 기해야 할것이다. 하나님은 그 성결하심에 있어서나 전능하심에 있어서나 다같이 무한하시므로 그 어느 하나를 경시한다든가 모호하게 해서는 안될 것이다. 우리의 일상생활 속에서 죄가 활동하는 것을 보면서도 하나님은 죄를 존재하게 하거나 조성하시는 일이 없다고 말한다면 그것은 하나님을 일이 되어가는대로 끌려가는 약하고 무력한 존재로서 자신의 뜻을 이룰 수 없는 분으로 만드는 것과 다름없다"[21]고 말하였다.

E. W. 스미드(E. W. Smith)는 그의 "장로교인의 신경" 이라는 책에서 다음과 같은 훌륭한 평론을 썼다. "만일 우리가 죄라고 하는 무서운 세력이 하나님의 목적에 반항하여 우주의 본래적인 거룩한 질서속에 뛰어들어 하나님의 능력과 거룩한 계획을 훼손시키고 있다

---

20) *Bondage of the Will*, p. 301.
21) *Predestination*, p. 55.

고 믿는다면 우리는 아마 절망과 공포에 휩싸여 넘어지고 말것이다. 그러나 우리는 우리의 신경(신앙고백 5:4)이 가르치는 바와 같이 이 모든 악한 목적이나 행위들의 난무도 결국 하나님의 능하신 손과 그의 목적 아래 있다는 것을 믿으므로 말할 수 없는 위로와 용기를 얻게되는 것이다." 하나님은 다른 모든 사물들의 경우처럼 죄도 주권적으로 다스리신다. 하나님의 주권적 섭리는 "인류의 최초 타락 및 천사와 인간의 그외의 다른 모든 죄들"에게까지 미친다. 따라서 별들의 운행 또는 하늘에 있는 타락하지 않은 영들의 활동이 하나님의 섭리이듯 죄도 하나님의 섭리의 일부요 또한 발전이다. 비록 우리에게 계시되어 있지는 않지만 하나님은 가장 지혜롭고 거룩하신 이유로서 죄가 세상에 들어오는 것을 허락하시고 죄에 대해 가장 지혜롭고 구속력있는 한계를 두신 것이다. 그래서 죄는 하나님이 그것을 구속하시기 위해 미리 정해 놓으신 선을 결코 넘어가지 못하는 것이다. 또 죄에 대한 이와같은 "명령과 통제"는 하나님 자신의 거룩하신 목적을 확보할 것이며 궁극적으로는 하나님의 전능하신 능력뿐 아니라 그의 측량할 수 없는 지혜와 무한하신 자비까지도 분명히 드러낼 것이다.

　해밀톤(Floyd E. Hamilton)은 이 문제에 대해서 다음과 같이 말하였다. "하나님은 범죄할 가능성이 있는 인간을 창조하셨으되 동시에 언제든지 악행을 저지시킬 저지력도 가지고 계신다. 하나님께서 악행을 허용하셨으니 비록 어떤 목적이 있어서 허락하신 것이 아니라 할지라도 그가 그것을 예방할 능력을 갖고 계신한 그 악행을 허용한데 대한 궁극적 책임은 하나님께 있는 것이다. 허용하시지 않고 방관만 하셨다 해도 책임은 하나님이 지셔야 한다. 왜냐하면 그 죄가 발생하는 것을 예방하시지 않았기 때문이다. 이러한 결론을 회피하기 위해 하나님은 인간의 자유를 빼앗지 않으시려고 인간의 악행을 예방하시지 않는 것이라고 말하는 자들이 있다. 이 견해대로라면 하나님은 인간의 구원보다도 인간의 자유를 더 중요시했다는 말이 되는데 그렇다해도 악행을 허용한 일의 책임은 역시 하나님께 돌아갈 수 밖에 없다. 왜냐하면 하나님이 악행을 예방할 능력을 갖고 계시면서 더구나 악행을 허용하는데 대한 아무런 목적도 없이 단지 인간의 자유를 보호하시기 위해 인간이 영벌을 자초하는 것을 본체 만체 하시다니…… 이 얼마나 졸렬한 하나님인가 말이다."[22]

따라서 비록 죄에 대한 직접적인 책임은 인간에게 있지만 하나님이 방지하실 능력이 있음에도 불구하고 죄를 방지하지 않으셨으므로 죄에 대한 궁극적 책임은 하나님에게 있는 것이다. 물론 하나님은 죄를 발생시키는 기성 원인일 수 없다. 어거스틴, 루터, 칼빈 등은 세계의 현재의 과정이 하나님의 영원전 계획으로부터 나온 것임을 증명할 때 이 완전하고도 주권적인 관할의 도리를 강조하였다.

VI. 범죄 행위는 하나님의 허락하에서만 일어난다.

인간의 선행은 하나님의 적극적인 작정에 의해 확정되는 것이며 인간의 죄행 역시 하나님의 허락하에서만 일어나는 것이다. 그러나 이 허락은 단순한 허락만이 아니다. 왜냐하면 단순한 허락만으로는 그 죄된 행위의 확실성 즉 그 죄악의 완전한 실현을 기대할 수 없기 때문이다. 이 문제에 대해 클라크(Davids S. Clark)는 "죄된 본성은 하나님이 허용하신 한계선까지 간다. 그러면 하나님이 그 한계를 넘지 않는 범위에서 죄의 정도와 방법을 확정하시는 것이다. 예를 들면 사탄은 욥에게 하나님이 허락하신 그 이상의 재앙을 내리지는 못했지만 확실히 하나님이 허용하신 극한점까지는 갔다."[23]고 말하였다. 이에 따라 스미드는 다음과 같이 말하고 있다. "어떤 행위가 예방되지 않으면 반드시 일어나리라는 것을 알면서도 그것을 예방하지 않기로 결정했다면 그것은 마치 적극적으로 그렇게 행할 것을 작정한 것이나 마찬가지로 확정적인 것이다. 여기서 전자는 소극적 예정

---

22) Article, *The Reformed Faith in the Modern World.*
23) *A Syllabus of Systematic Theology,* p. 103.

(어떤 행위가 일어나는 것을 예방하지 않기로 예정하는 것)에, 후자는 적극적 예정에 속한다고 할 수 있다. 유다가 예수를 판 것과 예수께서 십자가에 못박히신 사건은 소극적 예정이고, 구세주가 세상에 오신 것은 적극적 예정이다. 이에 따라 우리는 '하나님은 영원전부터 그의 가장 현명하고 거룩하신 목적에 따라 생기게 될 모든 일을 임의로 변함없이 예정하신다'는 신앙고백이 상식과 모순되지 않는다는 것을 깨달을 수 있으며 이것으로 '하나님은 죄의 창시자가 아니심'을 알 수 있다."[24] 어거스틴도 이와 똑같은 사상을 다음과 같이 설명하였다. "오묘하여 형언할 수 없는 기이한 방법으로 하나님의 뜻에 위배되는 일까지도 하나님이 뜻하시지 않으면 일어나지 않는다. 왜냐하면 그가 허락하시지 않는 한 그것은 절대 일어날 수 없기 때문이다. 그렇다고 해서 하나님이 그것을 억지로 허락하시는 것이 아니고 임의로 허락하시는 것이다. 또 하나님은 전능하고 선하신 분이므로 실행된 악으로부터 선을 이루실 목적이 아니라면 구태여 어떤 사건이 사악하게 행해지도록 허락하실리가 없다."[25]

사탄의 역사(役事)도 결국은 하나님의 목적을 성취하도록 통제된다. 사탄은 악한 자의 멸망을 간절히 바라며 그것을 성취하려고 부단히 애쓴다. 그러나 그들의 멸망은 하나님께로부터 결정된 것이다. 악인이 고통을 당하도록 작정하신 분은 하나님이시며 사탄은 단지 그 형벌을 집행하는 하수인에 불과할 뿐이다. 물론 하나님의 목적의 배후에 있는 동기와 사탄의 그것과는 전혀 다르다. 하나님께서도 예루살렘의 멸망을 뜻하셨고 사탄 역시 그것을 뜻하였지만 그 동기는 전혀 다르다. 어거스틴의 말처럼 하나님은 선의를 가지고 뜻하시지만 사탄은 악의를 가지고 뜻하는 것이다. 그 좋은 예로 예수께서 십자가에 못박히신 일을 들 수 있다. 하나님은 때때로 그의 거룩하신 뜻을 성취하심에 있어서 그의 종들의 선행을 이용하시기 보다 오히려 악인들의 완악한 사상과 행동을 이용하실 때가 있다. 워필드 박

---

24) *What is Calvinism*, p. 32.
25) *Quoted in Calvin's Calvinism*, p. 290.

사는 이 도리를 다음과 같이 명백히 표현하였다. "모든 사물은 하나님의 영원하신 계획안에서 통일을 이루고 있을뿐 아니라 그 안에 있어야 할 정당한 이유까지 갖고 있다. 따라서 비록 악이라 할지라도 그것이 거룩하신 하나님의 증오의 대상임에는 틀림없지만 하나님의 목적이나 의지(意志)에 반(反)하여 생길 수는 없는 것이다. 그러나 악은 하나님의 선한 목적을 이루기 위한 하나의 방편으로 사용될 뿐이다." [26]

Ⅶ. 성경의 증거

이상에서 논한 것이 성경이 가르치는 교리라는 사실은 아주 분명하다. 애굽으로 팔려간 요셉의 생애를 보라. 그의 형들이 요셉을 애굽으로 판 것은 아주 사악한 행위였다. 그러나 그 사악한 행위는 결국 요셉의 유익뿐 아니라 그 형들 자신의 유익을 위해 전용(轉用)되었다. 그 악행의 원천으로 거슬러 올라가보면 우리는 그 일의 창시자가 하나님이라는 사실을 알게 된다. 그것은 하나님의 계획 속에 확정되어 있었던 일이다. 그래서 요셉은 그의 형들에게 "당신들이 나를 이곳에 팔았으므로 근심하지 마소서 한탄하지 마소서 하나님이 생명을 구원하시려고 나를 당신들 앞서 보내셨나이다. 그런즉 나를 이리로 보낸 자는 당신들이 아니요 하나님이시라. 당신들은 나를 해하려 하였으나 하나님은 그것을 선으로 바꾸사 오늘과 같이 만민의 생명을 구원하게 하시려 하셨나니"(창 45:5,8, 50: 20)라고 말하였다. 그리고 성경은 하나님이 바로의 마음을 강팍하게 하셨다고 하였다 (출 4:21, 9:12). 그 이유는 "내가 너를 세웠음은 나의 능력을 네게 보이고 내 이름이 온 천하에 전파되게 하였음이니라"(출 9:16)는 말씀에 나타난 것처럼 하나님의 이름이 온 땅에 전파되게 하고 또한 "내가 애굽 사람들의 마음을 강팍케 할것인즉 그들이 그 뒤를 따라 들

---

26) *Biblical Doctrines, article, Predestination, p. 21.*

어갈 것이라 내가 바로와 그 모든 군대와 그 병기와 마병으로 인하여 영광을 얻을 때에야 애굽 사람들이 나를 여호와인줄 알리라"(출 14:17)는 말씀처럼 하나님의 영광을 나타내기 위하여 그렇게 하신 것이다.

시므이는 여호와께서 "다윗을 저주하라"고 명하셨기 때문에 다윗을 저주하였다. 다윗은 이것을 알고 "저가 저주하는 것은 여호와께서 저에게 다윗을 저주하라 하심이니 네가 어찌 그리하였느냐 할 자가 누구겠느냐"(삼하 16:10, 11)고 말하였다. 다윗은 그의 적들로부터 불의한 폭력을 당했지만 "하나님이 이 모든 일을 행하셨다"고 인식했다. 가나안 족속의 행동에 대해 성경은 "그들의 마음이 강팍하여 이스라엘을 대적하여 싸우러 온것은 여호와께서 그리하게 하신 것이라. 그들로 저주받은 자되게 하여 은혜를 입지 못하게 하시고 여호와께서 모세에게 명하신대로 진멸하려 하심이었더라"(수 11:20)고 말씀하고 있다. 엘리의 악한 두 아들 홉니와 비느하스의 불순종에 대하여 성경은 말하기를 "그들이 그 아비의 말을 듣지 아니하였으니 이는 여호와께서 그들을 죽이기로 뜻하셨음이더라"(삼상 2:25)고 하였다.

사탄과 악령조차 하나님의 뜻을 이루는데 사용된다. 하나님께서 악한 자를 벌하시는 도구로서 악령을 사용하신 예가 성경에 있으니 곧 악령들에게 아합왕의 예언자들을 속이라고 공공연히 명하신 것이 그것이다. "여호와께서 말씀하시기를 누가 아합을 꾀어 저로 길르앗 라못에 올라가서 죽게 할꼬 하시니 하나는 이렇게 하겠다 하고 하나는 저렇게 하겠다 하였는데 한 영이 나와 여호와 앞에 서서 말하되 내가 저를 꾀이겠나이다. 여호와께서 저에게 이르시되 어떻게 하겠느냐 가로되 내가 나가서 거짓말하는 영이 되어 그 모든 선지자의 입에 있겠나이다. 여호와께서 가라사대 너는 꾀이겠고 또 이루리라 나가서 그리하라 하셨은즉 이제 여호와께서 거짓말하는 영을 왕의 이 모든 선지자의 입에 넣으셨고 또 여호와께서 왕에 대하여 화를 말씀하셨나이다"(왕상 22:20-23). 또 사울왕의 악신도 여호와께로부터 왔다. "여호와의 신이 사울에게서 떠나고 여호와의 부리신 악신이 그를 번뇌케 한지라"(삼상 16:14). 또 "하나님이 아비멜렉과 세겜 사람들 사이에 악한 신을 보내시매 세겜 사람들이 아비멜렉을 배반하였다"(삿 9:23)고 하였으니 악령이 먼저 와서 죄인들을 충동질 하는 것도 여호와께로부터 오는 것이요, 악인의 마음에 악한 충동이 이런 저런 모양으로 일어나는 것도 여호와께로 말미암는 것이다(삼 하 24:1).

성경의 한 곳에서는 하나님께서 이스라엘을 향하여 진노하사 저희 를 치시려고 이스라엘을 감동하사 저희 인구를 계수하게 하셨다 (삼 하 24:1, 10)고 했는데 다른 곳에서는 사탄이 일어나 이스라엘을 대 적하고 다윗을 격동하여 이스라엘을 계수하게 하였다(대상 21:1)고 하였다. 여기서 우리는 하나님께서는 사탄을 자기의 진노의 막대기 로 만드셨다는 것과 자신의 목적 달성을 위해 때로는 귀신과 죄인들 의 마음까지도 부리신다는 것을 알 수 있다. 간통이나 근친상간과 같은 것은 하나님이 가장 미워하시는 것이지만 다윗의 간통죄를 벌 하시기 위해 하나님이 압살롬의 간통 행위를 사용하셨던 것처럼 하 나님은 다른 죄들을 벌하시기 위해 이러한 죄까지도 사용하신다. 즉 압살롬이 범죄하기 전에 하나님은 다윗에게 "내가 네 집에 재화를 일으키고 내가 네 처들을 네 눈앞에서 다른 사람에게 주리니 그 사 람이 네 처들로 더불어 백주에 동침하리라"(삼하 12:11) 고 선언하셨 던 것이다. 따라서 이러한 행위가 항상 하나님의 의지에 반(反)하는 것은 아니라는 것을 알 수 있다.

사울은 자기의 칼을 취하여 그 위에 엎드러져 자살했으니(대상 10:4), 이것은 물론 그 자신이 결정하여 저지른 죄악이다. 그러나 그 것은 하나님의 공의가 실행된 것이요 또한 다윗에 관하여 여러 해 전에 계시되었던 하나님의 뜻이 성취된 것이기도 하다. 왜냐하면 그 일이 있은지 몇년 후 우리는 성경에서 "사울이 죽은 것은 여호와께 범죄하였음이라 저가 여호와의 말씀을 지키지 아니하고 또 신접한 자에게 가르치기를 청하고 여호와께 묻지 아니하였으므로 여호와께서 저를 죽이시고 그 나라를 이새의 아들 다윗에게 돌리셨더라"(대상 10:13-14)는 말씀을 읽을 수 있기 때문이다. 따라서 하나님은 피조자로 하여금 능히 어떤 일을 행하도록 허락하시거나 행하지 않을 수 없도록 만드실 수 있는 분이라고 말할 수 있는 것이다.

예루살렘을 위협했던 악은 예루살렘의 배신때문에 하나님이 직접 보내신 것으로 기록되어 있다(왕하 22:20). 시편 기자는 배신한 이스라엘을 벌하시기 위해 하나님이 이스라엘의 원수까지도 이용하신다고 하였다(시 105:25). 이사야는 이스라엘의 배교와 반역까지도 하나님의 계획속에 들어있다고 하였다. "여호와여 어찌하여 우리로 주의 길에서 떠나게 하시며 우리의 마음을 강팍케 하사 주를 경외하지 않게 하시나이까?"(사 63:17) 하나님은 또 전쟁을 일으키기도 하시며 나라를 분열시키기도 하신다. "죽임을 당한 자가 많았으니 이 싸움이 여호와께로 말미암았음이라"(왕상 5:22). 왕국 분열의 원인이 되었던 르호보암의 어리석음도 "이 일은 여호와께로 말미암아 난 것"(왕상 12:15)이기 때문에 생긴 것이다. 이상에 언급된 모든 사건들은 "나는 빛도 짓고 어두움도 창조하며 평안도 짓고 환란도 창조하나니 나는 여호와라 이 모든 일을 행하는 자니라"(사 45:7)는 말씀과 "여호와의 시키심이 아니고야 재앙이 어찌 성읍에 임하겠느냐?"(암 3:6)는 말씀에 잘 요약되어 있다.

신약에서도 이와 똑같은 진리를 발견할 수 있다. 이미 언급한대로 그리스도가 십자가에 못박히신 일은 하나님의 계획의 일부였다. 그를 십자가에 못박은 자들은 그들의 행동이 바로 하나님의 계획을 성취하는 것인줄 알지 못하고 행하였지만 그것은 "하나님께서 모든 선지자의 입을 의탁하사……미리 알게 하신 것을 이와 같이 이루신"(행 3:18)것이다. 십자가는 아버지께서 그에게 마시라고 주신 잔이었다(요 18:11). 그래서 "내가 목자를 치리니 양의 떼가 흩어지리라"(마 26:31)고 기록되어 있었던 것이다. 변화산상에서 모세와 엘리야가 나타나서 예수와 함께 말할 때 "예수께서 예루살렘에서 별세하실 것"(눅 9:31)에 대해 말했다. 예수께서는 자신의 죽음에 관하여

"인자는 이미 작정된대로 가거니와 그를 파는 그 사람에게 화가 있으리로다"(눅 22:22)고 말씀하셨으며 또 "너희가 성경에 건축자들의 버린 돌이 모퉁이의 머릿돌이 되었나니 이것은 주로 말미암아 된것이요 우리 눈에 기이하도다 함을 읽어 본 일이 없느냐?"(마 21:42)고 말씀하셨다. 그리고 그가 겟세마네 동산에서 드린 "아버지여 나의 원대로 마옵시고 아버지의 원대로 하옵소서"(마 26:39)라는 기도는 십자가가 하나님의 계획이었음을 가장 명백하게 가르쳐 주는 말씀이다. 예수께서는 그가 원하시기만 하면 열두명 더되는 천사를 동원하여 방어하실 수도 있었는데(마 26:53) 기꺼이 하나님의 뜻에 순종하여 십자가에 못박히신 것이다. 빌라도는 자가에게 예수를 놓아줄 권세도 있고 못박을 권세도 있다고 생각했지만 예수님은 그에게 "위에서 주시지 아니하면" 아무 권세도 그를 해할 수 없다고 말씀하셨다(요 19:10, 11).

따라서 그리스도께서 세상에 오셔야만 했던 것, 그가 고통 당하심으로써 그의 백성들을 위해 대속하셔야만 했던 것은 분명히 하나님의 계획이었다. 즉 하나님은 죄인에게 지워졌던 무거운 죄짐을 그리스도에게 지우도록 허락하셨고 그들의 행위를 전용하사 오히려 세상을 구원하심으로서 자신의 영광을 나타내신데 불과한 것이다. 그리스도를 십자가에 못박은 자들은 저들의 악한 본성대로 임의적으로 행한 것이므로 그 죄에 대해 스스로 책임을 져야한다. 이 경우에서도 하나님은 다른 모든 경우에서처럼 인간의 노(怒)를 바꾸어 하나님을 찬미하도록 만드셨다. 모든 사건이 하나님의 계획과 연관된다는 사상을 여기에서 사용된 어휘들보다 더 명확하게 나타내줄 수 있는 말을 발견하기는 어렵다. 그러므로 갈보리에서 주님이 십자가에 못박히신 일은 패배가 아니라 승리였다. "다 이루었다"는 그리스도의 부르짖음은 그에게 위임되었던 구속사역을 성공적으로 성취하셨다는 선언이었다. "예수에 대한 구약의 예언은 그에게서 확실히 성취되었다. 이 예언의 성취로 말미암아 그의 제자들은 예수의 죽으심이 단순한 우연 또는 사람들의 증오의 희생물이 아니라 하나님의 영원하신 계획의 성취였음을 깨닫게 되었다. 저들은 예수께서 죽으신 것은 실패가 아니라 영원한 승리라는 것을 확신하게 되었다. 다시 말하면 저들은 예수님의 일생은 한 걸음 한 걸음 이 목표를 향하여 곧게 가신 것으로서 하나님의 영원하신 목적 가운데서 바로 그를 위하여 예정된 길을 걸어 가셨다는 사실을 알게 되었다.”[27]

신약에 나타난 다른 여러 사건들도 동일한 진리를 가르쳐 주고 있다. 하나님께서 유대인들을 외국으로 흩으신 것은 아무 목적없이 또는 단순히 그들을 패망케 하시려고 그렇게 행하신 것이 아니라 “저희의 넘어짐으로 구원이 이방인에게 이르러 이스라엘로 시기나게 하여” 유대인들도 역시 기독교인이 되게 하기 위함이었다 (롬 11:11). 어떤 사람이 소경으로 난것은 그 자신이나 부모의 죄때문이 아니라 오히려 “그에게서 하나님의 하시는 일을 나타내고자 하심”(요 9:3)이라는 성경 말씀처럼 그 눈을 고쳐줌으로써 하나님의 능력과 영광을 나타낼수 있도록 예수님에게 기회를 주기 위함이었다. 바로를 세운 목적은 그로 말미암아 하나님의 능력을 보이고 하나님의 이름이 온 땅에 전파되게 하려 함이라고 한 구약의 말씀이 로마서 9장 17절에서 재차 강조되고 있다. 이 진리가 가장 잘 나타나고 있는 곳은 “하나님을 사랑하는 자 곧 그 뜻대로 부르심을 입은 자들에게는 모든 것이 합력하여 선은 이루느니라”(롬 8:28)고한 바울의 선언에서다.

만일 성경이 단언하는 것처럼 하나님이 그리스도의 십자가와 우리에게 일어나는 모든 일을 예정하셨다면 논리적으로 볼 때 하나님이 죄도 예정하셨다는 것을 부인할 수 없다. 인간의 모든 죄악된 행위들이 하나님의 계획 속에서 각각 제 위치를 차지하고 있다는 것은 성경이 거듭 가르치고 있는 바이다. 만일 이 원리가 틀렸다고 반대하려는 자가 있다면 그는 성경이 하나님의 판단이 깊고 오묘함을 얼마나 누누히 선언하고 있는지 깊이 생각해 보아야 할 것이다. 따라서 이 교리가 하나님을 죄의 창시자로 만든다고 경솔히 비난하는 자

---

27) Warfield, *Bibical Doctrines, article, The Foresight of Jesus,* p. 73.

는 우리 뿐아니라 하나님 자신을 바난하는 셈이 된다. 왜냐하면 이 교리는 분명히 성경에 계시된 교리이기 때문이다.

VIII. 스미드와 핫지의 해설

하나님과 죄의 관계는 W. D. 스미드(W. D. Smith)의 "칼빈주의란 무엇인가?"라는 소책자에 다음과 같이 설명되어 있다. "근처에 동네의 풍기를 문란케 하는 주점이 있다고 하자. 주일에도 동네 사람들이 이 주점에 모여 술을 마시고 싸움을 한다. 그 결과 가정들이 비참해지고 불행해진다. 그런데 내가 그곳에 복음을 전하면 주점 주인이 회심하리라는 것을 예지할 수 있다고 하자. 그래서 나는 흔쾌히 그곳으로 간다. 이 때 나는 주점 주인의 회심을 적극적으로 작정한다. 즉 주점 주인을 확실히 회심시킬 수 있는 복음을 전하리라 결심하고 적극적으로 이 일을 추진시키고자 한다. 그런데 그때 취객들이 격분하여 주점 주인과 나에게 해를 가함으로써 더 많은 죄를 범하게 되리라는 것도 분명히 예지한다. 즉 그들이 하나님과 종교를 저주하고 모독할뿐 아니라 주점 주인의 집, 아니 나의 집에까지 불을 놓으려고 한다는 것을 예지한다. 그렇다면 나는 수행 도중에 이런 악이 발생할 수 밖에 없는 계획을 창시한 자임에 틀림없다. 그러나 그 계획 속에 들어가게 된 취객들의 악행이 내 책임이라고 할 수는 없다. 물론 나는 한 계획(주점 주인의 회심과 그 결과적 선)을 적극적으로 세웠고 그 계획을 실행하는 과정에서 악(취객들의 악행)이 개입할 것이라는 사실을 절대적으로 확실히 알고 허용하기로 했다. 그렇다고 해서 내가 그 악의 창시자라거나 어떤 방법으로든 그 악에 대해 책임을 져야하는 것은 아니다. 하나님께서 '장차 올 일을 예정하심'도 이와 같다."

찰스 핫지는 다음과 같이 말하였다. "한 의로운 재판관이 어떤 범죄자에게 유죄선고를 내리면 그 죄인이 더 악독해질줄 알고도 그냥 유죄선고를 내렸다 하자. 이 때 그 범죄자의 마음에 사악한 감정이 일어났다고 해서 그것이 재판관의 잘못이라고 할 수 있겠는가? 또 부친이 잘못한 자식을 벌할 경우 그가 더 사악해진다고 해서 그것을 부친의 허물로 돌릴 수 있겠는가? 마찬가지로 하나님께서 타락한 천사와 회개하지 않는 죄인을 유기할 경우 그들이 더 악해질 것을 아시면서도 유기하셨다고 해서 그 허물을 하나님께 돌릴 수는 없는 것이다. 따라서 행위자가 그 행위의 모든 결과에 대해 책임을 져야한다고 말하는 것은 진실이 아니다. 죄가 생기는 것을 허락하시는 것이나 죄가 그 한 부분에 포함되어 있는 계획을 채택하시는 것이 때로 하나님 편에서 볼때는 무한히 지혜롭고 정당한 일일 수도 있으며 또 실제로 그렇다. 그러나 하나님은 죄를 생기게 하시거나 인간을 죄로 유혹하지는 않으신다. 즉 그는 죄의 창사자도 아니요 죄를 용납하시는 분도 아니다."[28]

IX. 하나님의 은혜는 인간이 죄의 노예가 된 후에 더욱 깊이 평가된다.

죄에서 구출된 다음 구원에 대해 더욱 깊이 감사하게 하시려고 하나님은 우리가 죄에 빠지는 것을 종종 허락하신다. 두 명의 빚진 자에 대한 비유에서 한 사람은 오백 데나리온을, 다른 한 사람은 오십 데나리온을 빚졌는데, 갚을 것이 없으므로 두 사람 다 탕감하여 주었다. 둘 중에 누가 더 저를 사랑하겠는가? 당연히 많이 탕감받은 자가 더 사랑할 것이다. 예수께서 이 비유에서 말씀하신 사람들은 곧 그를 식사에 초대한 바리새인 시몬과 그의 발에 향유를 부은 회개한 여인이다. 향유를 부은 여인은 많이 탕감받았으므로 깊은 감사를 느꼈지만 시몬은 전혀 탕감받지 않았으므로 전혀 감사를 느끼지 않았다. 그래서 예수님은 "사함을 받은 일이 적은 자는 적게 사랑한

---

28) *Systematic Theology, I, p. 547.*

다"(눅 7:41-50)고 말씀하셨다.

인간은 죄의 결과로 생기는 기근이나 비애나 치욕등을 맛보기 전에는 탕자처럼 하늘 아버지의 집에 대해 감사하거나 하늘 아버지의 권위를 존경하지 않는 경우가 많다. 인간은 자기 자유를 남용하여 어느 정도 비애를 맛본 후에야 비로소 의(義)의 도에 대해 감사하고 하나님께 완전한 복종과 영광을 돌려보낼 수 있는 것처럼 보인다. 우리는 그것에 대하여 이미 "하나님이 모든 사람을 순종치 아니하는 가운데 가두어 두심은 모든 사람에게 긍휼을 베풀려 하심이로다"(롬 11:32). "우리 마음에 사형선고를 받은줄 알았으니 이는 우리로 자기를 의뢰하지 말고 오직 하나님만 의뢰하게 하심이라"(고후 1:9)는 바울의 말을 인용하였다. 인간은 아주 비참한 상태에서 구원을 얻기까지는 창조주의 자비에 대해 올바로 감사드리지 못한다. 성전 미문에서 걸식하던 앉은뱅이는 베드로와 요한으로부터 치유를 받은 후에야 비로소 자기의 건강에 대해 크게 감사하여 "성전으로 들어 가면서 걷기도 하고 뛰기도 하며 하나님을 찬미하였다"(행 3:1-8). 이처럼 우리도 죄악의 세력에서 건져냄을 받은 후에야 비로소 하나님의 은혜에 감사드리게 되는것이다. 그렇지 않으면 절대로 하나님의 은혜에 대한 감사를 모를 것이다. 우리 주 예수 그리스도조차도 비록 모든 죄로부터 분리된 분이었지만 그의 인성(人性)은 "고난을 통해서 완전해지도록" 되어 있었다.

X. 칼빈주의는 악의 문제에 대해 다른 어떤 이론보다도 만족한 해답을 준다.

우리가 여기서 당면하게 되는 난문제는 무한히 거룩하시고 능력이 많으시며 지혜로우신 하나님께서 무엇때문에 이렇게 도덕적인 악에 빠질 피조자를 창조하셨는가? 하는 점이다. 특히 하나님이 창조하신 자들 가운데서 어떻게 그렇게 많은 자들을 영원한 불행에 떨어지도록 허락하실 수 있는지를 설명하는 점이다. 그러나 이것은 칼빈주의만의 문제가 아니고 유신론 전체가 직면하게 되는 난문제이다. 그런데 다른 체계들을 가지고는 이것을 충분히 설명할 수 없고 하나님은 죄를 방지하실 수 있기 때문에 죄에 대한 궁극적 책임은 하나님께 있다는 것을 인식한 칼빈주의만이 이에 대해 적절한 설명을 해줄 수 있다. 한 걸음 더 나아가 칼빈주의는 하나님께서는 어떤 목적이 있어서 개인적인 죄를 허용하시는데 이 목적은 "하나님 자신의 영광을 위하여" 예정된 것이라고 주장한다. 바로 이것이 위의 문제에 대한 충분한 설명이라고 본다. 해밀톤(Hamilton)의 말처럼 "우리가 유신론은 믿으려면 칼빈주의 유신론을 믿어야 한다. 칼빈주의는 하나님이 인간을 창조하실 때는 그가 지금 무엇을 하고 계신지를 다 아셨을뿐 아니라 심지어 죄도 어떤 목적이 있어서 허락하신 것이라고 가르친다." 이 이상 더 좋은 설명을 제시할 수는 없으리라고 본다.

우리는 인간의 최초 타락에 대한 근인(近因)을 마귀의 유혹과 그 유혹에 끌린 인간의 마음의 충동이라고 단정한다. 이 단정이 확실하다면 하나님께서는 인간 타락에 대해 전혀 책임이 없다는 것이 분명하다. 바울은 우리에게 "하나님은 아무도 가까이 할 수 없는 빛 가운데 거하신다"고 말한다. 우리의 육안이 강렬한 태양 빛을 똑바로 쳐다볼 수 없는 것처럼 우리의 마음의 눈은 하나님의 깊은 뜻을 바로 깨달을 수 없다. 그래서 사도 바울은 이 일을 깊이 생각하다가 "아! 깊도다 하나님의 지혜와 지식의 부요함이여 그의 판단은 측량치 못할 것이며 그의 길은 찾지 못할 것이로다" 라고 부르짖었다. 인간의 머리로는 하나님의 오묘를 깨달을 수 없으므로 우리는 천사에게도 너무 깊고 높은 이 비의를 경건과 두렵고 떨림으로 숭배하며 찬미할 뿐이지 구태여 설명하려고 애쓸 필요가 없다. 우리는 유한하기 때문에 이것을 충분히 이해할 수 없다. 죄에 대한 난제는 하나님이 예비하신 구원을 생각할 때 비로소 만족한 해답을 얻을 수 있다. 하나님은 인간의 타락과 마찬가지로 구원에 대한 작정도 영원 전에 하셨다. 범죄할 것을 예정하신 하나님은 거기서 피해 나올 길도 역시 예정하신 것이다.

성경이 우리에게 하나님은 완전히 의로우시다고 가르치기 때문에, 또 우리가 판단할 수 있는 그의 모든 활동에서 그의 공의를 발견할 수 있기 때문에 우리는 우리가 해결할 수 없는 난제에 대해서도 하나님이 해결책을 가지고 계심을 믿으며 우리에게 아직 완전히 계시되지 않은 영역에 대해서도 하나님만 믿고 의지한다. 우리는 전 세계의 심판주이신 하나님이 반드시 정의를 행하시리라는 것을 확신함으로써 만족한다. 그리고 그의 계획이 우리에게 보다 충분히 계시되는 날 우리는 과거의 모든 일에 대해서는 감사를, 미래의 일에 대해서는 신뢰하는 법을 배우게 될 것이다.

하나님께서는 영원 전에 죄를 예지하셨지만 그것을 그의 계획 속에 포함시키지 않으셨다는 이론도 있지만 그것은 성립될 수 없는 이론이다. 왜냐하면 만일 하나님이 죄를 예지하셨음에도 불구하고 그 죄가 세상에 들어왔다면 비록 죄가 좋은 것은 아니지만 그래도 그의 계획의 한 부분임에는 틀림없기 때문이다. 그렇다고 해서 또 예견을 부인한다면 그것은 하나님을 맹목적인 분으로 만드는 것이 된다. 즉 마치 어린 학생이 어떤 결과를 초래할지도 모르고 화학 실험실에서 화학 약품을 혼합하다가 상해를 당하는 것처럼 하나님도 죄가 세상을 망하게 할줄 모르고 세상에 들여보냈다가 비참한 결과를 초래한 분으로 만드는 것이 된다. 이런 식으로 일을 처리하는 하나님이라면 그는 존경을 받을 가치조차 없을뿐 아니라 죄의 궁극적 책임자라는 비난을 피할 도리가 없을 것이다. 왜냐하면 그는 그렇게 하지 않을 수도 있었는데 함부로 창조를 하셨기 때문이다.

인간의 죄악된 모든 행위들이 하나님의 계획 속에서 각기 제 위치, 아니 필연적인 위치를 차지하고 있다는것은 역사적 과정에서 분명히 드러난다. 한 예로 맥킨리 대통령(President Mckinley)의 피살 사건을 들 수 있다. 물론 그 사건 자체는 악한 것이었다. 그러나 그 사건으로 인하여 루즈벨트(Theodore Roosevelt)가 대통령이 될 수 있었고 그가 대통령이 되었기 때문에 오늘의 역사가 있을 수 있도록 해준(즉 하나의 연결 고리와 같은) 세계적인 대사업들을 수행할 수 있었던 것이다. 만일 이런 사건이 없었다면 세계 역사는 지금과 전혀 다른 방향으로 전개되었을 것이다. 링컨의 경우에서도 마찬가지다. 만일 하나님이 오늘날 우리가 처해 있는 이런 상태로 세계 정세가 이루어지도록 의도하신 것이었다면 그런 사건들은 반드시 일어나야만 했던 필수적인 사건들이었음을 알 수 있다. 따라서 조금만 깊이 생각해보더라도 우리는 아무리 무의미하고 적은 사건일지라도 그 모두는 각기 존재할 필연성을 갖고 있으며 그 사건들은 발생하자마자 곧 전 세계적으로 널리 파급 효과를 미치게 되므로 그 모든 사건들이 다 모여서 바로 오늘의 세계 정세가 이루어졌음을 알 수 있다.

칼빈주의자는 사도 바울도 이 교리를 가르쳤다고 믿고 있는데 그 증거는 그가 그의 반대자들에게 한 말속에 나타나 있다. 즉 그의 반대자들은 하나님을 불의한 자로 보았으며 : "하나님께 불의가 있느뇨?"(롬 9:14) :, 인간에게는 책임이 없다고 했는데 : "하나님이 어찌하여 허물하시느뇨? 누가 그 뜻을 대적하느뇨?"(롬 9:19) 이런 것들이 바로 칼빈주의 예정론에 반대하여 인간의 머리속에 얼핏 떠오를 수 있는 생각들이다. 그러나 이런 말을 가지고는 알미니안 교리를 반박할 수 있는 최소한의 설득력도 갖초지 못하게 되는데 이러한 반박을 위해 최소한의 근거도 제공하지 못하는 교리가 사도가 가르친 교리일 수는 없다.

제18장
예정론은 노력하려는 인간의
모든 동기를 낙담시킨다는 설

I. 목적뿐 아니라 방법까지도 예정되었다.
II. 실제적 결과

I. 목적뿐 아니라 방법까지도 예정되었다.

예정론을 믿게 되면 아무 일에나 노력하지 않게될 우려가 있다고 하는 반론은 수단과 전혀 관계없이 목적만 예정된줄 아는 잘못된 생각에서 나온 것이다. 그러나 사실은 독립된 몇개의 사건들이 여기저기 산발적으로 예정된 것이 아니고 상호연관성과 연쇄적 반응을 가진 일련의 사건 전체가 예정된 것이다. 각 부분들이 모두 합쳐져서 하나님의 계획 안에서 한 단위를 이루는 것이다. 따라서 만일 수단이 실패하면 그 목적도 실패하는 것이다. 사람이 추수할 것을 목적하신 하나님은 사람이 씨뿌리는 것도 목적하셨으며 어떤 사람을 구원하기로 예정하신 하나님은 그가 복음을 듣고 믿어 회개할 것까지도 예정하셨다. 하나님께서 그의 수고에 대해 어떤 결실을 맺게 하실지 모르기 때문에 전도사업을 할 수 없다고 생각하는 사람이 있다면 그는 마치 봄을 맞이 하고도 가을의 추수가 흉작일는지 풍작일는지 알 수 없어서 전답을 기경(起耕)하지 않는 농부처럼 어리석은 사람일 것이다. 그러나 하나님은 충실한 준비와 노력에 대해서는 풍성한 수확도 거두게 해주신다는 것이 일반적 공리(公理)이다. 따라서 우리가 주님을 섬기면서 주님이 설정하신 방법들을 부지런히 사용하다 보면 우리는 하나님께서 그가 예정하신 목적을 성취하시기 위해 이런 방법들도 예정하셨다는 위대한 진리를 발견하고 큰 격려를 받게 될것이다.

하나님은 "만사를 그의 기쁘신 뜻대로 행하신다"는 성구와 하나님의 섭리적 지배는 우리의 일상생활 전반에 다 미친다는 의미의 성구들을 전적으로 인정하는 자라도 그것이 우리의 자유를 털끝만큼도 침해하지 않는다는 것을 안다. 예정론을 반대하는 자들도 사실은 하나님의 주권이 그들의 생활 전반에 미친다는 것을 인정한다. 그런데 그들은 하나님이 우리의 죽을 때와 방법을 정하셨다고 해서 주릴적에 음식을 거절하고 아플 때에 약을 거절하는가? 또 하나님이 그 뜻에 합의한 자에게만 부귀와 명예를 주신다고 해서 부귀와 명예를 얻는 일반적인 법칙을 무시해 버리는가? 물론 그렇지 않을 것이다. 그렇다면 종교 이외의 문제에 있어서는 하나님의 주권을 인정하면서도 자기의 자유대로 행동하는 자가 구태여 종교 문제에 있어서만은 하나님의 절대주권을 구실로 하여 내게는 구원받을 자유도 책임도 없다고 하면서 구원얻기를 거절하는 것은 무슨 까닭인가? 그야말로 악하고 어리석은 일이 아닌가? 사람이 예수 그리스도를 믿지 않는 유일한 이유는 그 자신이 믿을 마음이 없기 때문이라는 것은 우리의 양심이 입증하지 않는가? 예를 들어서 예수님 앞에 달려 내리워진 중풍병자가 "일어나 걸으라"는 예수님의 말씀을 듣고 "나는 중풍병자라 일어날 수 없습니다" 라고 대답했다고 하자. 그렇게 했다면 그는 틀림없이 중풍병으로 죽었을 것이다. 그러나 그는 자신의 무력함을 깨닫고 명령하신대로 복종했기 때문에 고침을 받아 온전해졌다. 죄로 인하여 죽을 수밖에 없는 죄인들을 "내게 오라"고 부르시는 이도 이와 똑같은 권능을 가지신 구주시다. 따라서 그의 부르심을 듣고 따른 자들은 자기의 노력이 헛되지 않았음을 알게 될것이다. 우리는 하나님께서 모든 일을 예정하신중에 인간의 자유도 확실히 예정하셨다는 것을 믿기 전에는 아무 노력도 하고 싶지 않을 것이며 또 우리의 성공이나 장래가 근본적으로 연약하고 죄많은 우리 인간의 의향에 달려 있다고 믿는다면 그 역시 아무 노력도 하고 싶지 않을 것이다.

알미니안파 사람들도 기도할 때는 예정을 곡해한 그들의 논리적인 곤란을 망각하고서 "멸망할 수 밖에 없는 죄인을 하나님의 크신 은혜로 건져주시니 감사합니다"고 하면서 자기의 노력이 있기 전에 하나님의 선행적(先行的) 은혜가 있어서 자기의 구원이 성취되었음을 감사한 마음으로 인정한다. 그들은 또 사람으로 하여금 죄를 짓지 않게 하고 죄를 깨닫게 하고 새롭게 하고 거룩하게 하시는 하나님의 성령이 임하시기를 간구한다. 인간 만사를 지도하시는 하나님의 손길을 바라며 사악한 자의 모략과 계획이 무산되어 버리기를 간구한다. 그래서 이 일이 실제로 이루어지면 하나님께 영광과 존귀를 돌려 드린다. 이 모두가 결국 하나님은 세상을 통치하시는 모든 일의 주권적 주재자이며 악을 저지하고 선을 장려함은 하나님께로 말미암는 것이요, 악이 발생함은 인간으로 말미암는다는 것을 인정하는 것이 아니고 무엇인가? 또 그들이 현재 받아 누릴 복락과 미래의 소망에 대해 간구한다는 것은 곧 그들도 하나님께서 그들을 타락과 반역으로부터 지켜 주시어 궁극적으로는 천국으로 인도해 주시리라는 것, 즉 하나님의 목적은 현재의 은혜와 영원한 영광 사이에 뗄 수 없는 유대관계를 형성하고 있어서 아무 것도 우리 주 그리스도안에 있는 하나님의 사랑으로부터 그들을 끊을 수 없다는 것을 믿고 있음을 의미하는 것이다."[29]

미래의 사건들은 우리에게 알려지지 않은 감추어진 것들이므로 우리는 마치 예정이 전혀 없는 것처럼 우리의 의무를 열심으로 수행해야 하며 우리의 사업에 근면해야 한다. 누누히 말하는 것이지만 기도할 때는 모든 것이 하나님께 달려있는 것처럼 하되 일할 때에는 성공 여부가 우리의 노력 여하에 달려있는 것처럼 열심히 일해야 한다. 이에 대해 루터는 "전도서 11장 6절에 '너는 아침에 씨를 뿌리고 저녁에도 손을 거두지 말라 이것이 잘 될는지 저것이 잘 될는지 혹

---

29) Atwater, article, Calvinism in Doctrine and Life;
   The Presbyterian Quarterly and Princeton Review, Jan. 1875, p. 84.

둘이 다 잘 될는지 알지 못함이니라'고 한것처럼 우리는 미래의 일을 확실히 모르기 때문에 더욱 힘써 일해야 한다. 미래의 모든 일이 불확실하긴 하지만 필연에 속한 것이므로 반드시 일어난다. 이처럼 미래의 사건이 한편으로는 확정적이기 때문에 지나친 억측을 버리고 하나님을 경외하게 되며 또 한편으로는 불확실하기 때문에 절망에 빠지지 않는 믿음을 갖게 된다"[30]고 말하였다.

"하나님의 섭리에 대한 설교를 들은 후 안전한 길 대신 위험천만한 길을 귀로(歸路)로 택하여 그 결과 짐마차를 망가뜨린 농부가 그 여행을 다 끝내기도 전에 자기는 아무튼 바보가 되도록 예정되었다고 결론지었다"[31]면 그는 얼마나 어리석고 무책임한 자인가?

찰스 핫지 박사는 강연을 마친 후 한번은 어떤 부인으로부터 "그러면 선생님은 장차 될 일은 꼭 되고야 만다고 믿으십니가?"라는 질문을 받았다. 이때 박사는 그 부인에게 "물론이지요, 그렇지 않다면 부인께서는 나더러 장차될 일이 결코 되지 않으리라는 것을 믿으라는 말입니까?"라고 대답하였다.

이 점에 대해 한 가지 예만 더 들어보겠다. 스코틀랜드에서 한 살인범이 재판관에게 심문을 받을 때 "나는 영원 전부터 살인하도록 예정되어 있었소"라고 대답하였다. 그러자 재판관은 "그렇겠지. 그런데 나는 너에게 사형을 선고하도록 예정되어 있다. 그래서 나는 지금 예정대로 너에게 사형을 선고한다"고 말하였다.

만일 이처럼 우리가 회개하고 믿는 것이 전적으로 하나님의 능력에만 달려있는 것이라면 우리는 이 능력이 임할 때까지 수동적으로 기다리는 수 밖에 다른 도리가 없지 않느냐고 반문할 사람도 있을 것이요, 또 만일 우리가 우리의 구원을 성취할 수 없다면 자기의 구원을 이루기를 힘쓰라는 말은 무슨 뜻이냐고 질문할 사람도 있을 것이다. 그러나 이것은 질문 자체가 잘못된 것이다. 물론 인간이 어떠한 노력을 하든 그 결과는 인간이 좌우할 수 없는 어떤 원인이나 힘

---

30) *Bondage of the Will*, p. 287.
31) *Strong, Systematic Theology*, p. 361.

과 결부되어 결정되는 것이다. 따라서 우리는 다만 적절한 수단들을 다 강구해 본 후 그 결과를 주시해 볼 뿐이다. 그러나 우리는 또 찾는 자가 얻을 것이요 구하는 자가 받을 것이요 두드리는 자에게 열릴 것이라는 하나님의 분명한 약속을 가지고 있다. 여기서 찾고, 구하고, 두드리는 것은 다 방법이므로 우리는 이 방법을 정당하게 성실히 사용해야 할 것이다. 그렇게 될 때 우리는 그 사건의 원인과 일치되는 행동을 하게 되어 좋은 결과를 얻게 될 것이다. 일반적으로 하나님의 말씀을 읽는 자는 다 중생하게 된다. 바로 그 읽는 행위 속에 성령이 임하시어 중생이 이루어지는 것이다. 베드로가 하나님의 말씀을 대언하는 순간 성령이 그의 말을 듣는 청중에게 임하였다(행 10:44). 섹스피어의 글 가운데도 "브루투스, 우리는 남의 부하입니다. 그것은 우리의 운명 때문이 아니라 우리 자신의 잘못 때문입니다"[32]라는 말이 있다.

인간이 스스로 구원얻을 수 없다고 해서 하나님이 정하신 구원의 방법도 추구하지 않은채 가만히 앉아 있어서는 안된다. 예수님께 고침받은 문둥병자는 자기 병을 스스로 고칠 수 없다고 해서 가만히 앉아서 예수님이 찾아오시기만 기다리고 있지는 않았다. 사람이 자기 스스로 어찌할 수 없다는 것을 알게 될 때 도와줄 수 있는 이에게 도움을 청한다는 것은 당연한 이치다. 인간은 전적으로 타락하고 파멸된, 그야말로 아무것도 할 수 없는 무력한 피조물이다. 우리 자신의 이같은 형편을 바로 깨닫게 될때까지 우리는 세상에서 희망도 없고 하나님도 없는 생활을 영위할 수밖에 없을 것이다.

II. 실제적 결과

이 진리는 근본적으로 사람을 태만하거나 방심(放心)하게 만드는 것이 아니라 오히려 노력을 배가하도록 격려하고 사기를 돋구어주

---

32) *Julius Caesar, 1:2.*

는 경향이 있다. 나폴레옹이나 씨저와 같은 영웅이나 정복자들은 어떤 큰 일을 만날 때마다 그 일을 성취해야 한다는 운명의식을 갖고 있었다. 이 의식이 그들의 기력을 강건하게 해주고 용기를 배가시켜 그들로 하여금 확고부동한 목적을 가지고 그 일을 성공리에 끝마칠 수 있도록 해 주는 것이다. 위대한 사업은 이같은 신념을 가지고 어떠한 방해에도 의기(意氣)를 꺾이지 않는 자만이 달성할 수 있는 것이다. 모즐리(Mozley)는 "이런 운명 의식은 인간의 능력이 발휘할 수 있는 보통의 효과보다 몇배나 더 큰 효과를 내게 해준다. 그래서 사람은 자기가 어떤 큰 목적을 달성하도록 예정되었다는 것을 인정할 때 그것을 성취하기 위해 큰 힘과 용진불퇴(勇進不退)의 정신을 가지고 앞으로 매진할 수 있는 것이다. 그는 의혹으로 인하여 마음이 나누인다거나, 주저 또는 공포로 마음이 상하지 않는다. 그는 반드시 성공하리라고 믿으며 그 믿음이 성공에 대한 가장 큰 보증임을 또한 믿는다. 이것은 세상 일에 있어서나 영적인 일에 있어서나 똑같이 해당되는 진리이다"[33]라고 말하였다.

스미드는 "장로교인들의 신조"라는 그의 저서에서 다음과 같이 말하였다. "마음을 가장 많이 위로해 주고 견고하게 해주는 것이 또한 신앙의 사기도 가장 많이 돋구어 준다. 예정론을 흉내낸데 불과한 운명론이 인간의 마음에 장렬(壯烈)하고도 섬뜩한 정력을 일으켰던 예는 역사를 통해 흔히 볼 수 있는 사실들이다. 일찍이 마호메트교가 천하의 대권을 잡을 수 있었던 것은 그들의 정복이 알라신의 예정을 수행하는 것이라고 굳게 믿고 싸웠기 때문이다. 훈족의 아틸라는 자기가 '신의 채찍'으로 임명되었다는 신념을 갖고 있었기 때문에 그토록 전률할 파괴적인 행로를 걸어 간 것이다. 나폴레옹으로 하여금 불가능한 일을 시도하고 달성할 수 있도록 해준 그 힘과 담력은 '운명의 사람'이라는 그의 굳은 신념 속에서 자라 나온 것이다. 티탄족 역시 자기들은 어떤 초인적인 능력의 도구라고 믿었기 때문에

---

33) *The Augustinian Doctrine of Predestination*, p. 41.

그처럼 놀라운 기세를 떨칠 수 있었던 것이다. 맹목적인 운명에 대한 신념이 이렇게 강한 힘을 인간에게 줄 수 있다면 예정론은 그보다 훨씬 크고 숭고한 힘을 인간에게 줄 수 있지 않겠는가? 왜냐하면 살아 있는 힘은 맹목적인 운명이나 숙명적인 신이 아니라 지혜롭게 작정하시는 하나님께로부터 나오는것이기 때문이다. 우리에게 운명 지어진 모든 의무나, 개혁이 필요한 곳에서 우리가 여호와 하나님의 영원하신 목적과 계획을 실현하고 있다고 생각한다면 어떤 두려움도 생기지 않을 것이다. 또 의를 위한 모든 싸움에서 무수히 많은 하늘의 군사들이 우리와 함께 싸운다고 생각한다면 인간적인 두려움이나 실패할지도 모른다는 생각은 전혀 갖지 않게 될 것이다."[34]

1929년 4월 18일자(字) "매일 신문(The Daily Express)"에서 우리는 스코틀랜드인이며 칼빈주의자로서 제1 차 세계대전 당시 영국군 총사령관이었던 얼 헤이그(Earl Haig)에 관한 다음과 같은 기사를 읽을 수 있다. "헤이그의 인격에서 가장 특기할만한 점은 이 내성적이고 냉정하며 딱딱한 사람이 심오한 신앙심을 갖고 있었다는 점인데, 그것은 그 전쟁중 가장 위험했던 위기 속에서도 위로부터 도움이 오리라는 것을 믿는 신앙이었으며 또한 자기 자신을 혼자서 적군을 쳐부술 수 있었던 크롬웰과 같은 선택된 사람으로 생각한 신앙이었다. 그는 아주 순수하게 그가 지금 소명을 받아 앉아 있는 그 자리는 영국군 가운데서 자기 혼자만이 앉아 있을 수 있는 자리라고 확신했는데 그것은 결코 자만이 아니었다. 그의 가치나 능력을 과대평가하지 않으려는 사람은 아무도 없다. 사실 그는 가장 칼빈주의적인 신앙을 가진 사람으로 자신을 영국군의 승리를 위해 예정된 섭리의 도구로 생각했던 것이다. 그는 자기를 하나님의 자녀로 보았기 때문에 자기 자신을 더욱 더 신뢰할 수 있었던 것이다."

이미 말한 것처럼 예정에 대한 신앙은 인간을 태만하고 무력하게 만드는 것이 아니라 오히려 그의 확신을 고무, 자극하는 것이다. 인

---

34) E. W. Smith, *The Creed of Presbyterians*, pp. 180, 181.

간은 성공에 대한 소망이 확실할수록 일할 동기가 더 강해진다는 사실은 우리의 이성이나 경험으로도 알 수 있는 일이다. 그러나 성공에 대한 소망이 없으면 일할 의욕도 없어진다. 따라서 하나님의 명령과 지정된 방법을 경건하게 사용하는 자는 복을 받을 것이라는 하나님의 언약을 가진 그리스도인은 가장 강한 노력에의 동기를 갖고 있는 셈이다. 뿐만 아니라 하늘나라의 면류관을 받도록 정해져 있다는 견고한 확신때문에 더욱 고양(高揚), 격려되는 것이다.

기독교 역사상 사도 바울 이상으로 선택교리를 명백하고 힘있게 주장한 사람이 누구인가? 또 바울만큼 열심으로 지칠줄 모르는 기세로 수고한 사람이 누구인가? 그의 신학은 그로 하여금 복음 전도자가 되게 하였고 기독교를 궁극적인 승리의 종교로 나타내게 하였다. 그는 고린도에서 주님의 말씀 곧 "두려워하지 말며 잠잠하지 말고 말하라 내가 너와 함께 있으며 아무 사람도 너를 대적하여 해롭게 할 자가 없을 것이니 이는 이 성중에 내 백성 많음이라"(행 18:9-10)는 말씀을 들었을 때 얼마나 용기를 얻었겠는가? 그의 설교가 성중에 있는 많은 사람을 회심시키기 위해 하나님이 정하신 수단이었다는 것을 아는 것 이상으로 복음 전도의 동기를 더 크게 자극시킬 일이 무엇이겠는가? 그런데 하나님은 바울에게 그 성중에 하나님의 백성이 얼마나 있는지 또 그것이 누구인지에 대해서는 전혀 말씀하시지 않았음을 유의하라. 따라서 복음 전도자들은 오직 하나님께서 그 정하신 방법을 통해 모든 시대에 있어서 수 많은 사람들을 구원하시리라는 것을 굳게 믿고 성공을 확신하며 전진해야 할 것이다. 사실 선교를 해야 할 가장 강력한 이유는 전세계 복음화가 바로 하나님의 뜻이기 때문이다. 사람은 인생의 모든 영역에 대한 하나님의 주권을 인지(認知)할 때에만 하나님의 영광을 가장 열정적으로 찬송할 수 있는것이다.

모든 시대의 교회는 이 예정 교리가 성도들로 하여금 하나님을 무시하거나, 반역적으로 대항하도록 이끄는 것이 아니라 오히려 하나님의 능력에 복종하게 하고 그 능력을 확실히 믿도록 인도해준다는 것을 경험으로 알고 있다. 그의 자손이 큰 민족을 이루리라는 약속을 받았던 야곱은 에서가 자기와 자기 가족을 죽일지도 모른다고 생각되었을 때 온갖 수단을 다 동원하여 이를 방지하려 했다. 예레미야의 예언으로 이스라엘이 포로에서 해방될 날이 가까왔음을 안 다니엘은 그것을 위해 간절히 기도하기로 결정하였다(단 9:2,3). 하나님께서 다윗에게 그의 집을 이루어 주겠다는 뜻을 계시하시자 다윗은 즉시 이 일을 위해 간절히 기도했다(삼하 7:27-29). 그리스도는 자기 백성의 장래를 아셨지만 그들의 보전을 위해 간절히 기도하셨다(요 17장). 바울은 자기가 로마에 가서 증거해야 할것이라는 명령을 들었지만 그로 말미암아 자기 생명을 함부로 취급하지는 않았다. 오히려 그는 예루살렘의 폭도들 때문에 받게된 불공평한 재판이나, 현명하지 못했던 위험한 항해로부터 자기 생명을 지키기 위해 온갖 대비책을 다 강구하였다(행 23:11, 25:10, 11, 27:9, 10). 물론 바울과 함께 그 배안에 있는 자가 모두 구조되는 것이 하나님의 작정이었다. 그러나 이 하나님의 작정 속에는 선원의 용감하고 노련한 솜씨도 포함되어 있었다. 하나님이 그들을 구출하기로 작정하셨다고 해서 그들의 책임이나 자유가 티끌만큼이라도 경감된 것은 아니다. 따라서 이 교리는 그리스도인으로 하여금 그들의 때는 하나님의 장중에 있으며 그들의 생활 전반에서 일어나는 모든 사건들은 다 하나님이 정하신 것이라는 사실을 알게하여 하나님께 더욱 자주 열심으로 간구하게 하는 효력을 갖고 있다.

인간은 자기의 무능과 패망의 상태를 모르기 때문에 태만하고 방심하게 되는 것이다. 아무리 무심한 죄인이라도 하나님은 그가 원하시는 때에는 언제든지 죄인을 그에게로 돌아오게 할 완전한 능력을 가지신 분임을 부인하지는 않을 것이다. 이 신념때문에 그들은 자기가 좀더 편리한 시간에 돌아오려고 회개를 연기한다. 자기의 영적인 능력에 대한 자만이 점점 커짐에 따라 그들의 영적 부주의도 점점 더해져서 마침내 영원한 파멸을 당하기 직전의 아슬아슬한 상태에까지 빠져 들어간다. 그러다가 자기 자신의 전적 무능력과 하나님

의 주권적 은혜를 깨닫게 될 때에야 비로소 유일한 피난처인 하나님
께 도움을 요청하게 될 것이다.

제19장
예정론은 하나님을 편애하는 분
혹은 불공평하고 편파적인 분으로
만들어 버린다는 설

I. 이것은 모든 신학사상체계가 봉착하는 난제이다.

II. 하나님은 사람을 편애하시지 않는다

III. 하나님은 모든 사람을 똑같이 취급하시지 않는다.

IV. 하나님의 불공평성은 그가 권자이며 그의 선물은 은총이 사실에 의해 부분적으로 설명된다

I. 이것은 모든 신학사상체계가 봉착하는 난제이다.

만일 모든 인류가 다같이 죄 가운데 죽어서 자기 스스로 구원할 힘을 잃어버렸다면 어째서 하나님은 그들을 다같이 구원하시지 않고 어떤 자들은 구원하시고 어떤 자들은 내버려두시는가? 모든 사람이 동등한 기회를 가져야만 정당하다고 할 수 있다. 즉 모든 인간은 자연으로든 은혜로든 그들의 구원을 확보할 능력을 똑같이 가져야 한다는 것이다. 그러나 이와같은 반론은 유독히 칼빈주의만을 겨냥한 반론이 아니라 무신론자라면 누구나 모든 유신론자를 향해 던질 수 있는 반론이다. 그들은 말하기를 만일 무한한 능력과 거룩함을 소유한 하나님이 계시다면 그는 어째서 이렇게 많은 죄악과 불행이 세상에 존재하도록 허락하시는가? 왜 불의한 자들은 오랫동안 번영하는데 의로운 자들은 빈곤과 고난을 참아야만 하는가?

이러한 난제들에 대해 반칼빈주의적 체계는 모두 분명한 어떤 해

결을 제공하지 못한다. 중생이 죄인들 자신의 행위이고 모든 사람들은 자기의 구원을 확보할만한 충분한 능력과 지식을 갖고 있다고 가정한다 해도 세계의 현상태로는 구원얻는 자의 수가 비교적 적다는 것과 하나님은 많은 사람들이 죄 가운데서 멸망 당하는 것을 막기 위해 어떤 간섭도 하시지 않는다는 것은 엄연한 사실이다. 칼빈주의자들은 이와같은 난제가 있음을 부인하지 않는다. 단지 그들은 이것이 칼빈주의 체계에만 있는 특유한 문제가 아니라는 것을 주장하며 이 문제에 대해서는 성경에 기록된 부분적 해결만으로 만족할 따름이다. 성경은 다음과 같이 말한다. 즉 인간은 본래 거룩하게 창조되었으나 하나님의 법에 대한 그들의 고의적인 불순종으로 말미암아 죄에 빠지게 되었다. 그 타락의 결과 아담의 후손은 영적인 사망의 상태로 세상에 태어나게 되었다. 그런데 하나님은 그들이 더 죄에 빠지도록 강행하시지 않고 오히려 회개하고 하나님의 성화시키는 은혜를 구하도록 이끌어주는 감화를 끼치셨다. 그래서 진정으로 회개하고 이 은혜를 구하는 자는 모두 구원얻는다. 하나님은 그의 강한 능력으로 그렇지 않았더라면 계속 죄 가운데 있었을 무수히 많은 사람들을 구원으로 인도하셨다는 것이다.

II. 하나님은 사람을 편애하시지 않는다.

하나님을 편애자로 본다는 것은 하나님이 심판자로 행하시면서 자기 앞에 나오는 자를 그들의 됨됨이에 따라 다루시지 않고 어떤 자에게는 당연히 그의 것인데도 주지 않고 다른 자에게는 당연히 그의 것이 아닌데도 주는 —정의와 율법에 따라 지배하지 않고 오히려 편견과 악한 동기에 따라 지배하는— 자라는 것이다. 그러나 성경은 하나님이 이런 의미에서 편애자라는 것을 단호히 부인한다. 만일 예정론이 하나님을 이같이 행하시는 분으로 설명하고 있다면 우리도 이 도리를 내던지고 말것이다.

　성경은 하나님을 편애하는 분으로 가르치지 않는다. 왜냐하면 하나님은 인종, 민족, 부귀, 권력과 같은 외적 조건에 따라 어떤 자는 택하고 어떤 자는 버리시는 분이 아니기 때문이다. 베드로는 하나님이 편애하시는 분이 아니라고 말한다. 왜냐하면 그는 유대인과 이방인를 전혀 차별하시지 않기 때문이다. 로마 백부장 고넬료에게 복음을 전하라는 하나님의 부르심을 받은 후 그가 얻은 결론은 "참으로 하나님은 사람의 외모를 취하지 아니하시고 각 나라중 하나님을 경외하며 의를 행하는 사람은 하나님이 받으시는줄 깨달았도다"(행 10:35)라고 하였다. 유대인은 그들의 전역사를 통하여 자기들만 하나님의 사랑과 보호를 받는 대상이라고 믿고 있었다. 사도행전 10장 1절부터 11장 18절까지 자세히 읽어보면 이방인에게도 역시 복음이 전해져야만 한다는 것이 그 당시에는 얼마나 획기적인 생각이었는가를 알게 될 것이다.

　바울도 또한 "선을 행하는 각 사람에게는 영광과 존귀와 평강이 있으리니 첫째는 유대인에게요 또한 헬라인에게라 이는 하나님께서 외모로 사람을 취하지 아니하심이니라"고 말했다(롬 2:10-11). 그리고 다시 "너희는 유대인이나 헬라인이나 종이나 자주자(自主者)나 남자나 여자 없이 다 그리스도 예수 안에서 하나이니라"고 말한 다음 외부적인 유대인이 아니라 그리스도께 속한 자가 참된 의미에서 "아브라함의 자손이요 약속대로 유업을 이을 자"(갈 3:28, 29)라고 덧붙여 말했다. 에베소서 6장 5-9절에서는 종과 상전더러 서로 정당하게 대접하라고 명령한다. 왜냐하면 종이나 상전, 양쪽의 주인되신 하나님께서는 사람을 외모로 취하여 편벽되이 대우하시지 않기 때문이다. 골로새서 3장 18-21절에서는 부모와 자녀 및 남편과 아내의 관계에 대해 이와 똑같은 원리를 제시하고 있다. 야고보는 하나님은 부자와 가난한 자, 아름다운 옷을 입은 자와 더러운 옷을 입은 자를 차별하시지 않기 때문에 사람을 편애하시는 분이 아니라고 말했다(약 2:1-9). 이상의 성구에서 나온 "사람"이란 말은 "속사람" 또는 "영혼"을 의미하는것이 아니라 "외모"를 의미한다. 따라서 성경이

"하나님은 사람을 편애하시지 않는다"고 말할 때 그것은 하나님이 어떤 자는 구원하시고 어떤 자는 버리시는 이유가 이 사람은 유대인이고 저 사람은 이방인이라서 혹은 이 사람은 부자고 저 사람은 가난해서 등과 같은 외적 조건에 있지 않다는 의미이지 하나님이 모든 사람을 똑같이 취급하신다는 의미는 아니다.

Ⅲ. 하나님은 모든 사람을 똑같이 취급하시지 않는다.

하나님은 세계를 섭리하심에 있어서 모든 사람에게 균등하고 동일한 은혜를 베풀지 않으신다. 이 불평등은 너무나 명백한 사실이어서 아무도 부인할 수 없다. 하나님께서 모든 인간을 천차만별로 대우하신다는 사실은 성경이나 일상생활의 경험속에서 잘 나타난다. 그러나 우리는 이것 때문에 하나님을 불공평한 분이라고 말할 수는 없다. 왜냐하면 하나님이 베푸시는 모든 것은 당연히 베풀어야 할 의무가 있어서가 아니고 순전히 은혜로 베푸시는 것이기 때문이다. 실제적인 경험에 비추어 이 문제를 논해 보도록 하자. 인간은 누구나 이 세상에서 내적 성격이나 외적 환경이 서로 똑같지 않게 태어난다는 사실을 인정한다. 어떤 아이는 선량하고 지혜로우며 부귀를 누리고 있는 부모 슬하에 태어나서 유아기때부터 주님의 권고와 훈계를 받으며 자라고 성경에 있는 진리를 배울 수 있는 모든 기회를 갖고 자란다. 그러나 어떤 아이는 병들고 가난하며 기독교를 거부하고 비웃으며 경멸하는 아주 방탕한 부모밑에 태어나서 복음의 영향을 전혀 받지 못하고 자란다. 어떤 자들은 다정다감한 마음과 양심을 천성적으로 타고나서 자연스럽게 천진하고 순진한 인생을 살아가는 반면 어떤 자들은 격렬한 열정, 심지어 악한 성벽을 타고나는데 이것은 유전적인 것으로 극복하기 어려운 것이다. 어떤 자들은 기독교 문명국에 태어나서 충분한 교육과 보호를 받는 반면 어떤 자들은 완전히 이교도의 암흑 가운데서 태어난다. 일반적으로 적절하게 기독교의 영향을 받으며 자란 아이는 독실한 신자가 되어 위대한 봉사의 삶을 살게 되는 반면 부패한 교훈과 본보기의 영향아래 그 인격이 형성된 아이는 악하게 살다가 회개하지 않고 죽는다. 그래서 전자는 구원얻고 후자는 멸망당한다. 이 사람에게 유효하게 작용하여 구원에 도움이 되는 영향들이라면 저 사람에게도 유효하게 작용했을 때 구원에 훨씬 더 도움이 될 수 있다는 것은 아무도 부인할 수 없는 사실이다. 솔직한 사람들은 모두 자신들의 처지가 바뀌었더라면 아마 자기들의 성격도 달라졌을 것이라는 사실과 신앙이 독실한 부모의 아들이 불신자의 아들로 태어나서 나쁜 영향을 받으며 자라났다면 그는 십중팔구 죄 가운데서 죽었을 것이라는 사실을 인정한다. 하나님은 그의 신비로운 섭리로 사람들을 각각 다른 여러 환경 가운데 두시기 때문에 그 결과 역시 판이하게 다르다. 그는 물론 이와같은 결과를 그 사람의 출생전에 예지하신다. 아무도 이와같은 사실을 부인하거나 설명할 수 없다. 만일 우리가 이 세상이 인격적이며 지적인 존재자에 의해 통치된다는 사실을 믿으려면 우리는 이 불평등이 우연적이 아니라 목적과 계획을 통해 생긴것이며 또 개개인의 운명은 하나님의 주권적이며 기쁘신 뜻에 따라 결정된다는 사실을 믿지 않으면 안된다. 라이스(N. L. Rice)는 "아무리 알미니안주의자라해도 하나님이 인간을 각양각색으로 대우하시되 이 세상적인 축복뿐 아니라 영적인 축복을 베풀어 주심에 있어서도 그렇다는 것을 인정하지 않을 수 없다. 그들이 이런 현상을 인정한다면 선택교리도 인정할 수밖에 없을 것이다. 설사 그들이 이 도리는 믿지 못한다 할지라도 유기교리만은 믿어야 할것이다. 왜냐하면 그들도 인류 가운데 구원얻지 못하는 사람들이 있음을 인정할 수밖에 없기 때문이다."[35] 라고 말하였다.

칼빈주의자들은 하나님께서 지상적인 축복을 각각 달리 배분해 주심과 같이 영적인 은혜도 각각 다르게 배분해 주신다고 확신한다.

---

35) *God Sovereign and Man Free*, pp. 136, 139.

따라서 만일 영적인 은혜를 주심에 있어서 차별을 두는 것이 원리상 하나님에게 부당한 일이라면 지상적인 축복을 주심에 있어서 차별을 두는 것 역시 부당하다고 해야 할 것이다. 그러나 사실상 하나님은 그 절대적 주권을 행사하시어 각 사람 사이에 날 때부터 최대한의 차별을 두시되 지상적인 축복이나 영적인 은혜를 분배하심에 있어서 각 개인의 행위나 공로에 상관없이 나누어 주신다. 그래서 성령은 "그 뜻대로 각 사람에게 나누어 주신다"(고전 12:11)고 했으며 성경 어느 곳에서도 하나님이 그 은혜를 차별없이 베푸신다는 기록은 찾아볼 수 없다. 열국을 다루심에 있어서도 하나님은 어느 나라들은 다른 나라들보다 더 우대하신다는 사실을 발견할 수 있다. 즉 고대에는 이스라엘을 현대에는 유럽이나 미국을 다른 나라들보다 우대하신다. 반면에 아프리카나 동양 나라들은 암흑과 거짓 종교의 저주 아래 놓여 있다. 이것은 어느 누구도 부인할 수 없는 분명한 사실이다.

유대인들은 약소하고 불순종하는 민족이었으나 하나님은 세계 어느 민족에게도 베풀지 않으신 은택을 그들에게는 베푸셨다. "내가 땅의 모든 족속 중에 너희만 알았나니"(암 3:2), "아무 나라에게도 이같이 행치 아니하셨나니"(시 147:20), "그런즉 유대인의 나음이 무엇이며 할례의 유익이 무엇이뇨 범사에 많으니 첫째는 저희가 하나님의 말씀을 받았음이니라"(롬 3:1-2). 이같은 은총을 받은 것은 유대인에게 어떤 공로가 있어서가 아니다. 왜냐하면 그들은 "목이 곧고 패역한 백성"이라는 책망을 여러 번 받은 민족이기 때문이다. 마태복음 11장 25-26절에서 예수님은 "아버지여 이것을 지혜롭고 슬기 있는 자들에게는 숨기시고 어린 아이들에게는 나타내심을 감사하나이다 옳소이다 이렇게 된 것이 아버지의 뜻이니이다"라고 기도하셨다. 이 기도에서 예수님은 불공평하고 편벽되시다고 알미니안주의자들이 비방하는 바로 그 일을 하나님이 행하셨다고 해서 하나님께 감사드린 것이다.

만일 누가 "하나님은 왜 만인에게 똑같이 균등하게 축복하시지 않는가?"라고 질문한다면 우리는 그 이유는 아직 우리에게 충분히 계시되지 않았다고 대답할 수밖에 없다. 우리는 실생활에서도 하나님이 각사람을 똑같이 다루시지 않음을 분명히 목도한다. 그렇다고 해서 하나님을 원망할 수는 없다. 왜냐하면 하나님은 자기 혼자서만 아시는 선하신 이유로 말미암아 어떤 자는 구원하시고 어떤 자는 그냥 버려두시기 때문이며 더구나 그 은혜를 받는 자로서는 어떤 공로가 있어서 받는 것이 아니요 또 그 은혜를 받지 못하는 자에 대해서는 하나님께 반드시 은혜를 내리셔야 할 의무가 있는 것도 아니기 때문이다.

사실 인류중에는 자기가 마땅히 받아야 할 것 이상으로 하나님께 은혜를 받지 않은 사람이란 한 사람도 없다. 왜냐하면 원칙적으로 말해서 모든 인간은 죄값으로 받은 저주때문에 이미 완전히 멸망했어야 할 존재들이기 때문이다. 따라서 은혜란 받을 가치가 없는 자들에게 베푸시는 사랑의 권고이므로 하나님에게는 어떤 자에게는 보다 많은 은혜를 베푸시고 또 어떤 자에게는 전혀 은혜를 베풀지 않으실 절대적 주권이 있다. 셰드(W. G. T. Shedd)는 말하기를 "하나님께서 전인류에게 베푸시는 일반은총을 보면 택함받지 못한 자들은 하나님 나라에 들어가지 못하도록 제외된 것이 아님을 알 수 있다. 왜냐하면 일반은총은 인간을 신앙과 회개에로 초대할뿐 아니라 그들을 도와서 구원얻도록 조력하는 것이기 때문이다. 그런데 이 조력이 무효화되는 것은 일반은총 자체의 무력 또는 하나님의 저지때문이 아니라 선택받지 못한 자의 저항때문이다. 따라서 일반은총이 죄인을 구원하지 못하는데 대한 책임은 전적으로 죄인 자신에게 있는 것이므로 그들은 자기의 허물을 내세워서 특별은총을 받아야만 한다고 주장할 권리가 전혀 없다."[36)고 하였다.

만일 하나님은 누구에게나 구원얻을 기회를 동등하게 주셔야만 한다고 주장하는 자가 있다면 우리는 외부적으로 부르는 초청이 곧 그

---

36) *Calvinism, Pure and Mixed*, p. 59.

것을 듣는 모든 자에게 구원얻을만한 기회를 주는 것이라고 대답할 수 있다. "주 예수를 믿으라 그리하면 네가 구원을 얻으리라"는 메시지가 바로 모든 사람에게 구원얻을 기회를 준다는 말씀 아닌가. 그런데 사람이 이 말씀을 믿지 못하고 마침내 멸망당하게 되는 것은 그 본성의 악함 때문이지 그외에 다른 이유는 아무 것도 없다. 셰드는 이 사상을 다음과 같은 말로 아주 잘 표현하였다. "자선가가 준 5원을 거절한 걸인이 후에 이 거절때문에 그 자선가가 10원을 주지 않는다고 해서 그를 인색하다고 비난할 수는 없다. 죄인이 하나님이 주신 일반은총을 남용한 후에 하나님이 그에게 특별은총 즉 중생의 은혜를 주시지 않고 간과하셨다고 불평하는 것은 마치 지극히 거룩하시고 높으신 하나님께 대하여 '하나님, 당신은 일찍이 나를 회개시키려고 무척 애를 쓰셨지요. 그러나 그때 나는 그것을 무시하였으니 이제 다시 한번 좀더 단단히 애써 보십시오'라고 말하는 것과 같다."[37]

예정론이나 선택교리는 하나님을 불공평한 분으로 만드는 것이 아니냐고 주장하는 알미니안파의 반대론은 하나님이 악마와 타락한 천사의 구원을 위해서는 어떤 준비도 하시지 않았다는 사실에 의해 여지없이 깨어지고 만다. 만일 타락한 모든 천사들을 간과하시어 그 죄의 결과를 받도록 그냥 내버려 두시는 것이 하나님의 무한한 공의와 사랑에 맞는 것이라면 타락한 인류중 얼마를 간과하시어 그 죄 가운데 그대로 내버려 두시는 것 역시 확실히 하나님의 무한한 공의와 사랑에 맞는 것이다. 알미니안파가 그리스도는 타락한 천사를 위해서가 아니라 타락한 인간을 위해 죽으셨다는 것을 인정한다면 그것은 결국 그들도 구속의 제한성을 인정하고 있으며 그리스도는 택함받은 자들만을 위해 죽으셨다고 주장하는 칼빈주의자들과 원리적으로 똑같은 차별을 두고 있다고 해야 할 것이다.

인간은 그 유한하고 오류많은 지식을 가지고 하나님이 배분하시는

---

37) *Calvinism, Pure and Mixed*, p. 51.

은혜에 대해 비난할 권리가 전혀 없다. 하나님이 전인류를 구원하시지 않는다고 해서 하나님을 불공평하다고 비난하는 것은 마치 하나님이 모든 인간을 천사로 만들지 않으셨으며 또 천사들처럼 영원히 거룩하도록 만들지 않으셨다고 해서 하나님을 불공평하다고 비난하는 것과 같이 전혀 불합리한 일이다. 하나님은 왜 어떤 자가 영원히 멸망 당하도록 허락하셨는가?를 이해하는 일은 마치 하나님은 왜 어떤 자는 구원하시고 어떤 자는 구원하시지 않는가?를 이해하는 것만큼 이해하기 어려운 일이다. 하나님은 사람들을 구원할 능력을 갖고 계시지만 그들이 멸망하는 것을 예방하시지 않는다. 그런데 만일 하나님의 섭리를 인정하는 자가 하나님은 인류중 얼마가 멸망하는 것을 허락하실 충분한 이유를 갖고 계신다고 말한다면 하나님의 주권을 주장하는 자도 역시 하나님이 이 사람은 구원하시고 저 사람은 구원하시지 않는데도 충분한 이유가 있다고 말할 수 있는 것이다. 하나님이 인류중 일부분의 사람을 벌하시느니 차라리 모든 사람을 벌하시는 것이 정당하다고 말하는 것이 이론상으로는 그럴듯하지만 사실 어느 누구도 그렇게 극단적으로 나가지는 않는다.

인간적 견지에서 볼 때 죄와 불행은 피조계에 절대로 들어오지 못하게 해야했으며 혹시 죄와 불행이 들어왔다 하더라도 그것을 곧 제거해 버릴 준비가 충분히 되어 있어서 전인류가 영원토록 완전히 거룩하고 행복하게 살 수 있도록 해주는 것이 하나님의 성품과 보다 더 조화를 이룬다고 생각된다. 그러나 만일 하나님이 백인 백색인 우리 인간의 견해대로 그의 활동 계획을 세우신다면 그야말로 그의 계획은 한정이 없을 것이다. 따라서 우리는 성경이 가르치는 사실이나 우리를 둘러싼 하나님의 섭리적 역사가 보여주는 사실 또는 우리 자신의 종교적 경험에서 나타나는 사실들에 대해서는 더 이상 아무 말도 하지 말고 믿어야 할 것이다. 그런데 이런 조건들을 만족시킬 수 있는 것은 오직 칼빈주의 체계뿐이다.

IV. 하나님의 불공평성은 그가 주권자이시며 그의 선물은 은총이라는 사실에 의해 부분적으로 설명된다.

이 구원 계획에 포함되지 않은 자들에 대해서는 하나님이 불공평하게 행하신것이다라고 말할 수 없다. 이런 말을 하는 사람은 항상 하나님이 단순한 피조자로서의 인간을 다루시는 것이 아니고 하나님의 긍휼을 요구할 수 있는 일체의 권리를 상실한 죄인으로서의 인간을 다루신다는 사실을 염두에 두어야 할 것이다. 그래서 어거스틴은 "영원한 정죄는 마땅히 받아야 할 자들에게 주이진 것이요, 구원의 은혜는 아무 공로없이 또한 값없이 주어진 것이므로 정죄받은 자는 어떠한 불평도 할 수 없으며 구원의 은혜를 입은 자도 역시 자기에게 어떤 공로가 있어서 구원얻은 것처럼 자랑할 근거가 전혀 없다. 이처럼 하나님은 인간에게 있는 어떤 조건때문에 차별하신 것이 아니고 그의 뜻에 따라 벌할 자는 공의대로 벌하시고 은혜 베풀 자에게는 값없이 은혜를 베푸신 것이다. 구원얻은 자나 멸망받은 자는 모두 똑같은 죄인들로서 정죄받을 수 밖에 없는 자들이었다. 따라서 의롭다함을 입은 자들은 다른 사람들이 영벌을 받는 것을 보고 만일 하나님의 은혜가 자기들에게 베풀어지지 않았다면 자기들도 역시 영벌을 받았을 것이라는 사실을 깨닫고 감사해야 할 것이다"라고 말하였다. 칼빈도 이와 똑같은 의미로 "주님은 자비가 풍부하시므로 그의 기쁘신 뜻에 합의한 자에게는 구원의 은혜를 베푸신다. 그러나 주님은 또한 공의로운 심판주이시므로 그 은혜를 모두에게 베풀지 않으신다. 즉 어떤 자들에게는 그 은혜를 받을만한 가치가 전혀 없는데도 구원의 은혜를 주심으로써 그의 값없으신 은혜를 나타내시는 반면 어떤 자들에게는 그들이 받아 마땅한 멸망을 주심으로써 모든 사람의 죄과를 선포하신다"라고 말하였다.

반대자들이 보통 사용하는 의미로서의 "편벽"이란 말을 은혜의 세계에서는 사용할 수 없다. 그 말은 단지 인간관계에서 관련된 당사

자간에 "요구" 또는 "권리"가 존재하는 공의의 세계에서나 사용이 가능한 말이다. 우리는 우리 마음대로 이 걸인에게는 주고 저 걸인에게는 주지 않을 수 있다. 왜냐하면 우리는 둘중 아무에게도 빚진 것이 없기 때문이다. 아무 공로없이 선물(이 선물 중 최대의 선물은 영혼의 중생이다)로 주어진 은혜에 대한 하나님의 주권교리를 설명하시기 위해 주님은 달란트 비유를 말씀해 주셨다.

포도원에서 일한 일군들에게 주는 품삯 비유의 중심 교훈 역시 은혜 배분에 있어서의 하나님의 주권이다. 하나님은 구원얻은 자나 구원얻지 못한 자에게 똑같이 "친구여 내게 네게 잘못한 것이 없노라. 네가 나와 한 데나리온의 약속을 하였으니……내 것을 가지고 내 뜻대로 할것이 아니냐 내가 선하므로 네가 나를 악하게 보느냐"(마 20:13-15)고 말하실 수 있다. 모세에게 하신 말씀에 "내가 긍휼히 여길 자를 긍휼히 여기고 은혜 줄 자에게 은혜를 주느니라"는 말씀이 있고 또 바울은 여기에 덧붙여서 "그런즉 원하는 자로 말미암음도 아니요 달음박질하는 자로 말미암음도 아니요 오직 긍휼히 여기시는 하나님으로 말미암음이니라"(롬 9:15-18)고 말하였다. 하나님은 이 사람에게는 긍휼을 베푸시고 저 사람에게는 공의대로 벌을 내리심으로써 그의 영광을 나타내신다. 우리도 어떤 자에게는 자선을 베풀고 어떤 자에게는 자선을 베풀지 않듯 하나님도 그가 기뻐하시는 자에게만 하늘나라의 자선인 그의 은혜를 주시는 것이다. 은혜는 그 성질상 임의적인 것이어야만 하는데 하나님이 은혜를 베푸심에 있어서 불평등하다는 것 자체가 바로 은혜의 임의성을 잘 나타내주는 것이다. 만일 이런 점에서 하나님의 주권이 인정되지 않는다면 구원은 이미 은혜가 아니고 모든 사람에게 마땅히 주어야 할 부채가 되는것이다.

만일 어떤 채권자가 채무자 열 사람중 일곱 사람에게는 부채를 탕감해주고 나머지 세 사람에게는 그 부채를 그대로 받았다면 부채를 갚은 세 사람이 채권자에게 불공평하다고 비난할 수 있겠는가? 또 세 사람의 악한이 살인범으로 사형선고를 받을 것인데 그중 두 사람은 특사가 되었다고 하자. 그렇다면 그것이 한 사람의 사형집행을 부당한 일로 만드는 격이 될 수 있는가? 물론 그럴 수 없다. 왜냐하면 그 남은 사람의 입장에서는 그가 자기 범죄에 대해 형벌을 받지 않아도 될 개별적인 이유가 전혀 없기 때문이다. 자! 지상의 국왕도 당연히 그렇게 행할 수 있다면 하물며 만물의 주권자이신 하나님께서 그에게 반역하는 인간에 대해 그렇게 행하실 수 없단 말인가? 전 인류가 마땅히 처벌되었어야 할것을 오히려 그중에 일부만 형벌하신다고 해서 하나님을 불공평하다고 비난할 수 있단말인가? 아니다. 오히려 하나님의 자비를 찬양해야 마땅할 것이다.

워버톤(Warburton)은 아주 적당한 실례를 들어 이 논제를 명쾌하게 해결해준다. "한 부인이 고아원을 방문해서 수백명의 수용아동 중 한 아이를 택하여 자기의 양자로 삼았다고 하자. 그 여인은 다른 아이를 택할 수도 있었고 또 다른 아이들을 양육할만한 재산도 갖고 있었다. 그러나 한 아이만 택했다. 그렇다고 해서 누가 그 여인을 불공평하다고 말할 수 있는가? 그 여인이 그녀의 권리와 특권을 행사하여 한 아이만 선택해서 자기 집의 모든 안락함을 누리게 하고 자기 재산의 상속자로 삼고, 어쩌면 가난 속에서 죽을지도 모르고 부랑아가 될지도 모르는 다른 모든 아이들은 남겨 두었다고 해서 그녀를 불공평하다거나 불의하다고 비난할 수 있겠는가? 여러분은 이런 일을 행한 사람에 대해 불공평하다거나 불의하다고 비난하는 소리를 들어본 적이 있는가? 오히려 사감들은 이런 행위를 칭찬할 것이다. 사람들은 이같은 사람의 사랑과 경건과 동정심을 극구 칭송하지 않는가? 왜 그렇게 칭송하는가? 왜 한 아이만 선택하고 다른 아이들은 그냥 내버려둔 데 대해 비난하지 않는가? 왜 특별히 한 아이만 택했다고 해서 그 여인을 불공평하다고 말하지 않는가? 그 이유는 다음과 같다. 만인이 다 인정하는대로 그 아이들은 모두 똑같은 곤경에 처해 있었다. 그리고 그중 어느 누구도 한 아이만 양자로 삼으려고한 이 부인에 대해 요구할 권리가 없었다. 하나님께서 구원의 은혜를 베푸시는 일이 이 부인의 입장과 다를 것이 무엇이 있는가? 하나도 다른 것이 없다. 이 여인이 방문했던 고아원 아이들이 한 아이만 가져가고 자기들은 버려두었다고해서 그 여인을 원망할 수 없는 것처럼 구원의 은혜에 참여하지 못한 자들 역시 하나님에 대해 어떤 원망도 할 수 없다. 따라서 하나님의 선택은 아무 공로없이, 임의적으로 주는 것인 동시에 의롭고 공평한 것이다.”

그리스도의 희생의 가치는 무한한데 왜 하나님은 인류 전체를 구원하시지 않는가? 하는 것이 우리 마음에 제일 먼저 떠오르는 의문점이다. 그러나 거기에는 이유가 있다. 하나님은 자신의 사랑뿐 아니라 공의도 나타내시기로 작정하셨기 때문이다. 만일 인류가 전부 구원얻는다면 사람들은 죄값이 어떤 것인지 몰랐을 것이며 또 전부 구원얻지 못한다면 사람들은 은혜가 어떤 것인지 몰랐을 것이다. 더구나 모든 사람이 아니라 택함받은 자만 구원 얻게 된다는 사실은 구원얻은 자들로 하여금 그들이 받은 은혜에 대해 더욱 깊이 감사하게 하는 것이다. 그리고 무엇보다도 어떤 자들에게 그들 마음대로 행하도록 허락함으로써 하나님을 반역하는 것이 얼마나 무서운 일인지를 보여준다는 것은 우주 전체를 위해 아주 잘한 일이었다.

그러면 어떤 자는 다음과 같이 질문할 것이다. 이 중생하지 못한 사람 즉 죄중에 그대로 남아 있어서 영원한 형벌을 받고 하나님 나라를 볼수조차 없는 이 택함받지 못한 사람은 도대체 어떻게 되는가? 라고. 우리는 그들에게 원죄교리로 돌아가라고 대답할 것이다. 그의 모든 후손들의 연대적 머리요 대표자로 지정되었던 아담 안에서 인류는 구원얻기에 가장 정당하고 좋은 기회를 갖고 있었으나 그 기회를 잃어버렸다. 따라서 이 사람은 택하시고 저 사람은 간과하시는 일이 정당한 이유는 “모든 사람이 죄를 범하였으매 하나님의 영광에 이르지 못한” 때문이다. 이 일에 대해서는 틀림없이 최선의 이유가 있을테지만 하나님이 우리에게 그 이유는 알려주시지 않았다. 그러나 우리는 멸망 당하는 자중에서 한 사람이라도 부당하게 처벌되는 자는 없다는 점을 안다. 이 세상에서 그들은 하나님의 자녀들과 함께 아니 그들보다 훨씬 더 높은 정도로 하나님의 일반적인 섭리 속에서의 온갖 좋은 것들을 다 누린다. 우리는 양심과 경험을 통해 우리가 배신한 인류의 성원이라는 것과 영생에 이르지 못하는 모든 사람은 그 근본적 책임이 자신에게 있다는 것을 잘 안다. 뿐만 아니라 만일 인간이 하나님 편에서 공의의 원리를 적용하셨기 때문에 현재의 타락상태에 처해진 것이라면(그렇지 않다고 누가 감히 말하랴?) 그들은 마땅히 받아야 할 형벌을 받아야 할 것이다. 그들이 영원한 불행을 당하는 것은 마땅하나 처형되는 것은 부당하다고 말하는 자가 있다면 그것은 정당한 형벌 집행을 부당하다고 말하는 것과 같은 망언이 아닐 수 없다. 다시 한번 말하거니와 타락 상태에 있는 인간은 구원에 대한 갈망이 전혀 없다. 그리고 하나님은 이 부패한 인류 중에서 긍휼히 여길 자를 긍휼히 여기시고 강퍅케 할 자를 강퍅케 하시는 것이다. 이것이 바로 성경 전체의 교훈이다. 이것을 부인하는 자는 기독교를 부인하는 것이요 하나님의 세계 통치에 이의를 제기하는 것이다.

　사실 우리는 모두 편파적이다. 우리는 우리 가족이나 친구들에게는 다른 사람들에게 보다 훨씬 더 잘해 준다. 비록 그들이 우리가 알고 있는 다른 많은 사람들보다 더 사랑을 받아야 할 가치가 없다는 것 아니 오히려 사랑받을 가치가 훨씬 더 적다는 것을 알면서도 말이다. 우리가 어떤 사람들에게 애정을 준다고 해서 반드시 모두에게 똑같은 애정을 주어야만 하는 것은 아니다. 그런데 알미니안파는 지극히 높으신 하나님께 '당신은 그 인자와 사랑을 국고에서 지출하는 것처럼 모든 사람에게 똑같이 주시지 않으면 안됩니다' 라고 하나의 규칙처럼 절대적으로 명한다. 톱레이디(Toplady)는 "친구가 돈 만원을 내게 선사했다고 하자. 그런데 그 친구가 내 이웃에게도 같은 선물을 보내지 않았다고 해서 그 선물을 거절하고 친구를 욕한다면 이 얼마나 천부당 만부당한 일이겠는가? 그것은 참으로 불합리한 일이요 배은망덕이며 오만한 짓이라 하지 않을 수 없다"고 말하였다.

　따라서 예정론은 하나님을 "편파적"인 분으로 만드는 교리라고 주장하는 자들에 대해 우리는 그럴지도 모른다고 대답한다. 그러나 그

것이 결코 하나님을 "부당한 편파자"로 만드는 것은 아님을 우리는
강력히 주장한다.

제20장
예정론은 선한 행실을 위해
바람직하지 못하다는 설

I. 목적뿐 아니라 수단도 예정되었다.

II. 하나님께서 우리에게 해주신 일 때문에 하나님을 사랑하고 감사하는 것이 도덕을 위해서는 가장 유일하게 강력하고 항구적인 근거이다.

III. 역사상에 나타난 칼빈주의의 실제 열매가 그 자신의 정당성을 가장 잘 증명해 준다.

I. 목적뿐 아니라 수단도 예정되었다.

예정론을 믿게 되면 사람들은 자기들의 구원은 이미 확보되었다고 생각하여 도덕적 행위나 은혜 안에서의 성장을 소홀히 할 우려가 있다는 이유로 이 도리를 반대하는 자들이 있다. 사실 이와같은 반대는 주로 선택교리와 성도의 견인교리에 대한 반대에서 나온다.

그러나 인간의 노력하려는 모든 동기를 좌절시킨다는 이 반대론에 대해 우리는 하나님께서 목적뿐 아니라 수단까지도 예정하셨기 때문에 절대로 그렇지 않다고 대답할 수 있다. 땅이 풍성한 결실을 맺도록 예정하신 하나님은 이를 위해 햇빛, 우로, 사람의 경작 등도 예정하셨다. 만일 하나님께서 사람으로 하여금 곡식을 추수하도록 예정하셨다면 그는 또한 사람이 쟁기질을 하고 밭을 갈고 심는 등 그외에 추수에 필요한 모든 일을 하도록 예정하신 것이다. 마치 건축할 목적 속에는 목재, 석재, 기타 건축에 필요한 모든 재료들이 포함되어 있듯이, 또 선전포고 속에는 군대, 군수품, 군함 등 전쟁에 필요한 모든 준비물이 포함되어 있는 것처럼 내세의 구원을 주기 위해 어떤 자들을 택했다는 교리속에는 그들이 이 땅에서 행할 덕행까지도 포함되어 있다. 따라서 영생으로 예정된 자는 거룩하고 덕스럽게 변모될 것까지도 예정된것이다.

바울은 아주 분명하게 선택의 참 목적은 "창세전에 그리스도 안에서 우리를 택하사 우리로 사랑 안에서 그 앞에 거룩하고 흠이 없게 하시려"(엡 1:4)함이라고 가르쳤다. 또 우리는 "그 아들의 형상을 본받게 하기 위하여 미리 정해진"(롬 8:29) 자들이다. 또 "하나님이 처음부터 너희를 택하사 성령의 거룩하게 하심과 진리를 믿음으로 구원을 얻게"(살후 2:13) 하셨으며 "영생을 주시기로 예정된 자는 다 믿었다"(행 13:48)고 하였다. 예정된 자와 택함을 입은 자 그리고 의롭다하심을 얻은 자와 영화롭게 된 자는 동일인이다(롬 8:29-30). 따라서 택하심을 따라 되는 하나님의 뜻은 굳게 설것임에 틀림없다(롬 9:11).

이 문제에 관한 칼빈주의자의 확신이 웨스트민스터 신앙고백에 아주 잘 나타나 있다. "하나님이 택하신 백성을 영광얻도록 정하셨을 때 그는 또한 그의 뜻의 영원하고 임의적인 목적에 따라 그 모든 방법까지도 예정하셨다. 따라서 아담으로 말미암은 타락에서 택함받은 자들은 그리스도 안에서 구속함을 얻으며 합당한 때에 성령의 역사로 유효적인 부르심을 받아 그리스도를 믿어 의롭다하심을 받으며 양자가 되어 성결함을 입고 믿음으로 말미암아 하나님의 능력 안에서 구원에 이른다"(신앙고백서 3:6).

"하나님은 히스기야왕의 생명을 15년이나 더 연장시켜 주셨다. 그렇다고 해서 왕이 그의 건강을 소홀히 하거나 영양섭취를 등한히 한 것은 아니다. 즉 그는 '내가 비록 불이나 물속에 뛰어들거나 독약을 먹을지라도 나는 반드시 더 살 것이다'라고 말하지 않았다. 오히려 그가 할 수 있는 모든 방법들을 활용하여 하나님의 섭리와 협력함으로써 그에게 예정된 그 기간을 살았던 것이다."[38] 모든 사건들은 서

---

38) Ness, *Antidote Against Arminianism*, p. 41.

로 밀접한 관련을 맺고 있으며 또 하나님은 수단을 통해 일하시기 때문에 만약 하나님이 사건과 함께 수단을 정하시지 않았다면 그 사건 자체의(반드시 일어나리라는) 확정성은 이미 파괴되는 것이다. 따라서 하나님은 인간을 구원하시기 위해 그리스도와 성령의 사역뿐 아니라 그의 백성의 신앙, 회개, 견인의 은혜까지도 예정하셨다.

　바울이 이와 똑같은 교리를 가르쳤을 때도 똑같은 반대를 받았는데 그것은 "믿음으로 말미암아 율법을 폐하느냐"는 것이었다. 다른 말로 하면 우리가 믿음으로 구원얻었으니 도덕법은 지키지 않아도 되느냐는 말이다. 그러나 바울은 이에 대해 아주 강력하게 "그럴 수 없느니라 도리어 율법을 굳게 세우느니라"(롬 3:31)고 대답하였다. 따라서 목적인 구원과 그 목적으로 인도하는 수단인 신앙과 성결은 불가분리의 관계에 있는것이다.

　물론 가장 이상적인 그리스도인은 전혀 죄를 범하지 않는 자일 것이다. 그리스도인은 확실히 구원얻은 사람이지만 동시에 선한 일을 위해 구원얻은 자로서 "이 직책이 훼방을 받지 않게 하려고 무엇에든지 아무에게도 거리낌이 없도록"(고후 6:3)하라는 명령을 받고 있는 자이다. 성경이 말하는 성도의 견인은 도덕적 성결과 밀접한 관련을 갖고 있으며 성경은 현재적이요 끊임없이 지속되는 성결과 관련이 없는 구원의 확보에 대해서는 전혀 언급하지 않고 있다. 따라서 덕행과 경건은 선택의 결과이지 원인이 아니다. 왜냐하면 하나님의 주권적인 기쁘신 뜻 외에는 어떤 것도 선택의 원인이 될 수 없기 때문이다. 물론 성도들 사이에 성결의 차이는 있을 것이다. 그러나 선택의 은혜를 받은 자로서 성결함이 전혀 없는 자는 없을 것이다. 만일 이 땅에서는 전혀 성결하지 않으면서 내세의 복락을 희망하는 자가 있다면 그것은 헛된 소망일 것이다. 하나님이 내세의 완전한 복락을 누리도록 예정하신 자라면 그는 이 세상에서부터 그 복락의 시작을 하게 되는 것이다. 성결은 인간이 참 복락을 누리는데 있어서 본질적인 것이기 때문에 성결하지 않고서는 어느 누구도 주님을 만나고 섬길 수 없는 것이다. 따라서 성결은 이 세상에서부터 구원얻은 자속에 자라기 시작한다.

II. 하나님께서 우리에게 해주신 일때문에 하나님을 사랑하고 감사하는 것이 도덕을 위해서는 가장 유일하게 강력하고 항구적인 근거이다.

우리가 지금 고찰하고 있는 이 반대론을 제기한 자들은 신자들 — 하나님의 전능하신 능력으로 말미암아 사망에서 생명으로, 죄에서 거룩함으로 옮겨진 자들 즉 그리스도 안에서 나타난 하나님의 사랑과 영광을 부분적으로 맛본자들— 이 자기 자신의 안녕과 행복에 관련된 이기적이며 배타적인 동기 외에는 어떤 동기에 의해서도 영향을 받을 수 없다고 추정한다. 커닝햄(Cunningham)의 말대로 그들은 실제로 다음과 같이 고백한다. 즉 "첫째, 그들의 행동이 보여주는 외적 점잔은 따지고 보면 벌에 대한 두려움에서 생겨난 것이요, 둘째, 만일 벌을 받을 염려만 없다면 그들은 하나님보다 사단을 섬기는데서 더 큰 만족을 얻을 것이요, 그들이 그토록 많이 의존하고 있는, 그들을 죄에서 해방시키주고 안녕을 가져다준 그 하나님께는 어떠한 감사도 드리지 않을 것"[39] 이라고 말이다.

윤리에 대한 칼빈주의적 근거와 알미니안파의 근거 사이에 있는 대조점은 멕페트리지(McFetridge)의 다음과 같은 글에 잘 나타나 있다. "인간의 마음을 움직이는 두 가지 큰 원동력중 하나는 '신념'과 '이상'이요 다른 하나는 '정서'와 '감정'이다. 이들의 지배하에 성품이 형성된다. 신념과 이상의 지배를 받는 사람은 안정된 사람으로서 그의 양심이 변하지 않는 한 변함이 없지만 정서와 감정의 지배를 받는 사람은 불안정한 사람이다. 그런데 알미니안주의는 주로 감정에 호소한다. 이 주의는 인간이 자신에 대해 완전히 자유로운 도덕적 통제력을 갖고 있다고 생각하며 또 언제든지 자신의 영원한 상태를 스스로 결정할 수 있다고 생각함으로써 인간의 정서를 환기시

---

39) *Historical Theology*, II, p. 279.

키는 데다 그 이론을 자연스럽게 적용시키고 있다. 합법적으로 그런 감정을 일깨우는 것이라면 무엇이든지 괜찮다고 생각한다. 따라서 무엇보다도 오관(五官)이 먼저 듣고 감동을 받아야 한다. 이런 까닭에 종교적으로 볼 때 알미니안파는 정서와 감정의 사람이므로 눈을 끌고 귀를 즐겁게 하는 일이라면 무엇이나 하고 싶어한다. 주로 정서에 의존하는 그의 윤리관은 본질상 감정의 곡선에 따라 움직이므로 번번히 동요된다. 반면 칼빈주의는 감정 보다는 이상에, 정서보다는 양심에 호소하는 체계이다. 이 견해에 의하면 모든 것은 하나님의 율법이라는 위대하고 완전한 체계 아래 놓여있는데 이 율법은 감정을 무시한 채 활동하며 영혼의 위험을 무릅쓰고 필사적으로 복종해야 하는 것이다. 그 사상은 감정이 아니라 신념이요…… 그것은 하나님의 목소리로 인간의 영혼속에 말씀하게 함으로써 모든 행위의 안내자가 되게 한다. 그것은 인간을 일시적 감정으로 채우기 보다는 오히려 인간을 확신시키려고 애쓴다. 따라서 칼빈주의자의 윤리생활에서는 깊은 책임감이 가장 큰 비중을 차지한다. 그의 처음 질문이나 마지막 질문은 모두 '그것이 옳은가?'이다. 우선 그는 이 점에 대해 확신하지 않으면 안된다. 이런 까닭에 그에게 있어서는 모든 실제적인 질문에서 양심이 그 첫번째 자리를 차지하게 된다. 칼빈주의 개념에서는 하나님께서 인간이 걸어야 할 길을 세우셨는데 그는 결코 이 길을 변경하지 않으신다고 본다. 그래서 인간은 기쁘거나 슬프거나, 만족스런 감정이 많든 적든 이 길을 걸어야 한다. 따라서 칼빈주의자는 종교적으로 볼 때 무엇인가를 보여주는 사람이라기 보다 사려깊은 사람이기 때문에 그것이 어떤 외형을 갖추었든 그의 윤리적 특징은 안정성과 내구력이라 하겠다. 그런데 이것이 때로는 완고함과 가혹함으로 빠져들 수도 있다."[40]

  만일 우리를 향한 하나님의 사랑과 은혜가 우리의 선행에만 달려 있다고 믿는다면 하나님에 대한 우리의 사랑은 기껏해야 반딧불 정

---

40) *Calvinism in History*, pp. 107, 108.

도에 불과할 것이다. 우리를 향한 하나님의 사랑은 시작도 없고 끝도 없이 비추는 무광대한 태양과 같은 반면 그에 대한 우리의 사랑은 기껏해야 잠깐 비추다 마는 불꽃에 지나지 않는다. 따라서 하나님의 사랑을 받는 대상들은 결코 끝까지 타락하지는 않을 것이라고 장담하는 것이다. 이기적인 관심에 근거한 사랑은 보통 가장 높은 뜻에서는 비도덕적인 것으로 인식되고 있다. 그러나 칼빈주의는 순수하고 이타적인 동기를 제시하는 유일한 신앙체계이다. 즉 인간을 구원한 것은 바로 인간의 모든 공로를 배제한 하나님의 값 없으신 은혜와 분에 넘치는 사랑뿐임을 우리에게 깨닫게 해주는 유일한 신앙체계이다. 그리스도인은 자기가 오직 대속물인 그리스도의 고난과 사망때문에 구원얻었다는 것을 기억할 때 그 마음에 감사와 사랑이 넘친다. 바울처럼 그는 자기가 그 보답으로 그리스도께 드릴 수 있는 것은 기껏해야 평생토록 그를 사랑하며 섬기는 것이라고 느낀다. 자기가 오직 은혜로 구원얻었음을 알게 될때 그는 하나님 자신을 위해 하나님을 사랑하는 법을 배우게 되며 전심으로 그를 섬기는 것이 바로 자기 생활의 기쁨임을 알게 된다. 이제 순종은 의무가 아니라 즐겨 행하는 선이 된다.

지상에 있는 성도들을 움직이는 동기도 비록 그렇게까지 강하지는 않지만 그 원리에 있어서는 영광중에 있는 성도들을 움직이는 동기와 같다. 천상에 있는 성도들의 끊임없는 기쁨은 가장 고상한 행동과 봉사를 수행하는 것 즉 부단히 하나님을 찬양하며 그의 뜻을 행하는 것이다. "그들은 항상 자기들에 대한 하나님의 선하심을 깊이 깨닫고 있기 때문에 멸망받아 마땅한 자기를 구원하시어 이처럼 안락하고 즐거우며 영광스러운 천국으로 인도해주신 하나님께 아주 순전한 마음으로 찬송과 영광을 돌려드린다. 따라서 이와같은 원리로 지상에 있는 성도들도 하나님의 은혜를 끊임없이 찬송하며 그의 계명에 달게 복종하는 것이다."[41]

---

41) Walmsley, *S.G.U. Pamphlet No.173*, p. 67.

　　하나님께 대한 순수한 사랑과 감사가 이기적인 두려움 때문이 아닌 자발적인 순종의 원동력이 되는데 이것이야말로 가장 고귀하고 순수한 윤리를 발생시키는 요인이다. 예수님은 그의 제자들이 영생에 대한 확신을 미리 갖게 되면 방종하게 될것이라고는 생각하지 않으셨다. 왜냐하면 그는 제자들에게 "너희 이름이 생명책에 기록된 것을 인하여 기뻐하라"고 말씀하셨기 때문이다. 따라서 택함받은 자들은 하나님을 사랑하고 그를 영화롭게 할 수 있는 최상의 이유를 갖고 있는 셈인데, 예정교리란 인간을 방종에 흐르게 하기 쉬우므로 그의 선한 행실을 위해 바람직하지 못하다고 주장한다면 그것은 순전히 중상모략이다.

III. 역사상에 나타난 칼빈주의의 실제적인 열매가 그 자신의 정당성을 가장 잘 증명해 준다.

　　칼빈주의는 도덕을 문란케 한다는 비난에 대하여 단순히 논증으로만 반론을 제기하지 않고 그러한 거짓된 주장과는 전혀 다르게 나타나는 실생활에서의 풍성한 결실들을 증거로 제시한다면 보다 확실한 반론이 될것이다. 즉 칼빈주의자들이 종교개혁시대에 있었던 프로테스탄트 지도자들의 업적과 청교도의 고매한 도덕생활을 그 증거로 내세운다면 칼빈주의 외에 다른 어떤 체계가 거기에 비견될만한 사례를 구체적으로 내세울 수 있겠는가 말이다. 루터, 칼빈, 쯔빙글리 기타 모든 개신교 지도자들은 철저한 칼빈주의자들이었다. 그리고 모든 시대에 걸쳐 일어났던 최대의 영적 부흥은 그들의 영향하에 이루어진 결과들이었다. 잉글랜드에서는 이 신앙체계를 신봉하는 자들이 이 교리와 예배 및 일상생활에 있어서 절대적 순결을 고수했기 때문에 그들의 적으로부터 "청교도"라는 칭호를 얻게 된것이다. 잉글랜드에서는 청교도가, 스코틀랜드에서는 계약파(Covenantors)가, 프랑스에서는 유그노파가 똑같은 신앙과 도덕적 순결을 지킨 자들이다. 이렇게 칼빈주의 체계가 여러 나라에서 서로 같은 종류의 신자들을 많이 배출할 수 있었다는 것이 바로 성품 형성에 대한 칼빈주의의 위력을 입증하는것이 아니겠는가?

미국에 있는 청교도들에 대하여 맥페트리지(McFetridg)는 다음과 같이 말하였다. "모든 미국인 중에서 그들(청교도와 뉴잉글랜드의 칼빈주의자들)은 도덕적으로 가장 **빼어난** 사람들이었다. 그들은 양심적이며 굳은 신념을 소유한 자들이었다. 그들은 정말 감상주의에 흐르지 않았다. 그들은 장엄한 종교의식을 준수함에 있어서는 어떠한 동정도 갖지 않았다. 그들에게 있어서 삶은 너무도 귀중하고 진실하며 엄숙한 경험이기 때문에 종교적인 감정에서 발로되는 말이나 감정적인 시 낭송등으로 시간을 낭비하지 않았다. 그들은 진심으로 공의로운 하나님과 천국 및 지옥을 믿었다. 그들은 생명은 짧고 그 책임은 중대하다는 것을 마음 깊이 느꼈다. 따라서 그들에게 있어서 종교는 곧 생활이었으므로 그들의 생각과 제(諸)관계들은 모두 신앙적이었다. 그들은 인간뿐 아니라 짐승들도 신앙적인 차원에서 생각했기 때문에 동물 학대를 엄금했다. 이런 점에서 그들은 대부분의 인류보다 2세기는 앞섰다고 할 수 있다. 그들은 검면, 검소했고 진취적이었기 때문에 그 결과 부요해졌으며 그들의 자자손손에게 선량한 영향을 끼치게 되었다. 그들에게는 술에 취한다거나 신성을 모독하거나 남에게 구걸하는 일이 거의 없을뿐 아니라 그들이 정직하게 번 재산을 안전하게 보존하기 위한 자물쇠나 금고도 필요없었다. 정직이 생활의 모토였던 그들 사회에서는 나무로 만든 빗장만으로도 그들과 그들의 재산을 보호하기에 충분했다. 이런 생활의 결과로 그들은 건강했고 활기에 넘쳐 있었다. 그들은 장수하며 다복하게 살다가 경건한 대가족을 양육한 후 하나님과 동료 인간과의 평화적인 관계 속에서 복된 부활의 소망으로 즐거워하면서 무덤으로 돌아갔다."[42]

칼빈주의적 윤리의 고매함을 가장 잘 대변해주는 실례로 기억할

---

42) *Calvinism in History*, p. 128.

만한 것은 역사상 청교도들 가운데서 한 사람도 이혼한 자가 없었다는 점이다. 불법적인 행위는 설사 있다해도 아주 드물었는데 청교도들 사이에서는 특히 더 적었다. 반대론자들의 주장처럼 만일 칼빈주의가 실제로 도덕적 실천의 동기를 약화시킨다면 칼빈주의를 가장 많이 가르쳤던 곳에서 범죄가 가장 적었다는 것은 묘한 일치가 아닌가. 프로우드(Fraude)는 "가시나무에서 포도를 딸 수는 없다. 고귀한 성품은 편협하고 잔인한 이론위에서 형성되지 않는다. 영적인 생활은 많은 역설들로 가득 차 있다. 그러나 어떤 신조의 건전성은 실제 생활의 결실로 알아 볼 수 있다. 따라서 칼빈주의 신앙생활이 질제적인 윤리생활에 좋은 영향을 주어 많은 결실을 맺고 있음에도 불구하고 이것이 도덕을 문란케 한다고 비난한다는 것은 참으로 어리석은 일이다"[43]라고 말하였다.

헨리 워드 비쳐 (Henry Ward Beechar)는 다음과 같이 말하였다. "도덕적으로 탁월하고 순결한 성품에 대한 이념을 극도로 강화시키는데는 칼빈주의를 따라갈 체계가 전혀 없다. 이처럼 거룩한 생활을 하고 싶은 동기를 인간에게 부여하고 또 이처럼 무서운 대포로 죄악의 근거를 일소해 버리는 포대를 구축한 체계는 인류역사상 그 유례가 없었다. 사람들은 칼빈주의가 몽둥이와 막대기를 가지고 사람들을 위협한다고 말한다. 실로 그렇다. 그러나 그 결과는 기념비적인 것이다. 다른 체계들은 인간을 유약하고 더러운 상태로 방치해두지만 칼빈주의는 그들을 영원히 견고할 순백(純白)의 대리석으로 만들어 준다."[44]

그것은 인간의 생활을 부도덕과 절망으로 이끄는 체계가 아니라 오히려 그와 전혀 반대되는 방향 즉 도덕적이며 소망있는 생활로 이끌어주는 체계이다. 어떠한 체계도 사람들로 하여금 이처럼 종교적인 이상과 시민적 자유에 대한 이상으로 불타오르게 하지는 못하였으며, 인간생활의 모든 국면에서 그 도덕적 열심을 이처럼 높은 이

---

43) *Calvinism, p. 8.*
44) *Quoted by McFetridge, Calvinism in History, p. 121.*

상으로 끌어올리지는 못하였다. 개혁신앙이 가는 곳마다 그곳이 비록 홀랜드, 스코틀랜드, 뉴잉글랜드와 같은 가난한 나라였을지라도 그 나라는 장미꽃이 만발하듯 번영하였다. 이것은 머콜리(Macaulay)와 다른 많은 사람들이 인정하는 바이며 우리에게 매우 고무적인 일이기도 하다.

제21장
예정론은 택함받지 못한 자들에게
복음 전하는 것을 막는다는 설

Ⅰ. 동일한 반대설이 하나님의 예지에 대해서도역시 언급된다.
Ⅱ. 복음의 제의는 진지하게 이루어진다.

Ⅰ. 동일한 반대설이 하나님의 예지에 대해서도 역시 언급된다.

복음이 비록 그것을 받고 싶어하지 않는 사람이나 주권적인 이유 때문에 그것을 받아들일 수 없는 많은 사람들에게 제공된다 할지라도 그것은 아주 진지하게 제공되는 것이지 희롱적인 행위로 제공되는 것은 아니다. 알미니안파는 만일 예정론이 참되다면 택함받지 못한 자들에게는 복음이 진지하게 전해질 수 없다고 강력히 반대를 하지만 그것은 하나님의 예지교리(알미니안은 이것을 믿는다)에도 똑같이 적용되는 점이라고 지적하면 충분한 대답이 될 수 있다. 하나님은 왜 분명히 구원을 경멸하고 거절할 것이라고 예지된 자들에게 복음을 제공하시는가? 특히 그 거절때문에 그들의 유죄와 정죄만 더 늘어날 뿐인데 말이다. 알미니안파는 하나님께서 복음을 받아들일 자와 복음을 거절할 자를 예지하신다고 인정한다. 그러나 그들은 또 자신들이 만인에게 복음을 전하라는 하나님의 명령하에 있다는 것을 알고 있기 때문에 모든 사람에게 복음을 전할 때 자기들이 진지하지 않게 행하고 있다고는 생각하지 않는다. 그렇다면 그들도 역시 우리와 똑같은 입장이 아닌가? 구원을 거절할 것으로 예지된 자에게 복음을 전하는 것이나 택함 받지 못한 자에게 복음을 전하는 것이나 결국 똑같은 일 아닌가?

그러나 이 난제는 순전히 주관적인 것으로 우리의 유한한 지식과 하나님의 방법을 이해하지 못하는 우리의 무능력에서 기인한다. 우리는 전세계의 심판주이신 하나님은 의를 행하신다는 것을 알며 비록 우리의 부족한 이성으로 그의 오묘하신 행사를 다 이해할 수는 없지만 그를 신뢰한다. 우리는 유한하게나마 하나님으로서는 그리스도께로 올 모든 사람들을 위해 충분한 준비를 하셨다는 것과 진지하게 복음을 받아들이는 사람은 모두 구원얻으리라는 것을 안다. 우리는 그리스도께서 직접 하신 비유의 말씀을 통해 그의 자녀들에 대한 하나님의 사랑을 이해할 수 있다. 아버지는 아직도 상거(相距)가 먼데 돌아오는 탕자를 보고 달려가 목을 안고 입을 맞추었다. 하나님은 어떤 탕자에게든 이 탕자에게 주셨던 환대를 기꺼이 주신다.

II. 복음의 제의는 진지하게 이루어졌다.

하나님은 모세에게 이스라엘의 장로들을 불러모아 가지고 바로왕에게 가서 절기를 지키고 희생을 드리려 하니 사흘길쯤 광야로 가게 해달라고 요구하라고 명하셨다. 그러나 바로 다음 절에서 하나님은 친히 "내가 아노니 강한 손으로 치기 전에는 애굽왕이 너희의 가기를 허락지 아니하리라"(출 3:18, 19)고 말씀하셨다. 만일 하나님이 모든 사람에게 그들이 다 실행하지는 않으리라는 것을 아시면서도 너희는 나를 사랑하고 온전해지라고 명령하시는 것이 그의 성실성과 모순되지 않는다면(눅 10:27, 마 5:48), 모든 사람에게 회개하고 복음을 믿으라고 명령하시는 것 역시 그의 성실성과 모순되지 않는다. 자기 아들이 나쁜 짓을 하려고 하는 것을 아는 아버지는 부득이 그 아들에게 어떤 것이 옳은 일인지에 대해 말해 준다. 그의 경고와 간청은 아주 진지한 것이다. 이때 아들이 그 경고를 따르지 않는다면 그 잘못은 아들에게 있는 것이다.

하나님께서 인간에게 복음을 받아들일 수 밖에 없는 특별한 감화를 베푸시지 않는 한, 자유를 가진 도덕적 행위자인 인간에게 참으로 성실한 구원을 제공하셨다고는 할 수 없다고 말할 자가 있는가? 예를 들어 내란을 평정한 후 승리한 편의 장군이 반란군 전원에게 (비록 그들중 자존심이 강하고 적의를 갖고 있는 많은 사람들은 반드시 거절하리라는 것을 알면서도) 만일 그들이 무장을 해제하고 집으로 돌아가서 평화로운 생활을 한다면 사면 해주겠다고 선언한다 하자. 그가 어떤 현명한 이유들 때문에 강제로 그들의 동의를 얻어내기로 결정하지 않는다 할지라도(만약 그에게 그런 힘이 있다면 말이다) 그의 제의는 농담이 아니고 진실한 제의이다.

다음과 같은 경우를 상상해 보자. 많은 승객을 태운 배가 해변에서 조금 떨어진 곳에서 서서히 침물하고 있는 중이다. 한 사람이 근처 항구에서 배를 하나 세내어 그 배에 탄 그의 가족을 구출하기 위해 온다. 그런데 우연히도 그가 탄 배는 모든 승객들을 다 태울 수 있을만큼 큰 배였다. 그는 가라앉고 있는 배에 탄 승객들에게 자기 배로 건너오라고 제의한다. 비록 그는 그둘중 많은 사람들이 자신들의 위험을 인식하지 못하거나 혹은 그에 대한 개인적인 원한 또는 기타 다른 이유들 때문에 그 제의를 받아들이지 않을 것이라는 사실을 알고 있지만 말이다. 이럴 경우 그의 제의는 진실하지 못한 제의일까? "어떤 사람의 가족이 다른 많은 사람들과 같이 포로로 잡혔는데 이 사람이 자기 가족을 구출할 목적으로 갔다가 모든 포로를 사랑하는 마음으로 포로 전체가 석방되기에 충분한 몸값을 지불하였다고 하자. 물론 그의 목적은 포로중 일부만을 구출하려 한 것이었으나 그가 지불한 몸값 때문에 석방의 혜택은 분명히 포로 전체에게까지 미치게 된것이다. 또 어떤 사람이 친구를 위하여 연회를 베푼다고 하자. 그는 적어도 그 집 대문을 열고 들어오는 모든 사람들을 영접하기에 충분한 준비를 할 것이다. 칼빈주의 교리에 의하면 이것이 바로 하나님이 하신 일이다. 자기 백성에 대한 특별한 사랑때문에

하나님은 그들의 구원을 확보할 목적으로 그의 아들을 세상에 보내
시어 십자가에 못박혀 피흘리게 하시고 받고자 하는 자는 모두 받을
수 있도록 구원의 제의를 하신 것이다."[45]

복음은 모든 사람들에게 똑같이 제공되지만 이것을 받아들이지 않
는 사람이 있다. 그것은 복음을 받아들이려 하지않는 그들의 고의적
인 악함 때문이지 어떤 장애물이 있어서 그런 것은 아니다. 만일 그
들이 회개하고 믿기를 원하기만 한다면 복음은 모든 사람의 상황에
다 들어 맞으며 또 얼마든지 자유롭게 제공받을 수 있는 것이다. 어
떠한 외부적인 영향도 그들로 하여금 복음을 거절하도록 강요하지
않는다. 아마 택함받은 자는 복음을 받아들일 것이고 택함받지 못한
자는 거절할 것이다. 그런데 그들로 하여금 거절하도록 결정하게 하
는 것은 오직 그들 자신의 본성일 뿐이다. 핫지 박사는 다음과 같이
말한다. "칼빈주의적 개요에 따르면 구원의 은혜를 입을 모든 특권
과 기회가 택함받지 못한 자들에게까지 제공되었다. 알미니안파는
이것을 가리켜 모든 인류에게 차별없이 구원의 은혜를 허락해 준 것
이라고 한다. 그러나 이 두 견해는 엄밀한 의미에서 서로 다르다. 칼
빈주의는 하나님의 구원계획은 그것을 받아들이는 모든 자에게 값
없이 제공된다고 가르친다. 비록 하나님께서 그의 감추어진 목적 안
에서 그 효력이 실제로 나타나는 점에 대해서는 아주 정확한 계획을
갖고 계시지만 말이다. 하나님은 구원계획의 적용(즉 양자삼음)에서
자기 백성만 구원하기로 작정하셨다. 그러나 구원의 은혜를 기꺼이
받고자 하는 모든 자에게 그 혜택은 끊임없이 제공되는 것이다. 만
일 이 이상을 주장한다면 그는 반칼빈주의자다."[46]

알미니안주의자들은 하나님의 예정이 사실이라면 믿지 않기로 예
정된 자들에게 복음을 제공하는 것이 무슨 의미가 있느냐고 말한다.
그러나 성경은 하나님께서 믿지 않을 자에게도 복음을 전하신다고
밝히 말한다. 바로에 대한 하나님의 명령은 위에서 이미 언급하였

---

45) Hodge, *Systematic Theology*, Ⅱ, p. 556.
46) *Systematic Theology*, Ⅱ, p. 644.

다. 이사야는 유대인에게 설교하라는 명령을 받고 백성들에게 죄사함을 받고 성결함을 얻는 하나님의 은혜를 널리 전하였다(사 1:18-19). 그러나 이사야 6장 9절부터 13절까지에 보면 하나님은 이사야의 이 설교가 오히려 백성의 마음을 완악하게 하여 그 땅을 아주 황폐하게 만들기로 작정된 설교라고 말씀하신다. 에스겔 역시 이스라엘의 집에 대해 말하라고 보내심을 받았지만 그들이 그 말을 듣지 않을 것이라고 하나님은 미리 말씀해 주셨다(겔 3:4-11). 똑같은 교훈이 마태복음 23장 33-37절에도 있다. 이와같은 성구들을 볼 때 하나님은 알미니안파가 그런 일을 하실 수 없다고 주장하는 바로 그 일을 하신다고 선언하고 계심을 알 수 있다. 따라서 이러한 반론은 하나님의 계획에 대한 칼빈주의의 잘못된 진술때문에 생긴 것이 아니고 알미니안 자신의 그릇된 가정때문에 생긴 것이다.

선택의 작정은 감추어져 있다. 설교자는 회중 가운데서 누가 택함을 받고 누가 택함을 받지 않았는지 전혀 알 수 없기때문에 택함받은 자에게만 복음을 전한다는 것은 있을 수 없는 일이다. 설교자는 그의 설교를 듣는 모든 사람들에 대해 희망을 가지고 그들이 모두 택함받은 자들중 하나가 되도록 기도해야 할 의무가 있다. 그래서 성경은 택함받은 자에게 복음을 전하기 위해 모든 사람에게 다 복음을 전하라고 명한다. 택함받은 자라도 복음을 듣지 않고는 그것을 믿고 받아들일 수 없는 것이다(롬 10:13-17). 그러나 세심한 독자는 모든 사람이 복음으로 초대된 것은 아님을 깨달을 것이다. 그들은 "지친 자", "목마른 자", "배고픈 자", "기꺼이 나아오는 자", "수고하고 무거운 짐진 자" 들이지 결코 변화에의 욕구도 전혀 없고 또 변화되기를 아주 싫어하는 자들이 아니다. 복음은 누구에게나 신실하게 제공되지만 복음을 듣는 자들 가운데서 선택하시는 이는 하나님이시다. 하나님은 이 선택이 성령의 내적 증거로 그들에게 알려지도록 하신다. 이리하여 택함받은 자는 구원의 약속으로써 복음의 메시지를 받는다. 그러나 택함받지 못한 자에게는 그것이 다만 어리석은 것으로 밖에 보이지 않는다. 설사 그들의 양심이 일깨워진다 해도 그것은 정죄를 위한 심판으로 밖에 보이지 않는다. 그들은 대체로 구원에 대한 관심이 없고 택함받은 자들이 갖고 있는 구원에 대한 소망을 부러워하지도 않고 오히려 그들을 조소하고 경멸한다. 그러나 위에서 말한대로 택함받은 자와 택함받지 못한 자는 설교자에게 완전히 감추어져 있기 때문에 그는 누가 그 복음을 듣고 구원을 얻으며 누가 그 복음을 듣고 심판을 받을지 전혀 알지 못한다. 더구나 택함받은 자들은 약점이 많은 반면 택함받지 못한 자들은 광명의 천사처럼 보일 수도 있고 외관상 선한 행실과 말을 나타낼 수도 있기 때문에 겉으로 드러난 것만 가지고는 확실히 구분할 수 없다. 복음을 전한 결과는 설교자의 손에 있는 것이 아니라 하나님 손에 있기 때문에 간혹 실패한 것처럼 보이는 설교가 성령에 의해 좋은 효과를 내는 수도 있다.

택함받지 못한 자들은 하나님께 돌아와서 회개하지도 않고 선한 생활을 하지도 않지만 회개하고 선한 생활을 해야하는 것이 그들의 의무임에는 틀림없다. 왜냐하면 비록 타락된 인류의 일원이라 하더라도 그들은 여전히 자유로운 도덕적 행위자이며 그들의 성품과 행실에 대해 책임있는 자들이기 때문이다. 따라서 하나님이 그들에게 회개를 명한 것은 전혀 모순된 일이 아니다. 만일 하나님이 그들에게 회개를 명하시지 않는다면 이는 법을 갖고 있는 자가 자기의 책임 이행을 포기하는 격이 되고 만다. 어떤 자들은 말하기를 인간이 그 일을 행할만한 충분하고 완전한 능력도 갖고 있지 않은데 어떻게 그 일에 대해 책임을 질 수 있느냐고 반문한다. 그러나 이 말은 옳지 않다. 왜냐하면 인간의 무능력은 자업자득이기 때문이다. 하나님은 인간을 정직하게 창조하셨으나 인간은 자발적으로 죄에 빠졌다. 그런데 이제와서 인간은 타락했기 때문에 책임이 없다고 말한다면 그것은 마치 징병를 기피하기 위해 자기 몸을 불구로 만들어 놓고 불구때문에 군복무의 책임을 이행할 수 없다고 말하는 사람과 똑같다. 만약 무능력때문에 책임 이행이 면제될 수 있다면 선천적으로 타락을 타고난 사탄은 의를 행할 의무가 전혀 없을 것이며 하나님과 인간을 향한 그의 극악무도한 적의도 전혀 죄가 되지 않을 것이다. 만일 그렇다면 죄인인 인간 역시 도덕법을 지키지 않아도 될것이다.

결론적으로 말한다면 택함받지 못한 자에 대한 복음전파도 결코 무용한 것이 아니다. 왜냐하면 그들이 비록 복음을 통해 구원은 못 얻는다 할지라도 복음을 듣지 않았더라면 더 많이 지었을 죄를 범하지 않도록 억제해 주는 효과가 있기 때문이다.

제22장
예정론은 보편적 구원을 가르치는 성경 구절과 모순된다는 설

I. "원함"과 "모든"이란 용어

성경은 그리스도가 "모든 사람" 혹은 "온 세상"을 위하여 죽으셨 다고 선언하며 하나님은 모든 사람이 구원얻기를 원하신다고 선언 한다. 그렇다면 예정론이 이 말씀과 모순되지 않느냐고 문의할 자가 있을 것이다. 바울은 딤전 2:3-4에서 "하나님은 모든 사람이 구원을 받으며 진리를 아는 데 이르기를 원하신다"고 했다(반대자들은 "모 든" 이란 말이 인류 전체를 의미한다고 독단적으로 말한다). 에스겔 서 33:11에서는 하나님께서 "나는 악인의 죽는 것을 기뻐하지 아니 하고 악인이 그 길에서 돌이켜 떠나서 사는 것을 기뻐하노라" 고 하 셨으며 베드로후서 3:9에서는 "아무도 멸망치 않고 다 회개하기에 이르기를 원하신다"고 하였다.

그러나 이 구절들은 단순히 하나님은 자비하셔서 아버지가 아들이 반드시 받아야만 할 벌이 있을 때 그 벌을 기뻐하지 않는 것처럼 그 의 피조물인 인간이 고통당하는 것을 기뻐하시지 않는다는 것을 설 명할 뿐이다. 하나님이 아무리 원하신다 해도 그는 모든 사람의 구원을 법적으로 의도하시지 않는다. 만일 하나님은 모든 사람의 구원을 법적으로 의도하셨다고 가르치는 성구가 있다면 그것은 하나님이 주권적으로 통치하신다는 것과 어떤 자들은 영벌 가운데 내버려 두시는 것이 바로 하나님의 목적이라고 가르치는 성경의 다른 부분들과 모순된다.

"원함" 이란 말은 성경에서나 일상 회화에서나 여러가지 의미로 사용된다. 어떤 때는 "작정한다(decree)", "의도한다(purpose)"는 뜻으로 또 어떤 때는 "욕망한다(desire)", "바란다(wish)"는 뜻으로 쓰인다. 의로운 재판장은 어느 누구도 유죄선고나 사형선고를 받지 않기를 바란다. 동시에 그는 범죄자는 이런 처벌을 받기를 원한다. 똑같은 의미에서 그리고 충분한 이유가 있어서 어떤 사람은 자기의 손이나 발을 절단하기도 하고 눈알을 뽑기도 한다. 비록 그것을 원하지는 않는 데도 말이다. 때때로 "원한다(will)"는 뜻으로 번역되는 헬라어의 텔로(thelo)나 불로마이(boulomai)는 "욕구한다(desire)", "바란다(wish)"는 뜻으로도 사용된다. 예를 들면 예수님이 야고보와 요한의 어머니에게 하신 "무엇을 원하느뇨(would)?"(마 20:21)라는 말씀, 서기관들에게 하신 "긴 옷을 입고 다니는 것을 원하며(desire)"(눅 20:46)라는 말씀, 서기관들과 바리새인들이 예수님께 "선생님이여 우리에게 표적 보여주시기를 원하나이다(would)"(마 12:38)라는 말, 바울의 "나는 일만 마디 방언으로 말하는 것보다 남을 가르치기 위하여 깨달은 마음으로 다섯 마디 말을 하기 원한다(had rather)"(고전 14:19)는 말 등이 여기에 속한다.

마찬가지로 "모든(all)"이란 말도 성경에서 여러가지 의미로 사용되었다. 어떤 경우에는 그저 많다는 것을 의미할뿐 한 사람도 빠지지 않는 전체를 의미하는 것이 아님이 확실하다. 예를 들면 세례 요한에 대해서 "온 유대 지방과 예루살렘 사람이 다 나아가 자기 죄를 자복하고 요단강에서 그에게 세례를 받더라"(막 1:5)고 한 말씀, 베드로와 요한이 성전문에서 앉은뱅이를 고친 일에 대해 "모든 사람이 그 된일을 보고 하나님께 영광을 돌렸다"(행 4:21)는 말씀, 예수께서 제자들에게 "너희가 내 이름을 인하여 모든 사람에게 미움을 받을 것이나"(눅 21:17)라고 하신 말씀, 바울이 "각처에서 우리 백성들과 율법과 이곳을 훼방하여 모든 사람을 가르치는 그 자"(행 21:28)로 무고히 고발당했던 일 등이 그 좋은 예이다. 또 예수께서 "내가 땅에서 들리면 모든 사람을 내게로 이끌겠노라"(요 12:32)고 말씀하셨을 때도 그는 분명히 인류 전체를 의미하시지 않았다. 왜냐하면 모든 인류가 그에게 이끌림 받지 않았다는 사실은 역사가 증명하기 때문이다. 그는 분명히 참 하나님을 모르고 죽어간 이방의 모든 사람들을 다 끌지 않으셨다. 그 말씀의 의미는 어느 나라 또는 어느 계급을 막론하고 많은 사람들이 구원얻게 되리라는 것이었다. 히브리서 2:9에서는 예수님이 "모든 사람을 위하여" 죽음을 맛보셨다고 했다. 그러나 헬라어 원문을 보면 여기에 "사람"이라는 말이 없고 단지 "모든 것을 위하여"라고 되어 있다. 그렇다면 만일 그 의미가 실제로 구원얻을 자들에게만 제한되는 것이 아니라면 원칙적으로 볼 때 그것을 인간에게만 제한을 둘 수도 없지 않은가? 왜냐하면 "모든 것을 위하여"라고 했으니까 그속에는 타락한 천사들 심지어 사탄까지 그리고 동물까지도 포함되어야 하지 않겠는가?

고린도전서 15장 22절은 알미니안파가 칼빈주의를 공격할 때 가장 많이 인용하는 구절이다. 즉 "아담 안에서 모든 사람이 죽은 것같이 그리스도 안에서 모든 사람이 삶을 얻으리라"는 말씀이다. 그러나 그것은 전적으로 잘못짚은 것이다. 이 구절은 바울의 유명한 부활장에 나오는 한 구절인데 문맥상으로 볼 때 바울은 여기서 부활의 생명에 대해 말한 것이지 그것이 육체적이든 영적이든 현세의 생명에 대해 말한 것이 아니다. 그것은 20절과 21절을 보면 분명히 알 수 있다. 즉 "그러나 이제 그리스도께서 죽은 자 가운데서 다시 살아 잠자는 자들의 첫 열매가 되셨도다. 사망이 사람으로 말미암았으니 죽은 자의 부활도 사람으로 말미암는도다"라는 구절이다. 그 다음에 "아담 안에서 모든 사람이 죽은 것같이 그리스도 안에서 모든 사람이 삶을 얻으리라"고 했다. 그가 현세에서의 중생이나 삶에 대해서가 아니고 부활해서 얻을 새생명에 대해 말했다는 것은 23절과 24절을 보면 분명히 알 수 있다. 즉 "그러나 각각 자기 차례대로 되리니 먼저는 첫 열매인 그리스도요 다음에는 그리스도 강림하실 때에 그에게 붙은 자요 그후에는 나중이니 저가 모든 정사와 모든 권세와 능력을 멸하시고 나라를 아버지 하나님께 바칠 때라"고 하였다. 그리스도께서 부활의 생명에 들어간 첫 열매가 되셨고 그가 재림하실 때 그의 백성들도 또한 부활의 생명에 들어갈 것이다. 그런 다음 종말이 오고 그 충만함 속에서 하늘나라가 도래할 것이다. 여기서 바울이 말하고자 한것은 그 때에 영광스러운 부활의 생명이 "그리스도 안에 있는 모든 자들에게" 실체화될 것이라는 말이다. 중생하지 못한 모든 사람에게가 아니라 그리스도 안에서 중생한 모든 사람에게 말이다. 이것은 가능하다. 왜냐하면 그리스도는 바로 그들의 연대적인 머리요 대표자이기 때문이다. 그의 능력으로 그의 모든 백성은 그와 함께 새생명으로 일어나게 될것이다. 이 점은 인류의 연대적인 머리요 대표자였던 아담 안에서 온 인류가 타락한 사실속에 잘 나타나 있다. 결국 바울이 말하고자 한것은 "아담 안에서 태어난 모든 사람이 죽은 것처럼 그리스도 안에서 태어난 모든 사람도 살 것이라"는 것이다. 22절의 말씀은 과거 혹은 현재의 일에 관한 것이 아니라 미래에 있을 일에 관한 것이다. 따라서 그것은 알미니안파와 칼빈주의의 어떠한 논쟁에도 전혀 상관이 없는 구절이다.

하나님의 사랑을 받고 그리스도로 말미암아 구원얻는 자들은 전 인류가 아니다. 요한은 계시록에서 "우리를 사랑하사 그의 피로 우리 죄에서 우리를 해방시키고 그 아버지 하나님을 위하여 우리를 나라와 제사장으로 삼으신 그에게 영광과 능력이 세세토록 있기를 원하노라"(계 1:5-6)고 하였다. 이 말씀은 궁극적으로 한정된 선택과 제한속죄라는 전제로부터 출발하고 있다. 즉 하나님은 사랑이 선택의 원인이며 그리스도의 피가 제한속죄를 위한 유효적 수단이다. 그리스도께서 "모든" 사람을 위하여 죽으셨다는 말씀의 의미는 어린 양의 보좌 앞에서 구원얻은 자들이 부르는 노래를 보면 그 뜻이 더 분명해진다. 그것은 "일찍 죽임을 당하사 각 족속과 방언과 백성과 나라 가운데서 사람들을 피로 사서 하나님께 드리시고"(계 5:9) 라는 구절이다. 여기서 모든 사람은 택함받은 모든 자, 그의 모든 교회, 아버지께서 아들에게 주신 모든 자 등을 의미하는 것이지 결코 전 인류 또는 모든 개개인을 의미하는 것이 아니다. 즉 구원얻은 많은 사람들은 여러 계층 또는 여러 생활 환경으로부터 온 자들, 왕자와 농부, 부자와 가난한 자, 종이나 자유자, 남자와 여자, 젊은이와 늙은이, 유대인과 이방인, 동서남북으로부터 온 모든 나라와 족속의 사람들로 구성될것이라는 말이다.

II. 복음은 유대인과 이방인을 똑같이 위한 것이다.

어떤 경우에 "모든"이란 말은 복음이 유대인뿐 아니라 이방인을 위해서도 있다는 사실을 가르치기 위해 사용된다. 유대인들은 그들의 오랜 역사를 통해 몇번 예외가 있긴 했지만 거의 자기들만 독점적으로 하나님의 구원의 은혜를 받은 선민이라고 자처해 왔다. 그들은 선민으로서의 특권을 아주 많이 남용해 왔다. 그들은 이와 똑같은 구별이 메시야 시대에까지 계속되리라고 상상했다. 그래서 그들은 항상 메시야를 자기들만 위해 독점적으로 차지하려는 경향이 있었다. 이와같은 바리새주의적인 독선주의가 너무 강해서 그들은 이방인들을 가리켜 "상종하지 못할 자", "개", "속된 자", "불결한 자" 등으로 불렀고 심지어 이방인과 교제하는 것을 위법으로까지 여겼다 (요 4:9, 행 10:28, 11:3).

이방인이 구원얻는 것은 다른 세대에는 알려지지 않았던 비밀이다(엡 3:4-6, 골 1:27). 베드로가 고넬료에게 복음을 전한 후 예루살렘에 있는 교회로부터 비난을 받은 것도 바로 그 이유때문이다. 그래서 우리는 베드로가 그 일에 대한 진상을 자세히 설명하자 당시의 교회 지도자들이 아주 놀랍다는 듯이 "그러면 하나님께서 이방인에게도 생명얻는 회개를 주셨구나"(행 11:18)하면서 탄성을 발하는 소리를 들을 수 있는 것이다. 사도행전 10:1-11:18을 읽어보면 그 당시로서는 이것이 상당히 혁명적인 사상이었다는 것을 알 수 있다. 결국 이것은 그 당시에 특히 강조해야 할 필요가 있는 진리였기 때문에 가장 강하고 완전한 용어로 그 뜻을 분명히 나타냈다. 바울은 그가 보고 들은 바에 대하여 "모든 사람에게" 즉 유대인이나 이방인에게 똑같이 증인이 되어야 했다(행 22:15). 이 의미에서 사용된 것처럼 "모든" 이란 말은 개개인 모두를 가리키는 것이 아니라 일반적으로 인류를 가리키는 것이다.

Ⅲ. "세상"이란 용어는 여러가지 의미로 사용된다.

그리스도는 "우리만 위할뿐 아니요 온 세상의 죄를 위해"(요일 2:2) 죽으셨다고 하고, 그는 "세상을 구원하려" 오셨다(요 12:47)고 하는데 그것은 단지 유대인뿐 아니라 이방인도 그의 구원사역에 포함된다는 의미일 뿐이다. 세례 요한이 "세상 죄를 지고 가는 어린 양을 보라"고 외쳤을 때 그는 죄인들에게 설교한 것이지 성도들에게 신학강의를 한것이 아니다. 따라서 이 말씀을 가지고 세례 요한이 제한속죄나 혹은 성도들만 이해할 수 있는 어떤 다른 교리를 논한 것처럼 해석한다는 것은 아주 불합리한 일이다. 우리는 세례 요한이 "저가 증거하러 왔으니 곧 빛에 대하여 증거하고 모든 사람으로 자기를 인하여 믿게 하려 함이라"(요 1:7)고 한 말을 듣는다. 그러나 요한의 사역이 모든 인간에게 그리스도를 믿을 기회를 제공해 주었다고 볼 수는 없을 것이다. 왜냐하면 그는 한 번도 이방인에게 전도하지 않았기 때문이다. 그의 전도란 단지 그리스도를 "이스라엘에게 나타내는"(요 1:31)데 지나지 않았다. 따라서 사실 그의 전도를 들은 자들은 소수의 유대인에 불과했다.

때때로 "세상"이란 말은 단지 세상의 넓은 부분을 의미할 때 사용된다. 사탄을 가리켜 "온 세상을 속이는 자"라고 하거나 "온 땅"이 이상히 여겨 짐승을 따른다(계 13:3)고 할 때 등이 바로 그 좋은 예다. 요한 1서 5:19의 "또 아는 것은 우리는 하나님께 속하고 온 세상은 악한 자안에 처한 것이며"라는 구절에서 만일 저자가 인류 개개인 모두를 의미했다면 자기와 이 편지를 받아 볼 모든 자들이 다 악한 자에게 속해있는 셈이 되므로 그들이 하나님께 속해 있다는 말과 모순된다. 때때로 이 말은 비교적 세상의 적은 부분을 의미하기도 한다. 예를 들면 바울이 로마교회에 편지할 때 "너희 믿음이 온 세상에 전파됨이로다"(롬 1:8)라고 했는데, 사실 그 당시에 신자들을 제외하고는 아무도 로마교회 교인들의 믿음을 칭찬하지 않았을 것이며 사실 그 당시 인류중 대부분은 로마에 교회가 존재한다는 사실조차 몰랐다. 따라서 바울이 이 구절에서 말한 세상이란 단지 믿는 세계 혹은 기독교회를 의미할 뿐이다. 예수님께서 탄생하시기 직전에 "가이사 아구스도가 영을 내려 천하로 다 호적하라 하였다"(눅 2:1-3). 여기서 천하라는 말은 단지 로마의 관할권내에 있는 일부의 세계를 가리킬 뿐이다. 오순절에는 "경건한 유대인이 천하 각국으로부터 와서 예루살렘에 우거하였다"(행 2:5)고 했는데 여기서 "천하 각국" 이란 말은 그 당시 유대인들이 알고 있던 나라들을 의미할 뿐이다. 바울은 "이 복음은 천하 만민에게 전파된 바요"(골 1:23)라고 했으며, 에베소인들이 섬기던 아데미 여신은 "온 아시아와 천하가 섬겼다"고 했다(행 19:27). 요셉 당시 애굽에 든 기근을 "온 세상" 에 기근이 들었다고 했으며 "각국 백성들이 식량을 사려고 애굽으로 들어와 요셉에게 이르렀다"(창 41:57)고 했다. 이상의 구절에 나오는 "온 천하" "온 세상"이란 말이 세상 전체를 의미하는 것이 아님은 누구나 다 알 수 있는 사실이다.

일상회화에 있어서도 우리는 종종 재계(財界), 교육계, 정치계 등이란 말을 사용하는데 우리가 그 말을 사용할때 이 세상에 있는 모든 사람이 다 사업가, 교육자, 정치가란 뜻으로 사용하는 것은 아니다. 우리가 어떤 자동차 제조업자가 모든 사람에게 자동차를 판다고 말할 때 우리가 말하는 모든 사람은 값을 지불하고 자동차를 사는 모든 사람만 의미하는 것이지 세상에 있는 사람 모두를 의미하는 것은 아니다. 이처럼 성경도 성경이 쓰여진 그 나라 말의 어법(語法)대로 이해해야 할 것이다.

　"하나님이 세상을 이처럼 사랑하사 독생자를 주셨으니 이는 저를 믿는 자마다 멸망치 않고 영생을 얻게 하려 하심이니라"(요 3:16)와 같은 구절은 유대인이 독점했다고 생각한 구원이 사실 전세계적이라는 것을 보여주는 충분한 증거라고 할 수 있다. 그래서 종종 반대자들은 이 구절을 보편적 구원을 가르치는 증거라고 제시한다. 하나님은 세상의 적은 부분이 아니라 전체로서의 세상을 이처럼 사랑하셨고 그것을 구원하시려고 자기의 독생자를 보내셨다는 것이다. 그런데 여기서 "이처럼" 이라는 부사를 볼 때 이 구절은 하나님의 사랑의 넓이뿐 아니라 그의 사랑의 강도를 나타내고자 했음이 분명하다. 즉 하나님은 세상의 사악성에도 불구하고 그것을 위해 그의 독생자를 보내어 죽게 하실만큼 세상을 사랑하셨다는 말이다. 이 구절 어디에서 구원의 보편성에 대한 증거를 찾을 수 있다는 말인가? 사람들은 때때로 이 구절을 하나님은 세상을 너무나 사랑하시기 때문에 어느 누구도 벌하시지 않을 것이며 또 너무나 자비하셔서 인간들의 공로를 다 무시한 채 무조건 엄격한 공의의 기준대로 사람을 다루시지는 않을 것이라는 극단적인 의미로까지 해석한다. 그러나 좀더 신중한 독자라면 이 구절과 다른 성경 구절들을 비교해 봄으로써 "세상"이라는 말속에는 어떤 제한이 놓여 있음을 발견하게 될것이다. 즉 어떤 성경 구절은 "하나님이 바로를 사랑하시지 않았다"(롬 9:17)고 하며 또 "아말렉인을 사랑하시지 않았다"(출 17:14)고 한다. 하나님은 가나안 족속을 사랑치 않으셨고(신 20:16) 암몬과 모압 사람은 영원히 하나님의 총회에 들어오지 못한다고 하셨으며(신 23:3) 모든 행악자를 미워하신다(시 5:5)고 했다. 그는 또 "멸하기로 준비된 진노의 그릇을 오래 참으심으로 관용하신다"(롬 9:22)고 했으며 에서를 사랑치 않으셨다(롬 9:13)고 했다. 만일 요한복음 3:16에 묘사된 하나님의 사랑이 세상에 있는 모든 사람에 대한 사랑을 의미한다면 이상의 구절들은 어떻게 해석을 해야 한단 말인가?

Ⅳ. 일반적인 고찰

"너희 목마른 자들아 물로 나아오라"(사 55:1)라는 구절도 언뜻 보면 보편적 구원을 가르치는 것처럼 보이지만 사실은 그렇지 않다. 왜냐하면 대다수의 인류는 목마른 것이 아니고 죽은 것이기 때문이다. 죄 가운데 죽어 희망이 없고 사탄의 종이 된것이지 의에 주리고 목마른 상태가 아니다. 그런데 이 구절에서는 목마른 자를 초청하고 있다. 따라서 이 구절에 언급된 초청은 인류 전체에 대한 것이 아님을 알 수 있다. 그리스도께로 나아오라는 은혜의 초청이 거절된 것은 외부적인 어떤 것이 그들을 주께 나아오지 못하도록 방해했기 때문이 아니라 성령의 역사를 통해 새생명을 받게 될 때까지는 이것을 받아들이고 싶어하는 욕망이나 의지가 그들 안에 없기 때문이다. 생명에 이르도록 예정된 자들에게 이런 의지를 주시고 이런 욕망이 생기도록 불러 일으키시는 분이 바로 하나님이다(롬 11:7, 8, 9:18). 원하는 자는 누구나 올 수 있다. 그러나 예를 들어서 이교(異敎)에 완전히 빠져있는 사람은 복음을 들을 기회가 전혀 없으므로 도저히 나아올 수 없다. "믿음은 들음에서 생긴다." 그리고 믿음이 없는 곳에서는 구원이 있을 수 없다. 복음을 듣고도 여전히 이 복음을 싫어하게 하는 자신의 원리나 욕망에 의해 지배되는 자, 역시 그리스도께로 올 수 없다. 그는 죄의 노예로 죄에 따라 행동한다. 원하는 자는 층계가 안전한 동안 불타는 집에서 얼마든지 피신할 수 있다. 그러나 잠이 들었거나 피신해야 할만큼 대단한 불은 아니라고 생각하는 자는 피신할 생각을 않고 있다가 불에 타 죽는다. 클라크(Clark)는 말하기를 "알미니안파는 신앙과 결단은 전적으로 인간의 행위라는 뜻을 암시해 주는 '원하는 자는 누구든지 나아오게 하라' 또는 '믿는 자는 누구나'라는 말을 인용하기 좋아하며 이것으로 주권적 선택과 맞서려 한다. 이 진술이 비록 사실이라 할지라도 논쟁의 핵심은 꿰뚫지 못하고 있다. 논쟁의 핵심은 이보다 훨씬 더 깊은 곳에 있다. 즉 사람은 어떻게 해서 나아 가기를 원하게 되는가? 하는 점이다. 사람이 원하기만 한다면 그는 분명히 선택할 수 있을 것이다. 그러나 그렇게 되려면 먼저 하나님을 싫어하는 죄된 본성이 하나님의 말씀, 하나님의 은혜, 하나님의 영, 혹은 하나님의 주권적인 간섭을 통해 기꺼이 원하는 마음으로 바꾸어져야만 한다"[47]고 했다. 따라서 엄밀히 말하면 복음은 하나님이 모든 인류에게 차별없이 제공하시는 것이 아니라 택함받은 백성에게는 제공되되 다른 사람들은 우연히 듣게 되는 것이라고 할 수 있다.

　디모데전서 2:4의 "하나님은 모든 사람이 구원을 받으며 진리를 아는데 이르기를 원하시느니라"는 말씀을 알미니안파의 이론대로 해석한다면 하나님은 그의 소원을 이루시지 못한데 대해 실망하셨거나 아니면 모든 사람이 예외없이 다 구원얻어야 한다는 뜻이 된다. 더구나 실망의 원인이 하나님께 있다고 보는 이 교리는 하나님의 절대적 주권을 가르치는 성경 구절들과 모순된다. 이 점에 있어서 그의 의지는 모든 세기를 통해 불변이었다. 만일 그가 이방인을 구할 의향이셨다면 왜 구원의 도에 대한 지식을 유대라는 좁은 나라에만 제한시키셨겠는가? 아무도 그가 유대인에게와 마찬가지로 이방인에게도 그의 복음을 쉽게 알리실 수 있었으리라는 것을 부인하지는 않을 것이다. 우리는 그가 수단을 제공하시지 않은 곳에는 목적도 계획하시지 않은 것이라고 확신해도 좋다. 어거스틴이 당시 이런 반대의견을 가졌던 자들에게 한 대답은 인용할만한 가치가 있다. "우리 주께서 예루살렘의 자녀들을 암탉이 제 새끼를 날개아래 모음같이 여러번 모으려 하셨으나 저들이 듣지 않았다고 탄식하셨을 때 우리는 그것을 하나님의 의지가 연약한 인간들에 의해 꺾여서 전능하신

---

47) *Syllabus of Systennatic Theology*, p. 280.

하나님이 그가 원하셨고 또 하고자 하셨던 것을 하시지 못한 것이라고 보아야 할까? 만일 그렇다면 하늘에서나 땅에서나 그가 하고자 하는 것은 무엇이나 하셨던 그의 전능은 무엇이 되는가? 더구나 하나님은 그가 기뻐하시는 바와 그가 기뻐하시는 때에 그가 기뻐하시는 대로 인간의 악한 의지를 선한 것으로 바꾸실 수 없다고 말하는 사람처럼 비이성적인 사람이 있을까? 그가 이것을 하신다면 그것은 긍휼로 하시는 것이요 만일 그렇게 하시지 않는다면 그것은 심판으로 안하시는 것이다." 이처럼 디모데전서 2:4 말씀은 전인류 개개인이 다 구원얻고 진리를 알게 되기를 하나님이 바라신다는 의미가 아니고 하나님은 자비로우시다는 것, 그래서 그의 피조물이 고난 당하고 죽는 것을 기뻐하시지 않는다는 일반적인 진리를 가르쳐주는 구절로 이해해야 한다. 보편주의적인 구절들을 복음적인 의미에서 해석하여 알미니안파가 바라는대로 광범위하게 적용시킨다면 보편적 구원이 증명된다고 말할 수도 있겠지만 이것은 성경과 모순되는 결과이며 사실 알미니안파 자신들도 이것을 주장하지 않는다.

제한 속죄를 다루었던 장(章)에서 이미 말한 것처럼 그리스도께서 인류 전반을 위해 죽으셨다는 의미가 있긴 하다. 그런데 그것은 구속받은 자들이 시대나 성격 또는 환경이나 민족적인 차별이 전혀 없이 구속되었다는 의미이다. 아담 안에서 타락한 집합적 의미에서의 인류가 그리스도 안에서 속죄함을 얻은 것이다. 전인류에게 관련지어 볼 때 그리스도의 사역은 죄에 대한 즉각적인 형벌 집행을 저지했다. 그의 사역은 또 인류 전체에게 현세적 축복을 끼쳤으며 복음을 듣는 모든 자에게 복음이 제공될 수 있는 기초를 닦아 놓았다. 이런 일들은 그의 사역의 결과로서 온 인류에게 적용된다는 것을 인정한다. 그러나 이것이 그가 모든 사람에 대해 동등하게 똑같은 계획을 가지고 죽으셨다는 것을 의미하는 것은 아니다.

어떤 성구들은 그 자체만 가지고 해석하면 알미니안파의 입장을 암시하는 것처럼 보이는 것이 사실이다. 그러나 이것은 성경을 하나의 모순 덩어리로 추락시키는 것이다. 왜냐하면 성경에는 예정론,

인간의 무능력, 선택과 성도의 견인 등을 가르치는 다른 구절들이 있는데 이것은 어떠한 방법으로도 알미니안주의와 조화를 이루어 해석될 수 없는 것들이기 때문이다. 따라서 이런 경우에 성경 기자의 의도는 성경의 유추 해석에 따라 결정할 수 밖에 없다. 성경은 하나님의 말씀이기 때문에 자체 모순이 없다. 결국 자체 내에 두 가지 해석의 가능성을 갖고 있는 구절을 발견할 경우 그 두 가지 해석중 하나는 성경의 다른 부분과 조화가 되지만 다른 하나는 조화가 되지 않는다. 이때 우리는 전자를 받아들여야 할 의무가 있다. 그리고 추상적인 애매한 구절은 의미가 보다 명료한 구절들에 비추어서 해석해야지 그 반대로 해석해서는 안된다는 것이 성경해석의 원리이다. 우리는 이미 알미니안주의를 변호하기 위해 제시한 증거가 첫눈에는 상당히 그럴듯해 보였으나 합법적으로 해석해 볼 때 칼빈주의와 조화를 이루는 해석이 될 수 있었음을 보았다. 칼빈주의적인 많은 구절들과 순수한 알미니안주의적 논거가 결여된 여러 구절들을 고려해 볼 때 우리는 서슴지 않고 칼빈주의 체계가 진정한 체계임을 주장할 수 있는 것이다.

　성경이 말하는 진정한 보편주의는 전세계의 보편적 기독교화와 영적인 악한 세력들의 완전한 패배를 뜻한다. 물론 이것은 모든 사람이 다 구원받는다는 의미는 아니다. 왜냐하면 많은 사람이 의심할 여지없이 멸망하기 때문이다. 개인의 구원에 있어서도 그리스도를 위해 할 수 있는 많은 봉사들이 허비되고 그 불완전한 구원의 기간을 통해 많은 죄악들이 범해지듯 온 세상의 구원에서도 역시 마찬가지다. 상당히 많은 사람이 멸망받는다. 그러나 구원의 과정은 반드시 위대한 승리로 끝날것이며 우리의 눈이 "구원얻은 세계의 영광스러운 광경"을 보게 될것이다. 워필드 박사의 말이 이것을 아주 잘 표현해 주었다. "인류는 자기가 창조된 목적을 완수한다. 비록 그가 죄를 짓기는 했지만 하나님이 이것을 완수하게 하신다. 이 목적에 대한 하나님의 최초의 의도는 성취되었다. 즉 죄가운데 떨어졌던 인류는 그리스도로 말미암아 하나님께 회복되어 그의 본래적 운명을 완수하게 되는 것이다."[48]

  따라서 알미니안주의가 기껏해야 "기회"의 보편주의에 지나지 않는 가짜 보편 구원설을 제시하는 반면 칼빈주의는 "인류의 구원"이란 점에서 진정한 보편 구원설을 제시한다. 또 무조건적 선택과 유효적 은혜(불가항력적 은혜) 교리를 강조하는 칼빈주의자들만이 구속받은 세계를 보게 되리라는 확신속에서 미래를 바라볼 수 있는 것이다.

---

48) *The Plan of Salvation*, p. 131.

제 4 부

제23장
은총에 의한 구원

I. 인간은 구원얻을 공로가 없다.
II. 하나님은 그의 기쁘신 뜻에
　　따라 은총을 주시기도 하고
　　억제 하시기도 한다.
III. 구원은 인간의 노력으로 얻어지
　　는 것이 아니다.
IV. 성경의 증거
V. 그 이상의 논평

I. 인간은 구원얻을 공로가 없다.

　　죄있는 인간이 구원얻는 것은 순전히 은혜라고 성경은 선언한다. 에베소서 1:7-10을 보면 하나님께서 인류를 구속하신 주요 목적은 그의 영광을 나타내려 하심이라고 한다. 즉 오는 여러 세대들을 통해 온 우주에 지혜와 총명이 넘치게 하사 하나님의 속성-범죄한 천하고 소망없는 피조물들에게 아무 공로없이 주시는 그의 사랑과 선하심-을 찬미하게 하려는 것이라고 한다. 저들이 하나님의 진노와 저주를 받아 마땅했을 때 하나님은 오히려 그의 영원하신 독생자를 보내사 저들의 죄와 허물을 담당케 하셨으며 저들 대신 순종하게 하시고 고난 당하게 하심으로 저들을 위한 구원의 길을 예비하셨고 성령을 보내사 독생자가 값주고 사신 구속을 인류의 마음에 적용케 하셨다. 아담의 죄가 인류에게 전가되는 것과 똑같은 대표 원리에 의해 우리의 죄는 그리스도께 전가되고 그리스도의 의가 우리에게 덧입혀졌다. 소요리문답은 이것을 다음과 같이 간단명료하게 표현하였다. "의롭다하심은 순전히 하나님의 은혜로만 되는 것이니, 그가 우리의 모든 죄를 사하시고 그의 편에서 우리를 의로운 자로 인정하는 것으로서, 이것은 그리스도의 의가 우리에게 입혀졌기 때문이다. 따라서 오직 믿음으로만 받을 수 있다."[49]

우리는 하나님과 인간 사이에 이루어진 두 언약을 명심해야 한다. 첫째는 행위언약으로 아담에게 실시된 것이었으나 온 인류를 타락시키는 결과를 초래하였다. 둘째는 은혜언약으로 그리스도께서 구속주로 오시어 희생하신 것이다. 그러나 다른 것과 관련해서 이미 언급한대로 알미니안 체계는 행위언약과 은혜언약 사이에 어떤 구별도 두지 않는다. 그들은 은혜언약을 단순히 하나님께서 행위언약보다 쉬운 조건으로 구원을 제공하신 것으로 완전한 순종을 요구하시는 대신 무능한 죄인이 할 수 있는 정도의 믿음과 복음적인 순종을 용납하시겠다는 정도의 언약이라고 본다. 따라서 알미니안 체계에서는 순종에 대한 부담이 여전히 인간을 짓누르며 그의 구원의 우선권은 그 자신의 노력 여하에 달려있는 것이 된다.

"은혜"라는 말의 적절한 의미는 받을만한 가치가 없는 자 즉 죄인들을 향해 쏟으시는 하나님의 과분하신 임의적 사랑 또는 호의라고 할 수 있다. 이것은 인간의 공로에 상관없이 시여되는 것이다. 은혜로 말미암는 구원에 인간의 선행이나 공로를 티끌만큼이라도 개입시킨다면 그것은 그 본질을 손상시키는 짓이요 그 계획을 무효화시키는 짓이다. 그것은 은혜이기 때문에 선행(先行)된 공로에 근거하지 않고 주어지는 것이다. 그 이름이 의미하고 있듯이 그것은 필연적으로 거저 주는 것이어야 한다. 이 은혜를 받기 전까지 인간은 죄의 노예이기 때문에 그가 은혜를 받기 전에 행할 수 있는 공로란 모두 악한 공로로 형벌 받기에만 마땅한 공로이다. 인간이 무슨 선을 행하든 그것은 하나님께서 주신 것이요 만일 선을 행치 않는다면 그것 역시 하나님께서 주시지 않았기 때문이다. 은혜는 인간의 선행적(先行的) 공로에 상관없이 주어지는 것이므로 그것은 주권적이요 오직 하나님께서 그것을 받도록 택하신 자들에게만 주신 것이다. 바로

---

49) 제33 문답.

이 은혜의 무상권 때문에 인간은 하나님의 장중에 있으며 그의 구원은 하나님의 궁극적 자비에 절대적으로 의존한다고 할 수 있는 것이다. 이 은혜의 무상권이야말로 하나님이 어떤 사람은 택하시고 어떤 사람은 버리실 수 있는 근거인 것이다.

하나님은 도덕적으로 절대 완전하시므로 인간에게 흠없는 순결과 완전한 순종을 요구하신다. 이 완전은 그리스도의 신, 의와 완전한 순종을 통해 인간에게 덧입혀졌다. 하나님께서 구속받은 자들을 보실 때 그리스도의 의로 옷입은 그들을 보시는 것이지 그들 자신에게 있는 어떤 것을 보시는 것이 아니다. 우리가 잘 아는대로 그리스도는 우리를 대신하여 고난당하셨다. 즉 "의로우신 자가 불의한 자를 위하여" 고난 당하신 것이다. 따라서 인간이 실제로는 전혀 은혜로 구원을 받았으면서 그것이 마치 자기 자신의 힘이나 어떤 행위로 얻은 것처럼 생각하고 자긍한다면 그것은 하나님의 영광을 모독하는 것이다. 현세에서의 인간의 선행이 영생의 축복을 얻는데 상당한 가치가 있다고 하는 것은 상상조차 할 수 없는 일이다. 비록 칼빈주의자는 아니지만 벤자민 프랭클린이 이 점에 대해 다음과 같이 잘 표현했다. "목마른 자에게 물 한잔을 주고서 그 보수로 좋은 농장을 받으리라고 기대하는 자가 오히려 이 땅에서 행한 적은 선을 이유로 천국을 당연히 들어가리라고 생각하는 자보다 염치가 있는 편이다." 우리는 단지 "받아들이는 자" 일 뿐이다. 우리는 결코 하나님께 어떠한 적절한 보답도 드리지 못하고 항상 그로부터 받기만 할 뿐이다. 이것은 영원토록 그럴 것이다.

II. 하나님은 그의 기쁘신 뜻에 따라 은총을 주시기도 하고 억제하시기도 한다.

구원과 속죄는 하나님께서 친히 값을 치르고 사신 것이기 때문에 그의 소유이다. 그래서 그는 구원얻을 자를 선택하실 수 있는 절대적 주권을 갖고 계시다. 성경에서도 구원교리에 대해서는 그것이 절대로 하나님의 은혜라는 사실을 가장 많이 강조하고 있다. 따라서 그들 자신의 어떤 공로 때문이 아니라 하나님의 값없이 주신 은혜 때문에 구원받게 된 긍휼의 그릇들은 자기들에게 내려진 선물이 얼마나 큰 선물인지를 깨닫고 감사해야 할것이다. 이처럼 구원은 하나님의 무상권적 선택에 기인한 것이므로 회개하고 천국의 유업을 받은 자들 가운데는 지옥에 떨어진 자들보다 훨씬 더 악했던 자들도 있을 것이다.

예정론은 하나님의 영광을 훼손시킬 자기 의에 대한 모든 허망한 생각들을 배제시키고 구원얻은 자로 하여금 오직 자기를 구원해주신 하나님께 영원토록 감사드릴 생각만 갖게 한다. 칼빈주의 체계에서는 인간의 모든 자랑은 배제하고 모든 존귀와 영광을 하나님 한 분에게만 돌린다. 그래서 장키우스(Zanchius)는 "지극히 위대한 성도라 할지라도 타락한 죄인 앞에서 자고할 수 없으며 오히려 이 사악한 세상으로부터 은혜롭게 그를 구별지어 주시고 자신의 선하신 뜻과 주권적인 의도에 따라 그를 죄와 지옥으로부터 구원해주신 하니님께 전적으로 찬양을 돌려 드려야 할 것이다"[50]라고 말하였다.

Ⅲ. 구원은 인간의 노력으로 얻어지는 것이 아니다.

인간은 모두 자기들의 힘으로 구원을 획득해야만 한다고 느끼기 때문에 그런 점에서 어떤 대비책이 마련되어 있는 체계가 인간의 마음을 쉽게 끈다. 그러나 바울은 "만일 능히 살게 하는 율법을 주셨더면 의가 반드시 율법으로 말미암았으리라"(갈 3:21)고 선언함으로써 이러한 추론을 못하도록 금하고 있다. 예수님도 그의 제자들에게 "너희도 명령받은 것을 다 행한 후에 이르기를 우리는 무익한 종이라 우리의 하여야 할 일을 한 것뿐이라 할지니라"(눅 17:10)고 명하

---

50) *Predestination, p. 140.*

셨다.

　이사야는 인간의 의를 더러운 옷과 같다(사 64:6)고 했다. 그리고 그가 "너희 목마른 자들아 물로 나아오라 돈없는 자도 오라 너희는 와서 사먹되 돈없이 값없이 와서 포도주와 젖을 사라"(사 55:1)고 했을 때 그는 돈 한푼 없는 자, 배고픈 자, 목마른 자를 초대해서 돈없이 그러나 마치 돈을 지불한 자처럼 와서 준비해 놓은 것을 가지며 즐기라고 한것이다. 돈없이 사라는 것은 틀림없이 다른 댓가가 이미 지불되었거나 준비되었다는 뜻이다. 우리의 신앙생활이 장성해질수록 우리는 우리 자신의 공로는 자꾸만 덜 생각하게 되고 모든 일에 대해 더욱 더 하나님께 감사드리게 된다. 신자는 앞으로 있을 영생 복락을 바라볼 뿐아니라 영원 전에 자기의 구원을 예정해 주신 하나님의 크신 사랑을 회고하며 묵상하게 된다.

　성경이 분명하게 가르치는대로 구원이 은혜로 말미암는다면 인간의 공로(그것이 실제적인 것이든 예지된 것이든)로 말미암을 수는 없다. 우리의 믿음 자체도 하나님의 선물이기 때문에 우리가 믿는다는 것도 공로가 될 수 없다. 하나님은 믿을 수 있게 하시려고 성령의 내적 사역을 통해 그의 백성들에게 믿음을 주신다. 따라서 믿음은 단지 제공된 선물을 받아들이는 행위에 지나지 않는다. 믿음은 구원에 있어서 도구적 원인일 뿐 그것이 구원을 얻기에 합당한 공로적 원인은 아니다. 하나님께서 우리 안에서 사랑하시는 것은 그가 주신 선물이지 우리 자신의 공로가 아니다. 왜냐하면 그가 아무 공로없이 주시는 은혜는 우리의 공로적 행위에 선행(先行)하기 때문이다. 은혜는 단순히 우리가 기도했다고 해서 주시는 것이 아니다. 오히려 은혜 자체가 은혜를 지속, 증진시키기 위해 우리로 하여금 기도하게 하는 것이다.

　사도행전에서 우리는 믿음 자체가 곧 은혜라는 바로 그 개념을 발견할 수 있다(행 18:27). 영생으로 예정된 자들만 믿는다(행 13:48). 마음을 열어 복음을 주의깊게 듣는 것도 하나님의 특별하신 은혜의 결과이다(행 16:14). 이처럼 믿음은 하나님의 영원하신 계획가운데

들어 있다가 때가 되매 마침내 나타난 것뿐이다. 바울은 우리가 선행을 하는 것도 하나님의 은혜 때문이라고 한다. 즉 "우리는 그의 만드신 바라 그리스도 예수 안에서 선한 일을 위하여 지으심을 받은 자니 이 일은 하나님이 전에 예비하사 우리를 그 가운데서 행하게 하려 하심이니라"(엡 2:10)고 하였다. 따라서 선행은 구원의 열매요 구원받은 증거지 구원을 얻기 위한 공로적 근거가 아니다.

루터는 자력(自力) 구원 교리를 가르쳐 "그들은 사실 아주 적은 부분을 자유의 지의 탓으로 돌리지만 바로 그 적은 것 때문에 우리가 의와 은총에 이를 수 없음을 가르친다. 왜 하나님이 한 사람은 의롭다 하시고 다른 한 사람은 내보려 두시는가? 라는 질문은 해결하려 하지 않고 오직 의지의 자유만 강조하면서 한 사람은 애쓰고 다른 한 사람은 애쓰지 않기 때문이다. 하나님이 한 사람은 그가 애쓰기 때문에 중히 여기시고 다른 한 사람은 애쓰지 않기 때문에 멸시하신다. 만일 하나님이 그렇게 하시지 않는다면 그는 불공평한 분일 수밖에 없다고 말한다"[51]고 했다.

런던 거리를 걷다가 하수구에 쓰러져 자고 있는 한 술취한 사람을 보고 친구가 비방하자 테일러(Jeremy Taylor)는 잠깐 멈춰서서 그를 바라보고 "하나님의 은혜가 아니었다면 나 제레미 테일러도 저 지경이 되었을걸세"라고 말하였다 한다. 테일러가 소유했던 이 겸비한 정신은 죄로부터 구원얻은 모든 그리스도인의 정신이어야만 한다. 성경은 우리에게 이스라엘 백성이 선민이 된것은 그들 자신에게 어떤 공로가 있어서 그렇게 된것이 아니고 오직 그들의 배신, 죄 그리고 반항에도 불구하고 진실하게 그들을 붙들어 주시는 하나님의 은혜로운 사랑때문이라고 누누히 가르쳐 준다.

구원의 근거를 자신의 공로에 두려고 하는 자들에 대해 바울은 "자기 의를 세우려고 힘써 하나님의 의를 복종치 않기" 때문에 그리스도의 교회에 있을 수 없다고 말했다. 여기서 그는 "하나님의 의"는

---

51) *Bondage of the Will, p. 338.*

믿음을 통해 우리에게 주어진다는 것과 우리는 오직 그리스도의 공로를 통해서만 천국에 들어갈 수 있다는 것을 분명히 밝히고 있다.

하나님이 이처럼 은혜를 주신 이유는 자랑하고자 하는 자는 주안에서 자랑하게 하려함이요 아무도 사람을 자랑하지 못하게 하려함이다. 구속은 하나님 자신이 무한한 댓가를 치르고 사셨으므로 그가 기뻐하시는 대로 순전히 은혜에 따라 나누어 주실 수 있는 것이다. 시인은 이렇게 노래했다.

대속함 받은 자 그 아무도 모르네,
그가 건느신 강이 얼마나 깊었는지를
그가 겪으신 그 밤의 어두움이 얼마나 짙었는지를
그는 항상 그의 길잃은 양을 찾으시네.

Ⅳ. 성경의 증거

먼저 우리의 죄가 그리스도께 전가되었다고 가르치는 구절들을 본 다음 그리스도의 의가 우리에게 덧입혀졌다고 가르치는 구절들을 유의해 보기로 하자.

"그는 실로 우리의 질고를 지고 우리의 슬픔을 당하였거늘 우리는 생각하기를 그는 징벌을 받아서 하나님에게 맞으며 고난을 당한다 하였노라 그가 징계를 받음으로 우리가 평화를 누리고 그가 채찍에 맞음으로 우리가 나음을 입었도다"(사 53:4-5). "나의 의로운 종이 자기 지식으로 많은 사람을 의롭게 하며 또 그들의 죄악을 친히 담당하리라……그가 많은 사람의 죄를 지며"(사 53:11-12). "하나님이 죄를 알지도 못하신 자로 우리를 대신하여 죄를 삼으신 것은 우리로 하여금 저의 안에서 하나님의 의가 되게 하려 하심이니라"(고후 5:21). 여기서 우리는 두 가지 진리 즉 우리의 죄는 그의 것이 되었다는 것과 그의 의는 우리의 것이 되었다는 것을 분명히 알 수 있다. 하나님이 그로 "죄를 삼으셨다"는 말과 우리로 하여금 "하나님의 의가 되게 하셨다" 는 말은 이외의 어떤 다른 의미로도 생각할 수 없는 것이다. 그리스도는 "친히 나무에 달려 그 몸으로 우리 죄를 담당하셨으니 이는 우리를 죄에 대하여 죽고 의에 대하여 살게 하려 하심이라 저가 채찍에 맞음으로 너희는 나음을 얻었나니"(벧전 2:24). 여기서 다시 한 번 위의 두 가지 진리가 나타난다. "그리스도께서도 한번 죄를 위하여 죽으사 의인으로서 불의한 자를 대신하셨으니 이는 우리를 하나님 앞으로 인도하려 하심이라"(벧전 3:18). 이와 똑같은 다른 여러 구절에서처럼 이 구절에서도 우리를 대신하신 그리스도의 대속교리를 아주 분명한 말로 표현하고 있다. 만일 이 성경 구절들이 그리스도의 죽음이 우리의 죄를 대신한 참되고 적절한 희생이었음을 증명하지 못한다면 인간의 언어로는 이제 더 이상 그것을 표현할 길이 없다.

그리스도의 의가 우리에게 덧입혀진다는 사실도 성경은 분명히 가르치고 있다. "율법의 행위로 그의 앞에 의롭다 하심을 얻을 육체가 없나니……이제는 율법 외에 하나님의 한 의가 나타났으니……곧 예수 그리스도를 믿음으로 말미암아 모든 믿는 자에게 미치는 하나님의 의니……그리스도 예수 안에 있는 구속으로 말미암아 하나님의 은혜로 값없이 의롭다 하심을 얻은 자 되었느니라 이 예수를 하나님이 그의 피로 인하여 믿음으로 말미암는 화목제물로 세우셨으니 이는 하나님께서 길이 참으시는 중에 전에 지은 죄를 간과하심으로 자기의 의로우심을 나타내사 자기도 의로우시며 또한 예수 믿는 자를 의롭다 하려 하심이니라. 그런즉 자랑할 데가 어디뇨? 있을 수가 없느니라 그러므로 사람이 의롭다 하심을 얻은 것은 율법의 행위에 있지 않고 믿음으로 되는줄 우리가 인정하노라"(롬 3:20-28). "그런즉 한 범죄로 많은 사람이 정죄에 이른 것같이 의의 한 행동으로 말미암아 많은 사람이 의롭다 하심을 받아 생명에 이르렀느니라 한 사람의 순종치 아니함으로 많은 사람이 죄인된 것같이 한 사람의 순종하심으로 많은 사람이 의인이 되리라"(롬 5:18-19). 다음은 바울 자신의 증언이다. "내가 모든 것을 해로 여김은 내 주 그리스도 예수를 아는 지식이 가장 고상함을 인함이라 내가 그를 위하여 모든 것을 잃어버리고 배설물로 여김은 그리스도를 얻고 그 안에서 발견되려 함이니 내가 가진 의는 율법에서 난 것이 아니요 오직 그리스도를 믿음으로 말미암은 것이니 곧 믿음으로 하나님께서 난 의라"(빌 3:8-9). 성경의 인도를 받는다고 자처하는 자가 이처럼 분명한 말로 표현된 성구들을 보고서도 행위에 의한 구원(그것이 어느 정도이든)을 주장한다면 그것은 이상한 일이 아니겠는가?

바울은 로마인들에게 "죄가 너희를 주관치 못하리니 이는 너희가 법 아래 있지 아니하고 은혜 아래 있음이니라"(롬 6:14)고 써 보냈다. 즉 하나님은 그들을 율법의 체계로부터 건져내어 은혜의 체계 아래 두셨고 또한 그들의 왕으로서 그들을 다시 죄의 지배 아래 떨어지게 하시지 않는다는 말이다. 사실 그들이 다시 죄의 지배 아래로 떨어진다면 그것은 단지 하나님이 그들을 은혜 아래에서 끄집어내어 다시 율법 아래 두셨기 때문이라고 할 수 밖에 없다. 사람이 은혜 아래 있는한 그 일의 성격상 그는 율법이 죄로 말미암아 그에게 주장할 수 있는 모든 일로부터 완전히 자유로울 수 있다. 왜냐하면 사람이 은혜로 구원얻게 되어 있다는 것은 하나님이 이제 더 이상 그를 행위대로 다루시지 않고 주권적으로 율법을 제쳐 놓으사 벌을 받아 마땅함에도 불구하고 그를 구원해 주신다는 뜻이기 때문이다. 물론 죄로부터 자신을 깨끗이 씻은 후에야 인간은 하나님 앞으로 나아갈 수 있는 것이다.

바울은 항상 하나님의 은혜는 인간의 힘으로 얻거나 어떤 방법으로든 인간이 확보할 수 없는 것으로 오직 하나님께서 우리에게 주시는 것이라는 점을 설명하려고 애썼다. 만일 은혜가 인간의 힘으로 얻을 수 있는 것이라면 바로 그 사실때문에 그것은 더 이상 은혜라고 할 수 없는 것이다(롬 11:6).

V. 그 이상의 논평

현상태로서의 인류는 모두 하나님 앞에 똑같은 대우를 받아야 하고 구원에 대해서도 똑같은 "기회"를 가져야만 할 당당한 시민으로서 있는 것이 아니고 오히려 의로우신 심판관 앞에 정죄받은 범죄인으로 서 있는 것이다. 따라서 아무도 구원에 대해 주장할 권리가 없다. 신기하고 놀라운 일은 하나님이 모든 사람들은 다 구원하시지 않는다는 사실이 아니라 인류가 모두 멸망받을 수 밖에 없는데도 불구하고 하나님이 그렇게 많은 사람들을 구원해 주셨다는 사실이다. 왜 하나님은 모든 사람들을 다 구원하시지 않는가? 라는 질문에 대한 대답은 알미니안파의 말처럼 하나님이 전능하시지 못하기 때문이 아니라 워필드 박사의 다음과 같은 말속에서 찾아볼 수 있을 것이다. 즉 "하나님은 그가 갖고 계신 구원의 전체적인 특성과 일치하는 한 많은 사람을 그의 사랑 안에서 구원하신다는 것이다."[52] 하나님 자신만이 아시는 여러가지 이유들 때문에 그는 모든 사람을 다 용서해주는 것이 최선책이 아니라 오히려 하나님께 대한 반역과 죄가 얼마나 무서운 일인가를 보여주기 위해서는 어떤 자들은 자기들 멋대로 하도록 허용하시어 영벌을 받게 해야 한다는 것을 알고 계셨던 것이다.

마치 인간은 자기의 행위로 구원얻을 수 없다는 결론에 이르기가 무척 어려울 것이라고 예상이나 한것처럼 성경은 구원이 은혜로 말미암는다는 사실을 누누히 강조하고 있다. 성경은 또 하나님에게는 인간을 구원해야 할 책임이 전혀 없음도 말해주고 있다. "너희가 그 은혜를 인하여 믿음으로 말미암아 구원을 얻었나니 이것이 너희에게서 난 것이 아니요 하나님의 선물이라 행위에서 난 것이 아니니 이는 누구든지 자랑치 못하게 함이니라"(엡 2:8-9). "만일 은혜로 된 것이면 행위로 말미암지 않음이니 그렇지 않으면 은혜가 은혜되지 못

---

52) *The Plan of Salvation*, p. 93.

하느니라"(롬 11:6). "율법의 행위로 그의 앞에 의롭다 하심을 얻을 육체가 없나니"(롬 3:20), "일하는 자에게는 그 삯을 은혜로 여기지 아니하고 빚으로 여기거니와"(롬 4:4), "누가 너를 구별하였느뇨 네게 있는것 중에 받지 아니한 것이 무엇이뇨"(고전 4:7), "나의 나된 것은 하나님의 은혜로 된것이니"(고전 15:10), "누가 주께 먼저 드려서 갚으심을 받겠느뇨"(롬 11:35), "하나님의 은사는 그리스도 예수 우리 주 안에 있는 영생이니라"(롬 6:23).

은혜와 행위는 상호 배타적이다. 구원에 있어서 은혜와 행위의 연합을 꾀하는 것은 마치 양극을 같은 위치에 두려는 것과 같다. "조건적 은혜"라는 말은 "값주고 산 선물"이라는 말과 같다. 왜냐하면 은혜가 절대적으로 순수하게 주는 것이 아니라면 그것은 이미 은혜가 아니기 때문이다. 따라서 성경이 은혜로 구원얻는다고 말할 때 우리는 구원의 전과정은 철저히 하나님의 사역이며 인간이 행하는 어떠한 공로적 행위든 그것은 단지 이미 하나님에 의해 이루어진 변화의 결과일 뿐이라고 이해해야 할 것이다.

알미니안파는 구원이 순전히 은혜로만 이루어진다는 사실을 부인하고 은혜에다 인간의 행위를 첨가시킨다. 그렇다면 구원얻은 자들은 아무리 적다 할지라도 구원얻는데 필요한 선행을 해야 할것이며 이것이 구원얻은 자와 구원얻지 못한 자를 구분짓는 근거가 되어 구원얻은 자는 구원얻지 못한 자에게 자랑스러운 마음을 품게 될것이다. 그러나 바울은 모든 자랑을 금했으며 자랑할 자는 주 안에서만 자랑하라(롬 3:27, 고전 1:31)고 말했다. 그러나 만일 은혜로 구원얻는다면 구원받은 자는 자기가 수렁으로부터 건짐을 받았다는 것을 기억하여 구원받지 못한 자에 대해 동정심과 측은히 여기는 마음을 갖게 될것이다. 그는 만일 하나님의 은혜가 아니었다면 자기도 멸망할 자들과 똑같은 처지에 있었을 것이라는 사실을 알고 "주여! 영광은 오직 주께로만 돌아감이 합당하오니 이는 주께서 우리를 긍휼히 여기사 주의 진리로 우리를 구원하셨기 때문이니이다"라고 찬양할 것이다.

제24장
자기가 택함받은 자라는
개인적인 확신

I. 확신의 근거   II. 성경의 교훈   III. 결론

I. 확신의 근거

참된 그리스도인이라면 누구나 자기가 영생을 얻기로 예정되었다는 사실을 확신할 수 있고 또 마땅히 확신해야만 한다. 하나님이 주신 선물인 믿음은 구원의 방편이요 택함받은 자들에게만 주어지는 것이니 자기가 이 믿음을 소유했다고 확신하는 자는 자기가 택함받은 자임을 확신해도 좋다. 아무리 연약한 믿음이라해도 그것이 참 믿음이라면 그것은 그 믿음을 소유한 자가 구원얻었다는 증거이다. 왜냐하면 믿음은 "영생을 주시기로 예정된 자만"(행 13: 48) 가질 수 있기 때문이다. 믿음은 구원얻은 자의 심령 안에서 행해지는 은혜의 이적 곧 저의 구원이 십자가 위에서 다 이루어졌으며 주님의 부활로 말미암아 확증되었다는 증표이다. 진정으로 구원된 자라야 하나님께서 저에게 위대한 사랑을 주셨다는 것과 저의 죄가 용서되었다는 것을 안다. 천로역정을 보면 크리스챤이 죄사함을 받자 그의 어깨에서 무거운 짐이 굴러 떨어지며 그의 마음은 평안을 얻는다. 중생한 자는 누구나 자기가 택함받았다는 사실을 알아야만 한다. 성령께서는 택함받은 자들만 중생시키신다. "신자로서 자기가 예수 그리스도를 구세주로 믿으며 주님으로 믿고 순종하는 자가 자신의 택함받은 사실을 의심한다면 이는 어리석은 일이다." 왜냐하면 자기 영

혼의 구원을 위해 그리스도를 믿을 수 있고 자기의 생활행동에서 그리스도의 발자취를 따를 수 있다는 것이 바로 그가 택함받은 자라는 증거이기 때문이다. 그리스도를 참으로 믿는 자로서 택함받지 않은 자란 있을 수 없는 일이다. 그 이유는 오직 하나님의 택함을 받아야 그리스도를 믿을 수 있기 때문이다. 우리는 우리가 택함받은 사실에 대한 증거를 다른 어느 곳에서도 찾을 필요가 없으며 찾아서도 안된다. 우리가 그리스도를 믿고 순종한다면 우리는 그의 택함받은 자녀들임에 틀림없다.[53]

하나님을 사랑하고 그리스도로 말미암는 구원을 진심으로 바라는 자면 누구나 택함받은 자다. 왜냐하면 택함받지 못한 자는 결코 이런 사랑이나 욕망을 갖지 않기 때문이다. 대신 그들은 그들의 죄많은 본성을 좇아 악을 사랑하고 선을 미워한다. "어떤 사람이 하나님과 이웃에 대한 그의 의무를 다하고 있는가? 또 정직하며 의롭고 관대하며 순전한가? 만일 그렇다면 또 그가 그 지속력(持續力)을 인식하고 있다면 그 인식에 의존할 수 있는 한 그는 자기가 영생얻도록 예정되었다는 것을 믿어도 된다."[54]

성경은 "우리가 형제를 사랑함으로 사망에서 옮겨 생명으로 들어간줄 알거니와 사랑치 아니하는 자는 사망에 거하느니라"(요일 3:14). "하나님께로서 난 자마다 죄를 짓지 아니하나니 이는 하나님의 씨가 그의 속에 거함이요 저도 범죄치 못하는 것은 하나님께로 났음이라"(요일 3:9)고 했으니 죄를 범하는 것은 곧 내적 자아 혹은 내적 원리를 위반하는 것이므로 중생한 자에게 있어서 죄란 아주 역겨운 것이요 혐오의 대상이다. 선량한 국민이 자기 조국을 해치는 일따위는 하지 않는 것처럼 진정한 그리스도인도 하나님 나라에 해가 되는 일따위는 하지 않는다. 사실 이 세상에서 도덕적으로 완전한 자는 없다. 아니 그것은 불가능한 일로서 오히려 인간이 도달하려고 추구하는 이상적 기준에 불과할 뿐이다.

---

53) Warfield, *Pamphlet, Election*, p. 18.
54) Mozely, *The Augustinian Doctrine of Predestination*, p. 45.

워필드 박사는 말하기를 "베드로는 우리에게 '더욱 힘써 너희 부르심과 택하심을 굳게 하라'고 했는데 그러면 그는 우리더러 선행을 행함으로 하나님의 택하심을 받으라고 말했단 말인가? 그렇지 않다. 이 말씀의 의미는 선을 행함으로 이미 받은 영적 생명을 발전시키며 택함받은 증거를 보이라는 말이다. 베드로는 여기서 선행을 택함받은 증거요 표시로만 생각했다. 우리는 우리가 영생으로 택함받았다는 것을 오직 우리의 삶 속에서 나타나는 택함받은 자의 열매들로 알 수 있을 뿐이다. 그 열매는 믿음과 덕, 지식과 절제, 인내와 경건, 형제 사랑이다……거룩한 삶 외에서 선택의 확증을 얻고자 하는 것은 큰 잘못이다. 하나님께서 창세 전에 택하신 것은 우리로 하여금 거룩한 자가 되게 하려 하심이다. 거룩함은 선택의 필연적 소산이므로 그것이야말로 택함받은 것에 대한 확실한 표시이다"[55] 라고 하였다.

톱레이디(Toplady)의 말처럼 "무릇 영적인 생명과 관계있는 사람은 마치 여행자가 자기가 햇빛 속을 여행하고 있는지 빗속을 여행하고 있는지 아는 것처럼 자기가 정말 하나님의 사랑을 누리고 있는지 아니면 어두움 가운데 있는지를 확실히 안다."

내가 택자라는 것을 어떻게 아는가?라고 묻는 것 보다는 차라리 내가 진짜 한국인임을 어떻게 알 수 있으며 검은 색과 흰색 혹은 단 것과 쓴 것을 어떻게 구별할수 있는가? 라고 묻는 편이 나을 것이다. 사람은 누구나 다 본능적으로 자기의 조국에 대한 태도를 알 수 있으며 성경과 양심은 흰색과 검은색, 혹은 쓴것과 단것이 뚜렷이 구별되듯 우리가 하나님의 택한 백성인지 아닌지 뚜렷이 증거해 준다. 이미 하나님의 자녀가 된 자는 누구나 이 사실을 충분히 인식하게 될것이다. 바울은 고린도 교인들에게 "너희가 믿음에 있는가 너희 자신을 시험하고 너희 자신을 확정"하라고 하였다.

---

55) *Pamphlet, Election,* pp. 17, 18.

II. 성경의 교훈

　우리는 "성령이 친히 우리 영으로 더불어 우리가 하나님의 자녀인 것을 증거하신다"(롬 8:16)는 확증을 갖고 있으며, "하나님의 아들을 믿는 자는 자기안에 증거가 있다"(요일 5:10). "또 증거는 이것이니 하나님이 우리에게 영생을 주신 것과 이 생명이 그의 아들 안에 있는 그것이니라 아들이 있는 자에게는 생명이 있고 하나님의 아들이 없는 자에게는 생명이 없느니라 내가 하나님의 아들의 이름을 믿는 너희에게 이것을 쓴 것은 너희로 하여금 너희에게 영생이 있음을 알게 하려 함이라"(요일 5:11-13). 또 중생한 자는 복음을 마음에 받아들이지만 중생치 못한 자는 그것을 받아들이지 않는다. 즉 "우리는 하나님께 속하였으니 하나님을 아는 자는 우리의 말을 듣고 하나님께 속하지 아니한 자는 우리의 말을 듣지 아니하나니 진리의 영과 미혹의 영을 이로써 아느니라"(요일 4:6)는 말씀이 바로 그것이다. "우리에게 주신 성령으로 말미암아 그가 우리 안에 거하시는 줄을 우리가 안다"(요일 3:24). "너희가 아들인고로 하나님이 그 아들의 영을 우리 마음가운데 보내사 아바 아버지라 부르게 하셨느니라"(갈 4:6). 이처럼 중생한 자는 본능적으로 하나님이 자기 아버지이심을 깨닫게 된다. "우리가 형제를 사랑함으로 사망에서 생명으로 들어간 줄을 알며"(요일 3:14), "예수가 그리스도이심을 믿는 자마다 하나님께로서 난 자"(요일 5:1)라고 했으니 그리스도를 주로 고백하는 모든 자는 택함받은 자라는 의미이니 얼마나 축복된 확증인가. 또 "의를 행하는 자마다 그에게서 난줄을 알리라"(요일 2:29)고 했으니 복음을 듣고 기꺼이 받아들이는 자들은 이 내적 구원의 은총에 의해 자극을 받아 의를 행하게 된다는 말이다.

　"아들을 믿는 자는 영생이 있고 아들을 순종치 아니하는 자는 영생을 보지 못하고 도리어 하나님의 진노가 그위에 머물러 있느니라"(요 3:36). "하나님의 영으로 말하는 자는 누구든지 예수를 저주할 자라 하지 않고 또 성령으로 아니하고는 누구든지 예수를 주시라 할 수 없느니라"(고전 12:3)고 했으니 이 말씀을 보아서 우리는 진심으로 중생한 자는 도저히 예수를 멀리 하거나 욕할 수 없으므로 예수를 주로 시인하는 자마다 중생한 자요 택함받은 백성임을 알 수 있다. 사람은 각자 예수께 대한 자기의 태도를 알 수 있는데 이 태도 여하에 따라 자기의 피택 여부를 알 수 있는 것이다. 따라서 우리는 각자 그리스도께 대한 나의 태도는 어떠한가? 지금 이 순간에 그리스도가 나타나서 나에게 개인적으로 말씀하신다면 나는 과연 기쁠까? 나는 그를 나의 친구로 기꺼이 받아들일 것인가 아니면 그를 만나는 것이 꺼려지는가? 라고 자문자답해 볼 필요가 있다. 그래서 기쁨으로 그리스도께 나아오기를 기대하는 자라면 자기가 구원얻은 자임을 확신해도 좋다.

이처럼 정확한 구원의 표지가 성경에 나타나 있기 때문에 이 말씀에 비추어 자신을 정직하게 검토해 봄으로써 자기가 하나님의 택함받은 자녀인지 아닌지를 알아볼 수 있다. 우리는 이 법칙으로 타인의 피택 여부도 조심스럽게 감지(感知)해 볼 수 있다. 즉 타인들의 진실한 믿음과 선행을 보아 그들이 피택되었음을 알 수 있는 것이다. 바울은 데살로니가에 있는 교인들에게 "하나님의 사랑하심을 받은 형제들아 너희를 택하심을 아노라 이는 우리 복음이 말로만 너희에게 이른것이 아니라 오직 능력과 성령과 큰 확신으로 된것이라"(살전 1:4-5)고 했으며 에베소 교인들도 그리스도 안에서 택함받았다는 것을 확신하여 "창세 전에 그리스도 안에서 우리를 택하사 우리로 사랑 안에서 그 앞에 거룩하고 흠이 없게 하시려고 그 기쁘신 뜻대로 우리를 예정하사 예수 그리스도로 말미암아 자기의 아들들이 되게 하셨으니"(엡 1:4-5)라고 하였다.

III. 결 론

　그러나 한편 우리는 현재 그가 아무리 사악한 죄인이라도 그를 보고 택함받지 못한 자라고 확언해서는 안된다. 그 이유는 비록 말할 수 없이 사악한 죄인이라도 성령이 한번 임하시기만 하면 회개하고 믿음을 가질 수 있기 때문이다. 따라서 우리는 어느 누구를 보고 택함받지 못한 자라고 선언해서는 안된다. 왜냐하면 하나님께서 그를 위하여 무엇을 예비하고 계신지 알 수 없기 때문이다. 그러나 끝까지 회개하지 않고 죽는 자는 구원얻지 못했다고 말할 수 있는데 그것은 성경이 우리에게 그렇게 말씀하고 계시기 때문이다.

　그렇다고 해서 모든 참된 신자들이 다 이 확신 즉 자기구원에 대한 확신을 갖는 것은 아니다. 이 확신은 자기 자신의 도덕적 자원과 능력에 대한 지식으로부터 생기는 것이므로 비록 참신자라도 지나치게 자기 자신을 자책할 경우에는 이런 확신을 가질 수 없다. 때로 그리스도인은 자기의 약한 믿음때문에 낙심할 때가 있는데 이것이 그가 택함받지 못했다는 증거는 아니다. 그러나 신자로서 누구든지 견고한 믿음을 갖게 되고 구원에 대한 잘못된 견해를 일소하게 되면 자연히 자기의 피택된 사실을 확신하게 되고 알미니안파처럼 일생동안 자기의 구원에 대해 불안감을 느끼는 일 따위는 없게 될것이다. 따라서 이 확증은 참으로 우리 신자에게 바람직한 것이며 또 믿음이 자라고 있는 자라면 이것을 쉽게 얻을 수 있지만 이것이 반드시 그리스도인의 진위를 가리는 표지는 아니다.

　하나님은 성경을 통해 반복하여 그리스도를 통하여 자기에게 오는 자는 결단코 내버리지 않을 것이요, 누구든지 원하는 자는 값없이 생명수를 마실 것이요, 구하는 자가 얻을 것이라는 약속을 우리에게 주셨다. 이상에서 본대로 우리의 구원의 확신에 대한 증거는 둘인데 하나는 내적 증거(우리 안에 있는 믿음)요, 또 하나는 외적 증거(그리스도께로 오는 자는 결코 내버리시지 않겠다는 하나님의 약속)다.

따라서 만일 참 신자가 자기의 구원에 대한 확신이 부족하다면 그 잘못은 자기 자신에게 있는것이지 구원의 계획이나 성경에 있는것이 아니다. 참된 신자라면 당연히 자기의 구원에 대한 확신을 갖게 되는 것이다.

제25장
물질계에서의 예정론

I. 자연법칙의 불변성(Uniformity)

우리는 정신세계를 떠나 물질계의 현상만 보더라도 절대적 예정을 믿을 수 있다. 자연계의 모든 법칙들은 일정하며 변함이 없다. 따라서 우리는 이 세상의 만사는 단 하나도 우연의 산물이 아니며 대부분이 창조된 그대로 계속 진행되고 있다는 것을 확실히 알 수 있는데 예를 들자면 인력의 법칙, 빛과 자력(磁力)의 법칙, 화학적 친화력 및 전기 현상 등이 그것이다. 정신계나 기적과 상관없이 자연의 운행은 항상 일정하기 때문에 예언이 가능하다. 이것은 많은 과학자들이 인정하고 있는 사실일뿐 아니라 교리적으로도 강력히 주장되고 있는 바이다. 원자들은 일정한 궤도를 돌고 있으며 모든 물체는 일정한 법칙에 따라 지배되고 있기 때문에 우리가 그 모든 요인들에 대해 정확히 알고 있기만 한다면 우리는 돌이 떨어지면 어떤 결과가 생기고 지진이 일어나면 어떤 영향을 미칠 것인지에 대해 정확히 알 수 있다. 망원경을 통해서 보면 광대한 하늘에서 수많은 태양군들이 각기 제 궤도만 정확히 돌고 있는 것을 볼 수 있는데 그 위치는 앞으로도 오랫동안 변함이 없을 것이다.

태양계에서는 행성(行星)과 항성(恒星)들이 일정한 궤도를 돌고 있으므로 어느 때에 일식(日蝕)과 월식(月蝕)이 있을지 정확히 알 수 있다. 1924년 일식에 대하여 천문학자들이 그 시간을 예고했었는데 단 4초만 틀렸을 뿐이다. 뿐만 아니라 태양계를 지배하고 있는 똑같은 원리가 수억만리 떨어져 있는 성계(星界)에서도 발견된다고 한다. 물리학자들은 태양으로부터 나오는 빛과 달에서 나오는 빛을 분석한 후 이 두 빛은 똑같은 원소 즉 철, 탄소, 산소 등을 가지고 있으며 지구에서 발견되는 것들이 그들에게서도 발견될 뿐아니라 그것들이 실제로 여기에서와 똑같은 비율로 거기에서도 발견된다고 발표했다.

중력의 법칙을 통해 우리는 우주내의 모든 물체가 자체의 양에 비례하여 다른 물체를 끈다는 사실을 배울 수 있다. 즉 그 물체가 크면 큰 힘으로 다른 물체를 흡인(吸引)하며 적으면 적은 힘으로 다른 물체를 흡인한다는 것이다. 따라서 사막이나 해변에 있는 모든 모래알 하나하나가 우주내의 모든 태양과 연결되어 있는 것이며 떨어지는 눈송이를 만나기 위해 지면이 완만하게 위로 올라가는 것이다. 망원경으로 볼 수 있는 세계의 법칙들만 일정한 것이 아니라 현미경으로 볼 수 있는 세계의 법칙들도 일정하다. 이처럼 하나님의 섭리는 거대한 성진계(星辰界)뿐 아니라 지극히 적은 원자들의 세계에까지 미치며 각 원자들은 그것이 아무리 적을지라도 그 나름대로의 독특한 영향을 미치는 것이다. 하나님이 하시는 일은 완전하여 어느 곳에서든지 일정 불변의 법칙이 있다.

II. 저명한 과학자들과 신학자들의 평론

헉슬리(Huxley)는 한 때 말하기를 "사람이 지상에 동식물이 생기기 전에 자연법칙에 대한 정확한 지식을 갖고 있었다면 그는 일정 지역의 지리적 등고선과 기후뿐 아니라 거기서 발견될 식물군과 동물군(즉 그가 생각했던 대로 무생물로부터 생명의 자연발생을 통해 일어나는) 까지도 예지할 수 있었을 것이다. 물론 우리는 생명의 기원에 대한 그의 이같은 극단적인 진술을 용납할 수 없다. 그러나 이 진술을 통해 우리는 한 위대한 과학자가 자연법칙 내에서 불변성 (Uniformity) 발견하리라”고 기대했다는 것을 알 수 있다.

저자는 한 때 프린스톤 대학의 천문학과 주임교수이며 이 시대의 탁월한 천문학자중 한 사람인 러셀(H. N. Russel) 박사가 이끄는 토론 그룹에 참여한 적이 있었는데 거기서 러셀 박사는 “자기는 정신계와 상관없이 물질계에서도 하나님의 절대적 예정이 고정 불변의 자연법칙을 통해 효력을 미친다는 것을 믿는다”고 말하였다.

핫지 박사는 말하기를 “자연계의 모든 법칙들이 일정한 것을 보아도 하나님의 하시는 일이 일정 불변하다는 것을 알 수 있다. 이 법칙들은 창조이래 지금까지 변함이 없으며 우주내의 모든 부분에서 일정하게 각자의 역할을 수행하고 있다. 이와 같이 이성과 양심의 법칙도 일정할 것이다. 물질계에서도 그의 예정하신 뜻대로 모든 일이 진행되거든 하물며 인간의 운명과 관계된 일이 우연히 되어나갈 수 있겠는가? 따라서 우리는 성경이 분명하게 주장하고 있는 것처럼 하나님께서 은혜로 인간을 구원하시는 일은 영원 전에 예정하신 그의 목적과 뜻 그대로 진행되는 것임을 알 수 있다.”[56) 고 하였다.

19세기의 위대한 신학자 아브라함 카이퍼 박사(Dr. Abraham Ku -yper)는 말하기를 “현대의 발달된 과학은 하나님의 작정이 일정불변하다고 주장하는 칼빈주의 사상을 인정하고 사물의 우연적 발달을 말하는 알미니안주의를 배격한다. 위대한 철학사상체계들도 역시 칼빈주의 사상을 지지하고 있는데 이 체계들은 한결같이 과학의 발달은 자연현상의 이면(裏面)에 반드시 일정한 이법(理法)이 잠재해 있음을 전제로 한다고 주장한다. 이것은 분명히 알미니안주의와는 정반대이며 칼빈주의와는 완전히 일치되는 주장이다. 즉 자연현상의 이면에는 하나님의 초자연적 의지가 잔재해 있어서 모든 사물을 존재케하는 원인이 되며 또 그들을 미리 세워놓은 계획대로 이끌어간다는 것이다”라고 말한 다음 “예정론이란 무엇을 의미하는가? 그것

---

56) *Systematic Theology*, I, p.539. ; II, p. 314.

은 곧 우주의 만상이 우연적 산물이 아니고 일정 불변의 법칙에 순응한다는 것과 자연계나 역사상의 발전은 영원불변의 대의지(大意志)의 소위(所爲)임을 믿는 것"[57] 이라고 말하였다.

III. 칼빈주의 체계만 현대과학과 의학에 조화된다.

모든 사물의 일정불변성을 말하는 칼빈주의적 세계관과 인생관은 현대과학과 철학에 아주 잘 조화된다. 사람들은 종종 성경에서 아무리 예정교리를 분명히 가르친다 해도 성경 외에서는 그것이 전혀 증명되지 않는다고 말하는데 이같은 견해는 얼마나 터무니없는 견해인가! 이것은 주로 다른 신학체계를 세우고자 하는 자들의 주장이다. 그러나 현대과학과 철학(예를 들면 생리학적 심리학)에 능통한 사람이라면 누구나 다 사실은 이와 반대임을 알고 있다. 오늘날 행동주의, 결정론(Determinism), 유전 등에 대한 강조를 주목해보라. 멘델의 법칙은 바로 유전학 영역에서의 예정론이 아니고 무엇인가? 물론이 법칙을 말하는 자들은 하나님을 알지 못하는 자들이요, 초자연도 믿지 않는 자들이지만 그들이 지지하는 법칙만은 예정론과 그 성격이 같다는 말이다.

우주는 하나의 체계적인 전체로서 각 부분이 상호 관련되어 있으며 미리 예정된 과정에 따라 진행되는 것이다. 초자연적 현상에 대해 서로 다른 사상과 전문 용어를 갖고 있는 현대 최대의 과학자들과 철학자들도 이 세계를 하나의 단위로 보는 칼빈주의적 견해를 지지한다. 그들은 하나님의 자유나 그의 인격을 부인할지도 모르며 그들의 숙명론적 형이상학은 하나님의 섭리 및 은혜교리와 근본적으로 모순이 될 수도 있다. 그들은 두뇌의 사상 진행과정을 설명해 보려고 시도할 수도 있으며 심지어 물리적, 화학적 법칙으로 생명자체까지도 설명하려고 시도할지 모른다. 그러나 생명과 자연의 등위적(等

---

57) *Lectures on Calvinism*, pp. 149, 150.

位的) 사실들에 대한 그들의 생각만은 철저히 칼빈주의적이다.

예정론이 우리에게 가르쳐 주는 것과 같은 사물의 통일성, 견고성, 질서 등에 대한 신앙이 없다면 과학은 단순한 추측에 지나지 않을 뿐이다. 과학은 우주의 유기적 상호연관성 또는 우주의 통일성에 대한 신앙에 근거한 것이며 우리의 전 삶은 틀림없이 어떤 특별한 우주의 능력이나 창조자에 의해 세워진 법칙 또는 원리 아래 놓여있다는 확신에 근거한 것이다. 따라서 우리가 과학을 배우면 배울수록 자연계에는 일정한 법칙과 통일성이 있음을 더 분명히 알게 되는 것이다.

우리가 역사를 연구하면 역사 역시 사건들의 연쇄작용이라는 사실을 발견하게 된다. 마치 우주 내에서 모래알이 모든 태양과 관련된 것처럼 모든 사건은 역사의 전개 속에서 필연적이며 정확한 자기 위치를 차지하고 있다. 그래서 우리가 아주 보잘 것없이 생각했던 사건들이 종종 우리의 인생 행로를 변경시키곤 하는 것이다. 만일 이 연결 고리들 중 하나가 빠진다면 그 결과는 근본적으로 달라질 것이다. 어떤 때는 아주 미미한 사건이 세계를 진동시킬 사건의 계기가 되기도 하는데, 예를 들면 1914년에 셀비안의 한 청년이 오스트리아 황제를 사살한 것이 계기가 되어 세계 제일차 세계 대전이 발단된 경우가 바로 그런 경우라 하겠다. 많은 사람들은 아주 당연히 인간과 천사의 자유행위 특히 그들의 죄악된 행위의 원인을 하나님의 예정 탓이라고 본다.

만일 하나님께서 그의 계획대로 세상을 통치하시는 것이 사실이라면 그의 섭리적 통치는 모든 사건(자연계뿐 아니라 인간사의 영역까지)에까지 미치는 것임에 틀림없다. 그래서 성경은 우리에게 인간과 천사의 자유행위는 마치 자연계의 사건이 그런 것처럼 확실히 하나님이 예정하신 것이라고 가르친다.

예정에 대한 이상의 과학, 철학, 역사, 성경의 사중논증(四重論證)은 가볍게 취급할 수 없는 것이다. 철학, 과학, 역사의 논증대로라면 예정은 매우 엄하고 냉정한 것이지만 성경의 교훈대로라면 인종적

선택, 개인적 선택, 하나님의 부르심 등은 단순한 주권적 의지의 행
사가 아니고 주권적 은혜의 행사라는 것을 알 수 있으며 우리는 하
나님의 영원하신 목적이 인간에 대한 인애(仁愛)에 기초한 것이지
그를 대적하는 것이 아니라는 것을 알 수 있다. 그래서 우리는 예정
의 사실로 말미암아 큰 위안을 얻을 수 있는데 그 이유는 예정에 포
함되어 있는 그의 목적이 강한 만큼 그의 사랑과 긍휼 역시 지대할 것이
기 때문이다.

제26장
마호메트교의 예정론과 비교

Ⅰ. 양 교리가 공동으로 갖고 있는 요소들

마호메트교는 거짓 종교로서 영혼을 죄에서 구원할 힘은 없으나 약간의 진리는 내포하고 있으므로 그 진리의 근원이 어디에 있든 진리 자체는 존중해야 할 의무가 있다. 프로우드(Froude)는 말하기를 "마호메트교의 위력은 그들의 교리 즉 그의 영원하신 목적으로 만물을 창조하시고 그의 뜻에 만물을 복종시키시는 만물의 창조자요 통치자인 영원하신 영의 전능과 편재를 가르치는 데 있다"[58]고 했다. 성경의 예정론과 코란경의 예정론 사이에는 엄청난 유사성이 있어서 많은 학자들이 이를 주목해 왔다. "마호메트교계의 사도"로 불리는 사무엘 M. 즈웨머(Samuel M. Zwemer)는 구라파에서의 칼빈의 종교 개혁과 아라비아에서의 마호멧 운동 사이에는 유사한 점이 있음을 지적하여 우리의 주의를 환기시키고 있다. 그는 말하기를 "마호메트교는 여러 면에서 동양의 칼빈주의라 할 수 있다. 그것 역시 하나님의 의지의 절대적 주권성을 주장한다. 즉 '하나님 외에는 신이 없다'고 한다. 또한 하나님의 임재와 능력의 권위, 하나님의 영광, 하나님의 초월성과 전능하심의 현현을 자연과 계시를 통해 추구한다. 그래

---

58) *Calvinism*, p. 28.

서 마호메트교는 '하나님, 그 분 외에 다른 신이 없다. 그는 살아계시며 자존하시는 신이요, 졸지도 주무시지도 않는 신이시다. 그의 보좌는 하늘에서 땅끝까지 이르며 그의 허락없이는 아무도 구원될 수 없다. 그만 홀로 높으시며 위대하시다'라고 말한다. 이 중요한 유신론적 원리야말로 제6 세기에 나약하고 분열된 동양의 우상숭배적 기독교계를 압도한 마호메트교의 승리를 잘 설명해주는 것이다. 마호메트가 처음으로 녹색 기(旗)를 들고 나설 때 부르짖은 말은 '하나님 외에 다른 신은 없다. 하나님은 왕이시니 너희는 반드시 그의 뜻에 복종할지라'는, 신의 특질과 신인(神人) 관계를 가장 간단 명료하게 설명해준 말이었다…이것이 마호메트교이며 어떠한 논쟁으로도 설득시킬 수 없게 되어버린 민중들에게 칼자루를 쥐게해준 구호였다"[59]고 했다.

코란경 외에 예정에 관한 마호멧교의 교훈이라 칭하는 정통적 외경(外經)이 약간 있다. 이들중 어떤 것들은 인간이 출생하기 전에 어떻게 천사가 내려와서 그의 운명을 기록했는지에 대해 천편일률적으로 말해주고 있다. 즉 천사는 그 사람의 운명에 대해 기록하기 전에 하나님께 "주여 이 출생할 자의 운명은 불행합니까, 행복합니까?"라고 물은 다음 하나님이 가르쳐주신 대로 기록한다. 그리고 또 "아들입니까, 딸입니까?"라고 물은 다음 가르쳐 주신대로 기록하고 새로 출생할 자의 도덕적 품행과 전 생애, 그의 수명과 운명도 기록한다. 그런 다음 하나님께서 그 천사에게 "그 두루마리를 덮어두고 거기에 더하거나 덜하지 말라"고 말씀하신다는 것이다. 또 다른 전설에서는 하나님의 사자가 "모든 인간은 출생 전에 이미 천국으로 갈 것인지 지옥으로 갈 것인지 다 예정되어 있다. 이렇게 예정되지 않고 출생되는 자는 이 세상에 한 사람도 없다. 모든 사람의 행, 불행은 다 영원 전에 예정된다"[60]라고 말하고 있음을 읽을 수 있다.

그러나 코란경과 그 외경은 인간의 도덕적 행위와 미래 운명이 엄

---

59) Article, *Calvinism and the World of Islam.*
60) *Salisbury, Article, Mohammedan Doctrine of Predestination and Free Will.*

밀하게 예정되어 있음을 가르치는 한편 인간의 자유에 대한 교리도 제시하고 있는데, 성경에서처럼 여기서도 분명히 서로 반대되는 진리인 신의 주권과 인간의 자유문제를 조화시키기 위해 애써 설명하려 하지 않고 있다.

II. 운명론적인 마호메트교의 경향

그러나 사실 마호메트교는 세상 만사의 유일 원인으로서 신을 강조하고 제이 원인들은 다 배제해 버린다. 인간이 자기 행동의 원인이라는 생각은 거의 존재하지 않았으며 마호메트교 이전의 반(半)문명국 단계에 있던 아라비아인의 일반적 신념인 숙명론이 마호멧교계의 사변(思辯)과 실제생활의 지배적인 세력이었다. 즈웨머 박사(Dr. Zwemer)는 말하기를 "이런 모든 전설과 십 세기 이상이나 그들 생활 속에 존재해왔던 전설 해석에 따르면 이런 종류의 예정론은 숙명이라고 부를 수 밖에 없다. 왜냐하면 숙명론이야말로 불가피적 필연성의 교리요 전능하고 전제적인 주권을 내포하고 있기 때문이다"[61]라고 하였다.

실제로 마호메트교는 수단과 무관한 목적론적 예정을 주장하는데 이것은 기독교의 예정론과 대조적이다. 이 두 예정론의 차이점은 다음의 예화가 잘 설명해 준다. 영국인과 마호메트교도들로 만원을 이룬 한 배가 행해하던 중에 우연히 승객중 한 사람이 바다에 빠졌다. 그 때 마호메트교도들은 무관심하게 그를 보며 말하기를 "그가 구원되고 못되는 것은 하나님 손에 있으니 그가 구원얻기로 예정되었으면 우리 손을 거치지 않고도 구원될 것이요, 만일 익사하기로 예정되었으면 우리가 건지려해도 죽을 것"이라고 하면서 그 사람이 빠져 죽어가는 것을 보고만 있었다. 그러나 영국인들은 "어쩌면 우리가 그를 건져내는 것이 하나님의 예정일지도 모른다" 고 하면서 밧줄을

---

61) *Moslem Doctrine of God*, p. 97.

던져 그 빠져 죽어가는 사람을 구원했다고 한다. 이 영국인들이 바로 기독교의 예정론을 이해한 자들이라 하겠다.

Ⅲ. 기독교 교리는 마호메트교에서 유래하지 않았다.

예정론에 대한 논평이 무엇이든지 이것을 마호메트교에서 빌어온 것이라고 말할 자는 하나도 없을 것이다. 신구(新舊) 양 교회가 그 당시 기독교회에서는 가장 탁월했던 위인으로 인정하고 있으며, 개신교에서는 바울시대와 루터시대 사이의 최대 위인으로 손꼽고 있는 어거스틴이 마호메트교의 발생 2세기 전에 이미 대단한 확신을 가지고 이 교리를 가르친 바 있다. 또 구약시대로까지 소급해 갈 필요없이 기독교 초기에도 그리스도와 사도들이 적극적으로 가르친 바 있는 교리이다.

마호메트교의 교리와 역사를 연구해보면 마호메트교의 예정론은 세 부분으로 이루어져 있는데, 하나는 유대인으로부터 둘째는 기독교인으로부터 셋째는 이교도인 아라비아인으로부터 빌려온 것이다. 따라서 마호메트교 체계의 일부는 기독교의 그것 그대로라고 할 수 있다. 그러나 우리는 우리 교리의 어떤 부분이 마호메트교의 어떤 부분과 비슷하다고 해서 그 부분을 경시해서는 안된다. 마호메트는 유일신을 믿었고 일체의 우상숭배를 파기했으며 천사와 일반적인 부활 및 심판, 천국과 지옥을 믿었으며 신구약 성경을 인정했고 모세와 그리스도를 하나님의 선지자로 믿었다. 따라서 기독교적 예정론의 모든 요소가 마호메트교의 체계 중에 흡수되어 이교적 숙명론과 연합, 마호메트교의 예정론을 이루게 되었다는 것은 조금도 놀라운 일이 아니다.

더구나 이 문제에 대해 역사적으로 연구해보면 마호메트 교도들 가운데도 마호메트교적인 알미니안파들이 있어서 기독교에서처럼 예정과 자유의지 문제에 대해 학자들간에 열띤 공방전이 계속되고 있음을 알 수 있다. 오말(Omar) 종파의 터어키인들은 절대적 예정론을 주장하는 반면 알리(Ali) 종파의 페르시아인들은 알미니안과 같은 열정으로 예정을 부인하고 자유의지를 주장한다.

IV. 양 교리의 대조

비록 개혁주의와 마호메트교의 예정론에 대한 논술 용어가 상당히 유사하긴 하지만 그 추론의 결과는 동(東)이 서(西)에서 먼 것만큼이나 서로 차이가 있다. 사실 깊이 연구하면 할수록 그 유사성은 더욱 더 피상적임을 알게 된다. 양자의 최대 유사점은 모든 것이 하나님의 뜻에 따라 생긴다는 것을 가르친다는 점이다. 그러나 여기서 "하나님의 뜻" 이라는 말이 포함하고 있는 개념이 전혀 다르다. 마호메트교에서는 하나님을 의지의 카테고리 속에 갇혀있는 동양식(東洋式) 전제 군주로 만들어 버린다. 그는 인간의 성격을 전혀 무시하고 맹목적 복종만을 강요하는 인간 위에 군림하는 폭군이다. 인간이 할 수 있는 유일한 일은 그의 작정에 대한 복종뿐이다. 장키우스의 말처럼 마호메트교의 예정은 "정(正)과 사(邪), 적(適)과 부적(不適), 이 모든 것들을 제이 원인의 독특한 성질은 전혀 개의치 않고 폭력적으로 수행하는 일종의 맹목적이며 성급한 전제적 힘이 된다." 인간의 자유에 대해 즈웨머 박사는 말하기를 마호메트교 교리에서는 "하나님의 전능이 너무나 절대적이어서 인간의 모든 자기 활동을 배제시킨다……인간의 자유는 무엇이든지 가습(Kasb) —인간이 자유로 행사하는 것이 아니고 하나님의 강요에 못이겨 행사하는— 이라는 말로 이해된다"고 하였다.

코란경과 그 정통적 구전(口傳)들은 인간의 죄와 도덕적 책임에 대한 개념에 대해 전혀 언급하고 있지 않기 때문에 주지하는 바와 같이 마호메트교의 도덕적 실천은 아주 유치하다. 또 마호메트교에서는 하나님을 죄의 기원자로 본다. 이처럼 마호메트교와 기독교는 죄의 기원과 특성에 대해 전혀 다른 개념들을 갖고 있다.

마호메트교에는 하나님의 부성(父性) 교리가 전혀 없고 하나님의 작정교리를 완화시켜줄 구속(救贖)의 목적이 전혀 없다. 그들의 견해에 따르면 하나님이 한 무리의 인간들은 천국을 위해 창조하셨고 또 다른 무리들은 지옥을 위해 창조하셨다. 그리고 인간의 일생에 일어나는 모든 사건들은 명령된 것들이기 때문에 인간에게는 유죄도 도덕적 책임도 없다고 한다. 그들은 그리스도로 말미암는 은혜와 영광의 선택도 부인하며 그의 백성들을 위해 죽으신 그리스도의 희생적 죽음도 부인한다. 그들은 구원의 불가항력적 은혜나 성도의 견인에 대해서도 전혀 언급하지 않으며 심지어 현세적인 사건의 예정에 관한 사상조차도 아주 조잡하다. 알라(Allah) 신에게는 사랑의 속성이 전혀 없으며, 하나님이 우리를 사랑하셔야 한다든가 우리가 하나님을 사랑해야 한다는 사상 등은 그들에게 아주 생소하다. 코란경은 성경이 그토록 많이 언급하고 있는 이런 문제에 대해 거의 암시조차 하지 않고 있다.

결론적으로 알미니안 교리는 마호메트교도들에게 호소하는 바가 거의 없다고 할 수 있다. 선교 사역에 관한 한 칼빈주의적 교회는 다른 어떤 교회보다도 일찍 그리고 강력하게 마호메트교 세계에 들어갔으며 마호메트교 발생지에서 백년 이상 그들과 혼자 싸워왔다. 하나님의 주권을 그 근거로 하고 하나님의 영광을 그 목적으로, 하나님의 의지를 그 동기로 하는 장로교와 개혁주의 교회는 마호메트 교도들의 마음을 그리스도께로 전향케 하는데 가장 적절하다. 따라서 이 교회들은 성공에 대한 밝은 희망을 안고 모든 선교사역 중 가장 힘든 회교권 복음화를 담당하고 있는 것이다.

제 5 부

제27장
예정론의 실제적 중요성

I. 이 교리가 일상생활에 미치는 영향
II. 이 교리는 안전감과 용기의 근원이 된다.
III. 인간의 구원에 있어서 하나님의 행위를 강조한다.
IV. 칼빈주의만이 모든 이론적 공격을 감당할 수 있다.
V. 이 교리들은 이해만 한다면 지극히 합리적인 교리들이다.
VI. 웨스트민스터 회의와 웨스트민스터 신앙고백
VII. 이 교리는 공공연히 가르치고 설교해야 한다.
VIII. 교직 임직 서약과 그 임무
IX. 장로교는 진정으로 광범위하고 관대하다.
X. 오늘날 칼빈주의가 부진한 이유

I. 이 교리가 일상생활에 미치는 영향

예정론은 많은 사람들이 생각하고 있는 것처럼 메마르고 냉혹하며 탁상공론적인 이론 또는 부자연스럽고 생소한 이론이 아니라 오히려 하나님과 인간과의 관계를 가장 따뜻하고 생생하게 설명해주고 있는 핵심적인 중요한 교리이다. 예정론은 성령의 감화 아래 인간의 성정 (性情)을 형성하고 행위에 대한 바른 방향을 제시해 주기 위해 계획, 적용되는 위대한 실천적 진리 체계이다. 이 점에 대하여 칼빈 자신이 증언하기를 "예정론을 논함에 있어서 나는 먼저 독자들에게 주의를 줄 것이 있다. 그것은 이 주제가 많은 사람들이 상상하는 것처럼 아무 유익도 없이 인간의 마음을 찌르고 소란스럽게 하는 논쟁이나 그 마음을 지루하게 하는 탁상공론이 아니라 우리로 하여금 하나님을 섬기게 하기 위해 채택된 견고한 교리라는 점이다. 왜냐하면 이 교리는 우리의 신앙을 견고하게 해주고 우리를 겸손케 하여 우리를 향한 하나님의 끝없는 인애에 대해 찬송케 하는 한편 우리를 고양시켜 가장 높은 곡조로 이 선하심을 찬양케 하기 때문이다. 우리의 신앙을 견고하게 세우는 데는 하나님의 선택에 우리의 귀를 기울이는 것보다 더 효과적인 방법이 없다. 우리가 이것을 듣는 동안 성령이 우리의 마음을 인(印)치사 우리의 구원은 우리를 향하신 하나님의 영원불변하신 사랑에 근거하고 있음을 보여준다. 따라서 그것은 이 세상의 어떠한 폭풍이나 사탄의 어떤 공격 또는 육신의 어떠한 동요나 연약함에 의해서도 제거되거나 변경될 수 없다. 우리가 우리의 구원의 원인을 하나님의 품안에서 발견하게 될 때 우리는 우리의 구원에 대해 확신할 수 있다"[1]고 말하였다. 바로 이러한 것들이 오늘날 우리가 가장 필요로 하는 진실한 말이다.

　본 교리는 이해하는 그리스도인은 자기가 하늘 나라로 가는 길에 있다는 것과 그것이 자기 개인을 위해 예정된 길이라는 것, 그리고 그 길은 복된 길이라는 것을 안다. 그는 아직 모든 것을 자세하게 다 이해하지 못하지만 그의 영원한 운명이 정해져 있다는 것, 그것은 한없이 복된 운명이라는 것, 그리고 아무 것도 이 귀중한 보화를 자기에게서 빼앗을 수 없다는 것을 알고 확신속에서 미래를 대망하는 것이다. 그는 이 땅위의 여정을 다 마친 후에 그것을 회고하며 일생동안 있었던 모든 사건 하나하나가 다 특별한 목적을 위해 하나님이 계획하신 것임을 알고는 그런 특별한 경험을 통해 한 세상을 살아오도록 인도해주신 하나님께 감사하게 될것이다. 이와 같이 이 진리를 한번 확신하게 되면 그는 그를 박해하고 슬프게 한 모든 사람들을 향해 요셉이 그 형들에게 말한 것처럼 "당신들은 나를 해하려 하였으나 하나님은 그것을 선으로 바꾸셨다"고 말할 수 있는 날이 반드

---

1) *Calvin's Calvinism*, p. 29.

시 오리라고 확신할 것이다. 하나님은 높이 초월해 계시면서도 가장 적고 보잘 것없는 사건들에까지도 관여하신다고 하는 이 숭고한 신관은 사람들이 흔히 말하는 요행, 행운, 우연 등의 개념을 전혀 용납하지 않는다. 사람은 자기를 택함받은 자의 하나로 보고 자기 행동 하나하나가 영원한 의의를 갖는다는 것을 알 때 인생이 얼마나 엄숙한 것인지에 대해 한층 더 분명히 깨닫게 되며 자기 생명을 그리스도를 위한 위대한 사업에 바치겠다는 소명감에 불타게 되는 것이다.

II. 이 교리는 안전감과 용기의 근원이 된다.

라이스(Rice)는 말하기를 "예정 교리는 위험의 한가운데서도 신자들에게 안전감을 갖게 해주며 책임과 의무를 다하는 것이 안전한 길이요 번영의 길임을 확신케 해주며 비록 박해를 받을지라도 꾸준히 덕행을 실천하도록 격려해 준다. 그래서 먹구름과 어두움이 그들을 겹겹이 둘러싼 것처럼 보일 때에도 그들은 '내가 결코 너를 버리지 않으리라'는 구세주의 약속을 확신하며 즐거워할 수 있는 것이다"[2] 라고 하였다. 이 교리가 분투하는 성도들에게 주는 안전감은 자기가 자신의 나약함에 맡겨져 있지 않고 전능하신 아버지의 확실한 장중에 맡겨져 있다는 확신 즉 자기가 위로는 하나님의 사랑의 기(旗)에, 밑으로는 하나님의 영원하신 팔에 안겨 있다는 확신에서 솟아나는 것이다. 그들은 악마와 악인이 가령 어떤 반란을 일으킨다 할지라도 그것이 하나님의 제한 안에서만 움직일 수 있기 때문에 결국 하나님의 기쁘신 뜻을 이룰 수 밖에 없다는 것을 안다. 구름 속에서 자기를 둘러싸고 있는 불병거와 천군들이 적군보다 더 많음을 본 엘리사는 자기의 원수들을 두려워하지 않았다. 자기들의 이름이 하늘에 기록된 것을 안 주의 제자들은 핍박을 감수하였으며 심지어 매를 맞고 욕을 먹은 후에 조차 "그 이름을 위하여 능욕받는 일에 합당한 자로

---

2) *God Sovereign and Man Free*, p. 46.

여기심을 기뻐하면서 공회 앞을 떠났다"(행 5:41).

영국교회 신조 제17 조에 말하기를 "하나님께서 우리를 예정하시고 그리스도 안에서 택해 주신 것을 생각하면 말할 수 없는 위로를 얻게 된다"고 하였다. 바울은 "아무 일에도 염려하지 말라"고 권면하였다. 마음에 참된 평화는 바로 하나님께서 보좌로부터 전 우주를 실제로 다스리고 계시다는 것과 그가 우리를 그의 백성으로 예정하셨다는 것을 알게 될 때 얻어진다.

클라렌스 E. 메카트니 박사(Dr. Clarense E. Macartney)는 한 설교에서 예정에 대해 다음과 같이 말하였다. "우리가 예정이라는 안경을 통해 소위 인생의 불행이나 재난들을 본다면 그들은 전혀 다른 색채를 띠게 될 것이다. 따라서 그리스도인은 '내가 만일 다른 방면으로 나갔더라면' '내가 다른 사람과 결혼했더라면' 등과 같은 생각은 결코 하지 말아야 한다. 이 모든 생각들은 비기독교적인 생각들이다. 어떤 의미에서 우리의 운명은 우리 자신이 만든다고 할 수 있다. 그러나 실제로는 하나님이 우리의 운명 형성에 아주 중요한 역할을 하시는 것이다. 우리에게 신앙과 소망을 주시는 분은 하나님이지 우리가 아니다."

파스칼(Blaise Pascal)은 가족을 여읜 친구에게 상투적이며 진부한 위로의 말 대신 예정론을 조위문으로 써서 보냈는데 그것은 다음과 같다. "우리가 이 일을 우연한 사건이나 운명적 필연으로 보지 않고 영원전부터 모년(某年), 모월(某月), 모시(某時), 이곳에서 이런 식으로 이 일이 일어나리라고 예정된 하나님의 공의롭고 거룩하며 불가결한 작정의 결과로 본다면 우리는 마땅히 겸손하게 침묵하며 헤아릴 수 없이 높으신 하나님의 경륜을 찬미해야 할것이요, 그의 작정의 존엄을 공경해야 할것입니다. 또한 그의 섭리를 찬양하며 우리의 뜻을 그의 뜻에 합치시켜 그가 영원토록 우리 안에서 우리를 위하여 이루시고자 하는 바를 우리도 그 안에서 그를 위하여 그와 함께 이루고자 해야 할 것입니다."

진정한 칼빈주의자는 범사에 하나님의 능력의 손과 전지하신 목적이 있음을 알기 때문에 그가 당하는 고통, 비애, 박해, 실패 조차도 사실은 우연한 결과가 아니고 하나님이 예지하시고 예정하신 것으로서 그의 유익을 위해 계획된 연단이나 훈련이라고 본다. 그는 하나님이 불필요하게 그의 백성을 괴롭히시지는 않는다는 것과 그의 계획 속에서 이 모든 재앙들의 수효, 분량, 방법까지도 질서 정연하게 예정되었다는 것, 그래서 이것들은 하나님이 필요하다고 인정하시는 동안만 계속될 것이라는 것을 믿는다. 슬픔을 당할 때 그의 마음은 본능적으로 이 신앙에 매달리게 되면서 자기는 잘 모르지만 하나님의 지혜롭고 은혜로운 여러가지 이유때문에 이 재난이 닥쳤을 것이라고 생각한다. 비록 처음에는 그 재난이 그의 마음을 상하게 할 수 있으나 진리에 대한 지식이 재빨리 그를 믿음의 자리로 돌려보내기 때문에 그는 슬픔과 재난이 전혀 없었던 상태로 돌아가게 된다.

이것에 대해 성경은 다음과 같이 말씀하고 있다. "하나님을 사랑하는 자 곧 그 뜻대로 부르심을 입은 자들에게는 모든 것이 합력하여 선을 이루느니라"(롬 8:28). "내 아들아 주의 징계하심을 경히 여기지 말며 그에게 꾸지람을 받을 때에 낙심하지 말라 주께서 그 사랑하시는 자를 징계하시고 그의 받으시는 아들마다 채찍질하심이니라"(히 12:5-6). "이는 여호와시니 선하신 소견대로 하실 것이니라"(삼상 3:18). "생각컨대 현재의 고난은 장차 우리에게 나타날 영광과 족히 비교할 수 없도다"(롬 8:18). "나를 인하여 너희를 욕하고 핍박하고 거짓으로 너희를 거스려 모든 악한 말을 할때에는 너희에게 복이 있나니 기뻐하고 즐거워하라 하늘에서 너희 상이 큼이라 너희 전에 있던 선지자들을 이같이 핍박하였느니라"(마 5:11-12). "우리가 그와 함께 참으면 또한 함께 왕노릇 할것이요"(딤후 2:12). "주신 자도 여호와시요 취하신 자도 여호와시오니 여호와의 이름이 찬송을 받으실지니이다"(욥 1:21). 어떤 사람이 우리를 중상모략할 때 우리가 만일 "여호와께서 저에게 저주하라 명하셨다"(삼하 16:11)고 한 다윗의 말을 기억한다면 적어도 화는 나지 않을 것이다.

우리가 구원얻기로 예정되었다는 사실은 우리의 구원의 확실성을 보장해준다. 성경의 다른 교리들은 우리에게 위안을 줄뿐이지만 이 예정교리만은 우리에게 구원의 확실성을 갖게 해준다. 예정교리는 복음을 참된 의미에서 "좋은 소식"이 되게 한다. 그리스도의 희생은 실제로 아무도 구원하지 못하고 단지 모든 사람을 위한 구원의 가능성만 제시했을 뿐이라고 주장하는 체계는 모두 복음을 좋은 충고정도로 전락시키는 셈이다. 그리스도의 희생으로 말미암아 우연히 구원얻을 수 있다는 말은 논리적으로 볼 때 우연히 멸망당할 수도 있다는 말이니 이같은 구원은 참 구원이라 할 수 없다. 타락한 인간에게 있어서 복음이 좋은 소식인가 아니면 좋은 충고정도인가 하는 데는 얼마나 큰 차이가 있는가! 그런데 세상은 좋은 충고로 가득 차 있다. 심지어 이교 철학자들의 책에까지도 좋은 충고는 적혀 있다. 그러나 복음만은 하나님이 그를 구원하셨다는 "좋은 소식"을 인간에게 제시해 준다.

칼빈주의 체계가 비록 논리적이요 가혹하긴 하지만 결코 사람을 상심시키거나 의기소침하게 하지는 않는다. 오히려 용기를 북돋아주고 적극적이 되게 한다. 누구나 자기가 사명을 다 할때까지는 결코 죽지 않는다는 것을 안다면 틀림없이 용기백배할 것이다. 그래서 스미드(Smith)는 칼빈주의자를 다음과 같이 평한다. "그의 발을 무서운 수렁에서 건져 영원한 반석 위에 놓았고, 그의 마음은 지극한 감사로 떨리며, 그의 영혼은 결단코 그를 버리지 않으실 하나님의 사랑과 그 안에서, 그를 통하여 영원하신 선한 목적을 이루고 계시는 하나님의 능력을 의식하고 있기 때문에 그는 아무도 대적할 수 없는 무적(無敵)의 능력을 갖고 있다. 그는 일찍이 나폴레옹이 꿈꾸었던 것보다 훨씬 더 고상한 의미에서 자기가 '운명의 사람' 임을 안다"고 하면서 그는 "칼빈주의가 가장 만족스럽고 동시에 가장 고무적인 신조이다"[3]라고 말하였다.

예정론은 그것을 믿는 자들에게 용기를 줄뿐 아니라 겸손한 마음

---

3) *The Creed of Presbyterian*, pp. 53, 94.

과 감사하는 마음까지도 준다. 세상의 현상태에서 그는 자기가 불타는 데서 끄집어내진 하나의 나무조각에 지나지 않는다는 것을 안다. 그는 자기가 자신의 어떤 공로나 지혜로 구원얻은 것이 아니고 오직 하나님의 은혜와 자비로 구원얻은 것임을 알기 때문에 온전히 하나님만 의지하려 하며 힘써 선행을 행하려고 한다. 인간을 경건하고 겸손하게 그리고 인내와 감사로 충만하게 하는 길은 오직 예정교리에 대한 철저한 신앙뿐이다.

Ⅲ. 인간의 구원에 있어서 하나님의 행위를 강조한다.

예정교리로 말미암아 밝혀진 이 모든 심오한 진리들을 모르는 신자가 있다면 그는 아주 불완전한 그리스도인이라 하겠다. 이런 신자는 하나님의 영광에 대해서도, 그리스도의 구속을 통해 그에게 베풀어지는 은혜의 풍성함에 대해서도 충분한 감사를 가질 수 없다. 왜냐하면 하나님이 택함받은 자를 영생으로 예정하셨다는 교리야말로 다른 어느 교리보다도 하나님의 영광이 인간의 어떠한 행위로도 더럽혀지거나 흐려지지 않는 원만한 광채를 발할 수 있도록 해주기 때문이다. 예정론은 우리의 존재 및 소유의 일체를 하나님의 은혜로 돌리게 한다. 또 인간의 자만을 여지없이 깨뜨려버리고 하나님의 긍휼을 한없이 고양시킨다. 이 교리는 인간을 무(無)로 돌리고 하나님을 전부로 하여 무한히 높으신 창조주와 피조자의 관계를 정당하게 유지시켜 준다. 그리하여 우주의 통치자이신 유일절대의 주권자를 높이고 그에게만 일체의 권위를 드리며 하나님의 은혜를 떠난 인간은 누구나 다 똑같은 수준에 있다는 것을 보여준다. 이리하여 예정론은 가는 곳곳마다 교회에서와 마찬가지로 국가에서도 인간의 권리를 옹호해 왔다.

구원에 있어서 알미니안 교리가 인간편을 강조하는 반면 예정론은 하나님편을 강조한다. 예정론은 우리에게 구원이 순전히 은혜로 말미암는다는 사실과 우리가 죄때문에 고통당하는 다른 사람들보다 조금도 나을 바가 없다는 사실을 깨닫게 해준다. 그리하여 우리는 구원얻지 못한 자들에 대하여 더욱 동정적이 되고 관대해지며 하나님께 대하여는 영원히 감사하게 된다. 또 이 교리는 우리에게 타락상태에서의 우리의 지혜란 우매하며 우리의 능력 또한 약하고 우리의 의(義)란 것은 일고의 가치도 없는 것임을 가르쳐 준다. 그리고 우리의 소망은 하나님께만 있으며 오직 하나님께로부터 모든 도움이 나온다는 것을 가르쳐 준다. 이것은 너무나 많은 사람들이 알지 못하는 "자기 절망"이라는 매우 귀중한 교훈을 우리에게 가르쳐 준다. 루터는 이 교리가 자신을 자기 절망에 빠지게 한다고 해서 호의를 갖지 못했었으나 후에 이 자기 절망이 유익한 것이요 하나님의 은혜로 가는 지름길임을 발견했다고 말하였다. 실제로 교리는 이것과 모순되는 어떤 교리보다도 더 많은 난제들을 해결해 주며 믿음과 소망에 대해 더욱 견고한 근거를 제공해 주며 더 많은 영광과 찬송을 하나님께 돌린다. 예정론은 성경 기자의 종교적 개념의 기초이므로 만일 신구약 성경에서 그것을 뽑아 버린다면 성경의 전 주장이 일변하다고 해도 과언이 아니다. 메이첸(J. Gresham Machen) 박사는 "칼빈주의자는 알미니안주의가 하나님의 은혜에 대한 성경 교리를 빈곤화한다고 보는 반면 알미니안파는 칼빈주의 신학이 성경을 오용한다고 본다"[4]고 말하였다.

복음주의적 기독교인들이 이 문제에 대해 취할 수 있는 이론은 단 둘뿐이다. 그 문제에 대해 연구해본 사람, 그리고 그 문제에 대해 확고한 결론에 도달한 사람은 모두 틀림없이 칼빈주의자가 되거나 알미니안주의자가 될것이다. 이 외에 기독교인이 취할 수 있는 다른 입장은 없다. 그리스도의 죽음의 희생적 성격을 부인하는 자는 자력 구원이나 자연주의 체계로 흐르기 쉬운데 이들은 역사적으로든 그 칭호의 의미로든 "기독교인"이라 할 수 없다.

---

4) *Christianity and Liberalism*, p. 51.

우리가 기독교내의 모든 종파들을 비교해 볼 때 루터교는 오직 믿음으로 구원된다는 사실을 강조하며 침례교는 성례전의 중요성 특히 세례와 신자 개인 및 회중의 의(義)를 강조하고, 감리교는 인간에 대한 하나님의 사랑과 하나님께 대한 인간의 책임을, 회중교는 개인적 판단의 권리와 지교회의 권리를, 카톨릭교는 교회의 통일성과 사도적 교회 계승의 중요성을 각각 강조한다. 물론 이 모든 주장들이 귀하기는 하지만 장로교와 개혁주의 교회가 강조하는 하나님의 주권 교리에 비하면 그 중요성이 훨씬 적다 하겠다. 다른 교리들은 다소 인본주의적이라 할 수 있으나 칼빈주의만은 신본주의적 원리로서 하나님을 하늘 보좌에 앉아 전 우주를 통치하시는 위대한 주권자로 설명한다.

워필드 박사는 루터교와 개혁주의 교회의 기초가 되는 원리를 잘 분석하고 있다. 그 차이는 루터교가 하나님의 주권을 부인한다는 것도 아니요 개혁주의 교회가 믿음으로만 구원얻는다는 사실을 부인한다는 것도 아니라고 말한 후 다음과 같이 덧붙여 말하였다. "루터주의는 죄악고(罪惡苦)에 시달리던 영혼이 하나님과의 화해를 구하다가 마침내 믿음 안에서 그 평화를 발견한다. 그러나 바로 거기에서 정지한 채 칭의된 영혼이 누리는 평화 이상을 뛰어넘지 못한다. 칼빈주의도 루터주의와 같이 열심으로 '내가 구원얻으려면 무엇을 하여야 할꼬?'라고 질문하다가 그 해답을 믿음 안에서 발견한다. 그러나 칼빈주의는 거기서 멈추지 않고 보다 더 심각한 질문인 '내가 칭의를 얻은 이 믿음이 어디서 오는가?'라는 질문을 던진다. 의심할 여지없이 칼빈주의는 구원에 대한 열심을 갖고 있다. 아니 오히려 하나님의 영광에 대해 가장 큰 열심을 갖고 있다고 할 수 있다. 칼빈주의는 하나님의 영광으로 시작해서 하나님의 영광으로 끝나는 교리이다. 그것은 만물로 하여금 하나님을 경외하게 하며 삶의 전영역에서 하나님의 주권을 인정하게 하는 교리이다."5) 그는 다시 말하기를

---

5) Article, *Calvin as a Theologian and Calvinism Today*, pp. 23, 24.

"한 마디로 말해서 칼빈주의적 사고(思考)의 기초는 하나님의 권위이다. 인간이 이것을 알때 비로소 그는 하나의 피조자로서, 아니 오히려 죄인으로서 하나님 앞에서의 자신의 무가치함을 깨닫게 되고, 이렇게 위대하신 하나님이 죄인을 용납해주셨다는데 대해 경의와 찬양을 돌리게 되는 것이다"라고 하였다. 여기서 자신에 대한 모든 신뢰를 버리게 되고 오직 하나님의 은혜에만 자기를 맡기게 된다. 그리하여 자연, 역사, 은혜, 그 어디서나 영원부터 영원까지 모든 것에 다 스며있는 하나님의 활동을 보게 되는 것이다.

만일 하나님이 인간의 구원에 대하여 정확한 계획을 갖고 계신 것이 사실이라면 그 계획이 어떤 것인지 알아보는 것은 매우 중요하다. 복잡한 기계를 보기는 하지만 그 기계의 목적이나 각 부품간의 관계에 대해 모르는 사람이 있다면 그는 틀림없이 기계를 이해할 수도 이용할 수도 없을 것이다. 마찬가지로 만일 우리가 구원의 계획 혹은 그 계획을 이루기 위해 기도(企圖)된 각 부분들간의 관계에 대해 잘 모른다든가 잘못 오해한다면 우리의 견해는 뒤죽박죽이 되어 오류를 범하게 될것이다. 그리하여 우리 자신의 구원에도 적용하지 못할뿐 아니라 타인에게도 그것을 나타내 보이지 못할 것이다. 그런데 예정론은 우리에게 구원의 도에 대해 많은 것을 계시해주며 기독교인에게 한없는 위로와 확신을 주기 때문에 위대하고 복된 진리라 할 수 있다.

우리는 서슴치 않고 성령의 영감으로 주어진 칼빈주의 교리와 신념이야말로 철학의 궁극적 체계라고 단언한다. 더구나 신학은 하나님 자신을 연구하지만 자연과학이나 교양과목들은 하나님의 외관(garments)만 연구한다. 따라서 신학이 "학문의 여왕"임에 틀림없다. 서로 다른 여러 사상 학파들에 의해 연구되는 학문인 철학은 실로 인문과학의 기초요 여왕이다. 그러나 그 자체는 신학 연구의 보조학문에 지나지 않는다.

칼빈주의 신학은 일찍이 인간의 정신이 연구했던 주제중 가장 위대한 주제이다. 이 주제의 출발점은 하나님의 위대하심과 완전하심에 대한 깊은 이해에서부터 시작된다. 하나님의 주권적 은혜, 능력, 영광이라는 빼어난 교리를 갖고 있는 이 체계는 다른 어떤 체계보다도 훨씬 더 우수하다. 사실 이 체계 앞에서는 누구나 시편 기자와 함께 "이 지식은 내게 너무 기이하니 높아서 내가 능히 미치지 못하나이다"(시 139:6)라고 부르짖든가, 아니면 사도 바울과 함께 "깊도다 하나님의 지혜와 지식의 부요함이여 그의 판단은 측량치 못할 것이며 그의 길은 찾지 못할 것이로다"(롬 11:33)라고 감탄할 수 밖에 없다. 이 주제는 그동안 위대한 사상가들로부터 여러 번 도전을 받아 왔으며 천사들이라도 알아보기를 원한 오묘한 주제이다. 다른 체계들을 거쳐 이 체계에 이르는 것은 마치 강 하구를 지나 거대한 대양으로 들어가는 것과 같다. 이 체계에서 우리는 우리 자신이 얕은 여울을 뒤로 하고 깊은 심해로 들어가는 것과 같은 느낌을 갖게 되는 것이다.

IV. 칼빈주의만이 모든 이론적 공격을 감당할 수 있다.

성경에 포함된 모든 교리들은 서로 조화를 이루고 있기 때문에 어느 하나의 오류나 진리는 불가피하게 다른 모든 것에도 어느 정도의 영향을 미치게 되어있다. 때문에 칼빈주의만이 기독교의 주요 교리에 관해 여러 면에서 성경적 견해를 주장한다고 볼 수 있다. 물론 다른 체계들도 기독교 교리의 요체라 할 수 있는 그리스도의 신성, 그의 죽음과 부활, 성령의 역사 등을 부인하지는 않는다. 그러나 특히 칼빈주의적이라 할 수 있는 이 주제들에 대해 저들이 일반적으로 잘못된 경향의 견해를 갖고 있으니 다른 주제들에 대해서도 건전치 못한 견해를 갖게 될것이라는 말이다. 대체로 반(反)칼빈주의자들은 대속, 성령의 역사, 인간의 유죄와 전적 무능력, 중생 등과 같은 교리들을 너무 약화시켜서 이 단어들조차 공허하게 들리도록 만들어 놓았다. 이것이 심해지면 나중에는 이 교리들을 완전히 부인하게 되는 것이다. 그들은 특히 그리스도의 객관적 사역(즉 우리의 죄를 위하여 죽으심으로써 하나님의 공의를 채우신 것)과 우리 안에서 일어나는 주관적 활동을 거의 구별하지 않는다. 따라서 그리스도의 죽음을 단지 인류에 대한 하나님의 차별없는 사랑의 표시 정도로 밖에는 보지 않는데 이것을 다른 말로 하면 "도덕적 감화설"이라 할 수 있다. 그러나 칼빈주의는 그리스도의 고난이 하나님의 공의를 충분히 드렸다고 주장한다. 즉 그리스도의 고난이 그의 백성들의 죄를 보상하기에 충분한 댓가임을 믿는다는 말이다.

우리는 역사적으로 프로테스탄트 교회들이 내부로부터의 불신앙으로 말미암아 공격받았음을 우리 눈으로 실제 목격하는 시대에 살고 있다. 그들중 많은 교회들이 이미 불신앙에 굴복했다. 그리하여 칼빈주의에서 알미니안주의로, 알미니안주의에서 현대주의나 유니테리안주의로 점점 타락해 왔는데 이 후자의 상태(현대주의나 유니테리안주의)는 자멸되었음이 입증되었다. 우리는 기독교의 운명과 칼빈주의의 운명은 밀접한 관련을 맺고 있음을 확신한다. 확실히 현대주의나 유니테리안주의는 금세기의 역사가 증명하듯이 스스로도 설 수 없을만큼 무력하다. 칼빈주의 원리를 단념한 기독교는 결국 자연주의로 떨어지고 만다. 어떤 사람들은 칼빈주의와 무신론 사이에 중간 지대란 있을 수 없다고 선언했는데 우리들도 그렇게 믿는다.

지금까지 칼빈주의와 알미니안주의의 차이점을 광범위하게 논해 왔는데 이것은 매우 중요하다. 그래도 우리가 이 진리들을 구체적으로 연구하기 전까지는 알미니안 체계 가운데 얼마나 많은 이단이 포함되어 있는지 깨닫지 못한다. 이 두 체계는 하나가 진리이면 다른 하나는 근본적으로 오류일 수 밖에 없는 관계에 있다. 진정한 칼빈주의자로서 우리는 이 체계가 궁극적 진리를 구현한 것으로 영원히 옳다는 것을 믿는다. 또한 이 체계가 성경에서 가르치는 기독교 진리의 유일한 체계요, 전세계에서 논리적으로나 실제적으로 가장 큰 지지를 받을 수 있는 유일한 체계라고 확신한다. 또 칼빈주의와 유신론은 단순히 접촉점만 가지고 있는 것이 아니라 서로 동일한 것이기 때문에 칼빈주의에서 멀어지면 멀어질수록 그만큼 유신론적 우주관에서도 멀어지는 것이 된다. 그래서 워필드 박사는 칼빈주의야말로 "가장 논리 정연한 유신론이요, 가장 순수하고 건전한 복음주의요, 최고의 종교개념을 갖고 있는 체계"라고 말하였다. 기독교의 장래는 과거에도 그랬던 것처럼 칼빈주의의 손에 달려 있으며 세계에서 기독교가 전진해 가는만큼 이 교리 체계도 점진적으로 전진해갈 것을 우리는 믿는다.

알미니안주의는 은혜종교와 행위종교의 중간에 걸쳐 있는 그 일관성없는 입장때문에 지난 수년간 자연주의적 경향에 대해 저항할 수 없었다. 그래서 실제로 알미니안주의임을 표방하는 모든 교회들은 오늘날의 자유주의에 의해 삼킴을 당하고 말았다.

사무엘 G. 크레익은 말하기를 "우리가 현대의 공격에 대항하여 기독교를 옹호할뿐 아니라 성공적으로 기독교를 현대에 전파하려면 기독교적 사실과 원리에 근거를 둔 철저한 인생관과 세계관으로 무장한 다음에 우리의 임무에 착수해야 할것이다… 그런데 이와 같이 철저한 기독교적 인생관과 세계관은 칼빈주의를 통해서만 얻을 수 있다. 따라서 세속 사상들의 비판으로부터 기독교를 옹호하려면 무엇보다도 칼빈주의를 부흥시키는 일이 가장 시급하다"고 하였다. 고(故) 헨리 스미드(Henry B. Smith)는 말하기를 "한 가지 확실한 사실은 비기독교적 과학은 철저한 기독교 정통주의를 제외한 모든 것을 용이하게 소탕시킨다는 점이다. 모든 유약한 이론들, 연체동물식 사상구조나 졸속한 사변들은 전멸을 당하고 말것이다. 결국 싸움은 견고하고 철저한 정통파와 견고하고 철저한 불신앙 사이에 일어날 것이다. 예를 들자면 그것은 어거스틴(Augustine) 대 콤트(Comte), 아타나시우스(Athanasius) 대 헤겔(Hegel), 루터(Luther) 대 쇼펜하우에르(Schopenhauer), 밀(J.S. Mill) 대 칼빈(Calvin)의 싸움이다"라고 하였다.

그것은 과학의 자연주의와 기독교의 초자연주의와의 싸움으로서 어떤 타협도 있을 수 없는 싸움이다(여기서 우리는 진정한 과학과 기독교는 어떤 충돌도 없다는 것을 이해해야 한다. 우리는 생물학, 화학, 물리학, 천문학 등의 위대한 가치를 인정하며, 20세기의 눈부신 발전은 이들의 공헌을 통해서만 가능했다는 것을 인정하다. 우리는 그 원천이 무엇이든 진리를 환영하며, 결국에는 그 진리가 기독교를 입증하리라고 믿는다. 시편 기자는 "하늘이 하나님의 영광을 선포하고 궁창이 그 손으로 하신 일을 나타낸다"(시 19:1)고 하였다. 그리고 다시 "여호와 우리 주여 주의 이름이 온 땅에 어찌 그리 아름다운지요"(시 8:1)라고 선언하였다. 확실히 우리가 과학을 잘 알면 알수록 하나님을 더 잘 이해하게 될것이다. 따라서 우리의 싸움은 반기독교적 아니 심지어 무신론적 원리에 그들 스스로의 이론을 구축하고 이것을 종교와 철학의 영역에까지 도입하려 하는, 자기들이 알지도 못하는 주제에 대해 권위를 가지고 말하려 하는 불신 과학자들과의 싸움이라 하겠다).

기독교 역사상 다른 많은 신학체계들이 일어났다가 사라져 갔지만 이 체계만은 지금까지 견뎌왔다는 사실은 매우 흥미있는 일이다. 비교적 근대적 체계라고 할 수 있는 알미니안주의도 종교개혁 이래 18세기 후반에 이르기까지 끊임없이 프로테스탄트 교회 회의 및 신조에서 제외되어 왔다. 뿐만 아니라 이 주의는 카톨릭에서 더큰 괄시를 받았다. 어거스틴이 4세기에 그의 예정론을 기독교의 중요 교리로 인정함으로써 카톨릭은 한번도 알미니안주의를 공식적으로 채택한 적이 없다. 마찬가지로 네스토리안주의, 아리안주의, 펠라기안주의, 반펠라기안주의, 소시니안주의 등도 일어나서 한 때 흥왕했으나 다 사라지고 말았다. 이와 반대로 칼빈주의 혹은 어거스틴주의로 불리는 이 체계는 지금까지 근본적인 원리를 그대로 지니고 있으니 이것이 바로 칼빈주의만 진정한 체계라는 강력한 증거가 아니겠는가? 핫지 박사는 "칼빈주의를 새롭게 수정한 모든 체계들은 다 붕괴되었고 오직 순수하고 일관성 있는 초자연주의적, 복음주의적 칼빈주의만이 모든 기독교 교회를 압도하려고 위협하는 자연주의의 홍수에 대항하는 난공불락의 방파제로 남아 있다"고 말하였다.

　　논리적이요 조리있는 지성은 칼빈주의에서만 만족을 얻을 수 있다. 그 이유는 이 체계가 논리 정연하기 때문인데 그 사실은 반대론자들까지도 인정하는 바이다. 칼빈주의를 잘 아는 사람은 그것을 사랑하게 되든가 아니면 증오하게 되는데 설사 그것을 증오하는 사람이라할지라도 그것에 대해 말할 때는 경의를 표하지 않을 수 없다. 때때로 이 주의는 너무 논리적인 면만 강조하고 정서적인 면은 등한히 한다는 비평을 받는다. 물론 칼빈주의는 마치 무연탄과 같아서 지푸라기처럼 확 불이 붙지는 않지만 한 번 붙은 불은 강렬하며 오래 지속된다. 미터 교수(Prof. H. H. Meeter)는 말하기를 "칼빈주의는 종교적 그룹들 가운데 이지적인 면에서 가장 탁월하다. 그것은 변증론으로 유명하다. 칼빈주의자들은 신학자들 가운데서도 가장 탁월한 논리학자들로 인정을 받는다. 홀메스(Oliver Wendell Holmes)는 '집사의 걸작'(The Deacon's Masterpiece)이라는 그의 해학극에서 바로 이 점을 다음과 같이 풍자하였다. 즉 어떤 교회의 집사 한 사람이 아주 이상적인 마차를 제작하였는데 그 마차는 다른 마차들처럼 수시로 조금씩 망가지는 일은 없었으나 공동예배당 앞에서 단번에 망가지고 말았다는 것이다. 이와 같이 칼빈주의도 논리적 걸작품으로서 수세기 동안 존속해왔지만 결국 뉴잉글랜드에서 선험주의(先驗主義)가 세력을 얻자 일시에 붕괴되어 버렸다는 것이다"[6]라고 하였다.

　　그러나 칼빈주의가 지나치게 논리적인 면만 강조한다는 비난은 전혀 근거없는 비난이라는 것을 호의적인 견지에서 이 체계에 접근했던 사람이라면 쉽게 그점을 알 수 있다. 우리가 만일 실수를 해야 한다면 정서 쪽보다는 이지적인 쪽에서의 실수가 더 낫지 않을까? 그러나 어떤 체계가 지나치게 이론적이어서 잘못되었다는 말을 들어본 적이 있는가? 오히려 논리적으로 일관성이 있을 때 우리는 그 체계를 자랑스러워 한다.

---

6) *The Fundamental Principle of Calvinism*, p. 25.

V. 이 교리들은 이해만 되면 지극히 합리적인 교리들이다.

아마 칼빈주의처럼 그렇게 심하고 가혹하게 오해를 받아온 사상 체계도 없을 것이다. 칼빈주의를 비난한 많은 사람들은 이 체계에 대해 신중히 연구해보지도 않고 그렇게 비난한 것이었으며 사실 이 체계를 반대한 사람들은 이 체계와는 관련도 없고 조리에도 맞지 않는 낭설들을 가지고 그랬을뿐 이 체계에 대해서는 거의 아는 바가 없다. 예정론은 특히 세상의 지혜를 미련하다고 보는 성경적 교리인데 오히려 세상의 지혜가 예정론을 조소한다. 만일 어떤 교리가 유대인들에게는 넘어지게 하는 것이요 아방인들에게는 미련한 것이라면 예정론이 확실히 그런 교리이다. 솔직히 말해서 예정론은 역설적으로 들린다. 이 교리의 단순한 해설만을 알고 있는 사람은 이 교리의 근저에 흐르고 있는 경건하고 사려깊은 정신에 놀라움을 금치 못할 것이다. 다른 여러 교리에서와 같이 이 경우에도 우리가 이 교리의 기반이나 구조를 신중하게 검토해 본다면 설사 그 역설적인 특성이 완전히 사라지지는 않는다 할지라도 최소한 줄어들기는 할 것이다.

따라서 우리는 이 체계를 감정적으로 고찰할 것이 아니라 그 관계성 속에서 논리적으로 일목요연하게 고찰해야 할 것이다. 우리는 이미 이 교리가 풍부한 성경적 권위 위에 세워진 교리임을 살펴 보았다. 게다가 자연의 법칙 및 인간 생활의 여러 사실들로부터 나온 증거들을 첨가해 볼 때 이 교리는 정당한 개연성(蓋然性)을 가지고 있다. 이런 점에서 칼빈주의는 결코 그 반대자들이 말하는 것처럼 비논리적이요 비도덕적인 교리가 아니라 하나님의 존엄을 찬미하는 교리이다. 물론 이것은 자연인이 이해하기에는 어려운 교리이다. 성령에 의해 계발되지 않은 이성에게는 행위에 의한 구원이 가장 자연스러워 보일 것이다. 아마 우리더러 구속계획에 대한 이론을 전개시키라고 한다면 그리스도가 우리를 위해 행하신 것과 같은 구주의 대속

원리를 전개시킬 사람은 천 명에 한 명꼴도 안될 것이다. 장키우스는 "육체적인 사람 즉 중생치 못한 이성(理性)의 판단은 두려움을 가지고 이 진리로부터 도망하지만 영적인 사람의 판단은 애호(愛好)의 정을 가지고 용납한다"고 말하였다. 프로우드(Froude)는 "설사 알미니안주의는 우리들의 감정에 호소하는 힘이 강하고 칼빈주의는 가혹하여 우리들의 감정에 호소하는 힘이 약하다 할지라도 보다 사실에 가까운 것은 칼빈주의다"라고 말하였다. 확실히 칼빈주의는 인간의 이성보다는 하나님의 계시에, 감상보다는 사실에, 추측보다는 지식에, 감정보다는 양심에 호소한다.

앞에서 말한 것처럼 많은 사람들은 이 체계에서 일종의 묘한 어리석음 밖에 발견하지 못한다. 그러나 조금만 관심을 가지고 이 교리를 연구해 보면 이것은 우리가 믿지 못할만큼 그렇게 어렵거나 불확실한 것이 아님을 알게 될것이다. 이 교리가 불확실하거나 어렵게 보이는 이유는 우리가 교만하고 죄를 사랑하며 우리 자신의 실상에 대해 무지하기 때문이다. 일단 이 체계를 용납한 사람들은 거의 자기들이 자신의 인생관과는 전혀 다른 세계에서 살고 있음을 느끼게 된다. 그래서 칼빈은 "하나님의 아들들은 그들의 눈길이 닿는 어느 곳에나 두려움에 가득 찬 맹목, 무지, 무감각이 있음을 보고 놀라는데 이것은 그들이 이런 암흑중에 있으면서도 성령의 조명을 받아 그것을 알고 느낄 수 있기 때문이다"[7]라고 말하였다.

"예정론은 섣부르게 알면 오히려 위험하다. 그러므로 알려면 깊이 알도록 하라. 그렇지 않으면 이 거룩한 교리를 아예 건드리지도 말라"고 말한 영국 시인 포프(Pope)의 말은 지극히 당연한 말이다.

하나님의 주권과 인간의 자유에 대한 이 웅대한 원리는 성경 어디에서나 발견할 수 있다. 그러나 이 두 요소가 서로 어떻게 관계하고 있는지에 대해 설명하려는 시도는 전혀 없다. 성경은 하나님을 인간의 사상, 감정, 충동까지 지배하시는 주권적 통치자라고 단정하면서

---

7) *Calvin's Calvinism*, p. 30.

도 한편 인간은 이성을 지닌 자유 행위자로서 자기 행동에 대해 책임을 져야하는 자라고 가르친다. 즉 예정, 주권, 유효적이며 섭리적인 지배교리는 이성적 피조자인 인간의 자유 및 책임 교리와 병존한다는 것이다. 그렇다고 해서 예정론에는 난제가 전혀 없다는 말은 아니다. 그러나 예정론을 부인하면 할수록 더 크고 많은 난제들에 부딪히게 된다. 무한히 지혜로우시고 능력이 많으시며 선하신 어떤 존재자가 우주를 창조한 후 그것을 마치 주인 없는 배처럼 표류하도록 내버려 두었다고 하는 주장은 하나님에 대한 우리의 기본관념을 뒤엎어버리는 추측으로 성경의 증언이나 우리의 경험 및 상식과도 위배되는 사상이다. 찰스 핫지(Charles Hodges)는 "하나님의 작정"이라는 그의 논문 서문에서 "신학은 철학이 아님을 명심해야 한다. 신학은 진리를 발견한다거나 혹은 그것이 가르치는 바를 진리로서 다른 여러 진리들과 조화시키는 학문이 아니다. 신학의 영역은 단지 하나님이 그의 말씀으로 계시하신 바를 서술하고, 가능한한 이 서술들을 그릇된 견해와 반대로부터 옹호해주는데 있다. 신학의 이같은 제한된 겸허한 직능(職能)은 특히 우리가 하나님의 행위와 목적에 대해 말할 때 유의하지 않으면 안될 일이다. "하나님의 사정은 하나님의 신 외에는 아무도 알지 못한다"(고전 2:11). 따라서 우리는 하나님의 작정을 논함에 있어서 성령이 친히 본 주제에 대해 제시하신 것만 진술해야 할것이다"[8]라고 말하였다.

VI. 웨스트민스터 회의와 웨스트민스터 신앙고백

일반적으로 칼빈주의 혹은 개혁주의 신앙으로 불리는 이 신학 체계는 웨스트민스터 신앙고백에 가장 잘 표현되어 있다. 웨스트민스터 회의는 영국 의회가 소집했는데 그 회기가 약 5년 반 걸렸으며 1648년에 끝났다. 그 회의의 대표는 영국과 옥스포드 및 케임브리

---

8) *Calvin's Calvinism*, p. 30.

지 대학에서 온 목사 121명, 귀족 11명, 평민 20명과 스코틀랜드에서 온 7명의 위원들로 구성되었다. 그 회의가 이룩한 수고의 역량이나 정도로 보아 혹은 후세에 끼친 영향으로 보아 그 회의는 역대의 개혁교회가 개최했던 모든 회의 중 가장 으뜸이다. 이 회의가 이루어 놓은 업적으로 가장 특기할만한 것은 웨스트민스터 신앙고백이다. 이것은 영국의 개신교 역사상 성경 전체의 진리를 가장 잘 요약한 신조로서 지난 4세기 동안 신학상의 걸작품이라 불리어 왔다. 워필드 박사는 "웨스트민스터 신앙고백는 일찍이 인간의 손으로 만든 모든 신조중 가장 완벽하고 정교하며 생생한 표현으로 성경의 진리를 집대성(集大成)한 것이니 복음적 신앙에 입문하려는 모든 사람을 위해, 그리고 이 세상에 복음적 신앙을 존속시키기 위해 절대적으로 필요하다"고 말하였다.

F. W. 로이처 박사(F. W. Loescher)는 1929년 미국 북장로교 총회 석상에서 웨스트민스터 신앙고백에 대해 다음과 같은 발언을 하였다. "웨스트민스터 신앙고백은 종교적, 신학적 천재들의 역작(力作)이요, 소위 종교개혁이라고 부르는 종교부흥 운동의 귀중한 산물이요, 하나님의 은혜의 복음을 가장 이해하기 쉽고 간명하게 구체화시킨 신조로 간주되어 최소한 영어권내의 기독교 국가에서는 이것과 비교될 수 있는 신조가 없을만큼 뛰어난 작품입니다……내가 이상에서 이 훌륭한 신조의 특성을 요약하여 말한 것이 혹 어떤 이들에게는 부당한 과장이나 순전히 시대착오적인 생각으로 들릴지도 모르겠습니다. 왜냐하면 현대는 신조나 교리를 중요시 하지 않는 풍조가 있어서 우리의 신조도 이런 섭섭한 일을 당하여 심지어 교회 안에서 이 신조를 믿는다고 하는 이들에게서까지도 소홀히 대접받을것임에 틀림없기 때문입니다."

한때 뉴욕의 "메소디스트 애드버케이트"(Methodist Advocate)지의 편집인이었던 커리 박사(Dr. Curry)는 신조에 대한 사설에서 웨스트민스터 신앙고백을 가리켜 "지금까지 만들어진 기독교 교리중 가장 유능하고 명료하며 포괄적인 체계로서 그것을 작성한 사람들의 지적인 위대성을 나타내주는 놀라운 기념비적 신조"라고 말하였다.

이 이상적(理想的)인 신조에서 우리는 일찌기 인간의 정신이 신학적 진리에 대해 가졌던 가장 웅대한 개념을 보게 된다. 하나의 체계로서 이 신조는 다른 어떤 신조들보다도 훨씬 더 심오한 신학적 통찰을 보여주고 있기 때문에 모든 시대에 걸쳐 귀중한 보화로 존중되고 있다. 또 이 신조는 사람들에게 강력한 교리적 확신을 심어주기 때문에 이 교리를 신봉하는 자들은 믿음에 대한 확고한 근거가 있어서 인간의 궤계나 모든 교리적 풍조에 밀려 이리저리 흔들리지 않는다.

그러나 웨스트민스터 신앙고백은 그렇게 논리적으로 짜여지고 명료하고 이해하기 쉽게 진술되어 있지만 오늘날 장로교나 개혁교회의 교인뿐 아니라 심지어 교역자들까지도 이를 대수롭지 않게 여기고 있으니 얼마나 서글픈 일인가! 웨스트민스터신학교 이사회의 초대 이사장이었던 스티븐슨 박사(Dr. Frank H. Stevenson)는 "웨스트민스터 신앙고백은 25년간의 교리적 혼란 속에서 무시되고 거의 잊혀졌으나 조금도 수정 또는 수선되지 않고 장로교 헌법속에 그대로 남아 있다. 그것은 기독교회의 신조이며 매줄(各行)마다 용기있는 입장을 견지하고 있는 신조이다. 이것은 또 그 자체만을 위해서가 아니라 그리스도께 풍성한 영광을 돌려드리는 신조이기 때문에 바울이 말한 '믿음의 선한 싸움'을 싸울만한 가치가 있는 이상적 신조라고 할 수 있다"[9]고 말하였다. 이 말에 대해 우리는 전적으로 동의한다.

VII. 이 교리는 공공연하게 가르치고 설교해야 한다.

주권적 예정교리는 칼빈주의 체계의 다른 교리들과 마찬가지로 공공연하게 가르쳐지고 설교되어야만 한다. 왜냐하면 이 교리는 신자들로 하여금 자신이 하나님의 특별하신 사랑과 긍휼의 대상이라는 것과 자신의 구원이 확실히 보장되었다는 것을 알게 해주기 때문이

---

9) *Systematic Theology, I., p. 535.*

다. 그토록 많은 영광을 하나님께 돌려 드리며 또 인간 행복의 원천이기도 한 이 진리가 널리 전파되지 못하고 단지 신학자들간에만 알려져 있다는 것은 얼마나 유감스러운 일인가! 모든 그리스도인에게 있어서 이것은 성경에 포함되어 있는 모든 교리들중 가장 위안을 주는 교리의 하나가 되어야만 한다. 더구나 이 교리는 다른 모든 교리들과 밀접한 관계를 갖고 있기때문에 어떤 교리도 이 예정교리 없이는 순수하고 충분하게 설교될 수 없다. 성경의 모든 교리들은 상호 보완적이요 내적으로 긴밀한 관계를 갖고 있기 때문에 어떤 교리라도 다른 교리에 영향을 미치게 되어있다. 그런데 예정론은 바로 이 모든 교리들을 통합, 조직하는 교리여서 이것을 버리면 다른 모든 교리들도 그 참 뜻이나 상관적 중 요성을 올바로 평가할 수 없게 된다. 기독교 체계에서 예정론이 차지하는 위치에 대해 장키우스는 다음과 같이 말하였다. "학문의 전계통은 상호유대 속에서 관련을 맺고 있으며 일종의 교호적(交互的) 관계에 의하여 결합 또는 결속되어 있다. 이와 같이 기독교의 모든 체계들도 예정론을 근간으로 하여 상호 연결되어 있는 것이다. 따라서 이것이 없으면 기독교 체계는 모래위에 세워 놓은 체계처럼 쉽게 와해되고 말것이다. 그것은 전체를 합착시키는 접착제이다. 아니 그것은 전구조를 살리는 혼이라고 할 수 있다. 그것은 복음적 교리의 전조직에 속속이 스며들어 있기 때문에 만일 그것을 제거하면 복음적 교리는 심한 출혈로 죽음에 이를 수밖에 없을 것이다."[10]

우리는 모두 가서 "복음을 전하라"는 명령을 받았다. 그런데 만일 복음의 어느 한 부분을 훼손시킨다든지 간과한다면 우리는 이 명령에 충실하지 못한 것이 된다. 사실 어떤 사역자에게도 성경중 자기가 좋아하지 않는 구절을 가위로 베어버릴 자유는 없다. 그런데 온갖 실용적인 구실들을 붙여서 중요한 교리를 설교하지 않고 침묵함으로써 일부러 간과해 버린다면 그것이 바로 위와 같은 행위 아니겠

---

10) *Predestination*, p. 124.

는가? 바울은 개종자들에게 "유익한 것은 무엇이든지 공중 앞에서나 각 집에서나 꺼림이 없이 너희에게 전하여 가르쳤다"(행 20:20)고 말할 수 있었다. 그리고 또 "그러므로 오늘 너희에게 증거하노니 모든 사람의 피에 대하여 내가 깨끗하니 이는 내가 꺼리지 않고 하나님의 뜻을 다 너희에게 전하였음이라"(행 20:26-27)고 말할 수 있었다. 만일 오늘의 교역자가 바울의 이 말을 자신도 할 수 있기 원한다면 이 중요한 진리를 전하지 않는 일이 없도록 조심해야 할 것이다. 바울은 이 교리를 반복해서 여러번 강조하였는데 특히 로마인에게 보낸 편지(롬 8장-11장)와 에베소 교인에게 보낸 편지(엡 1-2장)에서 눈에 띄게 강조하였다. 로마서에서 그는 실제로 이 교리를 전세계 앞에 제시하게 되었고 그 위에 우주적 각인을 찍었다. 만일 바울이 이 예정론을 아직 방문한 적도 없는 로마교회의 초대 신자들에게 써 보내지 않으면 안될만큼 중요한 것이라고 생각하였다면 오늘날의 신자들에게도 확실히 중요할 것이다. 그리스도와 사도들은 이것을 소수의 사람들에게만이 아니라 많은 군중들에게 설교하였다. 요한복음에서는 선택이나 유기에 대해 직접 언급하거나 간접적으로 시사하지 않은 장이 한 장도 없을 정도이다. 만일 어떤 솔직하고 직선적이며 양식있는 사람이 "예정교리는 성경이 가르치는 교리인가?"라고 묻는다면 그 대답은 분명히 "그렇다" 이다. 그것은 신구약 성경에서 끊임없이 가르쳐지고 있는 교리이다. 더구나 웨스트민스터 신앙고백은 그것을 아주 명쾌하게 진술해 놓았다. 따라서 우리는 이 교리를 가능한 한 많이 가르치고 설명해야 할것이다. 바울은 우리에게 "하나님의 전신갑주를 입으라"고 권면한다. 그러나 만일 우리가 예정론에 대해 무지하다면 그 전신갑주의 커다란 부분이 결여되고 말 것이다.

어거스틴은 그 당시에 예정론을 가르치지 않고 넘어가는 사람들을 책망하였는데 때로 그가 예정론을 너무 거리낌 없이 가르친다는 비난을 들으면 그는 우리는 성경이 인도하는대로 따라가야 한다고 말함으로써 그 비난을 일축해 버렸다. 루터와 칼빈도 이 진리를 강조하였는데, 칼빈이 이것을 아주 명료하고 힘있게 발전시켰기 때문에 그 체계를 가리켜 칼빈주의라고 부르는 것이다. 종교개혁 시대만이 아니고 후에 홀랜드, 스코틀랜드, 웨스트민스터 회의 당시의 영국, 초기의 미국에서도 이 교리는 널리 전파되어 각계각층의 사람들에게 심오한 신앙의 확신을 심어주는 도구가 되었다.

선택교리는 교회의 신앙고백의 중심이 되어야만 한다는 것이 칼빈의 확신이었다. 만일 그것이 이처럼 강조되지 않는다면 교회는 이 놀라운 교리가 사장(死藏)되고 망각되는 것을 볼 준비가 되어있어야 한다고 그는 확신하였다. 그의 견해가 아주 정확했다는 것은 그곳이 영국이든, 스코틀랜드, 홀랜드, 미국 혹은 카나다든 그들의 온갖 실용적인 구실때문에 이 교리를 강조하지 않았던 교회들은 모두 이 교리를 완전히 잃어버렸다는 사실에서 잘 나타나고 있다.

만왕의 왕이신 하나님으로부터 복음전파의 메시지를 받은 자들은 그 메시지 그대로 전해야지 거기에 가감해서는 안된다. 따라서 모든 메시지중 가장 위대한 메시지인 예정론을 묵과해서는 안될 것이다. "한 나라의 대사는 자기가 받은 메시지 전체를 전달해야 할 책임이 있다. 그는 그중에서 어느 하나라도 생략해서는 안된다. 오히려 자기가 대표하고 있는 나라의 최고 권위자의 생각을 충분하게 가감없이 전달해야만 한다. 만일 그가 이 메시지를 조금이라도 가감해서 전달한다면 그는 화를 당하게 되거나 심하면 목이 잘릴 수도 있다. 그리스도의 사신들도 이와 마찬가지다"[11]라고 장키우스는 말하였다.

예정교리는 하나님의 계시에 의해 분명히 제시된 교리이다. 이 교리는 선택된 자들에게는 위로와 용기를 가져다주고 유기된 자들에게는 변명의 여지를 주지 않음으로써 전적으로 하나님께 영광을 돌리게 한다. 사실 인간은 누구나 자기가 죄인이며 스스로 도울 수 없는 무력한 존재라는 말을 듣기 싫어한다. 그런 교리가 있다면 그것은 너무나 굴욕적일 것이다. 그러나 만일 그가 그리스도 없는, 잃어버려진 자라면 그 사실을 빨리 알수록 더 좋다. 우리가 그것을 전하

---

11) *Predestination*, p. 124.

기를 꺼린다면 이는 주께 불충이요 동료 인간에게는 우리의 의무를 게을리하는 것이 된다. 사람들이 이 교리를 싫어한다고 해서 이 교리를 전하지 않으려는 것은 마치 환자에게 고통을 줄까봐 환자의 생명을 구할 수 있는 수술을 거절하는 의사의 행위와 같다. 만일 이 교리를 두려움 없이 용기있게 설교해 왔다면 현대주의와 불신앙이 오늘날처럼 우리 교회에 잠복해 들어오지는 못했을 것이다. 그렇게 했을 경우 신앙을 고백하는 기독교인의 수는 적어질지 몰라도 오히려 기독교 사역에서는 소수의 그들이 더 충성되고 유능한 존재들이다.

물론 이 교리를 전파하면 약간의 논란이 일어날 것이다. 그러나 이 논란을 순전히 악으로 간주해서는 안된다. 오류가 존재하는 한 논란도 반드시 있어야 한다. 초기 기독교시대와 중세교회 때 이교도나 이단들이 교회의 교리에 대해 가(加)한 공격이 오히려 교회로 하여금 교리를 재검사하여 구체적으로 완성하게 하였고 그것을 정화 및 강화하게 하였다. 이것 때문에 성경에 대한 깊은 연구가 요청되었고 이로 말미암아 기독교 신앙에 관한 책과 논문을 쓴 뛰어난 성직자들이 많이 생겨났으며 교회는 이렇게 해서 산출된 지적(知的) 영적 결실들에 의해 크게 풍요로워졌다.

사람들이 더 이상 교리적 설교에 대해 귀를 기울이지 않을 것이라고 말하는 것은 잘못이다. 성직자로 하여금 성경적 교리를 자신이 먼저 확신하게 한 다음 그것을 생생한 문제로 확신을 가지고 전하게 해보라. 그러면 공명하는 청중을 발견하게 될것이다. 오늘날 우리는 많은 사람들이 강단에서 시사문제, 사회적 이슈, 정치 문제, 단순한 윤리 문제들을 논하는 것으로부터 떠나서 신비하고 유치한 철학적 잔재들로 자신들을 채우려하고 있음을 본다. 여러가지 점에서 우리는 영적으로 우리가 마땅히 가 있어야 할 위치에 훨씬 못 미치고 있는데 그 이유는 우리가 신학적 혼란과 방황 속에서 이 위대한 교리에 대해 정당한 가치를 부여하지 못했기 때문이다. 만일 바르게만 설교된다면 이 교리들은 매우 재미있고 유익할 것이다. 성경 교사로서 저자의 경험으로도 이것처럼 학생들에게 감동을 주고 그들의 주의를 끌었던 다른 주제는 없었던 것 같다. 더욱이 만일 칼빈주의가 비본질적인 것으로서 버려져야 한다면 어떻게 장로교가 하나의 분리된 종파로서 지금까지 계속 존속해 올 수 있었겠는가? 오늘날 우리가 갖고 있는 약점의 대부분은 사람들이 장로교 체계의 아주 분명한 교리인 이 예정론에 대해 거의 교육을 받지 못했다는 사실에 기인하며 이 교육의 부족때문에 서로 아주 다른 형태의 교회들을 최소한의 공통교리만을 가진 교회로 연합하려는 에큐메니칼 운동이 일어나게 된 것이다.

　예정론은 순전히 기독교인을 위한 교리이다. 비개종자들에게 이것을 설교하려면 상당히 조심해야만 한다. 비기독교인에게 이 이론의 진실성을 확신시킨다는 것은 거의 불가능하다. 사실 중생하지 않은 사람의 마음은 일반적으로 이것에 대해 반항한다. 만일 보다 단순한 기독교 진리들에 대해 알기전에 이 점부터 강조한다면 그는 그것을 오해하기 쉽고, 그럴 경우 더 깊은 절망감에 빠지게 될것이다. 비개종자나 초신자에게 설교할 때는 주로 구원사역에 있어서 인간의 역할, 예를 들면 믿음, 회개, 도덕적 갱신 등을 제시하고 강조해야 한다. 이런 것들이 인간의 의식이 이해할 수 있는 초보적 단계이다. 초기 단계에서는 하나님의 역할에 관련되는 보다 깊은 진리에 대해서는 거의 언급하지 않는 것이 좋다. 마치 우리가 수학을 처음 공부할 때 대수나 미적분부터 시작하지 않고 단순한 산수 문제부터 시작하듯, 여기서도 우선 초보적인 진리부터 제시해 주는 것이 보다 좋은 방법이다. 그런 다음 이 사람이 구원을 받고 기독교인으로 어느 정도 성장하게 되면 비로소 자기의 구원에 있어서 일차적인 것은 하나님의 역사이며 자기는 이차적일 뿐이라는 것과 자기는 은혜로 구원얻은 것이지 행위로 구원얻은 것이 아니라는 것을 깨닫게 된다. 칼빈 자신의 설명처럼 예정론은 "어린아이들이 이해하기에는 너무 벅찬 문제"이다. A. H. 스트롱(A. H. Strong)도 "이 교리는 그 이해에 원숙한 정신과 깊은 경험을 요하는 성경의 심오한 교리중 하나이다. 따라서 초신자는 이 교리의 가치 심지어는 그 진실성까지도 이해할 수 없지만 그 신앙이 성장함에 따라 이 교리는 그가 의지할 수 있는 지팡이 구실을 하게 될 것이다"[12]라고 말하였다. 비개종자나 초신자는 이 교리를 충분히 인식할 수 없지만 신앙의 길을 어느 정도 걸어온 성숙한 기독교인이라면 누구나 이 교리를 귀중히 생각한다.

칼빈이 "기독교 강요"를 전개함에 있어서 첫 부분에서 예정론을 다루지 않았다는 것은 유의할만한 일이다. 그는 먼저 기독교 체계의 다른 교리들만 전개시켰고 심지어 당연히 이 교리가 나올 것으로 기대했던 일곱 군데에서조차 이것을 언급하지 않고 지나갔다. 그러다가 마지막에 이르러서야 이 교리를 충분하게 전개시킴으로써 그 전 체계의 최후를 영광스럽게 장식하였다.

우리가 한 가지 더 주의해야 할 것은 이 교리를 전할 때 과장하지 말아야 한다는 것이다. 그리고 이것은 하나님의 독단적인 의지에 근거한 것이 아니고 오히려 그의 무한하신 지혜와 사랑에 근거한 교리라는 것을 분명히 밝혀주어야 할 것이다.

VIII. 교직 임직 서약과 그 임무

개혁장로교에서 성직을 받은 목사와 장로는 자기 교회의 신앙고백을 성경이 가르치는 교리체계를 내포하고 있는 것으로 진실하게 받아들이며 채택한다고 하나님과 사람 앞에서 엄숙히 서약한다 (미국 장로교 치리서(Form of Government) XIII:IV; XV:XII을 보라).[13] 이 신앙교백은 철저히 칼빈주의적이기 때문에 칼빈주의자 외에는 아무도 이 임직을 정직하게 이지적으로 받아들일 수 없다. 따라서 알미니안주의자는 칼빈주의 교회의 목사가 될 수 있는 최소한의 권리도 없으며 만일 알미니안주의자가 칼빈주의 교회의 목사가 되었다고 한다면 그는 건전한 신학뿐 아니라 건전한 도덕성마저 상실하고 있는

---

12) *Systematic Theology, p. 368.*
13) *미국 장로교회가 "67년도 신앙고백"을 채택한 이래 웨스트민스터 신앙 고백은 제2 차적인 위치로 떨어졌다.*

셈이다. 왜냐하면 칼빈주의와 반대되는 신앙을 갖고 있으면서 칼빈주의적 서약을 한다는 것은 정직한 사람의 행위라고 할 수 없기 때문이다. 그러나 우리의 임직 서약이 그렇게 철저히 칼빈주의적인 반면 이 교리를 선포하는 교역자의 수는 얼마나 적은가! 오늘날 명목뿐인 칼빈주의 교회 강단에서 개혁신앙의 본질이 진정 무엇인지에 대해 설교할 수 있는 사람은 거의 없다. 우리의 강단에서도 기독교 서적이나 신학교에서처럼 알미니안주의가 주장하는 인간의 공로 및 자유의지 교리가 들린다. 오늘의 개혁장로교회는 그들의 위대한 교리적 유산에 대해 근본적 중요성을 충분히 인식하지 못하고 있는것 같다. 칼빈과 루터, 위대한 청교도 목사, 그리고 그 이후의 위대한 신학자들의 저서는 그 제목에 의해 알려진 것 이상으로 오늘의 젊은 신학자들에게 알려져야 한다. 이 저서들의 학자적인 형식과 부담스러운 문체때문에 아마 많은 사람들이 철저히 연구하기에는 지장이 있겠지만 우리는 신학 연구가 단순히 그것이 주는 기쁨에 있는 것은 아니라는 사실을 명심해야 할것이다. 신학의 고전(古典)중 한 권을 손에 들때 우리는 거기서 소설처럼 재미있는 이야기를 읽으리라고 기대하지는 않는다.

　많은 젊은이들은 그들이 봉사하려고 하는 교회의 교리를 잘 알지도 못하면서 성직에 들어가며, 또 누가 웨스트민스터 신앙고백의 표준에 따라 설교하면 그를 "이상한 교리의 선동자"로 간주해 버린다. 오늘날 교회가 절실히 필요로 하는 사람은 자기들로선 독단적인 견해나 신학적 편견이 없다고 기뻐하며 이리저리 방황하는 현대주의자나 자유주의자들의 광교주의적(廣敎主義的, latitudinarian) 형태가 아니라 오히려 강한 신념과 확고부동한 정신을 가진 자들이다. 오늘날 대부분의 성직자들이 이제는 더 이상 칼빈주의 교리를 믿지 않는 것 같으며 그들중 많은 사람들이 그들이 했던 엄숙한 임직서약과는 반대로 성령의 감동을 받아 지키기로 엄숙히 맹세했던 그 신조를 교묘하고 부당한 방법으로 파괴시키려고 강력히 노력하고 있는것 같다. 만일 이 교리가 진실하다면 우리는 이것을 우리들의 교회와 신학교 그리고 대학에서 명쾌하게 적극적으로 가르치고 지켜야 할것이요, 만일 이 교리가 진실하지 못하다면 웨스트민스터 신앙고백에서 빼버려려야 할것이다. 정직은 장사나 상업에서와 마찬가지로 신학에서도 중요하며 또 정직은 정당에서와 마찬가지로 종파에서도 중요한 것이다. 장로교 목사는 자유로운 병사(兵士)가 아니라 이 교리 체계를 굳게 믿고 지키기로 맹세한 한 사람의 장로이다. 따라서 장로교 강단에서 이 교리를 부인하는 자는 자신의 임직 서약에 불성실한 자이므로 자기의 견해를 지지해주는 종파로 물러가야 한다. 자기가 믿거나 가르치지 않는 신조를 단지 외부적으로만 수락함으로써 오게 되는 명예와 보상을 받을 수 있는 권리가 없다.

셰드(Shedd)는 "정당의 강령이 정치인들 사이에서 엄숙한 것 이상으로 교회의 신조는 교인들 사이에서 엄숙한 서약이다. 그런데 어떤 사람들은 종파에 대한 서약을 어기는 것은 비도덕적인 행위가 아니라고 생각하는 것 같다. 그러나 정당이 당원들의 서약 위반으로 영향을 받게 되면 이 위반 행위를 알아내고 고발하는 데는 그렇게 열심일 수가 없다. 예를 들어 공화당 내에 한 당파가 일어나서 그 당에 전적으로 충성할 것을 고백하고 민주당 및 그외의 다른 정당들과 구분되는 그 당의 근본원리를 채택할 것을 약속함으로써 얻어낸 직위와 봉급은 그대로 받으면서 공화당의 강령을 변경시키려 한다면 아마 그 정치적 부정에 대한 책임은 공화주의 전체를 떠들석하게 했을 것이다. 당 훈련 실시에서 이런 당쟁주의자들은 그 직위에서 해임되고 정치기구로부터도 추방 당할 것이다. 만일 그것은 정치적 이단 색출이나 박해라는 원성이 일어난다면 공화당지(紙)는 그 원성에 대해 당연히 비난할 것이다. 만일 어떤 사람이 정치적인 부정을 저지르고도 그 당이 지지하는 정책보다 조금 '진보적인' 정책을 지지했을 뿐이라는 미명하에 관대한 처분을 요구한다거나 그 당의 대다수와 다른 의견을 주장하면서도 당에서 주는 봉급을 계속 받고자 한다면 그는 아무도 당신더러 공화당에 억지로 가입하라거나 그대로 남아 있으라고 하지 않을테니 이 당에 가입하거나 남아 있으려면 비밀로든 공개적으로든 당의 강령을 바꾸려고 해서는 안된다는 말을 들을 것이다.

이처럼 공화당의 강령은 공화당원을 위한 것이라고 모든 면에서 동의를 받고 있는데 칼빈주의 신조는 칼빈주의자를 위한 것이라는 사실에 대해서는 일부의 사람들에 의해 의심을 받고 있는 것 같다……만일 민주당의 중심부에 한 파가 생겨나서 계속 당내에 남아 있으면서 당의 체제를 공화당의 원리와 방법으로 바꿀 권리를 요구한다면 이 파가 있어야 할 곳은 민주당내가 아니라 당외라는 말을 들을 것이다. 물론 그 파는 그들의 독자적 견해를 가질 권리가 있다. 그러나 민주당의 자금과 영향권을 이용하여 자기들의 사견(私見)을 주장, 유포한다는 것은 월권행위이다…… 따라서 민주당은 그 불평분자들에게 '우리는 당신들이 독자적인 견해를 갖는 것을 금할 수도 없고 금할 생각도 없다. 그러나 당신들이 우리 조직내에 있으면서 당신들의 사견을 발표할 권리는 없다'고 말할 것이다"[14]라고 말하였다.

칼빈주의 교회에서는 교리에서 이탈할 때 법적으로 조사 대상이 되는데 이로 말미암아 교회가 편협하다든가 박해를 한다는 비난을 받는다. 그러나 우리는 이러한 비난은 불공평하며 교회는 그 교회의 목사나 교사들에게 그 교파의 기준에 맞도록 설교하고 가르치라고 요구할 권한을 갖고 있다고 말할 수 있다.

이런 점을 고려해볼 때 우리들중 많은 사람들이 서로 크게 다른 교리체계를 가진 여러 단체들을 통합시키려는 교회 연합운동에 거의 열성을 보이지 않는 이유를 알것이다. 우리는 칼빈주의 체계만이 성경에서 출발했으며, 이성에 의해 그 타당성이 입증된 것으로 의(義)의 열매를 맺게 하는데는 가장 견실하고 유력한 이론이라고 믿는다. 그러나 우리는 우리와 견해가 다른 모든 사람들이 가지고 있는 개인적인 판단의 권리를 인정하며 그들이 성취할 수 있는 선에 대해서도 기뻐한다. 우리는 다른 신학체계들이 우리의 신학체계와 유사한 것

---

14) Shedd, Calvinism, Pure's Mixed, p. 160.

은 기뻐하지만 우리가 가르쳐야 할 성경보다 적게 말함으로써 우리의 메시지를 허약하게 만들 수는 없다. 만일 어떤 연합체가 칼빈주의를 성경에서 가르쳐진 진리의 체계로 완전히 받아들인다면 우리는 그 연합체에 들어가는 것을 기뻐해야 할것이다. 그러나 우리는 그것에 미달되는 진리체계를 받아들이는 것은 생명력있는 진리를 포기하는 짓이요 그렇다고 해서 칼빈주의에다 다른 교리 체계도 덧붙여 놓은 애매한 체계를 전파한다는 것은 가치 없는 짓이라는 것을 안다. 우리는 이런 연합운동의 결과로 생기는 다수인(多數人)이라는 피상적인 이익은 이 운동에 필연적으로 따르게 될 영적 부조화와 비교해 볼 때 거의 아무 것도 아니라는 것을 믿는다. 따라서 우리는 순수한 하나님의 말씀의 교리인 개혁신앙 교리가 이 세상 모든 교회의 교리가 될때까지 장로교인으로 남아 있기를 원한다.

공개적으로 반대를 받지는 않지만 오늘날 너무나 등한시되고 잘 알려지지 않은 이 교리는 종교개혁가들이 전체적으로 믿고 견지(堅持)한 것으로 종교개혁 후의 모든 개신교 교회의 신조나 교리문답 혹은 논문 등에 포함되었다. 누구든지 오늘날에 인쇄되어 나오는 설교문과 종교개혁자들의 설교문을 비교해 본다면 어렵지 않게 이 두 설교문이 얼마나 서로 상반적이며 화해할 수 없을 정도로 적대적인가 하는 점을 인식하게 될 것이다.

IX. 장로교는 진정으로 광범위하고 관대하다.

장로교는 교리를 중시하는 교회이지만 장로교에 들어올 수 있는 조건으로 교인들에게 그 교회의 기준을 완전히 받아들일 것을 요구하지는 않는다. 예수를 구주로 믿는 자라면 누구나 장로교 교인이 될 수 있다. 이 교회의 목사나 장로는 칼빈주의자이기를 요구하지만 평신도에게는 그렇지 않다. 칼빈주의자로서 우리는 예수를 구주로 믿는 자라면 누구나 비록 그들의 다른 신념이 일관성이 없다해도 상관하지 않고 기꺼이 주 안에서 한 형제로 교제한다. 그러나 우리는 칼빈주의만이 유일하게 그 전체가 다 진실한 체계라고 믿는다. 사람은 성경 전체를 다 믿지 않고도 그리스도인이 될 수 있지만 그가 성경의 교리 체계에서 떠나있는 것만큼 그는 불완전한 그리스도인일 수밖에 없다.

이 점에 대해 해밀톤 교수 (Prof. F. E. Hamilton)는 "장님이나 귀머거리 그리고 벙어리는 그의 남아있는 감각을 통해 그를 둘러싸고 있는 이 세상의 일부분을 보는 것이 사실이다. 그러나 그의 지식은 아주 불완전하며 부정확할 것이다. 이와 마찬가지로 칼빈주의가 체계화시킨 성경의 깊은 교훈을 전혀 모르거나 받아들이지 않는 그리스도인도 그리스도인일 수는 있다. 그러나 그는 아주 불완전한 그리스도인을 면치 못할 것이다. 따라서 성경의 모든 진리를 알고 있는 칼빈주의자들은 이들을 참 기독교의 충만한 부요를 다 갖고 있는 유일한 체계인 칼빈주의로 인도해야 할 책임이 있다"고 말하였다.

크레이그 박사(Dr. Craig)는 "마치 좋은 표본과 나쁜 표본이 그렇듯이 칼빈주의자는 다른 그리스도인들과 종류는 동일하나 정도에서만은 차이가 있다"고 말하였다. 우리가 천국을 향해 가는 동안에는 다 칼빈주의자가 아니지만 그곳에 도착한 다음에는 다 칼빈주의자들이 되고 말것이다. 천국에 있는 구원얻은 모든 성도들은 다 철저한 칼빈주의자들일 것이라고 우리는 확신한다. 그리스도인들은 일반적으로 "우리가 다 하나님의 아들을 믿는 것과 아는 일에 하나가 되어 온전한 사람을 이루게 될 때"(엡 4:13) (즉 구원이 완성되면) 모두 칼빈주의자가 되든 아니면 알미니안주의자가 될것임에 틀림없기 때문이다.

우리는 칼빈주의가 알미니안주의와 구별되는 독특한 특징적인 교리들 보다 훨씬 더 많은 교리들을 포함하고 있다는 점을 명심해야 한다. 예를 들면 칼빈주의는 복음주의적 기독교회의 공통신앙인 삼위일체, 그리스도의 신성(神性), 이적, 대속, 부활, 성령의 영감 등과 같은 대교리들을 분명히 주장한다.

장로교의 광법위하고 관대한 성격에 대해 언급하고자 할때 우리는 스미드 박사(Dr. E. W. Smith)의 조그마하나 훌륭한 책인 "장로교인의 신조" 로부터 광범위하게 인용해 보는 것이 좋을 것이다(이 책은 이미 65,000부 이상이나 보급되었음). 즉 "장로교주의의 관용성 —사상과 감정의 자유, 교파적인 편협하고 완고한 신앙으로부터의 자유-은 그 주의의 가장 훌륭한 특징 중 하나이다……장로교주의의 관용성은 단순한 감상주의나 개인적인 고백 또는 강령 발표와 같은 성질의 것이 아니고 우리의 신조에 근거를 둔 것으로 장로교 교리에 구체화 되어 있다. 우리의 신조는 '보이는 교회(可見敎會)는 그 자녀와 함께 참 종교를 고백하는 전 세계의 모든 사람들로 구성된다'(신앙고백서 25:2)고 선언한다.

이처럼 우리는 어떤 특징적인 '그' 교회가 되는 것을 공식적으로 또한 공개적으로 부인하며 대신 예수 그리스도의 교회가 될것을 선언한다. 우리의 표준서는 복음주의 자매 교회들의 상반되는 견해를 비난하는 어떠한 내용도 담고 있지 않을 뿐만 아니라 다른 복음주의 교회들을 '예수 그리스도의 몸된 교회의 참된 가지들'로 분명하고 권위있게 인정하는 현존하는 유일의 교회 표준서라고 일컬어지고 있다. 장로교 신조에서는 '성도의 교통' 에 대해 한 장(章)을 할애하고 있는데 각자 받은 선물의 분량과 은혜대로, 그리고 하나님을 경외함과 사랑안에서 피차 섬김으로 거룩하게 사귀고 교제하는 성도의 교통은 '각처에서 주 예수의 이름을 부르는 모든 사람들에게 다 해당된다'고 가르치고 있다"(신앙고백서 26:2). "장로교주의의 관용성은 우리의 자매교회인 모든 복음주의적 교회들에 대한 태도에서 발견할 수 있다. 복음주의적 교회중 어떤 교회들을 다른 계통의 복음주의적 교회를 무시하는데 이런 태도는 장로교에서는 금물이다.

장로교는 다른 복음주의적 교회의 교인이나 교역자들을 모든 점에서 우리와 똑같이 그리스도의 참 지체들로 인정한다. 이들 중 어떤 교회에서는 다른 교회로 이전하려는 교인들에게 이명증서를 해주지 않지만 우리는 그렇지 않다. 장로교에서는 침례교나 감독교회(성공회), 기타 다른 교파의 교회들로 이명증서를 떼어줄 때도 우리 교파에 속한 교회로 이전해줄 때와 똑같이 정성을 다해 똑같은 서식으로 떼어준다. 어떤 복음주의적 교파에서는 다른 교파에서 실시한 성례나 목사 위임식의 타당성을 부인하므로 다른 교파의 교역자나 교인들이 이명해온 경우 교역자는 다시 시취를 받아야 하고 교인은 다시 세례를 받아야 한다. 그러나 우리는 다른 계통의 복음주의적 교회들이 실시한 의식을 우리의 것과 똑같이 유효하다고 본다. 또 어떤 교회에서는 다른 복음주의적 교파의 목사를 강단에 초빙하지 않거나 성례전 집행도 함께 하지 않지만 우리 장로교에서는 절대 이런 배타적인 행동을 하지 않는다. 이런 행동은 장로교의 정신과 특성에 위배되는 행위이다. 우리는 우리 교파의 목사들을 초빙하는 것과 마찬가지로 감독교회나 침례교, 기타 다른 복음주의적 교파의 목사들을 초빙하여 강단에서 설교하게 하고 성례전을 거행할 때도 공식적으로 초빙하여 우리를 돕게 한다. 우리는 참된 그리스도인을 무시하지 않으며 다른 복음주의적 교파에서 받은 목사 위임도 부인하지 않는다.

또 다른 교파의 성경적 성례전도 무시하지 않는다. 우리는 타교파의 동료 목사들을 그리스도의 참된 사역자로 인정하며 그 교파 교인들이 받은 세례도 참된 세례로 인정한다. 우리는 감리교인들의 '아멘'에 전심으로 화답하며 주안에 있는 우리의 모든 형제들이 그리스도께 영광을 돌리는 찬양을 할 때 우리도 동참한다. 또한 그들을 우리의 성례에 기꺼이 초청하여 예수의 흘리신 피와 살을 함께 마시고 먹는다. 우리는 어떠한 편견이나 괴벽, 또는 기독교적 동정심을 제한하는 어떤 종류의 별난 생각도 갖고 있지 않으며 우리의 주인이신 예수 그리스도의 다른 종들과 우리들 사이에 어떤 장벽도 두지 않는다. 장로교의 정신은 이렇게 관대하다. 장로교의 관대성은 입교의 조건에서도 발견할 수 있다. 이 조건에 의하면 누구든지 예수 그리스도를 구주라고 고백하면 장로교 교인이 될 수 있다. 입교하는 자마다 반드시 칼빈주의자여야 한다는 요구는 없고 단지 기독교인이기만 하면 된다. 또 입교자의 신학의 정통성 여부에 대해서 조사하는 것이 아니라 오직 그리스도께 대한 믿음과 순종 여부에 관해서만 조사한다. 그는 삼위일체나 대속에 대해 불완전하게 말할 수도 있고 유아세례, 선택, 성도의 견인(궁극 구원)에 대해 의문을 제기할 수도 있다.

그러나 만일 그가 그리스도를 그의 개인적인 구세주로 믿고 순종하기만 한다면 장로교는 언제든지 그를 환영하며 그에게 장로교 교인으로서의 모든 특권을 부여한다. 교회들이 교인이 되는 조건으로 단순히 구원된 여부만 보지 않고 다른 조건들을 요구한다면 그것은 천국에 가는 것보다 교회에 가는 것을 더 어렵게 만드는 죄를 범하는 셈이 된다. 장로교에는 이러한 교회적 압제와 배타성이 전혀 없다. 장로교에서 교인이 될 수 있는 조건은 오직 그리스도에 대한 믿음만 있으면 된다. 그리스도에 대한 신앙을 고백하는 사람이면 누구나 하나님의 권속이 되어 교회의 모든 권리와 특권을 부여받게 된다. 이처럼 장로교의 천국문은 폭이 넓고 관대하여 마치 하늘나라의 천국문이 하나님의 모든 자녀들에게 활짝 열려있는 것처럼 열려 있다."

개혁주의 장로교회가 세계에서 가장 많은 개신교 교인을 가지고 있다고 선언한 후 스미드 박사는 그와 같은 선교 업적을 다음과 같은 감동적인 말로 요약하였다. 즉 "장로교의 관대함은 장로교인이 전세계적으로 분포되어 있다는 사실로도 알 수 있다. 신교의 어떤 교파들은 어떤 국가에서는 흥왕하나 어떤 국가에는 거의 없다. 예를 들면 루터교는 독일에서, 감독교회(성공회)는 영국에서, 감리교와 침례교는 미국에서 주로 흥왕하나 장로교는 전세계에 골고루 분포되어 있다. 지금 장로교는 이 세상의 다른 어떤 복음주의적 교회들보다 많은 대륙, 더 많은 국가와 국민 및 언어 속에 퍼져 있다. 유럽 대륙에서의 증거로 말미암아 장로교는 오스트리아, 보헤미아, 갈리시아, 모라비아, 헝가리, 벨지움, 프랑스, 독일, 이태리, 헬라, 화란, 러시아, 스웨덴, 스페인 등 유럽 대륙의 여러 국가에 역사적인 개혁 장로교회를 가지고 있다. 장로교는 영국, 스코틀랜드, 미국, 캐나다, 오스트렐리아, 뉴질랜드, 화란의 동인도에서 뿌리를 내려 결실하고 있다. 장로교 신앙과 의식(儀式)을 갖고 있는 사람은 전세계에 널리 퍼져 있다. 그 이유는 장로교주의가 어느 나라에서나 흥왕할 수 있는 적응력을 가지고 있기 때문이다. 장로교는 이 신앙을 소유한 대설교자, 목사, 저술가, 교육자, 정치인 및 지도자들을 많이 배출하고 있으며 그 풍부한 영적 생활로부터 선교를 위한 막강한 군대들을 이교 세계로 보내고 있다"(p. 211)고 말하였다.

X. 오늘날 칼빈주의가 부진한 이유

오늘날 칼빈주의가 부진한 이유는 무엇인가? 오늘날 그다지 빛을 발하지 못하고 있는 그 유명한 칼빈주의 5대 교리가 이제는 어느 누구에 의해서도 거의 논의되지 않고 있다. 현대의 사상 추세를 고려해 볼 때 우리는 칼빈주의의 운명이 쇠잔해졌다고 결론지을 수 있다. 심지어 전에는 칼빈주의가 흥왕하였던 모든 나라들까지도 오늘날에 와서는 그 존재가 유야무야한 상태로 되어버린 곳이 많다. 예컨대 프랑스, 스위스, 독일 등 칼빈주의가 성행했던 나라에서조차 더욱이 저명한 종교적 지도자들 중에서 조차 철저한 칼빈주의 신봉자를 발견하기가 어렵다. 영국에서는 사실상 칼빈주의가 없어진 상태이고 미국에서도 칼빈주의를 적극적으로 주장하는 교회는 극히 적다. 그러나 다행히도 스코틀랜드와 화란에서는 아직도 이 주의를 열렬히 전파하고 있으니 기쁜 일이다. 오늘날 교회안에 칼빈주의가 부진한 것은 사실이지만 그렇다고 해서 낙심할 필요는 없다. 교회의 발전이 주기적으로 이루어진다는 것은 역사가 증명하고 있으니 어떤 때는 흥하고 어떤 때는 쇠하나 진리는 반드시 승리하고야 만다. 진리는 비록 땅에 떨어져 가루가 된다 할지라도 반드시 다시 일어나는 법이다. 따라서 칼빈주의는 하나님의 연수(年數)가 영원무궁하신 것만큼 영원무궁할 것이다.

칼빈주의가 많은 원수들을 갖고 있다는 것은 이상한 일이 아니다.

"육에 속한 사람은 하나님의 성령의 일을 받지 아니하나니 저에게는 미련하게 보임이요 또 깨닫지도 못하나니 이런 일은 영적으로라야 분변(고전 2:14)하기 때문에 자연인에게 칼빈주의가 어리석게 보인다는 것은 조금도 이상한 일이 아니다. 인간이 타락된 본성 그대로 있는 한, 그리고 그리스도가 강퍅한 자들에게 부딪히는 돌과 거치는 반석이 되는 한(벧전 2:8), 칼빈주의는 많은 이들에게 기분 나쁜 사상체계일 것이다. 따라서 저명한 종교지도자들중 가장 탁월한 위치에 있었던 불후의 명성을 지닌 스위스 종교개혁가 칼빈이 한편으로는 가장 열렬한 사랑을 받지만 다른 한편으로는 가장 격심한 증오를 받았다는 것도 전혀 이상한 일이 아니다."

믿음과 회개는 하나님이 주시는 영적 선물이기 때문에 세인들의 불신앙에 대해 놀랄 필요가 없다. 왜냐하면 아무리 지혜롭고 명민한 사람이라 할지라도 이 선물을 받지 못하면 믿음을 가질 수 없기 때문이다. 이것에 대해 성경은 "내가 지혜있는 자들의 지혜를 멸하고 총명한 자들의 총명을 폐하리라"(고전 1:19)고 적절히 표현하였다. 그리고 또 "이 세상 지혜는 하나님께 미련한 것이니 기록된 바 지혜있는 자들로 하여금 자기 궤휼에 빠지게 하시는이라 하였고 또 주께서 지혜있는 자들의 생각을 헛것으로 아신다 하였느니라"(고전 3:19-20)고 하였다. 따라서 인간이 신앙을 갖느냐 못 갖느냐는 오직 하나님의 의지에 달려있다고 할 수 있다. 복음전파는 사람에게 회개의 외적 조건을 줄뿐이요 그 중심을 감화시키는 것은 하나님이 하시는 일이다.

칼빈주의 체계는 항상 심한 반대를 받아왔다. 그리고 지금도 미증유(未曾有)의 격심한 반대를 받고 있다. 인간의 마음은 하나님과 원수가 되어 있으므로 하나님의 진리를 반대하는 것은 당연하다. 지혜로우신 하나님과 어리석은 인간이 서로 동의한다는 것은 있을 수 없는 일이다. 하나님은 완전히 지혜로우시고 거룩하신 주권자이신데 중생하지 못한 인간은 죄로 눈이 멀어 반항을 하며 어떤 통치자도 원치 않으며 특히 절대적 통치자는 더더욱 원치 않는다.

인간의 마음은 항상 십자가의 분명한 도에 대해 아주 강렬하게 대적하기 때문에 우리 자신의 선행으로 구원얻는다고 가르치는 펠라기안주의나 자연주의 또는 선행과 은혜의 협력으로 구원얻는다고 가르치는 알미니안주의와 같은 체계가 중생하지 못한 자의 마음에는 아주 잘 받아들여 진다. 만일 복음이 중생하지 못한 자의 마음에 잘 맞는다면 그것은 바울이 전한 복음과는 아주 다른 복음일 것이다. 여기서 우리는 바울이 복음을 전한 어느 곳에서든 거의 다 소동이 일어나지 않으면 부흥이 일어났지 이 두가지가 다 일어난 곳은 아주 드물었다는 사실을 기억해야 할 것이다. 맥페트릿지(McFetridge)는 말하기를 "어떤 곳에서는 칼빈주의가 환영을 받지 못한다. 그 이유는 무엇일까? 그것은 성경에 계시된 죄와 은혜의 교리가 환영받지 못함과 같은 원리이다"라고 하였다.

오늘날 칼빈주의가 부진한 상태에 있는 또 다른 이유는 이 주의가 초자연주의를 지나치게 강조한다는 데에 있다. 칼빈주의는 영원으로부터 영원에 이르기까지 모든 사건과 사물들 속에서 하나님을 본다. 일체의 자연현상과 역사적 사건들 속에서 하나님의 손길을 본다. 우주 만상에 흐르고 있는 하나님의 일관된 목적을 본다. 그러나 우리가 살고 있는 이 시대는 반(反)초자연주의적인 시대이기 때문에 특히 칼빈주의에 대해 적대적이다. 오늘날은 자연 과학을 강조하는 시대요, 사상이나 감정에서는 합리주의를 강조하는 시대이다. 심지어 기독교계에서까지도 성경은 단순히 인간이 만들어낸 책이고 그리스도는 단지 위대한 인물에 지나지 않는다고 보려는 경향이 있는 시대이다. 그 형태가 순전히 자연주의적이요 자력구원적인 오늘날의 근대주의는 항상 칼빈주의와 정반대이다. 하나님을 향하여 "손대지 마시오"라고 말하는 자연주의적 종교가 바로 여기서 나온다. 그러므로 초자연주의를 아주 강조하는 칼빈주의가 오늘날 인기가 없을 것은 당연하다. 칼빈주의를 고수하는 자의 수가 소수하고 해서 놀랄 필요는 없다. 왜냐하면 성경의 교리가 참인가 거짓인가 하는것은 결코 인기 투표의 결과로 판명되는 것이 아니기 때문이다.

　워필드 박사는 현대가 칼빈주의에 대하여 가지는 태도를 분석하여 다음과 같이 말하였다. 그는 먼저 칼빈주의는 "유신론에 대한 가장 옳은 해석이요, 가장 고상한 개념의 종교요 가장 순수하고 견고한 표현의 복음주의"라고 말한 후 다음과 같이 덧붙였다. "인간의 자존심, 자유에 대한 주장, 자기능력의 과시, 타자의 의지에 지배되는 것을 인정치 않으려는 자세를 생각해 보라. 자기는 본래 선량한 성질을 가졌다거나, 자기는 자기에게 요구되는 모든 의무를 수행하기에 족한 능력을 가졌다고 믿는 죄인의 철저한 자신감을 생각해보라. 이 세상에서—현세계의 이 특이한 시대 속에서— 만사를 주관하시는 하나님에 대한 개념과 그에 대한 절대의존 의식, 그리고 죄(그 최고의 의미에서)에서 우리 자신을 구원하기 위해 최소한의 역할도 행할 수 없다는 전적 무능력에 대한 자각을 활발하면서도 생생하고 강력하게 보존하는 일은 어렵다는 사실이 이상스러운가? 오늘날의 세계 속에서 칼빈주의가 부진한 이유를 설명하는 데는 —자연의 힘을 능가하는 새로이 인식된 능력들을 의식하며 성취감과 물질적 풍요의 자만심에 도취되어 있는 이 물질적인 시대 가운데서— 다음과 같은 사실 즉 그 온전하심 속에서 만물을 지배하시는 하나님의 손길에 대한 우리의 인식을 지키고, 전능하신 삼위의 능력자에 대한 우리의 의존의식을 고수하며, 우리의 죄와 무가치함과 무력함에 대한 깊은 인식을 보존하려 할 때 부딪히게 되는 본원적인 어려움을 지적하는 것만으로도 충분하지 않겠는가? 칼빈주의가 부진한 것이 사실이라면 그것은 단지 이러한 사실을 의미하는 것이 아닐까? 즉, 우리 시대에는 하나님께 대한 비젼(vision)이 넘치는 성공의 열기들에 가려서 대체로 희미해졌다는 것이요, 종교적인 정서가 삶의 주도적인 세력이 되지 못하게 되었다는 것이요, 구원을 위해 하나님께만 전적으로 의존하는 복음주의적 태도가 원하는 다른 모든 것들에서 자기의 능력을 발휘하는데 익숙해져 있는 그래서 왜 그러한 열정으로 천국을 취할 수는 없는 지에 대해 전혀 이해할 수 없는 자들에게는 별로 흥미있

는 것이 못된다는 사실을 말이다.[15]

그러나 칼빈주의자들은 실망할 까닭이 없다. 교리보다는 사회문제를 강조하는 현대교회는 다른 시대였다면 분명 교회 밖에 있었을 많은 사람들을 교회 안으로 끌어 들였다. 교회에서 칼빈주의자가 좀처럼 보이지 않는다고 해서 칼빈주의자의 실제적인 수가 줄어든 것은 아니다. 워필드 박사의 말처럼 "오늘날 세상에는 칼빈주의자가 그 어느 때보다도 많다. 심지어 표면적인 칼빈주의 교회일지라도 여전히 칼빈주의 입장을 견지하고 있다. 현대사상 중에는 이런 모양 저런 모양으로 칼빈주의 개념에 이익이 되는 듯이 보이는 경향들이 많이 있다. 무엇보다도 우리는 세속에서 은퇴하여 조용히 영광중에 계신 하나님을 소원하며 그 마음은 칼빈주의의 진수인 하나님께 대한 전적 의존으로 가득 차서 살아가는 겸손한 영혼들을 도처에서 발견할 수 있다. 그러므로 나는 칼빈주의가 과거에 복음주의적 기독교의 원동력이 되었었던 것처럼 현대와 미래에도 그렇게 되리라고 깊이 믿는다."[16]

이와 거의 일치하게 로에처 박사(Dr. F. W. Loetscher)도 다음과 같이 말하였다. "지식에 미혹되어 신조와 교리를 무시하며, 무신론적 자연주의와 범신론적 진화론의 조류에 도취되어 인간의 존엄성과 신적 권위도 인정하지 않는 현대가 초자연적 계시와 구속을 가장 강력하게 표현하고 있는 칼빈주의를 가장 완악하게 불신앙적으로 대적한다는 것은 조금도 이상한 일이 아니다. 한 세대 전에 스미드 교수가 예측했던 대로 '한 가지 확실한 것은 현대의 불신앙적인 과학이 철저한 정통주의를 제외한 모든 종교사상을 멸절시킬 것'이라는 점이다. 우리는 이 도전을 결연히 받아들이도록 하자. 그리고 힘을 내자. 왜냐하면 죄된 인간이 하나님께 대한 의존 의식을 전적으로 상실해 버리거나 전능하신 하나님이 그의 우주적 통치권을 포기할 수 없듯이, 칼빈주의도 결코 지상에서 사라질 수 없기 때문이다."

---

15) Article, *Calvinism Today*, p. 7.
16) Article, *The Theology of Calvin*, p. 8.

영국 옥스포드 대학의 저명한 교회사 교수인 제임스 안토니 프로우드(James Anthony Froude)는 당시의 생명 없는 종교에 대하여 "오늘의 종교는 우리 선조들이 가졌던 종교가 아니다. 저들의 종교는 칼빈주의였으니 이 주의는 영적 부패를 타파했고 열왕들을 그 왕좌로부터 몰아냈으며 허위와 기만이 가득했던 잉글랜드와 스코틀랜드를 적어도 한동안은 청결케 하였다. 칼빈주의는 비진리에 대해 반기를 드는 정신이요, 지금까지 보아 온대로 계속 나타나는 정신으로 하나님이 하나님으로 계신 한 또한 인간이 짐승이 되지않는 한 계속 존재할 것" 이라고 말하였다.

아브라함 카이퍼 박사는 "칼빈주의의 미래는 보장되어 있다. 왜냐하면 다른 모든 것들은 쇠퇴하여 사라지고 말지라도 칼빈주의만은 그대로 존속할 것이기 때문이다. 신학계의 많은 인사들이 이 주의를 연구하다가 지쳐 버렸다. 그 이유는 이 주의가 너무도 심오한 진리이기 때문이다. 그러나 이 주의는 진리이며 생명력을 소유하고 있기 때문에 인간의 연구심을 계속적으로 야기(惹紀)시킬 것이다"고 말하였다.

본서 저자는 칼빈주의 교회에서 양육받지 않았으며, 저자가 이 교리를 처음으로 접했을 때 이 교리가 얼마나 혁명적인 것으로 보였는지에 대해 잘 기억하고 있음을 이 시점에서 언급하는 것이 좋을 것 같다. 저자는 대학시절의 한 크리스마스 휴가중 우연히 찰스 핫지의 "조직 신학(Systematic Theology)" 제일 권을 읽게 되었는데, 이 책은 "하나님의 작정"에 관해 한 장(章)을 할애하고 있었다. 그런데 그것은 저자가 "하나님의 작정"으로부터 떨어질래야 떨어질 수 없는 강력한 힘으로 이 진리들을 아주 생생하게 서술하고 있었다. 더욱이 저자는 정신적으로나 영적으로 심한 투쟁을 겪고 나서야 비로소 이런 위치에 도달하게 되었다는 사실에 대해 긍지를 가지고 있으며, 어느 정도 이와 동일한 경험을 겪어야 본인과 같은 입장에 도달하게 될 다른 사람들에 대해 깊은 동정심을 갖는다. 저자는 어떤 사람이 자기 교회가 많은 오류를 갖고 있는 체계를 가르친다고 확신하게 될 때 그가 어린 시절부터 다녔던 그 교회를 그만두는 데는 많은 희생이 요구된다는 것을 안다. 그의 절친한 친척과 친구들 대부분은 여전히 그 교회에 다니고 있으며 아마 그는 장로교 교인이면서도 이러한 교리들에 대해 공공연히 반대하고 비난하는 "순수 장로교인들(born Presbyterian)"에 대해 일말의 반대의사라도 표시해야 용서받을 수 있을테니 얼마나 큰 희생이 요구되는가 말이다.

제 6 부

제28장
역사 속에서의 칼빈주의

Ⅰ. 종교개혁시대 이전의 칼빈주의

예정교리가 4세기말에 이르기까지 특별한 연구 주제가 되지 못했다는 것은 놀라운 일이다. 4세기 이전의 교부들은 구원의 근거로서 신앙, 회개, 자선, 기도, 세례를 위한 복종 등과 같은 선행을 강조하였다. 물론 그들도 구원은 그리스도로 말미암아 얻는 것이라고 가르쳤다. 그러나 그들은 인간이 복음을 받아들일 수도 있고 배척할 수도 있는 충분한 힘을 가지고 있다고 생각했다. 그들의 저서중 어떤 것에는 하나님의 주권을 인식하고 있는 구절들이 적혀 있기도 하지만 이와 함께 인간의 절대적 자유의지를 가르치는 구절들도 있다. 그들은 이 둘을 서로 조화시킬 수 없었기 때문에 예정교리를 부인했을 것이며 아마 하나님의 절대적 예지교리까지도 부인했을 것이다. 그리하여 그들은 결국 하나님의 은혜와 인간의 노력의 합작으로 말미암아 구원얻는 다는 주장을 하게된 것이다. 물론 인간은 누구나 자력으로 구원얻을 수 있다는 생각을 단념하지 못한다. 그러나 시간이 흐름에 따라 그는 결국 구원은 인간의 공로에 관계없이 주신 하나님의 주권적 선물로서 영원전부터 작정된 것이요, 오직 하나님의 능력으로 된 것이라는 대진리를 깨닫게 된다. 이 중요한 진리는 서방 세계의 영적으로 충만했던 위대한 신학자 어거스틴에 의해 처음으로 발견되었다. 그는 그의 죄와 은혜 교리에서 그 이전의 신학자들보다 훨씬 깊이 들어가 은혜로 말미암는 무조건적 선택을 가르쳤고 구원은 택함받은 자들에게만 해당된다는 제한 속죄를 가르쳤다. 교회사를 읽어보면 어거스틴이 얼마나 위대한 신학자인가를 알 수 있으며, 그의 논문과 저서들은 바울과 루터 사이에 있었던 어느 누구의 논문이나 저서들보다 훨씬 더 많이 건전한 교리 발전과 기독교의 진정한 부흥에 공헌했다는 것을 알 수 있다.

어거스틴 이전의 교부들은 교회내의 이단을 바로 잡는 일과 이방 세계로부터의 공격에 대해 변증하는데 시간을 다 보냈기 때문에 교리를 체계적으로 발전시키지 못했다. 그리고 그 시대에 예정론이 거의 주의를 끌지 못했던 이유 중 하나는 당시 로마 제국 전역에서 유행했던 이교(異敎)의 운명론과 이 교리를 혼동하는 경향이 있었기 때문이다. 그러나 4세기에 이르러 시대가 안정되자 신학적 사색에 새 기원을 이루게 되어 많은 신학자들이 교리문제를 깊이 연구하게 되었다. 어거스틴은 세속적인 생활로부터 기독교도로 개종하게 된 그의 개인적 경험과 펠라기우스의 가르침에 대한 신학적 논쟁의 필요성 때문에 죄와 은혜의 교리를 깊이 사색하게 되었다. 펠라기우스는 인간은 자연인의 상태에서도 자력 구원할 수 있는 충분한 능력을 가지고 있다는 것, 아담의 타락은 항구적인 악례(惡例)에 불과할뿐 인류에게 거의 영향을 미치지 못한다는 것, 그리스도의 생애는 인간에게 도덕적 귀감이 될뿐이며 그의 죽음은 기독교인의 첫번째 순교에 지나지 않는다는 것, 하나님의 특별한 섭리는 없다는 것(성도의 견인 부인)등을 가르쳤다. 그러나 어거스틴은 이것과 정반대되는 견해 즉, 전인류는 아담 안에서 타락했다는 것, 자연인은 모두 전적으로 부패하여 영적으로 죽었다는 것, 인간의 의지는 죄를 짓는 데만 자유할뿐 하나님 앞에서 선을 행하는 데는 자유하지 못하다는 것,

그리스도는 그의 백성들을 위해 대신 고난받으셨다는 것, 하나님은 인간의 공로에 관계없이 그가 기뻐하시는 대로 구원얻을 자를 선택하신다는 것, 구원의 은혜는 성령으로 말미암아 택함받은 자들에게만 유효적으로 적용된다는 것 등을 가르쳤다. 그리하여 그는 최초로 진정한 바울 해석자가 되었고 그의 교리를 교회에 승인시키는데 성공하였다.

어거스틴 이후의 시대는 진보하기보다는 퇴보하는 시대였다. 무지로 말미암아 대중의 눈이 어두워졌다. 교회는 점점 의식주의로 흐르게 되었고 외적인 교회를 통해서만 구원얻는다고 생각하게 되었다. 인간의 공로를 주장하는 교리는 "면죄부"를 파는 일에서 그 절정에 달하였고, 교황은 교회적으로나 정치적으로 대권(大權)을 장악하게 되었으며, 카톨릭국인 전유럽의 도덕 상태는 극도로 부패하게 되었다. 심지어 성직자들까지도 전적으로 부패하게 되었는데 교황 요한 23세와 알렉산더 6세의 방탕하고 잔인한 생활은 인간이 저지를 수 있는 모든 죄악 중에서도 가장 극악한 것이라 할 수 있다.

이와 같이 어거스틴으로부터 종교개혁시대까지 예정론은 거의 주목을 끌지 못했다. 이 기간 중에는 단지 두 사람의 이름만 지적할 수 있는데, 한 사람은 곧쵸크(Gottschalk)라는 사람으로 예정론을 가르치다 투옥되었으며, 다른 한 사람은 영국에서 살았던 "종교개혁의 샛별" 위클리프(Wycliffe)이다. 그는 하나님의 절대주권과 예정을 가르친 칼빈주의적 개혁자였다. 그의 신앙체계는 후에 루터와 칼빈이 가르쳤던 체계와 거의 동일하였다. 왈도파(Waldensians)도 어떤 의미에서는 종교개혁 전의 "칼빈주의자들"로 볼 수 있는데, 그들의 주요 교리중 하나가 예정론이었다.

II. 종교개혁시대의 칼빈주의

종교개혁은 본질적으로 어거스틴주의의 부흥이었으니 이로 말미암아 복음주의적 기독교가 다시 그 본래의 위치로 돌아가게 된것이다. 종교개혁의 기수 루터는 어거스틴파의 수도사였다는 것과 그가 주장한 "이신득의"의 대원리는 바로 이 파의 엄격한 신학으로부터 얻어낸 것이라는 사실을 잊어서는 안된다. 루터, 칼빈, 쯔빙글리 그리고 당시의 뛰어난 종교개혁가들은 모두 철저한 예정론자들이었다. 루터는 그의 저서 "노예적 의지"에서 다른 어느 개혁신학자들보다도 강력하게 극단적으로 예정론을 주장하였다. 멜랑톤도 그의 초기 저서에서는 예정론을 기독교의 근본 원리로 서술하고 있으나 후에 이 입장을 수정하여 구원 과정에서의 신인협동설을 주장하게 되었다. 그런데 이것도 초기의 루터교회에 의해 점차 수정되었고 후기에는 칼빈주의식 예정론을 비난하더니 결국 이후 루터교회의 공인 교리가 된 보편은총과 보편속죄 교리를 주장하게까지 되었다. 이 예정론에 대한 루터교회 내에서의 루터의 입장은 로마 카톨릭교회 내에서의 어거스틴의 입장과 유사하다.

루터가 건물의 기초를 놓았다면 칼빈은 건물을 완성하였다고 할 수 있다. 즉 루터가 말한 교리들은 칼빈에 이르러 집대성(集大成)되었다. 칼빈은 그의 명민한 통찰력으로 종교개혁의 기본원리들을 충분히 상고하여 폭넓게 적용하였다. 루터는 믿음으로 구원얻는다는 것을 강조하였기 때문에 그의 기본 원리는 다소 주관적이요 인간적이었다고 할 수 있으나 칼빈은 하나님의 주권 원리를 강조하였기 때문에 그의 기본 원리는 보다 객관적이요 신학적이었다고 할 수 있다. 다시 말하자면 루터주의는 길고 괴로운 탐구 끝에 구원을 발견하여 단지 하나님의 임재의 빛을 쬐는 것으로 만족하는 사람의 종교라고 한다면 칼빈주의는 거기에서 만족하지 않고 한 걸을 더 나아가 하나님은 왜 그리고 어떻게 인간을 구원하셨는가를 알아보려는 사람의 종교라고 할 수 있다.

프로우드(Froude)는 "루터교 교인들은 로마교의 미신에서 절반쯤 해방되었을 뿐 그 투쟁을 끝까지 해내지는 못했다. 절반 정도의 확신으로는 스페인의 필립왕의 봉기를 막을 수 없었고 프랑스와 스코틀랜드에서는 로레인가(家)의 제후들에 맞서서 개혁을 완성할만한 인물들을 낼 수 없었다. 그래서 종교개혁가들은 좀더 정확하게 정의(定義)를 내릴 수 있는 단호한 지도자를 원했는데 바로 요한 칼빈에게서 이러한 지도자상을 발견하게 된것이다. 험란한 시대에는 견인 불발의 정신력을 소유한 지도자, 즉 그것으로부터 여러 다른 진리들이 파생되어 나오는 진리의 근원을 꿰뚫어 볼 수 있는 통찰력을 가진 지도자를 필요로 하는 법인데 바로 칼빈이 그와 같은 인물이었던 것이다. 우리가 알고 있는 한 그 당시의 교회 신조가 갖고 있던 결함을 칼빈보다 더 분명하게 본 사람은 없었으며 칼빈처럼 당시 교회의 거짓된 것들을 말끔히 일소해 버리고 그 자리에 진리를 확립하여 실생활의 규범으로 삼도록 하는데 성공한 개혁자는 없었다"[17]고 말하였다.

프로우드(Froude) 자신은 칼빈주의자가 아니었으며 오히려 종종 칼빈주의에 대한 비평가로 손꼽히던 인물이었으나 다음과 같이 공정한 견해를 발표하였다. "사람들은 칼빈주의자들을 완고한 자들이라고 한다. 그러나 나에게는 나를 죽이려는 원수에 대해 강인한 지조로 완고하게 나간다는 것은 당연한 일이라고 생각된다. 당시 로마교회는 누구든지 로마교회에 반대하는 자는 교수형 또는 화형에 처한다는 결정을 하였는데 이에 대해 칼빈주의자들은 성경을 한 손에 들고 전적으로 하나님만 의지하며 그 싸움에 대항했던 것이다. 대적이 많아질수록 그들은 더욱 강해졌고 맹렬해졌으니 이는 당연한 일이다. 그들은 신앙심 깊은 사람들이 고난과 슬픔 속에서 보통 그렇게 하듯 만사를 정하시는 하나님의 섭리의 손길에 모든 것을 맡겼다. 그들이 진 짐은 바로 하나님이 그들에게 지도록 예정하신 것임을 알게 되었을 때 그 짐이 훨씬 가볍게 느껴졌다. 그들은 '거짓을 증오한' 서유럽의 거의 모든 사람들을 그들의 대열로 끌어 들였다. 그들은 진압되기도 했으나 다시 일어났다. 그들은 적에 의해 분열되고

---

17) *Calvinism*, p. 42.

찢기기도 했지만 어떤 세력도 그들을 꺾거나 누그러뜨릴 수 없었다. 일찍이 어느 누구도 그렇게 할 수 없었을 만큼 그들은 모든 허위, 모든 불결 그리고 온갖 종류의 도덕적 악을 증오하였다. 현재 영국이나 스코틀랜드에 악을 행하는데 대한 두려움이 존재한다면 그것은 모두 칼빈주의자들이 그 당시 사람들의 가슴에 찍어 놓은 신념의 흔적이다. 비록 칼빈주의가 로마교회를 일소해 버리지 못했기 때문에 로마교회가 계속 생존해 있기는 하지만 칼빈주의로 말미암아 그 악독한 이가 빠진 것만은 사실이다. 즉 칼빈주의는 로마교회로 하여금 그 제도에 반대하는 자들을 사형에 처하게 했던 혐오스러운 원리를 폐지하게 하였으니 로마교는 칼빈주의자들 때문에 부패로부터 소생될 수 있었던 셈이다.”[18]

종교개혁 당시 루터교는 종교개혁가들이 했던 것처럼 그렇게 완전히 카톨릭교와의 관계를 끊지 못했다. 실제로 몇몇 루터교인들은 루터교 교리가 가장 알맞게 개혁된 교리라고 자랑스럽게 지적한다. 개신교도들은 모두 성경을 최종적 권위서로 인정하고 있었으나 루터교에서는 삭제해 버릴 필요가 없는 것이라면 구제도를 되도록 많이 보존하려는 경향이 있었고 개혁교회에서는 보존할 필요가 없는 구제도는 모두 삭제해 버리려는 경향이 있었다. 교회와 국가의 관계에 있어서도 루터교인들은 그 지방 군주들이 교회내에서 영향력을 행사하도록 허용하거나 그들의 통치 영역내의 종교를 결정하도록까지 허용하여 결국 국가교회 수립의 길을 열어 놓았으나 개혁자들은 교회와 국가의 완전 분리를 요구하기에 이른다.

앞에서도 말한 것처럼 종교개혁은 본질적으로 어거스틴주의의 부활이다. 초기 루터교화 개혁교회들은 원죄, 선택, 유효적 은혜, 성도의 견인 등에 대해 똑같은 견해를 갖고 있었다. 이것이 진정한 프로테스탄티즘이었다. 해스티(Hastie)는 “절대적 예정론은 초기의 종

---

18) *Calvinism*, p. 44.

교개혁 운동에 큰 힘을 주었다. 그것은 다른 나라에서와 마찬가지로 독일에서도 로마교회의 모든 미신과 우상을 타파시켰다. 예정론이 그것의 본고장에서는 그 힘을 잃었으나 여전히 개혁교회의 신앙의 골자로 남아있어서 모든 투쟁과 시련에도 이길 기세를 가지고 있다"[19]고 말하였다. 또 라이스(Rice)는 "사도시대 이래 교회사나 세계사에 기록된 가장 영광스러운 혁명인 칼빈주의에 대해 그렇게 많은 책들이 쓰여졌다는 것은 칼빈주의 교리에 대한 하나님의 축복의 결과이다"[20]라고 말하였다. 말할 필요도 없이 알미니안주의는 종교개혁 당시에는 잘 알려지지 않은 체계였다. 그것은 260년이나 지난 1784년에 이르러서야 비로소 한 조직된 교회에 의해 지지를 받았다. 5세기에는 후에 반(反) 펠라기안주의라는 절충안의 등장과 함께 어거스틴주의와 펠라기안주의로 알려진 두 개의 대립된 제도가 있었듯이 종교개혁 당시에는 후에 반(反)개신교주의라 부를 수 있는 알미니안주의의 등장과 함께 개신교주의와 로마 카톨릭주의라는 두 제도가 있었다. 두 시대는 모두 절충안의 등장과 함께 강력히 대립되는 두 개의 제도를 갖고 있었다.

III. 영국에서의 칼빈주의

영국의 역사를 일별해 보면 이 나라에서 신교주의를 승리로 이끈 것은 곧 칼빈주의라는 사실을 알 수 있다. 메리 여왕의 통치기간 중 제네바로 망명했던 많은 신교 지도자들이 훗날 엘리자베스 여왕의 통치기간에는 교회에서 높은 지위를 획득하였다. 이들 중에는 제네바역 성경 번역가들도 있었는데 이 번역에는 칼빈과 베자(Beza)의 공이 크다. 이 번역판은 킹 제임스 역본이 나타난 17세기 중엽까지 가장 유력한 영역 성경으로 존속했었다. 칼빈의 영향력은 영국 국

---

19) *History of the Reformation*, p. 224.
20) *God Sovereign and Man Free*, p. 14.

교회의 39개 조항에서 나타나고 있는데 특히 예정론이 서술된 17항에서 그렇다. 컨닝햄(Cunningham)이 보여주는 바에 의하면 헨리 8세와 에드워드 6세 및 엘리자베스 여왕의 통치 기간중에 있었던 영국 국교의 위대한 신학자들은 모두 철저한 신교도들이었으며 라우드(Laud)의 알미니안주의와 그 후계자들은 그들의 본래 위치로부터 탈선하였음이 나타나고 있다.

영국의 진정한 영웅들은 순수한 예배의식과 경건한 생활에 미친 영향으로 청교도란 이름을 얻은 영국의 고상한 칼빈주의자들 속에서 발견할 수 있는데, 맥콜리(Macaulay)의 말대로 "그들은 일찍이 세상에 살았던 모든 인물들중 가장 훌륭한 집단의 인물들이었다." 그래서 밴크로프트(Bancroft)는 "영국인이 신교도가 된것은 청교도들 때문" 이라고까지 말했다. 또 스미드는 말하기를 "이 사실의 중요성은 이루 헤아릴 수 없을만큼 크다. 성경을 공공연히 보고 영적으로나 정신적으로 자유를 갖고 있는 영국의 신교주의는 미국 식민지로 전파되었을뿐 아니라 3세기 동안 온세계로 전파되어 앵글로 섹슨어와 그 종교 및 그 기관들을 세계 곳곳에 심어 놓았으며 지금도 강력하게 배가되고 있다"[21]고 하였다.

영국의 위대한 칼빈주의 지도자이며 하원의원이었던 크롬웰은 자신을 칼빈주의라는 견고한 반석위에 세웠으며 자신을 다른 군사들과 동일한 반석위에 정립한 군인으로 불렀다. 그 결과 그의 군대는 일찌기 세계에서 볼 수 있었던 어떤 군대보다도 더 청렴결백하고 용맹스런 군대가 되었다. 맥콜리의 말처럼 "이 군대에 대항할만한 적은 영국 제도에서든 유럽 대륙에서든 찾아볼 수 없었다. 영국, 스코틀랜드, 아일랜드, 플랑드르(Flanders)에서 청교도 용사들은 때로 어려운 처지에 둘러싸이거나 세 배나 불리한 조건에서 적과 싸워야 했지만 항상 승리의 개가를 올렸을 뿐아니라 그들에게 대항한 군대를 모두 전멸시켰다. 드디어 그들은 전쟁의 날을 승리의 날로까지 간주하

---

21) *The Creed of Presbyterian*, p. 72.

게 되었으며 명망 높던 유럽의 가장 강력한 군대에 대항해서도 자신만만하게 진군할 수 있었다. 그래서 추방된 기사들까지도 아군에게는 버림을 받았고 적군보다는 그 수가 훨씬 적은 시골 사람들로 구성된 일개 여단이 스페인의 가장 훌륭한 보병대를 공격하여 참패시키고 프랑스의 가장 유능한 장군들이 난공불락의 장소라고 말했던 외벽(外壁)을 헤치고 나아가는 것을 보고는 국민적 긍지를 느꼈다. 크롬웰의 군대가 다른 군대들보다 뛰어난 힘을 가질 수 있었던 것은 바로 그들의 엄격한 도덕성과 하나님에 대한 경외심 때문이었다. 그들의 진영에서는 어떠한 욕설도 들을 수 없었고 술이나 도박은 전혀 보이지 않았으며 오랜 군정기간중 평화로운 시민의 재산과 여자의 명예가 신성하게 보존되었다는 것은 가장 열성적인 왕당원(군주제 지지자들)들조차 인정하는 바이다. 영국 군인들의 거센 용맹에 대해 불평한 하녀는 한 사람도 없었으며 금세공 가게에서는 한 온스의 금도 약탈당하지 않았다.”[22]

미국의 두 위대한 역사가중 한 사람으로 손꼽히는 죤 퓌스크(John Fiske) 교수는 “17세기에 있어서 전인류의 정치적 장래는 영국에서 논란되었던 그 문제들에 달려 있었다고 말해도 과언이 아니다. 청교도들이 아니었다면 정치적 자유는 아마 이 세상에서 자취를 감추었을 것이다. 일찍이 전인류를 위해 자신의 생명을 바칠 수 있었던 사람들이 있었다면 그들은 곧 크롬웰이 이끈 백절불굴의 철기병(鐵騎兵)들이었을 것이다. 그들의 표어는 성경 구절이요, 전쟁 구호는 찬송가였다”[23]고 말하였다.

개신교 순교자들은 피에드몬트(Piedmont) 계곡에서 숨져가고 독재군주 교황은 피로 물든 외투(garments)를 두르고 사치스러운 왕좌에 앉아 있을 때 의회와 국가의 지지를 얻어 이런 박해는 중지되어야 한다고 탄원서를 쓴 사람은 바로 청교도 크롬웰이었다.

크롬웰은 세번이나 영국 국왕의 자리에 앉을 것을 종용받았으나

---

22) *Macauay, Historry of England, I., p. 119.*
23) *The Beginnings of New England, pp. 37, 51.*

매번 거절하였다. 교리적으로 볼때 청교도들은 문자 그대로 죤 칼빈의 직계 자손들이다. 그리고 그들만이 영국의 귀중한 자유의 불꽃을 보존하였다. 이러한 사실들에 비추어 보더라도 "인류는 죤 칼빈에게 큰 혜택을 입었다고 해도 과언이 아니다."라고 한 퓌스크(Fiske) 교수의 공정한 결론을 부인할 사람은 아무도 없을 것이다.

멕페트리지(McFetridge)는 "역사속에서의 칼빈주의"라는 그의 훌륭한 저서에서 "만약 우리가 영국의 자유에 최종적으로 훌륭한 공헌을 한 사람은 누구인가?라고 다시 묻는다면 역사는 우리에게 매콜리의 말처럼 그의 지성과 기질에 맞는 것을 제네바 학교의 확고하고 예리한 논리속에서 발견했던 훌륭한 칼빈주의자 윌리암이 바로 그 사람이라고 대답해줄 것이다. 그의 종교의 초석은 예정론이었는데 그는 논리적 선견지명을 가지고 만약 자기가 예정론을 저버렸다면 자기는 틀림없이 그와 함께 하나님의 주권적 섭리에 대한 모든 신앙까지도 저버리고 단순한 쾌락주의자로 전락해 버렸을 것이라고 선언했다. 그의 말은 옳다. 왜냐하면 예정론과 하나님의 주권적 섭리는 똑같은 것으로 동전의 양면과 같은 것이기 때문이다. 따라서 우리가 이 둘중 어느 하나를 인정한다면 반드시 다른 하나도 인정하게 되는 것이다"(p. 52)라고 말하였다.

IV. 스코틀랜드에서의 칼빈주의

어떤 종교 체계의 실제적인 성과를 알아보려면 여러 세대동안 그 체계가 지배했던 국가나 민족의 종교 및 정치적 상황을 조사해 보는 것이 최상의 방법이다. 로마 카톨릭교의 실효를 알아보려면 스페인, 이태리, 콜롬비아, 멕시코 등과 같은 나라의 실상을 조사해 보면 되고 칼빈주의의 실효를 알아보려면 칼빈주의가 오랫동안 유일한 종교였던 스코틀랜드의 실상을 조사해 보면 될것이다. 칼빈주의가 스코틀랜드에 들어오기 전에는 "짙은 흑암의 세력이 그 땅을 뒤덮고 있었으며 영원한 악몽같은 것이 그 국민의 모든 심령을 점령하고 있었다” [24]고 멕페트리지는 말하였다. 스미드는 “칼빈주의가 스코틀랜드에 들어왔을 당시 그 땅의 국민들은 로마교회의 노예로서 성직자의 횡포에 시달리고 있었으며, 무지하고 비참했으며 영육이 도덕적으로 부패한 상태에 있었다. 그래서 버클리(Buckle)는 그들을 가리켜 ‘그 외모나 가정이 더럽고 추했으며 지극히 무지하고 미신적이었는데 그 심성은 완전히 미신에 젖어 있었다’고 묘사하고 있다. 그러나 스코틀랜드에서는 죤 낙스(John Knox)로부터 성경의 위대한 교리를 배운 후 그들이 놀랍게 변화되었고 제네바에서는 칼빈의 가르침으로 말미암아 더욱 더 철저히 변화되어 그들의 마음에 광명을 얻게 되었다. 낙스는 칼빈주의를 스코틀랜드의 종교로 만들었고 칼빈주의는 스코틀랜드를 이 세상에 대한 도덕적 모범국으로 변화시켰는데……그것은 마치 한밤중에 떠오른 태양과 같았다. 칼빈주의가 가장 잘 실시되고 있는 나라에 범죄가 가장 적다는 사실은 주목할만한 일이다. 오늘날 가장 고상한 도덕이 실시되고 있다고 널리 인정받고 있는 나라는 칼빈주의가 철저히 가르쳐지는 나라들이다. 칼빈주의가 강력하게 지배하고 있는 국가나 개인의 도덕은 가장 고상한 수준에 미치고 있다”[25]고 말하였다. 카알라일(Carlyle)은 말하기를 “낙스가 그의 조국을 위해 한 일은 곧 죽음으로부터 그들을 부활시켰다는 것이다.”고 하였다. 프로우드(Froude)는 “낙스가 없었다면 지금 우리가 알고 있는 것과 같은 모습의 스코틀랜드는 존재하지 못했을 것”이라고 말하였다.

진정한 의미에서 스코틀랜드의 장로교는 제네바의 개혁교회에서 파생된 교회라 할 수 있다. 비록 조금 늦게 일어나기는 했지만 스코틀랜드에서의 종교개혁은 영국에서의 종교개혁보다 훨씬 더 철저하고 근본적이었는데 그 결과 스코틀랜드에는 그리스도만을 교회의 머리로 인정하는 칼빈주의적 장로교주의가 확립되었다.

---

24) *Calvinism in History*, p. 124.
25) *The Creed of Presbyterians*, pp. 98, 99.

스코틀랜드의 종교개혁에서 이 개혁을 성취시키기 위해 하나님이 사용하셨던 도구는 죤 낙스이다. 죤 낙스로 말미암아 스코틀랜드에는 종교적 자유와 시민의 자유가 생겨났으며 사회가 변혁되었다. 스코틀랜드의 국가적 존망이 그에게 달려 있었다 해도 과언이 아니다. 그래서 필립 샤프(Phillip Schaff)는 "루터가 독일인중 가장 위대한 인물이듯 낙스는 스코틀랜드인중 가장 위대한 인물" 이라고 말하였다.

샤프는 또 말하기를 "스코틀랜드 종교개혁의 영웅 낙스는 비록 칼빈보다 4살이 더 많았지만 겸손히 칼빈의 발 아래서 가르침을 받아 칼빈보다 더 철저한 칼빈주의자가 되었다. 죤 낙스는 피의 여왕 메리의 통치 기간중 5년간(1554-1559) 제네바로 망명해 있었는데 그곳에서 '사도시대 이래 가장 완전한 기독교 학교'를 발견하게 된다. 후에 그는 백절불굴의 정신과 용기로 제네바의 모델을 본국에 이식시킴으로써 스코틀랜드 국민을 중세의 반(半)야만적 상태로부터 근대 문명의 광명속으로 인도했으며 프로테스탄트 종교개혁사에서 루터, 쯔빙글리, 칼빈 다음 가는 명성을 획득하였다"[26]고 하였다.

프로우드(Froude)는 "이 나라의 종교개혁사 전체를 훑어 보더라도 낙스 이상가는 인물은 찾아볼 수 없다. 그가 없었더라면 종교개혁이 실패로 끝났을 이 사람에 대해 영국 영사는 이제 공정히 평가해주어야 할 시대가 되었다. 왜냐하면 낙스가 만들어낸 정신이 스코틀랜드를 구하였기 때문이다. 만일 스코틀랜드가 다시 카톨릭 국가로 되었다면 엘리자베스 여왕 치하에 있던 목사들의 지혜나 감독들의 가르침으로는, 심지어 여왕 자신의 책략으로도 영국의 혁명을 막지 못했을 것이다. 낙스는 로디안(Lothians)의 농부들에게 자기는 하나님 편에서 볼 때 그의 조상들을 짓밟았던 거만한 귀족이나 고위 성직자와 동등한 자유인이라고 소리 높이 외쳤다. 그는 메리 스튜아트(Mary Stuart)가 연약하게 할 수도, 메이트랜드(Maitland)가 기만할 수도 없었던 적대자였다. 완고하고 편협하며 미신적이고 광신적일 수도 있

---

26) *The Swiss Reformation*, *II*., *p. 818.*

는 가난한 평민들을 단호하고 솔직한 국민으로 양육시킨 것도 바로 낙스였다. 그럼에도 불구하고 왕이든 귀족이든 성직자든 어느 누구도 그를 다시 폭력으로 굴복시킬 수는 없었다. 그런데 그가 받은 보상이란 그에게 가장 경의를 표했어야 할 사람들로부터 받은 배은망덕이 고작이었다"[27]고 말하였다.

초기 스코틀랜드의 개혁주의 신학은 예정론을 근거로 한것이었다. 낙스는 그의 신학을 제네바에서 칼빈에게 직접배웠다. 그의 주요 신학 저서는 예정에 관한 논문이었는데 거기에서 그는 당시 영국이나 그 외의 다른 나라들에 만연되어 있던 방종스러운 사상들에 대해 예리하고 단호하게 논박하였다. 17, 8세기에는 예정, 선택, 유기, 대속의 효력과 범위, 성도의 견인 등과 같은 주제가 스코틀랜드 농민들의 절대적 관심사였다. 이러한 교리들이 스코틀랜드로부터 시작되어 남쪽으로는 영국과 아일랜드, 서쪽으로는 대서양을 건너 아메리카로 전파된 것이다. 따라서 진정한 의미에 있어서 스코틀랜드는 "근대 장로교주의의 모국(母國)" 이라고 부를 수 있다.

V. 프랑스에서의 칼빈주의

그 당시 프랑스 역시 자유로운 칼빈주의 정신으로 온통 흥분해 있었다. "프랑스에서는 칼빈주의자들은 위그노당이라 불렀다. 위구노당의 덕행이 어떠했는가는 온 세계가 다 아는 사실이다. 국내에서 박해를 받든 해외로 망명을 했든 그들의 도덕적 순결과 영웅적 행위는 친구나 적을 모두 놀라게 하였다."[28] 대영백과사전에는 "위그노당의 역사는 강력한 종교적 확신의 힘이 얼마나 영속적인가를 보여주는 살아있는 경이이다. 그들의 인내의 전말(顚末)은 종교 역사상 가장 훌륭하고 영웅적인 기록들중 하나이다"라고 쓰여 있다. 위그노당

---

27) *Hist. Eng. X. 437.*
28) Smith, *The Creed of Presbyterians, p. 83.*

은 프랑스의 근면한 기술공 계층 사람들로 구성되었는데 "위그노당원 같이 정직하라"는 말이 최고도의 청렴 결백을 나타내는 프랑스의 격언이 될만큼 그들은 정직하였다.

성 바돌로매의 날(St. Bartholomew's Day)인 1572년 8월 24일 주일, 파리에서는 위그노당을 대학살한 참사가 있었는데, 이 때 피살된 자의 수효는 만 명에서 오만 명까지 다양하게 추정되고 있으며 샤프는 삼만 명으로 보고 있다. 이 무서운 박해로 말미암아 수십만 명의 위그노들이 홀랜드, 독일, 영국, 미국 등으로 피신하였다. 프랑스의 손실은 만회할 수 없을만큼 치명적인 것이었다. 영국의 사가(史家) 매콜리(Macaulay)는 영국으로 피신하여 정착한 위그노들에 대하여 "피난민들중 가장 미천한 자들이었던 그들이 유럽 어느 나라의 국민들의 평균 수준보다 지적으로나 도덕적으로 훨씬 높았다"고 쓰고 있다. 위대한 역사가 렉키(Lecky)는 아주 냉정한 합리주의자였는데 "낭트 칙령의 폐지로 말미암아 위그노당이 멸망된 것은 프랑스에서 가장 건전하고 고상하며 유덕하고 일반적으로 가장 개화된 분자들을 멸망시킨 불상사였으니 이로 말미암아 프랑스 국민의 품성이 타락되는 길이 예비되었고, 회의주의와 악덕의 강한 탁류를 막아낼 수 있었던 마지막 보루가 제거됨으로써 1세기 후에는 종교와 정치가 모두 부패하고 말았다"[29]고 말하였다.

워버톤(Warburton)은 "누구나 위그노당의 역사를 읽어보면 그들에 대한 박해가 얼마나 잔인하고 부당했는가를 알 수 있다. 프랑스의 가장 고귀한 피는 전쟁터에서 흘려졌고, 프랑스의 가장 총명한 천재들은 옥중에 수감되어 방치된 채로 고통을 받거나 굶어 죽었고, 프랑스에서 가장 고상한 성품을 소유했던 자들은 산림의 들짐승처럼 생포되어 무참히 학살되었다. 모든 면에서 그들은 나머지 국민들과 비교할 수 없을만큼 우수한 자들이었다. 그들은 지극히 단정했고 도덕적으로 순결했으며 근면하였고 그 당시 프랑스 국민의 전체 생

---

29) Eng. Hist, Eighteenth Century, I., pp. 264, 265.

활을 타락시켰던 성적 부도덕과는 전혀 다른 성결한 생활을 했으니 이런 것들은 항상 그들이 주장한 원리를 효과적으로 나타낼 수 있는 수단으로서 그들의 원수까지도 인정한 바이다"[30] 라고 말하였다.

당시 프랑스에서는 왕들의 방탕한 정신이 귀족들을 거쳐 평민에게까지 이르게 되었다. 종교는 부패한 집단이 되어 잔인을 일삼게 되었고, 수도원은 부정행위의 온상지가 되었으며, 독신생활은 결국 자기가 음탕과 불결의 원천이 됨을 증명하는 셈이 되는 그런 시대였다. 국가나 교회내의 부도덕, 방종, 독재, 금품 강탈 등은 이루 헤아릴 수 없이 많았으며 죄의 용서는 돈으로 얻을 수 있었고 교황의 인가 아래 수치스러운 면죄부 판매가 성행하였다. 어떤 교황들은 부정행위의 괴수들이었고, 교육은 성직자와 귀족만 받도록 제한되어 있었기 때문에 대부분의 백성은 무식하여 글을 몰랐으며 심지어 사제들 중에도 읽고 쓸줄 모르는 자들이 많았다. 그래서 사회 전체가 산산조각이 난 지경이었다.

이상의 진술은 결코 일방적이거나 과장된 진술이 아니다. 이것은 최대한으로 진실한 것이며 보다 긍정적인 면에서 여기에 한 가지를 더 첨부한다면 그것은 많은 정직한 카톨릭교도들이 교회내부로 부터 이미 온건한 개혁운동을 착수하고 있었다는 점이다. 그러나 로마 교회는 개혁이 불가능한 상태에 있었다. 따라서 그것이 효과를 얻으려면 개혁은 외부로부터 일어나야만 했다. 즉 종교개혁이 전혀 일어나지 않게 되든지 아니면 로마교의 반대편에서 일어나든지 해야만 했던 것이다.

그러나 이 때 개신교 사상은 독일로부터 점차 프랑스로 스며 들어가고 있었다. 칼빈은 파리에서 그의 활동을 개시했으므로 곧 프랑스에서 개혁운동의 지도자로 알려지게 되었다. 그의 열심은 로마교회 권위자들의 반대를 불러 일으켰으므로 결국 제네바로 망명을 가게 된다. 그는 비록 제네바에 있는 동안 한번도 프랑스로 돌아간 적이

---

30) *Calvinism, pp. 84, 92.*

없었지만 여전히 프랑스 종교개혁의 지도자로서 개혁의 모든 과정에 대해 일일이 그의 견해를 피력했다. 그는 위그노당에게 신조와 교회 정치 형태를 제정해 주었다. 역사가 한결같이 증언하는 바에 의하면 프랑스의 신교도들을 고쳐시켜 로마 교황과 그의 충성스러운 지지자들에게 대항하게 한것은 곧 칼빈주의 신앙체계였다.

청교도가 영국에 존재해 있었던 것처럼 스코틀랜드에는 언약교도 (Covenanter)가, 프랑스에는 위그노교도가 존재해 있었다. 칼빈주의가 이처럼 여러 나라에서 동일형의 인간들을 발전시킬 수 있었다는 사실은 칼빈주의가 인격 형성에 얼마나 큰 힘을 발휘할 수 있는지를 보여주는 좋은 증거이다.

칼빈주의가 프랑스 전역에 얼마나 급속히 전파되었던지 피셔 (Fisher)의 '종교개혁사'를 읽어보면 1561년에 프랑스의 칼빈주의자는 무려 전체 인구의 4분지 1을 헤아렸다고 한다. 멕페트리지는 그 수를 더 많이 잡고 있는데 "반세기를 넘지 못해서 칼빈주의 사상은 프랑스 전역에 퍼졌으며 프랑스 인구의 거의 반(半)과 그 나라에서 위대한 정신을 지닌 거의 모든 사람들이 칼빈주의 신앙고백을 획득하였다. 한동안은 칼빈주의가 전국민을 풍미(風靡)하지 않을까 하는 생각이 들만큼 그 신봉자의 수가 격증했으며 유력해졌다"[31]고 말하였다.

스마일즈(Smiles)는 그의 저서 "프랑스의 위그노교도"에서 "그 자신이 프랑스인이었던 칼빈의 종교가 프랑스인 개인의 성격뿐 아니라 프랑스 역사에 끼친 영향, 즉 16세기 말까지 세력 균형으로 하여금 프랑스를 개신교주의로 귀착시키게한 영향을 추측해보는 것도 흥미로운 일" 이라고 서술하고 있다. 확실히 프랑스의 역사는 칼빈주의가 있었던 때부터 상당히 달라졌을 것이다.

VI. 홀랜드에서의 칼빈주의

---

31) *Calvinism in History*, p. 144.

로마 교황의 지배와 스페인의 잔인한 압박으로부터 네델란드를 해방시키 려한 투쟁속에서 우리는 칼빈주의와 인간에 대한 역사의 또 하나의 영광스러운 장(章)을 갖게 된다. 다른 곳에서와 마찬가지로 여기서도 종교 재판의 고문이 실시되었다. 피에 굶주린 괴물 알바(Alva) 공은 5년 이라는 짧은 기간동안 18,600명의 이단자를 학살자에게 넘겨 주었다고 자랑하였다.

모틀리(Motley)는 "교수대에는 매일 희생자들이 있었으나 한 사람도 자기 신앙을 부인하지 않았다……거기에는 인간이 이 세상에서 감히 도전을 하고 고통을 받을 수 있는 최대의 고통을, 그것도 인간애를 고무시킬 수 있다는 가장 고상한 이유때문에 도전하고 고통받는 사람들이 있었다"고 말한다. 그는 또 "매일 손에 손을 잡고 불속으로 걸어 들어가는 남자들의 영웅심과 무덤파는 사람들이 삽으로 흙을 떠서 그녀들의 살아있는 얼굴위에 던지는 동안 승리의 노래를 부르고 있는 여자들의 영웅심"을 우리에게 그림을 보여주듯 묘사해 주고 있다. 또 다른 곳에서 그는 "찰스 5세의 칙령에 따라 또는 성경을 읽거나 조각된 상(像)을 곁눈으로 흘겨본다거나 성찬용 빵과 포도주에 그리스도의 살과 피가 실제로 임재한다는 것을 조롱하는 등의 죄를 범했다고 해서 화형되거나 질식사하거나 목이 잘리거나 산 채로 매장된 화란인의 수는 권위있는 소식통에 의하면 최고로 많은 때는 100,000명 정도였고 아무리 적어도 5,000명 이하는 없었다고 한다"[32)]고 말하였다. 80년이라는 잊지 못할 투쟁기간 동안 그들의 양심적인 신앙때문에 스페인에 의하여 죽음을 당한 신교도들의 수가 처음 3세기 동안 로마 황제 치하에서 순교당한 기독교인들의 수보다 더 많았다. 확실히 홀랜드 역사에 있어서 칼빈주의는 순교자, 성도, 영웅들의 신조라는 영광을 가졌다.

그 당시 유럽에서 가장 강한 민족이었던 스페인은 거의 3세대동안 칼빈주의적인 네델란드에서 정치적 자유와 개신교주의를 근절시

---

32) *Rise of the Dutch Republic*, I., p. 114.

키려 했으나 실패하고 말았다. 화란인들은 타락한 성직자들의 지겨운 사슬에 매어서가 아니라 그들 자신의 양심의 지시에 따라 하나님께 예배드리려 하였기 때문에 침략을 당하였으며 스페인인들이 고안해낸 가장 잔인한 고문을 당하게 되었다. 그리고 누가 그들을 해방시키는데 영향을 미쳤느냐고 물으면 똑같은 신조를 주장했던 사람들과 함께 역사에서 William the Silent 로 알려진 칼빈주의적 오렌지공(公) (Prince of Orange)이었다고 대답한다. 카이퍼 박사는 "만일 그 당시 사탄의 세력이 칼빈주의 정신으로 무장된 영웅적 행위에 의해 깨어지지 않았다면 화란과 유럽 및 전세계의 역사는 오늘날과 같이 고통스럽고 어두웠을 것이니 진심으로 칼빈주의에 대해 감사한다. 그것은 밝고 고무적이다"[33]라고 말하였다.

만일 칼빈주의 정신이 뒤이어 종교개혁이 발생한 서유럽에서 일어나지 않았다면 영국, 스코틀랜드, 홀랜드에서는 냉담한 정신이 그 시대를 장악했을 것이다. 이 나라들에서는 개신교가 자활할 수 없었다. 로마화된 개신교주의라는 절충안을 통해 독일은 십중팔구 로마 카톨릭의 지배하에 다시 놓이게 되었을 것이다. 이들 나라중 어느 한 곳에서 개신교가 실패했다면 그 결과가 나머지 다른 나라에도 치명적인 영향을 미쳤을만큼 이들의 운명은 밀접하게 연결되어 있었다. 진정한 의미에서 이 국가들의 미래 운명은 화란에서의 투쟁의 결과에 달려 있었다. 스페인이 화란에서 이겼더라면 카톨릭 교회의 힘이 강대해졌을 것이므로 영국에서의 신교운동은 저지되었을 것이다. 심지어 그 때 형편으로는 영국이 한동안 로마주의로 다시 돌아간 것처럼 보이기까지 했다. 그랬을 경우 미국의 개발은 자동적으로 억제되었을 것이며 십중팔구 전 미대륙이 스페인의 통치하게 놓여 있게 되었을 것이다.

실제로 이들 나라에서 죽어간 순교자들은 모두 칼빈주의자들이었으며 거기에 비해 루터교인이나 알미니안주의자는 아주 적었다는 것

---

33) *Lectures on Calvinism*, p. 44.

을 기억하도록 하자. 프루인(Fruin) 교수는 "스위스, 프랑스, 네델란드, 스코틀랜드, 영국 그리고 신교운동이 일어날 수 밖에 없었던 곳이라면 어디서든 그 시대를 장악한 것은 칼빈주의였다"고 말했는데 이는 옳은 말이다. 비록 그 사실이 설명되어져야 하겠지만 칼빈주의자들만이 투쟁하는 신교도들이었다는 것은 사실이다.

우리가 간과해서는 안될 홀랜드가 베푼 또 다른 봉사가 있다. 종교적 박해로 영국에서 추방된 후 미국으로 건너가기 전에 청교도들은 홀랜드로 가서 칼빈주의적 관점에서 볼 때 지극히 유익한 신앙생활과 접하게 된다. 그들의 중요한 지도자는 클립톤(Clyfton), 로빈손(Robinson), 브루스터(Brewster) 등 3명의 케임브리지 대학생들이었는데 그들은 세계 어느 국가의 역사에서나 발견될 수 있을만큼 고상하고 영웅적인 트리오를 형성하였다. 그들은 제네바의 종교개혁가들이 제의한 기본적 견해를 모두 고수하는 철저한 칼빈주의자들이었다. 미국의 사가(史家) 밴크로프트(Bancroft)가 미국으로 건너간 청교도들을 가리켜 "칼빈과 똑같은 신앙을 가진 사람들" 이라고 불렀는데 이는 옳은 말이다.

몬스마(J. S. Monsma)는 "칼빈주의는 미국을 위해 무엇을 했는가?"라는 그의 저서에서 홀랜드에서의 청교도들의 생활을 다음과 같이 요약하고 있다. "청교도들이 암스테르담을 떠나 레이덴(Leyden)을 향해 갈때 그들의 지도자인 클립톤 목사는 자기가 있던 곳에 그대로 머물기로 결정했다. 그래서 그때까지 클립톤의 수석 조수였던 로빈손 목사가" 그들의 지도자요 목사로 선출되었다. 로빈손은 확신에 찬 칼빈주의자로서 자기에게 기회가 주어질 때마다 알미니우스의 가르침을 반대했다. "우리는 그 당시 알미니안주의가 홀랜드에서 재빨리 세력을 얻어가고 있을 때, 폴리앤더(Polyander), 페스투스 호밀루스(Festus Homilus), 그외의 다른 화란인 신학자들은 로빈손에게 알미니안주의자들의 새로운 지도자인 에피스코피우스(Episcopius)와의 논쟁(이런 논쟁은 레이던에 있는 대학에서 매일 있었음)에 참가해 달라는 부탁을 보내왔다는 에드워드 윈슬로우

(Edward Winslow)의 확실한 증언"을 가지고 있다. 로빈손은 그들의 요구에 응했고 그는 곧 고마리안(Gomarian) 신학자들중 가장 유망한 사람중의 하나로 지목되었다. 1624년에 그는 "도르트 회의에서 제의된 교리에 대한 변호"라는 제목의 걸작 논문을 썼다. 국제적으로 유명한 도르트 회의의 모든 결정은 엄밀하게 칼빈주의적이었으므로 로빈손의 종교적 경향에 대해서는 더 말할 필요가 없을 것이다.

"청교도들은 화란이나 그 밖에 다른 곳에 있는 칼빈주의적 개혁교회들과 완전히 일치하였다. 청교도들이 홀랜드를 떠나기 1년 전인 1619년에 발간된 그의 변증(Apology)에서 로빈손은 매우 엄숙한 태도로 '우리의 종교는 화란 개혁교회의 이름으로 출판된『신앙고백의 일치』라는 책에 규정되어 있는 모든 신앙 항목 밑에 찬동의 서명을 할 준비가 되어있을만큼 화란 개혁교회의 종교와 일치한다는 것을 하나님과 사람들 앞에서 고백한다'(pp. 72, 73) 고 썼다."

Ⅶ. 미국에서의 칼빈주의

하나의 정치적 세력으로서 칼빈주의가 미국 역사에 끼친 영향을 연구한다는 것은 곧 전 칼빈주의 역사에서 가장 빛나는 부분을 연구하게 된다는 말이다. 칼빈주의는 메이플라워(Mayflower)호를 타고 미국에 들어왔다. 그래서 미국의 위대한 사가 밴크로프트(Bancroft)는 미국으로 건너온 영국의 청교도들을 가리켜 "그들의 신앙에 있어서는 가장 강력한 체계를 따른 칼빈주의자들"[34]이었다고 메사츄세츠 식민지의 주지사인 엔디코트(John Endicott), 부지사인 윈드롭(John Winthrop), 코넥티커트의 창설자 토마스 호커(Thomas Hoker), 뉴헤븐(New Haven) 식민지의 창설자 데이븐포트(John Davenport), 로드 아일랜드(Rhode Island) 식민지의 창설자 윌리암(Roder Williams) 등은 모두 칼빈주의자들이었다. 윌리암 펜(William Penn)은 위그노

---

34) *Hist, U.S., I., p. 463.*

교도의 제자였다. 미국 혁명 당시의 300만 미국인중 90만은 스코틀랜드인 혹은 스코틀랜드계의 아일랜드 원주민이었고, 60만은 영국 청교도, 40만은 독일계 혹은 화란계 개혁교회 신자들이었다. 이외에 성공회 신자들은 그들의 '39개 조항' 신조속에 칼빈주의적 신앙고백을 갖고 있었으며, 불란서의 위그노 교도들도 이 서방 세계로 많이 건너왔다. 이처럼 미국 식민지 인구의 약 3분지 2가 칼빈주의로 훈련된 자들이었다. 세계 역사상 이와 같은 국민들로 세워진 나라는 한 나라도 없다. 더구나 이들은 경제적 유익을 얻기 위해 미국으로 건너온 것이 아니라 주로 깊은 종교적 확신때문에 미국으로 건너온 것이었다. 유럽 여러 나라에서 행해겼던 종교적 박해는 하나님의 섭리에 의해 가장 진보적이고 계발된 사람들을 미국으로 이주시키는 데 사용되었다. 아무튼 영국인, 스코틀랜드인, 게르만인, 화란인이 유럽에서 가장 노련한 민족이었다는 것은 일반적으로 인정되고 있는 사실이다. 특별히 기억해야 할 것은 뉴잉글랜드로 이민온 사람들의 대다수가 청교도들이었는데 그들은 칼빈주의적 개신교를 가지고 왔으며, 위대한 종교개혁가들의 교리에 전념했으며, 교회에서든 국가에서든 형식주의나 압제를 아주 싫어했다는 것과 뉴잉글랜드에서 칼빈주의가 전 식민지 시대를 지배하게 될 신학을 남겼다는 사실이다.

이러한 배경을 가지고 볼때 장로교 신자들이 미국 혁명에서 아주 탁월한 위치를 차지했다는 것은 그리 놀라운 일이 아니다. 미국의 사가(史家) 밴크로프트(Bancroft)는 "1776년의 혁명은 종교에 관한 한 장로교의 영향을 받았다고 할 수 있다. 영국의 청교도, 스코틀랜드의 언약파(Covenanters), 프랑스의 위그노파, 화란의 칼빈파, 아일랜드의 장로교도 등은 구세계(The Old World)의 장로교주의가 그의 자손들에게 심어준 원리가 자라 나타난 결과들" 이라고 말한다. 자유를 쟁취하기 위한 장로교인들의 열심이 너무나 강렬하고 광범위하고 적극적이었기 때문에 영국에서는 그 혁명을 "장로교인의 반란" 이라고 말한다. 죠지 8세의 열렬한 식민지 지지자는 집에다 "나는 이 특별한 조치들에 대한 모든 책임이 장로교인들에게 있다고 본다. 그들은 이 모든 극심한 조치들에서 주동이 되어왔던 것이다. 그들은 어느 곳에서나 그들을 구별지어 주는 반(反) 군주제 정신을 가지고 항상 정부에 대항해왔으며 앞으로도 영원히 대항할것이다"[35]라고 써 놓았다. "이 특별 조처"에 대한 소식이 영국에 전해지자 호레이스 월폴 (Horace Walpole) 수상은 국회에서 "우리의 사촌인 미국이 한 장로교 목사와 함께 도망했다"고 말하였다.

미국의 민주주의는 기독교에서 탄생되었고 그 기독교는 칼빈주의였다는 것을 역사는 말해 주고 있다. 그 투쟁의 결과 미국이라는 국가를 형성케한 미국의 독립전쟁은 주로 칼빈주의자들에 의해 수행되었는데 그들중 많은 사람들은 프린스톤에 있는 엄격한 장로교 대학에서 훈련받은 자들이며 미국이라는 나라는 자유를 사랑하는 국민들에게 그들이 선사한 선물인 것이다.

샤프(Schaff)는 "미연방공화국의 원리는 청교도와 엄격한 신학으로 인간의 품성을 교육시켰고 현대에 있어서 헌법의 자유를 증진시킨 칼빈주의와의 결합을 통해 추적해볼 수 있다"[36]고 말하였다.

스페인의 유명한 정치가요 웅변가이며 학자인 카스텔라(Emilio Castelar)의 증언은 아주 재미있고 귀중한 것이다. 정계(政界)에 들어가기 전에 카스텔라는 마드리드 대학교의 철학교수였는데 1873년 자유당에 의해 세워진 공화국의 대통령이 되었다.

그는 카톨릭 교도로서 칼빈과 칼빈주의를 증오했다. 그는 말하기를 "공화국의 추세를 볼때 루터파나 칼빈의 도덕보다 더 준엄한 도덕이 필요했으며 독일이나 제네바 교회보다 더 민주적인 교회가 필요했다. 앵글로 색슨 민주주의는 원시 사회의 책인 성경을 갖고 있었는데, 그것은 기분나쁜 칼빈의 망령이 아직도 배회하고 있는 홀랜드나 스위스의 침울한 도시에서 소수의 기독교 망명자들에게 배운 엄격한 신학의 산물이다……그리고 그것은 인류 가운데 가장 존엄하고 윤리적이며 계몽된 사람들을 이루어가면서 그 웅대함속에 고요히

---

35) *Presbyterians and Revolution*, p. 49.
36) *Creeds of Christendom*, p. 219.

남아 있다"[37]고 하였다.

우리는 카스텔라에게 그렇게 쓴 샘이 어떻게 이렇게 단물을 내보낼 수 있는가고 묻고 싶다.

모틀리(Motley)는 "영국에서 나타난 자유의 씨앗은 칼빈주의 속에 싸여 여러 해동안 배태되어 있다가 마침내 육지와 바다를 넘어 아직 탄생하지 않은 대공화국을 위해 온건한 자유라는 큰 수확을 거두어 들여야 할 운명에 처해 있다"[38]고 말하였다. 그는 또 "영국, 홀랜드, 미국의 정치적 자유는 다른 어떤 계층의 사람들보다 칼빈주의자들이 받아야 할 응분의 댓가이다"[39]라고 말하였다.

그 자신은 어떠한 종교적 신앙도 갖고 있지 않은 프랑스의 유명한 사가 (史家) 타이너(Taine)의 증언도 고려해볼만한 가치가 있다. 그는 칼빈주의자들에 대하여 "이 사람들어야말로 영국의 진정한 영웅이다. 그들은 스튜아트가(The Stuarts)의 부패에도 불구하고 의무 이행, 정의 실현, 끈질긴 노고, 권리 옹호, 압제에 대한 저항, 자유의 쟁취, 악덕의 억제로 영국을 건설했다. 그들은 스코틀랜드를 건설했고 미국을 건설했으며 지금은 그 후손들이 오스트렐리아를 건설하고 세계를 개척해가고 있다"[40]고 말하였다.

스미드(E. W. Smith)는 "장로교인의 신조"라는 그의 저서에서 미국 식민지 개척자들에 대하여 다음과 같은 질문을 제기한다. "그들은 인간의 권리, 자유, 평등 및 자립 정부에 대한 불멸의 원리를 어디에서 배웠으며 그들의 공화국은 어디에 근거해서 세워졌으며 오늘의 미국 문명의 영화는 어떻게 이루어진 것인가? 그들은 이 모든 것을 칼빈의 학교에서 배웠다. 현세계는 이러한 것들을 거기서 배웠다. 그것은 역사는 가르쳐 주고 있는 사실이다"(p. 121).

우리는 이제 장로교가 하나의 교회로서 미국의 공화국 형성에 어떻게 영향을 미쳤는가에 대해 고찰해보기로 하자. 로버트 박사(Dr.

---

37) *Harper's Monthly, June and July, 1872.*
38) *The United Netherland, Ⅲ., p. 121.*
39) *The United Netherland, Ⅳ, pp. 548, 547.*
40) *English Literature, Ⅱ., p. 472.*

W. H. Roverts)는 장로교 총회 전에 한 발언에서 "장로교는 75년간 지금은 국가로 조직된 공화정부라는 이 미대륙의 유일한 대표자였다. 1706년부터 독립전쟁이 발발할 때까지 우리의 현(現) 국가정치 조직을 대표한 유일한 단체는 미국 장로교 총회였다. 그 단체만 당시 미국 식민지역의 교회 및 정치 조직 가운데서 권위를 행사했는데 이 권위는 뉴잉글랜드에서 죠지아에 이르기까지의 모든 식민지역에 산재해 있던 미국 전역의 식민지 주민 자신들로부터 나온 권위였다. 우리는 17,8세기의 미국 식민지역은 모두 대영제국에 속해 있었지만 서로 서로는 독립해 있었다는 것을 기억해야 한다. 각 주 대표자 회의(The Continental Congress) 같은 단체는 1774년 이후에야 비로소 조직된 것이다. 이 때 미국의 종교적 상황은 정치적 상황과 비슷했다. 뉴잉글랜드의 조합교회는 교회 상호간에도 아무 관련이 없었으며 시민정부로부터 독립한 어떤 힘도 갖고 있지 않았다. 감독교회는 미국내에 어떤 조직도 갖지 않고 존재하면서 영국의 성공회로부터 후원을 받았고 교역자도 영국 성공회에서 파견했기 때문에 영국 군주에 대해 대단히 충성스러웠다. 화란계 개혁교회는 1771년까지 역량있는 독립조직체가 되지 못했으며 독일계 개혁교회도 1793년까지 그런 상황이었다. 침례교는 독립조직체였고 감리교는 별로 알려지지 않았으며 퀘이커교도들은 비전투원이었다"고 말하였다.

대표들이 매년 총회에서 만났으며 로버트 박사의 말처럼 교회는 "서로 분리된 각 주 주민들 사이에 있는 여러 요소들을 통일시켜주고 일치시켜 주는 접착제"가 되었다. 그는 계속해서 "교회 양육의 영향하에 롱아일랜드로부터 사우스 캐롤라이나에 이르기까지 건전한 복음적 교의 뿐아니라 참 자유에 대한 소견이 설교되었다는 것과 무엇보다도 각 주들간에 연합 의식이 서서히 그러나 분명하게 나타나기 시작했다는 것이 의심스러운 일인가? 미국 국가의 기원과 관련해서 1706년부터 1774년까지 충분히 발전된 연방공화제의 이 대륙을 유일하게 대표했던 교계(敎界)의 영향은 아무리 강조해도 지나치지 않다. 미합중국은 가장 오래된 미공화정인 장로교의 은혜를 많이 입고 있다"[41]고 말하였다.

그렇다고 해서 장로교가 이 공화국이 건설된 기본원리의 유일한 출처라는 말은 아니다. 오히려 웨스트민스터 표준서에서 발견되는 원리가 그 공화국의 주요 기초라는 것과 "그 공화국이 조직된 것과 일치하는 정부 형태를 이 땅에서 장로교가 처음으로 충분히 가르치고 실행, 유지하였다"(Roberts)는 말이다.

독립전쟁 초기에 장로교 목사와 교회들은 식민지 주민들 편에 섰었는데 밴크로프트는 독립을 향한 최초의 대담한 운동을 그들이 감행했다고 믿는다.[42] 1775년 필라델피아에서 소집된 종교회의는 영국으로부터의 분리를 공개적으로 대중에게 선언한 최초의 종교 모임이었다. 그 모임은 그 관할권내에 속한 사람들에게 영국으로부터의 독립이라는 목적을 증진시키는 일이라면 무엇이든 할것을 촉구했으며 당시 개회중에 있던 의회를 위해 기도해줄 것을 요청했다.

그 당시 감독교회는 여전히 영국교회와 연합되어 있었으며 그 혁명을 반대하였다. 그럼에도 불구하고 그 교회내의 상당히 많은 사람들이 독립을 위해 열심히 노력했으며 이를 달성하기 위해 자신들의 재산과 영향력을 쏟아 넣었다. 또한 이 나라의 국부(國父)인 미군 총사령관 역시 그 교회의 교인이었다는 것을 기억해야 할것이다. 워싱톤(Washington)은 자신도 군목(軍牧)일에 봉사했으며 부하들에게도 이 일을 하도록 명령했는데 군목은 여러 교회들로부터 온 성직자들이었다. 그는 자기의 출신 주(州)에 장로교 대학을 세우기 위해 4만불을 내놓았는데 이를 기념하여 그 대학의 이름은 워싱톤대학으로 명명되었다.

맥페트리지(N. S. McFetridge)는 그 기간의 또 다른 주요 발전에 빛을 던져주고 있는데, 정확성과 완전을 기하기 위해 그의 말을 광범위하게 인용해 보고자 한다. "독립운동에 있어서 또 하나의 중요

---

41) Address on, "The Westminster Standards and the Formation of the American Republic."
42) Hist. U.S., X., p. 77

요인은 『맥크린버그 선언(Mecklenburg Declaration)』으로 알려진 것인데, 그것은 의회의 독립선언 1년 전인 1775년 5월 20일에 놀스 캐롤라이나의 스코틀랜드계 아일랜드 장로교인들이 선언한 것이다. 그것은 스코틀랜드계 아일랜드인들이 북쪽에서 투쟁하고 있는 동포들에게 보내는 마음에서 우러난 경의요 또한 영국 세력에 대한 그들 자신의 대담한 도전이었다. 그들은 식민지와 영국 왕실간의 싸움의 진행과정을 예의 주시하고 있었는데 의회가 미국 동부 13개 식민지를 실제로 폭도라고 선언하는 청원서를 국왕에게 올렸다는 소리를 듣고 이 때가 바로 애국자들이 발언해야할 때라고 생각했다. 그들은 샤롯테(Charlotte, N. C.)에 대표단들을 모두 소집, 만장일치로 결의하여 식민지 국민의 자유와 독립을 선언하였고 금후부터는 영국의 모든 법률과 영국 국왕의 명령에 불복할 것을 선언하였다. 그 선언중에는 다음과 같은 결의가 있었다. '우리는 이 문서로써 영국의 정치적 굴레에서 해방할 것과 영국 국왕에 대해 충성하지 않을 것을 선언한다'……이에 우리는 우리 자신이 자유 독립 국민임을 선언하며 또 당연히 그래야 하겠지만 독립자치회는 하나님과 총의회정부의 지배만 받고 그외의 어떠한 권력의 지배도 받지 않음을 선언한다. 우리는 이로써 우리가 상호 협력할 것과 우리의 생명과 운명과 가장 성스러운 영예에 대해 서로 엄숙히 서약한 것을 지속할 것임을 선언하는 바이다. 그 총회는 27명의 충실한 칼빈주의자들로 구성되어 있었는데 회장과 서기를 포함해서 그중 3분지 1이 장로교의 치리 장로들이었으며 한 사람은 장로교 목사였다. 그 유명하고 중요한 문서를 작성한 사람은 에프레임 브레바드(Ephraim Brevard)라는 서기였는데 그는 프린스톤 대학을 졸업한 장로교 치리 장로였다. 뱅크로프트(Bancroft)는 그 문서가 '사실 하나의 선언일 뿐아니라 완전한 행정체계'라고 말한다"(U. S. Hist. VIII, 40). 그것은 특사(特使)를 통해 필라델피아에 있는 의회로 보내졌고 Cape Fear Mercury에서 출판되어 미국 전역에 보급되었다. 물론 그것은 영국으로도 신속하게 전해졌는데 그로 말미암아 영국은 흥분의 도가니가 되어 버렸다.

"역사가는 곧 이 선언문과 제퍼슨이 쓴 선언문의 표현이 유사하다는 것과 정서가 동일하다는 것을 간파하였다. 그러므로 투커(Tucker)는 그의 저서『제퍼슨의 생애』에서 '모두들 이 두 문서중 어느 하나는 틀림없이 다른 하나를 모방했을 것이라고 굳게 믿고 있다'고 말한다. 그러나 브레바드(Brevard)는 분명히 제퍼슨의 것을 모방할 수 없었다. 왜냐하면 그가 제퍼슨보다 1년 먼저 그 선언문을 썼기 때문이다. 그의 자서전에 의하면 제퍼슨이 브레바드의 것을 모방했음이 분명하다.

그러나 그것은 운좋은 적절할 표절이었기 때문에 세상 사람들은 그를 용서할 것이다. 제퍼슨은 그의 선언문 초안을 교정할 때 적어도 몇 군데서 본래의 단어들을 지우고 그곳에 멕크렌버그(Mecklenberg)의 선언문에서나 처음으로 나타나는 단어들을 삽입하였음을 알 수 있다. 제퍼슨이 그의 불멸의 선언문을 쓸때 그는 틀림없이 브레바드의 결의문을 갖고 있었을 것이라는 사실을 어느 누구도 의심할 수 없다" [43]

장로교의 치리서(The Form of Government)에서 보여지는 원리와 미합중국의 헌법에서 보여지는 원리와 미합중국의 헌법에서 보여지는 원리가 너무나 많이 유사하기 때문에 이에 대한 논평들이 많다. 스미드 박사(Dr. E. W. Smith)는 "우리 공화국의 선조들이 대의 민주정치제를 구성했을 때 그들의 과업이 어떤 사람들이 상상하는 것만큼 그렇게 어려웠던 것은 아니다. 왜냐하면 그들은 그들이 수행해야 할 일의 모델을 갖고 있었기 때문이다"[44]라고 말한다.

"만약 일반 미국 시민이 미국의 창건자, 우리 대 공화국의 진정한 창시자가 누구인가라는 질문을 받는다면 그는 대답을 망설이게 될것이다. 그런데 그가 독일의 유명한 역사가이며 현대의 석학중 한 사람인 (Ranke)의 대답을 듣는다면 상당히 놀랄 것이다. 왜냐하면 랜크는 '죤 칼빈이야말로 미국의 실질적인 창시자'라고 말했기 때문이

---

43) *Calvinism in History*, pp. 85–88.
44) *The Creed of Presbyterians*, p. 142.

다"[45]

드 아비뉴(D' Aubigne)의 『종교개혁사』는 고전(古典)인데 거기서 그는 다음과 같이 쓰고 있다. "칼빈은 가장 위대한 공화국의 창시자였다. 제임스 1세의 통치하에서 조국을 떠나 뉴 잉글랜드의 황무지에 착륙해서 많은 인구와 강력한 힘을 가진 식민지를 세운 청교도들은 칼빈의 직계 후손들이었다. 그리고 우리가 보아 왔듯이 급속도로 발전하고 있는 미국의 국민들은 레만호(Lake Leman) 강변에 있는 초라한 종교개혁가 칼빈을 미국의 조상으로 자랑하고 있다."[46]

스미드 박사는 "칼빈의 체계에서 가르쳐지고 구체화된 공화국의 자유와 자치(自治)라는 혁명적 원리들을 미국으로 가져다가 그들이 탄생시킨 이 새 땅에서 그렇게 큰 수확을 거두게 한것은 누구였는가? 그것은 칼빈주의자들이었다. 어떤 사람들에게는 랜크의 말이 이상하게 들릴지 모르지만 미국의 자유 제도 설립에 칼빈과 칼빈주의가 실제로 관련되었다는 것은 온 땅의 역사가들과 신조들(creeds)이 인정하고 확인하는 바이다"[47]라고 말한다.

통찰력있고 철학적인 역사가인 반크로프트는 이 모든 것을 완전히 이해하고 솔직히 인정했는데, 개인적으로 볼 때 그는 칼빈주의적인 사람과는 거리가 먼 사람이었음에도 불구하고 칼빈을 "미국의 아버지"라고 불렀으며 "과거를 존중하지 않고 칼빈의 영향에 경의를 표하지 않는 사람은 미국의 자유의 기원에 대해 아는바가 거의 없는 사람이다"라고 말하였다.

미국의 독립전쟁 당시 인구의 3분지 2가 칼빈의 학교에서 교육을 받았다는 사실과 독립이라는 명분을 위해 칼빈주의자들이 얼마나 단합하여 열성적으로 일했는가 하는 사실을 기억할 때 우리는 위의 증언이 얼마나 진실한가를 쉽게 알 수 있다.

실제로 독립전쟁 당시 미국에는 한 사람의 감리교인도 없었다. 사

---

45) Ibid., p. 119.
46) Reformation in the Time of Calvin, I., p. 5.
47) The Creed of Presbyterians, p. 132.

실 감리교회는 미국의 독립전쟁이 종료된 3년후인 1784년까지도 영국에서 공식적인 조직을 갖지 못했다. 죤 웨슬리는 위인이요 훌륭한 사람이었지만 왕당파요 정치적으로는 무저항주의자였다. 그는 비록 미국인의 반란을 반대하는 글을 쓰긴 했지만 하나님의 섭리에 의한 결과는 인정했다. 맥페트리지는 우리에게 다음과 같이 말한다. "감리교인들은 독립전쟁이 발발했을 때 식민지역에 하나의 발판도 갖고 있지 못했다. 1773년에 그들은 약 160명의 승인을 얻었다. 그들의 교역자들은 전부는 아니지만 거의 전부 영국에서 왔으며 미국의 독립을 반대하는 영국 국왕의 충실한 지지자들이었다. 따라서 전쟁이 발발하자 그들은 할 수없이 이 나라를 떠나야만 했다. 그들의 정치적 견해 는 자연히 그들의 대지도자인 죤 웨슬레의 견해와 일치하게 되었는데 그는 그의 모든 웅변술과 영향력을 다 발휘하여 식민지 독립을 반대했다(Bancroft, Hist. U.S., Vol. VII, p. 261). 그는 독립한 미국이 고결한 교회가 가장 큰 수확을 거두어 들이게 될 터전이 되리라는 것과 그가 그렇게 열렬히 반대했던 독립선언문이 미국 후손들의 자유의 보장이 되리라는 것을 예견하지 못했다."[48]

영국과 미국에서의 시민의 자유와 신앙의 자유를 쟁취하기 위한 대투쟁은 칼빈주의에서 양성, 고무되었으며 대부분 칼빈주의자들에 의해 수행되었다. 대부분의 역사가들은 칼빈주의를 진정으로 연구해 본적이 없기 때문에 그들은 칼빈주의가 미국에서 행한 일들에 대해 결코 진실하고 완전한 설명을 우리에게 해줄 수 없다. 우리는 선조가 칼빈주의를 어떻게 신봉했으며 어떻게 칼빈주의에 의해 지배되었는가를 알려면 역사적으로 탐구해 볼 필요가 있다. 우리는 이 나라 건설을 위해 바쳐진 칼빈주의자들의 봉사에 대해 거의 잊어버린 시대에 살고 있기 때문에 이 문제를 다룰 때마다 칼빈주의 예찬자가 되어줄 것을 호소하게 된다. 우리는 그토록 풍성한 열매를 맺게 해주고 미국에 그토록 많은 은혜를 입혀준 칼빈주의 신조에 대해 당연

---

48) *Calvinism in History*, p. 74.

히 경의를 표해야 할 것이다.

VIII. 칼빈주의와 대의정치

신앙의 자유와 시민의 자유는 서로 유기적인 관계를 전혀 갖고 있지 않지만 그럼에도 불구하고 이 둘은 상호간에 강력한 친화력을 가지고 있다. 그래서 이중 어느 하나가 결핍된 곳에서는 다른 하나도 오래 지속하지 못한다. 역사는 한결같이 한 국민의 종교는 언제나 그들이 자유하냐 자유하지 못하냐에 달려 있다는 것을 증언해 주고 있다. 그들이 어떤 교리를 믿고 어떤 원리를 채택하는가가 가장 중요한 문제이다. 왜냐하면 이것들은 틀림없이 그들의 삶의 상부 구조와 정부가 머무는 근거로서 기여할 것이기 때문이다. 칼빈주의는 혁명적이었다. 그것은 인간의 근본적 평등성을 가르쳤는데 칼빈주의는 본질적으로 모든 계급적 차별을 타파하며 부(富)와 특권에 근거한 어떠한 우월성도 인정하지 않는 경향이 있다. 칼빈주의자의 자유를 사랑하는 정신이 인간으로 하여금 몇몇 사람을 다른 사람들보다 높이는 인위적 차별에 대해 반대하는 개혁가로 만든다. 정치적으로 볼때 칼빈주의는 현대 공화정(共和政)의 주요 원천이 되어 왔다. 칼빈주의와 공화주의는 마치 원인과 결과처럼 상호 관련되어 있다. 그래서 전자를 소유한 소유한 국민은 후자도 곧 발전시키게 된다. 칼빈 자신도 교회는 하나님의 지배를 받는 영적 공화국이라고 주장했는데 그는 확실히 이론적으로 볼때 한 사람의 공화주의자였다. 제임스 1세는 칼빈주의의 결과를 아주 잘 알고 있었는데 그는 "장로교가 군주제에 찬동한다면 그것은 마치 하나님이 악마에게 찬동하는 것과 같을 것이다"라고 말하였다.

밴크로프트도 "칼빈주의의 정치적 특성은 그 당시의 군주 독재자들이 한결같이 두려워했던 공화주의이다"라고 말하였다. 또 한 사람의 미국의 역사가 피스크(Fiske)도 "인류는 칼빈으로부터 입은 은혜를 갚기 어렵다. 콜리오니(Coligny), 윌리암(William the Sile -nt), 크롬웰(Cromwell)의 정신적 지주였던 칼빈은 현대 민주주의의 챔피온들 가운데서도 최상의 자리를 차지해야만 할것이다……이 신학의 발표는 일찍이 인류가 개인의 인격적인 자유를 쟁취하기 위해 내딛었던 걸음중 가장 오래된 걸음의 하나였다"[49]고 쓰고 있다. 스페인 자유당원들의 지도자인 카스텔라(Castelar)는 "앵글로 색슨인의 민주주의는 홀랜드와 스위스의 도시에서 배운 엄격한 신학의 산물이다"라고 말하였다.

버클(Buckle)은 그의 『문명사』(文明史)에서 "칼빈주의는 본질적으로 민주주의적이다"라고 말하였다(I, p. 669). 유능한 정치 논평가인 토큐빌(de Tocqueville)은 칼빈주의를 가리켜 "민주적이요 공화주의적인 종교"[50]라고 불렀다.

칼빈주의 체계는 그 체계로 전향하는 자들에게 자유의 정신을 고취시켜줄 뿐아니라 자유인으로서의 권리와 의무를 실제로 훈련시켜주는 체계이다. 각 집회는 그들 자신의 임원을 스스로 선출하고 자체적으로 문제를 처리하도록 되어있다. 그래서 피스크(Fiske)는 그 집회를 "지방 자치제에 익숙해지 도록 인간을 훈련시키기에는 일찍기 존재했던 학교들중 가장 효과적인 학교"[51]라고 말하였다. 정신적 자유는 다른 모든 자유의 원천이요 힘이다. 따라서 인간은 자기가 지배되고 있는 종교적 원리에 근거해서 자신의 정치적 견해에도 어떤 양상을 부여하게 된다는 말을 듣고 놀랄 이유는 전혀 없다. 본능적으로 그들은 대의정치를 더 좋아했으며 모든 불의한 지배자들에게 완강히 저항하였다. 종교적 압제가 격파되면 시민에 대한 압제도 오래 지속될 수 없는 법이다.

우리는 칼빈이 세운 정신적 공화국은 네 가지 기본 원칙 위에 존재한다고 말할 수 있는데, 이 네 가지 기본 원칙을 영국의 유명한 정치

---

49) *Beginnings of New England*, p. 58.
50) *Democracy*, I., p. 384.
51) *The Beginnings of New England*, p. 59.

가요 법학자인 제임스 스테픈 경(Sir James Stephen)은 그것을 다음과 같이 요약했다. "이 원칙들은 첫째, 국민의 의지가 통치자의 권력의 합법적 원천이 된다는 것이요, 둘째, 그 권력은 선거라는 수단을 통해 가장 적절하게 국민들로부터 통치자들에게 위임되어야 한다는 것인데, 이 때 모든 성인은 투표권을 행사해도 좋다. 셋째, 교회행정에서 성직자와 평신도는 평등하고 동등한 권위를 부여받는다. 넷째, 교회와 국가는 상호간에 어떠한 동맹이나 상호의존, 또는 서로를 제한하는 관계없이 분리해서 적당하게 존재해야 한다는 것이다."[52]

정부의 문제에 적용될 때 하나님 주권의 원리는 아주 중요한 것으로 증명되었다. 통치권은 최고의 통치자이신 하나님께 위임되었다. 인간에게서 발견되는 통치권이 무엇이든 그것은 하나님이 은혜로 허락하신 것이다. 성경은 모든 연령층과 모든 국민을 규정지어주는 궁극적 법칙을 포함하고 있는 최종적 권위서였다. 성경은 다음과 같은 말씀속에서 국가를 신적(神的)으로 세워진 기구라고 선언하였다.

"각 사람은 위에 있는 권세들에게 굴복 하라. 권세는 하나님께로 나지 않음이 없나니 모든 권세는 다 하나님의 정하신 바라. 그러므로 권세를 거스리는 자는 하나님의 명을 거스림이니 거스리는 자들은 심판을 자취하리라. 관원들은 선한 일에 대하여 두려움이 되지 않고 악한 일에 대하여 되나니 네가 권세를 두려워하지 아니 하려느냐? 선을 행하라. 그리하면 그에게 칭찬을 받으리라. 그는 하나님의 사자가 되어 네게 선을 이루는 자니라. 그러나 네가 악을 행하거든 두려워하라. 그가 공연히 칼을 가지지 아니하였으니 곧 하나님의 사자가 되어 악을 행하는 자에게 진노하심을 위하여 보응하는 자니라. 그러므로 굴복하지 아니할 수 없으니 노를 인하여만 할것이 아니요 또한 양심을 인하여 할것이라. 너희가 공세를 바치는 것도 이를 인함이라. 저희가 하나님의 일군이 되어 바로 이 일에 항상 힘쓰느니라. 모든 자에게 줄것을 주되 공세를 받을 자에게 공세를 바치고 국

---

52) *Lectures on the History of France*, p. 415.

세를 받을 자에게 국세를 바치고 두려워할 자를 두려워하며 존경할 자를 존경하라"(롬 13:1-7).

비록 칼빈주의가 공화주의 형태를 나타내고 있긴하지만 민주국이든 공화국이든 혹은 군주제든 어느 한가지 형태의 정부가 모든 연령층이나 국민들을 위해 신적으로 규정된 정부라고 생각할 수는 없다. 미터(Meeter)는 "그 정부가 어떤 형태이든 즉 군주제든 민주제든 혹은 그외의 다른 어떤 형태이든 간에 모든 통치자는 하나님의 대변인으로서 행동하게 되어 있으며 하나님의 법에 따라 국사(國事)를 다스리게 되어 있다. 시민들 속에 법과 질서를 유지하기 위해 가장 고무적인 기본법을 적용하였다. 피지배자는 그것이 무엇이든간에 하나님을 위하여 더 높은 권세들에게 복종하게 되어 있다. 따라서 칼빈주의는 보다 안정된 정부를 만든다. 한편 하나님의 주권이라는 바로 이 원리는 포악한 통치자에게 예속되어 있는 시민들의 자유를 수호하기 위해서도 강력하게 활용되었다. 통치자들이 하나님의 뜻을 무시하고 국민의 권리를 유린하며 독재적으로 될때마다 최고의 주권자이신 하나님께 대한 더 높은 의무라는 입장서 그들에게 복종하기를 거절하고 필요에 따라서는 피지배자의 권리를 수호하기 위해 하나님이 정하신 더 낮은 권위들을 통해 그 독재자를 폐위시키는 것이 피지배자들의 특권이요 의무가 되었다"[53]고 말하였다.

정부와 통치자들에 대한 칼빈주의적 사고는 다음과 같은 몬스마(J. G. Monsma)의 알기쉬운 문장에서 잘 묘사되고 있다. "정부는 국민의 힘을 빌어 하나님이 세우신 기구이다. 어떤 황제나 대통령도 스스로 권력을 가지고 태어나는 것이 아니다. 그가 소유한 권력이 무엇이든, 그가 행사하는 주권이 무엇이든 그것은 모두 위로부터 온 권력이요 주권이다. 그것은 권력이 아니라 권리인데 그 권리는 정의의 원천으로부터 솟아나는 권리이다. 칼빈주의자들에게는 정부의 법과 명령에 경의를 표하는 것이 아주 쉬운 일이다. 만일 정부가 단지

---

53) *The Fundamental Principles of Calvinism, H. H. Meeter, p. 92.*

국민 다수의 소원이나 성취시켜 주어야 하는 인간의 집단이라면 자유를 사랑하는 그의 정신은 거기에 반항할 것이다. 그러나 정부의 뒤에는 하나님이 계시다는 그의 정신과 굳은 신앙에 따라 그는 하나님 앞에 공손히 무릎을 꿇는다. 여기에 또한 항상 순수한 칼빈주의자의 특징이 되어 왔던, 저 자유에 대한 심오하고도 거의 광신에 가까운 사랑의 근본 이유가 있는 것이다. 정부는 하나님의 고용인이다. 그것은 곧 정부의 모든 관리들은 그들의 부하와 동등한 위치에 있으며 어떤 의미로든 우월권을 주장할 자격이 없다는 뜻이다……그와 똑같은 이유때문에 칼빈주의자는 공화국 형태를 다른 어떤 정부 형태보다 더 좋아하는 것이다. 하나님의 주권, 정부 권력의 파생적 특성(정부 권력은 하나님께로 부터 파생된다는 뜻)과 인간으로서의 동등성이 공화정에서보다 더 분명하고 생생하게 표현되는 정부 형태란 하나도 없기 때문이다."[54]

칼빈주의자의 신학은 하나님의 주권을 높이고 다른 모든 주권들을 그의 엄위하신 위엄 앞에 낮춘다. 역사적으로 왕권신수설이나 교황무오설은 오직 하나님 한 분에게만 주권을 부여하는 국민 속에서는 오래 견디지 못했다. 이 신학은 온 하늘과 온 땅의 전능하신 통치자로서 하나님을 무한히 높이고 모든 인간을 그의 앞에 낮추면서 한편으로는 각 개인의 존엄성을 양양했으며 인간으로서의 모든 인간의 동등성을 가르쳤다. 칼빈주의자는 오직 하나님만 두려워했다. 그리고 그외엔 아무도 두려워 하지 않았다. 그는 자기가 영원하신 경륜속에서 선택되었다는 것과 하늘의 영광을 위해 구별되었다는 것을 알기 때문에 인간들에 대한 개인적인 존경심을 불식시키고 세상의 모든 영광의 광채를 무색케하는 그 무엇을 가지고 있었다. 거만한 귀족이 자신의 혈통을 상류 가문의 조상 세대를 더듬어 찾았다면 더 고상한 자부심을 가진 칼빈주의자들은 보이지 않는 세계에 침투하여 왕 중 왕의 영원하신 칙령으로 나온 생명책에서부터 가장 고귀

---

54) *What Calvinism Has Done for America*, p. 6.

한 시민권의 기록을 찾아서 제시했다. 그들은 하나님의 아들이요 제 사장이요 하나님이 기름부어 세운 그리스도와 함께 유업을 받을 자들이기 때문에 지상의 어떤 혈통보다도 더 높은 하늘의 귀족이었다. 인간의 정신과 마음에 하나님 주권사상을 심어주라. 그러면 그는 철혈(鐵血) 인간이 될 것이다. 개혁신앙은 인간에게 개인적 권리를 가르치는데 있어서 가장 가치있는 봉사를 해왔다.

개혁신앙에서 발견할 수 있는 민주적, 공화주의적 경향들과는 대조적으로 알미니안주의에서는 귀족적 경향을 발견할 수 있다. 개혁 장로교회에서는 장로들이 당회나 노회 또는 총회에서 목사와 똑같이 투표한다. 그러나 알미니안 교회에서는 권력이 주로 목사의 수중에 있으며 평신도는 실제적 권위를 거의 갖지 못한다. 감독 제도는 성직자단에 의한 통치를 강조한다. 알미니안주의와 로마 카톨릭주의(실제적으로 알미니안주의인)는 군주정체 아래서 번성하지만 칼빈주의는 그 속에서 답답함을 느낀다. 한편 로마주의는 특히 공화 정체 속에서 번성하지 못하는 반면 칼빈주의는 그곳에서 가장 안락함을 누린다. 귀족적 형태의 교회는 군국제 민정(民政)으로 향하기 쉬운 반면 공화국 형태의 교회는 민주주의 정치로 향하기 쉽다. 멕페트리지는 "알미니안주의는 시민의 자유에 불리하며 칼빈주의는 전제 정치에 불리하다. 과거의 독재자들은 이같은 주장의 정확성을 재빨리 간파하여 왕권신수설을 주장하였으며 칼빈주의라면 공화주의 그 자체만큼이나 두려워했다"[55]고 말하였다.

IX. 칼빈주의와 교육

역사는 칼빈주의와 교육이 아주 밀접하게 관련되어 왔었음을 분명히 증언해 준다. 칼빈주의가 가는 곳마다 학교가 세워졌으며 대중교육이 강력히 추진되었다. 칼빈주의는 지성적인 인간을 요구하는 체

---

55) *Calvinism in History*, p. 21.

계이다. 사실 우리는 칼빈주의가 가는 곳마다 그 국민에 대한 교육도 반드시 수반되었다고 말할 수 있을 것이다. 이 체계에 숙달되고 이 체계 속에 포함되어 있는 것을 모두 추구하려면 인지적 훈련이 요청된다. 이것은 인간의 이성에 가장 강력하게 호소하는 바가 있으며 또 온 마음 뿐아니라 온 정신을 다하여 하나님을 사랑할 것을 주장한다. 칼빈은 "참 신앙은 지적인 신앙이 되어야만 한다"고 주장했다. 또한 우리의 경험은 배움없는 경건은 결국 경건이 없는 배움만큼이나 위험하다는 것을 증명해 주고 있다.

칼빈은 그의 교리 체계의 수용과 보급은 그것을 해설해야 할 사람의 훈련에 의존할 뿐아니라 그것을 수용해야 할 일반 대중들의 지성에도 의존한다는 것을 분명히 알았다. 그는 아카데미를 설립함으로써 제네바에서의 그의 사역의 최후를 장식했다. 유럽 대륙과 영국으로부터 수많은 학생들이 와서 그에게 수학했으며 이로 말미암아 그의 교리는 세계의 기독교계 곳곳으로 전파되었다. 낙스는 대중교육이 프로테스탄트주의의 가장 강력한 방벽(防壁)이요, 국가의 가장 확실한 기초라는 확신을 가지고 제네바에서 돌아왔다. "로마주의와 함께 사제가 가고 칼빈주의와 함께 교사가 간다"는 오래된 속담이 있는데 그 말의 사실성 여부를 조사해본 자라면 누구나 그 말이 진실하다는 것을 부인하지 못할 것이다.

돈보다도 정신을 우위에 두는 칼빈주의의 학문 애호 정신은 스코틀랜드, 잉글랜드, 폴란드, 아메리카 등에서 셀 수 없이 많은 칼빈주의적 가정들을 고무시켰으며 그들로 하여금 자녀교육을 위해 절약하게 하였다. "지식인이 될 만한 자질을 충분히 갖고 있는 자가 무지하게 죽어야만 한다는 사실이야말로 가장 큰 비극이다"라고 말한 카알라일(Carlyle)의 유명한 격언은 그 핵심이 칼빈주의적인 사상을 표현하고 있다. 칼빈주의가 가는 곳마다 지식과 학문이 장려되었고 건전한 사상가들이 훈련되었다. 칼빈주의자들은 큰 사원(寺院)의 설립자들이 아니라 각급 학교나 대학의 설립자들이었다. 영국의 청교도, 스코틀랜드의 언약교도, 홀란드와 독일의 개혁주의자들이 미국으로

올 때 그들은 성경과 웨스트민스터 신앙고백서 뿐아니라 학교도 가지고 왔다. 그것이 바로 미국의 칼빈주의가

『학교 옆에 교회의 뾰족탑이 솟아있는 한 회의론자의 미약한 손길을 두려워하지 않으며, 교회의 뾰족탑 옆에 학교가 서 있는 한 맹목적이고 완고한 자의 지배를 두려워하지 않는 이유이다.』

역사적 전통을 자랑하는 미국의 3개 대학교인 하바드, 예일 및 프린스톤은 본래 칼빈주의자들에 의해 세워진 칼빈주의적 학교로서 다른 학문 분야는 물론 신학적으로도 학생들에게 건전한 기초를 제공해 주려는데 그 목적을 두었다. 1636년에 설립된 하바드는 주로 목사들을 양성하는 학교로서 첫회 졸업생중 과반수 이상이 목사직으로 진출했다. 때때로 ‘대학의 모체’(母體)라고 불리우는 예일은 상당 기간동안 엄격한 청교도 학교였다. 스코틀랜드계 장로교인들이 세운 프린스톤은 철저하게 칼빈주의적 기초를 가진 학교였다.

밴크로프트는 “미국인들은 미국의 공립 국민학교 제도를 자랑한다. 그런데 보통교육의 창건자요 무료 의무교육의 창시자는 바로 칼빈이다.”[56] “칼빈주의가 우세한 곳마다 국민들의 지력을 고취시켰으며 모든 교구에 공립국민학교를 세웠다”[57]고 말하였다.

스미드는 “우리의 자랑스런 공립 국민학교 제도는 그 기원이 칼빈의 제네바로부터 유래한 것으로서 스코틀란드와 홀랜드를 거쳐 미국으로 들어오게 된 것이다. 미국 역사상 처음의 200년간은 거의 모든 대학, 신학교, 학술원, 공립학교들이 칼빈주의자들에 의해 설립, 운영되었다”[58]고 말한다.

칼빈주의와 교육의 관계는 칼빈대학의 미터 교수(H. H. Meeter)가 말한 다음의 두 구절에서 잘 표현되었다. “과학과 예술은 하나님

---

56) *Miscellanies, p. 406.*
57) *Hist. of U.S. Ⅱ., p. 463.*
58) *The Creed of Presbyterians, p. 148.*

의 일반은총으로 사용, 발전되어야 한다. 자연은 하나님이 지으신 것으로 그의 사상의 구현(具現)인데 그 순수한 형태속에서는 하나님의 덕을 반영한다고 생각된다. 이처럼 만물은 하나님의 계획을 드러내므로 하나님은 모든 학문의 통일사상이라 할 수 있는 것이다. 그러나 이러한 이론적 이유 외에도 칼빈주의자는 왜 항상 교육에 대해 강한 흥미를 가져왔는지, 왜 고등교육 기관과 함께 어린이를 위한 학교들이 칼빈주의 교회와 함께 나란히 세워지는지, 왜 칼빈주의자들은 현대 대학교육운동에 그토록 큰 비중으로 선구자적 역할을 감당했는지에 대한 실제적인 이유들을 갖고 있다. 이 실제적 이유들은 칼빈주의자의 종교와 밀접한 관계가 있다. 로마 카톨릭에서는 일반 대중의 교육없이도 편리하게 지낼 수 있었다. 왜냐하면 그들은 교회의 정치나 교리적인 문제들은 반드시 평신도와 구별되는 교직자가 결정하도록 되어 있었다. 따라서 교회의 정치나 교리를 일반대중에게 훈련시킬 필요가 없다고 생각했다. 구원을 위해 평신도가 해야 할 일이란 단지 교회가 신봉하는 것을 맹목적으로 믿기만하면 되는 것이다. 그들은 자신의 믿는 신앙 교의들에 대해 지적으로 설명할 수 있어야 한다고는 생각지 않았다. 예배에 있어서도 구원의 복음을 전하는 것은 설교가 아니고 성례전이었기 때문에 설교는 거의 불필요한 것이었다.

"칼빈주의자들의 상황은 이와 정반대였다. 교회정치는 장로와 평신도의 수중에 있었으므로 그들은 교회의 정책과 교리상의 중요 사항을 결정해야만 했다. 더욱이 평신도는 성직자 계급이라는 중간 매개(媒介)없이 자신의 구원을 완성해야 할 막중한 책임을 갖고 있었으므로 교회가 신봉하는 신앙을 맹목적으로 믿는 것만으로는 만족할 수 없었다. 그는 성경을 스스로 읽어야만 했고 그가 믿는 신조를 알지 않으면 안되었다. 이 당시로 볼 때 그것은 상당히 지적인 신조였다. 루터교인들에게 있어서도 일반 대중교육은 칼빈주의자들에게 있어서와 같이 긴급한 문제가 아니었다. 루터교에서도 역시 자신의 구원을 완성하기 위해서는 개인적으로 책임을 져야한다고 보았다. 그

러나 루터교의 평신도들은 교회 행정과 교리적인 문제를 결정해야
할 책임에서 제외되었다. 이런 점들을 고려해 볼때 칼빈주의자들이
교육을 강력히 주장했다는 것은 분명하다. 만약 한편으로는 하나님
이 모든 과학을 총관리하는 분이시며, 또 한편으로는 칼빈주의자의
종교적 체계가 그 존립을 위해 대량교육을 필요로 했다면 칼빈주의
자들이 최대한으로 학문을 강요했다고 해서 놀랄 필요는 없다. 칼빈
주의자에게 있어서 교육은 사느냐 죽느냐의 문제이다"[59]

전통적으로 장로교와 개혁주의 교회는 교역자의 훈련 기준이 높은
데 이 점은 유의해볼만한 가치가 있다. 다른 많은 교파들은 학생들
에게 짧은 교육을 시킨 후 교역자나 선교사로 임명하며 설교하도록
허용하는 반면 장로교나 개혁주의 교회는 목사 지망생에게 대학교육
을 마친 후 공인된 신학교 교수아래서 최소한 3년간 연구해야 할 것
을 요구한다. 그 결과 대부분의 장로교 목사들은 유력한 도시 교회
에서도 목회할 수 있는 실력을 갖추고 있다. 물론 이것은 목회자의
수가 너무 적게 배출된다는 의미도 되지만 동시에 잘 준비된 목회자를
배출한다는 의미도 된다.

X. 죤 칼빈

죤 칼빈은 1509년 7월 10일 프랑스의 파리에서 동북쪽으로 70리
가량 떨어진 대성당이 있는 옛 도시 노용(Noyon)이라는 곳에서 출생
하였다. 그의 부친은 매우 강경한 성격의 소유자로서 노용의 감독구
(監督區) 서기로 일했는데 이웃에 있는 명사들의 가정과 가깝게 지
냈다. 그의 모친은 아릅답고 신앙심 좋기로 유명했으나 불행히도 그
가 어릴 때 세상을 떠났다.

그는 당시에 프랑스에서 받을 수 있는 최고의 교육을 받았는데
1528년부터 1533년까지 올리안(Orleans), 볼게(Bourges), 파리(Paris)

---

59) *The Fundamental Principles of Calvinism*, pp. 96-99.

등 세 개의 우수한 대학에서 학문을 연구하였다. 그의 부친은 그로 하여금 법학을 전공하게 하려 했다. 왜냐하면 그것이 입신 출세할 수 있는 길이었기 때문이다. 그러나 칼빈은 그 분야에 대해 어떠한 소명감도 느낄 수 없었으므로 신학을 연구하게 되었는데 그 분야가 자신의 천부적인 재능과 맞는다는 것을 발견하게 되었다. 그의 성격은 몹시 수줍어하는 내향적인 성격이며, 꼼꼼하고 빈틈없이 일하며, 책임감이 강하고, 매우 종교적이었다. 그의 두뇌는 매우 민첩하고 명석하여 정확한 이론과 논리적 분석에 능하였다. 그는 지나치게 근면하여 상당히 가치있는 지식들을 많이 습득할 수는 있었지만 건강을 많이 해쳤다. 그는 종종 대리 강의를 해달라는 청을 받을만큼 다른 학생들을 앞질렀다. 그래서 동료 학생들에게는 학생으로보다 오히려 박사로 알려졌다. 이 당시 그는 철저하고 헌신적인 카톨릭 신자였다. 그가 갑자기 신교로 개종하여 말할 수 없이 많은 박해를 받고 있는 한 약한 종파와 그의 운명을 같이 하게된 때는 인문학자, 법률가, 카톨릭 교직자로서 찬란하게 빛날 생애가 그의 목전에서 막 전개되려 하던 때였다.

칼빈은 회심한지 일년도 안되서 생각지도 못했고 더구나 그 자신이 원하지도 않았지만 파리에 있는 복음주의적 그룹의 우두머리가 되었다. 그의 깊은 지식과 열렬한 변설(辯說)은 듣는 이들에게 깊은 감명을 주었다. 그는 외부로부터가 아닌 카톨릭교 내부로부터의 개혁이 일어나기를 희망하면서 처음 얼마동안은 카톨릭교에 그대로 머물러 있었다. 샤프(Schaff)는 "모든 개혁자들은 그들을 내쫓은 카톨릭교 안에서 출생하여 세례 및 견신례와 교육을 받았는데 이것은 마치 사도들이 그들을 내쫓은 유대교회당에서 할례 및 가르침을 받은 것과 마찬가지"[60]라는 사실을 우리에게 상기시켜 준다.

새 개혁가 칼빈의 열성은 마침내 카톨릭에 대한 도전이 될 수밖에 없었고 이로 말미암아 그는 불가피하게 되었다. 교회사가(敎會史家)

---

60) *The Swiss Reformation*, p. 312.

인 샤프는 그의 망명에 대해 다음과 같이 말한다. "사건은 유명한 왕실의(王室醫)인 윌리암 콥(William Cop of Basel)의 아들이자 칼빈의 친구인 니콜라스 콥(Nicholas Cop)의 학장 취임식 연설에서 일어났다. 콥은 1533년 10월 10일 학장으로 선출되어 성인 축제일인 11월 1일에 마스린회당(the Church of the Mathurins)의 많은 군중 앞에서 관례에 따라 취임 연설을 하였다. 신임 학장의 요청에 따라 이 연설문을 칼빈이 작성했는데 그것은 신약 성경을 근거로 종교개혁을 옹호한 것이요, 복음에 무지한 궤변가들로 묘사되는 그 당시의 학자연하는 신학자들을 대담하게 공격한 것이었다……솔본느대학과 의회는 이 학구적인 연설문을 카톨릭교에 대한 도전으로 인정, 그것을 소각하도록 명했다. 콥은 경고를 받고 바젤(Basel)에 있는 그의 친척들에게 피신했다. '생사를 막론하고 그를 체포하는 자에게는 삼백 크라운(1크라운은 영국의 5실링 은화에 해당됨-역자 주)의 현상금을 주겠다고 발표되었음.' 이 재난의 주범인 칼빈은 창문을 뛰어내려 괭이를 메고 포도원지기의 복장을 입고 파리를 탈출하였다고 한다.

경찰이 그의 방을 수색, 책과 논문들을 모두 압류해 갔다……1534년 11월 10일부터 1535년 5월 5일까지 무고한 신교도 24명이 시 공설 광장에서 화형을 당했으며 그보다 더 많은 사람들이 벌금, 투옥, 고문 등의 형벌을 받았고 상당히 많은 사람들이(그들중에 칼빈과 틸〔Du Tillet〕도 있었음) 스트라스버그로 피신했다……거의 3년동안 칼빈은 가명을 사용하는 일개 망명 전도자로서 남 프랑스, 스위스, 이태리 등을 유리 방황하다가 마침내 스위스의 제네바에 정착하게 되었다."[61)

칼빈은 1536년 3월, 그의 기독교 강요 초판을 출판한 직후, 틸(Louis du Tillet)과 함께 알프스산을 넘어 문예부흥의 발상지인 이태리로 갔다. 거기서 그는 종교재판소가 문예부흥과 종교개혁을 같은 종류의 악마로 보고 양자를 박멸시키려는 활동을 개시할 때까지 한

---

61) *Schaff, The Swiss Reformation, p. 322.*

전도자로 수고했다. 그 다음에 그는 스위스로 발길을 돌렸으며 바젤(Basel)에서 가사를 정리하기 위해 고향 노용(Noyon)으로 갔다. 이것이 그의 최후의 고향 방문이었다. 그런 다음 그는 바젤이나 스트라스버그에 영주하면서 학자 또는 저술가로 조용히 보내야겠다는 생각으로 동생 안토니(Antoine)와 누이 마리(Marie)를 데리고 프랑스를 아주 떠났다. 그런데 챨스 5세와 프란시스 1세 간의 전쟁으로 로레인(Lorraine)을 경유하는 길이 차단되어 제네바로 돌아서 가게 되었다. 칼빈은 하룻밤만 그곳에 머물 생각이었으나 하나님의 섭리는 그와 달라 그는 결국 제네바에 영주하게 된것이다. 칼빈이 제네바에 왔다는 소식이 제네바의 개혁가 파렐(Farel)에게 전해지자 그는 직감적으로 칼빈이야말로 제네바의 종교개혁을 완성할 인물이라고 생각했다. 샤프는 칼빈과 파렐의 상봉을 다음과 같이 잘 묘사하고 있다. "파렐은 곧 칼빈을 방문하여 마치 하나님의 명령이기라도 한것처럼 그에게 제네바에서 개혁운동을 할 것을 촉구했다. 칼빈은 그의 나이가 어리다는 점, 경험이 없다는 점, 더 많은 연구가 필요하다는 점, 그의 성격이 소심하고 몹시 수줍어한다는 점 등을 들어 자신은 개혁운동에 부적당한 인물이라고 거절하였다. 그러나 그것은 모두 허사였다. '복음전도에 대해 불붙는 열정을 갖고 있던' 파렐은 만일 칼빈이 주의 일보다 학문 연구를 택하고, 그리스도를 위하기보다 자신의 흥미를 더 생각한다면 전능하신 하나님의 저주를 받게 될것이라고 협박하였다. 칼빈은 두려움없는 이 전도자의 말을 듣고 두려워 떨며 '마치 하나님이 그 보좌로부터 그의 손을 내밀어 자기를 가리키는 것처럼' 느꼈다. 그는 파렐에게 굴복하고 제네바의 복음주의 교회의 목사 또는 교사가 되어달라는 초빙에 응하였다."[62]

칼빈은 루터나 쯔빙글리보다 25세나 어렸으므로 그들이 닦아놓은 터위에 건설할 수 있다는 큰 이점을 갖고 있었다. 칼빈의 공생애의 처음 10년간은 비록 개인적으로는 서로 한번도 만난적이 없었지만

---

62) *The Swiss Reformation*, p. 348.

루터의 마지막 10년과 동시대였다. 그러나 칼빈은 멜랑톤과 아주 친했는데 그 교제는 그가 죽을 때까지 계속되었다.

루터의 사역은 칼빈에게 이르러서야 비로소 완성되었다. 칼빈이 등장하기 전까지는 루터가 대성공을 거둔 영웅인지 아니면 대실패의 희생물인지 아직 미지수였다. 루터가 새로운 사상을 산출해냈다면 칼빈은 그렇게 고귀하게 시작된 사상들을 하나의 체계로 구성하여 보존, 발전시켰다고 할 수 있다. 당시 신교운동은 통일성이 부족하여 교리적 논쟁으로 와해될 위험에 처해 있었으나 제네바의 개혁가 칼빈이 하나의 활력소가 됨으로서 그 난관을 극복할 수 있었다.

카톨릭교는 하나로 강력히 단결해서 수단방법을 가리지 않고 북쪽에서 일어나는 여러 프로테스탄트 그룹들을 멸절시키려 했다. 쯔빙글리는 이 위험을 미리 알고 이 공동의 적에 대항하기 위해 여러 프로테스탄트 단체들을 규합 통일코자 기도(企圖)하였다. 그는 말버그(Marburg)에서 많은 변론끝에 눈물을 흘리며 성찬 문제에 있어서 서로 견해를 달리함에도 불구하고 루터에게 우호의 악수를 청하였다.

그러나 루터는 편협한 교리적 문제때문에 이를 거절하였다. 로마교에 대해 친밀하게 인식할 기회가 많은 스위스에서 일하던 칼빈 역시 프로테스탄트가 한데 뭉쳐야 할 필요성을 통감하고 이를 위해 노력하였다. 그는 영국의 크란머(Cranmer)에게 글을 보내어 "나는 그리스도의 지체된 자들이 하나되어 거룩한 교제를 할 수 있기 바란다. 나로서는 할 수만 있다면 이 일치를 가져오기 위해 열개의 바다라도 기꺼이 건너가겠다"고 호소하였다. 저서, 서한, 학생들을 통해 끼친 그의 감화는 다른 여러 나라에까지 영향을 주었는데 칼빈이 신교운동을 분열과 파멸로부터 구원했다는 사실은 결코 과장이 아닌 것 같다.

칼빈은 40년간 종교개혁운동에 심혈을 기울였다. 그래서 리드(Reeds)는 "그는 종교개혁을 위하여 있는 힘을 다해 수고했으며, 꺽일줄 모르는 용기로 싸웠으며, 흔들리지 않는 불굴의 정신으로 괴로움을 참아내면서 어느 순간에든 그것을 위해 죽을 각오를 하고 있었다. 그는 문자 그대로 그의 피 한 방울 한 방울을 아낌없이 종교개혁을 위해 쏟아 넣었다. 16세기의 종교개혁을 위해 칼빈 이상으로 아낌없이 자신을 포기한 자, 그리고 한 가지 분명한 목적을 위해 자신을 끝까지 바친 자는 역사를 다 뒤져봐도 찾아보기 힘들것이다"[63]라고 말하였다.

사도시대 이래 충성스럽고 담대하며 불후의 명성을 지닌 칼빈처럼 사랑과 미움, 존경과 혐오, 칭송과 비난, 축복과 저주를 동시에 받은 그리스도의 종도 아마 없을 것이다. 그는 격심한 논증의 시대 속에서 서구 종교개혁운동의 우뚝 솟은 망대로서 많은 사람들의 비평의 대상이 되어 사방으로부터 공격을 받으며 살았다. 종교적으로 편협한 열정들이 모든 열정중에 가장 깊고 강렬하다는 점과 인간의 본성안에 존재하는 선성(善性)과 악성(惡性)을 고려해 볼 때 칼빈의 가르침이나 저서에 대한 반응들을 보고 놀랄 필요는 없다.

칼빈은 그의 나이 겨우 26세였을 때『기독교 강요』를 라틴어로 저술하였다. 초판에는 그의 사상체계의 요점들이 모두 개략적으로 서술되어있는데 그의 나이가 연소함을 고려해 볼 때 그 지적 조숙도는 가히 감탄할만 했다. 후에 이 책은 5배나 증보되어 프랑스어로 출판되었는데 그 근본적인 내용은 초판과 같았다. 이 책은 출판되어 나오자마자 곧 개신교의 변증서중 최고의 서적이 되었다. 다른 책들은 개신교운동의 어떤 부분만을 다루었으나 이 책은 그 전체를 하나로 묶어 다루었다. 리드(Reeds)는 "이 책은 종교개혁에 막대한 공헌을 했으니 이것은 신교도나 구교도들이 다같이 입증하는 바이다. 물론 신교도들은 이것을 하나님이 주신 위대한 선물로 알고 찬미하는 반면 구교도인들은 저주받을 가증한 것으로 여겨 증오했다. 이 책은 파리에 있는 소르본느 대학과 다른 몇몇 곳에서는 소각을 당했고, 곳곳으로부터 가장 악독한 필설(筆舌)의 공격을 받게 되었다. 카톨릭교의 신학자 레이몬드(Florimond de Raemond)는 이 책을 가리

---

63) *Calvin Memorial Address*, p. 34.

켜 '코란경, 이단의 탈무드, 우리의 몰락의 제1 원인' 이라고 불렀고 캄파쿨테(Kampachulte)라는 카톨릭 신학자는 '구교의 적들이 그들의 가장 예리한 무기를 꺼내올 수 있는 공동 병기고'라고 말하면서 또 '종교개혁 시대의 저서로서 칼빈의 기독교 강요처럼 카톨릭교에 공포를 준 것은 없으며, 그토록 통렬하게 논쟁을 불러 일으키고 가혹하게 추적되었던 책도 없다' 고 말하였다. 기독교 강요가 연이어 재판을 거듭했다는 사실을 볼 때 우리는 그것이 얼마나 많은 사람으로부터 신망을 받았는가를 알 수 있다. 그것은 서구의 거의 모든 언어들로 번역되었으며, 모든 개혁주의 교회 산하 학교의 교과서로 사용되었고 개혁주의 교회의 신경을 만드는데 자료를 제공해 주었다"[64] 고 말하였다.

워필드 박사는 "칼빈이 인류에게 끼친 모든 공헌 가운데 가장 큰 공헌은 두 말할 것없이 그의 천재적 능력으로 새생명을 얻게 된 이 기독교 강요라는 종교사상 체계이다"[65]라고 말하였다.

기독교 강요는 사도시대 이후 가장 명확하고 강력하며 논리적인 기독교 교리의 변증서로서 신교도들로부터 열정적인 환영을 받았다. 기독교 강요에서 "칼빈은 신교도들이 받는 비방과 박해에 대하여 특히 프랑스에서 받는 비방과 박해에 대하여 그들을 옹호한다는 변증적이며 실제적인 목적을 가지고 기독교 전반에 대한 조직적 해설, 특히 복음적 신앙에 대한 변증을 하였다"[66]고 샤프(Schaff)는 말했는데 이것은 기독교 강요의 특징을 잘 나타내주는 말이다. 그것은 이성과 전통을 성경의 권위에 복종시키려는 강한 열심과 대담함과 준렬한 논의들로 일관되어 있다. 그것은 16세기의 가장 위대한 책으로 인정되고 있으며 그 책을 통해 칼빈주의 원리들이 대규모적으로 전파되었다.

리츨(Albrecht Ritschl)은 그것을 가리켜 "프로테스탄트 신학의 걸

---

64) *Calvin Memorial Addresses*, p. 20.
65) *Article, The Theology of Calvin*, p. 1.
66) *The Swiss Reformation*, p. 330.

작"이라 칭하고 워필드 박사는 "3세기 반이 지난 지금까지도 그것은 모든 신학관계 서적들중 가장 위대하고 영향력있는 것으로서의 자리를 보유하고 있다……심지어 단순히 문학적 입장에서 보더라도 그것은 세계 명작들을 알려고 하는 사람이라면 누구나 필독해야 할만큼 우수한 책이다. 칼빈의 기독교 강요가 신학계에서 차지하는 지위는 마치 헬라 문학에서의 투키디데스, 18세기 영국 역사가들 중에서의 깁본(Gibbon), 철학자들 가운데서의 플라토, 서사시들 중에서의 일리아드, 희곡가들 중에서의 세익스피어가 차지하는 위치와 같다"[67]고 말하였다.

그것은 로마교를 경악시켰고 신교도들을 연합시키는 강력한 구심 세력이 되었다. 그 책은 칼빈이야말로 개신교주의에서 가장 유능한 논쟁이요 카톨릭교도가 항쟁하지 않으면 안될 가장 무서운 적이라는 것을 보여 주었다. 이 책은 영국에서 거의 전무후무한 인기를 얻게 되었고 모든 대학에서 교과서로 사용되었다. 그것은 곧 유럽의 9개 국어로 번역되었다. 본서의 중요성이 근년에 이르러 정당하게 평가되지 못하고 있는것은 대중의 역사적 지식이 결여되어 있기 때문이다.

기독교 강요가 출판된지 몇주 후에 독일의 종교개혁자중 서열 3위인 부처(Bucer)가 칼빈에게 "분명히 주님께서는 그의 교회에 가장 풍성한 축복을 부어주시기 위해 당신을 그의 도구로 택하셨습니다"라는 글을 적어 보냈다. 루터는 신학을 체계적으로 쓰지 못했다. 그는 비록 여러 권의 책을 쓰긴 했지만 그 주제가 산만하였으며, 그 내용도 대부분이 그 시대의 실제 문제를 취급한 것들이었다. 따라서 복음적 신앙을 체계적으로 정리하는 것이 바로 칼빈에게 남겨진 일이었다.

무엇보다도 칼빈은 신학자였다. 그와 어거스틴은 사도 바울 이래 기독교 진리를 체계적으로 해석한 탁월한 두 인물로 손꼽힌다. 스스로 루터교 신학자의 왕자로 자처했고 루터 사후에는 "독일의 교사

---

67) *Calvin and Calvinism*, pp. 8, 374.

(Preceptor)"로 불렸던 멜랑톤도 칼빈의 탁월함을 인정, 그를 가리켜 '그 신학자'라고 불렀다.

만일 기독교 강요에 사용된 말이 경우에 따라 지나치게 가혹하다고 느껴진다면 그것은 그 시대의 신학 논쟁의 특징이요 취약점이었다는 것을 기억해야 할것이다. 칼빈이 살았던 시대는 논쟁의 시대였다. 신교도들은 로마교회와 생사의 투쟁을 계속하고 있었으며 참을 수 없는 도전들이 수없이 많았던 시대였다. 루터는 칼빈보다 더 준렬한 말을 사용했는데, 그것은 에라스무스의 자유의지 사상에 대한 루터의 논쟁서인 『노예적 의지』라는 저서를 보면 금방 알 수 있다. 더구나 그 시대의 어떠한 신교 저서도 신교에 대한 카톨릭교의 파문 및 저주의 법령만큼 냉혹하고 잔인하지는 않았다.

칼빈은 기독교 강요 외에 신구약 성경의 거의 전권에 대한 주해서를 썼다. 이 주석들이 55권의 영역 주해서로 번역되었는데, 그의 다른 활동들과 관련지어 생각해 볼 때 놀라움을 금할 수가 없다. 이것이 출간되자 곧 성경 주해서 가운데 최고의 위치를 차지할만큼 그 내용이 우수하다. 현대의 훌륭한 학자들이 고금의 우수한 성경해석자들 중에서 칼빈보다 더 자주 인용되는 해석자는 한 사람도 없다. 그는 두 말 할것없이 종교개혁 시대의 가장 위대한 성경 해석자였다. 루터가 성경 번역가들 중 왕자였던 것처럼 칼빈은 성경 주해가들 중 왕자였다.

칼빈의 성경 주석의 진가를 바로 이해하려면 그의 해석이 그 시대에는 보기드문 해석원리에 근거하고 있었다는 사실을 유의해야 한다. 리드(R. G. Reed)는 "칼빈은 성경을 영적으로 해석하는 습관, 즉 기독교 초기부터 전해 내려와서 오리겐으로부터 루터에 이르기까지 교회의 최대 인물들이 시인해온 관례인 성경을 인간 마음대로 고치는 공상력을 성경 해석의 첫째 자질로 보는 관례를 깨뜨리는 길을 열어 놓았다"[68]고 말하였다. 칼빈은 성경 기자의 정신과 문자를 엄격

---

68) *Calvin Memorial Addresses*, p. 22.

히 고수했으며 그들은 반드시 일상 용어로 표현되는 일정한 사상을 함축하고 있을 것이라고 생각하였기 때문에 성경의 영적 해석을 멀리 하였다. 그는 로마교회의 교리와 실천에 놓여 있는 타락상을 인정 사정없이 지적하였다. 그의 저서들은 동료 개혁가들을 고무시켜 주었고 그들에게 치명적인 무기의 대부분을 공급해 주었다. 이 점에 있어서 종교개혁의 전진과 방어에 미친 칼빈의 영향은 실로 컸다.

칼빈은 교부적(教父的), 학자적 학문의 대가(大家)였다. 그 당시 유력한 대학교에서 교육을 받은 그는 라틴어와 불어에 능통했으며 헬라어와 히브리어에 대한 지식도 상당했다. 그의 주요 주해서들은 불어와 라틴어로 출간되었는데 어휘 구사력이 아주 능숙했다. 그것들은 두드러지게 솔직, 공정하여 그 저자가 균형과 중용을 이룬 판단력을 소유하고 있음을 보여주고 있다. 루터의 성경 번역이 독어 발달에 영향을 미친 것과 같이 칼빈의 책도 아직 틀이 잡히지 않은 불어의 언어 형성과 영구성에 상당한 영향을 끼쳤다.

또 하나의 빠뜨릴 수 없는 증언은 칼빈주의의 반대 체계를 창시한 알미니우스의 증언이다. 이것은 분명히 편견없는 공정한 증언이 될 것이다. 그는 "나는 나의 생도들에게 성경연구 다음으로 칼빈 주석을 일독하도록 권하는데 나는 그것을 헬믹(Helmick, 화란 신학자) 이상으로 격찬한다. 칼빈은 성경 주석에 있어서 비견(比肩)될 자가 없고, 그의 주석은 우리에게 전승된 어떤 주석보다도 높이 평가할만한 것이다. 그래서 나는 그가 탁월한 예언의 은사라고 부를 수 있는 것을 다른 모든 사람들보다도 더 많이 소유하고 있다고 인정한다"[69] 고 말하였다.

칼빈의 영향은 그가 교회 지도자, 제후, 귀족들과 나누었던 서신왕래를 통해 전 프로테스탄트 교계에 더 널리 퍼지게 되었다. 이들중 오늘날까지 보존되어 있는 것만도 300통 이상이나 되는데, 거의 전부가 간단한 안부편지라기보다 오히려 복잡한 교회 문제나 신학 문

---

69) *Quoted by James Orr, Calvin Memorial Addresses, p. 92.*

제에 관한 그의 견해를 능숙하게 진술해 놓은 길고 정교한 예비 논문들이었다. 이런 식으로 칼빈이 구라파 전체의 종교개혁을 지도하는데 미친 영향도 지대한 것이었다.

너무 준렬한 훈련을 강행하려 했기 때문에 칼빈과 파렐은 잠시 제네바를 떠나지 않으면 안되게 되었다. 이것은 칼빈이 제네바에 거주한지 2년만의 일이었다. 칼빈은 독일 남서부에 있는 스트라스버그로 갔는데 그곳에서 부쳐와 독일 종교개혁의 지도급 인사들의 따뜻한 환대를 받았다. 그는 거기서 3년간 교수, 목사, 저술가로 조용히 보람있는 활동을 하며 지내는 가운데 처음으로 루터주의와 접하게 되었다. 그는 루터교가 훈련이 부족하다는 것과 교역자가 세속 통치자들에게 종속되어 있다는 것에 대해서는 좋지 못한 인상을 받았으나 루터교 지도자들을 인정했으며 루터교와 아주 친밀한 동류(同類) 의식을 가졌다. 그의 서신이나 저서에서 종종 나타나는 것과 같이 후에 그는 애정어린 관심으로 독일의 종교개혁 과정을 한 발 한 발 따라 갔던 것이다. 그가 제네바를 비운 동안 제네바는 종교개혁의 결실들을 잃지나 않을까라고 생각되리만큼 위기에 직면하게 되어 칼빈의 복귀가 긴급히 요청되었다. 여러 번의 간청이 있은 후 칼빈은 이를 수락, 전에 그만 두었던 사역들을 다시 맡게 되었다.

제네바 호수가에 위치해 있는 제네바시가 칼빈의 고향이 되었다. 눈으로 뒤덮인 알프스산이 둘러있는 그곳에서 칼빈은 그의 성년기를 거의 다 보냈다. 그리하여 종교개혁은 그곳으로부터 구라파 전체와 아메리카로 확산되어 나갔다. 스위스는 극히 작은 나라이지만 국가적인 문제에 있어서 뿐아니라 교회문제에 있어서도 전세계에 말할 수 없이 큰 영향을 미쳐 왔다.

칼빈이 제네바에 미친 영향은 칼빈주의 체계가 지닌 혁신적인 힘을 보여주는 좋은 예이다. 탁월한 교회사가(敎會史家)인 샤프(Philip Schaff)는 "제네바 시민은 경솔하고 쾌활하며 공공오락을 즐기고, 춤과 노래, 가면 무도회를 좋아하며, 술을 마시고 흥청거리기를 좋아하는 사람들이었다. 그곳은 무모함, 도박, 술취함, 간음, 신성 모독

등 여러 종류의 악덕으로 가득 찬 도시였다. 매춘업은 시당국에 의해 공인되어 있었고 포주라고 불리우는 여인이 이것을 주관하였다. 시민들은 무지했으며 교역자들은 그들을 교육시키기보다 오히려 악한 본을 보여 주었다"고 말하였다. 그 당시의 역사를 고찰해보면 칼빈이 제네바로 가기 직전까지 수도자들 심지어는 사제들까지 오늘날이라면 사형을 받았을 정도의 죄를 범하고 있었음을 알 수 있다. 칼빈이 제네바에서 사역한 결과 그 시는 이전의 악명을 벗고 오히려 조용하고 질서정연한 시민생활로 유명해지게 되었다. 칼빈 문하에서 수학한 다른 많은 사람들과 마찬가지로 죤 낙스도 거기서 "사도시대 이래 지상에 건설된 가장 완전한 그리스도의 학교"라고 이름 붙일만한 것을 발견했던 것이다.

칼빈의 노력으로 제네바는 박해받는 자들의 피난처가 되었고 개혁신앙의 훈련소가 되었다. 전구라파로부터 망명자들이 이곳으로 피신해 와서 종교개혁의 원리를 정확하게 배워가지고 다시 돌아가곤 하였다. 이렇게 해서 그곳은 구라파의 종교개혁을 지도하고 조성해주는 영적 능력과 교육적 힘의 중심세력으로 활동하게 되었다. 반크로프트는 "솔론(Solon, 그리이스 칠현(七賢)의 한 사람으로 아테네의 입법가) 보다도 더 많은 자비를 인류에게 끼쳤으며 리크르구스(Lycurgus)보다도 더 자기부정적인 칼빈의 천성이 제네바의 각 기관에 인내의 정신을 주입시켰으며 제네바를 현대세계를 위한 시민적 자유의 난공불락의 요새로, 민주주의의 비옥한 모판으로 만들었다"[70]고 말하였다.

제네바로부터 퍼져나온 영향력에 대한 증거로 우리는 소위 이단의 수도라고 부르는 제네바를 진압하라고 종용하면서 로마교의 프란시스 샬레(Francis de Sales)가 사보이 공작에게 보낸 서한들 중에서 하나를 들 수 있다. 그 서한에서 그는 "모든 이단들은 제네바를 그들의 종교적 피난처로 생각하고 있다……이단의 용기를 북돋아주는데는

---

70) *Miscellanies, p. 406.*

이곳보다 더 편의를 제공해주는 곳이 전구라파에 없다. 왜냐하면 이
곳은 프랑스, 이태리, 독일의 문호이기 때문에 이태리인, 프랑스인,
독일인, 폴란드인, 스페인, 영국인 등 원방의 각국 국민들이 다 모여
있어서 그렇다. 뿐만 아니라 그곳에서 많은 교직자들이 양성된다는
것은 주지의 사실이다. 작년에는 프랑스로 20명의 교역자를 제공해
주었다. 심지어 영국까지 제네바로부터 교역자를 충당한다. 그 엄청
난 인쇄 시설에 대해서는 무어라고 말해야 좋을지 모르겠다. 그것으
로 제네바는 사악한 출판물들을 간행하여 세계를 미혹하고 있으며
더구나 공공비용으로 그것들을 배포하고 있는 실정이니 말이다……
로마 교황청과 추기경들에게 대항하는 모든 활동은 제네바에서 시작
되었다. 수도회든 일반 계층이든 온갖 배교자들을 제네바 이상으로
받아들여주는 도시는 구라파 전체 중 한 군데도 없다. 따라서 본인
은 제네바를 파괴하는 것이 곧 이단을 섬멸하는 길이라고 결론짓는
다"[71]라고 쓰고 있다.

　또 다른 증언은 프로테스탄트주의의 가장 가혹한 적인 스페인의
필립 2세의 말이다. 그는 프랑스의 왕에게 "이 도시 제네바는 프랑
스에 대한 온갖 재난의 근원으로 로마가 가장 무서워하는 적입니다.
어느 때든지 나는 우리나라의 모든 힘을 동원하여 그것을 전복시키
는데 원조할 준비가 되어 있습니다"라고 써보냈다. 또 알바공(Duk
of Alva)이 그의 군대를 거느리고 제네바 근처를 통과하게 될 것이라
는 소식을 듣자 교황 비오 5세(Pope Pius V)는 그에게 옆길로 돌아서
"악마와 배교자들의 소굴을 섬멸시켜줄 것"을 요청하기도 했다.

　유명한 제네바 아카데미는 1558년에 개설되었다. 열 명의 유능하
고 경험많은 교수들이 칼빈과 함께 여기에 참여하여 문법, 논리학,
수학, 물리학, 음악, 고대어 등을 가르쳤다. 그 학교는 상당히 성공
적이었는데 개교 1년만에 구라파의 각국으로부터 피신해온 900여명
의 학생들이 등록하였고 그보다 더 많은 학생들이 본국에 돌아가 전

---

71) *Vie de ste. Francois de Sales, par son neveu*, p. 20.

도자나 교사가 되기 위해 그리고 그들이 목격한 제네바 교회와 동일한 형태의 교회를 세우기 위한 준비로 신학강의를 들었다. 그후 200년 이상이나 이 학교는 개혁신학과 문학의 중심 학교로 남아 있었다.

칼빈은 종교개혁자들중 정종(政宗)의 분리를 처음으로 주장한 개혁자였는데 이와 같이 그는 무한한 가치를 지닌 또 다른 원리를 발전시켰다. 독일의 종교개혁은 제후들의 의사대로 결정되었고 스위스의 종교개혁은 국민의 의사대로 결정되었다. 물론 양자 사이에는 통치자들과 대다수의 주민들이라는 유사성이 있다. 그러나 제네바의 공화정체속에서 살던 스위스의 종교개혁가들은 자유국가 안에서 자유로운 교회를 발전시키고 반면 군주제나 독일제국에 대해 경의를 갖고 있던 멜랑톤과 루터는 정치적으로 수동적 복종을 가르쳤고 교회를 국가에 예속시켰다.

칼빈은 1564년에 55세의 이른 나이로 별세하였다. 그의 가까운 친구요 후계자인 베자는 그의 죽음을 잠자는 것처럼 조용히 별세하였다고 묘사한 후 "교회의 등불이요 가장 훌륭한 지도자였던 칼빈은 석양이 짐과 동시에 하늘나라로 가고 말았다. 그 다음날은 제네바시 전체가 온종일 슬픔과 애도로 가득찼다. 왜냐하면 이제 제네바시는 가장 지혜로운 시민을 잃었으며, 교회는 가장 충성스러운 목자를, 아카데미는 어느 누구와도 비교할 수 없는 대스승을 잃었기 때문이었다"고 덧붙여 말했다.

하크니스(Harkness) 교수는 그의 최근 저서에 다음과 같은 말을 기록하였다. "칼빈은 가난하게 살다가 가난하게 죽었다. 그의 가정은 간신히 부양되었고 그의 의복은 아주 검소하였다. 그는 가난한 자들을 위해서는 돈을 마음껏 사용했으나 자신을 위해서는 거의 사용하지 않았다. 한번은 제네바 시의회에서 존경의 표시로 겨울용 방한 외투를 그에게 증정하였다. 그는 이것을 감사하게 받았다. 그러나 자기가 받는 정당한 봉급 외에는 어떠한 재정적 원조나 물건도 받지 않았다. 그가 병석에 있을 때 시의회는 약값을 부담하고자 했으나 칼빈은 자기가 봉사하지도 못하면서 정상 월급을 받는 것조차 사양해야 할 판이라고 말하면서 이를 거절했다. 그는 이루 헤아릴 수 없이 큰 가치를 지닌 영적 유산과 1,500불 내지 2,000불 상당의 물질적 유산을 남겨놓고 죽었다.”[72]

샤프(Schaff)는 칼빈의 인격에 대해 “그는 타인으로부터 사랑보다는 존경을 받는 인물이어서 가까이 접근하기가 어려웠으나 그래도 아주 가까운 지기(知己)들이 있었다. 그는 그의 인격이 남에게 알려질수록 더 많은 존경을 받았고 더 높이 평가되었다”고 묘사하였다. 그리고 그의 죽음에 대해서는 “칼빈은 그가 죽으면 일체의 성대한 의식을 금할 것과 무덤에 어떠한 기념비도 세우지 말 것을 부탁하였다. 그는 모세처럼 아무도 모르게 묻히기를 원했다. 이것은 하나님을 높이고 인간을 낮추는 그의 신학과 일치하는 사상이다”[73]라고 말하였다. 그래서 제네바의 한 공동묘지에 자리잡고 있는 그의 묘조차 알려지지 않고 있다. 「J. C.」라는 두 약자만 새겨져 있는 간단한 비석을 볼 때 모르는 사람들은 그가 그곳에 묻혀 있다는 것만 알 수 있을 뿐 그가 가졌던 어떠한 권위도 알 길이 없다. 칼빈 자신이 어떠한 기념비도 그의 무덤에 세우지 말 것을 요구하였다. 모리스(S. L. Morris)는 말하기를 그러나 그의 진짜 기념비는 “지상에 있는 모든 공화국과 모든 나라들에 있는 공립학교 제도이며 ‘장로교 체계를 보유하고 있는 전세계의 개혁주의 교회’ ”라고 하였다.

하크니스(Harkness)는 또 “칼빈의 인격에서 단지 친근감이 가지 않는 엄격함만을 보아서는 안된다. 그에게는 여성적 친절함도 역시 있었는데 그것은 그가 가진 교구내의 여러 관계들에서 잘 나타나고 있다. 그는 슬픔을 당한 자들과 함께 슬퍼했고 기쁨을 맞은 자들과는 함께 기뻐했다. 가족의 죽음으로 고통당하고 있는 가정들에게 보낸 그의 편지중 어떤 것들은 가장 뜨거운 동정심의 걸작이라 할 수 있을 정도이며, 결혼이나 출산 등의 경사가 생긴 가정에는 그 경우에 맞는 따뜻한 개인적 관심을 표명했다. 상당히 중요한 문제들을

---

72) *John Calvin, The Man and His Ethics*, p. 54.
73) *The Swiss Reformation*, p. 826.

생각하며 길을 걷다가도 어린 학생들을 만나면 멈추어서서 다정하게
등을 두드려주거나 격려의 말을 해주는 것이 보통이었다. 그의 원수
들은 그를 가리켜 교황이라느니 왕이라느니 칼리프(모하메드 후계
자의 칭호) 라고 불렀지만 그의 친구들은 그를 형제 또는 경애하는
지도자라고 불렀다"[74]고 말하였다. 친구에게 보낸 한 편지에서 그는
"나는 미구에 형을 방문할 것이요. 그 때 우리 함께 웃읍시다"라고
썼다.

우리는 이제 칼빈의 생애 가운데서 그의 공명정대한 명성에 어두
운 그림자를 드리우게 했으며 그를 편협하고 아량없는 박해자로 만
들어버린 한 사건을 고찰해 보아야 한다. 그것은 칼빈이 제네바에서
사역하고 있는 동안에 그곳에서 발생한 세르베투스(Servetus)라는
사람의 죽음에 관계된 일이다. 그것이 실수였다는 것은 모두가 인정
하는 바이다. 인류 역사 가운데 흠없으신 분은 오직 죄인의 구주이
신 예수 그리스도 한 분 뿐이다. 그외의 모든 인간들은 약점을 가지
고 있다.

그러나 칼빈은 마치 그 일에 대한 책임이 전적으로 그에게만 있는
것처럼 부당한 비난을 자주 받아왔는데, 사실 세르베투스는 두달 이
상을 계속해서 법정 재판을 받았으며 제네바 시의회 총회로부터 사
형선고를 받았다. 그런데 그 당시에 이단자는 신교에서나 구교에서
나 법에 따라 사형에 처하는 것이 예사였다. 오히려 칼빈은 그를 측
은히 여겨 화형 대신 참형에 처하자고 제의 했으나 기각되었다. 따
라서 칼빈과 그 시대의 사람들을 20세기의 발전된 윤리적 기준에 따
라 엄격히 판단 할것이 아니라 16세기의 시대정신에 따라 어느 정도
관대하게 판단해야 할것이다. 우리는 시민과 종교의 자유, 감옥의
개선, 노예 및 노예 무역선의 폐지, 봉건 제도, 마녀 화형(火刑), 빈
민들에 대한 환경개선 등에 있어서 장족의 발전을 이룩하였는데, 그
것은 늦기는 했지만 기독교 교훈의 순수한 결과들이다. 오늘날이라

---

74) *John Calvin, The Man and Ethics*, p. 55.

면 편협하고 아량없는 행위로 간주되었을 일들을 주창하고 실시한 사람들의 잘못은 곧 그 시대의 일반적인 잘못이었다. 따라서 그런 것을 가지고 그들 개개인의 성격이나 동기에 대해 좋지 못한 인상을 가져서는 안되며 또 그들의 다른 교리나 중요한 주제들에 대해 대적하게 만드는 편견을 가져서도 안된다.

신교도들은 로마교의 굴레를 벗어나자 자신의 정당방위를 위해 편협한 적에 대해 편협으로 맞설 수 밖에 없었다. 16, 7세기 동안 유럽의 여론(與論)은 정통파를 옹호하고 이단을 처벌하는 것이 시의회의 권리요 의무라고 정당시했으니 완강한 이단자나 벌받을 소리를 하는 자들은 필요하다면 죽여서라도 해를 없애야 한다고까지 주장했다. 신교도와 구교도는 이단에 대한 정의(定義)에서 주로 차이가 났으며 처벌 방법도 신교도들이 보다 온건했다. 당시 이단은 사회악으로 간주되었고 어떤 경우에는 살인죄보다 더 악한 것으로 여겼다. 왜냐하면 살인자는 육신만 죽이지만 이단은 영혼을 죽이기 때문이다. 현대의 여론은 그와 달리 개인의 자유를 중요시하여 참 진리와 비진리에 대한 태도를 각 개인의 자유에 맡긴다. 18세기 어간에 편협한 통치는 점차 사라져갔다. 신교국인 영국과 홀란드는 시민과 종교의 자유를 확장시키는데 앞장 섰고, 모든 기독교 종파는 법앞에서 동등하며 똑같은 권리를 향유할 수 있다는 원리에 의해 미국의 헌법이 완성되었다.

세르베투스에 대해 칼빈이 취한 태도는 당시의 모든 지도급 종교개혁가들도 충분히 인정한 일이었다. 루터교 신학의 거두 멜랑톤은 칼빈과 제네바 시의회가 취한 태도를 거듭거듭 옳다고 인정했으며 심지어는 그것을 거울로 삼아야 한다고까지 주장했다. 세르베투스가 죽은 후 거의 1년만에 그는 칼빈에게 "나는 선생께서 세르베투스의 무서운, 모독적인 언사들에 대해 논박한 글을 읽었습니다……이 일을 인하여 현재의 우리 교회는 선생님께 감사를 드리며 후대의 교회도 감사의 뜻을 표하게 될것입니다. 저는 선생의 견해에 대해 전적으로 동의합니다. 제가 믿기로 제네바 법정이 통례적인 재판 후에 세르베투스를 처형한 것은 옳았다고 봅니다"라고 써 보냈다.

독일의 종교개혁가들중 서열 3위인 부쳐와 쯔빙글리의 절친한 친구이자 훌륭한 후계자인 불링거(Bullinger)도 스위스의 베자나 파렐과 마찬가지로 칼빈을 지지했다. 당시 루터와 쯔빙글리는 다 별세했었는데, 이 사형집행에 대해 그들이 찬성을 했을지 아니면 반대를 했을지 그것은 의문이다. 비록 루터와 비텐버그의 신학자들이 독일에서 위험한 이단으로 간주했던 몇몇 침례교도들에 대해 사형선고를 내릴 때 찬성하긴 했지만 말이다. 그들은 이단자를 처형하는 것도 잔인한 일이지만 이단자를 살려두어 그들로 하여금 말씀 사역을 비난하고 세상을 파괴시키도록 허용하는 것은 더 잔인한 일이라고 말하였다. 그래서 쯔빙글리도 스위스에 있는 6명의 침례교도들에 대한 사형선고를 반대하지 않았다. 그러나 이 점에 있어서 여론은 급격한 변화를 겪게 되었다. 그래서 16세기에는 가장 훌륭한 사람들이 전적으로 찬성했던 세르베투스에 대한 처형이 20세기의 우리의 사상으로서는 전혀 납득이 되지 않는 일이 되고만 것이다.

앞에서 언급한 바와같이 이 기간동안 로마 카톨릭은 신교도들을 아주 잔인하게 자주 박해하였다. 그래서 신교도들은 정당방위를 위해 어느 정도 그들(카톨릭)의 방법대로 맞설 수 밖에 없었다. 유명한 교회사가(敎會史家) 필립 샤프는 구교가 신교를 박해한 잔인성에 대해 다음과 같이 기록하고 있다. "우리는 단지 알비겐스(Albigenses)와 왈덴스(Waldenses)에 대항한 십자군에 대해 언급할 필요가 있다. 이 박해는 가장 훌륭하고 위대한 교황중 한 사람인 이노센트 3세가 재가(載可)한 것이다. 스페인 종교재판소의 고문과 처형은 종교적 축제로 경축되었고, 화란에서는 알바공의 통치 기간중(1567-1573) 5만명 이상의 신교도들이 처형되었으며, 피의 여왕 메리의 통치기간중 스미드필드(Smithfield)에서 타죽은 순교자들의 수는 수백명에 달하였다. 프랑스와 피에드몬트(Piedmont)에서 무고한 왈덴파에 대해 거듭거듭 대량학살이 실시되었는데, 복수를 호소하는 그들의 울부짖음이 하늘에 사무쳤다. 구교는 그 책임을 시정부로 전가시켰지만 그것은 헛수고였다. 교황 그레고리 8세는 로마 교회내의 데움(Te Deum)으로 뿐아니라 유그노교도들에 대해 '진노의 천사가 내린 대량 학살'을 상징하는 메달을 만들어 고의적으로 영원히 성 바돌로메의 대학살을 기념하였다."[75]

샤프 박사는 계속 다음과 같이 말하고 있다. "로마교회는 권력을 상실하자 약탈에 의한 박해를 하려는 경향이 상당히 나타났다. 몇몇 고위층 인사들은 박해라는 근본 방침을 솔직이 부인했는데 특히 신앙의 자유라는 혜택을 충분히 누리는 미국에서 그랬다. 그러나 로마 교황청은 박해를 실시해야 한다는 기본 방침을 공식적으로 한 번도 부인한 적이 없다. 오리려 그와 반대로 종교개혁이 신앙의 자유를 승인한 이래 여러 교황들……특히 교황 비오 9세(Pius IX)는 1864년 「이단서」에서 이 시대의 오류중 가장 큰 오류는 종교적 관용과 자유에 대한 교리라고 분명히 비난했다. 이 교황은 성 베드로의 자리에 앉은 그의 전임 및 후임의 모든 교황들이 무오하다는 교설을 1870년 바티칸 법령에 의해 공식적으로 선언하였다." 샤프 박사는 또 다른 곳에서 "만일 로마교인들이 칼빈을 비난했다면 그것은 칼빈에 대한 증오심에서 연유된 것인데 칼빈이 이 특별한 경우에 까지도(이단에 대한 박해) 그들의 본을 따랐기 때문이다"라고 덧붙여 말했다.

세르베투스는 스페인인으로 그것이 구교의 형태를 하고 있든 신교의 형태를 하고 있든 아무튼 기독교를 반대한 자였다. 샤프의 말처럼 그는 "일개 광신자요 범신론적 가짜 개혁자요 16세기에 있어서 가장 철면피적이며 심지어 하나님을 모독한 이단자였다."[76] 또 다른 경우에서 샤프는 세르베투스를 가리켜 "오만하고 반항적이요 싸우기를 좋아하며 복수심이 많고 말투가 불손하며 사기군이요 거짓말을 잘하는 자라고 말하였다. 그리고 그는 천주교의 제도나 종교개혁가들에 대해 똑같이 입에 담지 못할 욕설을 퍼부었다"[77] 고 덧붙여 말

---

75) *History of the Swiss Reformation*, Ⅱ, p. 698.
76) *The Creeds of Christendom*, I., p. 464.
77) *The Swiss Reformation*, Ⅱ, p. 787.

했다. 불링거(Bullinger)는 설사 사탄이 지옥에서 나와 삼위일체 하나님을 모독했다 해도 세르베투스보다 더 하지는 못했을 것이라고 말하였고 카톨릭교도인 볼섹(Bolsec)은 칼빈에 대한 그의 저서에서 세르베투스를 가리켜 "매우 오만하고 무례한 사람이요, 괴상한 이단자"로서 근절시킬 필요가 있는 사람이라고 기록하였다.

세르베투스는 프랑스의 비에네(Vienne)에서 도망하여 제네바로 왔다. 그에 대한 재판이 제네바에서 진행되고 있는 동안 시의회는 비에네의 카톨릭교 재판관들로부터 세르베투스에게 내려진 사형선고 집행서 부본(copy)과 함께 이미 그의 초상이나 책들에 대해 집행한 것처럼 그에게도 사형을 집행하고자 하니 비에네로 압송해 달라는 내용의 전문 한 장을 받았다. 그러나 시의회는 이 제의를 거절하고 공정히 재판할 것을 약속했다. 세르베투스 자신도 비에네에서는 오직 화형대가 자기를 기다릴 뿐이라는 것을 알고 있었기 때문에 제네바에서 재판받기를 원했다. 비에네로부터 온 전문이 제네바 시의회로 하여금 정통을 보수하는데 열심을 내도록 자극했는데 그것은 그들도 그 점에 관해 로마 카톨릭에 뒤지기를 원하지 않았기 때문이다.

제네바로 가기 전에 세르베투스는 장문(長文)의 편지들을 통해 칼빈의 주의를 강력히 끌었었다. 한동안 칼빈은 이에 대해 아주 상세하게 답변해 주었으나 만족스러운 결과가 전혀 나타나지 않자 답신을 중지했었다. 그러나 세르베투스는 계속해서 편지를 했는데 이전보다 더 건방지고 모욕적인 언사들을 사용했다. 그는 칼빈을 개종시키든가 타도해야 할 정통 개신교주의의 교황으로 간주했다. 세르베투스가 제네바에 왔을 때 그곳에는 시의회의 지도아래 칼빈을 대적하던 리버틴(Libertine)당이 있었다. 세르베투스도 이 당에 가입하여 칼빈을 축출하려 하였다. 칼빈은 이 위험을 직감하고 세르베투스가 그의 이단설을 제네바에 퍼뜨리게 해서는 안된다고 생각하였다. 그래서 그는 제네바가 이 위험 인물의 해를 받지 않도록 하는 것이 자기의 의무라고 생각하고, 그로 하여금 자기의 교설을 철회하게 하든가 아니면 형벌을 받게해야 한다고 결정하였다. 세르베투스는 즉

각 체포되어 재판에 붙여졌다. 이때 칼빈은 그 재판의 신학 부문을 담당했는데 세르베투스는 근본적으로 이단이요 거짓말장이요 신성모독자라고 확신하였다. 재판이 진행되는 동안 세르베투스는 더욱 대담해져서 죄악의 상스러운 욕설을 퍼부으며 칼빈을 제압하려 했다.[78] 판결은 시 법정이 내리게 되어 있었는데 화형이 언도되었다. 칼빈은 화형 대신 참형에 처해달라고 탄원했으나 헛수고였다. 따라서 그를 화형에 처한 궁극적 책임은 시의회에 있는 것이다.

칼빈에 관해 이전에 출판되었던 어떤 책에다도 비교할 수 없을만큼 가장 많이 연구된, 권위있는 저서인『죤 칼빈』(Jean Calvin)의 저자 에밀 두메르그 박사(Dr. Emile' Doumergue)는 세르베투스의 죽음에 대해 다음과 같이 말하였다. "세르베투스가 제네바에 왔을 때 칼빈은 그를 체포하여 그의 고소인으로 등장했다. 그는 세르베투스가 사형을 받기를 원했다. 그러나 화형으로 처형되는 것은 원하지 않았다. 1553년 8월 20일자의 편지에서 칼빈은 파렐에게 '나는 세르베투스가 사형선고 받기를 원하지만 잔인한 형벌인 화형만은 피할 수 있기를 바라오'라고 써 보냈다. 이에 대해 파렐은 9월 8일자 회신에서 '나는 그와 같이 다정한 마음에 대해 찬성할 수 없습니다'라고 쓰고는 계속 그에게 조심할 것을 경고하면서 '세르베투스에 대한 잔인한 처벌을 완화시켜줄 것을 바라면서 당신은 당신의 최대의 적인 그 사람에 대해 마치 친구처럼 행동하고 있습니다. 그러나 나는 귀하가 앞으로는 아무도 이런 교리들을 담대하게 출판해서 이 사람이 했던 것처럼 그렇게 오랫동안 아무 벌도 받지 않고 사람들에게 해악을 끼치는 일이 없도록 경고해 줄 수 있는 식으로 처신해 주기 바랍니다'라고 부탁했다."

"이 점에 대해 칼빈은 끝까지 그의 견해를 바꾸지 않았으나 그 견해를 유력하게 만들지는 못했다. 10월 26일자로 그는 다시 파렐에게 '내일 세르베투스의 형이 집행됩니다. 우리는 처형 방법을 바꾸려고

---

78) See Schaff, *The Swiss Reformation*, Ⅱ., p. 778.

최선을 다했으나 헛수고였습니다. 형을 만나면 그 이유를 설명해드리겠습니다'(Opera, XIV, pp.590, 613-657)라고 편지를 썼다.”

“이와 같이 칼빈은 세르베투스의 화형에 대해 전적으로 반대하였다. 따라서 이 일에 대해 칼빈은 책임이 없다. 그는 세르베투스를 장작더미 위에서 타죽지 않게 하기 위해 그가 할 수 있는 모든 일을 다했다. 다소 웅변적으로 들리 수도 있겠으나 질책할만한 것이 있다면 그것은 이 장작더미와 불길 그리고 연기 때문이었다고 해야할 것이다. 아마 장작더미 위에서 화형 당하지 않았다면 그는 아무도 모르게 죽음을 당했을 것이다.”

두메르그는 계속해서 세르베투스의 죽음은 “그 시대의 잘못이지 칼빈에게 어떤 특정한 책임이 있는 것은 아니다. 그 사형선고는 스위스에 있는 교회들간에 충분한 협의를 거친 후 공표된 것이다. 그들중 여러 교회가 칼빈과는 사이가 좋지 않았으나 사형선고에 대해서는 전원이 다 찬성하였다……더구나 판결은 시의회에서 내렸는데 그 위원들중 대다수가 칼빈과는 고질적인 원수인 자유주의자들이었다”[79]고 말하였다.

칼빈 자신도 이 문제에 대해서는 자기에게 하등의 책임도 없다는 것을 그의 후기의 여러 저서들에서 밝히고 있다. 그는 “세르베투스가 이단자임을 확신한 후부터 나는 그의 처벌에 대해 한 마디도 하지 않았다. 이것은 정직한 사람이라면 누구나 증언해줄 것이다”[80]라고 말하였다. 세르베투스의 처벌에 대해 그를 비난한 이떤 자에게 그는 “나의 어떤 행동때문에 당신이 나를 잔인하다고 욕하는지 나는 그것을 알고 싶다. 그것이 당신의 위대한 지도자 세르베투스의 죽음에 관한 것이 아니라면 나는 모른다. 그러나 나는 그가 사형에 처해지지 않기를 간절히 바란 사람이다. 이것은 그 당시의 재판위원들도 증거하는 바인데, 그 재판위원들 가운데는 세르베투스의 충신이자

---

79) *Doumergue, Article, What Ought to be Known About Calvin, in the Evangelical Quarterly, Jan. 1929.*
80) *Opera, VIII., p. 461.*

변호인인 사람이 두 명이나 있었다"고 답변해 주었다.

세르베투스를 체포하기 전과 재판의 초기 단계에서 칼빈은 주로 모세의 율법에 근거한 그의 논고문에서 사형을 주장했다. 그 율법은 "여호와의 이름을 훼방하면 반드시 그를 죽일지니"(레 24:16)라는 법인데 칼빈은 그 법은 십계명만큼이나 구속력이 있으며 이단자에게 적용할만한 법이라고 생각했다. 그러나 그는 선고를 내리는 일은 시의회에 전적으로 일임하였다. 그는 세르베투스를 종교개혁의 최대의 적이라고 생각했으며 솔직이 교회에 대항하는 자들을 처벌하는것은 국가의 권리요 의무라고 믿었다. 그는 또한 자신이 하나님의 섭리에 의해 교회를 정결케 하라는 소명을 받았다고 느꼈으므로 죽을 때까지 한번도 세르베투스에 대한 그의 견해를 바꾸거나 그에 대하여 그가 한 행위를 후회하지 않았다.

홀랜드에서 온 정치가요 신학자인 아브라함 카이퍼 박사는 몇년전 미국 청중들에게 연설할 때 이와 관련해서 몇가지 그의 견해를 밝혔는데 그것은 여기에 다시 기록해 볼만한 가치가 있는 견해이다. 그는 "정부는 모든 형태의 거짓 종교와 우상숭배를 근절시켜야 할 의무가 있다는 주장은 칼빈주의에서 유래한 것이 아니고 콘스탄틴 대제로부터 유래한 것인데, 그것은 그의 이교도 전임자들이 나사렛 종파에게 가한 가공할 핍박을 막기 위해 만들어진 조치였다. 그 이후 로마의 모든 신학자들이 이 제도를 옹호해 왔으며 기독교의 모든 지도자들이 이를 적용해 왔다. 루터와 칼빈의 시대에 와서는 이 제도가 옳았다는 것이 전세계적인 견해였다. 그 당시의 모든 유명한 신학자들, 특히 멜랑톤은 세르베투스의 화형에 대해 찬성했었다. 화형에 사용된 교수대(scaffold)는 철저한 칼빈주의자 크릴(Kreel)을 위해 라이프찌히에 있는 루터교도들이 만든 것인데 이는 신교도들의 견지에서 볼 때 비난받아 마땅한 일이다."

"종교개혁 시대에 칼빈주의자들이 수만명이나 교수형 또는 화형으로 순교 당했다 할지라도(루터교도와 카톨릭 교도들의 수는 극히 미약했다) 세르베투스를 극악한 죄인으로 몰아 화형에 처함으로써 그들의 제물이 되게 한것은 역사가 엄청난 불공정의 죄를 범한 셈이다. 무엇보다도 나는 화형을 유감스럽게 생각할 뿐아니라 무조건 반대한다. 그러나 그것은 칼빈주의의 특수성이 표현된것이라기보다 오히려 그 반대로 칼빈주의가 존재하고 성장한, 따라서 그것으로부터 완전히 벗어날 수 없었던 그 어두운 시대에서의 한 체계의 숙명적인 결과였다고 보아야 할것이다."[81]

따라서 그 때는 16세기였다는 사실을 감안해 볼 때 그리고 그 사건에 얽힌 여러 양상들, 즉 다른 개혁자들도 찬성했다는 점, 여론은 진리에 대해 냉담한 자에게는 관용을 베풀기를 아주 싫어했으며 이단자나 신성모독자는 당연히 사형을 받아야 한다고 생각했다는 점, 로마 카톨릭의 고위층에서 세르베투스에게 선고를 내렸다는 점, 세르베투스 자신의 포악한 성격과 칼빈에 대한 태도, 그가 문제를 야기시키려고 제네바에 왔다는 점, 칼빈의 지도하에 내린 시 법정의 판결, 가벼운 형벌을 요청한 칼빈의 호소 등을 고려해 볼 때 우리는 이 문제에는 정상을 참작할만한 여지가 상당히 많다는 점과 칼빈에 대해 무엇이라고 하든 그로서는 엄격한 의무감에서 그렇게 행동했던 것이라고 결론지을 수 밖에 없다. 어떤 각도에서든 당신이 좋아하는 대로 그에 대해 판단하라. 크롬웰이 했던 것처럼 있는 그대로의 그의 모습을 그려보라. 그러면 샤프의 말처럼 "그는 알면 알수록 좋은 인물" 이라는 것을 알게 될것이다. 의심한 여지없이 그는 하나님이 보낸 인물이요, 세계 역사상 몇번 정도밖에 나타나지 않을, 세계를 흔들어 놓은 인물이었다.

XI. 결 론

우리는 지금까지 칼빈주의 체계에 대하여 여러 방면으로 비교적 상세히 검토하였으며 그것이 교회, 국가, 사회 그리고 교육에 미친

---

81) *Lectures on Calvinism*, p. 129.

영향도 살펴 보았다. 또한 이 체계에 대한 반대 견해들과 이 체계의 실제적 중요성에 대해서도 생각해 보았다. 이제 우리에게는 전체로서의 이 체계에 대해 몇가지 일반적인 관찰을 할 일만 남아 있다.

한 개인이나 어떤 체계의 진위(眞僞)를 가릴 수 있는 시금석은 그리스도 자신의 말씀처럼 "열매를 보아 그 나무를 알 수 있는 것" 이다. 칼빈주의자들과 칼빈주의는 그 시험에 의해 기꺼이 판단받고자 한다. 개혁주의 신앙을 주장했던 사람들의 생활과 영향이야말로 그 시험에 통과할 수 있는 최상의 증거요 결정적인 증거이다. 스미드는 이것을 가리켜 "현대의 창조자요, 수많은 영웅과 성인 및 순교자들의 어머니요, 열매를 보고 그 나무를 판단하는 역사가 기독교계의 가장 위대한 신조라는 왕관을 씌워준, 신적인 생명이 충만한 칼빈주의" [82]라고 말하였다. 역사의 공정한 심판은 칼빈주의를 가리켜 개인이나 국가의 성격을 형성시켜주는 존재요, 그들의 자유를 선언해 주는 존재로서 세계의 그 어느 종교 제도보다 뛰어난 위치를 차지하고 있는 체계라고 판단했다. 이 나라의 중요한 위치를 차지하고 있는 사람들의 명단을 보면 대통령, 입법자, 법률가, 저술가, 편집인 또는 논설위원, 교사, 사업가 등의 장로교 교인들이 많이 있음을 알 수 있다. 공정한 역사가라면 현대로 하여금 순수한 신앙의 자유와 시민의 자유를 처음으로 맛보게 해준 장본 인은 바로 로마에 대항해서 일어난 신교 혁명이었으며, 현재 최대의 자유를 성취하여 누리고 있는 나라들은 거의 칼빈주의의 영향 아래 있는 국가들이라는 사실을 인정할 것이다. 더 나아가 현대 역사라는 광대한 평야 위로 넘쳐 흐르고 있는 신앙과 시민의 자유라는 생명의 샘줄기는 칼빈주의에 의해 만들어진 것이다. 영국, 스코틀랜드, 미국 등의 나라와 한번도 칼빈주의의 영향 아래 있지 못했던 프랑스, 스페인, 이탈리아 등의 나라를 비교해보면 그 실제적인 결과들을 금방 알아볼 수 있다. 즉 로마 카톨릭계 국가들의 경제 및 도덕의 부진상태는 출생률까지도 감퇴시

---

82) *The Creed of Presbyterian*, p. vii.

키는 결과를 초래하여 다른 국가들은 인구가 일정한 비율로 증가하고 있는데 반해 이 국가들의 인구는 거의 변함이 없이 정체되어 있는 상태이다.

교회사나 신교의 역사적 교리에 대해 간단히 살펴보더라도 오늘날 칼빈주의라고 알려진 이 주의가 바로 종교개혁을 야기시켰으며 그 혜택을 보존해온 주의라는 것을 금방 알 수 있다. 유럽과 미국 역사를 잘 알고 있는 사람이라면 "칼빈은 바울과 요한 다음으로 세계를 위해 가장 많이 공헌한 사람이다"라고 한 컨닝햄 박사의 놀라운 진술에 대해 쉽게 공감할 것이다. 스미드 박사는 "피와 땀으로 결실이 맺어지듯 우리가 칼빈주의 신조를 지녔던 사람들로부터 그들의 기도와 가르침, 우리의 시민적 자유, 개신교 신앙, 기독교 가정들을 물려받았다는 것을 기억한다면 칼빈주의를 비난하는 자들도 분명히 그 입을 다물어야만 할것이다. 이 세가지 축복이 현대세계의 가장 훌륭하고 위대한 모든 것들의 근간을 이루고 있다는 사실을 눈치챈 사려 깊은 독자라도 현재 우리의 기독교 문화가 칼빈주의의 결실에 지나지 않음을 암시하고 있다고 한다면 아마 놀랄 것이다"[83]고 말했는데 이것은 옳은 말이다.

칼빈주의가 성인과 영웅들의 신조였었다는 것을 말하는 것은 사실 아주 분명한 역사적 증거를 되풀이하는데 지나지 않는다. 프로우드(Froude)는 "이유야 어쨌든 칼빈주의자들만이 투쟁하는 프로테스탄트들이 었다. 신앙의 힘으로 종교개혁을 옹호했던 자들도 그들이 었다. 만약 그들이 없었다면 종교개혁은 실패하고 말았을 것이다" 라고 말하였다. 수세기 동안 정신적인 학대에 의해 수천의 희생제물이 생겨났고, 영국, 스코틀랜드, 홀랜드, 스위스에서는 신교주의가 무력으로 정당방위를 해야만 했을 때, 칼빈주의는 로마교회의 거대한 세력에 맞서 그들을 멸망시킬 수 있는 유일한 체계였음을 스스로 입증했다. 타의 추종을 불허하는 수많은 순교자들도 칼빈주의의 영광

---

83) *The Creed of Presbyterian*, p. 74.

의 면류관중 하나이다.

1896년, 장로교 연맹을 위해 행해진 감리교 회의의 연설은 아주 우호적이었는데 다음과 같다. "여러분의 교회는 도처에 있는 개개의 고독한 영웅들보다도 오히려 그리스도와 그에 대한 신앙을 위해서라면 언제라도 기꺼이 감옥으로 가거나 죽을 준비가 되어있는 여러 세대의 신실한 영혼들이 기념할만한 감동적인 장관을 보여주었습니다. 여러분이 이 보기드문 영광을 여러분의 무한히 귀중한 유산들중에서도 가장 고귀한 것으로 여기는 것은 당연한 일입니다".

멕페트리지는 신앙을 위해 목숨을 바친, 이처럼 영광스러운 순교자들을 갖고 있는 "신앙 체계는 이 세상에 다시 없다"고 말하였다. "신앙을 부인하거나 양심을 더럽히기보다 오히려 불 속을 걷는 쪽을 택했던 거의 모든 남녀들은 무엇보다도 우선 하나님의 아들에 대한 헌신적인 추종자들이었을 뿐아니라 제네바를 유럽의 등불로 만든 하나님의 종, 죤 칼빈의 추종자들이기도 했다."[84] 이 체계에 깃들어 있는 하나님의 생명력과 풍부한 결실들에 대해 현대는 최근에 이르러 비로소 서서히 깨닫기 시작 했지만 결코 갚을 수는 없는 감사의 빚을 지고 있다.

우리는 칼빈주의 신학은 자유를 사랑하는 사람들을 발전시킨다고 말해 왔다. 칼빈주의가 흥왕하는 곳에서는 전제주의가 배겨나지를 못한다. 예상한대로 칼빈주의는 교인들로 하여금 그들 위에 군림하는 어떤 특정인이나 특정 단체가 지정한 사람에 의해서가 아니라 그들 자신이 선택한 목사나 사역자에 의해 다스림을 받는 혁명적 형태의 교회행정 체제를 갖추도록 해준다. 그 때의 종교는 사람들과 함게 있는 종교였지 그 위에 군림하는 종교가 아니었다.

이 행정체제의 효과에 대해 주목할만한 출처로부터 나온 증언이 있는데 그것은 카톨릭교의 저명 인사인 뉴욕 대주교 휴즈(Hughes)의 다음과 같은 말이다. "비록 내가 총회에 의해 실행되는 그 권위를 권

---

84) *Calvinism in History*, p. 113.

리 침해로 간주한다 할지라도, 나는 그것의 조직 형태를 잘 알고 있
는 사람들과 함께, 칼빈주의 행정체제는 대중적이며 정치적인 통치
의 목적으로는 그 구조가 의회의 그것에 비해 약간 뒤떨어질 뿐이라
는 사실을 말해야겠다. 그것은 방사센터(radiating center)라는 원리
에 입각해서 행동하는데 이 나라에 그와 동일하거나 경쟁이 될만한
행정 체제를 갖춘 다른 종파는 하나도 없다."85)

그것은 교회 안에서의 자유와 책임으로부터 국가의 자유와 책임으
로 겨우 한 발자욱을 내디딘 셈이다. 역사적으로 자유를 발생케 한
사람들은 용사나 결단력 있는 챔피온들이 아니라 오히려 칼빈의 추
종자들이었다.

워버톤(Warburton)은 "칼빈주의는 결코 망상적이거나 탁상공론적
인 신조가 아니다. 그것을 반대하는 자들이 무어라고 주장하든 칼빈
주의는 사람들로 하여금 숙명론적 체념 상태로 팔짱을 끼고 있도록
부채질하지도 않으며, 마치 곪고 있는 상처처럼 사회의 표면에 노출
된 그대로 방채해 둘 수 없는 해악이나 주변 사람들의 필요에 대해
무관심하지도 않다"86)고 말하였다. 칼빈주의가 지나간 곳은 어디든
지 놀랄만큼 커다란 도덕적 변화가 뒤따랐다. 순결한 생활, 절제, 근
면, 자비로서는 칼빈주의자들을 당할 자가 없었다.

프로우드(James Anthony Froude)는 영국의 가장 유능한 역사가요
저술가의 한 사람으로 알려져 왔다. 그는 여러 해 동안 영국 최고의
대학인 옥스포드에서 역사과 교수로 봉직했었다. 그는 스스로 다른
체계를 인정하는 사람이고 그의 저서 또한 그렇기 때문에 칼빈주의
를 반대하는 사람으로 알려진 사람이다. 그럼에도 불구하고 그는 칼
빈주의에 대해 어떠한 편견도 갖고 있지 않으며 오히려 양식있는 학
자인 그는 최근 몇년동안에 아주 흔한 일이 되다시피한 칼빈주의에
대한 무지한 공격을 안타깝게 생각하고 있는 형편이다.

프로우드는 "만일 현대의 계몽가들이 공언하는 바와 같이 칼빈주

---

85) *Presbyterians and the Revolution*, p. 140.
86) *Calvinism*, p. 78.

의가 정말 딱딱하고 비합리적인 교리와 고 한다면 그것이 과거에 살았던 몇몇 위대한 사람들에게는 어떻게 그렇게 매력적일 수 있었는지에 대해 생각해 보라. 그리고 우리가 들은대로 그것이 자유의지를 부인하기 때문에 인간의 도덕성을 해친다는 말이 사실이라면 어떻게 그것이 확립되는 곳마다 맨처음으로 나타나는 현상이 종교나 도덕상의 죄와 법률상의 죄 사이의 구분이 없어지며, 도덕법이 개인 뿐아니라 국가의 생활 규범이 될 수 있는지에 대해 생각해 보라. 만일 칼빈주의가 너무 지적(知的)이기만한 신조라면 어떻게 그것이 이간을 고취시켜 그로 하여금 부당한 권위의 멍에를 깨뜨리기 위해 최대의 노력을 기울이도록 만들 수 있었는지에 대해 다시 한번 더 묻고싶다. 그외의 다른 모든 것들이 실패했을 때-애국심이 자취를 감추고 인간의 용기가 산산조각이 나고-깁본(Gibbon)이 말한 것처럼 지성은 밀실에서 '미소짓거나 한숨지으면서' 사변하는데 만족하는 것으로 그치고 대중에게 아부하는데 굴복했을 때 ―감정과 정서, 그리고 부드럽고 상상력이 풍부한 경건성은 미신의 하녀로 전락하여 거짓과 진리 사이에는 아무런 차이도 없다고 몽상하고 있을 때― 소위 노예적 신앙 형태라고 하는 칼빈주의는 일찍이 여러 형태로 환상과 기만을 막아내는 견고한 보루가 되어왔다. 그리고 폭력 앞에 굴복하거나 극심한 유혹아래 용해되기보다는 오히려 부서져 가루가 되더라도 단호히 버틸 것을 택해 왔다."

이 점을 구체적으로 설명하기 위해 프라우드는 윌리암(William the Silent), 루터, 칼빈, 낙스, 콜리그니(Coligny), 크롬웰, 밀톤, 번연 등을 예로 들고 있다. 프로우드는 그들에 대하여 "이 사람들은 인간성에 고귀함과 숭고함을 부여하는 모든 자질들을 소유하고 있었다. 즉, 그들의 지성이 명하는것 만큼 그 생활이 올발랐고 공적(公的)인 목적에 있어서도 사심이 없었다. 그 의무가 그들에게 엄격할 것을 요구하는 곳에서조차도, 우리가 상상해볼 수 있는 지독한 광신주의자들과는 달리 그들의 마음에는 여성적인 온유함이 있었고 솔직함과 유쾌, 유머가 있었다. 그리고 여러 면에서 유럽의 모든 용감하고 신실한 사람들이 본능적으로 깊이 감동했던 기조음(基調音, key-note)을 낼 수 있었다."[87]

이제 우리는 하나의 복음전도 세력으로서의 칼빈주의에 주의를 기울여야겠다. 어떤 종교적 교리 체계의 실천적인 면에 대한 테스트 기준은 "과연 그 교리 체계가 다른 교리체계와 비교해볼 때 세계를 복음화시키는데 성공적이었느냐?"하는 점이다. 죄인을 구원해서 그들을 하나님께로 개종시키는 것이 이 세상 교회의 주요 목적이다. 이 교리가 다른 점에서는 아무리 인기가 좋다해도 이 테스트에 통과할 수 없다면 그 체계는 폐기되어야할 체계임이 분명하다.

3천명이나 개종시킨 기독교 최초의 신앙부흥은 베드로가 예루살렘에서 "그가 하나님의 정하신 뜻과 미리 아신대로 내어준바 되었거늘 너희가 법없 는 자들의 손을 빌어 못박아 죽였으나"(행 2:23) 라는 말씀을 가지고 설교할 때 일어났다. 그 후에 사도들이 진심으로 하나님께 "과연 헤롯과 본디오 빌라도는 이방인과 이스라엘 백성과 합동하여 하나님의 기름부으신 거룩한 종 예수를 거스려 하나님의 권능과 뜻대로 이루려고 예정하신 그것을 행하려고 이 성에 모였나이다"(행 4:27-28)라고 기도하였는데 이것은 칼빈주의를 아주 잘 설명해주는 말씀이다.

기독교의 두번째 위대한 부흥은 어거스틴의 영향 하에 있었던 4세기에 일어났는데 이것 역시 그 당시의 문헌들을 읽는 사람이면 누구나 쉽게 알 수 있듯이 칼빈주의적 교리를 근거로 해서 일어났다. 신약 시대 이후의 최대 신앙부흥이라고 모두가 인정하는 종교개혁도 루터, 쯔빙글리, 칼빈의 건전한 예정론적 설교로 이룩된 것이다. 1555년에는 브라질에까지 확장된 최초의 개신교 외국선교 사업이 고취된 것은 칼빈과 콜리그니 장군 덕택이다. 이 모험은 성공하지 못했으며 유럽에서 있었던 종교전쟁 때문에 상당 기간동안 다시 일어나지 못했다.

---

87) *Calvinism, p. 78.*

맥페트리지는 감리교의 기원에 대해 비교적 잘 알려지지 않은 몇 가지 흥미로운 사실들을 우리에게 알려 주었다. 그는 "감리교는 하나의 신앙부흥운동에서부터 시작되었다고 말할 수 있다. 그것은 정말 그랬다. 그러나 그 부흥운동의 첫번째 주요인물은 웨슬레가 아니고 철저한 칼빈주의자 휫필드(Whitefield)였다. 비록 웨슬레보다 젊은 사람이었으나 처음으로 야외에 나가 전도하여 수많은 추종자들을 얻고 기금을 모아 예배당을 세운 사람은 바로 이 사람이었다. 웨슬레 두 형제에게 도움을 요청했던 사람도 휫필드였다. 그는 그 운동을 반대하는 이 두 형제의 편견을 극복하기 위해 많은 논증과 설득을 해야만 했다. 휫필드는 브리스톨과 킹스우드에서 대사역을 시작하여 수천명을 자기편으로 모아 교회를 조직한 단계가 되었을 때 웨슬레에게 도움을 청하였다.

아주 열심인 웨슬레는 여러 면에서 고(高)교회파(High-Churches)적인 견해를 갖고 있었다. 그래서 그는 어린이들도 침례를 받아야 한다고 믿었으며 비국교도가 고교회에 들어오려면 세례를 다시 받아야 한다고 믿었다. 그는 교회 이외의 장소에서는 설교할 수 없다고 생각했다. 자신의 말처럼 '그는 교회 밖에서 행해지는 영혼 구원은 거의 죄라고까지 생각할 정도였다' 따라서 휫필드가 웨슬레에게 그 운동에 동참해 줄것을 요청했을 때 그는 망설였다. 그러다가 결국 휫필드의 설득에 굴복하게 되어 많은 사람들이 미신이라고 생각할 그런 방법으로 이 문제를 결정하기로 마음먹었다. 즉 그와 동생 찰스는 성경을 되는대로 펴서 맨 처음에 눈에 띄는 성경 구절을 가지고 그 문제의 수락 여부를 결정하기로 했다. 그러나 맨 처음에 눈에 띈 성구가 그 문제와는 전혀 상관없는 구절이었다. 그래서 그들은 제비뽑기를 하려고 결정, 그 문제를 결정짓기 위해 제비를 뽑았다. 그런데 그것이 뽑히면 승낙하기로 표시해 놓은 제비가 뽑혔다. 그래서 그는 휫필드의 요구를 받아들이기로 했다. 이렇게 해서 그는 후에 그로 말미암아 그의 이름이 그렇게 친숙해지고 널리 알려지게 된 그 일을 착수하게 된 것이다.

"감리교 운동은 횟필드에게 힘입은 바가 너무 크기 때문에 사람들은 그를 '감리교의 칼빈주의적 설립자'라고 불렀으며 그의 일생이 끝날 때까지 그는 지식층의 여러 사람들 눈에 감리교를 대표하는 사람으로 남아 있었다. 월풀(Walpole)은 그의 여러 장의 편지에서 감리교의 등장과 관련하여 웨슬레에 대해서는 단 한 번 언급하고 있는 반면 횟필드에 대해서는 자주 언급하고 있다. 감리교를 반대하는 강연에서 만트(Mant)는 그것을 전적으로 칼빈주의적인 일이라고 말하고 있다. 그 운동을 일으킨 메카니즘(mechanism)이나 세력도 웨슬레에게서 비롯된 것이 아니다. 그 운동에 적극적인 기운을 불어넣어준 그리고 그 운동을 저지하기 위해 무장된 권력기관들에 맞서서 일하기에 알맞았던 야외 전도는 횟필드가 시작했으며 '웨슬레는 마지못해 끌려 다녔다' 당시의 정중한 말씨에서 '칼빈주의'와 '감리교'는 동의어였으며 감리교도들은 '장로교의 일파'라고 불리었다……. "

"감리교를 탄생시킨 대부흥운동은 알미니안주의에서 비롯된 것이 아니고 칼빈주의에서 비롯된 것이다."

"따라서 우리는 감리교 운동에 대한 웨슬레의 업적도 존중해야 하지만 감리교를 처음으로 시작했고 그 교회에 가장 뚜렷한 성격을 부여해준 위대한 칼빈주의자 횟필드도 반드시 기억해야 할것이다. 그가 좀더 오래 살았고 한 교파의 창시자가 된다는 생각에 주춤하지만 않았다면 아마 그의 수고의 결과는 지금과 판이하게 달라졌을 것이다. 사실 그는 다른 사람들을 위해 교회를 이룰만큼 많은 회중을 모았고 그곳에서 다른 사람들이 설교하게 될 예배당을 지었다."[88]

이 시점에서 또한 웨슬레는 마법 신봉자였음을 밝혀야겠다. 마녀를 믿지 못하는 사람을 그는 믿음이 없는 자요 합리주의자라고 생각했다. 그의 전기를 쓴 많은 사람들이 이 점에 대해서는 침묵하고 있다. 하기는 그의 동기를 가장 잘 알고 있었던 몇몇 사람은 그가 도저히 달리는 생각할 수 없는 말들로 자신의 신념을 진술했다는 것

---

88) *Calvinism in History*, pp. 151–153.

을 인정하지만 말이다. 그가 발행한 정기 간행물인 Journal에서 우리는 발작을 일으킨 한 소녀에 대한 기사를 읽을 수 있다. "늙은 의사 알렉산더는 그 소녀의 병이 무엇이냐는 질문을 받자 '전에는 사람들이 그런 상태를 황홀경에 빠졌다고 했습니다' 라고 대답했다. 그런데 왜 지금은 그것을 그렇게 불러서는 안되는가? 그것은 믿음없는 자들이 마법을 야유하여 세상으로부터 몰아냈기 때문이다. 그리고 비위를 잘 맞추는 고분고분한 크리스챤들이 많이 그 일에 합세하였다. 나는 이들중 많은 사람들이 이 점에 대해 마치 믿음없는 자들처럼 말한다는 사실에 대해서는 조금도 놀라지 않는다. 그러나 이들중 어떤 사람들이 자기들보다 훨씬 더 현명한 사람들을 건방지고 주제넘은 태도로 업신 여기는데 대해서는 종종 놀라는 경향이 있다. 그들의 말은 너무나 교리적이어서 과거에는 전세계인과 이교도 및 기독교인들이 믿었을 뿐아니라 현재는 지식층이든 지식층이 아니든 수많은 사람들이 확고하게 믿고 있는 것을 반대한다"(Vol. V. p. 375). 그리고 다시 "나는 대영제국의 모든 이신론자(理神論者)들에게 모든 역사(그것이 구속사든 세속사든)에 대한 신용을 양보하면 양보했지 마법의 존재를 양보할 수는 없다. 그리고 나는 현재 이 점에 대해 귀로 듣고 눈으로 본 아주 강력한 증거를 살인에 대해 갖고 있는 증거보다도 더 많이 갖고 있기 때문에 전자를 의심하노니 차라리 후자를 의심하는 편이 더 합리적이라고 할 정도이다"(Journal, Vol, VI. p. 109)라고 기록되어 있다. 아마 그의 가장 강한 진술은 다음과 같은 구절에서 발견할 수 있을 것이다. "나는 나의 목숨을 걸고 보이지 않는 세계에 대한 하나의 커다란 증거를 믿음이 없는 자들에게 양보하는데 대해 항의할 것이다. 내 말은 마법이나 유령은 모든 세대가 증언해주듯이 확실히 있다는 말이다"(Works, Vol. VII, p. 571). 칼빈은 비록 웨슬레보다 2세기하고도 4반세기를 앞서 살았고 그 당시에는 과학이나 지식 발전의 혜택을 받지 못했음에도 불구하고 그에게서는 이런 별난 고지식함을 전혀 찾아볼 수 없다. 그의 저서들은 마법에서 완전히 독립되어 있을 뿐아니라 오히려 이런 일들에 대해 수 없이 많이 경고하고 있다.

해외선교역사에 대해 연구해 보면 칼빈주의 신앙체계가 이교국에 복음을 전하는데 있어서 가장 중요한 역할을 하였다는 것을 발견하게 된다. 칼빈주의를 반대한 자유주의자들이 교회의 신학사상을 칼빈주의적으로 만든데 대해 책임이 있다고 보는 사도 바울은 가장 위대하고 영향력 있는 선교사였다. 만일 우리가 개신교 선교에 있어서의 명사들의 명단을 훑어본다면 그들은 거의 다 예외없이 칼빈의 제자들이었다는 것을 발견하게 될것이다. 인도의 케리(Carey)와 마틴(Martyn), 아프리카의 리빙스톤과 모팻(Moffat), 중국의 모리슨(Morrison), 남태평양의 페이톤(Paton), 그리고 그 이외에도 많은 사람들이 있다. 이들은 정적(靜的)이 아니라 동적(動的)인 칼빈주의를 믿었는데, 그것은 그들의 신조였을 뿐아니라 행위이기도 했다.

해외선교에 대해 로엣쳐 박사(Dr. F. W. Loetscher)는 다음과 같이 말했다. "전례없는 자원과 이교국의 필요성을 감안해 볼 때 우리의 자매 교회들과 마찬가지로 우리도 더 많은 선교사역을 감당하지 못했다는 데 대해 애석해 하고 있다. 그러나 우리는 적어도 우리의 존경하는 선조들이 온 세계에 선교부를 설치할 수 있는 좋은 출발점을 이루어 주었다는데 대해서는 하나님께 감사드리고 있다. 또한 이 목적을 이루기 위한 은사면에 있어서 오늘날 칼빈주의 교회가 다른 모든 교회들을 능가하고 있으며 특히 실제로 타종교와 부딪치면서 세계의 어떤 다른 복음주의적 교회들보다도 더 많은 대륙과 국가와 민족 및 언어속에 복음을 전파하며 그 책임을 수행할 수 있는 명예와 특권을 우리 종파가 갖고 있음에 대해서도 감사드린다."[89]

어떤 사람들에게는 과장처럼 들릴지 모르지만 수세기에 걸쳐 그 주장이 담대하게 논증적이며 건전한 교리를 옹호해온 칼빈주의는 기독교계의 실질적인 힘이 되어 왔다. 교역자 훈련과 문화에 있어서

---

89) *Address before the General Assembly of the Presbyterian Church, U.S.A., 1929.*

전통적으로 수준이 높은 칼빈주의적 교회들은 일시적 흥분에서가 아닌 영구적 언약 안에서 수많은 사람들을 데려다가 예수의 발아래 꿇게 하였다. 그 열매로 판단해 볼 때 칼빈주의의 복음화 위력이 세계에서 으뜸임이 입증된다. 확실히 근대문명사에 있어서의 영광스런 기록들은 이 체계에 속한 것이다. 이보다 더 고상한 것은 다른 어느 곳에서도 찾아볼 수 없다. 비쳐(Henry Ward Beecher)는 "그들이 생각하기에 그렇게 신랄하게 독재적이며 엄격한 견해와 교리를 가지고 있는 칼빈주의자들이 항상 가장 용감하고 충성된 자유의 수호자들이었다는 점은 자유주의자들에게는 하나의 신비였다. 그와 같은 체계를 받아들인 사람들의 마음 속에 자유를 위해 힘을 다하고자 하는 행동원리가 감추어져 있었다는 것은 하나의 수수께끼였다. 그러나 진리는 여기에 있다. 칼빈주의는 일찍이 다른 어떤 종교도 해낼 수 없었던 것을 해냈다. 칼빈주의는 가장 높은 인간의 이상을 세계에 제시해주며 상상할 수 없을 정도의 가공할 위력으로 파멸에 이르는 길 전체를 깨끗이 청소해 준다."

"무엇보다도 우선 칼빈주의는 인간의 개성을 강화시켜주며 인간에게 하나님께 대한 그의 책임과 영원과의 관계를 분명히 보여준다. 칼빈주의는 인간을 가리켜 이 사람의 유일한 위로인 지옥을 피하고 천국을 확보해야겠다는 막중한 책임 아래 무덤을 향해 행진해가는 영원한 인생이라"고 말한다.

"이와 같이 칼빈주의자는 인간을 가장 강력한 힘에 의하여 억압을 당하며 짐을 지고 행동하도록 촉구받는 존재로 본다. 그는 영원으로 가는 도상에 있으며 머지않아 곧 천국에서 영원토록 면류관을 쓰고 있거나 아니면 지옥에서 영원토록 땀을 흘리고 있어야 한다. 그런데 누가 감히 이런 존재를 속박 하려 하는가? 그가 가는 길에서 비켜 서라! 그를 방해하지 마라. 만일 방해하려거든 너의 영혼을 걸고 방해하라. 그가 하나님께로 가는 길을 스스로 찾도록 그를 자유롭게 내버려 두라. 그를 간섭하지도 말고 그의 권리를 침해하지도 말라. 될 수 있는한 스스로 구원을 이루도록 그를 내버려 두라. 그 존재가 영원히 영광스럽게 되든가 아니면 영원 무궁토록 비참해질 존재인 피조자에게는 어떠한 조력도 강압적으로 주어져서는 안된다"[90]고 말하였다.

또 하나의 설득력 있는 구절을 인용해 보면 "편견을 가진 자의 눈에는 이 나무가 거치른 껍질과 울퉁불퉁한 줄기와 볼품없이 뒤틀린 가지를 갖고 있는 나무로 보인다. 그러나 그것은 어제의 버드나무 가지가 아니라는 사실을 기억하라. 이 가지들은 수천년 동안 비바람에 시달려 왔으며, 이 줄기는 뇌성벽력에 맞아 흉터가 났다. 이 나무의 거치른 껍데기는 모두 전쟁과 탄알의 흔적들이다. 이 고목나무는 온실에 있는 식물처럼 나긋나긋한 유연성이나 비단같은 부드러움을 갖고 있는 것이 아니라, 유연성을 뛰어넘는 위엄과 아름다움을 초월한 장엄함을 지니고 있다. 그 뿌리는 이상하게 구부러져 있지만 그들중 어떤 것은 영광스러운 전쟁터의 유혈로 얼룩져 있고, 또 어떤 것은 순교자의 형틀에 휘감겨져 있으며, 어떤 것은 심원한 사상가들이 그곳에서 명상에 잠기거나 기도했던 고독한 방이나 서재로 들어가 숨겨져 있다. 그리고 그 원뿌리는 뒤로 뻗어서 갈보리의 십자가에 생생하고 사랑스럽게 포옹하듯이 감겨 있다. 그 가지들은 비록 구부러져 있지만 인류 역사의 문명과 기독교 정신에 있어서 가장 풍요롭고 강력한 모든 것들로 덧입혀져 있다"[91]고 했다.

이 체계를 개관해 볼 때 우리는 마치 커다란 올갠의 건반 앞에 앉아 있는 느낌이 든다. 손가락으로 건반을 누르면 한 음 한 음이 흘러나오면서 웅대한 화음의 코러스를 이루게 된다. 칼빈주의는 인생의 모든 음(音)을 연주한다. 왜냐하면 그것은 무엇보다도 먼저 창조주를 추구하며 어느 곳에서나 그를 발견하기 때문이다. 또한 우리 위로는 심원하고 웅대한 천상의 둥근 지붕이 걸려 있으며 우리 영혼들의 주변에는 영원의 광활함이 펼쳐져 있는데 특히 그 안에는 하나님

---

90) *Plymouth Pulpit, article, Calvinism.*
91) *Power and Claims of a Calvinistic Literature, p. 35,*
    quoted from Smith, The Creed of Presbyterians, p. 105.

이 계시다. 말하자면 우리는 틈이 벌어진 바위 위에 서서 뒤로는 장관이 펼쳐져 있고 앞으로는 골자기와 영원으로 흘러가는 시간의 세찬 강줄기가 있으며 머리 위로는 온갖 열과 빛으로 작열하는 절정에 달한 태양이 있는 광경을 바라보고 있다. 그때 우리의 영혼깊은 곳으로부터 "오 깊도다 부요함이여!"라는 속삭임이 메아리친다. 칼빈주의는 우리에게 하나님을 보여주며 또한 하나님의 발자취, 즉 하나님의 위대하심, 위엄, 지혜, 거룩하심, 공의, 사랑 등을 우리에게 보여준다. 칼빈주의는 우리에게 높으신 하나님을 보여주며 그를 높인다. 그래서 우리의 영혼은 다시 한 번 "사람이 무엇이관대 당신이 그를 마음에 두시나이까?" 라고 부르짖게 된다.

이상은 칼빈주의에 대한 공연한 찬사가 아니다. 사리가 밝고 역사를 편견없이 보는 자라면 누구나 이상의 모든 사실들과 관찰들에 대해 동의할 것이다. 더구나 저자는 스미드 박사가 『장로교인의 신조』라는 저서 속에서 '결실로 알아본 신조'(The Creed Tested By Its Fruits)라는 장(章)을 끝내면서 한 말을 본서에 적어보고자 한다. 즉 이러한 사실들과 관찰들은 "교파적인 허영심을 자극하기 위해서가 아니라 우리 각자를 '당당하게 해 주는 우월한 입지점' 이 되는 과거의 역사와 현재의 명성에 대해 하나님께 대한 감사로 우리의 마음을 채우기 위해 진술된 것이다. 그리고 이 사실들과 관찰들이 진술된 것은 무엇보다도 먼저 우리의 마음에 하나님의 진리 체계에 대한 거룩한 열심을 불타오르게 하기 위함이다. 이 하나님의 진리 체계야말로 바로 하나님의 보호 아래 미국과 근대세계를 형성시킬 수 있었던 가장 중요한 요소였다.

끝으로 한마디 더 부가하자면 독자는 이 책에서 매우 오래된 고풍스러운 신성(神性)—이 구속 계획은 하나님의 영원하신 계획속에 감추어져 있었던 것이므로 세계 자체보다 더 오래되었고 성경만큼이나 오래된 신성-을 발견하였을 것이다. 이 책에서 주창, 옹호된 칼빈주의 교리들이 진실로 훌륭하고 놀라운 것임을 감출 수 없는 사실이다. 이 교리들은 인간을 경성시키는 힘을 갖고 있다. 즉 자기가 원하면 언제든지 하나님과 대결할 수 있다고 생각하여 일생동안 자신의 영혼 구원에 대해 무관심한 죄인들을 일깨워 주며 육신의 정욕에 끌려 휴식하는 상태에 있는 게으른 성도들을 놀라게 해준다. 어째서 그들이 놀라움을 일으키지 말아야 한단 말인가? 자연은 신기함으로 가득차 있지 않은가? 그렇다면 하나님의 계시야 얼마나 더 놀랍겠는가? 과학이 많은 놀라운 진리들을 밝혀내지만 교육을 받지 못한 사람들은 설사 불가능하지는 않다 하더라도 그것을 믿기가 몹시 어렵다는 것을 발견하게 된다. 그렇다면 영적으로 무지한 자들이 계시된 진리를 믿는 것이 어렵다는 것은 당연한 이치 아닌가? 만일 복음이 듣는 자로 하여금 몹시 놀라고 두려워서 몸을 떨게 만들지 못한다면 그것은 진정한 복음이 아니다. 그러나 모든 인간은 자기의 힘으로 자기 운명을 타개해 나간다고 주장하는

교리인 알미니안주의에 대해 일찍이 놀란 사람이 있었는가? 많은 사람들이 그렇게 한다고 해서 공연히 이 칼빈주의 교리를 무시하거나 우롱해서는 안될 것이다. 문제는 이 교리가 진실되느냐 하는 점이다. 만일 이 교리가 참되다면 어째서 그것을 우롱하는가? 만일 참되지 않다면 그것이 참되지 않다는 것을 증명해야 할것이다. 끝으로 우리는 칼빈의 이름을 지니고 있는 이 위대한 종교사상체계만이 오직 세계의 희망이라는 사실을 진술하며 이 글을 끝맺고자 한다.

부 록

아래의 자료는 데이비드 N. 스틸과 커티스 C. 토마스 공저인 An Interpretative Outline [해설적 개요]란 부제가 붙은 Romans(pp. 144 -147)로 부터 취한 것으로서 알미니안주의와 칼빈주의를 5가지 요점으로 나누어 가장 명료간결하게 대조하고 있다. 이것을 또한 그들의 저서인 『칼빈주의의 5대 교리』(pp. 16-19)에도 실려 있다. 양 저서는 필라델피아에 있는 장로교 개혁출판사 (The Presbyteria -n and Reformed Publishing Co.)에서 출판하였다. 스틸과 토마스씨는 알캔서스주 리틀록시의 한 남침례교회에서 수년간 동역자로 일했다.

"알미니안주의의 오대 교리"	"칼빈주의의 오대 교리"
1. 자유의지 또는 인간의 능력	1. 전적 무능력 또는 전적타락
비록 인간의 본성이 타락(아담의 범법으로 인한)으로부터 신중히 영향을 받았을지라도 인간이 영적 도움을 받지 못하는 상태에 남아 있게 되지는 않았다. 하나님께서는 모든 죄인들이 회개하여	타락으로 인하여 인간은 구원의 복음을 스스로 믿을 수 없게 된다. 죄인은 죽었고 눈 멀었으며 하나님의 일을 보지 못한다. 그의 마음은 거짓으로 가득차 있고 절망적으로 부패되어 있다. 인간의

믿게 하실 수는 있으나 그분이 인간의 자유를 간섭하지는 않는다. 각 죄인은 자유의지를 가지고 있으며 그의 영원한 운명은 그가 자기 자유의지를 어떻게 사용하느냐에 달려 있다. 인간의 자유는 영적으로 악보다 선을 택할 수 있는 능력에 있는 것이다. 즉 인간의 의지는 그의 죄를 짓는 본성에 노예화되어 있지 않다는 것이다. 죄인은 하나님의 성령에 동조(협조)하여 재생될 수 있는 권능이 있고 또 하나님의 은사를 거절하여 멸망될 수 있는 권능도 소유하고 있다. 타락된 죄인은 성령의 도움이 필요하나 그가 믿기 전에 성령으로 다시 태어나지 않아도 된다. 왜냐하면 신앙이란 인간이 행하는 것이며 다시 태어나기 이전에 신앙이 있어야 되기 때문이다. 신앙은 죄인이 하나님께 드리는 선물이며 그것은 곧 인간이 구원의 길에 이바지하게 되는 것이다.

의지는 자유롭지 못하며 악에 묶여 있어 영적 영역에서 악보다 선을 택하지 못한다. 결과적으로 죄인을 그리스도에게 인도하는 성령의 도움 이상의 것이 필요된다. 성령이 죄인에게 생기를 불어주고 그에게 새로운 자연을 주는 재활이 필요된다. 신앙은 인간이 구원에 이바지하는 것이 아니라 하나님이 주시는 구원의 은사의 일부분이며 하나님이 죄인에게 주는 은사이지 죄인이 하나님에게 드리는 선물이 아닌 것이다.

2. 조건부 선택

하나님이 개인을 선택하셔서 구원을 받게함은 인간이 하나님의 부름에 순응하리라는 그분의 예견에 그 기초를 두고 있는 것이다. 거리낌없이 복음을 받아 드리는 사람들만을 선택하셨다. 따라서 "선택"이란 사람이 하는 바에 따라서 결정되었다. 하나님이 미리 아시는 신앙과 그로부터 하나님의 선택이 기초를 두고 계신 신앙은 하나님이 죄인에게 주시는 것이 아니라 오직 인간의 자유의지에서 초래되는 것이다. 또한 하나님을 알고 구원을 받게 되는 것은 전적으로 각 인간에게 달려 있다. 인간의 자유의지로 그리스도를 선택하는 자를 하나님은 선택하신다. 따라서 궁극적인 구원은 하나님이 죄인을 선택하는 것이 아니고 죄인이 그리스도를 선택함으로 이룩된다.

2. 무조건적 선택

하나님이 어떤 개인에게 구원을 주기로 선택하심은 오직 그분만이 가지고 계신 최상의 의지에만 달려 있다. 어느 특별한 죄인을 선택하심은 신앙, 회개와 같은 어떤 예견된 순응이나 복종에 기초를 두고 있는 것이 아니라 그분이 선택하신 각 개인에게 하나님이 신앙을 주시고 회개를 시키신다. 이런 행위는 하나님이 선택하신 원인이 아니라 그 결과인 것이다. 따라서 선택은 인간에게서 발견된 덕행이나 덕망있는 자질에 따라서 결정되는 것이 아니다. 하나님이 선택하신 자들로 하여금 성령의 권능을 통하여 그리스도를 받아들이게 하신다. 따라서 구원의 궁극적인 원인은 죄인이 그리스도를 선택하는 것이 아니고 하나님이 죄인을 선택하시는 것이다.

3. 만인의 구원 또는 일반적 속죄

그리스도의 속죄로 모든 사람이 구원을 받을 수 있게되나 실제로 어떤 사람의 구원을 보증하지는 않는다. 그리스도가 만인을 위하여 죽음을 당하셨으나 오직 그리스도를 믿는 사람들만이 구원받는다. 인간들이 그분을 믿는 조건에서 예수의 대속으로 하나님이 죄인을 용서하실 수 있다. 그러나 그 사람의 죄가 실제로 없어지는 것은 아니다. 인간이 복음을 받아들이기로 선택할 때만 그리스도의 대속은 효과를 보게 된다.

4. 효과적으로 저항될 수 있는 성령

성령은 복음의 초대에 의하여 외면적으로 불리우는 모든 자들을 내면으로 불러 들인다.

3. 특별한 구원 또는 한정된 속죄

그리스도의 속죄는 선택받은 자만을 구원하도록 의도된 것이며 사실 그들의 구원을 보증하신다. 그리스도의 죽음은 어떤 구체적 죄인을 대신하여 죄의 고통을 참고 견디심을 의미한다. 자기 백성의 죄를 씻어주시는 것 이외에 그리스도의 속죄는 그들의 구원에 필요한 모든 것을 보증하여 준다. 즉 그들은 자기에게 연합시키는 신앙을 비롯 모든 것을 보증하신다. 신앙의 은사는 성령으로 하여금 그리스도가 대신 죽음을 당하신 죽음을 당하신 모든 사람들에게 적용됨으로 그들의 구원이 보장된다.

4. 유효한 성령의 부름 또는 주효적 은혜

복음을 받아들이는 모든 자에게 가능한 구원의 외면적 부름 이외에 성령은 그들이 그분은 모든 죄인이 구원받기 위하여 그가 할 수 있는 모든 것을 한다. 그러나 인간은 자유의지가 있기 때문에 성령의 부름에 저항할 수가 있다. 성령은 죄인을 믿을 때까지 그를 중생시킬 수 없다. 새로히 탄생되기 전에 신앙이 있게 되며 신앙으로 새로운 탄생이 가능하게 된다. 이와 같이 인간의 자유의지는 그리스도의 구조작업에 있어 성령의 역할을 제한시킨다. 성령만이 하나님에게 동조하는 자를 그리스도에게 이끌 수가 있다. 죄인이 순응할 때까지 성령은 생명을 줄 수 없다. 따라서 하나님의 은사는 정복 할 수 없다. 하나님의 은사는 인간이 저바릴수도 있고 왜곡 시킬 수도 있다.

5. 은사에서 떨려남

믿고 구원받기로 된 사람도 신앙을 잃으면 구원을 받지 못하게 된다.

반드시 구원받게 하는 특별한 내면적 부름을 선택자에게 가져온다. 외면적 부름은 가능하기도 하고 거절될 수도 있다. 반면 내면적 부름은 거절될 수가 없다. 개종을 하도록 만들고야 만다. 이런 특수한 부름으로 성령은 죄인을 그리스도에게 이끈다. 그분은 인간의 의지로 구원의 작업에서 제한받지 않는다. 또한 그분은 성공을 위한 인간의 협조에 의존하지 않는다. 성령은 선택받은 죄인을 협조하게 하며 믿고, 회개하고 자유롭고 기꺼이 그리스도에게 오도록 한다. 따라서 하나님의 은사는 정복될 수가 없다. 반드시 구원을 받게 된다.

5. 성도의 궁극구원

하나님이 선택하시고 그리스도가 대속하시고 성령에 신앙을 받은 모든 사람들은 영

모든 알미니안주의 자들은 이 점에 의견을 일치하지 않는다. 어떤 사람은 믿는 자들이 그리스도에게서 영원히 보증받는다고 주장한다. 즉 죄인이 다시 태어나면 반드시 구원받게 된다는 것이다. 알미니안주의에 따르면 인간이 하나님에게 순응하는 것이 그 결정적인 요소가 되므로 주도력을 쥐고 계신 하나님과 하나님께 순응하는 인간과의 공동노력을 통하여 구원이 이룩될 수 있다는 것이다. 모든 사람이 구원을 받을 수 있도록 하나님은 그 길을 예비하여 놓으셨으나 구원이란 곧 인간의 자유의지로서 하나님의 은사를 받아들이고 하나님과 협력하기로 선택한 사람들에게만 그 효과를 보게 된다. 인간의 자유의지가 그 결정적인 역할을 하게 된다는 것이 그 핵심이 되는 것이다. 따라서 구원의 은사를 받아들이는 것은 하나님이 아니고 곧 인간이 되는 것이다.

원히 구원받는다. 그들은 전능하신 하나님의 권능으로 신앙을 유지하게 되어 끝까지 인내하게 된다.

칼빈주의에 의하면 구원이란 삼위일체 하나님의 전능하신 권능으로 이룩된다는 것이다. 하나님 아버지께서 백성을 택하시고 그 아들이 백성들을 위하여 죽으시고 성령으로 말미암아 그리스도의 죽음이 그 효능을 발휘하여 선택된 자가 신앙과 회개를 하게 되어 기꺼이 복음에 순종토록 하는 것이다.

「선택, 그리스도의 대속, 부활」이 전과정은 하나님이 하신 일이며 오직 은사로서만 가능하다. 따라서 구원의 은사를 받아 들이는 자가 누가 될 것인가를 결정하는 분은 인간이 아니고 하나님이신 것이다.

도르트 대회에서 거절됨	도르트 대회에서 재확인됨
오대 교리들이 이런 순서로 배열되어 있지는 않았지만 이것은 "레몬스트런스"(Remons -trance)에 들어있는 사상의 체계였다. 알미니안주의자들은 1610년 이것을 채택하여 주도록 홀랜드교회에 제출하였지만 성경의 말씀과 거리가 멀다는 조건으로 1619년 도르트 대회(Synod of Dort)에서 거절되었다.	이 신학의 체계는 1619년 성경에 들어 있는 구원의 교리로 재확인되었다. 이 신학 체계는 그 당시 오대 교리로 형성되었으며 알미니안주의자들이 제시한 오대 교리에 해답이 되기도 하였으며 그 이후 "칼빈주의의 오대 교리"로 알려져 왔다.

⊠ 인명 색인 ⊠

▨ 참고 서적 ▨

1. *Biblical Doctrines,*B.B. Warfield, article Predestination, 67 Pages.(Same article in Hasting' Dictionary of the Bible.)

2. *Absolute Predestination, Zanchius,* 170 Pages.

3. *The Reformed Faith in the Modern World,* F.E. Hamilton, Pamphlet, 37 Pages.

4. *Institutes,* John Calvin, chs. 21-24; pp.140-198.

5. *Systematic Theology,* Chas. Hodge, vol. I, pp.535-549.

6. *Theology,* R.L. Dabney, Chs. 20-29; pp.211-246.

7. *God Sovereiggn and Man Free,* N.L. R.L. Rice.

8. *Historical Theology,* Cunningham, vol.II, pp.371-513.

9. *Calvinism in History,* N.S. McFetridge, 157 Pages.

10. *The Creed of Presbyterians,* E.W. Smith, 215 Page.

11. *Lectures on Calvinism,* A.Kuyper, 275 Pages.

12. Calvin Memorial Addresses.

13. *Calvin's Calvinismm,* John Calvin, 359 Pages.

14. *A Syllabus of Systematic Theology,* D.S.Claark, pp.200-220, 278-304.

15. *Systematic Theology,* A.H.Strong, pp.353-370; 777-886.

16. *Calvinism,* J.A.Froude, 47 Pages.

17. *The Plan of Salvation,* B.B.Warfield, pp.87-133.

18. *The Augustinian Doctrine of Predestination,* J.B.Mozley, 342 Pages.

19. *Life of Calvin,* Beza, 115 Pages.

20. *Calvin and Calvinism,* B.B.Warfield, 428 Pages.

21. *Systematic Theology,* Louis Berkhof, pp.100-125.

22. *The Deeper Faith,* Gordon Girod, 135 Pages.

23. *Historic Protestantism and Predestination,* Harry Buis, 136 Pages.

24. *The History and Character of Calvinism,* John T.McNeill, 439 Pages.

판권
소유

칼빈주의 예정론

1972년 7월 10일 초판 1쇄 발행
2017년 9월 30일 수정판 1쇄 발행

지은이 / 로레인 뵈트너
옮긴이 / 홍 의 표
펴낸이 / 강 원 익
펴낸곳 / **보 문 출 판 사**

등록번호 / (라)114호 1975.4.14
41931 대구 중구 국채보상로 102길 44
(053)257-5409, 254-6291

ISBN 978-89-968438-5-6 값 23,000원